전정 4판

새 한국정부론

New Perspective on Korean Government

김태룡 · 하태수 · 강은숙 · 김영민 · 김영재
김종성 · 문광민 · 박재욱 · 배득종 · 신희권
안희정 · 이 건 · 이승종 · 이종열 · 임동완
조태준 · 채원호 · 하동현

도서출판 대영문화사

전정 4판 머리말

『새 한국정부론』의 개정 3판을 낸 지도 어느 덧 5년이 흘렀다. 그간 박근혜 정부가 퇴진하고 문재인 정부가 들어섰다. 이에 따라 다시 대폭 개정의 필요성은 커질 수밖에 없었다.

5년 동안 변모한 한국 정부의 새로운 모습을 담는 것도 일이지만, 특히 시간의 경과에도 불구하고 한국 사회가 맞는 사회적 균열을 기술하는 작업은 지난한 일이었다. 전대미문의 탄핵으로 물러난 박근혜 정부의 유산을 둘러싼 한국 사회의 균열을 바라보는 시각도 시각이려니와 새로이 등장한 문재인 정부에 대한 균열적 시각도 시간의 경과에 따라 커지고 있는 것도 기술의 고민을 더했다. 이에 더해 진일보한 남북한의 관계 속에서 북한 정부에 대한 기술을 포함시켜야 하는가에 대한 고민도 깊어질 수밖에 없었다.

이 모든 것을 담는다는 것이 용이치 않기에 본 개정 작업에서는 우선 북한 정부에 대한 기술은 다음 개정으로 미루기로 결정했다. 대신 그간의 한국 정부의 변화 과정을 새로운 시각에서 충실하게 담기 위해, 본 개정 작업에서는 새로운 소장 학자들이 대거 참여하여 기존의 서술 내용들에 대한 전면적이고도 과감한 변화를 추구했다. 다시 말해, 한국 정부를 둘러싼 논의들을 보다 새롭고 다양한 시각의 관점에서 기술하고자 했다.

이에 따라 본 개정 작업에서 주안점은 다음에 두었다. 첫째, 기존의 서술 내용에 대해 전면적으로 대폭적인 수정을 단행하였다. 새로운 소장 학자들의 참여로 시대의 흐름에 따라 평가를 달리하는 내용들에 대한 과감한 수정이 이루어졌다. 둘째, 박근혜 정부 초기에서부터 문재인 정부의 현재에 이르는 변화 과정을 새로이 기술하였다. 셋째, 다만 차례와 관련해서는 기존의 형태를 가능한 유지함으로써 독자들의 혼선을 최소화하였다.

끝으로 본 개정 작업에서 공동 저자인 하태수 교수의 노고에 감사의 뜻을 표하고자 한다. 하 교수는 개정 작업에 참여한 소장 학자들을 섭외하는 일에서부터 편집에 이르기까지 모든 수고를 아끼지 않았다. 이번 개정은 하 교수의 노력이 없었더라면 나오지 못했을 것이다. 다시 한 번 하태수 교수의 헌신에 감사를 드린다. 늘 감사한 일이지만 독자 여러분들의 성원과 질책이 없었더라면 이 책의 개정 작업은 이루어지지 못했을 것이다. 다시 한 번 『새 한국정부론』의 독자들께 감사를 드린다. 또한 어려운 출판환경 속에서도 개정 작업을 허락해준 대영문화사의 임춘환 사장님의 배려에도 깊은 감사를 드린다.

2019년 정초에

저자 일동

개정 3판 머리말

『새 한국정부론』의 개정판을 낸 지도 어느덧 5년이 흘렀다. 그간 이명박 정부가 물러나고 박근혜 정부가 들어섰다. 이에 따라 다시 개정의 필요성은 커질 수밖에 없었다.

5년 동안 변모한 한국 정부의 새로운 모습을 담는 것도 일이지만, 특히 시간의 경과에도 불구하고 한국 사회가 맞는 사회적 균열을 기술하는 작업은 지난한 일이었다. 한국의 현대사를 둘러싼 좌우익의 논란이라든가, 균열을 바라보는 시각 차이를 어떻게 조정할 것인가의 문제가 그것이다. 이에 더해 분단국으로서 북한 정부에 대한 기술을 포함시키는 문제 또한 고민일 수밖에 없었다.

그러나 이 모든 것을 담기에는 물리적으로나 시간적으로 여러 어려움이 놓여 있기에, 금번의 개정 작업에서 북한 정부에 대한 기술은 다음으로 미루기로 했다. 대신 해방 이후부터 현재까지 한국 정부의 변화 과정을 기술하되, 앞서 언급한 논란을 피하기 위해 객관적이고도 과학적인 입장을 견지하고자 했다. 그것은 현대사의 변화 과정을 기술해야 하는 학자로서 소명감이기도 했다.

이에 따라 이 개정 작업에 주안점은 다음에 두었다. 첫째, 그간의 변화 과정을 모두 담기로 했다. 둘째, 정부의 참여자 부분이나 미래의 한국 정부가 나가야 할 방향을 대폭적으로 보완했다. 셋째, 초판에서 담았다가 개정판에서는 삭제했던 정부제도의 부분을 다시 부활시켰다. 끝으로 공저들이 지니는 한계인 내용의 중복성과 비일관성을 과감히 수정하여 전체적으로 일관성을 높이고자 했다.

끝으로 『새 한국정부론』의 초판 작업 때에도 물심 양면으로 도움을 주었고, 이번에도 안식년을 보낼 수 있도록 배려를 아끼지 않은 미시간주립대학교(Michigan

State University)와 특히 스트라우스(Eric J. Straus) 교수, 심(Irene Shim) 소장, 그리고 마크(Mark) 교수에게도 감사의 뜻을 표하고자 한다. 늘 독자 여러분들의 성원에 감사드리며, 어려운 출판환경 속에서도 이 작업을 허락해준 대영문화사의 임춘환 사장님께 깊은 감사를 드린다.

2014년 정초에
저자 일동

개정판 머리말

『새 한국정부론』이 출간된 지도 벌써 3년이 지났다. 그간 시간의 촉박함과 함께 여러 저자가 공동으로 집필함에 따라 초판에 대한 수정 필요성을 항상 느끼고 있었다. 이러던 차에 노무현 정부가 종료하고 이명박 정부가 등장함에 따라 『새 한국정부론』에 대한 개정의 필요성은 더 커질 수밖에 없었다. 이에 더해 지난해는 또한 새 한국 정부가 수립된 지 꼭 60주년이 되는 의미 있는 해이기도 했다.

이에 저자들은 이 같은 의미들을 반영하는 『새 한국정부론』에 대한 개정 작업을 시도했다. 초기에는 『새 한국정부론』이 지닌 여러 문제를 대폭적으로 수정하고자 했으나, 형식상이나 저자들이 안고 있는 형편 등으로 인해 소폭의 수정에 머무를 수밖에 없었다.

이 개정판에서 다룬 내용들은 크게 두 측면을 고려했다. 우선 한국정부론을 바라 보는 시각에 해당하는 정부의 개념에 대한 관점을 보완했다. 예컨대, 거버넌스 시각에 대한 관점을 보완한 것이 이에 해당한다고 할 수 있다. 그리고 또 다른 큰 부분은 노무현 정부와 이명박 정부의 변화 내용을 전부 수정 또는 보완했다는 점이다. 끝으로 언론 부분의 경우는 다소 큰 손질을 하여 초판이 지닌 한계를 보완하고자 했다.

개정판을 준비하면서 마음은 계속 무겁기만 하다. 그것은 개정판이 저자들의 욕심을 모두 담아내지 못했다는 불만족과 함께, 전 세계에 몰아닥친 미국발 금융위기로 말미암아 한국 정부가 지난 IMF 관리 체제 때와 유사한 어려움에 직면해 있기 때문이다.

다시 한 번 『새 한국정부론』의 개정판을 통해 우리가 안고 있는 어려움들이 극복되고, 한국 정부가 이상향의 정부를 향해 가기를 기원할 뿐이다.

거듭 독자 여러분들에게 감사드리며, 어려운 출판환경 속에서도 개정을 허락해 준 대영문화사의 임춘환 사장님께 감사를 드린다.

2009년 정초에

저자 일동

초판 머리말

한국 정부가 수립된 지도 어느덧 60년이 되어가고 있다. 과거의 왕조 체제에 비하면 대단히 짧은 역사이긴 하지만, 이 기간 동안 한국 정부는 양적으로나 질적으로 엄청난 변화를 경험했다. 한국 정부가 출발하던 1948년에 1인당 국민소득이 80달러에 불과하던 것이 현재는 15,000달러를 훌쩍 넘는 수준으로 변모했다. 수출 또한 당시에는 2천만 달러도 되지 않던 것이 현재는 2,538억 달러에 달해 전 세계에서 13위를 차지할 정도로 양적인 면에서의 성장은 실로 경이적이라고 할 수 있다. 질적인 면에서도 4 · 19 혁명을 전후로 우리의 혼란상을 빗댄 당시의 폄하 발언들을 비웃기라도 하듯이, 한 국가의 대통령을 탄핵할 수 있을 정도로 우리는 민주주의가 만개한 시대를 맞고 있다.

그러나 한국 정부가 가야 할 길은 아직도 험난하다. IMF 관리 체제로 인해 경제적 주권을 상실했던 후유증으로 지금까지도 고통과 희생이 계속되고 있다. 군사정부에 의한 독재정치가 막을 내리고 소위 민주화가 이루어지면 그동안의 고통과 희생이 전부 사라질 것이라는 기대는 물거품이 된 지 오래이다. 민주화가 진행되어도 역대 정부에서 보듯이 지도자들의 탐욕과 주변의 부패는 끊이지 않고 있으며, 이에 더해 근시안적인 정책들은 국민을 고통의 나락에서 헤어나지 못하게 하고 있다. 건국 이래로 짧지 않은 시간이 흘렀지만, 아직도 한국 정부는 진정한 정치적 민주주의와 경제적 민주주의를 굳건히 뿌리내지지 못한 진행형의 정부인 것이다.

그렇다면 진행형의 한국 정부는 도대체 무엇이며, 어떤 성격이며, 어떻게 작동해 왔을까? 한국 정부의 과거는 어떤 모습이었으며, 현재는 또한 어떤 모습이고, 미래에는 어떤 모습으로 다가올까? 이에 더해 한국 정부가 담고 있는 역사성은 무엇이며, 종국적으로 정부란 과연 무엇일까? 이러한 궁금증과 의문이 저자들로 하여금 이 책을 집필하게 한 동기라고 볼 수 있다.

이 책은 12명 학자들의 공동 작업으로 이루어졌다. 많다면 많을 수 있는 저자들이 함께 참여하게 된 것은 한국 정부라는 역사적 실체가 한 학자만의 시각이나 지식으로 접근하기에는 그 대상이 너무 커서 객관성과 공정성을 유지하기가 어렵다는 점 때문이었다. 이에 편집위원회를 구성하여 수차례 집필 방향을 설정하고, 적합한 집필진을 선정하여 작업에 착수했다. 그러나 역시 공동 집필이 가져오는 한계가 다중의 의견을 집약하는 데 시간이 많이 걸린다는 점과, 이를 어떻게 수미일관하게 만드느냐 하는 문제였다. 결국 이에 걸맞은 한국정부론이 만들어져 햇빛을 보는 데는 3년 가까운 시간이 걸릴 수밖에 없었다.

이 책도 여느 문헌과 마찬가지로 몇 가지 의도를 가지고 출발했다. 의도 가운데 핵심은 이 책의 주된 독자라 할 수 있는 학부생과 대학원생들에게 한국 정부에 대한 올바른 시각과 가치를 전달하자는 것이었다. 이와 함께 이러한 과정을 통해 한국 정부에 대한 객관적인 이해를 높이고자 하는 것이었다. 이 같은 의도를 지녔던 이유는 수립된 지 60년이나 되는 한국 정부라는 하나의 역사적 실체를 다루는 데 한국 정부를 어떻게 바라볼 것인가의 문제가 대단히 중요하다고 판단했기 때문이다. 즉, 한국 정부를 올바르게 분석할 수 있는 객관적 시각과 중립적인 가치 체계를 배양하는 것이 무엇보다도 중요하다는 명제 때문이기도 했다.

다음으로 한국 정부의 속성과 시기에 관한 새로운 시각을 제시해 보자는 것이었다. 한국 정부를 지나치게 편향적인 시각에서 극단적인 우경화나 좌경적인 시각이 아닌, 중립적이고도 객관적 시각에서 분석하자는 것이었다. 또한 한국 정부에 대한 시기 구분을 새로운 각도에서 모색해 보자는 것이었다. 종래 공화국별에 따른 분류 방식이나 단순한 시간의 변화에 따른 기술 방식을 탈피해, 비록 짧은 기간이기는 하지만 격동의 60년을 각 정부가 지닌 속성에 따라 시기 구분을 시도해 보고자 했다. 이에 따라 한국 정부 60년을 형성기, 산업화기, 민주화기의 3단계로 시기를 구분했다. 역사학이나 정치사의 영역에서 문제 제기가 있을 수 있다고 생각되지만, 어쨌든 저자들 나름대로의 역사관을 피력해 볼 수 있는 의도에서 시도되었다. 따라서 당연히 이 같은 시기 구분에 따라 한국 정부가 그 색깔과 맛을 어떻게 바꾸어 왔는가를 모색해 보자는 데 있었다.

다음으로 한국 정부라는 역사적 실체를 다양한 각도에서 이해하기 위한 방법을 제시하고자 했다. 바꾸어 말하면, 한국 정부가 맞이했던 중요한 단락의 고비들을 깊은 성찰과 토론에 의해 재정립해 보자는 데 의도를 두었다. 이에 따라 중요한 시기나 사건마다 '토론 마당'과 '중요 이슈'를 사례를 통해 제시함으로써 교수와 학생이 함께 생각해 보는 열린 수업이 가능하도록 했다. 이와 함께 일반 독자들도 한국 정부론을 쉽게 읽을 수 있도록 간결한 설명과 함께 해석을 단 '정보의 창'을 제공함으로써 이해가 용이하도록 배려했다. 그리고 각 장이 끝날 때마다 생각해 볼 수 있는 주제를 제시함으로써 이해를 높이고자 했다.

끝으로 생각했던 것이 독자들에게 한국 정부에 대한 지식을 어떻게 하면 간결하게 전달할 수 있느냐 하는 점이었다. 이런 측면에서 책의 분량을 적절하게 유지하자는 것과 가능하면 한글 세대인 학생들의 수준을 고려하여 평이하게 기술하자는 것이었다. 이 같은 목적에 따라 이 책은 모두 6장으로 구성되었다.

1장은 정부란 무엇인가에 대한 부분으로 정부의 성격과 정부를 어떻게 연구해야 할 것인가를 다루었다. 특히 이 부분에서 한국 정부를 접근하는 연구 방법으로 전통과 후기행태주의를 모두 포괄하는 입장을 견지했고, 한국 정부 60년을 형성기, 산업화기, 민주화기라는 새로운 시기 구분을 통해 정부의 특성을 도출해 보았다.

2장은 한국 정부를 둘러싼 환경을 정치적 · 경제적 · 사회적 측면으로 나누어 이 책에서 제기한 시기 구분에 맞추어 기술했다. 이어서 한국 정부의 형성 과정을 살펴보았는데, 해방 이전과 해방 이후의 연속성을 고려하여 한국 정부의 형성기, 산업화기, 민주화기의 형성 과정에 따른 특성을 고찰했다.

3장에서는 현재 중심적인 시각에서 한국 정부의 제도와 기구들을 제도론적 측면에서 살펴보았다. 이 부분이 지니는 의미는 헌정주의의 핵심이 제도를 통해 실현된다는 점에서 이의 구조와 역할을 살펴보았다. 그리고 제도와 기구들 간의 상호작용을 살펴보면서, 작동 과정이 헌정주의가 추구하는 정신과 얼마나 유리되어 있는가를 고찰했다.

4장에서는 소위 비공식 참여자라고 할 수 있는 시민, 언론, 정당을 중심으로 이들과 정부와의 상호 관계를 살펴보았다. 이를 위해 거버넌스의 중요한 한 축을 형성하고 있는 시민사회의 주체인 시민을 중심으로 이익단체, 시민단체, 정당, 그리고 언론 등의 실태를 분석했다.

5장에서는 정부와 시민사회, 그리고 시장이 상호작용한 결과인 정책을 과정 중심적인 시각과 내용 중심적인 시각에서 살펴보았다. 특히 정부의 상징인 정책들이 한국 사회에 미친 영향에 대해서도 살펴보았다.

6장에서는 한국 정부의 미래를 개관하고, 거버넌스적 입장에서 향후 한국 정부의 방향을 모색했다.

한국 정부를 분석하는 과정이 하나의 역사를 다룬다는 의식을 갖고 시도된 작업이기는 하지만, 이 책이 많은 부분에서 저자들의 의도와는 달리 미흡한 부분이나 논란을 제기할 여지가 있을 수 있을 것으로 생각된다. 이 모든 것이 저자들이 부족한 탓에서 기인한 것이기에 모든 비판을 겸허히 수용하고자 한다. 특히 잘못된 것들 또한 모두 저자들의 탓이라는 점을 밝히고자 한다.

역시 결실을 맺는 데는 많은 분의 도움이 필요할 수밖에 없었다. 공동 저자들은 말할 것도 없거니와 마무리 작업을 하는 데 여러분들에게 도움과 신세를 질 수밖에 없었음을 밝혀둔다. 이 분들 중 특히 연구년을 보내는 데 물심 양면으로 큰 도움을 준 미시간주립대학교의 스트라우스(Eric J. Strauss) 교수와 심(Irene Shim) 선생께 감사의 마음을 드린다. 그리고 자료 수집 과정에서 애를 많이 쓴 김진석 박사에게 감사의 뜻을 표하고자 한다. 항상 어려운 출판 환경 속에서도 싫은 내색 없이 흔쾌히 출간을 허락해준 대영문화사의 임춘환 사장님께 다시 한 번 감사를 드린다.

2005년 12월
저자 일동

차 례

Contents

Chapter 10

한국 정부와 정책: 산업화기 409

Chapter 11

한국 정부와 정책: 민주화기 433

Chapter

01

정부란 무엇인가?

Chapter 01

정부란 무엇인가?

제1절 정부에 대한 개념

1. 정부에 대한 생각

1) 정부에 대한 생각

한국 정부가 수립된 지도 어느덧 70년이 다 되었다. 과거의 왕조 체제에 비하면 대단히 짧은 역사이긴 하지만, 이 기간 동안 한국 정부는 양적으로나 질적으로 엄청난 변화를 경험했다. 해방 이후, 한국 정부가 출범하던 1948년에는 1인당 국민소득이 겨우 80달러이던 것이, 현재는 약 30,000달러를 넘는 수준으로 변모했다. 수출 또한 당시에는 2천만 달러도 되지 않던 것이 현재는 5,500억 달러를 넘어, 전 세계에서 6위를 차지할 정도로 양적으로는 경이적으로 성장했다.[1)]

1) 한국 정부가 맞이한 양적 성장의 대표적 예는 무역수출량이라고 할 수 있다. 한국은 지난 1964년

이에 더해 질적인 면에서도 4·19 혁명을 전후로 한 우리의 혼란상을 빗댄 당시의 폄하 발언을 비웃기라도 하듯이,[2] 한 국가의 대통령을 탄핵할 수 있을 정도로 민주주의가 만개한 시대에 우리는 살고 있다.

그러나 한국 정부가 이처럼 성장한 것은 저절로 이루어진 것이 아니라, 수많은 고통과 좌절을 겪으면서 또 한편으로는 무수히 많은 희생과 투쟁의 결과로 이루어진 것이다. 한국 정부 수립을 전후로 한 좌우 간 이념적 갈등은 끝내 한국전쟁이라는 동족상잔의 비극을 가져왔으며, 이후 반공 이데올로기로 무장한 군사정부 하에서는 경제 성장을 위해 베트남전과 중동의 사막 속에서 달러를 벌어들이는 희생과 함께 모든 국민이 국가 건설에 나서야 하는 수고를 감내해야 했다. 그 결과 1978년에 이르러서는 1인당 국민소득이 1,000달러를 넘어서고 수출이 100억 달러가 넘는 한강의 기적을 이룬 반면, 민주주의의 희생이라는 대가를 지불해야만 했다.

군사정부가 종지부를 찍어가던 무렵 우리는 민주주의를 회생시킬 수 있는 절호의 기회가 있었지만, 한국 정부에 그 명운은 다가오지 않은 채 광주민주화운동으로 기록되는 아픈 희생의 역사만을 우리에게 남겼다. 그토록 열망했던 군정이 종식되고 문민에 의한 정부를 맞이했다. 무인이 아닌 문인에 의한 정부에 대한 국민들의 기대는 김영삼 대통령에 대한 지지도를 한때 90%대까지 끌어올릴 정도로 폭발적이었다.

그러나 한국 정부가 가야 할 길은 아직도 험난했다. 한국 정부가 수립된 이후 계속된 고속 성장에도 불구하고, 김영삼 정부 말기인 1997년에는 한국 정부가 수립된 이후 최초로 IMF 관리 체제를 맞이하여 경제적 주권을 상실하는 수모를 겪어야만 했다. 이후 김대중 정부를 거치면서 IMF 관리 체제를 겨우 벗어나는가 싶더니만, 이번에는 2007년부터 시작된 미국발 금융공황으로 인해 우리는 물론 전 세계

에 수출 1억 달러를 최초로 달성했는데, 이후 1971년에는 이의 10배인 10억 달러를, 1977년에는 다시 이의 10배인 100억 달러를, 그리고 이의 10배인 1,000억 달러는 1995년에 달성했다. 그리고 13년이 지난 2008년 12월에는 드디어 4천억 달러를 넘어섰다. 2017년 기준으로 한국은 5,737억 달러를 기록하였다. 총액 기준으로는 세계 6위이지만 증감률은 15.8%를 기록하여 세계 1위의 수출 증가율을 보이고 있다(연합뉴스, '작년 10대 수출국 중 한국 수출 증가율 1위', 2018년 2월 16일자).

2) 한 영국 언론인은 4·19 혁명 이후 한국 사회가 처한 혼돈과 무질서에 대해, 한국에서 민주주의가 가능하다는 것은 마치 쓰레기통에서 장미꽃이 피는 것과 마찬가지라고 혹평했다.

가 경제적 고통으로 신음하였다.

군사정부에 의한 독재정치가 막을 내리고 이른바 민주화가 이루어지면, 그동안의 모든 고통과 희생이 전부 사라질 것이라는 기대는 물거품이 되었다. 민주화가 진행되어도 역대 정부에서 보듯이 지도자들과 그 주변 인사들의 탐욕과 부패는 끊이지 않았으며, 이에 더해 근시안적인 정책들은 국민을 고통의 나락에서 헤어나지 못하게 하고 있다. 건국 이래 짧지 않은 시간이 흘렀지만, 아직도 한국 정부는 진정한 정치적 민주주의와 경제적 민주주의를 굳건히 뿌리내리지 못한 진행형의 정부라 할 수 있다.

2014년에는 세월호 침몰 사고가 발생하면서 정부의 역할에 대한 국민들의 의문이 더욱더 깊어졌다. 수백 명의 아이들과 승객이 타고 있는 배가 침몰하는 장면을 실시간으로 목격하면서 무능력하고 무책임한 정부의 모습에 실망하였다. 이어 2016년에는 현직 대통령이 민간인 국정 개입을 비롯한 권력 남용 및 뇌물 수수 등 부정부패를 이유로 헌정사상 최초로 탄핵당하는 사태가 벌어졌다.

정부 수립 이후 70년의 시간이 지나면서 한국 정부의 외양도 엄청난 변화를 겪었다. 건국 초에 11부 4처 3위원회였던 중앙행정기구는 현재 18부 17청 5처로 확대되었으며, 20만 명도 되지 않던 공무원 수가 이제는 100만 명에 육박하고 있다(청와대, http://www.president.go.kr). 또한 정부가 수행하는 기능은 16분야 69부문으로 국민이 부담해야 하는 조세 부담률도 7%대에서 이제는 20%대에 이르렀다. 거대해진 한국 정부는 부처마다 경쟁이나 하듯 수많은 정책을 쏟아내고 있으며, 이렇게 산출된 정책은 다시 시민의 일상생활 거의 대부분을 지배하고 있다. 이제 시민이 정부에 의존하지 않고 일상생활을 영위해 나간다는 것은 상상하기도 어렵게 되었다.

그런데 정부에 대한 시민의 의존성이 갈수록 높아지고 있음에도 불구하고, 역설적으로 정부에 대한 시민들의 태도는 대단히 냉소적으로 변모해가고 있다. 이는 정부에 대한 시민의 신뢰가 증가하기는커녕 오히려 감소하고 있고 정부가 비대해질수록 정부의 행위에 영향을 미치는 시민들의 역할이 축소되어 가고 있기 때문이다(Orren, 1997: 80-81).[3] 그렇다면 과연 시민들에게 정부란 무엇이며, 시민들은 정부와 어떤 관계를 유지해야 하는 것일까?

2) 정부에 대한 지식

1987년의 6 · 10 민주항쟁은 한국적 시민정신(citizenship)을 부활시키는 결정적 계기였다. 한국 사회에 부활된 이 같은 시민정신의 뿌리는 고대 그리스의 전통에서 찾을 수 있다. 고대 그리스에서 처음으로 등장한 시민정신이라는 용어에서 시민이라는 개념은 원래 '지역공동체의 구성원'을 의미하는 것이었지만 이후 '공적인 사람'을 의미하는 것으로 바뀌어 나갔다. 이에 따라 시민이 공공 문제에 참여한다는 것은 시민정신을 정의하는 행위였으며, 시민정신이란 단순히 투표와 같은 행위를 하는 데에 그치는 것이 아니라 핵심은 대화에 있었다. 그래서 그리스 시민들은 올바른 시민정신을 구현하기 위해 의미 있는 방식으로 정치에 참여해야 했는데, 그러기 위해서는 시민들이 반드시 정치적 자원을 지니고 있어야 했다.

이때 시민들에게 요구되는 정치적 자원이라는 것은 정부에 대한 지식으로, 정확한 정치적 지식(political knowledge)과 정보(information)를 의미했다. 따라서 오늘날도 마찬가지로 올바른 시민정신을 구현하기 위해서는 시민들이 다음과 같은 정치적 지식과 정보를 지녀야 한다.

첫째, 올바른 시민정신을 구현하기 위해 시민들은 정부에 대한 지식(knowledge of government)을 정확하게 갖추어야 한다. 시민들이 갖추어야 할 정부에 관한 지식으로는 정부가 무엇이며, 정부가 작동하는 원리로서 정치 게임의 법칙에 관한 것 등을 들 수 있다. 바꾸어 말하면, 정부는 모든 시민의 이해관계가 상충하는 장소인 동시에 이해를 최종적으로 조정해 내는 유기체라는 사실이다. 그러므로 무수히 많은 이해관계가 정부 내에서 어떤 방식으로 조정되고 해결되는지에 대한 정확한 지식이 요구된다. 이와 함께 시민으로서 자신의 권리를 확보하기 위해서도, 그리고 자신의 이해를 관철하기 위해서도 정부에 대한 정확한 지식은 필수적이다.[4)]

---

3) 정부에 대한 신뢰(public trust)가 감소하고 있는 것은 현대 국가가 갖고 있는 일반적 특성이다. 예컨대, 미국 시민들도 정부의 행위에 거의 영향을 미치지 못하고 있다. 이에 더해 정부에 대한 미국 시민들의 신뢰는 대단히 놀랄 만큼 감소했는데, 1960년대 초에는 미국 시민 가운데 3/4이 미국 정부에 대해 신뢰를 가졌는데 반해, 1994년에는 미국 시민의 1/4만이 미국 정부를 신뢰하고 있다. 전체 미국 시민의 3/4이 정부를 신뢰하지 않는다는 사실은 참으로 충격적이다.

4) 이런 관점에서 볼 때 헌법에 기초한 통치행위인 헌정주의(constitutionalism)는 정부의 권한을 통제하거나 제한함으로써 계약의 파트너인 개인의 권리를 보장하고자 한 정치적 선택의 산물이다.

둘째, 올바른 시민정신을 구현하기 위해 시민들은 정치에 대한 지식(knowledge of politics)을 충분히 갖추어야 한다. 이는 정부의 행위라는 것이 속성상 대단히 정치적인 것이기 때문에, 정부가 하는 행위를 이해하기 위해서는 정치에 대한 지식이 무엇보다 필요하다는 것을 의미한다. 예컨대, 정치적 세계는 게임과 흡사한 면이 있는데, 정치적 성격에 대한 정확한 이해가 선행되어야 한다. 따라서 정치적 속성에 대한 정확한 이해가 수반되어야만 정치적 영역에서 때로는 자신의 이익을 포기할 수 있는 능력과 함께 최선의 수단을 선택할 수 있는 기회를 배양할 수 있다.

셋째, 올바른 시민정신을 구현하기 위해 시민들은 민주적 원리에 대한 지식(knowledge of democratical principles)을 갖추어야 한다. 현실 정치에서 시민들이 서로의 이해관계 때문에 분열과 갈등 속에 빠져드는 경우는 흔한 일이다. 이때 민주적 가치는 분열과 갈등 속에 있는 시민들을 다시 통합시켜 건전한 시민사회를 재건하는 데 중요한 역할을 담당한다. 따라서 시민들은 시민사회를 통합시키는 데 중요한 역할을 하는 민주적 가치에 대한 정확한 지식을 배양하는 것이 무엇보다 중요하다.

예컨대, 민주적 원리와 조화될 수 있는 정치적 행위가 무엇인지, 또는 갈등을 일으키는 행위의 원인에 대한 정확한 이해가 필요하다. 이와 같이 민주주의는 정부와 시민 모두에게 일정한 제약을 가하고 있다는 사실과 정부와 시민 모두는 민주주의가 부과하는 제약들을 존중해야 한다는 숭고한 가치를 함축하고 있다(Ginsberg et al., 2003: 15).

2. 정부란 무엇인가?

1) 정부에 대한 개념

정부(government)의 어원은 라틴어의 guvernare와 그리스어의 kybernan에서 나왔는데, 이 단어들은 '배를 저어 나간다' 또는 '방향을 잡아 이끌다' 등의 의미를

예컨대, 뷰캐넌(Buchanan, 1984: 441)의 표현을 빌리자면 헌법은 정치적 게임에서 게임을 규정하는 일종의 법칙(rule)이라는 것이다.

지니고 있다. 이런 측면에서 플라톤(Platon)의 『국가론』이나 아리스토텔레스(Aristoteles)의 『정치학』에서는 국가의 통치가 흔히 항해술에 비유된다(Deutsch, 1975: 7-8).

항해술에 비유되는 정부를 무엇으로 볼 것인가의 문제, 즉 정부에 대한 개념을 어떻게 설정할 것이냐의 문제가 쉬운 작업은 아니다. 그것은 정부에 대한 개념이 오랜 기간을 거치면서 환경에 적응하기 위해 다양한 변화를 시도해 왔기 때문이다. 그 결과 정부에 대한 개념은 많은 학자에 의해 논의되어 왔는데, 정부를 둘러싸고 논의되어 온 개념들을 파이너(Finer, 1980: 12-14)는 네 가지 관점에서 유형화했다.

첫째는 통치 과정이나 활동과 같은 통제 수단을 행하는 활동의 장으로 정부를 보는 입장이다. 둘째는 통치가 이루어지고 있는 상태로서 질서가 수립된 현상을 정부로 보는 입장이다. 셋째는 특정 사회에 대한 통치 양식이나 방식을 정부로 보는 입장이다. 넷째는 가장 보편적이며 다수의 입장을 차지하고 있는 것으로 통치를 담당하는 사람들, 예컨대 지배자, 지배집단 또는 공공기관 등으로 정부를 보려는 입장이 그것이다.

정부에 대한 개념적 시각은 파이너(Samuel E. Finer)의 분류처럼 다양하게 전개되어 왔기에, 특정적 시각에 의거하여 정의를 하는 경우 문제가 야기될 수 있다. 이에 더해 정부에 대한 개념화 작업은 단순히 정부가 행하는 기능만을 검토함으로써 가능한 영역이 아니라는 데 어려움이 있다. 다시 말해, 정부라는 개념은 정부가 탄생하게 된 이유와 필요성, 그리고 생존을 위한 다양한 투쟁 과정과 변화 내용들이 전제되어야 하는 구성물이다(Bernstein et al., 1998: 2-4).

2) 정부에 대한 개념: 정부와 국가와의 관련성을 중심으로

정부에 대한 개념화 작업에서 가장 어려운 부분이 정부와 국가와의 관련성이다. 정부와 국가를 동일한 것으로 보아야 할지 아니면 정부와 국가를 별개의 다른 차원에서 보아야 할지가 그것이다.

먼저 정부와 국가의 사전적 정의를 살펴보면 정부(政府)는 "1. 입법, 사법, 행정의 삼권을 포함하는 통치 기구를 통틀어 이르는 말; 2. 행정부(삼권 분립에 의하여 행정을 맡아보는 국가 기관)"으로 정의하고 있다(표준국어대사전). 한편 국가(國家)는 "일정한 영토와 거기에 사는 사람들로 구성되고, 주권(主權)에 의한 하나의 통치 조직을 가지고 있는 사회 집단. 국민 · 영토 · 주권의 삼요소를 필요로 한다"고 정의된다(표준국어대사전). 사전적 정의에 따르면 국가가 통치기구를 포함하는 의미로 좀 더 넓은 개념으로 볼 수 있다. 그러나 대부분의 국가는 입법 · 사법 · 행정 삼권을 포함하는 정부를 가지고 있으며 그 권한의 범위가 영토와 국민에 한정되므로 구분의 실익이 크지는 않을 것이다.

그러나 정부와 국가를 유사한 개념으로 보는 입장을 견지한다 하더라도 엄연히 양자 간에는 개념상의 차이가 존재하며 정부를 어떤 관점에서 보느냐에 따라 정부의 개념이나 범위는 달라질 수 있다.

정부와 국가 간에 존재하는 개념상의 차이를 무시할 수 없는 경우를 따른다면, 국가는 통상 영속적인 통치 기제로 정의되는 반면, 정부는 공식적 제도를 의미하게 된다. 그러나 이 경우에도 정부의 공식적인 제도를 어떻게 볼 것이냐에 따라 정부의 범주가 달라진다. 광의의 정부로 보는 경우에는 공권력을 행사하는 모든 기관인 입법부 · 행정부 · 사법부를 총칭하는 의미가 되지만, 협의의 정부로 보는 경우에는 행정부가 입법부와 사법부와 대립되는 의미로 사용된다. 또한 가장 협소한 관점에서 정부를 볼 경우에는 대통령을 제외한 순수한 행정부나 내각(cabinet)만을 의미하는 등 정부에 대한 역할이나 범위는 매우 달라진다(권영성, 2000; 하태권 외, 1998: 11-12).

이에 더해 나라마다 정부에 대한 개념이나 범위가 발전 과정에 따라 다르다. 예컨대, 18세기 이후부터 계몽주의의 영향으로 국민의 의사를 대표하는 의회 정치기구가 만들어짐에 따라, 영국을 비롯한 프랑스나 미국에서는 정부를 의미할 때 입법기관뿐 아니라 사법 · 행정기관까지를 포괄하는 의미로 받아들여졌다.

그러나 이와 달리 독일에서는 정부가 의회와 대립되는 개념으로 집행기관만을 의미하고, 일본에서도 정부라는 개념이 내각 또는 행정부(administration)에 해당하는 협의의 의미로 사용된다. 한국에서도 헌법상으로는 정부의 의미가 협의적으로 사용되고 있다. 예컨대, 헌법 제4장 '정부'는 제1절 대통령, 제2절 행정부로 구성되어 정부를 대통령과 행정부로 구성되는 협의의 의미로 규정하고 있으며 입법기관과 사법기관은 배제된 입장을 견지하고 있다.

다음으로 정부에 대한 관점에 따라 정부에 대한 개념도 달라진다는 데 어려움이 있다. 바꾸어 말하면, 정부를 구성하고 있는 기구나 제도적인 관점에서 볼 것이냐, 아니면 정부가 수행하고 있는 역할이나 기능적 관점에서 볼 것이냐에 따라 정부에 대한 개념이나 포괄하는 범위가 달라진다. 우선 정부를 구성하고 있는 제도나 기구라는 관점에서 보게 되면, 정부의 범위는 시간상이나 공간상으로 대단히 협소해질 수밖에 없게 된다. 이에 반해 기능적 입장에서 정부를 파악하는 경우에는 정부의 범위나 역할이 확장된다. 특히 현대 사회가 급격한 기능 분화와 다원화되어 가고 있기 때문에 기능적 입장을 취하는 경우 정부의 개념은 기능에 비례하여 확대된다.

끝으로 국가와 정부 간의 차이를 인정하지 않는 유사 개념적인 시각을 견지할 경우 정부의 개념은 광의의 국가 개념과 맥을 같이하게 된다. 이 경우 정부에 대한 개념은 가장 넓게 정의될 수 있다. 이러한 입장을 취할 경우 정부는 국가 또는 레짐(régime) 등과 같은 개념과 유사한 의미로 정의되기도 하고, 심지어는 정치 체제나 지배 체제 등과 동일시되는 경우도 발생한다. 엄격한 의미에서 정부와 국가 및 레짐은 구별될 수 있고, 또 구별되어야 하는 개념이기는 하다. 그러나 국가, 체제, 정부 및 레짐 등의 구별이 개념적으로는 가능하지만, 개념의 대상인 실체는 사실상 거의 동일하기 때문에 구분에 따른 실익이 크게 없다는 데 문제가 있다(김호진, 2003: 206-207).[5)]

이처럼 정부를 무엇으로 볼 것이냐의 문제가 단순한 작업은 아니다. 그러나 여

5) 일반적으로 국가는 정부와 레짐에 비해 근본적이고 영속적인 통치 기제로 간주된다. 국가는 정치와 행정기구를 포괄하는 공공 부문의 제도적 총체인데 반해, 정부는 집권을 담당하고 있는 세력과 행정관료를 주축으로 하는 정책행위자의 집합체에 불과하기 때문이다. 예컨대, 벤저민과 듀발(Benjamin & Duvall, 1985: 28)은 정부를 정치체(polity)의 권위적인 결정을 담당하는 고위공직자와 공공기관의 집합체로 보고 있는 반면, 레짐은 국가의 통치체를 지칭하는 개념으로 보면서 국가의 권위구조 및 국가와 시민사회와의 연계 방식을 반영하는 조직 체계로 파악하고 있다. 그래서 레짐은 공공관료제와 더불어 국가의 중추가 된다고 할 수 있다. 한편 정치 체제는 구조·기능주의적 관점에서 국가를 파악하는 개념으로, 이는 기능적으로 분화되어 있으면서도 상호 의존적인 국가기구(정치행정기구) 간의 구조적 결합체를 지칭한다고 할 수 있다.

기에서는 정부와 국가를 유사 개념으로 보아, 정부를 가장 광의적인 입장에서 정치와 행정기구를 포괄하는 공공 부문의 모든 제도적 총체 또는 통치 기제로 보고자 한다. 이렇게 정부를 가장 넓은 입장에서 보는 경우, 정부에 포함되는 기구로는 입법부 · 사법부 · 행정부, 기타 헌법기관을 모두 포괄하게 된다. 결국 제도로서의 정부는 통치와 관련된 공직의 총체를 의미한다.

정부를 이와 같이 제도적 총체로 볼 경우, 정부는 공직의 담당자 집단과 이들의 직무 수행을 뒷받침하는 각종 규범이나 규칙 및 물적 자원 등에 의해 가시화된다. 통치 기능이 정부라는 제도를 통해 수행됨으로써, 국가는 일정한 영토에 거주하는 주민의 공동생활에 질서와 통일성을 부여하며 구속력 있는 결정을 집행한다. 결론적으로 국가는 정부라는 통치 기제를 통해 질서를 유지하고 구성원의 공동 목표를 달성하려는 통치 기능인 동시에, 이러한 기능을 수행하는 제도로서의 정부를 의미한다(Bardes et al., 2004: 7-8; 박찬욱 외, 2002).

3) 정부의 개념에 대한 도전: 거버넌스 개념의 등장

정부의 개념을 고찰할 때 국가와의 관련성과 함께 고려해 보아야 할 것이 거버넌스(governance) 개념이다. 1990년대 중반부터 기존의 정치가 보여 온 사회적 대화의 약화와 불충분성이 갖는 한계를 극복하고자 등장하기 시작한 거버넌스의 개념은 기존의 정부(government)가 갖는 개념과는 달리 새로운 통치 과정(process of governing)과 관련되어 있다(Rhodes, 1997: 15).

거버넌스의 개념은 정의 수준에 따라 광의의 개념과 협의의 개념으로 구분할 수 있다. 거버넌스가 광의의 개념으로 사용되는 경우는 국가와 시장, 그리고 시민사회가 과거와는 다른 새로운 형태의 상호작용과 협력 체제를 구성하기 위해 등장한 조정 양식을 의미한다. 이에 반해 협의적 개념으로 사용되는 경우는 거버넌스를 국가와 시장 메커니즘과는 구별되는 시민사회 영역 내에 존재하는 자발적 · 자율적이고 자기 조직적인 조정 양식으로 보고 있다(김석준 외, 2000: 42-43).

거버넌스의 개념을 어떤 관점에서 정의하든지 간에 거버넌스의 개념에서는 기존에 강조되던 정부구조보다는 통치 과업에 더 많은 관심이 집중되며, 복잡한 사회를 관리한다는 과업의 의미가 강조되고 있다. 이에 따라 거버넌스의 개념에는 서로 다른 정치·사회적 행위자들 간에 조정을 위한 공동의 개념 구성과 새로운 민주적 문화에 대한 전망을 함축하는 의미가 담겨 있다(Gaudin, 2002: 9-27). 그래서 거버넌스에서는 정부가 유일한 행위자가 아니며 또한 지도적인 입장도 아니라는 점을 강조한다.

예컨대, 세계은행(World Bank)이 강조하듯이 정부는 경제적·사회적 발전의 중심체이기는 하지만 성장의 직접적 공급자는 아니라는 사실이다. 그 대신 정부에는 협력자, 매개자, 촉진자로서 역할을 찾을 수 있다는 것이다. 그래서 로즈노(Rosenau, 1992)는 거버넌스에 대해 정부 없는 통치작용 또는 지배자 없는 지배 유형으로 표현하고 있다.

짧은 시간이기는 하지만 거버넌스의 개념이 등장한 이래 거버넌스는 다양한 의미로 사용되어 왔다. 예컨대, 로즈(Rhodes, 1996: 653)에 따르면 거버넌스의 의미는 첫째, 최소국가(the minimal state), 둘째, 기업적 거버넌스(corporate governance), 셋째, 신공공관리(new public management), 넷째, 좋은 거버넌스(good governance), 다섯째, 사회적·자동적 체제(socio-cybernetic system), 여섯째, 자체조직망(self-organizing networks) 등의 의미로 사용되어 온 것이 그것이다(Rhodes, 1996: 653).

또한 유사한 관점에서 프레드릭슨(Frederickson, 1997)도 거버넌스에 대한 의미를 첫째, 여러 조직 간 네트워크로서의 거버넌스, 둘째, 다원주의의 이해 요소로서의 거버넌스, 셋째, 새로운 관리 과정으로서의 거버넌스, 넷째, 창조적인 조직 개념으로서의 거버넌스 등으로 파악하고 있다.

결국 거버넌스 유형들에서 발견되는 공통적 핵심은 정부가 주도적이거나 중요한 역할을 담당하지 않는다는 데에 있으며, 특히 집단적 결정을 내리는 과정과 밀접하게 관련되어 있다.

이처럼 거버넌스의 개념은 등장한 시간에 비해 다양한 의미로 사용되어 온 반면, 거버넌스 개념이 안고 있는 모호성과 다의성(多義性)으로 인해 비판에 직면해 있기도 하다. 가장 혹독한 비판은 거버넌스가 변화하는 정치 이념의 반사적 작용으로 등장한 하나의 정치 현상에 불과하다는 것이다. 다시 말해, 거버넌스는 신자유주의의 실천용으로 나온 것에 불과하기에, 신자유주의가 위기에 몰린 최근의 경향을 미루어볼 때 거버넌스는 곧 폐기처분될 개념이라는 것이다(차만재, 2008: 13).

3. 정부의 역할과 기능

1) 정부 역할의 변천

현대의 정부는 많은 일을 하고 있다. 국방, 외교, 치안, 교육, 복지, 조세, 환경, 식품, 교통, 산업 등 거의 모든 분야에서 정책을 수행한다. 과거에는 정부의 규모와 역할이 현재 수준보다 작았다. 정부의 역할은 시대별로 다르게 인식되었고 그에 따라 변해왔다. 여기서는 정부의 역할이 시대별로 어떻게 변해왔는지에 대해 살펴본다.

(1) 근대국가 시기

19세기 근대국가 시기에는 자유주의를 바탕으로 국가의 역할이 인식되었다. 이전의 절대군주 국가에서 근대국가로 전환되면서 시민의 자유와 권리가 신장되고 산업혁명을 통해 물질적 풍요가 시작되었다. 신흥시민이었던 부르주아 계급은 절대군주 시기에 받았던 억압에서부터 해방을 원하였고 그로 인해 개인의 자유가 중시되었다. 따라서 근대국가 시기에는 정부가 질서 및 치안유지와 같은 소극적인 역할만 수행해야 한다고 보았다. 여타 영역에서는 정부의 개입보다는 시장의 자율성을 중시하였다. '보이지 않는 손'으로 대표되는 스미스(Adam Smith)의 자유방임 사상은 국가의 역할을 국방 치안, 사법 등에 제한하며 최소한의 정부를 추구하였다.

(2) 복지국가 태동과 큰 정부 시기

산업혁명 이후 노동자 계급의 규모가 커지고 선거권이 인정되면서 이들 계급의 사회적 중요성이 증대되었다. 즉, 부르주아 중심의 사회에서 대중이 중심이 되는 사회로 서서히 변화하였다. 그러나 산업혁명과 자본주의의 발전은 대중에게까지 혜택이 돌아가게 하지 못하였다. 높은 실업률과 큰 빈부 격차는 사회문제로 대두되었고 개인과 시장의 자유로운 선택과 경쟁만으로 이를 해결할 수 없게 되었다. 이러한 배경에서 20세기 초 유럽의 여러 정부는 대중을 위한 사회보장제도를 실시하기 시작하였다. 최소한의 소극적 역할만 하는 정부에서 적극적 역할을 정부로 변화하기 시작한 것이다. 복지 국가의 역할을 시작한 정부는 그 규모가 점차 커졌다.

1930년대 대공황은 정부의 시장 개입을 더 강화하는 계기가 되었다. 경제학자인 케인스(John Maynard Keynes)는 당시 만연한 거시 경제 관념이었던 세이의 법칙(Say's Law)에 반대되는 유효수요이론을 제시하였다. 세이의 법칙은 "공급은 스스로 수요를 창출한다"는 이론으로 공급의 중요성을 강조하였다. 반면, 케인스의 유효수효이론은 사회 전체의 유효수요, 즉 구매력을 강조하면서 정부의 적극적인 시장 개입을 통한 재정 정책을 제안하였다. 이어서 발생한 제2차 세계대전은 정부의 중요성과 기능을 더욱 강화하는 사건이었다. 1960년대까지 큰 정부의 기조는 계속되었다.

(3) 작은 정부로 회귀

1970년대 석유 파동 이후에 발생한 스태그플레이션은 케인스의 이론으로 설명하지 못하는 현상이었다. 이에 대한 대안으로 프리드먼(Milton Friedman)의 안정적이고 엄격한 통화 정책이 대두되었다. 시카고 학파로 대표되는 그는 시장자유주의를 주장한 학자이다. 정부의 개입은 스태그플레이션에 제대로 대응하지 못하였고 정부에 대한 신뢰는 떨어졌다. 이러한 배경에서 1980년대 '대처리즘(Thatcherism)'과 '레이거노믹스(Reaganomics)'와 같은 신자유주의 기조가 본격적으로 성장하였다. 신자유주의는 사회 문제의 원인은 정부이며 다시금 작은 정부로의 회귀를 요구하였다. 이 시기에는 공기업 민영화, 공공서비스 아웃소싱, 복지 지출 감소 등을 통해 정부 기능과 역할이 축소되었다.

그러나 이러한 신자유주의 작은 정부도 2008년 금융위기를 거치며 그 영향력이 쇠퇴하였다. 이후에는 정부 규모와 역할의 양적 측면 축소나 확대보다는 질적 측면이 강조되고 있다. 효율적이고 성과를 중시하는 정부, 참여민주주의를 중시하는 정부 등 신다원주의를 기반으로 새로운 변화가 발생하는 중이다. 이러한 기조는 사회가 너무 빠르게 변하고 복잡하며 다원화되어 국가 주도 사회문제 해결 방식이 더 이상 효과적이지 않기 때문에 발생하였다. 정부에서 거버넌스 개념으로의 변화도 이러한 영향의 결과이다.

2) 정부의 역할과 기능

지금까지 정부 역할의 변천 과정을 살펴보았다. 이런 과정은 시대별로 국가를 바라보는 인식에 따라 변화하는 것을 알 수 있었다. 이와 같은 인식은 규범적이고 추상적이다. 여기서는 좀 더 구체적으로 정부가 하는 역할과 기능에 대해 살펴본다.

정부는 국방, 교육, 외교, 복지 등 다양한 분야에서 일을 한다. 이같이 정부가 하는 일을 일반적으로 정책이라 부른다. 정책이란 "정부가 하기로 하거나 하지 않기로 결정한 일"이다(Dye, 1975: 1). 이는 정책을 매우 광범위하게 정의한 것이다. 한편 다른 정의를 살펴보면 정책은 "공공문제를 해결하거나 목표 달성을 위해 정부에 의해 결정된 행동 방침"이다(이종수 외, 2012: 212). 다른 학자는 "바람직한 사회상태를 이룩하려는 정책 목표와 이를 달성하기 위해 필요한 정책 수단에 대하여 권위있는 정부기관이 공식적으로 결정한 기본 방침"으로 정의한다(정정길 외, 2005). 이상의 정의를 종합해보면 정책이란 "정부가 특정 목적을 위해 결정한 일"이라고 볼 수 있다. 결국 정부의 역할과 기능이 현실로 표출되는 것이 정책이다. 따라서 정부의 역할과 기능이 구체적으로 무엇인지를 보기 위해서는 정부가 하는 정책에는 어떤 종류가 있는지 알아 볼 필요가 있다.

로위(Lowi, 1972)는 정책의 유형을 분배정책(distributive policy), 규제정책(regulative policy), 재분배정책(redistributive policy), 구성정책(constituent policy)으로 분류한다.[6] 먼저 분배정책은 정부가 재화나 용역 등 서비스를 제공하는 정책을 의미한다. 도로, 공항, 항만, 철도 등 인프라 구축 사업, 농어촌 보조금 지원 사업, 특정 산업 보조금 지원 사업 등이 여기에 속한다. 규제정책은 공공의 이익을

---

6) 로위의 정책 분류 이후 여러 학자들은 이 분류가 전체 정책을 망라하지 못하고 각각의 정책 분류가 상호 배타적이지 못하다는 비판을 제기하였다. 그리고 알몬드와 파월(Almond & Powell, 1978), 스피처(Spitzer, 1986) 등의 학자들은 로위의 정책 유형을 수정 · 보완하였다. 그러나 로위의 분류에서 크게 벗어나지 않는다.

위해 개인 또는 기업 등의 권리 행사를 강제적으로 제한하는 정책을 의미한다. 규제정책에는 독점 규제, 음주운전 규제, 오염물 배출량 규제 등의 예가 있다. 재분배정책은 고소득층에서 저소득층으로 소득, 재산, 권리 등을 이전하는 정책을 의미한다. 이러한 정책의 예로는 누진세 제도, 기초생활보장제도 등의 사회복지 제도들이 있다. 끝으로 구성정책은 국가 운영에 필요한 운영규칙에 관련된 정책을 의미한다. 여기에는 선거구 조정, 정부조직 개편, 공무원 선발 등 정부 운영에 관한 정책들이 속한다.

로위의 정책 분류에서 정부의 역할과 기능에 대해 어느 정도 이해할 수 있다. 먼저 공공의 이익을 목적으로 공공재(재화 또는 서비스)를 공급하며, 특정 집단에 대한 혜택을 제공하기도 한다. 또한 조세정책을 통해 시장 실패를 교정하기 위해 고소득자로부터 저소득자로 소득의 재분배정책도 수행한다. 사회에 위해를 줄 수 있는 행위에 대해 규제하기도 하고 공익을 위해 특정 권리 행사를 제한하기도 한

그림 1-1 한국 정부의 기능별 세출 예산 현황(2018년)

(단위: 조 원)

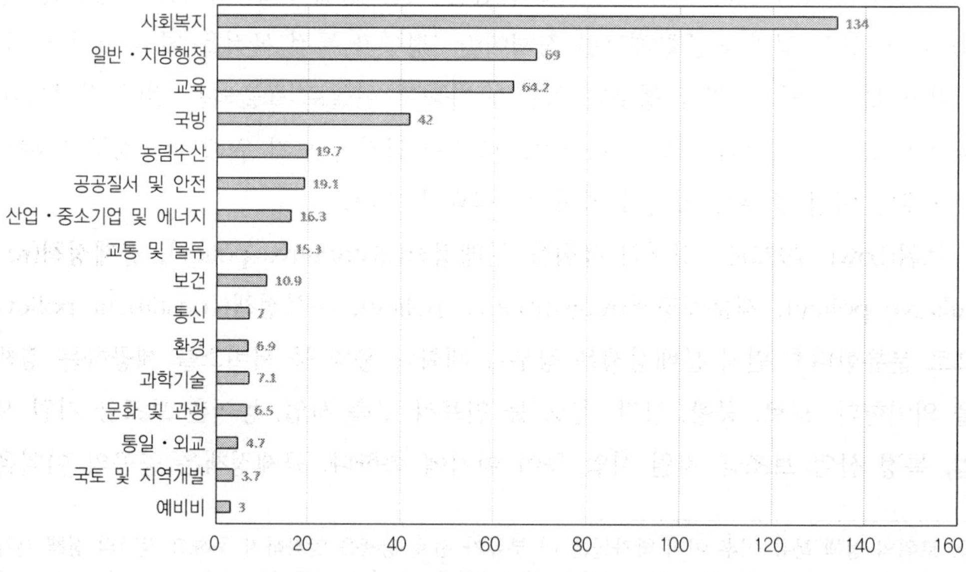

출처: 기획재정부 열린재정 홈페이지(http://www.openfiscaldata.go.kr).

다. 끝으로 지금까지 언급한 역할을 수행하기 위해 필요한 정부 운영 및 구성 등과 관련한 일을 수행한다.

시대별로 중요성의 차이는 있겠지만 정부는 일반적으로 이와 같은 역할과 기능을 수행해왔다. 이제는 좀 더 구체적으로 한국 정부가 어떤 역할과 기능을 하는지 살펴본다. [그림 1-1]은 2018년 한국 정부의 기능별 세출 예산 현황을 나타낸다. 정부는 조세를 거두어 다양한 분야에 지출한다. 어떤 정책이든 예산이 필요하기 때문에 정부의 역할과 기능을 구체적으로 살펴보기에는 세출 예산을 참고하는 것이 유용하다. [그림 1-1]을 살펴보면 정부의 기능은 사회복지, 일반 · 지방행정, 교육, 국방, 농림수산, 공공질서 및 안전, 산업 · 중소기업 및 에너지, 교통 및 물류, 보건, 통신, 환경, 과학기술, 문화 및 관광, 통일 · 외교, 국토 및 지역개발 등 총 15가지로 구분된다.[7] 이 중 사회복지 분야 지출이 약 134조 원(약 31.2%)으로 가장 크고, 다음으로 일반 · 지방행정(약 69조 원, 16.1%), 교육(약 64.2조 원, 15%), 국방(약 42조 원, 9.8%) 등의 순서로 나타난다. 이를 통해 현재 한국 정부는 사회복지 기능을 중시하고 있음을 알 수 있다.

제2절 정부의 형태

국가의 통치구조는 조직적 측면에서 일차적으로는 주권기관인 국민과 하부에 정부가 수직적으로 구성되어 있으며, 이차적으로는 정부가 권력 분립의 원리에 따라 입법부 · 사법부 · 행정부 등으로 분리되어 있다. 또한 국가의 통치구조는 기능적 측면에서 대의 제도, 선거 제도, 정당 제도, 지방자치 제도, 관료제 등이 복합적으로 작용하는 통치기관의 구성 원리이기도 하다(허영, 1996). 이런 관점에서 볼 때 정부 형태가 통치구조의 중추적 구조를 형성하고 있기는 하지만, 정부 형태와 통치구조가 반드시 동일한 것은 아니다.

---

7) 예비비는 일종의 예산 항목으로 기능 분류에서는 제외한다.

이와 함께 정부 형태는 국가 권력의 구조적 다양성과 기능적 다양성에 따라 여러 형태의 정부가 존재할 수 있다. 따라서 정부 형태에 관한 논의는 구조적 다양성과 기능적 다양성에 따라 여러 형태의 정부가 존재할 수 있지만, 여기서는 다음과 같은 시각에서 정부 형태를 살펴보고자 한다. 하나는 정부의 통치 권력이 어떻게 분포되어 있는가에 따른 유형론이며, 또 다른 하나는 국가 권력구조에서 권력 분립의 원리가 어떻게 적용되고 있느냐에 따른 유형론이 그것이다.[8)]

1. 국가 권력의 분포에 따른 정부 형태

정부 형태는 정부의 권력구조나 통치 기능에 따라 다양하게 분류된다. 이런 측면에서 정부가 서로 어떻게 다른가의 문제인 형태를 결정하는 데 두 가지의 요소가 대단히 중요하다. 하나는 누가 지배하느냐의 문제이며, 다른 하나는 정부에 대한 통제가 얼마나 허용되어야 하는가의 문제이다. 이같이 통치 권력이 어떻게 분포되어 있느냐와 통치 권력에 대한 통제가 허용되고 있느냐에 따라 정부 형태는 다음과 같이 분류가 가능하다.

첫째, 정부 형태는 국가의 통치 권력 운용 형식에 따라 전제정부와 입헌정부로 유형화할 수 있다. 이 중 전제정부는 1인 · 1계급 · 1정당에 국가의 모든 권력이 집중되어 지배자가 자의적으로 국가 권력을 운용하는 정부 형태를 의미한다. 이에 반해 입헌정부는 헌법을 제정하고 이에 기초하여 정치를 하는 것으로 법치주의와 권력 분립을 그 특징으로 한다. 미국과 같은 헌정적 민주주의가 이런 형태의 대표적 국가라 할 수 있는데, 실제로 미국의 헌정적 민주주의의 사례는 세계에서 상당히 희귀한 경우에 속한다.[9)]

---

8) 이 논의와 시각이 유사한 분류로는 뢰벤스타인(Karl Löwenstein)이나 파이너(Samuel E. Finer) 등이 제시한 정부 형태를 들 수 있다. 뢰벤스타인은 권력에 대한 통제와 정치 권력의 행사 과정에서 민주성 정도를 기준으로 정부 형태를 전체주의적 정부와 입헌주의적 정부로 유형화했다. 파이너는 자유민주주의 국가, 전체주의 국가, 제3세계 국가의 정부 형태로 분류했다(권영성, 2000: 700-708).

9) 헌정적 민주주의(constitutional democracy)라고 불리는 새로운 정부 형태는 17세기부터 등장하기 시작했다. 헌정적 민주주의를 표방하는 정부가 등장하게 된 중요한 변동 요인을 살펴보면 다음과 같다. 첫째, 정부가 자신들이 지니고 있는 권력에 대해 제한이나 한계가 있음을 인정하기

둘째, 정부 형태는 권력 분립을 기준으로 독재정부와 민주정부로 유형화할 수 있다. 이 중 독재정부는 집행부가 절대적 권력을 소유하면서 입법부를 실질적으로 지배하는 정부 형태를 의미한다. 따라서 독재정부에서는 통치 권력에 대한 통제가 용이하지 않으며 의사 결정도 소수에 의해 이루어진다. 이에 비해 민주정부는 권력분립론에 입각한 권력 분산으로 통치 권력에 대한 통제가 허용되고, 의사 결정에 많은 사람들이 참여할 수 있고 영향도 미칠 수 있는 정부 형태를 의미한다(Ginsberg et al., 2003: 17).

2. 권력 분립 원리의 적용 방식에 따른 정부 형태

정부 형태는 국가 권력구조에서 권력 분립의 원리가 어떻게 적용되고 있느냐에 따라서도 유형화가 가능하다. 정부 형태를 이와 같이 구분하는 경우 정부 형태는 다시 광의와 협의로 나뉜다. 이 중 광의의 정부 형태라 함은 첫째, 국가 권력이 입법부 · 행정부 · 사법부에 각각 어떻게 배분되어 있고, 둘째, 각 기구는 국가 권력을 어떻게 행사하고 있으며, 셋째, 각 기구는 어떤 관계를 유지하며, 특히 입법부와 행정부는 어떤 관계를 유지하고 있는가를 의미한다.

이에 비해 협의의 정부 형태라 함은 행정부의 구조와 권한 및 권한 행사의 방식에 따른 유형이다. 따라서 정부 형태라고 할 때에는 광의와 협의 모두를 사용할 수 있으나, 여기서는 광의의 정부 형태만을 다루고자 한다. 이에 따라 정부 형태는 입법과 행정의 상호 관계에 따라 입법부와 행정부가 상호 공존 관계에 있느냐 또는 독립적인 관계에 있느냐에 따라 의원내각제와 대통령제를 들 수 있다. 그리고 이 두 형태를 절충한 제3의 형태로 이원집정부제가 있다(김철수, 1999: 868-869).

시작했다는 것이다. 이는 왕정 체제나 독재정부에서와 같이 통치 권력을 무한대로 행사할 수 없음을 인식하기 시작했다는 것을 의미한다. 둘째, 수적으로 많지는 않았지만 정부가 공공 문제에 대해 일반 시민들에게 공식적인 의견을 제공하거나 청취하기 시작했다. 즉, 정부가 투표와 같은 방식을 통해 일반 시민들의 의견을 듣기 시작했다는 것이다. 이 같은 변동의 확산 결과 1776년에 미국혁명이 발발했는데, 미국혁명의 핵심은 바로 정부 형태의 변화에 있었다.

1) 의원내각제

의원내각제(parliamentary government or cabinet government)는 내각제, 의회제, 내각책임제 등 다양한 이름을 가지고 있다(정만희, 1995: 23-38). 의원내각제는 이론적 산물이 아니라 영국에서 오랜 세월을 거쳐 정치적 관행에 의해 형성된 일종의 역사물이다. 따라서 의원내각제는 영국의 정부 형태가 모델이 되지만, 이 제도를 채택하고 있는 국가들에서는 각국의 정치나 사회적 환경에 따라 다양하게 운영되고 있다.

의원내각제가 국가마다 다양한 형태로 운영되고 있기는 하지만, 의원내각제는 입법부와 행정부의 분립을 전제로 양 기관이 균형을 유지하면서, 의회에서 선출된 내각을 중심으로 국정이 운영되는 정부 형태를 지칭한다. 바꾸어 말하면, 의원내각제는 행정부인 내각이 의회에 의해 구성되고 의회의 신임을 그 존립의 요건으로 하면서, 의회의 내각불신임권과 내각의 의회해산권이 서로 견제 수단이 되어 의회와 행정부가 법적으로 대등한 지위에 있는 정부 형태이다. 이런 점에서 의원내각제는 권력 분립의 요청에 따라 입법권과 행정권을 서로 독립시킴과 동시에, 민주주의의 요청에 따라 행정권을 민주적으로 통제할 수 있도록 구성된 정부 형태라고 할 수 있다(이환경, 1999: 195-206).

(1) 의원내각제의 유형

의원내각제는 기본적으로 의회의 내각에 대한 불신임권과 내각의 의회해산권을 통해 의회와 정부 간의 균형이 가능하도록 한 정부 형태이다. 그러나 현실적으로는 의회가 내각에 대한 불신임권을 행사하지 않거나 내각이 의회해산권을 행사하지 않음으로써, 의원내각제가 강한 정부·약한 의회의 유형과 강한 의회·약한 정부의 유형으로 나뉘기 시작했다.[10] 이에 더해 행정국가화 현상이 가속화됨에 따라 의회와 내각의 융합 관계가 변모하기 시작한 것도 의원내각제의 유형을 다원화시키는 데 영향을 미쳤다.

10) 강한 의회·약한 정부의 유형으로는 프랑스 제3공화국과 제4공화국의 고전적 의원내각제를 들 수 있다. 그리고 강한 정부·약한 의회의 유형으로는 독일의 통제된 의원내각제를 들 수 있으며, 내각과 의회가 일치된 유형으로는 영국의 의원내각제를 들 수 있다.

의회와 정부 간의 권력 균형의 차이에 따른 의원내각제의 유형으로는 고전적 의원내각제, 통제된 의원내각제, 내각책임제로 나눌 수 있다.

① 고전적 의원내각제

고전적 의원내각제(classical parliamentarism)는 강한 의회 · 약한 정부의 형태를 지닌 의원내각제 유형으로, 프랑스의 제3공화국과 제4공화국에서 볼 수 있는 형태이다. 이 유형의 특징으로는 집행권이 대통령과 내각에 부여되어 있으나, 대통령은 의례적 권한만을 가지고 있을 뿐 행정에 관한 실질적 권한은 수상이 가지고 있는 의회우위형이다. 프랑스의 경우에서 보듯이 의회는 내각에 대한 불신임권을 행사했으나, 정부가 의회해산권을 행사하지 않았던 것이 관례가 되어 강한 의회 · 약한 정부의 의원내각제가 되었다.

② 통제된 의원내각제

통제된 의원내각제(controlled parliamentarism)는 약한 의회 · 강한 정부의 형태를 지닌 의원내각제 유형으로 독일 등에서 볼 수 있는 형태이다. 소위 내각 우위형에 해당하는 이 유형에서 대통령은 의례적인 권한만을 가지고 있으며 조각권도 형식적이다. 연방수상은 연방대통령의 제청으로 연방의회에서 토론 없이 선출되며 행정의 대강만을 결정한다. 의회는 건설적 불신임 투표에 의하지 아니하고는 정부에 대한 불신임권을 행사할 수 없다. 건설적 불신임 투표는 차기 수상을 재적 의원 과반수 찬성으로 선임하지 아니하고는 정부를 불신임할 수 없게 함으로써 정국(政局)의 불안정을 예방하고 있다.

③ 내각책임제

내각책임제(cabinet government)는 의회와 내각이 비교적 권력의 균형을 갖춘 의원내각제의 유형으로 영국이 이에 해당한다. 영국의 내각은 하원의 다수당으로 구성되는 비교적 작은 위원회라고 할 수 있다. 수상은 다수당의 공천에 의해 총선의 결과에 따라 자동적으로 결정된다. 수상은 정책을 결정하고 집행하는 방법과 형태를 결정하기 때문에 종종 입헌적 독재자라고 불리기도 한다. 그렇지만 영국에서는 행정권이 정치적 기능으로는 우월하나 권위주의적으로 행사되지 않기 때문에 권력의 균형이 유지되고 있다. 예컨대, 수상과 내각이 권력의 행사를 자제하고, 야당의 권리와 여론의 추세를 존중하며 정당 규율이 확립되어 있기 때문에 내각과 의회 간의 권력 균형이 이루어진다.

(2) 의원내각제의 특성

의원내각제는 권력 분립의 요청에 따라 입법권과 행정권을 서로 독립시킴과 동시에 민주주의의 요청에 따라 행정권을 민주적으로 통제할 수 있도록 구성된 정부 형태로서 다음과 같은 장·단점을 지니고 있다.

의원내각제의 정부 형태가 지닌 장점으로는 첫째, 내각이 국민의 대표기관인 의회에 그 존립과 존속을 의존하고 있기 때문에 민주적 요청에 가장 적합하다. 따라서 내각은 의회에 연대 책임을 지고 책임정치를 시행할 수 있고, 의회의 신임을 획득하고 유지하기 위해 유능한 정치적 인재를 등용하거나 부적절한 인재를 도태시킬 수 있다. 둘째, 내각은 국회를 모체로 하고 있기 때문에 강력한 정치를 할 수 있다. 특히 의회와 내각이 대립하는 경우에는 불신임 결의와 의회 해산으로 정치적 대립을 신속히 해결할 수 있다.

이에 반해 의원내각제가 지닌 단점으로는 첫째, 의회가 정권 획득을 위한 정쟁(政爭)의 장소가 될 수 있다. 예컨대, 군소 정당이 난립하거나 타협적 태도가 결여될 때에는 내각에 대한 빈번한 불신임 결의로 정국 불안정이 초래될 수 있다. 둘째, 내각이 의회의 의사에 구애받지 않는 강력한 정치를 추진할 수 없다. 이에 더해 최악의 경우에는 내각이 원내 다수당과 제휴하여 다수의 횡포를 자행할 수 있는 위험마저 있다.[11] 따라서 의원내각제 정부 형태가 성공하기 위해서는 무엇보다 행정적으로는 직업공무원제와 지방자치제가 확립되어야 하고, 정치적으로는 안정된 복수정당제가 확립되어 정치적 자유가 완전하게 보장되어야 한다. 이에 더해

---

11) 의원내각제가 지닌 단점과 한계를 극복하기 위한 대안으로는 첫째, 정당의 난립을 막기 위해 다수대표제와 소선거구제를 채택해야 한다. 둘째, 정당의 난립을 막을 수 있는 제도적 장치를 마련해야 하며, 정치적 불안정을 예방하고 불신임 이후에 오는 통치의 공백기를 메우기 위해 독일에서 시행하고 있는 건설적 불신임제를 도입해야 한다. 셋째, 정국 안정을 위해 일정 기간 내에는 불신임하지 못하도록 하거나, 불신임 횟수를 제한할 필요가 있다. 끝으로 정당 이탈과 이합집산을 막기 위해 정당 이탈자의 당적 상실 규정을 마련할 필요가 있다.

정치인과 국민의 정치 의식 수준이 높아야 하고, 국민 간의 동질성과 타협적 문화가 형성되어야만 한다(권영성, 2000).

2) 대통령제

의원내각제가 영국의 역사적 · 정치적 관습의 산물이라면, 대통령제(presidential system)는 미국에서 창안되었을 뿐만 아니라 오늘날까지 미국에서 가장 성공적으로 운용되고 있는 정부 형태이다.[12)]

대통령제는 대통령 중심제, 대통령 책임제, 대통령주의제 등으로도 불리는 정부 형태로서 엄격한 권력분립주의에 입각하여 행정부의 수반인 대통령이 국민에 의해 선출된다. 또한 임기 동안 의회에 대해 책임을 지지 아니하고 의회로부터 완전히 독립한 지위를 가지는 정부 형태를 의미한다. 이에 따라 대통령제는 구조와 내용적 측면에서 일원적 구조의 집행부가 입법부 및 사법부와 엄격하게 분리 · 독립됨으로써 국가기관 간에 권력적 균형이 유지되고 국민에 의해 선출되는 대통령의 집행부가 안정을 유지할 수 있는 정부 형태이다.[13)]

정부 형태로서 대통령제는 의원내각제와는 다른 제도적 특징을 지니고 있다. 이를 살펴보면 첫째, 국민이 직접 대통령을 선출하고 임기를 두고 있다. 그 결과 대통령제는 정해진 임기 동안 행정부의 안정성을 보장하는 대신, 상황 변화에 대한 정치적 대응이 약한 특징을 가지고 있다. 둘째, 대통령은 행정부의 수반인 동시에 국가원수의 지위를 가지고 있다. 대통령제에서 내각은 의원내각제와는 달리 보좌

---

12) 미국이 1787년 필라델피아 제헌회의에서 다른 나라에서는 그 원형을 찾아볼 수 없는 대통령제의 정부 형태를 채택하게 된 주된 이유는 제한된 정부(limited government)를 만들고자 하는 데 있었다. 즉, 제한된 정부만이 주정부의 독립성을 보장해주고, 국민의 자유와 권리도 보장이 될 것이라고 믿었다. 약한 정부에 대한 열망은 당시의 자유권 만능의 정치사상과 일치될 뿐만 아니라, 로크(John Locke)와 몽테스키외(Charles De Montesquieu) 등에 의해 강조된 권력분립론에 영향을 받은 것이기도 했다. 이에 따라 권력분립론은 미국연방헌법에서 결실을 맺게 되었으며, 정부와 국회의 상호 독립과 독립된 법원을 가진 대통령제 정부 형태가 이루어졌다(이환경, 1999).

13) 대통령제의 정부 형태에서는 입법부와 집행부가 상호 독립적일 뿐 아니라, 권력 행사에서 서로 견제함으로써 권력적 균형을 유지한다. 권력 상호 간의 억제와 균형은 대통령의 경우 국민에 의한 대통령 직선제, 대통령의 정치적 무책임성, 법률안 거부권 등에 의해 실현된다. 이에 반해 의회는 양원제, 입법권의 독점, 집행부 고위공무원 임명에 대한 동의, 국정감사, 조사, 집행부 구성원에 대한 탄핵소추 등에 의해 실현된다.

기관에 불과하며 수상 제도 대신 부통령을 두는 것이 일반적이다. 셋째, 대통령과 의원은 선거에 의해 직접 선출되고 겸직 금지의 원칙을 적용받는다. 이 때문에 대통령은 국회에 대한 정치적 책임을 지지 않고 오직 국민에 대한 책임만을 진다. 끝으로 권력 분립의 기초 위에서 대통령과 국회는 상호 견제와 균형을 이룬다(윤명선, 1993: 58-60).

(1) 대통령제의 유형

① 미국형 대통령제

미국형 대통령제는 엄격한 삼권분립론에 입각하여 행정부의 수반인 대통령이 국민에 의해 선출되고, 임기 동안 의회에 대해 책임을 지지 아니하며 의회로부터 완전히 독립한 지위를 가지는 정부 형태이다. 미국적 환경과 여건 속에서 탄생한 미국형 대통령제는 그동안 통치기구의 구성 원리로서 성공적인 기능을 수행해 왔다.

미국형 대통령제가 성공할 수 있었던 이유로는 다음을 들 수 있다. 첫째, 권력의 분리가 권력의 유리 현상으로 경직화되지 않았다는 점이다. 둘째, 대통령 또는 상원의 상대적인 권한 증가에도 불구하고 사법권을 비롯한 견제와 균형을 담당하는 통치 기제들이 제대로 작동해 왔기 때문이다. 셋째, 국민의 투철한 헌법 의지가 통치권의 행사를 감시해 왔다는 데서 이유를 찾을 수 있다(허영, 1996: 675).

② 신대통령제

신대통령제(neo-presidential system)는 권위주의 정부 형태 가운데 대표적인 현대적 정부 형태이다. 신대통령제는 헌법상 국가원수인 동시에 행정부 수반인 대통령이 입법부와 사법부에 대해 절대적으로 우월한 지위를 가지고 있는 유형이다. 따라서 어떤 국가기관도 대통령의 헌법 규정상의 또는 사실상의 권력 독점에 대항하거나, 그 권력 행사를 견제할 수 없다. 이런 점에서 뢰벤슈타인(Karl Löwenstein)은 신대통령제를 부분적·불균형적 권력 분립의 원리를 채택하고 있는 것으로 보았다.[14)]

14) 신대통령제는 여러 면에서 전체주의와 다른데 가장 큰 차이점은 지배적인 국가 이념이 전혀 없거나 공허하다는 데에 있다. 다만 신대통령제는 전체주의와 달리 대체로 입헌군주제와 유사하게 헌법적 기반 위에 서 있다는 점에서 차이가 있다. 왜냐하면 국가 의사 형성에서는 외형상 기존의

이에 따라 신대통령제에서는 대통령의 권력 행사에 대한 통제와 권력 남용을 방지하기 위한 제도적 장치가 구비되어 있지 않거나, 구비되어 있는 경우라도 그것이 실효성이 없다. 특히 신대통령제 하에서 입법부와 내각은 물론, 명목상으로 독립적 지위를 가진 사법부도 대통령에 대해 종속적 지위에 있다. 신대통령제의 예로는 이집트의 나세르(Gamal A. Nasser) 체제, 베트남의 응오딘지엠(Ngo Dinh Diem) 체제, 필리핀의 마르코스(Ferdinand E. Marcos) 체제, 아르헨티나의 페론(Juan D. Peron) 체제 등을 들 수 있다(권영성, 2000: 720-721).

③ 준대통령제

정부 형태로서 준대통령제는 이에 대한 명확한 개념 규정이 없고, 학자들마다 그 내용 또한 동일하지 않은 실정이다. 다만 준대통령제에서는 국가원수가 간접선거로 선출되고, 의원내각제의 대통령보다는 상대적으로 많은 권한을 가지고 있는 것이 특징이다. 그러나 행정권은 의회의 불신임 투표로써 전복될 수 있는 내각의 권한에 속한다. 결국 준대통령제의 정부 형태는 권위주의적 대통령제의 일종에 불과하다. 준대통령제의 실례로는 바이마르공화국, 프랑스의 제2공화국과 제5공화국을 들 수 있다(김승규, 1979: 267-275).

(2) 대통령제의 특성

정부 형태로서 대통령제가 지닌 가장 큰 특성은 권력 주체 간에 상호 독립의 원리에 기초하고 있다는 데 있다. 즉, 대통령제는 성립과 책임이 의회에 대한 것이 아니라 국민에게 있다는 것과 이 같은 독립성으로 인해 행정부는 의회와 기능적으로 독립되어 상호 간에 규제와 균형을 추구할 수 있도록 제도화되었다.

대통령제가 지니는 정부 형태로서의 장점을 살펴보면 첫째, 행정부의 안정성과 권위의 유지가 가능하다. 대통령제에서는 행정부 수반인 대통령이 의회로부터 독립되어 있기 때문에, 적어도 대통령의 임기 중에는 행정부가 안정될 가능성이 상대적으로 높다. 둘째, 의회에 의한 행정부 지배를 제어할 수 있다. 예컨대, 대통령제에서는 대통령이 법률안 거부권 등을 행사하여 의회를 견제할 수 있다. 셋째, 정

헌법 절차에 따르기 때문이다.

책 수립 시에 신속한 결정이 가능하다. 대통령제에서는 대통령이 의회로부터 독립되어 있기 때문에 상대적으로 신속한 의사 결정이 가능하다.

이에 반해 정부 형태로서 대통령제가 지닌 단점으로는 첫째, 대통령의 독재화가 가능하다는 점이다. 이는 대통령제의 대통령은 의회의 신임 여부에 관계없이 재직하며 의회에 대해 책임을 지지 않는 독립형의 구조에 기인한다. 둘째, 행정부와 의회 간 갈등이 발생했을 경우 조정 기제가 없다. 조정 기제가 없기 때문에 두 기관이 대립되어 있는 경우, 행정부의 기능이 정지될 가능성이 있어 오히려 정국 불안이 조성될 수 있다. 셋째, 국민의 정치적 훈련 기회가 의원내각제에 비해 많지 않고, 정치지도자를 육성하기 어렵다. 따라서 대통령제의 정부 형태가 성공하기 위해서는 무엇보다도 대통령의 독재화를 방지하기 위한 제도적 장치로서 권력의 분산이 이루어져야 한다. 이에 더해 정당정치와 의회정치가 활성화되어야 하고 여론이 활성화되어 대통령에 대한 통제 기제로서 작동할 수 있어야 한다.

3) 이원집정부제

이원집정부제 또는 이원정부제(double executive)는 대통령제의 요소와 의원내각제의 요소를 결합한 정부 형태를 의미한다. 이원집정부제는 원칙적으로 위기 시에는 대통령이 행정권을 전적으로 행사하나, 평상시에는 수상이 행정권을 행사하며 하원에 대해 책임을 지는 의원내각제 형식으로 운영되고 있다. 뒤베르제(Maurice Duverger)에 의해 반대통령제라고도 명명되었던 이 정부 형태는 오스트리아, 핀란드, 독일 바이마르공화국 등에서 발달되었다. 현대적 유형으로는 프랑스의 제5공화국이 대표적이다.

(1) 이원집정부제의 유형

이원집정부제의 대표적인 유형으로는 바이마르(Weimar)헌법과 드골(de Gaulle)헌법 하의 정부 형태를 들 수 있다.

① 바이마르헌법 하의 이원집정부제

바이마르헌법은 국민이 직접 선출한 대통령에게 강력한 권한을 부여하면서,[15]

동시에 의회에도 정부에 대한 불신임권과 강력한 입법권을 행사할 수 있는 이원집정부제적 정부 형태를 채택했다. 바꾸어 말하면, 바이마르헌법은 강성 대통령과 강성 의회라는 대립형의 정부 형태를 띤 이원집정부제를 구성했다. 이에 따라 정부는 의회의 지지를 얻을 수 없었기 때문에, 대통령은 정부를 자주 경질하지 않을 수 없는 상황에 직면하게 되었다. 바이마르헌법 하의 이원집정부제는 이후 헌법 제48조에서 규정한 비상대권을 행사하는 권위주의적인 통치 체제로 변모했다.

② 드골헌법 하의 이원집정부제

프랑스의 제5공화국 헌법은 대통령에게 강력한 권한을 부여하면서도 의원내각제적 요소를 가미한 이원집정부제적 정부 형태를 채택했다. 프랑스 제5공화국의 정부 형태를 보면 국민에 의해 선출된 대통령은 수상임명권, 법률안 거부권, 국민의회 해산권 등의 권한을 지니고 있다. 이에 반해 내각을 통괄하는 수상은 대통령에 의해 임면되며, 국회의원을 겸직할 수 없도록 되어 있었다. 또한 수상은 권한으로서 정부의 활동을 지도하고, 행정 각부를 지휘·감독하며, 국방을 책임지도록 규정했다. 그러나 드골헌법 하의 정부 형태는 대통령과 수상이 권한을 균분하는 형태로 운영되도록 구성되었으나, 실제로 대통령의 권한이 증대됨에 따라 수상의 권한이 축소되는 현상을 초래했다.

(2) 이원집정부제의 특성

이원집정부제는 국가마다 운영 방식이나 내용이 다르기 때문에 획일적으로 말하기 어려우나 대체로 다음과 같은 특징을 지니고 있다. 첫째, 대통령은 의회로부터 독립되어 있다. 즉, 대통령제와 유사하게 이원집정부제의 대통령도 국민이 직접 선출하며 의회에 대해 책임을 지지 않는다. 둘째, 내각이 의회에 대해 책임을 진다. 예컨대, 대통령이 수상을 지명하나 의회의 동의가 있어야만 임명할 수 있도록 함으로써 내각에 대해 불신임권을 행사할 수 있도록 하고 있다. 셋째, 구조적으로 대통령의 권한이 확대되고 수상의 권한이 약화될 수밖에 없는 모순을 가지고 있다.

---

15) 대통령은 국가긴급권, 수상임명권, 의회해산권, 국민투표 회부권, 국군통수권 등의 권한을 지니고 있었다.

이에 따라 이원집정부제가 지니고 있는 장점을 살펴보면 내각제적 방식을 포함하고 있어 입법부와 행정부의 대립에서 오는 마찰을 피할 수 있고, 위기 시에는 대통령이 신속하고도 안정된 국정 처리를 할 수 있다. 이에 반해 단점으로는 대통령제에서와 유사하게 내각과 의회의 대통령 견제권이 약해 대통령 독재화의 우려가 있다는 것이다(이환경, 1999: 195-206).

생각할 문제

• 정부에 대한 개념

1. 시대별로 정부의 역할과 기능이 달라지는 배경에 대해 생각해 보시오.
2. 국가의 성격에 따라 국가의 역할과 범위가 어떻게 달라지는가에 대해 생각해 보시오.
3. 정부에 대한 신뢰가 급감하고 있는 이유들에 대해 생각해 보시오.
4. 국가와 정부의 공통점과 차이점에 대해 조사해 보시오.

• 정부의 형태

1. 대통령제와 의원내각제의 장·단점을 비교해 보시오.
2. 한국에서 최근 논의되고 있는 이원집정부제가 적합한지에 대한 타당성에 대해 생각해 보시오.
3. 장면 정부에서 의원내각제가 실패한 이유에 대해 조사해 보시오.
4. 한국에서 의원내각제를 실시한다면 어떤 문제가 발생할 것인가에 대해 생각해 보시오.
5. 한국에서 끊임없이 제기되고 있는 정부의 형태에 대한 논란의 이유에 대해 생각해 보시오.

Chapter 02

정부에 대한 시각

Chapter 02 정부에 대한 시각

제1절 정부에 대한 시각

정부를 국가와 유사한 관점에서 제도적 총체로서의 통치 기제로 보았을 때, 다음으로 제기되는 것이 통치 기제인 정부나 국가를 어떻게 볼 것이냐의 문제이다. 이는 국가가 지닌 속성이나 특성 등이 무엇인가의 문제로, 국가가 지닌 특성이나 속성에 따라 국가의 기능과 역할이 달라질 수 있다는 점에서 중요한 의미를 지닌다. 이같이 정부나 국가를 어떻게 볼 것인가에 대한 시각은 다양하게 전개되어 왔다. 이러한 시각에는 먼저 다원주의적(Pluralist) 정부관, 마르크스주의적(Marxist) 정부관, 베버주의적(Weberian) 정부관, 시장자유주의적(Market Liberalism) 정부관 등으로 구성되는 고전적 정부관이 존재한다. 이들이 고전적(classic)이란 수식어를 가지지만 여전히 정부의 작동원리, 역할, 구성 등을 설명하고 해석하는 데 유용한 관점이다.

이어서 자유민주주의 국가들 사이에서 비교적 최근에 등장한 신다원주의적(Neopluralism) 정부관을 살펴볼 필요가 있다. 신다원주의적 정부관은 다원주의가 직면한 문제와 비판에 대응하여 발전한 이론으로 현대 국가를 이해하는 데 있어 중요한 관점 중 하나이다. 여기서는 각 정부관을 중심으로 정부가 지닌 성격을 규명하고자 한다.

1. 다원주의적 정부관

개방적이며 유동적인 세계관을 지닌 다원주의적 관점은 무엇보다도 사회의 균형 상태를 지향하는 데 초점을 둔다. 다원주의는 집단 간의 자유로운 경쟁을 통해 이들의 사적 이익을 약화시키고, 안정적인 균형 상태를 만들고자 하는 사회 모형이다. 그래서 다원주의는 모든 사회 내의 잠재적 이익이 외적 개입이 없는 자유로운 경쟁의 원칙 속에서 현재화되고 조직화된 이익집단들의 경쟁을 기반으로 한 체제로 정의할 수 있다. 다시 말해, 다원주의적 정부관이란 집단 구성의 자발성과 균형 상태를 최선의 사회로 간주하는 관점으로 다양한 집단의 상호작용은 필연적으로 갈등을 수반할 수밖에 없으므로 정부와 정치는 갈등을 조정하는 데 그 이익이 있다고 보는 입장이다(최장집, 1989: 129-130).

다원주의적 정부관은 홉스(Thomas Hobbes)와 로크(John Locke)를 중심으로 한 고전적 국가관과 사회계약이론에 그 뿌리를 두고 발전해 왔다. 특히 정부를 개인이 만들어 낸 계약적 실체(contractual entity)에 불과한 것으로 보았던 홉스의 계약론적 정부관은 다원주의적 시각에 지대한 영향을 미쳤다(Hobbes, 143-172; 김태룡, 1987).[1] 바꾸어 말하면, 계약론적 정부관의 핵심을 구성하고 있는 자유주

1) 홉스는 기능론적 인식론에 입각해 자신의 이익을 합리적으로 극대화할 수 있는 개인주의적 관점에서 사회계약이론을 발전시켰다. 홉스는 개인주의적 관점에서 정부의 형성 과정은 다음과 같이 세 단계로 이루어진다고 보았다(Hobbes, 1950: 170-180, 402-406; 김태룡, 1987). 첫째 단계는 헌정적 요소(constitutional element)가 전혀 존재하지 않는 원시적 상태이다. 이 상황에서는 개인들이 무한대로 자신의 이익만을 추구하기 때문에, 종국에는 만인의 투쟁이나 전쟁 같은 상황이 초래하게 된다. 이에 따라 인간은 이 같은 상황을 피하기 위해 이성을 찾는 다음 단계로 이전하게 된다. 둘째 단계는 평화를 위한 자아실현의 발현 단계이다. 이 단계에서는 개인들이 만인의 투쟁을 피하기 위해 계약적 상황을 설정하게 된다. 이러한 계약 상황으로부터 민주주의 이념의 초석인 개인주의와 사회계약 사상을 기초로 하는 의무라는 개념이 도출되는데 이를 통해 전쟁 상태를 억제할 수 있다. 셋째 단계는 홉스의 정부관에서 가장 핵심적인 부분으로 사람들에게 공

의적 패러다임은 국가의 절대성 때문에 개인의 자유가 제한되거나 박탈당하는 상황을 인정할 수 없었던 것이다. 자유주의적 패러다임에 기초한 다원주의적 정부관은 정부나 국가의 적극적 역할이나 기능에 소극적인 입장을 견지한다.

자유주의적 패러다임에 기초한 다원주의적 시각은 이후 매디슨(James Madison)의 정치사상에서 만개되었다(Bardes et al., 2004: 214).[2] 매디슨은 다원주의를 형성하는 기초적 요소인 파당(派黨, faction)을 전체의 이익에는 역행하는 것이지만 인간 본성에 내재한 열정을 구성하는 것들 가운데 하나로 인식했다. 그래서 매디슨은 인간과 집단, 열정들을 불가피한 것으로 받아들였다. 바꾸어 말하면, 매디슨은 파당의 양성화를 제도적으로 보장해주어야 인간의 열정이 파괴적으로 흐르는 것을 차단할 수 있다고 보았다.

토크빌(Alexis de Tocqueville) 역시 유럽에서 그 전례를 찾아볼 수 없는 미국의 다원주의적 경향에 대해 무한한 경외를 보냈다. 토크빌은 제도적으로 자율성과 자발성이 보장된 결사체 간의 경쟁이 다수에 의한 폭정의 가능성을 제거함과 동시에 원자화된 개인주의를 사회적 유대 관계로 전환시킬 수 있는 제도라고 찬양하였다.

정부나 국가에 대한 다원주의적 시각은 정치 체계에 투입되는 개인과 집단의 요구나 선호를 존중하고 그것이 정책이라는 결과로 나타나는 전환 과정을 중시하는 입장이다. 다원주의적 관점은 다양한 사회집단이 정부의 통제를 받지 않고, 자발적·경쟁적으로 이익을 추구할 때 최선의 사회가 이룩될 수 있다는 가정을 전제로 한다. 따라서 다원주의자들은 사회란 기본적으로 자아 규제적이기 때문에 집단 간의 갈등을 해결하기 위해 국가나 정부가 억압적 역할을 할 필요는 없고, 다만 조정자나 심판자적 기능만 수행하면 충분하다고 주장한다. 이러한 시각에서 다원주의자

공선(common good)을 인식시키는 단계이다. 일반적으로 사람들은 전쟁보다는 평화를 더 선호한다. 그렇지만 인간은 자연의 법칙을 준수하자는 구호나 약속만으로는 그들의 안전이 보장되지 않는다는 사실을 알고 있다. 그리하여 마지막 단계에 이르러서는 이 같은 구호나 약속이 지니는 취약점을 보완하기 위한 방법을 강구할 수밖에 없게 된다. 바꾸어 말하면, 자연법을 위반한 사람들에게는 제재나 처벌의 두려움을 보여줄 필요가 부득이 야기된다는 것이다.

2) 매디슨은 다원주의적 정부가 성공하기 위한 기본적 가정으로 다음을 설정했다. 즉, 특정 집단의 이익 추구가 다른 사람의 이익을 침해하지 않게 하기 위해서는 모든 이해 당사자가 자유롭게 협상에 참여할 수 있어야 한다. 그래야만 다양한 이해관계의 경쟁이 균형을 창출할 수 있고, 이런 이해관계 간의 타협과 조화가 바로 경쟁의 결과라고 보았다.

들은 최소의 정부를 최선의 정부로 간주하고 중앙집권적인 국가주의를 배격하는 입장을 취하고 있다.

예컨대, 미국의 헌정주의(constitutionalism)에서 이 같은 경향을 찾아볼 수 있다. 미국의 헌정주의는 네 가지의 기본적 원리, 즉 공화국 형태의 정부, 권력 분립, 연방주의, 개인의 인권 보호 등으로 구성되었다. 기본적 원리들 중에서 우선 공화국 형태의 정부와 권력 분립의 원리는 정치적 권위를 행사하는 지배자들을 선거라는 제도에 예속시키려는 의도가 있었다. 또한 정부의 모든 기관이 갖고 있는 지배력을 독립적으로 분산시킴으로써 연방정부의 절대적이고도 자의적인 권력 남용을 방지하는 데 목적이 있었다.

이와 함께 연방주의와 개인의 보호라는 원리는 독립된 정부 수준 간에 지배력을 분산시켜 놓아서 연방정부나 주정부의 세력이 미치지 않는 어떤 주체를 설정하여 정부의 범위를 제한하려는 데 그 목적이 있었다. 이같이 미국의 헌정주의는 다원주의적 관점에서 중앙집권적이고 자의적인 국가 권력의 행사를 배격하고자 하는 데 사상적 목표가 있었다(Karlen, 1968: 81-89; Friedrich & McClosky, 1954: xiv-xxii).

또 다른 맥락에서 볼 때 다원주의자들에게 국가는 단지 집단의 총합에 불과하다. 국가는 여타 이익집단과 마찬가지로 사회집단으로서의 위상과 자율성을 향유할 뿐이라는 것이 이들의 주장이다. 그래서 다원주의자들은 국가 의지를 집단 의지의 파생물로 간주하며 국가 상부구조의 우위성과 중심성을 인정하지 않는다. 바꾸어 말하면, 다원주의자들은 사회구성체를 상부구조와 하부구조로 구별짓는 이분법적 접근을 배격하고, 국가나 경제의 우선순위도 인정하지 않는 입장을 취하고 있다. 다원주의자들에게 국가는 집단 이해를 조정하는 조정기관으로 인식될 뿐이며, 국가 자율성 개념 역시 상대적이거나 절대적이 아닌 사회적인 것으로 간주될 뿐이다(김호진, 2003: 214).[3]

자유주의적 패러다임에 토대를 둔 다원주의적 정부관은 이후 마르크스주의자들

3) 국가 자율성에 대한 개념도 다의적이지만, 여기서는 국가나 정부가 자본가 계급이나 여타 사회세력으로부터 간섭과 압력을 배제하고 독자적으로 국가나 정부가 정책의지를 관철할 수 있는 능력이나 힘으로 본다.

이나 베버주의자들로부터 심각한 도전을 받게 되었다. 비판의 요체는 자유주의자들이 시장을 통해 획득한 자유를 국가가 침해하는 것이 두려워 적극적 정부론을 거부했다는 데 있다. 결국 다원주의적 정부관은 국가가 적극적이고 긍정적 기능을 할 수 있다는 사실을 인정하지 않은 결과, 정부를 시장의 종속물로 취급하는 시장주의에 편향되는 오류를 범했다는 것이 이들에게 가해지는 주된 비판이다(Polanyi, 1989).

2. 마르크스주의적 정부관

1) 고전적 마르크스주의

모든 사람의 공공선(common good)을 위해 존재한다는 고전적 정부관에 회의를 품고 도전한 관점으로 고전적 마르크스주의(classical Marxism)를 들 수 있다. 고전적 마르크스주의자들은 특정 사회 계급에 대한 국가의 종속성을 지적하면서 국가와 통치 엘리트를 자본가 계급(bourgeoisie)의 이익에 봉사하는 도구적 존재로 인식하려는 입장이다. 따라서 고전적 마르크스주의의 특징은 국가의 계급적 편향성을 대단히 강조한다는 데 있다.

고전적 마르크스주의의 창시자라 할 수 있는 마르크스(Karl Marx)는 국가를 자본가 계급의 공동 업무나 관리하는 집행위원회에 불과한 실체로 간주했다(Marx, 1978: 475). 그래서 마르크스에게 자본주의 국가는 공동체의 전체 이익보다는 자본가 계급의 이익만을 위해 봉사하는 계급적 존재로서, 기능적 자율성은 행사하지도 못하는 자본가 계급의 지배 도구로 간주되었다. 또한 마르크스는 자본주의 국가에서 제정된 법체계란 것도 생산 수단의 소유에 따른 사회 지배 계급의 의지를 반영해 표출시킨 형식에 불과하다고 보았다. 그 결과 마르크스는 법에 의해 통제되는 자본주의 국가는 결국 자본가 계급에 봉사하는 기능만을 수행할 뿐이라고 보았다.

이에 더해 마르크스는 정부의 존립 이유가 자본가 계급의 사유재산을 보호하는 데 있기 때문에, 사유재산이 존재하지 않는 사회에서는 국가나 정부가 존재할 필요가 없다는 입장을 취했다. 결국 고전적 마르크스주의적 정부관에서 볼 때, 자본가 계급의 이해를 위해 도구적 역할만을 담당하는 국가나 정부는 엥겔스(Friedrich Engels)가 지적한 것처럼 자본가 계급이 소멸하게 되면 함께 소멸할 수밖에 없는 운명공동체라는 것이다(Ham & Hill, 1984: 32-47).

2) 신마르크스주의

1960년대 후반부터 고전적 마르크스주의에 기초해 등장한 신마르크스주의(neo Marxism)는 고전적 마르크스주의자들이 주장한 국가 소멸이 이루어지지 않고 있는 데 대한 의문에서 출발했다. 신마르크스주의자들은 고전적 마르크스주의자들의 기본적 주장에는 동의하면서도, 이들의 정부관에 문제가 있을 뿐만 아니라 상황의 변화를 인지하지 못한 것에 대해 비판을 가하기 시작했다. 예컨대, 고전적 마르크스주의자들은 국가를 경제적 하부구조를 반영하는 단순한 파생물로만 보았기 때문에 국가 자체가 하나의 독립변수로 존재한다는 사실을 간과했다는 것이다. 이는 고전적 마르크스주의자들이 국가가 체제 유지를 위해 독자적인 자율성을 가지고 모든 영역에 영향을 미칠 수 있는 실체로 존재한다는 사실을 인지하지 못했다는 것을 의미한다.

이와 함께 국가는 환경의 변화에 따라 다양한 집단 간의 이해관계를 조정하면서 독자적인 생존 전략을 구사해 왔기에 국가가 소멸하지 않고 유지될 수 있었다는 점도 간과해 왔다는 것이 신마르크스주의자들의 주장이다. 결국 신마르크스주의자들의 시각은 국가가 소멸하지 않은 주된 이유가 바로 국가가 자율성을 확보하면서 환경의 변화에 적응해 왔다는 데 모아지고 있다.

신마르크스주의의 견해는 정부에 대한 시각에 따라 다양하게 나뉘고 있으나, 도구주의적 관점과 구조주의적 관점으로 대별할 수 있다.[4)] 신마르크스주의의 양대 축인 도구주의적 관점과 구조주의적 관점을 대표하는 밀리밴드(Ralph Miliband)와

4) 이 밖에도 자본론에 입각하여 국가 행위의 실체를 경제적 토대에서 유추하고자 했던 국가도출론적 시각(state derivation school) 등이 있으나, 아직은 이론 형성이 미흡한 단계여서 여기서는 제외한다. 국가도출론자들의 주된 관심은 사회로부터 국가를 도출해 낸 것이 무엇인가에 대한 의문에 모아지고 있다.

풀란차스(Nicos Poulantzas)는 현대 자본주의 사회에서 나타나는 국가의 문제를 둘러싸고 치열한 논쟁을 전개했다.[5] 이들이 벌인 논쟁의 핵심은 두 가지로 나누어 볼 수 있다. 하나는 "국가는 왜 자본가 계급의 이해관계에 봉사하는가?"란 문제이고, 다른 하나는 "국가는 자본주의 체제를 유지하고 확대시키기 위해 어떤 방식으로 작동하는가?"란 문제였다.[6]

바꾸어 말하면, 신마르크스주의자들이 조명하고자 했던 핵심적 주제는 국가를 중립적인 조정자로 상정하는 다원주의적 정부관을 비판하면서 국가의 계급적 성격을 규명하고 국가를 단순히 지배 계급의 도구로 파악하는 경향에서 탈피하여 사회로부터 분리된 공적 권력체로서 국가가 갖는 상대적 자율성을 설명하는 것이었다.

(1) 도구주의적 정부관

밀리밴드(Miliband, 1969: 23-25)로 대표되는 도구주의(instrumentalism)는 기본적으로 국가는 지배 계급의 이해를 위한 도구에 불과하다는 입장이다. 밀리밴드에게 국가는 실체가 있는 것도 아니며 또한 존재하는 대상도 아니다. 실제로 존재하는 것은 국가가 아니라 단지 국가 체계를 구성하고 있는 다양한 요소에 불과하다는 것이다. 이때 존재하는 국가 체계란 정부, 행정부, 군부 및 경찰, 사법기관, 지방정부, 의회 등과 같은 구체적 제도를 의미할 뿐이다. 그래서 밀리밴드는 국가를 주어진 사회환경 속에서 특수 이익을 실현하기 위한 수단으로 존재하면서 정책과 같은 국가 행위를 통해 산업자본가와 경제적 중산층의 요구를 수용하는 도구적 존재로 간주했다(Newman, 2002: 159).

---

5) 두 사람 간의 논쟁이 시작되던 1960년대는 제2차 세계대전 이후 급속한 경제 성장에 바탕을 둔 낙관론이 하강기로 접어드는 시점이었다. 이에 따라 전후의 경제정책에서 핵심적 역할을 담당했던 케인스주의(Keynesian)의 기본 명제였던 국가의 역할에 대한 새로운 이론적 도구를 찾고자 하는 분위기가 조성되고 있었다. 그런데 이 같은 분위기와는 달리, 당시 주류를 형성했던 자유주의나 전통적 마르크스주의는 국가의 역할에 대해 명확한 입장을 취하지 못하고 있었다. 이런 측면에서 이들의 논쟁은 기존의 이론 체계에 대한 일종의 도전이자, 새로운 대안을 모색하고자 한 시도였다.

6) 밀리밴드는 주로 영미학계에 지배적이었던 다원주의적 정치이론에 대한 도전이었고, 이에 반해 풀란차스는 전통적 마르크스주의를 상대로 한 도전이라고 할 수 있다. 다만 두 사람의 문제 제기가 전혀 다른 방식으로 개념화되기는 했지만, 넓은 의미에서 볼 때는 마르크스주의적 전통에서부터 논의를 전개했다고 보아야 할 것이다.

밀리밴드는 국가가 자본가 계급의 지배 도구가 될 수밖에 없는 이유로 다음을 들고 있다. 첫째는 자본가 계급과 국가 엘리트의 사회적 배경이 유사하기 때문이다. 둘째는 자본가 계급은 개인적으로나 집단적으로 또는 조직을 통해 국가정책에 영향을 미치기가 용이하다. 셋째는 국가는 자본이 갖고 있는 객관적인 힘 때문에 자본과 연대를 지향하게 된다는 것이다.[7] 그런데 이때 자본의 객관적인 힘인 정당성 부여의 기능 때문에 국가는 자본의 축적 과정을 지원하게 되며 결과적으로 전체 자본가 계급의 이해에 봉사하는 도구적인 역할을 수행하게 된다.[8]

결론적으로 밀리밴드는 자본가 계급이 국가나 정부를 직접적으로 통치(govern)하지 않으면서도 지배(rule)할 수 있는 것은 국가와 정부가 자본가 계급이 조종하는 도구에 불과하기 때문이라는 것이다. 따라서 국가나 정부가 자본가 계급의 도구적 역할로부터 자유롭기 위해서는 다원주의에 대한 신화를 제거하고 그 신화의 빈 자리에 진정한 혁명정당을 만드는 것이라고 주장했다. 밀리밴드가 제안한 혁명정당이란 정치경제적인 차원을 넘어서는 지적·도덕적 통일을 창출해 낼 수 있고 기업적 수준이 아니라 보편적 수준에서 발생하는 문제들을 하층집단의 일반 이익과 조화시켜 제기할 능력을 가진 정당을 의미한다(Kovel, 1994).

(2) 구조주의적 정부관

풀란차스에 의해 대표되는 구조주의적 견해는 상대적 자율성(relative autonomy)이란 개념을 이용하여 국가를 설명한다. 즉, 상대적 자율성이란 개념을 도입하여 국가의 정책이 자본주의 체제의 모순과 제한 속에서 어떻게 결정되는지를 분석했다는 데 특징이 있다(Poulantzas, 2001: 4-12).

풀란차스에 따르면, 자본주의 사회는 봉건주의 사회와 달리 구조적으로 정치 영역과 경제 영역이 분리되어 있기 때문에 국가는 기능적 고유성과 상대적 자율성을

7) 자본이 지니고 있는 객관적 힘이란 자본의 정치적 효율성인 정당성 제고의 능력을 의미하며, 이로 인해 국가 엘리트의 존속을 가능하게 해준다는 점에서 중요하다.

8) 도구주의적 견해와 관련하여 그람시(Antonio Gramsci)의 헤게모니이론은 또 다른 의미를 내포하고 있다. 그람시는 도구주의와 유사하게 국가의 도구성을 부분적으로 인정하면서도 국가의 이데올로기적 역할과 패권 형성의 능력을 강조했다는 점에서 도구주의와 차별성을 지닌다. 즉, 국가는 강압적 도구만이 아니라 이데올로기적 동의도 확보하면서 지배 계급에 대한 헤게모니를 장악하게 되었다는 것이다(김호진, 2003: 210-212).

모두 갖고 있다는 것이다. 이에 따라 국가는 국가정책을 이용하여 지배 계급을 응집시켜 이들의 이익을 확보해주고, 다른 한편으로는 피지배 계급에 대해서도 그들의 이익을 구현해줌으로써 사회 전체의 응집에 능동적으로 기여하고 있다고 주장한다.

그런데 국가가 이중적 기능을 수행할 수 있는 자율성을 확보하게 된 것은 자본주의 경제 체제가 지닌 구조적 결과에 따른 것이지 국가 자체가 경제 체제의 원인이었기 때문은 아니라는 시각이다. 그래서 국가 활동이 최종적으로는 자본가 계급의 이익을 도모하는 방향으로 귀결되었다 하더라도 그것은 국가가 자본가 계급에 예속되었기 때문이 아니라 자본주의 사회구성체에 귀속되었기 때문이라는 주장이다.[9] 풀란차스는 국가가 상대적 자율성을 향유할 수 있는 이유가 다음과 같은 기능들을 수행하고 있기 때문이라고 보았다.

첫째, 국가가 자본의 통합 기능을 수행하고 있다. 외형상으로 볼 때 자본가 계급은 모두가 추구하는 이익이 동일한 것 같지만, 현실적으로는 자본가 계급 간에도 이해관계나 자본의 소유 정도에 따라 다양한 분파로 나뉜다. 그래서 국가는 다양한 이해관계로 분산된 자본가 계급이 동의할 수 있는 공통의 이익을 도출해 냄으로써 자본가 계급으로부터 상대적 자율성을 획득하게 되었다.

둘째, 국가가 민중을 분열시키는 기능을 수행하고 있다. 이는 국가가 복지정책이나 상징정책들과 같은 다양한 메커니즘을 통해 자본가 계급의 지배를 은폐시키는 동시에 국민들이 모두 평등한 시민인 것처럼 위장시킴으로써 민중들이 자본가 계급이나 국가에 도전하지 않도록 하고 있다는 것이다. 이 점에서 국가가 민중을 분열시키는 데 활용하는 이데올로기의 역할이 대단히 중요한 비중을 차지한다. 즉, 국가는 신념 체계이자 문화인 이데올로기를 사회의 하부구조에 깊이 침투시켜 일반 대중을 포함해 지배 계급의 사고까지를 구속함으로써 교묘한 은폐를 시도하고 있다.

셋째, 국가는 체제 유지 기능을 수행하고 있다. 국가는 자본주의 메커니즘이 원활하게 작동하도록 지원 기능을 수행함으로써 자신의 물적(物的) 기반을 구축하고

9) 홀로웨이(Holoway, 1991: 172)는 풀란차스의 논의를 비판하면서, 구조와 투쟁은 분리될 수 없음을 주장했다.

있다. 이 같은 방식을 통해 축적된 물적 기반을 바탕으로 국가는 자본가 계급이나 노동자 계급 모두로부터 상대적 자율성을 확보해 나가고 있다. 그러나 풀란차스는 자본주의 국가가 일정 영역에서 상대적 자율성을 확보했다고 해서 친자본주의적 계급성을 포기하거나 자본가 계급의 이익에 전적으로 반하는 행위를 할 수는 없다고 보았다(Poulantzas, 1975: 25-33; 김호진, 2003: 210-212; 안병만, 1999: 61-62; 손호철, 1994).

결국 마르크스주의자들은 국가가 자본가 계급의 지배를 영속화할 가능성을 우려해서 자본주의 국가 체제를 부정적인 입장에서 접근한 정부관이다. 이런 측면에서 마르크스주의적 정부관도 다원주의적 정부관과 유사하게 국가가 적극적이고 긍정적으로 기능할 수 있다는 사실을 인정하지 않은 결과 국가를 계급의 도구로 보면서 경제결정론(economic determinism)으로 편향되는 오류를 범했다는 비판에 직면해 있다.

특히 신마르크스주의자들도 마르크스의 경제결정론과 진화론적 해석에서 탈피하고자 여러 이론적 시도를 꾀했으나, 역시 그 한계를 벗어나지는 못했다는 비판을 면하기 어렵다. 예컨대, 신마르크스주의자들에 가해지고 있는 비판의 요체는 첫째로 계급성에 의해 제한받는 자율성 또는 자율성에 의해 보장되는 계급론이라는 구도 속에서 여전히 국가 행위가 궁극적으로는 자본 축적과 자본주의 생산 관계의 재생산에 기여하고 있다는 전제를 유지했다. 둘째로 이런 전제 자체가 기능주의적·목적론적 틀에서 벗어나지 못했다. 끝으로 추상적이고 고정된 국가 개념을 유지함으로써, 시간과 장소에 따라 다양한 형태를 보이는 국가의 성격과 활동을 포괄하지 못했다는 한계가 그것이다(Polanyi, 1989; 이양구·이선용 옮김, 1985).

3. 베버주의적 정부관

베버주의자들은 국가를 공적 관료제와 행정기구, 제도화된 법질서로 정의하려는 경향을 띠고 있다. 그래서 베버주의자들은 관료제의 구조에 주목하면서, 권력의 집중화 정도와 사회에 대한 국가 권력의 범위에 많은 관심을 기울여 왔다(Jessop, 1990: 2-3). 이 같은 맥락 속에서 베버주의는 국가주의의 효시라 할 수 있는 베버

(Max Weber)를 중심으로 한 고전적 베버주의와 베버의 국가주의를 발전시킨 신베버주의로 나뉜다.

1) 고전적 베버주의

베버주의는 국가 제도가 계급 관계의 산물이고 기생적 존재이기 때문에 자본주의의 몰락과 함께 소멸된다는 마르크스주의의 견해를 부정한 베버로부터 출발했다(김호진, 2003: 215). 베버는 기본적으로 마르크스주의자들과 같이 국가가 자율성을 상실한 채 경제결정론에 지배되는 것을 인정하지 않았다. 마르크스주의자들의 견해와 달리, 베버가 보는 국가는 관료조직에 의한 권위적 지배 체제로 일정한 영토 안에서 합리적인 물리적 강제력을 요구하는 인간공동체라는 것이다. 또한 그 연장선상에서 국가를 절대적인 지배권을 향유하는 초계급적인 실체로 간주했다. 따라서 베버는 국가를 마르크스주의자들과 같이 자본가 계급에 대해 국가 자율성이 존재하느냐와 같은 시각보다는, 국가가 갖는 규제 체제와 이에 대한 정통성의 개념에서 접근했다.

베버는 국가의 핵심적 특징으로 관료제의 합법적 지배를 들고 있다. 그것은 국가가 정통성의 위기나 사회 불안에 처했을 때, 영토의 보전과 사회 안정을 위해 관료조직이 담당해야 할 역할과 기능을 강조했기 때문이다. 이처럼 베버가 관료제를 국가의 핵심적 특징으로 간주한 이유는 관료제가 지닌 기술합리성과 지배자에 상관 않는 몰주관성, 비인격성 등으로 인해 관료제가 조직화되고 나면 불가역성과 영속성을 갖기 때문이다.

이에 따라 관료들은 합법적 강제력의 독점과 업무의 전문성을 바탕으로, 자신들의 사회적 지위와 권력을 유지 확대시키려는 이익공동체를 형성하게 된다. 결국 이러한 관료적 속성들로 인해 국가와 관료집단은 사회 세력으로부터 독립성과 자율성을 지닐 수 있는 물적 토대를 형성할 수 있게 된 것이다(Weber, 1968: ch. 11, 973).

2) 신베버주의

마르크스 이래로 국가나 정부는 전통적으로 마르크스주의자들의 핵심적인 연구 주제였다. 특히 1970년대는 신마르크스주의자들인 밀리밴드와 풀란차스 간의 논쟁을 비롯한 독일의 국가 도출 논쟁에 이르기까지 국가론의 전성시대라고 부를 만큼 국가에 관한 이론적 논의가 활발하게 이루어졌다. 그러나 이전의 전성시대와는 달리 1980년대에 들어오면서 마르크스주의적 국가론은 급격한 쇠퇴를 보이기 시작했다.

퇴조의 원인으로는 여러 가지가 있겠지만, 가장 근본적인 이유는 제2차 세계대전 이후 급속한 자본주의의 성장과 그에 따른 계급구조의 역동적인 변화 과정을 제대로 인식하지 못한 데 있었다. 변화에 따른 새로운 국가의 역할과 성격을 이론적으로나 경험적으로 규명해 내지 못했던 것이 신마르크스주의가 급격하게 퇴조한 원인이라고 할 수 있다(Jessop, 1990: 1-3).

베버의 국가주의(statism)적 또는 국가 중심적 사고를 계승한 신베버주의(neo-Weberian)의 등장은 신마르크스주의적 국가론이 퇴조하는 시점과 맞물려 진행되었다. 신베버주의자들이 추구하는 정부관은 기본적으로는 베버의 국가 개념을 이론적 출발점으로 공유하고 있다는 점에서 공통점을 지닌다.[10] 또한 신베버주의자들은 국가와 통치 엘리트의 기능적인 고유성과 독자성을 통해 국가의 내재적 자율성을 강조한다는 점에서도 유사한 성향을 보이고 있다. 이런 측면에서 신베버주의자들은 국가의 힘(strength)과 능력(capacity)을 중심으로 논의를 전개한 것이 특징이며, 이 개념은 신마르크스주의자들이 강조했던 상대적 자율성 개념과는 대조를 이룬다(Krasner, 1978: 61-70).

베버의 국가관을 좀 더 발전시킨 신베버주의자들은 국가를 고유한 목표와 이익을 추구하는 독립적 실체로 인식했다. 이에 따라 신베버주의자들은 국가를 외생변

---

10) 김석준(1991)은 신베버주의자들의 범주를 대단히 포괄적으로 보고 있다. 예컨대, 자유주의 이론 가운데 국가 관료의 자율성과 합리성 등을 인정하면서, 국가의 성격과 국가의 행위를 파악하는 경향들을 모두 신베버주의로 간주하고 있다. 이러한 신베버주의의 출발은 1980년대 초 미국의 사회과학연구위원회(Social Science Research Council)의 하위 분과인 국가사회 구조분과에서 국가에 관한 공동 연구를 수행한 학자들에게서 비롯되었다.

수(exogenous)로서의 위상과 매개변수(intervening)로서의 위상을 동시에 지닌 것으로 파악했다. 이때 국가를 외생변수로 간주한다는 것은 국가가 사회 세력으로부터 격리된 상태를 유지하면서 자신의 고유한 목표와 이익을 추구하는 경우를 의미한다. 또한 국가를 매개변수로 간주한다는 것은 국가가 정책 활동을 통해 환경과의 불일치로부터 야기된 위기들을 극복하는 것을 의미한다.

그렇지만 국가는 그 위상이 외생변수든 매개변수든 간에 지배 계급의 이익을 초월해서 국가 자신의 목표와 이익도 동시에 추구한다는 점에서 국가는 도구성을 탈피하고 자율성을 향유하고 있다는 것이 신베버주의자들의 입장이다(김호진, 2003: 217). 베버의 국가 개념을 공유하면서 출발한 신베버주의도 국가에 대한 시각이 학자마다 다양하기는 하지만, 국가를 비중 있는 활동 요인으로 간주하면서 국가가 어떻게 정책과 사회집단들과의 관계를 통해 정치·사회적 과정에 영향을 주는가를 분석하고자 했다는 점에서 유사점을 발견할 수 있다(Evans, Rueschemeyer, & Skocpol, 1985: 3-10).

여기서는 다양한 신베버주의자들의 견해를 모두 고찰하기보다는 신베버주의의 이론적 논의를 가장 잘 발전시켰다고 평가되고 있는 스카치폴(Theda Skocpol)의 국가관을 중심으로 신베버주의자들이 지닌 정부관의 대강을 살펴보고자 한다.[11] 스카치폴의 국가이론을 신베버주의주의로 보는 이유는, 그녀가 무엇보다도 베버의 국가 개념을 이론적 출발점으로 삼고 있기 때문이다. 즉, 국가를 사회로부터 독립된 자율적 존재로 상정하고, 국가의 행위와 역할을 근대 국가의 조직적 특성이라 할 수 있는 관료제를 중심으로 파악했기 때문이다.

스카치폴은 국가 권력의 기본적 토대인 관료제는 국가의 고유한 논리와 이익을 가지고 하나의 집단적 행위자로서 활동한다고 보았다. 그 결과 국가는 인적 구성

---

11) 국가를 정치학의 중심 주제로 복귀시키려고 했던 스카치폴의 시도는 국가론의 관점에서 기여한 바가 크다(전태진, 1998). 스카치폴의 이러한 시도가 갖는 기여를 살펴보면 첫째, 국가가 지닌 응집성과 이로부터 출발하는 국가 행위에 관심을 자극했다는 점이다. 둘째, 국가가 자율적으로 정책을 수립하고 이를 효과적으로 실행할 수 있는 조건과, 그 역사적·기원론적 분석에 관한 심층적인 분석을 주도적으로 이끌었다는 점을 들 수 있다. 셋째, 국가의 조직구조와 행위가 사회 세력들의 정치적 조직화와 활동들에 미치는 영향을 추적함으로써, 각국의 다양한 정치 행태와 계급 관계를 이해하는 데 기여했다. 넷째, 신마르크스주의적 국가론이 일정 부분 내포하고 있었던 도구주의적 또는 기능주의적·목적론적 편향성을 반추해 보는 계기를 제공했다.

과 활동 영역에서 사회경제적 영역과는 다른 성격을 가지며, 경제적 지배 계급의 직접적 통제로부터도 어느 정도는 자율적인 존재라는 것이다. 따라서 국가는 계급으로 분화된 사회경제적 영역과 생존을 위해 경쟁하는 국제 체계 사이에 위치한 존재로 보고 있다.

스카치폴에게 관료조직은 국가 권력을 특징짓는 요소인 동시에 국가로 하여금 여타 사회 세력의 지배로부터 벗어나게 하는 주된 원동력이었다. 그래서 여타 사회 세력으로부터 벗어난 국가는 고유한 이익을 가진 조직으로서 총체적 행위자(corporate actor)로 활동하게 되었다는 것이 스카치폴의 시각이다(Rueschemeyer & Evans, 1985: 47).

스카치폴은 행위자로서 기능하는 국가의 역할을 분석하기 위한 수단으로 국가 자율성(state autonomy)과 국가 능력(state capacity)이라는 개념을 제시했다. 이 중 사회의 영향력으로부터 벗어나 독자적인 정책 목표들을 수립할 수 있는 정도를 의미하는 국가 자율성은 국가마다 다르며 고정된 개념이 아니라는 것이다. 즉, 국가가 지닌 조직의 내부, 사회 세력들과의 관계, 정당, 의회 등 대의제 기구와의 관계에 따라 국가 자율성이 달라질 수 있는 가변적인 것으로 보았다.

이와 함께 강력한 사회집단들의 반대를 무릅쓰고도 공식적 목표를 실행할 수 있는 능력을 의미하는 국가 능력도 국가마다 가변적인 속성을 갖는 것으로 보았다. 따라서 한 국가의 국가 능력은 주권적 지위, 행정·군사적 통제 능력, 관료제의 능력, 재정적 자원 등의 변수에 따라 결정된다. 이런 점에서 국가 능력은 국가의 정책 영역에 따라 불균등하게 나타나는 속성이라고 할 수 있다(Skocpol, 1979: 124-125; Rueschemeyer & Evans, 1985: 9-17; 전태진, 1998: 61-63). 이상과 같이 스카치폴은 사회환원론적 국가론에서 탈피하여 국가를 총체적인 행위자이자 제도화된 구조로서 파악했다는 점에서 의의가 있다.

4. 시장자유주의적 정부관

시장자유주의는 자본주의가 국가의 발전과 더불어 인간의 자유를 보장하는 최적의 체제라는 신념을 가진다. 1970년대 이전 초기 시장자유주의자들은 정부에 대한 규범적 주장만을 내세웠다. 즉, 스미스(Adam Smith)의 유산인 시장이 더 효율적이며 시장을 중심으로 하는 작은 정부가 더 바람직하다는 것이다. 이러한 주장이 흔히 말하는 자유방임주의(laissez faire)이다.

시장자유주의자들의 주장은 19세기 후반부터 정부의 공교육, 의료보험, 연금제도 등 사회보장정책의 확대에 밀려 큰 목소리를 내지 못하였다. 그리고 1930년대 대공황시기에 뉴딜 정책 등 적극적인 정부 개입 정책들이 성공을 거두면서 이들의 입지는 더욱 약화되었다.

이러한 시기에 영국의 경제학자이자 정치철학자인 하이예크(Friedrich Hayek)의 1944년 발간 저서 『노예의 길(*The Road to Serfdom*)』이 큰 인기를 끌게 된다. 그는 이 저서에서 영국이 사회보장정책 확대 등을 통해 사회주의화되는 현실을 비판하였다. 사회주의 계획경제에서는 자유보다 평등을 중시하며 인간의 생산 동기를 떨어뜨린다. 따라서 필연적으로 정부의 규제나 개입이 발생할 수밖에 없다. 이 규제나 개입은 권력을 만들어내고 이 권력은 결국 독재나 전체주의로 이어진다. 즉, 사회주의가 인간을 노예에 길로 이끈다는 것이다. 이러한 주장은 독일 나치 전체주의와 소련의 사회주의에서 비롯된 제2차 세계대전의 참극을 경험한 이후라 더욱 설득력을 가졌다.

하이예크가 주장하는 핵심 가치는 개인의 자유이며 이는 강력하고 공정한 법치주의와 개인의 사유재산권 보장을 통해 달성된다고 보았다(Hayek, 1944). 그리고 개인의 자유가 보장되면 누구나 부자가 될 수 있다는 동기가 경제 발전의 원동력이 될 것이라 예상하였다. 따라서 그는 정부의 역할은 법치주의를 확립하는 등 필요 최소한으로 유지해야 한다고 주장하며 이외의 보조금, 의료보험, 연금 등 사회보장정책이나 경제 규제 정책 등에는 비판적 시각을 견지한다. 사회보장정책이나 경제 규제 정책은 필연적으로 혜택을 받는 사람과 비용을 지불하는 사람이 존재한다. 이러한 혜택과 비용이 얼마나 되며 누구에게 돌아갈 것인지를 결정하는 주체는 관료나 정치가, 즉 정부이다. 국민은 결정 권력을 가진 정부에 종속될 수밖에 없으며 결국 개인의 자유는 정부에 의해 축소되기 때문이다.

하이예크의 이론은 1970년대 초 케인스식 개입 정책이 스태그플레이션에 대응하지 못함에 이르자 전 세계적으로 각광을 받기 시작하였다. 그 결과로 그는 1974

년에 노벨 경제학상을 받게 되었다. 하이에크의 시장자유주의는 통화주의 창시자인 프리드먼(Milton Friedman)으로 이어지고 '시카고 학파'에서 큰 발전을 이뤄냈다. 프리드먼은 경제공황이 자유무역 제제와 통화 공급 억제 등의 정부 정책 실패에 기인한 것이며, 자본주의 체제 자체의 문제는 아니라는 주장을 하였다. 그리고 케인스식 개입주의를 비판하며 통화에 대한 엄격한 통제를 강조한다. 즉, 통화를 경기 불황과 호황에 따라 급격히 팽창 또는 긴축적으로 유통해서는 안 되고 안정적으로 공급해야 한다는 것이다.

프리드먼의 시장자유주의 관점은 하이에크보다는 덜 급진적인 편으로 정부의 사회보장정책에 대해 부정하지 않는다. 다만 그의 저서인 『자본주의와 자유(*Capitalism and Freedom*)』에 따르면 진정으로 가난한 사람에게 최소한의 보장만을 허용해야 한다고 주장한다. 그 실천 방안으로 부의 소득세(negative income tax)를 제안하는데 이는 모든 국민이 동일한 소득세율을 적용받고 소득세를 낸 이후 가처분소득이 일정 수준에 못 미치면 국가가 보전해주는 방식을 의미한다(Friedman, 1962). 이는 사회보장제도 규정에 따라 수혜를 받거나 못 받을 수 있는 상황을 제거할 뿐만 아니라 국민이 정부에 종속되지 않는 자유를 보장할 수 있다. 또한 현행 자산조사(means-tested) 방식의 사회보장제도가 일으키는 '실업의 함정'을 완화할 수 있는 효율적 제도라고 강조한다.[12] 프리드먼은 이 같은 경제 이론을 통해 1976년 노벨 경제학상을 받게 된다.

한편 1970년대부터 하이에크의 규범적 이론을 넘어서서 정부 현상을 설명하는 이론인 공공선택론이 대두되기 시작하였다. 뷰케넌(James Buchanan), 털록(Gordon Tullock), 올슨(Mancur Olson), 니스카넨(William Niskanen), 브레넌(Geoffrey Brennan) 등 공공선택론자들은 합리적 인간의 행태를 가정한 미시 경제학을 정치체제 작동 원리까지 확장시켰다(Downs, 1957; Dryzek & Dunleavy, 2009). 그들은 개인의 이익을 극대화하려는 합리적 인간들의 행태로 이루어진 정부가 왜 실패

12) 빈곤층에 대한 자산조사 방식의 보조금 지급은 일반적으로 그 한계세율이 100%이다. 즉, 100만 원을 지원받는 자가 근로를 하여 70만 원의 소득이 발생하면 국가에서는 30만 원밖에 지원을 해주지 않는 방식이다. 따라서 보조금을 지급받는 자에게는 근로를 하지 않고 국가에서 100만 원을 받는 것이 더 합리적인 선택이 된다. 이렇듯 보조금을 받는 빈곤층이 충분히 근로를 할 능력과 여건이 되지만 하지 않고 보조금을 받는 현상을 '실업의 함정'이라 한다.

하는지를 설명하는 다양한 이론을 제시하였다. 이 때문에 이들 학자들을 '합리적 선택론자' 또는 '정치경제학자'로 부르기도 한다.

공공선택론은 정부가 작동하는 방식이 결국 다양한 이해관계자들의 집단적 결정으로 본다. 그리고 이해관계자들, 즉 국민, 정치인, 관료, 이익집단 모두 자신의 이익을 극대화하기 위해 움직이며 단일한 공익이란 것은 존재하지 않는다고 가정한다(Butler, 2012). 이들은 민주주의 국가의 기본적인 집단 의사결정 방식인 선거제도를 바탕으로 다양한 이론들을 전개하였다.

정부가 특정 정책을 시행하면 이로 인해 이익을 보거나 손해를 보는 집단이 존재하게 된다. 이 정책으로 인해 이익을 볼 수 있는 집단은 이익을 더 얻기 위해 자원을 활용하고, 손해를 볼 수 있는 집단은 손해를 줄이기 위해 자원을 동원한다. 이러한 이익 또는 손해의 감소를 지대(rent)라고 하며, 이를 얻기 위해 자원을 동원하는 활동을 지대 추구(rent-seeking)이라 한다(Tullock, 2013). 이러한 지대 추구에 사용되는 비용은 이익 집단에게는 더 많은 이익을 위한 합리적 행동이지만 국가 전체로 보면 생산 활동에 사용되는 것이 아니기에 비효율을 유발한다. 이 같은 지대 추구로 인해 많은 이익을 가질 수 있는 소수의 집단보다 다수의 유권자들은 개개인이 치루는 비용이 적을 뿐만 아니라 정보 획득에 소요되는 비용이 있기 때문에 합리적으로 이에 대한 관심이 적을 수밖에 없다(Downs, 1957).

한편 이익집단은 이익집단끼리 서로의 표를 거래하여 각자의 영향력을 높일 수 있다. 즉, 한 집단이 먼저 선거에서 다른 집단의 이익에 손을 들어주고 이후 선거에서 반대로 혜택을 받으면 결과적으로 두 소수 이익 집단의 영향력이 더 크게 작용하는 결과가 될 수 있다. 이를 로그롤링(log-rolling)이라 한다(Buchanan & Tullock, 1962).

이익집단 외에 관료나 정치인들도 정책결정 과정에서 자신의 이익을 극대화하려고 할 수 있다. 관료들은 자신의 영향력과 승진 기회를 극대화하기 위해 자신의 기관의 예산을 극대화하려는 경향을 가진 반면, 예산을 줄이고 효율적으로 활용하기 위한 유인은 없다고 보는 것이다(Niskanen, 1971; Niskanen & Houghton, 1973). 정치인들 역시 자신의 이익, 즉 더 많은 표를 얻기 위해 행동할 수 있다. 즉, 유권자들이 가장 많이 모이는 중위 투표자들의 선호와 이익에 맞추기 위한 공약을 펼치는 것이 합리적 선택이 될 것이다. 그 결과 소수의 선호와 이익은 배제되고 다수의 혜택만 보장될 수 있다(Downs, 1957).

이러한 이론들은 개인의 합리적 선택에 의한 집단 결정이 왜 전체 공익을 대변할 수 없는지를 설명하고 있다. 그리고 정부가 왜 비효율적이고 실패할 수밖에 없는지를 설명하는 근거로 제시된다. 공공선택론에서는 이에 대한 해결책으로 헌법(constitution)을 제시한다(Buchanan & Tullock, 1962). 집단 의사 결정이 필요한 영역을 무엇으로 할 것인지와 그 영역에서의 의사 결정이 어떻게 이루어져야 하는지에 대해 헌법에서 결정하자는 것이다. 이 같은 헌법 제정은 필수적으로 만장일치를 이루어야 하며 쉽게 바뀌어서는 안 된다. 공공선택론의 논리는 이익 극대화를 추구하는 합리적 인간은 미래의 어떤 집단 결정이 자신을 착취할 수 있을지 모르기 때문에 최대한 동일한 보호와 견제 장치를 마련할 것이라는 생각이다. 이 같은 논리를 바탕으로 조세 정책과 같이 과반수의 결정이 소수에 큰 피해를 줄 수 있는 영역에서는 2/3 이상의 찬성이 필요한 가중 정족수를 도입하는 등의 헌법적 결정이 내려질 수 있다.

지금까지 살펴 본 시장자유주의적 정부관은 1980년대 들어서면서 정부 체계에 큰 영향을 미치게 되었다. 이는 신자유주의라는 이름으로 영국의 '대처리즘(Thatcherism)'과 미국의 '레이거노믹스(Reaganomics)'의 기초가 된다. 레이건(Ronald Reagan) 대통령의 "우리 문제의 해결책은 정부가 아니다. 정부 자체가 문제이다." 유명한 취임사는 당시 신자유주의 기조를 정확히 반영하고 있다.

이념의 스펙트럼에 따라 다르지만 시장자유주의자들은 일반적으로 국가의 역할을 다음과 같이 본다. 사적 재산권의 범위 설정 및 보호, 계약 관련 법률 제정 및 집행, 개인의 자유 보호, 화폐 발행 및 통제, 불가피한 독점 규제, 기본적 국가 인프라 설치, 자신의 이익을 스스로 돌보지 못하는 사람에 대한 보호, 국방, 이상의 역할에 들어가는 비용에 대한 조세 마련이 그것이다(Dryzek & Dunleavy, 2009). 즉, 정부의 역할을 필요 최소한으로 한정한다. 실제 신자유주의는 2000년대 중반까지 신공공관리(New Public Management)란 명칭 하에 세금 감축, 규제 완화, 공기업의 민영화, 정부서비스 위탁(Contracting-out), 헌법 개정, 자유무역, 노동시장 유연화 및 성과제도 등을 정부 정책으로 강조하며 전 세계 많은 국가에 영향을 주었다.

이러한 시장자유주의는 2008년 금융위기의 주요 원인이자 및 전 세계적인 빈부 격차 확대의 원인으로 지적되며 그 영향력은 크게 쇠퇴하였다. 그러나 자본주의 경제 체제 안에서 시장자유주의적 정부관은 항상 주요한 시각으로 작동할 것이다.

5. 신다원주의적 정부관

다원주의적 정부관은 1960년대 접어들어 쇠퇴하기 시작하였다. 그 이유 중 하나는 파시즘(Fascism)과 같은 일원주의에 대한 반작용으로 대두되었던 다원주의가 일원주의 쇠퇴로 함께 그 영향력을 잃어갔기 때문이다. 또한 1960년대 미국 NASA의 달 탐사 등 정부 주도의 대규모 프로젝트 및 거대 다국적 기업 급부상은 다원주의적 정부관과는 부합하지 않았다. 가장 중요한 원인은 미국의 인종 차별과 베트남 전쟁 개입으로 인한 급진적 시위와 강경한 진압 등은 다원주의의 수용과 개방성에 대한 본질적 의심을 갖게 하였다(Dryzek & Dunleavy, 2009).

신다원주의 이론은 정치적 단체 설립 및 가입의 자유, 정치적 단체를 통한 정부에 영향력 행사, 개인의 권리 및 자유, 경쟁적 선거의 중요성 등은 다원주의의 기본적 요소들은 공유한다. 다만 집단 간 영향력의 균형을 중시한 다원주의와는 달리 집단 간 영향력이 어쩔 수 없이 차이 날 수 없음을 인정한다(Dryzek & Dunleavy, 2009). 특히 기업의 우월적 지위를 강조하였다.

기업의 영향력 증대는 정부 권력에 대항할 수 있는 세력의 등장이었고 정부만이 권력의 중심이 될 수 없다는 것을 의미하였다. 그러나 기업만의 우월적 지위가 특정 정책을 결정하는 것은 아니라는 점을 사바티어(Paul Sabatier)의 정책지지 연합 모형은 설명하고 있다(Sabatier, 1988). 특정 정책과 관련된 기업은 하나가 아니고 여럿이며 정책 이슈에 대해 생각과 이익을 공유한다. 예를 들어, 환경 정책의 경우 환경오염을 방지하고자 하는 산업과 집단(매연 방지 장치 기업, 청정에너지 관련 기업, 환경 보호 단체 등)이 있을 것이고, 환경오염이 있더라도 이익을 추구하고자 하는 기업(일반 화학, 제조 기업 등)이 있을 것이다. 따라서 각 진영은 더 많은 일반 국민, 언론, 의회 등을 자신의 편으로 끌어들이려 할 것이다. 이는 어느 집단도 협력이 필요하며 정책결정 권력이 분산되어 있음을 의미한다.

이 같이 신다원주의는 현대 사회문제의 복잡성과 결합하여 분산된 권력을 가진 다양한 집단의 참여와 협력을 중시하고 참여민주주의, 협력 네트워크, 나아가 신거버넌스 이론으로 확장된다(Dryzek & Dunleavy, 2009).

제2절 정부에 대한 접근 방법

어떤 학문 분야를 막론하고 학문 연구에서 연구 대상을 어떻게 연구할 것인가와 관련하여 다양한 견해나 시각이 제시된다. 이러한 견해나 시각 또는 관점들을 일반적으로 접근 방법이라 하며, 이는 그 분야의 연구 활동을 안내해 주는 일종의 전략이나 지향점(orientation)이라고 할 수 있다(Isaak, 1981: 191). 이런 측면에서 정부라는 연구 대상에 대한 접근 방법도 다양하게 발전되어 왔기 때문에 그 내용을 모두 소개한다는 것이 만만치 않은 실정이다. 예컨대, 매키버(McIver, 1965: 7-8)의 지적처럼 정부는 가장 오래된 사회과학이자 인류가 집단생활을 형성한 이래로, 이에 대한 통치 현상이나 제도 등에 대한 연구가 가장 많이 이루어져 온 분야라는 것이다.

정부에 대한 다양한 접근 방법 가운데 여기서는 한국 정부를 분석하거나 기술하는 데 사용된 접근 방법을 중심으로 소개하고자 한다.[13] 이에 따라 기술하고자 하

13) 한국 정부를 연구의 대상으로 하고 있는 기존의 문헌들이 소개하고 있는 접근 방법을 살펴보면, 우선 안병만(1999)은 한국 정부를 다각적으로 이해하는 데 필요한 연구 시각과 개념의 틀을 소개한다는 측면에서 이론적 접근을 시도했다. 따라서 안병만은 접근 방법을 다소 광의적인 입장에서 접근했다고 볼 수 있다. 소개된 이론적 접근들로는 제도론, 엘리트이론, 집단이론, 체제이론, 문화이론, 계급이론, 정치경제학, 국가론, 비판이론 등이다. 이에 비해 하태권 등(1998)은 정부의 구조와 기능을 다양한 관점에서 관찰하고 이해하는 데 도움이 되는 접근 방법 가운데 널리 사용되고 이용 빈도가 높은 것에 초점을 두었다. 이에 따라 법적·제도적 접근, 엘리트이론, 집단이론, 체제이론, 관료정치이론, 신제도주의 등을 소개하고 있다. 그리고 정부에 대한 일반적인 접근들로 김영식·주운현(2008)은 제도적 접근, 과학적 접근, 행태주의, 정치과정론, 웨스트민스터 모형과 컨센서스 모형, 거버넌스 모형 등을 들고 있다. 범위를 다소 넓혀 한국정치론의 영역을 살펴보면 김호진(2003)은 한국 정치의 발전과 변동 과정을 분석하는 데 초점을 두고 발전주

는 접근 방법으로는 첫째, 전통적 연구 방법으로 역사적 접근 방법, 법적·제도적 접근 방법, 엘리트론적 접근 방법을 소개하고, 둘째, 행태론적 연구 방법에 들어가는 집단론적 접근 방법과 체제론적 접근 방법을 소개하고자 한다. 마지막으로 후기행태주의적 범주 내지는 정치경제론적 연구 방법으로 조합주의적 접근 방법과 신제도주의적 접근 방법을 살펴보고자 한다.

1. 전통적 연구 방법

1) 역사적 접근 방법

역사적 접근 방법(historical approach)은 제도의 성격과 제도가 형성되어 온 특수한 방법을 인식하는 수단을 제공한다. 역사적 접근 방법의 기본 전제는 과거와 현재의 사건들이 무수한 방식으로 서로 연결되어 있으며, 어떠한 시기이든 인간의 존재는 결코 유리되어 있는 것이 아니라 불가피하게 과거와 연결되어 있다는 데서 출발한다. 따라서 역사적 접근 방법은 특정한 사건·기관·제도·정책 등의 기원과 발전 과정을 설명하는 경우에 많이 사용된다. 특히 역사적 접근 방법은 발생론적 설명(genetic explanation) 방식을 주로 사용한다(Isaak, 1981; 강신택 외, 1981).

인간 정신의 역사성과 지식의 상대성을 강조하는 입장에 있는 학자들은 과학적 연구 방법보다는 오히려 역사적 접근 방법을 통해 정치 현상을 좀 더 정확하게 인식할 수 있다고 주장한다. 그 이유는 인간의 경험은 의식 자체에 의해 선택되고 구성되며, 이러한 의식은 시대와 문화에 따라 변화하기 때문이라는 것이다. 이런 관점에서 역사적 접근 방법은 인간 행태에 초점을 둔 미시적 연구가 아니기 때문에 사회 제도나 혹은 제도의 개혁과 관련된 정부 연구에 유용한 시사점을 제공할 수 있다.

의 접근(역사주의, 구조주의, 행태주의, 체제기능론), 정치경제학적 접근, 국가론을 소개하고 있다. 김운태 등(1999)은 한국 정치를 분석하는 데 활용되어 온 접근 방법이라는 관점에서 실증주의적 접근 방법(신실증주의, 이론적 실증주의, 종합과학적 접근, 체제·기능적 접근), 인간주의적 접근 방법(현상학적 접근, 비판이론적 접근), 역사주의적 접근 방법 등을 제시하고 있다.

2) 법적 · 제도적 접근 방법

법적 · 제도적 접근 방법(legal-institutional approach)은 용어상에서 보듯이 법적 접근과 제도적 접근이 혼합된 접근 방법이다. 이 중 법적 접근 방법이 법률에 따른 규범적 측면에 초점을 맞춘 연구 경향이라고 한다면, 제도적 접근 방법은 역사적 접근 방법이나 법률적 접근 방법에 대한 반발로서 등장한 연구 경향이다. 제도적 접근 방법이 등장하게 된 주된 이유는 정치 현상이라는 것이 법 조항이 내포하고 있는 단순한 내용 이상을 포함하는 현상이라는 인식이 확산되었기 때문이었다. 즉, 정치 현상에 대한 연구가 기존의 방법처럼 정치에 대한 역사나 법률을 통한 방법보다는 현실 정치로서의 실제에 관심을 갖게 되었다는 것을 의미한다.

이에 따라 제도적 접근 방법은 입법부나 행정부 등과 같은 제도의 기술에 관심을 기울이기 시작했다. 그렇지만 대체로 중요한 제도들은 법률에 기반을 두고 있어 두 가지 접근 방법을 통칭하여 법적 · 제도적 접근 방법이라고 한다(이종수 · 윤영진, 2002: 158-159). 19세기 후반부터 사회과학 분야에서 채택되기 시작한 법적 · 제도적 접근 방법은 사회 제도 중 국가를 가장 핵심적인 제도로 간주하여, 유형적 실체인 공식적 국가기구를 주된 연구 대상으로 했다. 특히 공식적 국가기구인 행정기관, 의회, 대통령, 법원 등 유형적인 개별 정치 제도가 주된 연구 대상이 되었다.

그러나 법적 · 제도적 접근 방법은 과학성을 강조했음에도 불구하고 오늘날과 같은 의미에서 검증 가능한 명제를 제시한 것은 아니었고, 공적인 검증 방법을 채택한 것도 아니었다. 다만 법적 · 제도적 접근 방법은 주로 상이한 행정구조나 입법구조를 포함한 정치구조에 관한 병렬적 · 정태적인 기술에 그쳤다. 따라서 실질적인 비교 분석을 촉진하고 설명이론을 진척시킬 수 있는 범주와 개념을 개발하지는 못했다(Ethington & McDonagh, 1995: 88; 남궁근, 2002).

법적 · 제도적 접근 방법은 이 같은 한계로 행태주의자들에 의해 강한 비판에 직면하게 되었는데, 비판의 요체는 과학성에 관한 것이었다. 법적 · 제도적 접근 방법이 취한 병렬적 · 정태적인 기술 방식이 과연 과학성이 있느냐는 것이 그것이었다(Dye, 1988). 또 다른 비판의 한 축은 다원론자들로부터 제기되었는데, 법적 · 제도적 접근 방법이 지나치게 공식적인 국가기구에만 연구의 초점을 두기 때문에 급격한 산업화에 따른 권력의 다원화 현상을 반영하지 못하고 있다는 것이 그것이었다.

예컨대, 현대와 같이 다원화된 사회에서는 정치권력이 정당이나 이익집단 등과 같은 다른 사회집단들에 분산되어 있어, 정부의 권력이 종래와는 달리 상당히 약화되어 있다. 따라서 법적·제도적 접근 방법같이 현저하게 약화된 정부기관의 역할과 기능에 대한 고찰만으로는 통치 현상을 정확하게 이해할 수 없다는 것이다. 그래서 다원론자들은 현대 사회에서 통치 현상의 핵심을 정확하게 고찰하려면, 정부보다는 오히려 정부의 정책 과정에 공식적·비공식적으로 영향을 행사하는 이익단체를 포함한 정치집단과 정부 간, 정치집단 상호 간의 정치적 교호작용을 연구하는 것이 좀 더 바람직하다고 주장한다(Dahl, 1967; 하태권, 1999: 14-15).

그렇지만 법적·제도적 접근 방법에 가해지고 있는 많은 비판에도 불구하고, 법적·제도적 접근 방법이 효용성을 완전히 상실한 것은 아니다. 다원주의자들의 비판에도 불구하고 사회의 다원화에 따라 정부의 권한과 역할이 축소되어 가고 있기는 하지만, 국가의 통치 과정에서 가장 강력한 권한을 행사하는 것은 아직도 정부이기 때문이다(Dye, 1988). 바꾸어 말하면, 법적·제도적 접근 방법이 아직도 널리 사용되고 있는 이유는 정부조직의 형태나 구조 및 법제 등이 아직도 큰 영향력을 갖고 있기 때문이다. 이들은 통치 과정 속에서 개인과 집단의 행위를 규제하는 준거 규범으로 작용하면서, 공공정책의 내용과 결과에 지대한 영향을 미치고 있다(Mazmanian & Sabatier, 1981: 5-20). 이와 함께 법적·제도적 접근 방법이 통치 현상을 이해하는 데 가장 오랫동안 사용되어 온 주된 이유는 국가 주권의 사상이 뚜렷했던 전근대 사회에서 현재에 이르기까지 많은 사람들이 국가의 통치 과정에서 공식적인 정부조직을 가장 중요한 요소로 간주해왔기 때문이다. 또한 공식적인 법제가 갖는 형식성을 중요하게 생각해 왔기 때문이기도 하다(안병만, 1999: 36).

3) 엘리트론적 접근 방법

엘리트론적 접근 방법(elite approach)은 권력 엘리트의 행태에 지대한 관심을 두고 정치 현상을 연구한다. 이때 권력 엘리트라 함은 일반적으로 정치 권력을 소유하면서 사회에서 가장 중요한 결정을 내리는 소수집단을 의미한다. 엘리트이론은 권력 엘리트가 국가의 통치 과정에서 지배적 역할을 담당하고 있다고 간주하고, 이 소수 권력 엘리트의 행태를 연구하는 것이 정부의 활동을 이해하는 가장 효과적인 방법이라고 주장한다(안병만, 1999: 38).[14]

소수의 지배집단으로서 통치 과정에서 중요한 역할을 담당한다고 간주되는 엘리트에 대한 개념은 엘리트를 바라보는 관점에 따라 다양하게 전개되어 왔다. 엘리트이론의 선구자라 할 수 있는 파레토(Pareto, 1935)는 기능주의적 입장에서, 각 분야에서 최고의 활동 능력을 나타내고 있는 사람들을 한 계층으로 정리하여 그 집단을 엘리트라 보았다. 또한 모스카(Msoca, 1939)와 밀스(Mills, 1959)는 사회제도 또는 조직상 지배적 지위라는 시각에서 엘리트를 지배 기능적 측면에서 중추적 지위를 차지하는 집단으로 규정했다. 이 밖에도 토인비(Toynbee, 1986)는 도덕적 관점에서 자기에게 많은 것을 요구하여 자기 자신을 곤란과 의무를 지게 하는 인간 유형으로 보았으며, 에치오니(Etzioni, 1991)는 정보이론의 입장에서 엘리트를 사회적 통제 기능을 담당하는 집단으로 정의했다.

이 같은 개념에 기초한 엘리트이론이 정부 활동의 핵심을 이해하는 데 권력 엘리트의 행태를 연구하는 것이 가장 효과적이라고 주장하는 이면에는 다음과 같은 전제가 놓여 있었다. 즉, 19세기를 풍미한 루소(Jean J. Rousseau)의 대중민주주의나 마르크스의 계급 없는 사회란 하나의 신화에 불과한 것일 뿐, 모든 사회는 소수 지배의 철칙이 지배하고 있다는 것이다. 다시 말해, 모든 사회에서 인간은 지배 계급과 피지배 계급으로 나뉘며, 지배 계급은 수적으로는 소수이나 권력을 독점적으로 소유하는 반면에, 피지배 계급은 다수임에도 불구하고 지배 계급에 의해 조정되고 있다(Mosca, 1939: 50-52; Pareto, 1935). 따라서 통치 엘리트들이 정치의 제도화에 미치는 영향력이 거의 절대적이라고 볼 때, 이들을 연구하는 것이 통치 과

14) 엘리트론적 접근 방법을 전통적인 연구 방법으로 분류하는 데는 다소 문제가 있을 수 있다. 그것은 엘리트이론이 19세기 말부터 출발했음에도 불구하고, 권력 엘리트에 대한 행태 연구가 행태론적 방법이나 행태주의자들에 의해 많이 연구되었기 때문이다. 다만 여기에서 엘리트이론을 전통적인 연구 방법으로 분류한 이유는 이 방법의 역사적 근원이 기본적으로 고전적 국가론과 마르크스의 국가이론에 대한 비판에서 출발했기 때문이다.

정을 이해하는 데 핵심이 될 수밖에 없다(Ilchman & Uphoff, 1979: 25-33).

엘리트이론이 정치 과정 연구에서 이처럼 절대적인 영향력을 행사할 수 있는 근거를 다이(Dye, 1998)는 다음과 같이 들고 있다. 첫째, 모든 사회가 권력을 지닌 소수와 권력을 갖지 못한 다수로 이루어져 있기 때문이다. 이에 따라 권력을 지닌 소수만이 사회 내의 중요한 가치 배분에 참여할 뿐, 권력을 소유하지 못한 다수의 대중은 소수의 권력 소유자들이 내린 결정과 처분에 따를 수밖에 없다. 둘째, 권력을 소유하지 못한 대부분의 대중은 정치에 무관심하여 엘리트 집단에 영향을 미치는 경우가 거의 없기 때문이다. 셋째, 권력 엘리트들은 신마르크스주의자들의 주장과 유사하게 사회경제적 배경이 유사하며, 자신들의 이익을 강화하기 위해 공통된 입장을 취하기 때문이다. 정부 정책은 이들의 선호를 반영하는 경우가 대부분이고 지속적으로 권력 엘리트의 이익과 지위를 공고히 한다.

그 결과 엘리트이론은 모든 사회에서 엘리트의 역할이 예외 없이 지배적이라고 주장한다. 이들에 의하면, 민주주의 사회에서 이루어지는 자유선거조차 상징적인 것에 불과하며, 여론 또한 엘리트에 의해 통제되고 조작된다고 보고 있다. 이런 맥락에서 엘리트이론은 특히 발전도상국이나 저개발국의 통치 과정을 분석하는 데 더욱 유용하다. 이런 나라들은 선진국에 비해 모든 부분에서 사회 제도가 덜 분화되어 있고, 그에 따라 권력 가치가 소수의 특정 집단에 집중되어 있을 가능성이 높은 엘리트 중심의 사회를 구성하고 있기 때문이다(Higgot, 1980: 47).

그러나 엘리트론자들은 통치 과정에서 엘리트의 지배적인 역할이 강조된다고 해서 엘리트에 의한 통치가 반드시 비민주적인 것은 아니라고 주장한다. 그 이유는 오늘날과 같이 다원화된 사회에서는 다양한 엘리트집단들이 상호 경쟁 상태에 놓여 있어 특정 엘리트집단이 민주적 규범을 위반하는 경우 경쟁 상태에 놓여 있는 다른 엘리트집단이 이를 저지하고 그 여파로 피통치 계급의 이익 또한 보호를 받기 때문이다.

이상에서 보듯이 엘리트이론은 법적·제도적 접근 방법과 대조를 이루고 있다. 예컨대, 법적·제도적 접근 방법이 정부조직에 연구의 초점을 두고 있음에 반해, 엘리트이론은 소수의 엘리트집단에 주된 관심을 둔다는 점에서 그러하다. 또한 법적·제도적 접근 방법이 정부조직의 비동태적이고 공식적인 제도적 측면에만 관심을 갖고 있음에 비해, 엘리트이론은 정부조직의 이면에서 일어나는 정치적 역동성을 강조한다(안병만, 1999: 40-41).

2. 행태론적 연구 방법

1) 집단론적 접근 방법

벤틀리(Bentley, 1967: 162)는 일찍이 정부조직의 법적·제도적 측면만을 강조하는 것은 통치 현상의 형식적이고 피상적인 면만을 고찰할 뿐이라고 비판하면서 통치 현상의 경험적 실체를 동태적 차원에서 연구할 것을 주장했다. 벤틀리(Arthur F. Bentley)를 효시로 하는 집단론적 접근 방법(group theory)은 기본적으로 집단 간의 상호작용이 정치 과정의 핵심이라는 전제 하에 출발했다. 이때 집단이란 개인들의 단순한 집합체가 아니라 특수한 관계나 상호작용을 갖는 개인들의 집합체를 의미한다(Truman, 1951: 23-24). 이에 따라 집단은 구성원의 행태를 결정할 뿐만 아니라 정치적 영향력을 갖게 되는데, 집단이론은 개인이 아니라 집단을 분석 단위로 하는 특징이 있다(강신택, 1995: 357).

집단론적 접근 방법은 다원주의적 관점에 기초한 이론으로서 무엇보다도 사회의 균형 상태를 지향한다. 균형 상태를 지향하는 집단이론의 세계관과 기본 가정은 벤틀리로부터 출발했다.[15] 벤틀리는 집단이 사회의 균형 상태를 유지하는 데 핵심적인 역할을 담당한다고 보았다. 그는 사회생물학적인 관점에서 생물 개체 간의 갈등적 관계가 전체 생태계의 균형(equilibrium)을 이루듯이, 사회집단 간의 갈등 관계는 사회 전체의 균형을 초래한다고 보았다.

벤틀리의 관점에 따른다면 어느 집단의 이익이 방해되거나 교란되면 집단의 이익을 보호하거나 증진시키기 위해 집단구성원 간의 상호작용이 강화된다는 것이다. 또한 그 집단은 조직을 갖추어 다른 집단이나 정부에 대해 자신의 요구를 직접 표명하거나 정부를 통해 표명하게 되는데, 이러한 과정을 통해 집단 간의 경쟁 관

15) 벤틀리는 집단을 일정한 방향으로 향하는 거대한 활동으로 정의하고, 이익은 집단의 형성을 가능하게 하는 실체로 정의했다.

계가 새로운 균형을 찾는다고 보았다(Bentley, 1967: 211-215).

그러나 벤틀리의 사회생물학적 관점은 사회의 균형 상태가 지니는 위상을 설명할 수는 있어도, 집단의 발생과 균형 상태 간의 관계에 대해서는 아무런 설명을 할 수 없었다. 이런 관점에서 트루먼(David B. Truman)은 비록 벤틀리의 연구에 기초하기는 했지만, 벤틀리의 관점이 제도적 안정성을 무시한 채 지나치게 전체 사회적 균형 상태의 설명에만 치중했다고 비판했다. 또한 벤틀리가 모호하게 정의한 집단 개념을 상호작용의 지속적 유형으로 보면서 집단 간의 상호작용과 역학 관계를 중시했다. 다시 말해, 트루먼은 사회 변화가 야기한 일정한 태도나 가치관 형성 및 그에 따른 상호작용의 결과로 집단이 생성된다고 보았다. 이런 측면에서 집단들은 서로 각기 다른 특수 이익을 추구하기는 하나, 각 집단의 특수 이익과 관련된 범위 내에서만 제한적으로 추구한다고 보고 있다. 그런데 이 경우에도 경쟁 관계에 있는 수많은 거부집단(veto group)의 견제를 받기 때문에, 집단 간의 세력 균형과 정치 체제의 안정은 용이하게 이루어진다고 본다. 정치 체제가 이처럼 균형을 유지하는 데는 잠재집단(latent group), 교차 가입(overlapping group membership) 및 집단 간의 견제와 균형(checking and balancing) 같은 요소들이 중요한 기능을 담당한다(Dye, 1998). 특정 집단이 자신의 목적을 달성하기 위해서는 동일하거나 유사한 목적을 추구하는 다른 집단들과 연합을 결성해야만 한다. 그런데 이 과정에서 그 집단은 다른 집단들과의 협상을 통해 일정 부분을 양보하거나, 경쟁 관계에 있는 거부집단들의 견제에 부딪치기도 한다. 결국 집단론자들은 이와 같은 집단 간의 상호 견제와 균형 과정이 정치 체제의 안정을 유도하거나 지속시키는 데 도움이 되는 것으로 보고 있다.

그러나 현실적으로는 어느 특정 이익집단이 자신과 이해관계가 있는 모든 집단을 직접 상대하기란 불가능할 뿐만 아니라, 정부만큼 포괄적이며 정당한 권력을 가진 집단은 없다. 그래서 대부분의 이익집단은 자신의 주장을 다른 집단에 대해 직접적으로 요구하기보다는 불가피하게 정부에 대해 요구하거나 정부를 통해 요구하게 된다(Truman, 1951: 104-106).

하지만 이러한 과정에서 문제가 야기되기 시작했다. 그것은 정부도 중립적인 위치에 있지 못하고 자신의 이해관계를 가지고 있는 상황에서 집단론자들의 기본적

가정이었던 집단 간의 균형 추구가 유지될 수 없다는 데 있다. 모든 이익집단은 정부에 대해 유사한 크기의 영향력을 행사함으로써 균형을 추구할 수 있다는 집단론자들의 기본적 가정은, 현실 정치에서는 지켜질 수 없다는 것이 집단이론이 안고 있는 최대 문제였다. 바꾸어 말하면, 소위 집단주의가 기초하고 있는 다원주의적 이데올로기가 그 한계를 드러내기 시작한 것이다.

다원주의에 기초한 집단이론에 대한 비판의 요지는 결국 집단이론이 내세우고 있는 보편성의 문제였다. 다원주의가 가정하는 우월집단의 부재가 실제에서는 보유 자원의 차이로 인한 집단 간 영향력의 차이로 나타나고, 종국에 가서는 집단 간의 균형을 상실하게 되었다. 따라서 집단주의에서 의미하는 정책이란 것도 실제로는 집단 간의 보편성을 통한 것이 아니라 상층 계급을 위한 편향성의 결과라는 것이다(Schattschneider, 1960: 71; Scholzman, 1984: 1025).[16)]

대표적인 예로 이익집단, 행정부, 의회 간의 강한 연계를 의미하는 철의 삼각구조(iron triangle)는 집단의 영향력이 증대했음을 넘어서서 권력화되었음을 의미한다. 그리고 심지어는 특정 집단들이 국가의 고유 기능마저 침식하고 있다고 비판한다. 그 결과 집단이론가들의 낙관적 기대와는 달리 집단 능력에 따라 패권집단이 존재하고, 특히 선거라는 정치 과정은 정책결정자들과 정치인들 간의 연합을 형성시키는 유인이 되며 궁극적으로는 배제적 이익집단 정치로 이어진다. 이에 따라 특정한 쟁점들이 패권집단들에 의한 편견의 동원(mobilization of bias)이나 무의사 결정(non-decision making)으로 좌절되거나, 정책의제 과정에서부터 배제되는 극단적 상황이 초래된다(Schattschneider, 1960: 71; Bachrach & Baratz, 1970: 43-44).

이상과 같이 집단이론은 정치 권력이 다양한 집단에 분산되어 있으며, 각 집단은 나름대로 정책결정 과정에 영향력을 행사하면서 집단 간의 균형을 추구한다는 것을 기본적으로 전제한다. 따라서 집단론적 접근 방법은 이익집단을 포함한 다양한 집단을 정치 과정의 주체로 보기 때문에, 대부분의 정치 현상을 연구 대상에 포함시킬 수 있어 집단 간의 갈등과 조정이라는 복잡한 동태적 과정에 대한 이해를

16) 영향력이 높은 집단이 활용하는 자원으로는 풍부한 물질적 자원, 인적 자원, 특권적 지위를 이용하는 것을 들 수 있다(Schattschneider, 1960: 23-25).

증진시켜준다.

집단이론의 이러한 관점은 정부가 다원화된 국가구조의 일부일 뿐만 아니라, 정부 자체도 다원적 구조를 지니고 있다는 사실을 인식하는 데에 도움이 된다. 다시 말해, 집단이론은 서로 경쟁하는 단편화된(fragmented) 관료기구들로 구성된 정부 내에서 일어나는 관료기구 상호 간의 경쟁과 갈등 관계를 분석하는 데에도 유용하다고 볼 수 있다.

그러나 집단이론은 정부를 다원적 정치 체제에 존재하는 다양한 이익집단 중의 하나로 간주하기에 많은 문제점을 야기하고 있다. 그 결과 정부의 기능을 집단 간의 이해관계를 조정하고 집단 간 타협의 결과를 집행하는 것으로 이해함으로써, 정책 과정에서 정부의 주도적 역할을 경시하는 경향을 보인다. 또한 집단이론은 다원화된 사회 체제를 전제로 하기 때문에 다원성이 떨어지는 정치 체제를 분석하는 경우 그 유용성이 낮다는 한계가 있다.

이 밖에도 집단이론은 분석의 기본 단위인 집단의 개념이 명확하지 못하며, 개인의 특성과 국가라는 현상을 경시한다는 비판을 받고 있다. 그러나 이에 대해서는 집단 수준의 용어만으로도 정치 현상을 설명할 수 있다면 반드시 개인 특성을 다룰 필요는 없으며, 집단 개념과 별도로 존재하는 국가라는 것이 없기 때문에 이미 집단 설명 속에 국가도 다루어지고 있다는 주장도 제기된다(강신택, 1995: 382-383).

2) 체제론적 접근 방법

이스턴(David Easton)에 의해 체제라는 개념이 정치·행정학에 도입된 이래 체제론적 접근 방법(systematic approach)이 끼친 영향력은 대단히 컸다.[17] 체제이론은 투입, 산출, 전환 과정, 환류 등 자연과학에서나 사용되던 개념을 소개함으로써 정치·행정 현상을 분석하고 이해하는 데 새로운 연구 경향을 형성했다.

체제론적 접근 방법에서 핵심을 이루고 있는 체제(system)의 개념은 원래 생물

---

17) 이스턴이 체제론을 소개한 최초의 역작은 1950년에 출간된 『정치체제에 관한 분석 접근 방법(*An Approach to the Analysis of Political System*)』이었다.

학에서 유래된 것이다. 체제론적 접근 방법에서 핵심적 개념인 체제는 구성 요소들(components) 간의 집합체로서, 구성 요소 상호 간에 일정한 관계가 형성되어 있는 것을 의미한다(Hall & Fagen, 1968: 81-82). 이런 측면에서 체제론적 접근 방법은 특정한 부분이나 현상을 체제라는 전체적인 관점에서 파악하려는 시각이다.

바꾸어 말하면, 전체를 이해하기 위해서는 관련된 모든 부분과 그 부분들 간의 상호 관계를 이해해야만 가능하다는 것이 체제론적 접근 방법의 기본 전제라고 할 수 있다. 체제론적 접근 방법의 기본 가정은 체제를 구성하는 구성 요소들이 서로 관계를 맺고 있을 경우, 전체는 부분의 단순한 총합이 아니라 그 이상의 것을 의미한다는 것을 전제로 한다(Bertalanffy, 1968: 54).

한편 체제는 경계(boundary)에 의해 환경과 구분된다. 환경은 체제 밖에 존재하나 체제와 지속적으로 영향을 주고받는다. 체제와 환경은 상호 영향을 주고받으며, 이러한 과정에서 변화를 초래하기도 한다. 그러나 체제의 경계를 명확하게 구분짓는 것은 매우 어렵다. 어떤 것이 체제이고 어떤 것이 환경이냐 하는 문제는 연구 대상으로서 경험 세계의 성격과 그것을 파악하고자 하는 연구자의 관심과 선호에 전적으로 의존하기 때문이다.

체제는 환경과의 교호작용을 통해 일정한 상태를 유지하고자 하는 속성이 있다. 이때 체제가 유지하고자 하는 일정한 상태를 정상 상태(steady-state)라고 하며, 체제가 정상 상태로부터 이탈되어 있을 때 다시 정상 상태로 복귀하고자 하는 성향을 항상성(恒常性, homeostasis)이라고 부른다(오명호, 1995: 389; Rapoport, 1974: 28-29).

체제는 생존이라고 하는 기본적 목적을 달성하기 위해 다음과 같은 네 가지 기능을 수행한다(Parsons, 1951). 모든 체제는 첫째로 환경의 변화에 적응해야 하는 적응 기능, 둘째는 가치를 창출하는 목표 달성 기능, 셋째는 목표 달성을 위해 하위 체제들의 활동을 조정하는 통합 기능, 끝으로 체제가 갖고 있는 가치 체계를 보존하고 제도화된 체제를 유지해야 하는 유형 유지 기능이 그것이다. 요컨대, 체제이론은 사회적 조직과 제도들을 자연과학의 생물체와 같은 유기체(organism)로 간주하여 체제라는 시각으로 사회 현상을 보고자 한 접근 방법이라 할 수 있다.

자연과학에서 발달되어 온 기본 개념과 관점을 정치 현상을 연구하는 데 도입한 체제이론의 출발점은 정치 체제가 어떻게 존속하는가와 정치 체제가 존속하는 데 필수적인 기능과 대응 형태는 무엇인가에 있었다(Easton, 1965: 143). 이를 위해 이스턴은 우선 정치를 개념화하는 작업에서 출발했다. 그래서 이스턴은 정치를 가치의 권위적 배분(authoritative allocation)으로 개념화하면서, 가치를 권위적으로 배분하는 기능을 수행하고 있는 집합체를 정치 체제(political system)로 정의했다. 따라서 정치 체제는 사회적 가치를 권위적으로 배분함으로써 사회의 안정과 균형을 유지하는 기능을 담당하는 것으로 본 것이다. 이때 정치 체제에서 행한 가치의 배분에 관한 결정은 정당한 것으로 간주되며, 사회 체제 내의 모든 구성원에 대해 구속력과 강제력을 가진다. 정치 체제는 이와 같은 면에서 다른 체제와 경계지어지는 하나의 독립된 유기체로 간주된다.

체제의 속성에서 살펴보았듯이 체제의 한 유형으로서 정치 체제도 환경으로부터의 요구와 지지에 반응하고 적응하면서 유기체적 존속을 추구한다. 정치 체제는 체제를 둘러싼 환경으로부터의 투입(input)과 환경에 대한 산출(output), 그리고 산출에 대한 환경으로부터의 환류(feedback)를 통해 환경과 지속적인 교호 관계를 유지하는데, 이를 살펴보면 다음과 같다.

정치 체제를 둘러싼 환경은 사회 내적 환경(intra-societal environment)과 사회 외적 환경(extra-societal environment)으로 구성된다. 이 중 사회 내적 환경이란 전체 사회 체제를 말하는 것으로, 생태적 · 생물학적 · 심리적 하위 체제들과 문화 · 경제 · 인구 등의 사회적 체제들로 구성되어 있다. 그리고 사회 외적 환경이란 정치 체제가 속한 사회 밖에 있는 국제적 환경을 의미한다.[18] 이러한 환경에 둘러싸인 정치 체제는 독립된 유기체로서 생존하기 위해 환경과 끊임없이 상호작용을 하게 되는데 이 과정은 다음과 같이 이루어진다.

정치 체제로의 투입은 환경으로부터의 요구(demand)나 지지(support) 형태로 이루어지는데, 때로는 투입이 정치 체제 내부로부터 유입되기도 한다. 다음으로 환경으로부터의 투입에 대한 정치 체제 내부의 반응 과정을 전환 과정(conversion process)이라 한다. 그리고 전환 과정의 결과를 산출이라 하는데, 산출은 일반적으

18) 이는 국제정치 체제, 국제생태 체제들과 국제적 차원에서의 경제 · 문화 · 인구 등을 포함하는 국제사회적 체제들로 구성되어 있다.

로 결정이나 법률 등과 같은 형태로 나타난다.

그런데 산출은 환경과 환경으로부터의 요구에 영향을 미치게 되며 경우에 따라서는 정치 체제의 성격을 변화시키기도 한다. 정치 체제의 산출에 대해 환경은 어떠한 형태로든 반응을 하게 되며 환경으로부터의 반응은 새로운 요구나 지지의 형태로 다시 정치 체제에 투입된다. 이것을 환류라고 한다. 이와 같이 정치 체제는 투입과 산출 및 환류를 거치면서 환경과 끊임없는 교호작용을 통해 정상 상태를 유지하고자 노력한다(Easton, 1965: 112-115).

그러나 정치와 행정 현상을 연구하는 데 체제의 개념을 동원하여 정치적 현상을 설명하려고 했던 이스턴의 체제이론은 다분히 정태적이고 일반적인 정치적 현상의 개념화를 위한 모형에 불과했다는 비판을 받았다. 예컨대, 이스턴의 체제이론은 극히 일반적이며 추상적인 포괄적 개념을 사용함으로써 정치 체제의 구성 단위로서 투입 주체를 구체적으로 설명할 수 없다는 것이었다. 그리고 정치 체제의 목표나 지배적 가치를 설정하지 않고 환경으로부터의 지지력 확보를 최대의 가치로 제시한 까닭에 기능적 상호작용의 준칙이 되는 규범을 제시하지 못했다. 이에 더해 전환 과정이나 환류 장치에 대한 역할과 기능을 극히 추상적으로만 언급함으로써 구체성이 결여되어 있다(안해균, 1985: 5-6).

한편 이스턴이 제시한 체제이론의 틀 속에서 비록 비교정치 체제 모형으로 개발된 것이기는 하지만, 정치 체제의 기능(function)에 초점을 두고 이를 밝히고자 하는 기능론이 등장했다. 이 같은 연구 경향의 선두라 할 수 있는 앨먼드와 파월(Almond & Powell, 1978: 108-166)은 정치 체제가 수행해야 할 기능을 세 가지의 상위 수준으로 나누면서, 각 상위 수준에서 수행해야 할 구체적인 하위 기능들을 분류했다. 이같이 앨먼드와 파월이 정치 체제의 기능성을 강조한 이유는 세 가지 차원에서 기능들 간에 균형이 이루어져야만 정치 체제가 안정을 기할 수 있다고 보았기 때문이다.

첫째는 정치 체제가 수행해야 할 체제 수준의 기능은 체제의 유지와 적응에 관련된 것들인데 주로 투입 과정에서 요구된다. 이에는 ① 정치적 충원(political recruitment), ② 정치 사회화(political socialization), ③ 정치적 의사 소통(political communication)이 포함되었다. 둘째는 정치 체제가 수행해야 할 과정 수준

(process level)의 기능으로 주로 정치 체제 내부에서 투입을 산출로 전환시키는 기능들인데, ① 이익표출(interest articulation), ② 이익결집(interest aggregation), ③ 정책형성(policy-making), ④ 정책집행(policy implementation) 등이다. 끝으로 정책 체제가 수행해야 할 정책 수준(policy level)의 기능은 주로 정치 체제의 산출로서 외부에 대해 영향을 미치는 기능들인데, ① 추출(extraction), ② 배분(distribution), ③ 규제(regulation), ④ 상징적(symbolic) 기능 등이다(Almond & Powell, 1978: 169-279, 286-314).

이상에서 살펴본 바와 같이 체제론적 접근 방법은 여러 한계에도 불구하고, 체제와 환경과의 상호작용 관계를 분석하는 데 포괄성이 높고 체제 내 요소들 간의 상호작용을 이해하는 데도 유용하다. 또한 체제이론은 정치 체제를 환경과의 상호작용을 통해 균형 상태를 유지하고자 하는 유기체적 존재로 보기 때문에, 정부의 정책 과정이나 통치 현상을 전체 체제적 관점에서 분석하는 데 유용성이 크다. 따라서 체제이론은 정치 현상에 대한 과학적이고 체계적인 연구에 크게 기여했다는 평가를 받고 있다(Chilcote, 1981: 157-162).

그럼에도 불구하고 체제이론은 균형론에 입각한 논리적 보수성과 지나친 일반화 경향으로 인해 비판을 받아 왔다. 예컨대, 체제이론은 체제 내의 갈등과 변화를 체제의 균형을 위협하는 일탈적인 현상으로 인식하는 경향이 있으며, 체제의 변화와 발전, 특히 체제의 붕괴와 같은 급격한 변화를 설명하기에는 적합하지 않다는 것이다. 이 밖에도 체제이론은 거시적 접근을 추구하기 때문에 체제의 전체적인 국면은 잘 다루고 있으나, 체제의 구체적인 운영이나 행태적인 측면 또는 가치 문제 등은 소홀히 하고 있다는 비판을 받았다(하태권 외, 1998: 25; 오명호, 1995: 437-438; 이종수 · 윤영진, 2002: 164-165).

3. 정치경제론적 연구 방법

1) 조합주의적 접근 방법

조합주의(corporatism)는 제1차 세계대전을 계기로 이탈리아의 무솔리니(Benito

Mussolini)가 공산주의의 위협과 자본주의에 대응하여 파시스트(Fascist) 운동을 전개하면서 사용되기 시작했다. 조합주의는 이후 거의 정치학에서 사용되지 않다가 1970년대에 이르러 슈미터(Schmitter, 1974)가 국가와 이익집단 간의 관계를 설명하는 이론모형으로 조합주의론을 적용함으로써 부각되기 시작한 접근 방법이다. 조합주의는 학자들마다 달리 논의되어 왔기 때문에 어떤 관점에서 보느냐에 따라 개념이나 속성이 달라진다. 조합주의에 대한 학자들의 관점은 대체로 세 가지 측면에서 형성되었다(김호진, 2003: 195-196).[19]

첫째, 조합주의를 이데올로기나 지배 양식 또는 국가 형태의 측면에서 정의하는 관점이다. 조합주의를 이데올로기나 지배 양식으로 보는 경우 조합주의는 체제의 구성과 운영 원리에 관한 것을 의미한다. 따라서 조합주의는 이익대표 체계와 국가 개입의 과정이 제도적으로 분리된 의회주의적 국가 형태보다는 하나의 제도로 통합된 국가 형태에서 흔히 나타나는 유형이라고 할 수 있다. 무솔리니의 파시즘(Fascism) 체제와 1960~1970년대 남미의 관료적 권위주의 체제가 이러한 조합주의적 성격을 내포하고 있다.

둘째, 조합주의를 생산 양식이나 경제 체제로 정의하는 관점이다. 조합주의를 생산 양식이나 경제 체제로 보는 경우, 조합주의는 사적 소유와 시장 원리를 인정하면서도 국가의 개입성을 중시하는 특징이 있다. 후기자본주의 사회에서 국가가 사기업을 지배하거나 지도하는 새로운 경제체제 모델을 조합주의로 보는 것이 이에 속한다.

셋째, 조합주의를 이익대표 체계로 정의하는 관점이다. 조합주의를 이익대표 체계 또는 정책결정 체계로 보는 경우 조합주의는 국가중심주의나 다원주의의 개념과는 대조되는 개념으로 사용된다.[20]

결국 조합주의란 이익집단들이 단일적이고 위계적인 전국 규모의 이익대표 체계를 형성하여, 한편으로는 국가 이익에 기여하면서 또 다른 한편으로는 그 대가로 특정 영역에 한해 이익공동체의 요구를 독점적으로 정책 과정에 투입하는 이익대표 방식을 의미한다.

---

19) 여기에서 기술하고 있는 조합주의에 대한 설명은 김호진(2003)의 논의를 참고하였다.
20) 슈미터와 오페(Claus Offe), 코슨(Alan Cawson) 등이 이 같은 조합주의적 시각을 강조해 왔다.

조합주의가 지닌 속성에 이어 이에 대한 유형화도 여러 학자에 의해 진행되어 왔다. 여기서는 대표적으로 슈미터(Philippe C. Schmitter)의 유형화와 이에 대한 비판으로 스테판(Alfred Stepan)이 제시한 유형화를 살펴보고자 한다.

슈미터는 조합주의를 국가조합주의와 사회조합주의의 두 유형으로 분류했다(Schmitter, 1981: 287-331). 이 중 국가조합주의(state corporatism)는 국가가 통치력을 강화하기 위해 강제적으로 편성한 이익대표 체계를 의미한다. 따라서 국가조합주의는 정책결정 과정에 대한 이익집단의 통제된 참여 내지는 제한된 참여를 요체로 하며, 이익집단의 상향적인 투입 기능보다는 국가에 의한 하향적인 동원과 통제를 중시한다. 국가조합주의에서 의미하는 조합은 국가의 보조기관이나 관련 단체에 불과하며, 압력단체로서의 성격보다는 오히려 압력을 받는 집단으로서의 성격이 더 강하다.

국가조합주의는 라틴 아메리카에서 볼 수 있듯이 지체된 종속적 자본주의와 계급 관계에 의해 촉진되며 국가의 권위주의적 성격이나 기업가적 역할과 밀접하게 연관되어 있다(최명, 1985). 그 결과 국가조합주의는 사회의 안정과 질서 유지를 위해 국가가 헤게모니를 장악한 체제로서 주된 기능으로 민중과 노동 부문에 대한 국가통제를 담당한다.

이에 반해 사회조합주의(societal corporatism)는 후기 자유주의적 민주복지 국가의 독점자본의 단계에서 나타나는 유형으로 국가의 통치력 약화에 대한 반작용으로 생성된 이익대표 체계를 의미한다. 사회조합주의는 국가가 약화된 통치력을 보강하고 사회경제적 위기를 해소하기 위해 이익집단에 의존하면서도 이익집단의 자율성을 존중하는 특징이 있다. 그래서 사회조합주의는 국가에 의한 하향적 통제 기능을 배제하고 상향적 투입 기능을 중시한다. 끝으로 사회조합주의는 상대적으로 자율적이고 구조적으로 분화된 정치 체제에서 생성되며 공개적 자유경쟁을 본질로 한다.

이익집단의 활동 양태가 이와 같이 사회조합주의적 성격을 띠기 시작한 것은 20세기 후반에 들어오면서부터였다. 이때부터 사회복지를 보장해야 될 의무와 자본주의 경제의 위기에 직면한 국가는 경제에 적극 개입할 수밖에 없었고, 이익집단들(자본가, 노동자)도 상호 비타협적으로 경쟁하여 경제를 파국에 몰아넣기보다는 서로 타협하는 길을 찾아야 했기 때문에, 사회조합주의적 이익대표 체계가 등장한 것이라고 할 수 있다(김영국 외, 1997).

사회조합주의에서 이익집단들은 경쟁하기보다는 국가 주도 하에 상호 타협을 통해 그들의 이해관계를 실현하고자 하기 때문에, 국가의 역할은 다원주의 하에서와는 달리 크게 증대된다.[21] 그 이유는 집단이 강제적 성격을 띠고 위계적으로 조직되어 있기 때문에, 기업가 집단이나 노동자 집단의 성원들이 타협안을 지지하지 않는다 하더라도 집단의 지도자들이 타협할 가능성은 높다.

한편 스테판(Stepan, 1978: 73-78)은 슈미터의 유형 분류가 갖는 부적합성을 경험적으로 비판하면서 슈미터가 분류한 국가조합주의와 사회조합주의 유형에서, 특히 국가조합주의를 다시 포용적 조합주의와 배제적 조합주의로 유형화했다.

스테판이 유형화한 형태 중 포용적(inclusionary) 조합주의는 국가가 노동 계급과 여타 사회 세력의 참여를 장려함으로써 경제적 효율성을 증대하고 사회 통합을 도모하고자 하는 접근 방식을 의미한다. 따라서 포용적 조합주의는 국가, 자본, 노동의 수평적인 공존 체제를 핵심으로 한다. 반면에 배제적(exclusionary) 조합주의는 국가와 자본이 지배연합을 형성하여 강압적 수단을 통해 노동계의 정치 참여와 경제 참여를 배제시키는 체제를 의미한다.

다음으로 접근 양식으로서 조합주의가 추구하고 있는 접근 수준과 대상에 대해 살펴보면, 조합주의에 관한 기존의 이론적 논리나 실증적 연구들은 대부분 정치과정의 거시적 수준에 초점을 두고 국가, 노동, 자본이라는 3자 관계의 분석에 치중해 왔다. 즉, 자본과 노동을 대표하는 최정상 이익집단이 국가를 상대로 경제정책과 노동정책에 관해 협상하는 3자 간의 협상 형태가 조합주의의 전형으로 간주되어 왔다.

그러나 조합주의에 대한 접근이 거시적 차원에서만 이루어지게 되면, 중간 수준이나 미세한 부분에서 이루어지는 조합주의적 현상은 설명할 수가 없는 문제가 발생할 뿐만 아니라 전체적인 현상을 제대로 볼 수 없는 상황이 발생한다. 그래서 이 같은 분석의 편견에서 탈피하기 위해서 중범위적 수준이나 미시적 수준의 접근도

---

21) 서구 유럽의 경우 국가 대표, 자본 대표, 노동 대표의 3자가 모여 국가 대표의 주도 하에 물가인상률, 임금인상률 등과 같은 문제에 타협을 보아 왔는데 이것은 사회조합주의의 좋은 예이다.

필요하다는 주장이 제기되었다.

이에 따라 코슨(Cawson, 1986: 71-74)은 조합주의를 세 가지 기준에 따라 조합주의의 차원을 다시 세 가지 수준으로 분류했다. 코슨이 제시한 세 가지 기준은 첫째, 이익집단의 성격이 계급이익의 집합인가 아니면 부분이익의 집합인가, 둘째, 조직이 최정상 조직인가 아니면 개별 기업인가, 셋째, 정책 범위가 포괄적인지 아니면 제한적인지 여부이다. 이 같은 세 가지 기준에 따라 조합주의의 차원을 거시적, 중시적 · 부문적, 미시적 조합주의로 분류했다.

거시적 조합주의(macro corporatism)란 노사정(勞使政)의 최정상 조직들이 계급 이익을 반영하는 거시 수준의 정책, 예컨대 노동정책이나 경제정책 등에 관해 협상을 벌이는 것을 말한다.[22] 거시적 조합주의의 협상 형태는 일반적으로 노사정의 3자 협상의 형태를 취한다. 부문적 조합주의(sectoral corporatism)란 각 부문별 이익집단들, 예컨대 산업별 노조나 산업별 생산자협회 등이 부문이익을 증진시키기 위해 특정 정책에 관해 국가를 상대로 협상을 벌이는 것을 말한다. 따라서 부문별 조합주의의 협상 형태는 국가와 부문조직 간의 2자 협상이 일반적이다. 이에 반해 미시적 조합주의(micro corporatism)란 개별적 이익 주체인 개별 기업이 이익대표 조직의 중재를 통하지 않고, 특정 사안에 관해 직접 국가와 협상을 벌이는 것을 의미하는데 이 경우 2자 협상의 형태가 일반적이다.

이상으로 조합주의적 접근 방법에 대해 살펴보았는데 조합주의적 접근 방법은 전통적인 이익집단 정치이론(interest group politics)인 다원주의적 접근 방법과 대립된 시각을 지닌 접근 방법이라고 할 수 있다. 이런 측면에서 이익매개의 한 양식으로 대두되었던 조합주의가 특히 남미나 북유럽의 정치 과정을 설명하는 데 기여한 바는 크다.

그러나 이익대표 체계라고 하는 것이 현실적으로는 매우 가변적이고 국가마다 존재 양식이 다양하다는 점에서 이 접근 방법은 현실 분석을 위한 이념형으로 간주되어야 한다. 또한 다원주의적 접근 방법과의 절충적인 시각 속에서 이익대표 체계가 논의될 때 조합주의적 접근 방법의 타당성이 좀 더 높아질 것으로 보인다.

---

22) 최정상 조직들로는 노동계를 대표하는 노총과 기업을 대표하는 전경련을 들 수 있다.

2) 신제도주의적 접근 방법

1970년대 후반에 이르러 개인이나 집단과 같은 개별 행위 주체의 역할보다는 국가를 형성하고 있는 거시적인 구조가 정책을 결정하는 데 주도적 역할을 담당한다는 주장이 제기되었다. 특히 행태주의에 대한 비판으로부터 등장한 접근 방법인 신제도주의(new institutionalism)를 주목할 만하다(하태권, 1999: 30; 김종성, 2004). 바꾸어 말하면, 행태주의적 접근 방법이 제도적 접근 방법에 대한 비판으로부터 출발한데 반해, 신제도주의적 접근 방법은 행태주의에 대한 비판과 반성을 토대로 제시된 접근 방법이다. 나아가 신제도주의는 행태주의에 대한 비판과 함께 과거의 제도주의와의 차이점을 역설하였다.

신제도주의자들은 행태주의적 접근 방법이 개별 국가의 특수성을 인정하지 않으며 정치 현상의 보편성과 객관성을 강조하는 포괄적 이론을 개발하는 데만 관심을 기울였다고 비판했다. 신제도주의자들은 이러한 입장에서 개발된 대표적 이론으로 근대화이론과 마르크스이론을 들고 있다.

그런데 문제는 이러한 이론들을 적용하게 되면, 산업화가 이루어진 국가들에서 국가별 · 시기별로 정책의 차이나 다양성이 나타나는 현상을 설명하지 못하는 한계가 있었다. 이에 따라 산업화된 나라들이 상이한 정책을 채택한 이유가 무엇인지 찾게 되었는데, 그 설명 요인으로 각국의 제도적 특성의 차이에 주목하게 되었다. 그리하여 각국이 채택한 정책의 차이를 설명할 수 있는 독립변수로서의 제도가 다시 관심의 대상이 되었고 제도주의가 부활하게 되었다.

신제도주의자들은 행태주의에 대한 비판에 이어 전통적 제도주의라고 할 수 있는 구제도주의와의 차별성에도 주력해 왔다. 신제도주의자들은 신제도주의와 구제도주의의 차이점을 다음과 같이 강조하고 있다.

첫째, 구제도주의는 행정기관, 의회, 대통령, 법원 등 유형적인 개별 정치 제도가 주된 연구 대상인 반면, 신제도주의는 제도들의 동태적인 관계 또는 전체적 패턴을 연구 대상으로 한다(Skocpol, 1995: 103-104). 예를 들어, 구제도주의에서 제도의 개념은 법으로 규정된 유형적 정부기관인 반면, 신제도주의는 정부 제도와 민간 부문 제도들의 역동적 관계를 포함하는 무형적인 것까지도 제도에 포함시켰다(Ostrom, 1996).[23] 그러므로 제도는 국가(state) 또는 정치체(政治體, polity)와 같은 다차원적인 정부 간·조직 간 개념으로 파악되기도 한다(Skocpol, 1995: 104).

둘째, 구제도주의는 제도에 관한 정태적 기술을 위주로 하는 반면, 신제도주의는 제도를 중심 개념으로 정책 현상 등 다른 변수들과의 인과 관계 분석과 가설 검증을 추구한다는 점에서 차이가 있다. 구제도주의는 헌법을 비롯한 법적 구조, 통치 체제, 행정기구의 차이를 정태적으로 기술함으로써 국가 간의 차이를 설명하려 했다. 그러나 신제도주의는 연구 방법으로서 행태주의자들이 추구했던 엄격한 과학적 방법론을 적용하여 가설 검증과 인과 관계 분석을 추구한다.

요약하면, 신제도주의는 제도를 중시한다는 점에서 구제도주의와 유사하다. 하지만 구제도주의와 달리 제도의 개념을 동태적으로 파악하고 있으며, 제도적 틀을 독립변수로 보아 정책의 차이를 밝히고자 하는 인과 관계를 검증하는 분석적 접근 방법을 채택하고 있다. 그러므로 행태주의와 비교하면 주된 연구 대상은 다르지만 과학적 방법이라는 연구 방법을 어느 정도 공유한다고 볼 수 있다(Ethington & McDonagh, 1995: 87).

신제도주의는 학파에 따라 합리적 선택이론, 역사적 제도주의, 사회학적(또는 조직론적) 제도주의로 대별할 수 있다(Steinmo & Longstrech, 1992; Hall & Taylor, 1996; Immergut, 1998). 사회 현상을 설명하고 이해하는 데 제도가 중요하다는 입장을 취하는 것은 모든 신제도주의자들이 공유하면서도, 주된 연구 대상인 제도(institutions)의 개념과 연구 방법에 관해서 상당한 차이가 나타난다.[24]

---

23) 신제도주의자들은 제도의 개념을 유형적인 법적 제도를 넘어서는 것으로 보고 있는데, 비공식적인 절차, 관례, 습관, 문화 등을 어느 정도까지 포함시킬 것인가에 관해서는 상당한 이견이 존재한다.

24) 합리적 선택이론을 강조하는 신제도주의자들은 인간의 합리성에 초점을 맞추어 모든 행위자는 고정된 선호 체계를 가지고 있으며, 이러한 선호의 획득을 최대화하기 위해 완전히 도구적으로 행동하며, 계산적이고 전략적으로 행동한다고 한다. 행위자들은 제도에 내재된 가치를 실현하기 위해 협동하는 과정에서 이익이 발생하기 때문에 자발적으로 제도를 만들어 내고, 자유경쟁을 통해 선택된 제도는 다른 형태의 제도보다 더 많은 혜택을 제공하기 때문에 존속한다고 보고 있다. 또한 조직구조도 여러 가지 거래비용을 최소화하는 방식으로 설정된다고 한다.

이에 반해 사회학적 신제도주의자들은 제도를 폭넓게 정의하고 있다. 즉, 제도를 단순히 공식적 규칙 절차 또는 규범뿐만이 아니라 행위를 결정짓는 상징 체계, 인지적 기초, 그리고 도덕적 여기서는 신제도주의 학파들의 주장을 모두 살펴보는 대신, 역사적 제도주의를 중심으로 신제도주의가 함축하고 있는 내용과 특징을 살펴보고자 한다(남궁근, 2002).[25] 신제도주의에서 중요한 한 축을 형성하고 있는 역사적 제도주의는 특정 국가 내에서, 장기간에 걸친 정책의 지속성 또는 정책의 국가 간 차이를 제도적 특징이라는 변수를 가지고 설명하려고 한다. 역사적 제도주의는 다음과 같은 특징을 가지고 있다.

첫째, 역사적 제도주의는 이론의 적용 범위라는 관점에서 중범위 이론을 취하고 있다. 역사적 제도주의는 넓은 범위에서 모든 국가에 적용되는 규칙성을 강조하는 거대이론과 특정 국가에만 타당한 좁은 범위의 사례분석을 연결하여 소수의 사례 분석에 적용되는 중범위 이론이라는 특징을 갖는다.

둘째, 역사적 제도주의는 분석 수준이라는 차원에서 중위 수준(meso-level)의 이론에 해당한다. 역사적 제도주의는 마르크스이론의 계급이나 근대화이론의 사회경제적 발전과 같은 거시 수준의 변수를 가지고 정책 현상의 설명을 시도하는 것이 아니라 국가와 사회의 관계를 구조화하는 제도적 배열이라는 중위 수준의 변수를 사용한다.

셋째, 역사적 제도주의는 독립변수로서 제도를 대단히 중요한 변수로 고려한다. 역사적 제도주의는 독립변수로서 제도의 수단적 중요성을 인정하면서도, 새로운 제도의 도입과 정착은 매우 어렵다는 점을 동시에 지적한다. 역사적 제도주의는 제도가 단순히 또 다른 변수가 아니며, 단순히 제도가 문제라는 입장을 넘어선다. 따라서 역사적 제도주의는 제도가 행위자들의 전략을 형성하고, 그들 사이의 협력 및 갈등 관계에 개입함으로써 정치 상황을 구조화하고, 정치적 결과에 영향을 미친다고 본다. 정치행위자들도 제도가 가지고 있는 근본적 영향을 인식하고 있기 때문에 제도를 둘러싼 경쟁은 매우 심하다.

넷째, 역사적 제도주의는 새로운 제도의 도입 과정에서 초기 선택과 후속적인

기반을 포함하는 것으로 보고 있다. 이러한 시각에서 특정한 제도적 역할 속에 사회화되어 온 개인은 역할과 관련된 규범들을 내재화시키게 되며, 개인들은 내재된 사회적 관습에 따라 행동할 때 사회적 정당성을 확보할 수 있다는 것이다. 따라서 이런 행동이 관습을 더욱 강화시킨다는 것으로 보는 입장이다(김종성, 2004: 27-28).

25) 여기에서 기술하고 있는 역사적 제도주의에 대한 설명은 남궁근(2002)의 논의를 참고하였다.

선택의 순서(sequence)가 매우 중요하다는 점을 강조한다. 그래서 새로운 제도를 도입하는 경우 그 제도의 내용과 형태에서의 초기 선택은 그것이 미미한 것일지라도 후속적인 경로에 결정적인 영향을 미친다. 그러므로 새로운 제도를 도입할 경우에는 초기 선택에서 매우 신중하게 결정해야 한다. 어느 정도 제도화가 진행되면 이를 되돌리기는 거의 불가능하다.

다섯째, 역사적 제도주의는 다원적 경로(multiple path)를 인정한다는 입장을 취하고 있다. 신제도주의는 어떤 정책 문제이든지 단 하나의 해결 방안이 아니라 다양한 해결 방안이 있다고 생각한다. 그래서 각국의 제도적 특징에 따라 적합한 방안을 선택할 수 있다고 보기 때문에 수렴적 경향보다는 다원적 경로가 존재한다는 입장을 취한다. 다원적 경로의 존재를 인정하는 것은 제도의 설계 시에 초기 선택에서 되돌아가기 불가능하다는 것과 결부되어 있다.

이상과 같은 역사적 제도주의는 다른 유형의 신제도주의와 마찬가지로 현재까지도 진행 중인 관점이기 때문에 하나의 패러다임으로 완벽하게 정리된 것은 아니다. 따라서 역사적 제도주의는 다른 신제도주의학파와 유사한 한계를 지닌다.

첫째, 역사적 제도주의는 제도라는 개념의 사용에 있어서 일관성이 부족하다는 것이다. 제도의 개념이 유형적 정부 제도뿐 아니라 무형적인 규칙과 절차를 포함하는 것으로 정의되지만, 학자들에 따라서 상당히 그 의미가 달라진다.

둘째, 역사적 제도주의는 계급, 경제 발전, 기술 진보 등과 같이 다른 이론들이 제시하는 것과 같은 분석적 핵심 개념이 없다. 역사적 제도주의는 제도, 역사, 정책 등 상호 경쟁적인 복수의 개념을 제시하는데, 이는 이론 평가의 주요 기준인 간명성의 결여를 의미한다.

셋째, 앞의 문제와 연결되어 역사적 제도주의는 검증 가능한 일반화된 명제가 없다. 따라서 이러한 명제는 개별 연구에서 구체적으로 구성되어야 한다.

넷째, 역사적 제도주의는 제도의 동태적 변화를 설명할 수 있는 모형이 부족하다. 그러므로 역사적 제도주의는 정태적 비교를 강조한다는 비판을 받고 있다.[26)]

---

26) 다른 신제도주의 학파에 가해지고 있는 비판의 요체는 다음과 같다. 합리적 선택이론에 대한 비판으로는, 이 이론이 원자화되고 과소 사회화된 개인을 상정하고 있기 때문에 사회구조나 사회관계의 영향력을 과소 평가하고 있다는 데 있다. 그리고 이들은 행위의 기초로 선호를 제시하지

결론적으로 신제도주의는 이 같은 한계에도 불구하고, 공공정책의 분석에서 기존에 무시되어 왔던 제도적·구조적 측면을 재조명함으로써 공공정책에 대한 연구에 새로운 시각을 도입했다는 평가를 받고 있다.

제3절 한국 정부에 대한 시각과 접근

한국 정부를 분석하는 작업이 용이한 일은 아니다. 해방 이후 현재에 이르기까지 한국 정부가 격변의 세월을 거쳐 왔고, 이 기간 동안 양적으로나 질적으로 엄청난 변화가 있었다. 이에 더해 이러한 변화들로 인해 한국 정부가 지니는 성격도 시기마다 그 특성을 달리하면서 변화의 과정을 거쳐 왔다. 따라서 단일한 시각이나 연구 방법만으로 한국 정부의 변화 과정이나 그에 따른 특성을 고찰하기는 어려운 실정이다. 이에 따라 여기서는 이상에서 살펴본 정부에 대한 이론적 논의를 중심으로 한국 정부를 분석하는 데 필요한 시각과 연구 방법 등을 살펴보고자 한다.

1. 한국 정부에 대한 시각

한국 정부를 분석할 때 가장 먼저 결정해야 하는 것은 한국 정부를 어떤 시각에서 보아야 할 것인가 하는 문제이다. 정부에 대한 이론적 논의에서 살펴보았듯이 정부를 보는 시각은 다양한데, 문제는 시각마다 나름대로의 장·단점을 지니고 있

만, 실제 설명 방식은 관찰된 행위로부터 선호를 추론한 후에 추론된 행위를 설명하는 순환론에 빠져 있다는 점이다. 또한 이들은 행위자들의 선호가 고정된 것으로 가정하기 때문에, 어떠한 과정을 거쳐서 그러한 선호 체계를 가지게 되었는지를 설명하지 못한다는 것이 한계로 지적된다.

사회학적 신제도주의에 대한 한계 내지 비판으로는 이 이론이 제도의 개념 범위를 지나치게 확대했다는 데 있다. 즉, 인간의 태도나 가치와 문화까지도 행동에 영향을 미치는 제도의 차원에 포함시킴으로써, 문화결정론 내지 제도결정론을 야기한다는 데 문제가 있다. 바꾸어 말하면, 인간의 모든 행동은 문화를 포함한 제도에 의해 결정된다고 보는 것이다. 또한 이러한 결정론적 시각으로 인해 제도 자체의 변화 가능성을 경시한다. 그리고 행위를 선택하는 기반이 되는 사회적 정통성 자체도 문화를 비롯한 제도에 기반을 두고 있기 때문에, 역시 순환론에 빠질 개연성이 높다는 것도 문제이다(김종성, 2004: 27-28).

기 때문에 특정한 시각을 선택하는 데 어려움이 있다는 점이다. 따라서 이 같은 문제점을 극복하기 위해 한국 정부의 변화 과정과 특성을 광의적 맥락인 거버넌스(governance)적 시각으로 접근하고자 한다.

한국 정부를 분석하는 데 기본적 시각으로 거버넌스 모형을 선정하게 된 이유는 거버넌스 모형이 구성 요소 간의 상호 관계와 그에 따른 변화 과정을 분석하고 설명하는 데 적실성이 높다는 판단에서이다. 즉, 거버넌스 모형은 국가, 시민사회, 시장이라는 세 구성 요소를 중심으로 이들 간의 상호 관계나 변화 관계를 설명하는 데 포괄성이 높다(김태룡 · 윤영진, 2002). 따라서 한국 정부를 분석할 때 거버넌스를 구성하고 있는 세 요소를 중심으로, 이들 간의 내적 상호 관계와 외적 상호 관계를 시기별로 나누어 설명하는 방식을 취하고자 한다.

바꾸어 말하면, 내적 상호 관계 분석을 통해 특정 시기별로 국가나 시민사회 또는 시장의 운영과 그에 따른 특성을 분석할 수 있으며, 외적 상호 관계 분석을 통해 특정 시기별로 구성 요소들 간 상호작용에 따른 특성을 도출할 수 있다. 나아가 이 내적 상호 관계와 외적 상호 관계의 특성을 비교함으로써 한국 정부의 변천 과정에 따른 특성과 국가의 성격 변화를 도출할 수 있다.

그런데 거버넌스 모형으로 한국 정부를 분석하는 데 고려해야 할 또 다른 기본적 전제는 한국 정부의 변화 과정을 어떤 기준으로 분류할 것인가 하는 문제이다. 해방 이후 현재에 이르기까지 70여 년의 기간을 어떤 기준으로 나누어 볼 것이냐의 문제라고 할 수 있다. 이같이 시기 구분이 새로이 고려되어야 하는 이유는 한국 정부가 수립된 지 70년이 넘었는데도 한국 정부를 분석하는 데 중요한 요소인 시기 구분에 대한 논의가 학계에서 구체적으로 이루어진 경우가 별로 없기 때문이다. 단지 기존 문헌에서 사용되고 있는 시기 구분은 법적 관점에서 운위되고 있는 헌정 체제의 변화 과정을 하나의 기준으로 답습해 왔을 뿐이다.

그러나 법적 관점에 따른 시기 구분은 공화국별로 정부 체제가 갖는 공식적 성격을 규명하는 데는 도움을 줄 수 있으나, 제6공화국 이후와 같이 헌정 체제의 변화가 없는 가운데 지속되는 정부들에 대한 설명에는 그 구분에서 문제가 발생할 수 있다. 그래서 일부 문헌에서는 이 같은 한계를 극복하는 방편으로 제6공화국 이후부터 등장한 정부들을 분석하는 경우, 각 정부들이 표방했던 정부의 호칭을 하나의 기준으로 삼는 경향도 있다. 예를 들어, 김영삼 정부는 '문민정부'로, 김대중 정부는 '국민의 정부'로, 노무현 정부는 '참여정부'로, 그리고 이명박 정부는 '실용정부'로 구분하고 있다. 그렇지만 이 구분 역시 일관성이라는 측면에서 문제가 있을 뿐만 아니라, 시기 구분에 따른 정확한 용어로 보기에는 무리가 있다.

여기서는 정부와 국가를 유사한 개념으로 보고자 한 입장에서 기존의 시기 구분이 갖는 한계를 극복하기 위해, 우선 미시적 관점에서 해방 이후부터 현재에 이르기까지 한국 정부에 대한 시기 구분을 정부별로 세분화하는 방식을 택했다. 그리고 세분화된 각 정부가 추구했던 목표의 유사성에 따라 유형화를 시도했다. 이에 따라 해방 이후 현재에 이르기까지 70여 년에 걸친 기간을 형성기, 산업화기, 민주화기의 세 시기로 구분했다.

한국 정부의 형성기는 해방 이후부터 이승만 정부가 끝날 때까지를 포함하는 시기로, 정부의 제도나 기구들이 설립되고 정착되는 국가 형성(nation building)이 주된 목표나 이념이 되었다. 다음으로 한국 정부의 산업화기는 양적인 국가 발전(quantitative nation development)에 역량이 집중되었던 시기였다.

끝으로 한국 정부의 민주화기는 시장과 시민사회(civil society)의 활성화 내지는

표 2-1 한국 정부에 대한 시기 구분과 거버넌스의 변화

	형성기	산업화기	민주화기
거버넌스 변화	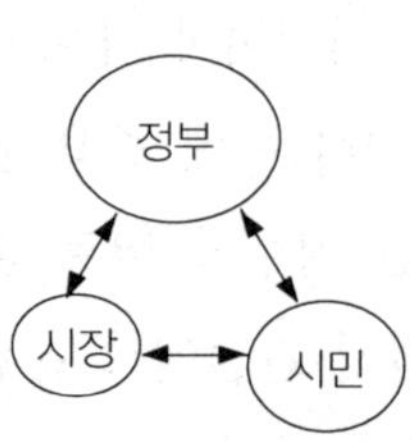	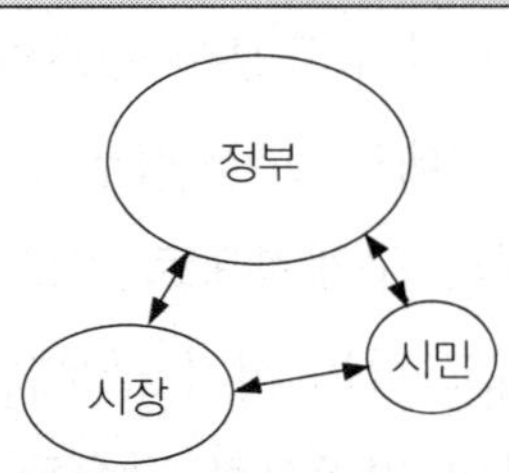	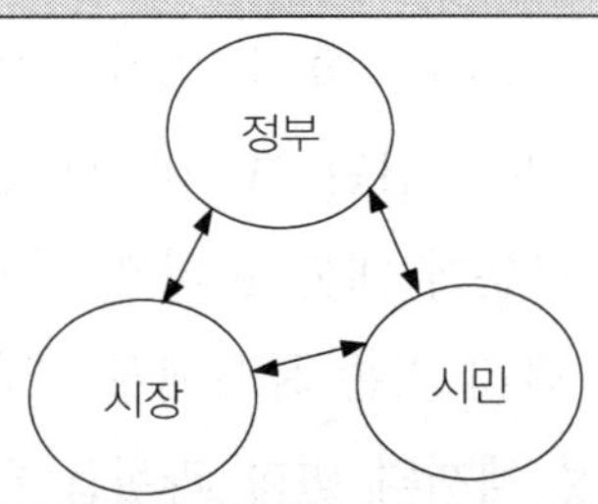
소속 정부	군정기 이승만 정부	장면 정부 박정희 3공 정부 박정희 유신 정부 최규하 정부 전두환 정부	노태우 정부 김영삼 정부 김대중 정부 노무현 정부 이명박 정부 박근혜 정부 문재인 정부

질적인 국가 발전(qualitative nation building)을 추구하는 것이 주된 목표나 이념이 되어 가는 시기이다. 한국 정부를 분석하기 위해 기본적 시각으로 선택한 거버넌스 모형의 구성 요소와 한국 정부에 대한 시기 구분을 조합한 결과는 〈표 2-1〉과 같다.

한국 정부의 형성기는 구조적 측면에서 국가의 영역은 상대적으로 비대한 데 반해, 시민사회나 시장의 영역은 대단히 왜소한 양태였다. 시민사회와 기업은 미분화된 상태를 유지했던 반면, 국가의 통제 능력은 상대적으로 높았다.

한국 정부의 산업화기는 구조적 측면에서 국가의 영역이 더욱 확대되고 시장의 영역도 상대적으로 성장한 데 반해, 시민사회의 영역은 거의 변화가 없거나 오히려 축소된 양태를 띠었다. 그 결과 기업이나 시민사회는 더욱 강화된 국가의 통제 기능으로 인해 국가에 대한 예속성이 높아지는 경향을 보였고, 국가의 기능적 분화는 한층 높아졌다.

한국 정부의 민주화기는 구조적 측면에서 과거에 비해 국가의 영역이 축소 지향적인 경향을 띠는 반면에, 시민사회와 시장의 영역이 확대되면서 구성 요소 간에 균형점을 찾아나가는 양태를 띠고 있다. 따라서 과거와 달리 시민사회나 시장에 대한 통제 중심의 국가 기능보다는 협상이나 조정과 같은 새로운 통치 양식을 강화시켜 나가는 특성이 나타나고 있다.

다음으로 시기 구분과 소속 정부라는 관점에서 시도해 보면, 한국 정부의 형성기에는 군정기와 이승만 정부가 포함된다. 그리고 한국 정부의 산업화기에는 장면 정부, 박정희 3공 정부, 박정희 유신 정부, 최규하 정부, 전두환 정부가 포함된다.

그런데 한국 정부의 산업화기에 장면 정부가 포함된 이유는 박정희 정부에서 시도되었던 산업화 정책의 핵심인 경제개발계획의 골간이 이미 장면 정부에서 수립되었기 때문이다. 즉, 장면 정부는 산업화기의 초석을 마련한 정부라는 의미에서 산업화기에 포함되었다. 그리고 박정희 정부의 경우 3공 정부와 유신 정부로 분류했는데, 이 중 3공 정부는 제3공화국(1963~1972년)에 해당하는 시기로, 유신 정부는 제4공화국(1972~1979년)에 해당하는 시기로 볼 수 있다.

여기에서 유신 체제 등과 같은 분류를 사용하지 않은 것은 언급한 대로 체제에 대한 명칭이 분류의 통일성을 결여하고 있다는 판단에서 비롯되었다. 따라서 유신

헌법이 제정되어 헌정 체제가 변화되는 시점을 기준으로 이전 정부를 박정희 3공 정부로, 유신헌법이 제정된 이후의 정부를 박정희 유신 정부로 구분했다.

한국 정부의 민주화기에는 노태우 정부, 김영삼 정부, 김대중 정부, 노무현 정부, 이명박 정부, 박근혜 정부가 포함되었다. 그런데 노태우 정부를 여기에 포함시킨 이유는 노태우 정부가 1987년 6·10 민주항쟁 이후에 출범하였고, 민주적인 헌정 체제 하에서 작동하였기 때문이다.

2. 한국 정부에 대한 접근

한국 정부를 분석하는 데 고려해야 할 다른 문제로 연구 방법을 들 수 있다. 여기서는 이미 한국 정부를 분석하기 위한 접근 방법으로 전통적 연구 방법 가운데 역사적 접근 방법, 법률·제도적 접근 방법, 엘리트론적 접근 방법을 제시했다. 그리고 행태주의적 연구 방법으로는 집단론적 접근 방법과 체제론적 접근 방법을 제시했다. 또한 정치경제학적 연구 방법 내지는 후기행태주의 연구 방법으로 조합주의적 접근 방법과 신제도주의적 접근 방법을 제시했다.

한국 정부를 분석하면서 이와 같이 일곱 가지의 접근 방법을 제시한 데는 나름대로의 이유가 있었다. 그것은 우선 한국 정부를 분석한다는 것이 어느 특정한 한두 가지 접근 방법으로는 불가능하다는 판단에서 비롯되었다. 그 결과 여기서는 한국 정부를 분석하면서 이상의 일곱 가지 접근 방법을 혼용했는데, 사용된 접근 방법들과 관점을 살펴보면 다음과 같다.

한국 정부를 분석하기 위한 시각에서도 이미 언급한 바와 같이, 한국 정부가 출범한 지도 어느덧 70년이 지나갔다. 따라서 이 책은 한국 정부의 변천 과정의 총체라고 할 수 있는 역사가 하나의 제도로서 정착되었다는 시각에서 출발했다. 그래서 한국 정부에 대한 분석은 기본적으로 역사적 접근 방법에 바탕을 두지 않을 수 없다.

둘째, 법률·제도론적 접근 방법이나 신제도주의 접근 방법은 차이에도 불구하고, 기본적으로 제도를 연구의 대상으로 하고 있다는 점에서는 동일하다. 다만 두 접근 방법의 중요한 차이점이 제도의 기술에 관한 것으로 정태적 기술을 택했는지 아니면 동태적 기술 방식을 택했는지에 달려 있다. 따라서 여기서는 두 접근 방법을 통해 한편으로는 제도에 대한 객관적 기술을 시도했고, 또 다른 한편으로는 동태적 관점에서 제도들 간의 역동적인 상호작용을 기술하였다.

셋째, 엘리트론적 접근 방법과 집단론적 접근 방법이 사용되었는데, 엘리트론적 접근 방법은 엘리트이론이 가정하고 있는 통치 엘리트의 역할과 순환 과정을 분석하는 데 사용했다. 예컨대, 시민사회나 시장이 발달하지 못했던 이승만 정부나 이후 시기에 거버넌스 구성 요소 간의 상호작용에 따른 엘리트 변동을 분석하기 위해 사용되었다. 그리고 집단론적 접근 방법은 특히 한국 정부의 민주화가 가속화되면서 시장과 시민사회의 영역이 확대되고 그에 따라 집단의 역할과 기능이 확대되었다는 점에서 유용했다. 또한 한국 정부의 정책 과정을 이해하는 데도 집단 간의 역할 분석이 중요하다는 측면에서 사용되었다.

넷째, 조합주의적 접근 방법의 경우는 한국 정부가 출범할 때부터 국가의 강력한 통제로 인해 이익집단의 역할이 축소되거나 정부의 관련 기관화가 될 수밖에 없었다는 시각과 민주화기에 들어서는 종래와는 다른 형태로 사회조합주의적 성격의 이익대표 체계가 형성되고 있다는 측면에서 사용되었다.

다섯째, 체제론적 접근 방법은 이 접근 방법이 지니고 있는 거시적 특성과 체제적 개념이 갖는 포괄성 때문에 채택되었는데, 여기서 체제론은 분석 전체를 총괄하는 기능적 관점에서 사용되었다. 즉, 체제의 구성 요소인 환경적 측면에서 한국 정부의 환경적 분석이 시도되었고, 한국 정부가 최종적으로 산출해 낸 정책에 대한 기술을 정책 산출적 측면에서 분석하는 데 사용했다. 이처럼 여기서는 한국 정부를 분석하는 데 일곱 가지의 접근 방법이 지니고 있는 특징과 장점들을 활용하여 포괄성과 과학성을 높이고자 했다.

끝으로 한국 정부를 기술하는 데 따른 분석 기간으로, 해방 이후부터 2018년 문재인 정부 2년차까지를 설정했다. 한편 한국 정부를 기술하는 과정에서 분석 대상을 해방 이전과의 연속선상에서 다루어야 했는데 이를 완전하게 다루지 못했다는 점에서 아쉬움이 있다. 다만 헌법에서 언명하고 있는 한국 정부의 전신인 임시정부에 대해 이의 출발과 변화 과정을 제도적인 차원에서 기술하는 데 그쳤다. 차후의 과제로는 임시정부에 대한 역동적 분석과 한국 정부와의 연계 과정을 추가하고자 한다.

생각할 문제

• 정부에 대한 시각

1. 어떠한 고전적 정부관이 현재 한국 정부를 가장 잘 설명할 수 있는지 생각해 보시오.
2. 시대별 정부관의 차이의 배경과 원인에 대해 생각해 보시오.
3. 각각의 정부관과 정부의 역할 및 기능을 연계하여 생각해 보시오.
4. 정부에 대한 신뢰가 급감하고 있는 이유들에 대해 생각해 보시오.
5. 국가와 정부의 공통점과 차이점에 대해 조사해 보시오.

• 정부에 대한 접근 방법

1. 전통적 접근 방법이 연구 방법으로서 지닌 장·단점에 대해 생각해 보시오.
2. 행태적 접근 방법이 연구 방법으로서 지닌 장·단점에 대해 생각해 보시오.
3. 정치경제학적 접근 방법이 지닌 장·단점에 대해 생각해 보시오.
4. 전통적 접근 방법과 행태적 접근 방법의 근본적인 차이점에 대해 생각해 보시오.
5. 행태적 접근 방법과 정치경제학적 접근 방법의 차이점에 대해 생각해 보시오.
6. 한국 정부를 분석하는 데 여기에서 활용된 접근 방법들 외에 더 유용한 접근 방법이 있다면 조사해 보시오.
7. 한국 정부의 발전 과정에 따라 거버넌스의 변화 양태를 구체적으로 조사해 보시오.

Chapter 03

한국 정부의 환경과 형성: 형성기

Chapter 03

한국 정부의 환경과 형성: 형성기

제1절 역사적 맥락: 대한민국 임시정부

한국 정부를 둘러싼 환경과 정부 형성 과정의 특징에 대해 논의하는 경우 쉽게 제외할 수 없는 문제 중 하나가 해방 전후사(前後史)의 연속과 단절이다. 특히 대한민국 임시정부와 1948년에 수립된 대한민국 정부의 관계이다. 식민지 사회와 해방 이후의 사회를 연속의 측면에서 파악할 것인가? 아니면 단절이라는 측면에서 파악할 것인가? 해방 이후 한국 정부의 환경 및 정부 기구에 대한 이해와 관련하여, 연속과 단절 문제에 대한 이해는 한국 정부의 역사적 맥락을 이해하는 데 중요한 의미를 가진다.

1. 연속과 단절

한국 정부의 환경과 형성 과정을 논의하는 경우 고려해야 할 중요한 것 가운데 해방 이전과 이후의 역사를 연속적으로 보아야 하는지, 아니면 단절적 측면에서 보아야 할 것인가의 문제이다. 다시 말해서, 식민지 사회와 해방 이후의 사회를 연속적 측면에서 파악할 것인가, 아니면 단절이라는 측면에서 파악할 것인가이다.

정치사적인 측면에서 보자면 식민지로부터의 해방은 정치 체제라는 상부구조의 전환을 의미한다. 그러므로 해방 이후의 역사가 기본적으로 단절을 의미하는 것은 거듭 말할 필요도 없다. 한국에서 해방을 기준으로 근대사와 현대사로 시기 구분을 하는 것이 일반적인 것처럼, 정치사에서 일본 제국주의의 붕괴가 의미하는 역사적 의의는 대단히 크기 때문이다. 투쟁을 통해 정치 주체로서의 자격을 회복한 한국인에게 해방이 역사의 회복이라고까지 불리는 까닭이 여기에 있기 때문이다.

이에 더해 가치관의 역전이 가지는 역사상의 의의를 또한 간과할 수 없다. 총독부의 지배 체제 하에서는 불령시(不逞視)되었던 것이 해방 이후에는 영광스러운 것이 되었고, 찬미의 대상이 되었던 사람들이 매국노로 지탄되었던 점을 생각할 경우, 해방을 전후한 연속과 단절의 문제는 결정적으로 단절의 방향으로 귀착되었다고 할 수 있다. 따라서 종래 사회경제사를 중심으로 논의되어 온 것과 같은 맥락에서 연속적 측면을 논의할 여지는 없어 보인다.

그러나 가치적·이념적 측면과는 달리 제국주의를 문화적 현상으로 보게 되면 식민과 탈식민 간의 시간적 구분은 무의미해진다. 문화적 현상에서는 시작과 끝이 명료하지 않아 쉽게 식민지적 과거와 탈식민지적 현대를 분리할 수 없기 때문이다. 중요한 것은 식민지의 정치적 종속이 아니라, 식민지를 지배했던 세력이 타자의 몸과 공간에 새겨 넣은 것들이 단순히 단절한다고 해결될 문제가 아니라는 데 있다.

같은 맥락에서 단순히 식민지의 정치적 독립이 아니라, 식민주의에 의해 길들여진 역사가 생산해 낸 범주와 개념들의 지배로부터 얼마나 자유로워질 수 있는가가 중요하다. 즉, 식민주의자와 식민지 종속민, 문명과 비문명, 문화적 정체성 등에 대한 개념화와 담론이 탈식민지 사회에서 어느 정도 해체되었는가가 핵심인 것이다. 우리에게 식민주의와 제국주의적 정서는 특히 지난 1960년대 이후의 정치적 상황으로 인해 반봉건과 반독재의 정서와 밀접하게 결합되어 왔다. 그 때문에 우리는 식민주의와 제국주의에 대해 더 많은 오해를 해 왔다(박지향, 2000: 7-10).

이와 함께 현실적으로 해방 이후에 전개된 한국의 정치·행정 상황을 고려하는 경우, 해방 이전의 정부 제도나 행정기구가 해방 이후에도 엄연하게 영향을 끼쳤다는 것을 부인할 수는 없다. 일부 학자들의 주장처럼 식민지 이전의 역사를 해방 이후의 역사와 기계적으로 접합시킬 수는 없기 때문이다. 즉, 통치사와 관련하여 보는 경우 이민족의 지배로부터의 탈각이라는 명분상의 단절성이 인정되지만, 근대적 국가의 건설과 운영을 위한 합리적·효율적 행정기술의 필요라는 측면에서는 좀 더 실질적인 연속성이 발견된다.

예컨대, 한국 관료제는 조선 시대의 가산관료제에 왜곡된 형태이긴 하지만 식민지 시기에 일본을 통해 근대 관료제가 이식되고, 다시 해방 이후에는 미국의 영향으로 현대 관료제가 가미되어 오늘에 이르렀다. 그런 까닭에 정부 수립 이후의 정부기구의 본질을 제대로 이해하고 제도적 부적합성을 제거하기 위해서는 해방 전후사에 대한 정치행정사적 이해가 중요하다.[1] 결국 해방 이후 한국 정부의 형성 과정과 정부기구의 발전 과정이라는 역사적 맥락을 이해하는 데, 전술한 연속과 단절이 지니는 의미는 이같이 대단히 크다.

2. 연속과 단절의 측면에서 본 대한민국 임시정부

1) 임시정부의 형성과 활동

대한제국이 멸망한 이후, 일제의 식민 통치는 매우 가혹한 것이었다. 나라 없는 설움은 수많은 독립운동을 일으켰고, 이러한 시대적 배경은 1919년 3·1 운동으로 결집되었다. 3·1 운동 이후에 체계적인 독립운동을 위해서는 정부가 필요하다는

1) 일본에 의해 근대 관료제가 도입되었지만 근대 관료제라고 해도 현실의 관료제는 결코 동질적이지 않다. 즉, 근대 관료제라고 해도 영국이나 미국(영미형), 독일이나 프랑스(대륙형), 일본의 관료제 사이에는 적지 않는 차이가 있다. 이런 관점에서 합법적 지배, 전통적 지배, 카리스마 지배 등의 이념형을 제시한 베버(Max Weber)도 관료제에 대한 다양한 하위 분류를 시도하고 그 변질 과정을 추적한 바 있다. 따라서 양반과 관인(官人)에 의한 지배의 전통을 갖고 있는 조선시대 관료제에 이어 식민지 관료제와 군정기 이후 미국식 효율적 행정 원리의 도입 등 복잡한 형성 이력을 갖는 한국 관료제를 이해하기 위해서는 전술한 계기적 맥락에서 행정기구의 발전사를 이해할 필요가 있다.

인식이 곳곳에 생겨났는데, 그 영향으로 국내·외에 8개의 임시정부가 등장했다. 가장 대표적인 것이 서울에 건립된 한성임시정부(漢城臨時政府)였다. 한성임시정부는 1919년 4월 23일 서울에서 24명의 전국 13도 대표국민회의 후에 조직되었다. 이 밖에도 연해주에서는 손병희를 대통령으로 하는 대한국민의회[大韓國民議會, 또는 노령정부(露領政府)라고도 함]가 설립되었고, 상하이(上海)에는 상하이임시정부(上海臨時政府)가 조직되었다.[2)]

한성임시정부가 일제의 탄압으로 국내에서 더 이상 활동하기 힘들어지고 통일된 정부의 필요성으로 인해 한성임시정부와 대한국민회의, 상하이임시정부의 통합이 추진되었다. 상하이임시정부 국무총리대리였던 안창호는 1919년 8월에 임시정부의 통합을 위해 임시헌법 개정안 및 임시정부 개조안을 의회인 의정원회의에 제출했다. 그리고 1919년 9월 11일 대한민국 임시정부의 임시헌법이 공포되면서 세 개의 임시정부가 상하이임시정부로 통합되었다. 통합으로 인해 상하이임시정부가 유일한 임시정부로서의 역할을 시작했다.

임시헌법 개정안에 나타난 임시정부의 주요 모습은 대통령제와 내각책임제의 절충식이었다. 대통령 직할기관으로 대본영, 참모부, 군사참의회, 회계검사원이 있었고, 국무총리는 국무원 수반으로 예하 내무부, 외무부, 군무부, 법무부, 학무부, 재정부, 교통부, 노동국 등 7부 1국을 설치하고 있었다. 최초의 상하이임시정부의 각료들은 임시 대통령에 이승만, 국무총리에 이동휘, 내무총장에 이동녕 등이었다.

대한민국 임시정부가 단일 정부로서의 모습을 갖추었으나 한계도 존재했다. 그것은 정부와 국민적 기반과의 단절이었다. 임시정부는 상하이에 설치되고 본토가 식민 지배를 받고 있었기 때문에 공식적인 세금을 통한 수입이 없었는데, 이러한 점은 활동에 많은 제약을 초래했다. 비밀리에 간헐적으로 들어오는 독립자금만으로 독립과 정식 정부의 수립이라는 목표를 달성하기에는 턱없이 부족했기 때문이다.

시간이 흐름에 따라 임시정부 내에도 분열이 일어나기 시작하는데, 출신지역과 독립운동의 방법, 사상 차이 등이 원인이었다. 특히 대통령이었던 이승만과 국무총

2) 이 밖에도 조선민국임시정부, 신한민국임시정부, 대한민간정부, 임시대한공화정부, 고려임시정부 등이 있었으나, 실질적인 조직을 갖추고 후에 통합 논의의 대상이 된 정부는 전술한 임시정부이다.

그림 3-1 대한민국 임시정부 초기의 정부조직표(1919년 현재)

- 대통령
  - 대본영
  - 참모부
  - 군사참의회
  - 회계검사원
  - 국무총리
    - 내무부-비서국 · 지방국 · 경무국 · 농상공국(4국)
    - 외무부-비서 · 외사 · 통상(3국)
    - 군무부-비서 · 육군 · 해군 · 군사 · 군수 · 군법(6국)
    - 법무부-비서 · 민사 · 형사 · 감옥(4국)
    - 학무부-비서 · 교육 · 편집(3국)
    - 재정부-비서 · 주세(主稅) · 이재(理財) · 주계(主計)(4국)
    - 교통부-비서 · 철도 · 통신 · 해운(4국)
    - 노동국-비서과 · 시설과 · 구제과(3과)
    - 비서장-서무국 · 법제국 · 전계(銓稽)국(3국)

출처: 독립신문, 1919년 11월 27일자(30호), 이연복 32쪽에서 재인용.

리였던 이동휘 등의 갈등은 임시정부의 활동을 크게 약화시키는 원인이 되었다. 이승만 대통령은 임시의정원 회의에서 탄핵되어 박은식이 임시 대통령으로 선출되었다.

이러한 한계를 극복하고자 1925년 임시정부는 새로운 임시헌법을 공포했다. 새로 공포된 임시헌법은 국무령 중심의 내각책임제의 채택, 헌법 적용 범위의 축소(인민→광복운동자), 국무령의 임기 제정 등의 내용이 이전의 임시헌법과의 차이였다. 임시정부는 새로운 임시헌법의 공포를 통해 정치적 혼란을 수습하고자 했다. 그러나 국무령에 선임된 이들의 취임 거부나 자퇴 등으로 인해 1년여 간의 정부 공백이 있었고, 정부 공백 및 혼란은 김구의 국무령 선임 때까지 계속되었다.

국무령에 취임한 김구는 개헌(1927)을 통해 국무령제를 위원제로 변경했다. 이

때 임시헌법은 임시약헌으로 명칭을 바꾸고 전문 없이 제1장 총칙(제1~4조), 제2장 임시의정원(제5~27조), 제3장 임시정부(제28~45조), 제4장 회계(제46~48조), 제5장 보칙(제49~50조)으로 이루어졌다. 이 약헌은 국무령을 없애고 국무회의 제도를 채택했다. 하지만 윤봉길 의사의 의거 이후 독립운동가들이 각처로 흩어지게 된 일, 항저우(杭州)사건의 소란, 5당 통합 등으로 인한 동요 등에 의해 임시정부는 안정을 찾지 못했고 겨우 명맥만을 유지하는 수준이었다. 이러한 상황 속에서도 김구는 1933년 장제스(蔣介石)와 회견하고, 낙양군관학교에 한인특별반을 설치하여 이청천, 이범석, 오광선, 김창환 등으로 하여금 교포 청년 100명을 훈련시키게 했다(백범일지: 24-25, 이연복, 1999: 45).

1937년에 중일전쟁이 발발하자 임시정부는 군사위원회를 설치하여 군사적 대비를 갖추었으나, 상황이 악화되어 임시정부는 거처를 계속 옮겨다녀야만 했다. 그러다가 1940년 9월에 중칭(重慶)에 임시정부가 자리를 잡으면서, 한국광복군사령부가 설립되고 개헌을 하게 되었다. 개정된 임시약헌은 전문 없이 42조로 이루어졌고, 전시 체제에 대비해 주석의 권한을 강화했다. 개정된 임시약헌에 의해 국무위원회 주석에 김구, 국무위원에 이시영(재무장), 조완구(내무장), 조소앙(외무장), 차이석(비서장), 박찬익(법무장), 조성환(군무장)이 선임되었고, 고문으로 송병조, 홍진을 초빙하고, 참모총장에는 유동열을 선임했다. 또한 미국 워싱턴에 외교위원보를 설치하여 이승만을 임명했다.

이 시기부터 대한민국 임시정부는 본격적으로 대한민국 건국을 준비하기 시작했다. 본격적으로 독립전쟁을 준비하기 시작하는데, 그 일환으로 정부조직을 확충했다. 1941년에 공포된 대한민국 건국강령은 당시 정부의 정치 이념 및 독립전쟁 준비 태세를 잘 드러내고 있다. 대한민국 건국강령은 총 3장 22항으로 되어 있으며, 특히 제2장에 나라를 찾는 단계를 3단계(독립선언 → 임시정부 수립 → 적과의 혈전, 일부 국토 회복 → 국제적 지위 취득, 국토·인민 탈환 → 각국 정부와 조약 체결)로 나누어 설명하고 있다(이연복, 1999: 49).

이후 1941년 중일전쟁이 태평양전쟁으로 확대되자 임시정부는 대일선전성명서를 발표했다. 이 시기의 임시정부는 초창기의 상하이 시절만큼 활동이 왕성했다. 내부적으로도 조직의 변화가 있어, 교통·선전·생계·학무의 4부가 증설되었다.

1944년에 임시정부는 마지막 개헌을 시행했다. 이때 개정된 임시헌장은 전문을 포함하여 6장 62조로 이루어져 그동안의 임시헌법 중 가장 장문이다. 주요 특징은 전시 체제를 위한 주석의 권한 강화 및 부주석제의 신설, 행정부의 2중 구조, 법원의 조직 및 구성과 관할 사항의 규정 등이다.

1945년이 되자 임시정부는 대독항전(對獨抗傳)을 포고하고, 독립을 준비하기 위한 외교 활동을 활발히 했다. 이 무렵 임시정부 예하의 광복군의 세력도 크게 성장했으며, 영국군과 합작작전을 벌이는 등의 성과도 거두었다. 또한 미군과 전투공작을 국내에서 벌이기로 하여, 연합군의 일원으로 항일전에 참가할 것을 계획하고 있었다. 하지만 그 시기의 국제 정세는 급변하여 8월 15일 일본은 무조건 항복을 선언하기에 이른다.

2) 임시정부의 의의

대한민국 임시정부는 식민 지배 하에 있던 조선인을 대표하는 정치 체제였다. 1919년 서울에 있던 한성정부와 연해주에 있던 노령정부(露領政府), 그리고 상하이에 건립된 상하이정부가 통합되어 시작된 대한민국 임시정부는 비록 국가의 요소라고 할 수 있는 국토와 국민에 대한 통제력을 상실했다는 점에 대해 불완전한 정부였지만, 13도 대표회의를 거쳐 수립된 국민의 대표성을 가지는 정부라는 점에서 의의가 있다. 대한민국 임시정부의 특징이라면 한민족 최초의 공화제를 표방한 정부였다는 점을 들 수 있는데, 이는 이전에 존재했던 대한제국의 군주제와의 단절이라는 측면에서 파악할 수 있을 것이다.

한편 대한민국 헌법 전문에 나타난 "대한민국은 3·1 운동으로 건립된 대한민국 임시정부의 법통성을 계승한다……"는 표현은 대한민국이 대한민국 임시정부의 법적 정통성을 계승함을 의미한다고 할 수 있다.[3] 임시정부가 비록 불완전한

---

3) 2008년에 거행된 건국 60주년 행사에 대해서는 비판적 시각이 존재하며, 당시 크게 논란이 된 바 있다. '건국 60주년'의 인식이 잘못되었다는 것이다(김삼웅 전 독립기념관장, 2008년 7월 23일 오마이뉴스). 1919년 3·1 운동 직후 일제 식민 통치를 거부하는 민족 지도자들은 상하이임시정부를 비롯하여 국내한성정부, 노령국민회의, 서북간도의 군정부(軍政府), 기타 조선민국임시정부, 신한민국정부 등의 명칭을 가진 몇 갈래의 정부를 조직했다. 이것을 대부분 흡수 통합하여 1919년 4월 10일 상하이에서 대한민국 임시정부 수립을 위한 임시의정원이 개원되고, 이튿날 임시의

정부였지만, 민족 대표성을 가지고 있었기 때문에 대한민국이 임시정부의 정통성을 주체적으로 계승하려 한다는 것을 함축하고 있다. 이러한 주체적인 인식 이외에도 임시정부가 채택했던 대통령제나 임시정부가 추구했던 입법 · 행정 · 사법의 삼권분립의 헌정 체제가 대한민국 건국에 반영되었다는 점 등은 연속적인 측면으로 파악할 수 있다.

하지만 대한민국 임시정부는 국가의 요소라고 할 수 있는 국토와 국민에 대한 통제력이 없었다는 점에서 불완전한 정부였고,[4] 또한 대한민국 건국의 주체 세력과 임시정부 세력이 동일하지 않다는 점은 실체적인 측면에서 임시정부와 대한민국이 단절되었다는 것을 보여준다.

실체적인 측면에서 대한민국 정부의 건립은 기본적으로 임시정부와 단절되었다. 1945년 해방은 임시정부에 의한 것이 아니라 미군의 점령에 의한 것으로 볼 수 있다. 해방 이후 정국에서 가장 지배적인 국가기구로 등장한 미군정은 임시정부의 지위를 인정하지 않았고, 1945년부터 3년 간 미군정에 의한 임시 통치가 단행되었다. 1948년 대한민국 정부의 건립 주체 세력도 임시정부의 주체 세력과 동일하지 않았다. 즉, 임시정부가 '정부'로서 가지고 있던 한계와 시대적 상황은 임시정부와

정원의 결의에 따라 헌장(헌법)의 제정과 국무위원을 선임하여 정부 수립을 보게 되었다. 임시정부 기사록(紀事錄)은 의정원의 첫 회기를 '대한민국 원년'이라고 명시하여, 1919년이 대한민국 원년(元年)임을 분명히 했다. 이에 따르면, 올해는 대한민국 기원 89년이 된다. 임시정부의 헌법인 「임시헌장」 제1조는 "대한민국은 민주공화제로 한다"고 선언했다. 이 조항은 대한민국 제헌헌법 이래 9차 개헌 때까지 불변의 원칙이 되었다. 우리 독립운동가들은 망명지에서 임시정부를 수립하면서 봉건왕조의 복벽(復辟)이나 사회주의 노선을 거부하고 민주공화제를 채택했고, 이 정신은 오늘에 이르고 있다.

제헌 헌법기초위원장 서상일은 헌법 초안 제안 설명에서 "이 헌법안은 대한민국 「임시헌장」과 구미 각국에 있는 모든 헌법을 종합해서 원안이 기초된 것"이라고 밝히고, 제1회 제헌국회에서 의장 이승만은 "오늘 여기서 열리는 국회는 기미년에 서울에서 13도 대표가 모여 수립된 민국 임시정부의 계승이다"라고 선언했다. 그는 또 국회 개원 축사에서 "민국 29년 만에 부활되었기 때문에 민국 연호를 기미년에서 기산하여 '대한민국 30년'에 정부 수립이 이루어졌다"고 천명했다. 보수 세력이 추종하는 이승만 대통령도 '정부 수립'임을 분명히 한 것이다. 당시 채택한 제헌헌법 전문은 "기미 3 · 1 운동으로 대한민국을 건립하여 세계에 선포한 독립정신을 계승하여 이제 민주독립국가를 재건한다"고 밝혀, 1948년의 정부 수립이 임시정부를 '계승'하고 독립국가를 '재건'한다는 사실을 분명히 했다.

4) 예외적으로 국토와 국민에 대한 통제력을 상실해도 인정되는 정부로는 망명정부를 들 수 있으나 대한민국 임시정부는 대한제국과 시간적 영속성이 없고 주체 세력이 달랐으며 이념이 달랐으므로 망명정부라고 볼 수는 없었다(이연복, 1999: 3).

대한민국 건국의 실체적 연결을 단절시켰다.

한편 규범적인 측면에서 임시정부는 '대한민국'의 예비적 정부라는 성격을 가진다. 실질적으로 국민과 영토에 대한 통제력이 없는 상황이었지만, 임시정부는 식민치하의 조선인을 대표했다는 대표성을 가지고 있었다. 이러한 점은 대한민국의 건국 당시부터 임시정부의 정통성을 이으려고 하는 의식적인 인식으로 이어지며, 대한민국 헌법 초안에도 이러한 인식이 잘 반영되어 있다. 특히 헌정 체제와 관련하여, 임시헌법 개정안의 대통령제를 채택하고 행정을 총괄하는 국무총리를 둔 점과 행정부와 의회, 법원을 분리하는 삼권분립을 채택한 점은 대한민국 헌법 초안에 그대로 반영되어 있다.

연속적인 측면과 단절적인 측면을 종합할 때 대한민국 임시정부의 의의는 대한민국 형성을 위한 태동기적인 성격을 가진다고 평가된다. 불완전한 형태였지만 임시정부는 대외적으로 국민을 대표한 외교 활동을 담당하고 독립운동을 지속적으로 펼쳐왔기 때문에, 실체적 성격을 가진 일반적인 정부를 준비하는 예비적 정부의 성격을 가진다고 할 수 있다.

제2절 형성기 한국 정부를 둘러싼 환경

국민소득이 채 50달러도 되지 않고 문맹률은 80%를 넘는 척박한 상황 속에서 찾아온 해방은 한국 정부의 형성 과정이 평탄치 않음을 예고한 서곡이었다. 신탁통치라는 미명 아래 미군정을 겪어야 했고, 이념적으로는 극단적 좌우 분열을 경험해야 했다. 게다가 생소한 미국식 대통령제가 이식되어 한국 정부가 수립되자 시민들은 부패하고 수탈주의적인 권위주의 체제 하에서 13년을 보내야 했다.

4·19 혁명으로 이승만 정부가 붕괴되고 민주당 정부가 들어섰지만, 여당 내 파벌 싸움이 심해 정부를 제대로 정비하지 못했고 나아가 폭발하는 제 사회개혁 수요들을 제대로 충족시키지 못해 1년여 만에 군사쿠데타로 붕괴되고 말았다.

1. 정치적 환경

남한에 진주한 미군정은 진주 직후 질서 유지를 위해 수개월 동안 조선총독부 관료들을 유임시키고, 일제시대 경찰들을 그대로 유임시키기도 하였지만, 큰 흐름에서는 미국 유학파인 흥사단계 인물들을 많이 중용하였다. 미군정 군정장관과 남조선 과도정부 각 부·처의 장을 역임한 인물 22명 가운데 조선총독부 관료 출신은 3명에 불과하였고, 각 부·처의 차장급도 25명 중 4명에 불과하였다. 오히려 장·차관급 고위직의 60% 이상은 조병옥, 오천석, 오정부, 이대위, 이용설 등 미국 유학파였다(하태수, 2017: 42).

미군정은 진주 초기에는 한반도에서 소련과 함께 신탁통치를 하려고 하였다. 1945년 12월 모스크바에서 미국·영국·소련의 외무 장관들이 만나 한반도에서 5년 간의 신탁통치를 실시할 것을 결정했다. 그러나 국내 우파 세력이 신탁통치에 반대하자 미군정은 신탁통치를 포기하고, 소련의 영향력 확대를 경계하여 반공산주의적인 입장을 강화했다. 그러다가 1947년 8월 12일부터 남로당 등 사회주의 계열 인사들을 검거하기 시작했고, 이때부터 남한 내 공산당 세력은 지하로 숨어들었다(박찬표, 1997: 243-262; 윤근식, 1999: 353-354).

미국이 자국의 상황과 한반도 주변의 제 상황을 고려하여 한국에서 손을 떼기로 결정하고 한반도 문제를 유엔으로 이관하자 유엔은 1948년 2월에 남한에서만 선거를 실시하기로 하는 결의안을 채택하였다. 그러자 남한의 김구 등 민족주의적인 남북협상파와 사회주의 집단들은 단독선거가 민족 분단을 영구화시킨다고 주장하면서 남한만의 단독선거 불참을 결정하였다. 결국 1948년 5월 10일 남북협상파가 불참한 가운데 남한 지역에서만 총선거가 실시되었고, 북한에 배정된 100석을 제외한 198명이 대표로 선출되었다(윤근식·김운태, 1999: 365).[5] 선거 결과 무소속 85석, 대한독립촉성회 55석, 한민당 29명, 대동청년당 12명, 조선민족청년당 6명, 기타 11명이 당선되었다. 숫자상으로는 이승만 추종자들이 많이 당선되었지만 당파적 유대가 불확실해 원내 지배 세력이 되지 못했고, 오히려 29명만 당선된 한민

5) 남한 지역에 200석, 북한 지역에 100석에 배정되었지만, 제주도에서는 4·3 사태의 여파로 선거가 불가능했다.

당이 강한 단결력을 기반으로 원내에서 제법 영향력이 있는 정파가 되었다(하태수, 2017: 44).

제헌국회 구성 이후 헌법 제정, 대통령과 부통령 선거, 정부조직법 제정 등으로 8월 15일에 정부가 수립되었으나, 10월 19일에 여순반란사건이 일어나 나라가 다시 한 번 혼란에 쌓였다. 정부는 제주도 4·3 사태 진압을 위해 제14연대를 급파하였으나,[6] 10월 19일부터 10월 27일까지 당시 전라남도 여수시에 주둔하고 있던 14연대의 군인 2,000여 명이 중위 김지회, 상사 지창수 등 남로당 계열 군인을 중심으로 제주 4·3 사건 진압 명령을 거부하고 무장 반란을 일으켰다.

이들은 4·3 사태 진압 거부 이외에도 38선을 철폐와 조국통일까지도 주장하였다. 이들은 10월 19일 저녁 8시경 무기고와 탄약고를 점령하고 비상나팔을 불어 전연대 병력을 집결시킨 다음 선동과 위협으로 반란군에 동참하게 했다. 경찰서와 관공서를 장악하고 여수·순천을 순식간에 휩쓴 뒤 곧바로 광양·곡성·구례·벌교·고흥 등 전라남도 동부 5개 지방을 장악해나갔다.

초기 진압작전에서 반란군에게 밀리자 정부는 여순지구에 계엄령을 선포하고, 광주에 설치한 반군토벌전투사령부의 지휘로 제2여단, 제5여단 예하의 5개 연대를 투입, 소탕작전을 벌여 나갔다. 이들 정부군은 결국 미국군사고문단의 지휘 아래 장갑차·박격포 등을 동원해 여순지역 탈환에 성공했다. 비록 미군의 협조로 진압에는 성공했으나 이 사건은 3개월밖에 지나지 않은 신생 정부에 큰 충격을 안겨주었다. 이승만 정부는 이 사건을 계기로 각계각층의 반대에도 불구하고 국가보안법 제정, 정치적 반대세력에 대한 무제한적인 탄압을 제도화시켰으며 대대적인 숙군을 단행, 좌익계와 광복군계를 포함한 모든 반이승만 성향의 군인을 제거했다.

여순반란 사건 발발 직후인 1948년 10월 21일 국무총리 겸 국방장관이었던 이범석은 "이번 국군이 일으킨 반란의 주요 원인과 폭동 성질은 수식 전에 공산주의자가 극우의 정객들과 결탁해서 반국가적 반란을 일으키자는 책동이었다"고 수사결과를 발표하면서 김구 선생을 배후 지도자로 지목하였다(서울신문, 1948년 10월 22일). 이어 수도경찰청장 김태선 역시 배후 인물로 김구를 지목하였다. 그러자 김

6) 제주도 4·3 사태는 1948년 4월 3일 제주도에서 단선단정에 반대하여 일어난 운동이다.

구는 이런 발표를 반박하면서 여순반란 사건을 강도 높게 비판하였다(서울신문, 1948년 10월 30일). 1949년에는 여순반란 사건으로 잠시 연기되었던 미군 철수가 재개되어 6월 29일 철수가 완료되었고, 비슷한 시기인 6월 26일에 김구 선생 암살 사건이 일어났다.[7)]

1950년 6월 25일 북한의 남침으로 남한 사회는 다시 한 번 격변의 장으로 떨어졌다. 미군정 기간 위축되었던 공산 진영과 진보 세력은 6·25 전쟁을 통해 완전히 거세되었고, 전쟁 이후에는 중도주의 노선도 좌파로 여겨질 정도로 남한은 우파 일변도 사회로 재편되었다. 이때부터 1980년대 이후 노동운동으로 노동 세력이 주축이 된 정당이 출현할 때까지 한국 정치는 자유주의 우파 세력에 의해 지배된다. 한국 정치의 균열이 유럽처럼 좌우 이념에 의한 것이 아니라 지역 기반 등에 의한 것도, 이념적으로는 모두 우파 내지 중도우파이기 때문에 이념적으로는 균열이 생길 수 없었기 때문이기도 하다.

한편 해방을 맞이하면서 귀국한 이승만은 사회주의 세력이 주도하는 인민공화국을 거부하고 임시정부 세력도 경원시하면서 자신만의 세력 기반을 새로이 구축하려고 했다. 그러나 정부가 수립되고 난 이후부터는 자신을 지지했던 한민당에 대해서도 정당을 초월한 조각의 필요성을 주장하며, 반정당정치적인 정치관을 드러내기 시작했다. 이 때문에 제헌국회의 진보적 소장파와 대결해야 했고, 동시에 한민당과의 권력 투쟁도 불가피했다.[8)]

이승만 정부 초기 제헌국회에서 싹텄던 행정부와 국회 간의 대결 양상은 제2대 국회에서 더욱 확대되었다. 행정부 수반인 대통령의 의사는 국회의 반대에 부딪히고, 국회가 결의한 결정은 대통령의 거부권에 의해 좌절되었다. 이러한 상황으로 인해 이승만 대통령은 1952년에 국회에서 치러질 대통령선거에서 재선될 가능성이 희박하자, 1951년 12월 17일과 23일에 원외 자유당과 원내 자유당을 창당하여

---

7) 김구 선생 암살범은 육군 포병 장교 안두희였다. 범행 직후 체포되어 무기징역을 선고받았으나 곧 15년형으로 감형되었고, 1950년 6·25 전쟁이 일어나자 형집행정지로 석방되어 군에 복귀하였다. 정치권 일각에서 석방에 대해 의문을 제기하자 계급이 소위에서 소령으로 특진되었고, 이후 강원도 양구로 건너가 군납업자로 재산을 축적한 것으로 알려졌다.

8) 권력 투쟁의 주된 내용은 1948년 총선거 이후에 미군 철수 문제, 반민족행위자 처벌 문제, 토지개혁 문제 등과 관련된 것들이었다. 한민당은 양대 세력은 김성수로 대표되는 지주 세력과 미국 유학 후 미군정에서 고위직으로 근무했던 홍사단계 인사들이었다.

자신만의 정치 세력을 구축하였다. 이후 1952년 7월 4일 발췌개헌을 통해 대통령 직선제와 국회 양원제를 도입하고, 동년 8월 5일에 치러진 선거에서 대통령으로 재선되었다. 나아가 1953년 9월 10일에 이범석을 중심으로 한 민족청년단 계열을 자유당에서 숙청하면서 초기에 불안했던 권력 기반을 완전히 공고화시켰다.

이렇게 장기 독재의 발판을 마련한 이승만 정부는 1954년 5월 20일에 실시된 제3대 민의원 총선에서 자유당이 203석 중 114석을 차지하게 되고,[9] 무소속 의원들을 포섭한 결과 교섭단체 등록 시에는 의석의 2/3인 136명을 확보했다. 그리고 그 여세를 몰아 1954년 11월 29일 대통령 3선 제한 철폐를 골자로 하는 사사오입(四捨五入) 개헌을 밀어부쳤다(윤근식 · 김운태, 1999: 391-392).[10]

그렇지만 이승만 정부의 이 같은 권력 집중은 정통성을 기반으로 형성된 것이 아니고, 행정부를 동원한 통제 위주의 방식으로 이루어졌기 때문에 취약할 수밖에 없었다. 1956년 6월에 치러진 제3대 정 · 부통령선거에서 관권 개입의 결과로 자유당의 이승만 후보가 대통령에 당선되었지만, 동년 8월에 실시된 지방의회 의원선거와 시 · 읍 · 면장 선거에서도 관권 개입이 심하게 나타나자 정부와 자유당에 대한 민심 이탈이 가속화되어 이승만 정부의 취약한 권력 기반이 드러나기 시작했다. 권력 기반 취약화로 인해 이승만 정부는 자유당을 통해 2년 후에 있을 정 · 부통령 선거에 대비하기 위한 수단으로, 1958년 12월 24일에 「국가보안법」을 개정하기에 이르고 야당 탄압과 언론 규제도 강화하게 된다. 그리고 「지방자치법」을 개정하여 당시 직선제이던 시 · 읍 · 면장 선출을 임명제로 전환시켰다.

---

9) 제3대 민의원 총선에서는 정당공천제가 처음 실시되었는데, 이때 자유당은 개헌을 선거강령으로 들고 나왔다 즉, 공천 과정에서 이승만 대통령에게 중임 제한 규정을 적용하지 않는다는 내용을 골자로 하는 개헌안을 지지하는 사람만 공천했다. 민의원선거 결과 소선거구 다수대표제라는 선거 제도의 이점 때문에 36.8%의 득표로 56.2%의 의석을 차지할 수 있었다.

10) 사사오입 개헌은 초대 대통령에 한해서 중임 제한을 철폐한다는 내용을 주요 골자로 하는 헌법 개정이다. 자유당 소속 의원과 무소속 의원 136명이 1954년 9월 8일 국회에 개헌안을 제출했다. 11월 27일 국회 표결 결과 재적 203명 가운데 찬성 135, 반대 60, 기권 7표로 개헌 정족수에 1표가 미달, 부결이 선언되었다. 그러나 자유당 정부는 이틀 후인 29일 사사오입(四捨五入)이라는 기묘한 논리를 적용시켜 개헌안의 가결을 선포했다. 사사오입 개헌은 절차상으로도 정족수에 미달한 위헌적인 개헌일 뿐만 아니라, 초대 대통령에 한해 중임 제한 규정을 철폐하는 개헌이었다는 점에서 평등의 원칙마저 위배되는 헌법 개정이었다. 이 개헌 파동으로 자유당의 소장파 의원 12명이 무더기로 탈당하는 한편, 민주국민당은 무소속 국회의원들을 규합하여 '호헌동지회'를 구성 민주당 창당의 계기를 만들었다.

1960년 정·부통령선거를 앞둔 자유당은 마지막까지 권력 기반을 강화하려고 했지만, 정·부통령선거에서 부정을 통해 이승만과 이기붕 후보가 당선되자 4·19 혁명 등 전국적으로 거센 저항에 직면하게 된다.[11] 결국 취약한 정통성을 기반으로 했던 이승만 정부는 1960년 4월 26일에 붕괴되고 말았다(정경환, 2001: 151-154; 홍순호, 1997: 74-89).

2. 경제적 환경

한국 정부 수립 전후의 경제적 상황은 정치적 상황과 유사하게 미국의 강력한 대외정책 기조에 따라 재편되기 시작했다. 미국의 개입은 이후 남한의 종속적 자본주의 발전의 모든 과정에 영향을 미치면서, 오늘날 우리의 현실을 규정하는 결정적인 역사적 조건이 되었다. 당시 미군정은 남한을 세계 자본주의 체제의 유지와 재편성을 위한 동아시아에서의 친미 반공 보루로 육성하는 정책을 시행했다.

미군 진주 직후 상황에서 가장 시급했던 경제문제는 식량문제와 물가 앙등이었다. 일제 강점기에 동일경제권이던 북한·남한·일본 경제가 일본의 패망과 남·북한 분할 점령으로 인해 세 지역이 서로 분리되면서 남한 경제는 매우 심각한 상황에 놓였다. 해외 이주민들의 귀국, 일부 북한 지역민들의 월남 등으로 인구는 증가하는 반면에 식량은 만성적으로 부족했다. 게다가 패망한 일제가 물러가면서 화폐를 남발했기 때문에 엄청난 물가 상승이 일어나 그렇지 않아도 힘든 남한 경제를 더욱 더 어렵게 만들었다.

이런 상황에서 미군정은 즉각적으로 자본주의 경제로 재편, 적극적인 자본가 육성, 생산력 재건에 착수하기보다 우선 친미파를 형성하는 데 가장 중요한 토착 계급인 지주들의 이익을 옹호하는 데 집중했다. 그래서 토지 개혁을 저지하기 위한

---

11) 4·19 혁명은 1960년 4월 19일 대한민국에서 이승만 정부가 이기붕을 부통령으로 당선시키기 위한 개표조작을 하자, 이에 반발하여 부정선거 무효와 재선거를 주장하는 학생들의 시위에서 비롯된 혁명이다. 3·15 부정 선거의 무효와 재선거를 주장하던 3·15 마산 의거에 참여한 마산상업고등학교 입학생 김주열이 실종된 지 27일 후인 4월 11일 아침 마산 중앙부두 앞바다에서 왼쪽 눈에 경찰이 쏜 최루탄이 박힌 채 시신으로 떠오른 것이 부산일보를 통해 보도되면서 시위는 전국적으로 격화되었다. 4월 19일 경찰이 대통령 관저인 경무대로 몰려드는 시위대를 향해 발포하였고, 발포 이후 시위대는 무장하여 경찰과 총격전을 벌이며 맞섰다.

지주들의 노력에 동조하여 귀속 농지의 처분을 미군정이 종료되기 직전까지 미루었다. 또한 귀속재산의 처리에서도 초기에는 일본인들의 사유재산권을 인정하려고 하다가, 한국인들이 크게 반발하자 일본인 재산을 접수하는 등 소극적으로 대처했다. 이후에도 소규모 사업체만 불하하는 등 소극적 입장을 취했다. 따라서 미군정에 의한 농지 개혁 및 귀속재산의 불하 처리는 극히 소규모에 그쳤다.[12)]

그럼에도 불구하고 이런 조치들은 이후 식민지 자본주의가 종속적 자본주의로 재편성되는 과정에서 기본 방향으로 기능했다. 즉, 유상매수(有償買收) · 유상분배(有償分配)에 의한 개량적 농지 개혁, 귀속재산의 불하와 원조에 의한 재건 같은 종속적 자본주의의 발전 원형을 설정했다.

대한민국 정부가 수립된 이후에도 한국 경제의 대미 종속성은 그대로 유지되었다. 전쟁으로 인한 생산력 붕괴로 미국 원조는 전후 복구를 위한 필수불가결한 조건이 되었으며, 원조를 기축으로 하는 미국 자본주의에의 종속적 편입은 이후 한국 자본주의의 구조적 틀이 되었다. 따라서 경제구조의 재편성이 채 본격화되지도 못한 상태에서 발발한 6 · 25 전쟁으로 인해 좌익 세력이 궤멸되자 남한은 이념적으로는 자본주의가 발전하는 데 결정적으로 유리한 조건을 갖추게 되었다(이병천, 1990: 17-21). 한국전쟁으로 인해 혼미했던 한 · 미 관계는 청산되고, 한국은 미국

---

12) 한국의 농지 개혁은 일제 치하의 지주적 토지 소유를 해체하고, 농민적 토지 소유를 확립함으로써 자본주의 사회의 기반을 조성하는 데 그 목적이 있었다. 해방 이후 토지정책은 미군정과 한국 정부에 의한 것으로 구분된다. 미군정에 의한 정책 가운데 중요한 것은 최고 소작료 결정의 건과 귀속 농지의 분배이다.

최고 소작료 결정의 건은 기존의 지주-소작 관계를 인정하고, 소작료와 소작권에 관한 내용을 규정한 것으로 임시적인 정책에 지나지 않았다. 귀속 농지는 미군정이 1946년 2월 21일 신한공사를 설립하여 접수 · 관리하다가, 1948년 3월 22일 군정법령 제172호로 신한공사를 해체하고 중앙토지행정처(군정법령 제173호)를 설치하면서 분배를 시작했다. 귀속 농지의 분배 조건은 호당 2정보를 초과하지 않는 범위 내에서 해당 농지를 경작자에게 매각하되, 가격은 해당 농지 생산물의 300%를 15년 간 분할 상환하는 것이었다. 귀속 농지의 농지 대가는 1951년 귀속농지특별조치법의 제정으로 일반 농지와 같이 해당 농지 생산물의 150%를 5년 간 분할 상환하는 것으로 조정되었다.

귀속 농지의 분배가 갖는 의의는 농지 개혁의 실시를 기정 사실화했다는 것과 앞으로 실시될 일반 농지의 분배에 대한 기준을 제시했다는 데 있다. 일반 농지는 정부가 수립된 이후에 분배되었다. 1948년 7월 17일 공포된 대한민국 헌법 제86조에 농지 개혁 실시에 관해 농지는 농민에게 분배하며 그 분배의 방법, 소유의 한도, 소유권의 내용과 한계는 법률로써 정한다고 규정함으로써 1949년 6월 21일 농지개혁법이 제정 · 공포되었다.

의 세계 전략에서 확고한 반공 군사기지의 위치를 확보했다.

미국은 한국의 군사적 주권을 일부 이양받는 대가로 막대한 군사 원조를 제공하여 수년 만에 한국을 군사대국으로 부상시켰다. 한·미 관계는 기본적으로 정치적·군사적 관계가 가장 중요했기 때문에, 경제 원조도 이 목표들을 수행하는 테두리 안에서 수립되었다. 미국은 한국의 전후 복구에 대한 기본 방침으로 한국이 주장한 경제재건 대신에 안정우선론을 택했다. 1950년대를 특징짓는 저투자·저성장·만성적 과잉 인구의 존재 등은 기본적으로 미국의 안정우선론에 기인했다. 이에 따라 미국의 원조는 주로 소비재와 원자재에 집중되었다. 특히 미국의 농업공황을 해결하기 위해 미국의 잉여농산물이 한국에 많이 원조되었다.

그 결과 한국 농업의 파탄, 만성적인 식량·원료 수입, 농업과 공업 간의 유기적 관련의 단절 등의 문제가 나타났다. 농업을 포기한 사람들이 도시로 몰려 도시의 실업률이 높아졌다. 1959년 23.4%, 1960년 23.7%로 상당히 높은 수준이었다. 경제성장률도 낮아 1960년에는 인구성장률인 2.7%에도 미치지 못하는 2.3% 정도에 불과하였다.

이 시기의 주된 산업 활동은 원조물자를 가공해서 국내 시장에서 판매하는 수입대체 공업화였기 때문에 국제수지 역시 큰 폭의 적자를 기록하였다. 1960년의 경우 수출은 116.1억 달러였는데, 수입은 377.8억 달러나 되었다. 반면 북한은 공산국가들의 도움을 받아 한국전쟁 이후 3년 만에 전후복구를 마치고, 1956년부터는 천리마운동이라는 5개년개발계획을 입안하여 높은 경제 성장을 실현하였다. 1960년 현재 북한 경제는 세계 50위였는데 반해, 한국 경제는 세계 101위에 불과해 남북격차가 컸다(하태수, 2017: 78).

3. 사회적 환경

한국 정부 수립을 전후로 한 사회적 환경은 자생적으로 형성된 조직들이 존재하는 등 열악한 경제적 상황보다는 나은 상태였다. 특히 이런 흔적들은 노동운동에서 찾을 수 있는데, 해방 이후 결성된 조선노동조합전국평의회(전평)가 대표적이다(김형기, 1990: 142).[13] 이 조직은 비록 조선노동당(후에 남로당)의 지도 하에 운영되었지만, 노동자 대중의 생활권 보장 요구와 노동자 자주관리운동을 조직화하여 정치 투쟁으로 전환시키려고 하는 등 적극적으로 활동했다.

그러나 민족통일 국가를 수립하는 것을 목적으로 한 전평의 운동 노선은 새롭게 전개되는 냉전 체제 속에서, 한국을 반공의 전초기지로 건설하려는 미군정의 통치 노선과 근본적으로 대립했다. 미군정은 전평을 부정하고 노동자 계급의 전위조직과 전평으로부터 노동자 대중을 폭력적으로 분리시키는 한편, 친정부적 노동조합인 대한노총을 조직하고 강화시켜 나갔다.[14] 이 과정에서 전평의 간부와 조합원이 대량으로 피살되거나 구속되어 전평의 조직력이 크게 약화된 반면에, 대한노총은 미군정의 비호 속에 조직력을 성장시켰다.

게다가 한국전쟁을 거치면서 전평의 조직 기반은 철저히 와해되었고, 노동운동 세력은 사실상 완전히 소멸되었다. 이후 전위조직과 대중조직을 모두 파괴당한 노동자 계급은 친정부적인 대한노총에 강제적으로 편입되었다. 그리고 한국전쟁으로 인해 결정적으로 강화된 지배 이념인 반공 이념에 의해 억압적인 통제를 받기 시작했다.

이 같은 사회적 환경 속에서 1950년대에는 산업화가 미약하고, 완전실업자 수가 제조업 노동자 수의 1.5~2배나 되었기 때문에 노동운동의 조직화는 현실적으로 매우 어려웠다(김형기, 1990: 149). 그 결과 노동자들의 삶의 조건은 실질임금의 정체 혹은 하락 속에서 악화되었다. 1957년 보건사회부 조사에 의하면 세대당 월 생계비는 4만 509환이었는데, 노동자의 평균 임금은 2만 153환에 불과했다. 국민들은 생필품 부족으로 고생했고, 당시 노동자의 1/3 이상이 결핵 등 만성질환에 시달렸다(하태수, 2017: 78). 이승만 정부가 노동자들에게 정치적 무권리 상태와 반공 이념을 강요하고 국가기구의 일부인 대한노총을 통해 노동자 대중을 통제해 나

---

13) 1945년 11월 5일에 결성된 이 조직은 16개의 전국적 규모의 산업별 단일 노조 하에 약 50만 명의 조합원을 포괄했다.

14) 이 시기의 특색 가운데 하나는 노동자 자주관리운동이 확산된 것을 들 수 있다. 노동자 자주관리운동이란 일본인들이 물러난 후에 노동자들이 공장을 자력으로 접수 · 관리하려던 노동운동을 말한다. 경성전기, 조선비행기, 삼공제약, 경성방직 등에서 노동자들의 자주관리가 실시되었다. 하지만 미군정은 노동자 계급의 자력에 의한 생산시설 접수 · 관리운동을 부정했다. 이에 전평은 미군정을 반대하는 노선을 정하고, 일련의 대중정치 파업을 전개했다. 그러나 이 파업이 전국적으로 확산되자 미군정은 경찰 · 대한노총 · 우익청년단체를 동원하여 진압했다.

갔기 때문에, 노동자 계급은 자신의 계급 이익을 대변해줄 노동자 정당은 고사하고 대중조직 성격을 띤 전국 혹은 산업별 노동조합도 조직할 수 없게 되었다.

이처럼 한국전쟁과 이승만 정부의 권위주의적 통치로 인해 사회운동이 크게 위축되기는 했지만, 1950년대 중반에 일어난 진보당 사건 및 기타의 계기들을 통해 이승만 정부에 대한 국민의 저항은 1950년대 말부터 점차 확대되었다. 비록 당시는 격화된 냉전 분위기 때문에 대중들의 저항이 대중적 사회운동으로 표출되지는 못했지만, 4 · 19 혁명에서 보인 대중적 저항의 조건은 이 시기에 싹트기 시작했다고 할 수 있다.

4. 국제적 환경

해방을 맞이하기 전부터 한반도를 둘러싼 정치적 환경은 우리의 의사와 관계없이 강대국들에 의해 좌지우지되고 있었다. 카이로 · 얄타 · 포츠담 회담을 통해 미국과 소련 두 승전국은 1945년 한반도를 점령했다.[15] 소련은 동년 8월 8일 대일본

---

15) 카이로 회담은 1943년 11월 22일~26일에 걸쳐 이집트 카이로에서 미국의 루스벨트(Franklin Roosevelt), 영국의 처칠(Winston Churchill), 중화민국의 장제스(蔣介石) 세 연합국 수뇌가 모였던 회담이다. 제2차 세계대전에서 일본에 대한 연합국의 대응과 아시아의 전후 처리 문제에 관해 협의했다. 회담 후 발표된 카이로 선언은 "연합국은 승전하더라도 자국(自國)의 영토 확장을 도모하지 않을 것이며, 일본이 제1차 세계대전 이후 타국으로부터 약탈한 영토를 반환할 것을 요구했고, 특히 한국에 대해서는 앞으로 자유독립국가로 승인할 것을 결의"하여 처음으로 한국의 독립을 국제적으로 보장했다.

얄타 회담은 1945년 2월 4일부터 2월 11일까지 소련 흑해 연안에 있는 크림 반도의 얄타에서 미국 · 영국 · 소련의 수뇌가 모여 나치 독일의 제2차 세계대전 패전과 그 관리에 대하여 의견을 나눈 회담이다. 회담의 주요 내용은 다음과 같다. ① 나치 독일을 소련 · 미국 · 프랑스 · 영국 4국이 분할 점령한다. ② 연합국은 독일인에 대하여 최저 생계를 마련해 주는 것 이외에는 일체의 의무를 지지 않는다. ③ 나치 독일의 군수산업을 폐쇄하거나 몰수한다. ④ 전쟁의 주요 전범들을 독일 뉘른베르크에서 열릴 국제재판에 회부한다. ⑤ 전후 배상금에 대한 문제는 별도의 위원회를 구성하여 위임한다. ⑥ 폴란드에 대해서는 몰로토프-리벤트로프 조약(Molotov-Ribbentrop Pact)에서 규정한 폴란드 동부 영토 대부분을 소련에 병합하기로 합의하였고, 그 대신 폴란드에게는 동독의 일부 지역을 준다. 그리하여 우크라이나 소비에트 사회주의 공화국과 벨로루시 소비에트 사회주의 공화국은 각각 폴란드 동부 영토 일부를 얻는다.

포츠담 회담은 1945년 7월 17일부터 8월 2일까지 독일 베를린 근교 포츠담에서 연합국 지도자들이 제2차 세계대전 이후 질서 수립 및 태평양 전선 종결을 논의한 회담이다. 중국 대표 장제스는 중일전쟁 중이었기 때문에 독일 영토인 포츠담까지 가기엔 무리라고 판단, 이후에 서명한다는 양해를 얻어 불참했다. 이 때문에 포츠담 회담은 미 · 영 · 소가, 회담 중인 26일에 발표된 포츠담

선전포고를 하고 6일 만에 북한 지역을 점령했으며, 8월 27일에 병력 배치를 완료했다.[16] 한편 미국은 태평양 군도에서 일본과 힘겨운 전투를 치르면서 북상하였기 때문에 소련군보다 늦은 9월 8일에 남한 지역에 상륙하였다.

소련은 북한 진주 초기부터 북한 지역에 단독정부를 수립하려는 계획을 가지고 있었다.[17] 소련의 지도자 스탈린은 1945년 9월 20일 연해주 군관구와 제25군 군사평의회에 전문을 보내 "북한 지역에 단독정부를 수립하라"고 지시하였다. 그 후 소련 군정장관 치스티아코프(Ivan M. Chistiakov) 대장은 1945년 10월 8일부터 10일까지 북조선5도인민위원회연합회의를 개최하여 "북한을 독자적인 정치경제 단위로 분리해서 북한의 행정과 경제를 관리할 최고 기구를 만들고, 그 산하에 10개의 중앙 행정부서를 만들어 소련 점령군 사령부가 지휘하는 시스템을 만들 것"이라고 선언하고 조선공산당 북조선분국, 북조선5도행정국, 북조선중앙은행 등을 창설하였다.

이어 1946년 1월 초에는 신탁통치를 반대하던 우익 인사들을 제거했고, 2월 초에는 북조선임시인민위원회를 설립했으며, 3월 5일에는 북조선임시인민위원회 명의로 무상몰수식 토지 개혁을 단행하였다. 소련의 이런 노선은 계속 진행되어 1947

선언은 미 · 영 · 중의 서명으로 이루어져 있다. 포츠담 선언의 주요 내용은 다음과 같다. ① 일본의 무모한 군국주의자들이 세계 인민과 일본 인민에 지은 죄를 뉘우치고 이 선언을 즉각 수락할 것, ② 군국주의 배제, ③ 일본 영토의 보장 및 점령, ④ 카이로 선언의 실행과 일본 영토의 한정, ⑤ 일본 군대의 무장해제, ⑥ 일본의 전쟁 범죄자의 처벌, 민주주의의 부활 강화, 언론, 종교, 사상의 자유 및 기본적 인권 존중의 확립, ⑦ 군수산업의 금지와 평화산업 유지의 허가, ⑧ 민주주의 정부수립과 동시에 점령군의 철수, ⑨ 일본 군대의 무조건 항복 등이다. 일본은 이 선언을 즉각 묵살했다. 그러자 미국은 8월 6일 히로시마에, 8월 9일 나가사키에 원자폭탄을 투하하였고, 소련도 8월 8일 일본에 대한 선전포고와 동시에 참전하여 일본군에 대한 공격을 개시하였다. 상황이 불리해지자 일본 군부는 항복을 결의하고 1945년 8월 10일 포츠담 선언의 수락을 결정하였으나 지도부의 분열로 이를 번복하였다가 최종적으로 항복하였다. 이에 미국은 1945년 8월 14일, 8월 10일에 발표된 일본의 무조건 항복 의사에 대하여 수락을 통보하고 일본이 "무조건 항복"함에 따라 제2차 세계대전은 종전되었다.

16) 소련이 이렇게 신속하게 북한에 진주한 것은 러일전쟁 이후 한반도에서 상실한 영향력을 회복하기 위해서였다. 한반도에서 멀리 있던 미국과 달리 한반도와 영토를 맞대고 있는 소련으로는 한반도에 교두보를 확보해 놓는 것이 국제정치적으로 매우 중요한 일이었다(KBS, 2013a; 하태수, 2017: 52).

17) 소련이 이렇게 빨리 북한 지역에서 단독정부 수립을 결정한 것은 38선에 대한 소련과 미국의 역사적 경험의 차이에도 기인한다. 38선은 과거 러일전쟁 말기 러시아와 일본이 서로의 영향력이 미치는 범위를 상의하던 선이다. 미국은 소련의 빠른 남하 속도에 놀라 임기응변으로 38선을 제안한 것이지만, 소련은 미국 측이 러일전쟁 당시 러시아의 주장을 사실상 승인하고 '분단'과 '한반도 북쪽에 공산정권을 세우는 것'을 용인한 것이라고 생각했다(팀 마샬, 2015: 166-168).

년 11월부터 임시헌법제정위원회를 조직하고 헌법 제정에 박차를 가해 1948년 2월 10일에 조선임시헌법 초안을 발표했다. 또한 1948년 2월 8일에는 북한 지역에서 정식 정부가 수립되기 이전임에도 불구하고 50만 명 규모의 조선인민군이 창설되었다(하태수, 2017: 52).

반면 미국은 제2차 세계대전 말기에 한반도에 국력을 집중할 수 없었다. 당시 미국은 일본이 점령하고 있던 남태평양 지역의 여러 섬들을 점령하면서 북상하고 있었는데 일본 본토에 가까워지자 일본의 저항이 더욱더 강해져 진공 속도가 느려졌다. 그래서 소련에게 북쪽으로부터 일본을 공격해달라고 도움을 요청했던 것이다. 그런데 소련의 진공 속도는 미국의 예상보다 훨씬 빨라 조금만 더 지체하면 한반도 전체가 소련의 수중에 떨어질 것 같은 우려스러운 상황이 전개되었다. 그래서 8월 14일에 부랴부랴 소련에 38선을 제시해 소련의 남하를 38선에서 저지했다.[18] 미군이 일본의 항복 직후인 8월 16일에 한반도에 진주하지 못하고 9월 8일이 되어서야 진주한 것도 당시 미국의 국력이 이처럼 한계에 달했기 때문이다(하태수, 2017: 52).

이러한 미국의 국력 한계라는 사정은 종전 후에도 크게 바뀌지 않았다. 해방 직후 미국은 소련과 공동으로 신탁통치를 실시하려고 하였고, 그것이 여유치 않자 중도우파 김규식과 중도좌파 여운형을 내세워 좌우합작을 추진하려고 했다. 더욱이 1947년 3월 12일 내전 중이던 그리스를 지원하는 책임을 영국으로부터 넘겨받으면서 그리스와 터키에 대한 집중적인 지원을 발표하고(트루먼 독트린), 중국에서 전개된 국공내전에서 공산당이 승기를 잡아가자 미국은 남한 지역을 자유진영으로 유지하는 정책을 투입되는 막대한 돈에 비해 효과는 의심스러운 비효율적인 것으로 판단했다. 그래서 미국은 일본만 확실히 지키고 남한에서는 빠지기로 결정하고 한반도 문제를 유엔으로 넘겨버렸고, 1949년 6월 30일부로 미군을 완전 철수하였다(KBS, 2013a; 하태수, 2017: 52-53).[19] 이어 1950년 1월 12일 미국의 애치

---

18) 소련이 미국의 38선 제안을 쉽게 수용한 또 다른 이유는 그렇게 할 경우 "종전 이후 소련이 일본의 홋카이도(북해도)를 점령하는 데 미국이 동의해 줄 것"이라고 예상했기 때문이다. 소련은 남한 지역보다는 태평양으로 진출할 수 있는 홋카이도를 더 원했다(김시덕, 2015).

19) 미군은 1948년 9월 15일부터 철수를 시작하였지만, 동년 10월 19일에 여순반란 사건이 일어나는 바람에 잠시 연기하였고, 1949년 4월부터 철수를 재개하여 동년 5월 26일에 500명 정도의 군사

슨(Dean G. Acheson) 국무장관은 한국 및 대만을 미국의 극동방위선에서 제외시킨다는 발표를 하였고, 미국 하원은 대한경제원조안을 부결했다.[20]

그리고 불과 몇 달 후인 1950년 6월 25일 북한이 대한민국을 침공하였다. 제2차 세계대전 이후 공산 진영과 자유 진영으로 대립하게 된 냉전적 갈등이 열전으로 폭발한 사례로 냉전(冷戰)인 동시에 실전(實戰)이었으며 국부전(局部戰)인 동시에 전면전(全面戰)이었다. 국제연합군과 의료진을 비롯해 중화인민공화국과 소련까지 관여한 제2차 세계대전 이후 최대의 국제전이다.[21] 중공 마오쩌둥(毛澤東)과 소련 스탈린(Iosif V. Stalin)의 협조와 지지를 얻은 김일성은 남로당의 대한민국 내 활동과 우방인 소련의 지지에 고무되어 1950년 6월 25일 38도선과 동해안 연선(沿線) 등 11개소에서 경계를 넘어 38선 이남으로 진격하였다.

북한군의 대공세에 유엔은 미국을 주축으로 바로 유엔 안전보장이사회 결의 제82호를 의결하여 한국을 원조하기로 결정하고 파병하였다. 7월 7일 맥아더(Douglas

---

고문단만 남겨놓고 45,000명의 병력이 모두 철수를 완료하였다.

20) 소위 애치슨 라인(Acheson line)은 이때 발표된 미국의 동북아시아에 대한 극동방위선이다. 1950년 1월 10일, 미국 상원 외교위원회의 비밀회담에 참석한 애치슨은 미국의 극동방위선이 대만의 동쪽, 즉 일본 오키나와와 필리핀을 연결하는 선이라고 말하였다. 이틀 후(1월 12일), 외교위원장 톰 코널리는 이를 대외에 발표하였다. 애치슨(Dean G. Acheson)은 워싱턴 내셔널 프레스 클럽에서 열린 전미국신문기자협회에 참석하여 '아시아의 위기'라는 제목으로 연설하면서, 스탈린과 마오쩌둥의 영토적 야심을 저지하기 위한 미국의 동북아시아 방위선을 재확인하는 발언을 하였다. 태평양에서 미국의 지역방위선을 '알류샨 열도-일본-오키나와-필리핀'을 연결하는 이른바 '애치슨 라인'으로 한다는 것이었다. 그 결과 '대한민국', '대만', '인도차이나 반도'가 미국의 방위선에서 사실상 제외되고, 국제연합(UN)의 보호에 의존해야 한다는 것이었다. 이 선언은 중화민국 정부가 국공내전으로 인하여 대만으로 천도(국부천대)한 것에 대한 미국 조야의 충격을 반영한 것이다. 더욱이 한반도는 당시까지만 해도 전략적으로 중요하지 않다는 인식이 지배적이었기 때문에 한국을 미국의 방위선에서 제외하게 되었다. 애치슨의 이 같은 선언 이후, 대한민국의 임병직 외무부장관은 즉시 주한 미국대사인 존 무초를 불러 애치슨 선언의 진의를 해명해 달라고 요구했다. 또 장면 대사에게 훈령을 보내 애치슨 발언의 경위를 신속히 조사하여 보고하라고 지시했다. 그러나 애치슨은 한국이 미국의 극동방위권에서 제외된 이유에 대해 한마디 회답도 보내주지 않았다. 한국정치사에서 애치슨 연설이 가장 많이 언급되는 부분은 한국전쟁과의 연관성이다. 즉, 학계의 전통주의자들은 이 연설이 미국의 극동방위선에서 한국을 배제시켰음을 선언한 것이었으며, 북한은 이를 남침의 신호탄으로 생각하게 되었다고 하여 이를 미국의 결정적 실책으로 언급하고 있다. 반면 일부 진보적인 학자들은 애치슨 연설이 북한의 남침을 유도하기 위한 고도의 음모적 술책이라고 보고 있다. 그러나 두 주장 모두 일면만을 과도하게 부각시키는 오류를 범하고 있다. 이 연설의 의미는 미국의 대아시아 정책이 군사전략상 도서 방위선 전략을 채택하고 있음을 재확인한 것으로 보아야 할 것이다.

21) 위키피디아, 2018년 7월 14일 검색.

MacArtheur) 원수를 총사령관으로 하는 유엔군이 조직되었고, 연합군은 9월 15일 인천 상륙 작전을 시작으로 대대적인 반격을 개시하여 10월 10일 평양에 이어 압록강 부근까지 이르렀다. 그러나 11월 중순 중공군이 개입하여 전세가 다시 뒤집혔고 혜산진까지 진격했던 국군은 1960년 1월 4일 서울을 다시 빼앗기고 말았다.

그렇지만 동년 3월 15일에 다시 서울을 탈환하였다. 그 와중에 남로당의 남한 내부 전복을 위한 활동과 이를 제압하려는 대한민국 정부의 충돌로 거창 양민학살 사건, 국민 방위군 사건 등의 사건이 일어났다. 이후 지속된 전투로 수많은 군인 및 민간인이 사상하였고, 대부분의 산업 시설들이 파괴되는 등 양측 모두가 큰 피해를 입었으며, 이념적인 이유로 민간인들의 학살이 자행되고 지주들의 처벌과 그 보복이 반복되면서 남·북 간의 적대적인 골이 깊어지는 결과를 낳게 되었다. 1953년 7월 27일에 체결된 한국휴전협정으로 인하여 설정된 한반도 군사분계선을 사이에 두고 휴전하였다(위키피디아, 2018년 7월 14일).

휴전 이후인 1953년 8월 8일, 한국과 미국은 한미상호방위조약을 가조인했고, 1954년 11월 18일부터 발효시킴으로써 종전과는 다른 방위 체제를 마련하게 되었다. 이 조약에 따르면, 한미 양국은 당사국 일방이 침략을 당한 경우에 공동 대처하기로 되어 있다. 또한 1954년 11월 17일 경제 및 군사 원조에 관한 한미 간 합의 의사록에 합의하여, 미국으로부터 군사 원조를 받는 대신 유엔군 사령부가 대한민국 국군에 대한 작전통제권을 보유하도록 했다(이춘근, 1993: 81-87; 박경서, 1993: 210-216; 심지연, 1995: 296-305; 고휘주, 1995: 310-336). 이로써 군사 주권의 일부가 박탈당하는 대신에, 한미 간에는 상호 방위 체제를 구축함으로써 북한의 남침에 대한 위협의 일부를 해소할 수 있게 되었다.

미국은 군사 원조 외에도 경제 원조도 제공하였다. 특히 1950대 말까지는 한국의 유일한 외자도입 창구로 전후 한국 경제에 크게 기여하였다. 1953~1961년 사이의 미국의 경제 원조는 크게 세 가지로 구분된다. 첫째, 대외활동본부(Foreign Operation Administration: FOA) 원조이다. 1953년 8월부터 1955년 6월까지 전개되었는데 경제안정 및 산업재건을 위한 원조였다. 이 기간 중 원조액은 총 2억 610만 달러로서 식료품, 농업용 원자재, 시설재, 농업용품 등이 주로 지원되었다. 둘째, 국제협력처(International Cooperation Administration: ICA) 원조이다. 1955

년 7월부터 1961년 12월까지 전개되었다. 이 기간 동안 총 원조액은 15억 3,560억 달러 규모였으며 광공업용품, 원자재, 교통시설 등이 주로 지원되었다. 셋째, PL480호(Agricultural Trade Development Assistance Act of 1954, 미국 농업 교역 발전 및 원조법)에 의한 잉여농산물 원조이다. 1956년부터 1969년까지 전개되었는데, 총 8억 2,450만 달러 규모의 소맥, 원면, 우지 등이 주로 지원되었다.[22]

그럼에도 불구하고 1950년대 말부터는 미국-한국-일본 3국 간 관계에 미묘한 변화가 일어나기 시작했다. 미국은 냉전적인 체제 대결로부터 평화 공존적인 체제 경쟁으로 정책 방향을 전환하게 되는데, 이로 인해 과거 미국의 냉전정책에 의해 틀지어진 한국 정치의 기본 조건도 변화되어야 할 필요가 있었다. 미국의 아이젠하워(Dwight D. Eisenhower) 정부는 한국이 일본과 관계를 정상화하기를 바랐고, 일본이 미국 대신 한국을 도와주기를 바랐다. 즉, 한국에 대한 부담 일부를 일본에게 전가하려고 하였다.

미국은 1960년 1월에 미 · 일안보조약을 개정하여 일본에게 동북아 반공망 구축의 한몫을 맡기고, 1960년 3월에는 한국 대사를 불러 노골적으로 한일 관계 개선을 촉구했다. 6 · 25 전쟁을 통해 전후 부흥과 1955~1960년 사이 고도성장을 누린 일본도 자국 상품과 자본의 해외 진출을 위해 한국과의 국교정상화를 꾀했다. 그런데 이승만 정부는 반일노선이 강해 이러한 국제적 분위기 변화에 민감하게 반응하지 않았다. 그러자 미국은 이승만 정부보다 친일 세력인 한민당을 승계한 민주당을 더 선호하게 되었고, 이러한 분위기는 이승만 정부에 절대적으로 불리하게 작용하기 시작했다.

22) 국가기록원. http://www.archives.go.kr/next/search/listSubjectDescription.do?id=008856

제3절 형성기 한국 정부의 형성 과정

1. 반공 블록의 형성

1945년 8월 15일 해방을 맞이한 우리 민족은 35년 간의 식민지 하에서 벗어났을 뿐만 아니라 자주적인 독립국가 건설의 기회를 가지게 된다. 그러나 당시 한반도의 정치 상황은 일본 제국주의로부터의 해방보다는 미군의 점령이라는 상황이 더욱 지배적으로 작용한 시기였다.

1) 해방과 군정 수립

해방 이후 한국에서 최초로 발족한 중앙 정치조직은 조선건국준비위원회였다. 조선건국준비위원회는 1945년 8월 말 당시 145개의 지부를 갖춘 명실상부한 전국적인 정치조직으로, 한 나라의 정부가 갖추어야 할 행정조직의 골격을 갖춘 조직이었다.[23] 이후 조선건국준비위원회는 1945년 8월 말에 조선인민공화국을 탄생시키면서 발전적 해체를 한다. 조선인민공화국은 동년 9월에 기존 10부 1국에서 내무부, 외무부, 재무부, 경제부를 추가로 설치했다. 그러나 1945년 9월 8일 미군은 진주와 함께 동년 10월 10일에 조선인민공화국을 부인하고 미군정을 한국 내 모든 정치조직에 대해 우월한 국가기구로 규정한다.[24]

해방 이후 정국에서 가장 지배적인 국가기구로 등장한 미군정은 행정조직에 식민지 시대의 총독부 체제와 관료 인력을 대부분 유임하는 정책을 펴나갔다. 물론 이에 대해 남한 내부에서 민족 세력들의 반발이 있었으나 미군정은 이에 대해 소극적으로 대응했다. 그것은 미군이 진주하기 이전부터 미국이 남한 통치에 대해 총독부 체제를 유지하려는 구상에 따른 것이기 때문이었다.

---

23) 조선건국준비위원회의 행정조직은 10부 1국으로 구성되었는데, 위원장과 부위원장 밑에 총무부, 치안부, 조직부, 선전부, 조사부, 재정부, 식량부, 교통부, 후생부, 문화부, 서기국으로 편성되었다.

24) 미군정은 한반도 내의 좌익 계열의 정치 세력들이 소련의 영향력 하에 있다고 판단하고, 좌익 세력을 약화시키고자 조선인민공화국을 부인하는 성명을 발표했다.

바꾸어 말하면, 세계대전 이후 전 세계는 기존의 사회를 개혁하려고 하는 급진적 분위기에 휩싸여 가고 있었다. 세계대전을 통해 자본주의 제도와 식민지 제도의 모순이 폭발하기 시작했고, 모순을 개혁하지 않고는 더 나은 사회를 건설할 수 없다는 인식이 팽배해 있었다. 이에 전 세계의 자본주의를 개편하고자 했던 미국으로서는 이러한 움직임을 막아야 했는데, 이런 이유 때문에 미국의 이해관계가 있는 곳에서 식민지 체제 및 정책을 그대로 유지하게 하는 정책을 추구하였다(김수자, 1996: 240-251).

진주한 미군은 한국의 통치에 대한 어떠한 사전 준비도 없었다.[25] 일본의 경우는 철저한 준비 및 점령 구상에 의한 '비군사화'와 '민주화'라는 두 개의 명확한 점령 목표가 당초부터 설정되어 있었는데 반해, 한국에서의 군정은 어떠한 사전 준비도 없었다는 것은 이후 군정기가 얼마나 문제가 많았는지를 암시해준다(Meade, 1951).[26]

이는 미국이 자유롭고 독립적인 한국을 설립하기 위해 만들었던 공약을 심각하게 고려하지 않았다는 점을 반증해주고 있다. 또한 군정에 대한 준비 부족에 더해 한반도에서는 냉전의 전개로 인해 '반공 블록의 형성'이라는 점령 목표가 민주화라는 점령 목표에 우선하게 된다. 일본에서는 비군사화라는 점령 목표가 민주적 개

25) 우리가 맞이한 상황과는 달리 일본의 경우에는 미국이 민주화와 비군사화라는 점령 목표를 가지고 있었고 목표에 따라 구체적인 점령정책이나 개혁을 추진했다. 일본의 경우에 적용된 비군사화는 세계사에서 흔히 있었던 것으로, 일본이 다시 미국의 위협이 된다거나 세계의 평화와 안전을 위협할 수 없도록 하는 것이 점령의 궁극적 목적이었다. 그런데 대일 점령의 또 다른 목표가 민주화에 있었는데, 이는 비군사화라는 목표와 분리해서 설명하기가 어렵다는 특징을 지니고 있었다. 신이 부여했다고 하는 천황의 권력과 그것을 유지하는 전근대적인 체제를 청산하고, 국민을 주권자로 해서 기본적 인권을 확립하는 데 필요한 사회 개혁을 행한다는 것은 종래의 점령사에서는 찾아보기 힘든 대실험이었다.

26) 두 군데의 군정학교에서 9개월 간의 교육을 받았고, 3개월 동안 CASA(캘리포니아 몬테리의 민정집결지단체)에 배치되었던 경험을 가진 미드(E. Meade)의 증언에 따르면, 미군정에 참여하기 전에 한국에 관한 교육은 단 한 차례에 걸친 한 시간의 강의만을 들었을 뿐이라고 증언했다. 1945년 10월 21일에 인천에 상륙했던 4개의 전술보조부대와 20개 중대로 구성된 CASA는 본래 일본 본토의 가장 중요한 지역을 통치하기 위해 훈련을 받아왔던 부대였다. 이 팀들은 도쿄(東京)에 도착할 때까지 변경된 명령이 전달되지 않았었고, 일주일 후인 1945년 10월 21일에 그들의 새로운 임무를 위해 인천에 상륙했던 것이다. 이 일주일의 시기는 새로운 임무를 위한 필사적인 준비기간이었던 셈이다. 이같이 그들의 임무에 대한 무지와 소양의 부족에도 불구하고, 군정팀이 중대한 미국 정책의 수행을 맡게 되었음을 의미한다.

혁 및 제도 형성과 강력하게 결합했던 것과는 달리, 한국에서는 반공 블록의 형성이라는 점령 목표가 민주화라는 점령 목표와 강력하게 결합할 수 없었던 것이다. 한편으로 민주주의의 내생적·내발적 기반이 취약했던 것도, 민주적 개혁이나 민주적 제도의 형성을 어렵게 한 요인이었다(채원호, 2000).

한국의 경우 자유민주주의 이념과 제도의 도입은 반공을 전제로 하여 이루어졌으며, 또한 자유민주주의는 사회 개혁에 대한 요구와 대립되는 것으로 설정되었다. 이에 따라 자유민주주의 내용은 협애한 냉전 자유주의로 형식적·절차적 수준으로 축소되었으며, 제도 형성기에 민주적 가치의 정착은 천연될 수밖에 없었다(박찬표, 1995). 이에 더해 한국에서 미군은 해방군인지 점령군인지 그 성격에 혼선이 있었으며, 미군정의 조치들은 일본에서와는 달리 한국민의 공감을 크게 얻지 못했다.

2) 군정청의 통치기구

1945년 9월 9일 서울에 입성한 하지(John R. Hodge) 중장은 미군정이 남한에서 시행할 정책을 발표했는데, 그 골자는 당시 조선의 행정기관, 즉 총독부 체제를 잠정적으로 유지한다는 것이었다. 나아가 일본인 관리들을 당분간 유임하겠다는 의사를 표명했다.[27] 이는 한국민의 거센 저항을 불러일으켰다. 미국은 훈령을 통해 일본인 관리 유임을 철회하고 총독부의 핵심 관료들을 해임할 것을 맥아더(Douglas MacArthur)에게 요구했다. 그러나 결과는 소련을 비롯한 사회주의 세력의 팽창을 견제하고, 나아가 현실적 필요성에 기인하여 명목상의 일본인 추방만이 있었을 뿐이었다.

미국이 조선총독부 체제를 유지하고자 한 것은 나름대로의 이유가 있었다. 조선총독부 기구의 특징은 식민지 착취와 통제를 용이하게 하기 위해 비대한 경찰권을 가지고 있었으며, 총독의 절대적인 권한을 바탕으로 강력한 중앙집권적 체제를 가지고 있었다.[28] 당시 남한에서 한국민의 욕구를 수렴하고 조직화해 낸 대표적 세력은 좌익 세력이었다. 사회주의적 세력을 억제하고 반소반공(反蘇反共)의 전진기

27) 태평양미국육군총사령부 포고 제1호 제2조.
28) 당시 조선총독부의 기구를 살펴보면 1945년 8월 현재 총독과 정무총감 밑에 총독관방, 재무국, 광공국, 농상국, 법무국, 학무국, 경무국, 체신국, 교통국 등이 있었다.

지로 한반도를 택한 미국에는 좌익 세력이 부담스러울 수밖에 없었고, 이에 대한 효과적 통제를 위해 현상 유지 정책을 택한 것이다.

이에 따라 1945년 9월 설립된 재조선미육군사령부군정청은 기본적으로 조선총독부의 기본 기구를 유지하면서 필요에 따라 조직을 개편해 나갔다.[29] 즉, 주한미군사령부는 군정의 최고기관으로 기존의 총독부에 해당하는 군정청을 설립했다. 군정장관은 총독에 해당하는 직책이었고, 관방의 수뇌는 한국인 민정장관의 보좌를 받았다. 또한 군정장관은 재무국, 광공국, 농림국, 경무국, 위생국, 학무국, 법무국, 운수국 등의 책임자를 지휘했으며, 10명의 책임자들이 군정장관의 내각을 구성했다.[30]

1946년 3월에 군정청은 총독부 체제를 답습하여 행정기구를 대폭적으로 확대·강화한다. 총독부 체제를 답습한 군정청의 조직은 이후 13개의 부와 민정장관 직속의 4개국, 군정장관 대리의 직접적인 지시를 받는 7개의 독립된 처로 구성된 중앙행정조직으로 성장한다.[31] 1946년 초에 이르면 군정청의 중앙기구 수립이 완성되고, 행정·치안조직은 전술점령군과 군정부대의 감축에 상응하여 급격한 양적 팽창을 거듭한다. 또한 1946년 중반부터 본격화되기 시작한 행정의 한인화(韓人化) 작업은 1947년 2월 안재홍 민정장관의 취임으로 대체적 골격을 완성하게 되었다(박찬표, 1995: 218; 도진순, 1997: 94).[32]

---

29) 군정청은 1945년 9월 24일에 위생국을 설치하고 1945년 10월 27일에 보건후생국으로 개편한다. 보건후생국의 설치는 해방 직후 한국인의 위생 상태와 피난민, 귀환민 등으로 인한 전염병 예방, 미군의 안전 보호 측면과 이 분야에 대한 행정 수요의 증가로 인한 필요에 따라 이루어진 것이다(김수자, 1996).

30) 이 기구에서 가장 중요한 사람은 민정장관이었다. 민정장관은 관방의 활동과 군정장관의 참모들로 구성된 각국의 활동을 조정하는 것이었다. 관방은 총무과, 외무과, 민원과, 정보과, 관재과, 기획과, 군무과 등의 부서를 광범위하게 지휘하는 기관이었다. 각국에서 수립할 정책은 군정장관의 손에 넘겨지기 전에 관방의 해당 부서에 제출되어야 했다.

31) 군정청의 중앙행정기구를 살펴보면, 군정장관 밑에 군정장관대리와 민정장관을 두었다. 군정장관 하에는 보건후생국, 사법부, 국방부, 경무부, 농무부, 상무부, 체신부, 공보부, 재무부, 문교부, 운수부, 기획처, 관재처, 총무처, 외무처, 식량행정처, 인사행정처, 회계처, 지방행정처로 구성되었다.

32) 그 사이에 중앙행정부처의 과는 86개에서 117개로 팽창했고, 행정관료의 수도 현격하게 증가하여 일제 시기의 관료 수를 훨씬 상회했다. 1943년에 일제 식민지 관리의 수는 8만여 명이었으나, 1947년 말에 행정관료의 수는 15만여 명에 달했다. 식민지 시기의 관료들은 남한과 북한을 모두 합친 수였다는 점을 감안한다면, 인력의 양적 팽창은 두 배를 상회하고 있음을 확인할 수 있다.

이같이 확대 개편된 군정청의 행정기구가 갖는 의미는 국내·외적 상황 변화와 밀접한 관련성을 가지고 있었다. 당시 대외적으로는 군정청의 기구 개혁의 목적이 한국인 관리에게 더 큰 행정적 책임을 부여하기 위한 조치라고 했지만, 이면에는 신탁통치에 대한 한국민의 감정을 완화시키기 위한 조치였다. 또한 한반도 문제에 대한 소련과의 회담에서 미국의 입장을 강화하고자 한 일련의 조치였는데, 이 같은 군정청의 행정기구의 확대 개편이 지니는 특징을 구체적으로 살펴보면 다음과 같다.

첫째, 남한 통치를 위해 필요한 부서가 증설되는 양상을 보였다. 총독관방은 그 명칭을 없애고 그 밑에 있었던 인사과는 인사행정처로, 회계과는 회계처로, 지방과는 지방행정처로 독립시켰다. 또한 인사행정처는 행정관료의 인사 및 봉급 등을 담당했으며, 미국식 체제를 도입하고자 단독 부서로 독립시켰다. 당시에 경제담당 부서들이 많이 신설되었는데, 식량행정처는 해방 이후 가장 시급한 민생 문제였던 식량 문제의 해결을 위해 설치된 기관으로 식량의 매점매석, 인구 증가, 식량 가격의 문제를 해결하고자 설치되었다. 중앙가격행정처는 해방 이후 급격한 물가 앙등에 대응하고자 신설된 조직이었다.[33)]

둘째, 각 부서의 명칭을 변경함으로써 군정청의 점진적 권한 집중과 미국식 체제를 도입하고자 했다. 군정청의 입장에서는 미국식 관리 제도를 실행·전담할 행정조직이 필요했다. 이에 기존 인사과를 인사행정처로 승격시키면서 기존의 계급제를 폐지하고, 미국식의 직위분류제인 직계제를 도입하고자 했다.[34)]

셋째, 형식적 관료 지위의 변화이다. 1946년 3월에 단행된 각 부서의 확대 조치와 더불어 한국인들의 승진을 특징으로 언급할 수 있다. 기존 국장대리의 위치에

---

33) 이 당시에 경제담당 부서로 관재처, 식량행정처, 외무청, 중앙가격행정처(군정장관 산하기관)가 신설되었다.

34) 당시 미군정은 한국 관리 제도의 전면적 개혁을 추진했다. 먼저 기구를 부(部), 국(局), 과(課), 계(係), 반(班)의 5단계로 구분하고 기존 칙임(勅任)과 판임관(判任官) 등의 등급제를 폐지하고 직계제(職階制)를 도입한다. 군정청 인사행정처는 인사행정 규정 제3호를 제정하면서 미국에서 500종별로 구분된 직명을 바탕으로 173종의 직명을 분류했다. 이때 채택된 직위분류제는 모든 직위를 서기, 행정 및 회계 부문에 관한 직무, 그리고 별정직무 등 4개의 직무로 분류하고 별정직을 제외한 각 직무를 다시 15개의 등별로 구분하여 직위의 임무를 상세하게 규정하고, 직무 및 등별에 의한 관직 등급의 명칭을 부여했다.

있던 한국인들이 부서 개편과 더불어 부장 혹은 처장으로 승진했다. 그러나 기존 미국인 국장이 물러나고 그 자리에 한국인이 등용된 것은 아니었다.[35]

3) 군정기의 지방행정

미국 점령기에 지방자치를 둘러싼 개혁 논의는 한국과 일본 사이에서 상이하게 진행되었다.[36] 점령 초기에 미국인들은 한국의 지방자치 모형으로 미국의 연방 형태를 염두에 두고, 군정당국(101군정대)이 폭넓은 자결권을 부여하는 형태의 지방행정을 1946년 4월까지 진행시켰다(Meade, 1952). 그러나 군정요원의 급속한 감소로 감독상의 문제가 발생함에 따라 중앙집권화 현상이 강화되기 시작했고, 이는 모든 부서로 확대되기 시작했다.

이 과정에서 군정청의 지방과는 중앙부서의 중앙집권화 경향과 지방 하급부서 사이에서 완충적 역할을 담당했으나, 지방과가 표면상 군정 기능을 분산시킨다는 이유로 해체되고 군정청의 권력 집중이 강화되기 시작했다. 그 결과 지방은 군정청의 지역 사무실로 전락한다.[37] 이처럼 군정청은 민주주의의 가장 확실한 보호장치의 하나인 지방자치제가 완전히 결여되어 있는 행정부를 한국인에게 떠맡김으로써 점령을 종결지었다. 결국 군정기에 일본과는 달리 민주주의의 실험장이라고 할 수 있는 지방자치의 육성은 실현되지 않았다(채원호, 2000).

---

35) 이 시기에 각 부서에는 두 명의 부장이 존재하는 양부장제가 실시되었다. 양 부장제 체제에서 한국인 관료에게 권한을 부여하고 미국인 부장은 고문의 역할을 수행했지만, 미국인 부장은 부결권을 가지고 있었으므로 한국인 관료의 권한은 불완전한 것이었다.

36) 일본의 경우 전전 구 헌법 하에서는 중앙정부가 지사 이하의 지방관 및 시정촌장 및 기타 직원의 인사권을 가지고 있었다. 그뿐만 아니라 지사·지방단체에 대한 일반적 지휘감독권, 원안집행권, 선결처분권, 명령집행권, 대의결·대집행, 강제예산, 부현회(府縣會)·시정촌회(市町村會) 해산권 등의 권한을 장악하여, 지방자치는 극히 제한되어 있었다. 그런 까닭에 지방자치의 육성은 군국주의의 부활을 예방하기 위한 가장 유효한 수단의 하나로 인식되어, 지방자치가 헌법에 보장됨과 동시에 수장의 직접공선제, 주민의 지방의회 해산청구권, 장 및 직원의 해직청구권 등의 제도가 도입되는 등 자치권의 확충이 꾀해졌다(GHQ/SCAP, 1952=平野 옮김·해설: 14-15).

37) 1946년 8월 31일 하지(John R. Hodge) 중장이 군정장관에게 재산과 민간물자 보급을 처리하는 기구만을 잠정적인 예외로 하고, 군정의 모든 부서의 실질적인 행정을 한국인에게 인계하라고 요구했을 때, 극단적인 중앙집중화 정책은 최종 단계에까지 이르고 있었다. 이 지시는 모든 도와 도 수준 하급기관의 기구, 업무, 책임 등을 엄밀히 세부 사항까지 기술하고 있었다. 도행정은 거의 완전한 통제 아래 동결되어 버렸다.

2. 남조선 과도정부

한반도 문제에 대한 기존의 미소 협조 체제가 붕괴되면서, 미국은 한국 문제를 유엔에 상정하고 남한만의 단독정부 수립을 구상한다. 이에 군정청은 남한만의 단독정부 수립에 초점을 두고 행정기구에 대한 개혁을 실시했다. 이 시기에 군정청은 인사행정권을 한국인에게 이양했으며, 일부 기술적이거나 재정 문제 및 적산관계 문제만을 제외하고는 모든 업무를 한국인이 운영하도록 했다. 이에 따라 미군은 단지 감독기관으로만 남게 되었다. 이후 1947년 5월에 법령 141호로 기존 군정청을 남조선 과도정부로 공포하고 6월 3일 공식적으로 출범시켰다.

남조선 과도정부는 비록 미군정 하에 있었지만 대단히 중요한 의미를 지니고 있다. 명목상 군정청이 사라지고 불완전한 행정권을 이양받았지만, 한국인의 의사가 정책결정에 반영될 수 있는 합법적인 통로가 마련되었다는 점이다. 이전 시기에는 미군에 의해 결정된 정책이 한국인에게 전달되어 집행되었으나, 과도정부의 출범으로 한국인 관료들의 의사가 정책에 수렴・반영되는 등 영향력을 행사할 수 있게 되었다. 미군이 고문의 자리에 있었지만 각 부서의 책임자는 한국인이었기 때문이다.

3. 미완의 정부

1) 대한민국 정부의 수립

1948년 5・10 선거 이후, 5월 31일 국회 개원식이 열려 이승만이 국회의장으로 선출되었다. 이후 1948년 6월 23일에 초대 「헌법」안이 국회 본회의에 상정되고, 7월 3일에는 「정부조직법」 초안 작성이 시작되었다. 헌법이 7월 12일에 국회 본회의에서 통과된 후, 7월 14일 정부조직법안도 국회 본회의에 상정되었고, 이틀 후인 7월 16일에 통과되었다. 이어 7월 20일에는 대통령과 부통령 선거가 있었는데 각각 이승만과 이시영이 대통령과 부통령으로 당선되었다.

헌법이 한민당계 유진오가 초안 작성을 담당하여 당초 의원내각제 정부를 생각했다가 이승만의 반대와 고집으로 대통령제로 급변된 것에서 보듯이 초대 정부 체제는 이승만이 큰 영향을 미쳤다. 이승만은 이미 국회의장이면서 초대 대통령으로 당선될 것이 거의 확실시되었기 때문에 당시 어느 세력도 그의 뜻을 거스를 수 없었다. 정부조직법 초안 작성은 윤길중이라는 소장파 전문위원이 담당하였는데 거의 이승만의 의견이 반영된 것으로 보인다(하태수, 2017: 45-51).[38)]

1948년 정부 수립 시 정부조직은 대통령, 부통령, 국무총리, 11부, 4처, 1원, 2위원회로 구성되었다. 조선총독부가 16개 기구(8국 8소속기관)였고, 미군정기 남조선 과도정부가 19개 기구(13부 6처)였던 것을 감안하면 1948년 정부기구들은 많은 편이 아니었다. 정부기구 편제에서 가장 우선적으로 고려된 것은 경비절감을 위한 행정간소화였지만, 가급적 정부기구를 적게 만들과 대통령의 권한을 강화하려고 한 이승만의 생각도 반영된 것으로 보인다(조석준, 1967: 135; 하태수, 2017: 57).[39)] 11부는 내무부・외무부・국방부・재무부・법무부・문교부・농림부・상공부・사회부・교통부・체신부였고, 4처는 기획처・공보처・총무처・법제처였고, 1원은 심계원, 2위원회는 고시위원회와 감찰위원회였다.

초대 정부와 관련하여 일제의 잔재가 청산되지 않고 그대로 남아 이후 한국의 행정에 큰 영향을 미쳤다는 '경로의존(path dependence)' 논의가 지금까지 많이 제기되어 왔다(김운태, 1992; 김석준, 1996; 강혜경, 1998; 김종성, 2015). 미국이 일본에 대한 승자였음에도 불구하고 한국에 진주한 미국은 일제 강점기의 통치기구를 없애는 것이 아니라 거의 그대로 유지・사용했고, 그 뒤에 들어선 이승만 정부도 친일 경력을 가진 인사들을 대부분 재임용하는 바람에 그런 결과가 초래되었

38) 이승만은 과거에 이미 몇 차례에 걸쳐 통치 구상을 밝혔다. 1919년 4월 미국 필라델피아에서 서재필 선생과 공동으로 「한국인의 목표와 열망」을 발표했고, 임시정부 대통령 시절 미국에 있던 구미위원부에서 김규식과 공동으로 「대한공화국헌법요강」 등을 발표했다. 그리고 미군정 민주의원 의장으로 선출된 직후인 1946년 3월 19일에 「민주의원 임시정책대강」을 발표했다. 이것들은 만약 자신이 독립국에서 집권한다면 시급히 수행해야 할 정책들을 모아놓은 것으로 오늘날의 대선공약에 해당하는 것으로 볼 수 있다. 이런 맥락에서 볼 때 1948년 정부 수립 시점에서 이승만은 거의 주요 정책과 정부체제에 대한 확고한 구상을 가지고 있었다고 볼 수 있다.

39) 이승만은 상하이임시정부 대통령이었을 때에도 정부기구를 가능한 한 적게 만들면서 상대적으로 대통령의 권한은 강하게 하려고 했고, 이후에도 강력한 중앙집권 및 대통령 권한 강화의 필요성을 역설했다. 정부 수립 이후 장관 인선 시 부통령이나 국무총리와 일절 상의하지 않은 것 역시 같은 맥락으로 볼 수 있다(고정휴, 2005: 144-145; 하태수, 2017: 57).

다는 것이다.

그런데 창조성 여부 판단 기준을 적용해보면 단순히 1948년 정부기구의 명칭과 조선총독부나 남조선 과도정부의 정부기구 내부 한 과(課)나 국(局)의 명칭이 같다고 해서 경로의존이라고 보는 것은 설득력이 약하다.[40] 경로의존이라고 보려면 적어도 한 기구의 기능조합이 과거에 존재했던 어떤 기구의 기능조합과 동일하거나 거의 유사해야 한다.

이런 관점에서 1948년 정부의 각 정부기구 내부 국(局)급 보조기관들의 조합을 기준으로 비교해보면 1948년 정부의 11부 4처 1원 2위원회는 조선총독부 및 미군정 남조선 과도정부와 많이 다름을 알 수 있다. 18개 기구 중 조선총독부 기구가 거의 그대로 유지된 것은 체신부 1개에 불과하고, 상당히 유사한 것은 재무부 · 농림부 · 상공부 · 공보처 4개에 불과하다. 나머지 13/18개 기구들은 조선총독부 기구들과 달랐다. 남조선 과도정부와 비교하면 거의 그대로 유지된 것은 체신부 1개에 불과하고, 상당히 유사한 것은 재무부 · 문교부 · 농림부 · 상공부 · 사회부 · 공보처 6개에 불과하다. 나머지 11/18개 기구들은 남조선 과도정부와 많이 달랐다(하태수, 2017: 68). 이승만 정부가 일제 강점기 시절의 관리들을 계속 등용하였기 때문에 인사행정 측면에서는 경로의존성이 강하게 존재한다고 말할 수 있으나, 정부조직 편제에서는 경로의존성이 상대적으로 약하다고 볼 수 있다.

인사 측면에서 이승만 정부는 정당이 아니라 국가 관료기구를 핵심 기반으로 하여 출범한 정권이었다. 1953년 9월 여당인 자유당이 이기붕 중심의 과두지배 체제로 변화되면서 관료 출신의 정당 간부들이 당의 주도권을 장악하게 되었고, 이 정당 간부들이 다시 행정부에 진출하면서 국가 정책결정에 큰 영향력을 미치게 되었다.

이런 현상은 특히 1954년 3선 제한 폐지를 위한 헌법 개정 이후 두드러져, 이승만 대통령과 자유당 간부 엘리트들의 이중적 권력구조가 정치권력의 핵심으로 등장하게 되었다(이한빈, 1968).[41] 행정부에 대한 자유당의 영향력은 1959년 3월의 개각과 5월의 시 · 도지사 임명에서 가장 극명하게 드러났다. 이처럼 자유당은 국

---

40) 창조성(originality) 판단 기준은 요소들을 조합(combine)하는 방식, 즉 편집(editology) 방식이다(김정운, 2014). 기존의 재료들을 사용하더라도 새로운 편집 방식을 사용한다면 독창적인 것이다.

41) 이 헌법 개정을 통해 국무총리제가 폐지되었고, 1955년 1월에는 정부조직법의 개정으로 국무총리 소속 하에 있던 총무처, 기획처, 법제처 등이 폐지되었다.

가의 관료 충원과 자금 분배, 정책결정 등에서 지배적 역할을 수행했다.[42] 더불어 이승만 정부는 1958년 12월 24일에 「국가보안법」을 개정하여 야당 탄압과 언론 규제라는 수단을 강구하면서, 동시에 「지방자치법」을 개정하여 직선제이던 시·읍·면장을 임명제로 개정하는 등 집권적 통치구조를 강화했다.

2) 이승만 정부와 지방자치

해방 이후 한국 사회는 정치·사회적 혼란과 극심한 경제 불안이 계속되는 가운데 설상가상으로 한국전쟁을 겪게 되었다. 그러나 전쟁으로 인해 지방자치를 실시할 수 없을 것 같은 최악의 여건이 지속되던 1952년에 지방의회가 구성됨으로써 우리나라 최초의 지방자치가 출발했다.[43]

초대 지방의회가 구성된 1952년은 초대 대통령의 임기가 만료되는 해이기도 했다. 국회와의 관계가 원만하지 못해 국회 간선제인 당시 선거 제도로는 대통령에 재선될 가능성이 희박했던 이승만 대통령은 이에 대비해 자유당을 창당했으나, 미처 지방조직까지 당세를 확장하지는 못한 형편에 있었다. 그래서 이승만 대통령은 지방의회를 구성한 후 이를 대통령 직선제 개헌안을 성원해줄 전국적 지지 기반으로 삼고자 했다.

1952년이 전시(戰時)였음을 감안한다면 그동안 국내·외 정세 불안을 이유로 지방의회 구성을 연기해 온 정부의 명분은 사실상 잃어버린 셈이었다. 이와 같이 1950년대 지방자치는 그 시작부터 집권자의 정치적 계산에 의해 좌우되었던 것이다. 지역 주민의 필요에 의해서가 아니라 집권자의 필요에 의해 출발했기 때문에, 당시 지방자치는 시행 과정에서도 파행을 겪지 않을 수 없었다. 집권 측은 지방자

---

42) 당시 정치 권력의 정점이었던 이기붕 국회의장은 자유당의 실질적인 의장으로서 행정부의 실세 권력이었다. 정부의 중요 직책에 대한 임면 또한 이기붕이 좌지우지했다고 할 수 있다.

43) 우리나라에서 지방자치에 대한 최초의 규정은 제헌헌법 제8장 제96조에 ① 지방자치의 조직과 운영에 관한 사항은 법률로써 정한다. ② 지방자치단체에는 각각 의회를 둔다. ③ 지방의회의 조직 및 권한과 의원의 선거는 법률로 정한다로 규정되어 있었다. 이 규정에 따라 1949년 7월 4일 공포된 법률 제32호 지방자치 실시에 관한 법률이 같은 해 12월 15일자로 개정되고, 1950년 12월 지방자치를 위한 선거를 실시할 계획이었으나 한국전쟁으로 연기해 오다가 1952년 4월 25일과 5월 10일에 처음으로 실시했다. 그러나 한국전쟁으로 전선에 가까운 서울, 경기도, 강원도와 계엄령이 선포한 일부 지역에서는 실시하지 못했다.

치단체를 자신들의 입장을 대변해줄 정치 기반 정도로 인식했으며, 이는 수차례에 걸친 「지방자치법」 개정 과정에서도 명백히 드러났다.

집권당은 자치단체장을 직선제로 고치는 것이 유리할 때는 주저 없이 법을 개정했으며, 정세의 변동으로 법이 자당에 불리해지면 그 법을 시행해 보기도 전에 다시 고치기도 했다. 간선제나 직선제보다 임명제가 유리하다고 판단되면 「지방자치법」은 다시 임명제로 바뀌었던 것이다. 정치권력의 개입은 지방선거 과정에서도 여실히 드러났다. 선거에의 관권 개입은 전반적으로 높지 못했던 당시 민도(民度)를 더욱 낮게 평가하도록 만들었던 결정적인 요인이 되었다.

이와 같이 우리나라의 지방자치는 이승만 정부의 정략적 필요에 의해 출범했지만, 일단 실시된 지방자치는 나름대로의 역할을 수행했다. 1950년대의 지방자치는 제도적으로는 미흡한 점이 많았지만, 지방의회를 중심으로 일정한 역할을 담당하기도 했다. 그러나 지방자치가 제대로 시행되기에는 너무나 많은 제약 요인이 있었다. 이 때문에 주민의 복리 증진과 권익 옹호를 위한 지방자치는 중앙정치의 도구로 변질되었고, 주민과는 유리될 수밖에 없었다.[44]

생각할 문제

• 한국 정부의 환경

1. 미국이 소련에게 동북아시아 지역 참전을 요청한 이유를 생각해 보시오.
2. 소련이 미국의 38선 제안을 수락한 이유를 생각해 보시오.
3. 미군정이 임시정부 세력을 인정하지 않은 것이 이후 한국 정치에 미친 영향에 대해 생각해 보시오.
4. 미국이 1949년 남한 지역에서 미군을 완전철수한 결정의 의미에 대해 생각해 보시오.
5. 6 · 25 전쟁을 동북아시아 국제 관계 관점에서 생각해 보시오.
6. 이승만 정부에서 시행된 농지 개혁이 한국 자본주의의 발전에 끼친 영향에 대해 생각해 보시오.
7. 냉전이 한국 정치의 이념 스펙트럼의 범위에 미친 영향에 대해 구체적인 사례와 함께 생각해 보시오.
8. 이승만 정부가 한일수교를 거부한 것이 한 · 미 · 일 관계에 미친 영향을 생각해 보시오.

---

44) 그나마 1960년대에 들어서는 5 · 16 군사쿠데타로 인해 우리나라의 지방자치는 1990년대 지방자치가 부활되기까지 30년의 세월을 기다려야 했다. 1961년 5월 16일 군사쿠데타로 집권한 군사정부는 지방의회를 해산시키고(군사혁명위원회 포고 제4호), 같은 해인 9월 1일 지방자치에 관한 임시조치법(법률 제707호)을 공포하고 10월 1일부터 시행함에 따라 지방자치는 종말을 고했다.

• **한국 정부의 형성 과정**

1. 일제총독부 조직과 미군정의 정부조직 구조를 비교해 보시오.
2. 한국 정부의 형성에 미친 미군정의 영향에 대해 생각해 보시오.
3. 1948년 형성된 한국 정부조직 구조를 대통령중심제와 의원내각제 관점에서 생각해 보시오.
4. 이승만 정부에서 시행된 농지 개혁이 한국 자본주의의 발전에 끼친 영향에 대해 생각해 보시오.

Chapter

04

한국 정부의 환경과 형성: 산업화기

Chapter 04

한국 정부의 환경과 형성: 산업화기

제1절 산업화기 한국 정부를 둘러싼 환경

5·16 군사쿠데타로 들어선 군사정부는 근대화라는 목표로 산업화를 가속화해 한국 정부의 경제적 토대를 구축하려 했지만, 베트남전 참전으로 시작되는 국제적 환경의 변화로 인해 여러 가지 어려움에 직면하였다. 북한의 도발이 강화되는 상황에서 미국은 미온적인 태도를 보여 자주국방 노선으로 갈 수밖에 없었고, 이로 인해 어려운 환경에서 더 어려운 중화학공업화를 추진할 수밖에 없는 상황에 이르렀고, 결국에는 정치적으로 유신 체제라는 극도의 억압적 레짐으로 귀결되고 말았다.

10·26 사건 발생으로 민주화가 진행되는 듯하였으나 주요 야당 정치인들의 분열, 권력욕에 가득찬 신군부의 등장으로 군사정부가 지속되었다. 그러나 경제구조를 개편하기 위한 개혁은 진행되었고 동시에 국제적으로 전개된 3저 현상에 힘입어 경제 측면에서는 좋은 성과를 거두기 시작하였다.

1. 정치적 환경

곧바로 허정 과도정부가 들어섰고 정부 체제를 대통령제에서 의원내각제로 바꾸기 위한 개헌이 6월 15일에 있었다. 국회에서 기명투표로 실시되었는데 재적의원 218명 중 총 211명이 참석하여 찬성 208명, 반대 3명이었다. 이후 1960년 7월 29일에 국회 민의원과 참의원 선거가 실시되었다. 민의원 선거 결과는 총 233석 중 민주당이 171석, 무소속 55석, 사회대중당 4석, 자유당 2석 등이었다. 참의원 선거 결과는 총 58석 중 민주당이 31석을 차지하였다. 총선거 이후 정부 구성을 둘러싼 협상 과정에서 신파의 제안대로 구파의 윤보선이 대통령직을, 그리고 신파의 장면이 국무총리직을 담당하기로 하고 8월 22일에 장면 정부가 출범하였다(하태수, 2017: 73-75).[1)]

그러나 정부 출범 이후에도 권력 확대를 꾀한 구파는 지속적으로 장면 내각을 흔들었다. 1960년 8월 31일에 '구파동지회'라는 민의원 원내 교섭단체를 별도로 등록하여 사실상 분당을 했다. 이에 신파는 '민주당'이라는 원내 교섭단체를 등록하였고, 11월 8일에는 구파 60여 명의 의원이 아예 공식적으로 '신민당'을 창당하여 공식적으로 분당하였다. 그러나 분란은 여기서 끝나지 않고 신파 내부에서 소장파 의원들이 '신풍회'라는 모임을 만들어 마치 야당처럼 행동을 했고, 구파이면서 신민당에 합류하지 않은 의원들은 '정안회'라는 모임을 만들어 당내 야당을 자처하였다. 구파와 소장파의 공세에 시달리던 신파 중진 중심의 장면 정부는 민주당의 단합을 이끌어 내기 위해 1961년 5월 초까지 9개월 동안 모두 세 차례나 개각을 단행했지만 끝내 통합을 이루지 못했다. 더불어 당시에 국민들이 열망했던 사회개혁들을 제대로 추진하지 못했다(한승주, 1994: 202-210; 하태수, 2017: 76).

장면 정부가 처한 정치적 상황은 정권 핵심부에서의 분열 이외에도, 설상가상으로 각종 사회 세력도 등을 돌리면서 더욱 악화되었다. 예컨대, 학생과 지식인들을 주축으로 한 4 · 19 혁명 세력은 이승만 정부 시절의 요인들, 그리고 4 · 19 혁명

---

1) 민주당은 구 한민당 인사들과 이승만 정부로부터 소외된 구 자유당 인사들의 연합으로 구성되었다. 전자의 세력은 신익희 · 조병옥을 필두로 구파를 구성했고, 후자는 신파를 구성했다. 그리고 신파는 다시 장면을 주축으로 하는 중진파와 이철승을 필두로 하는 소장파로 구분되었다.

때 학살을 명령한 책임자들에 대한 장면 정부의 처벌이 미미하자, 장면 정부에 대한 지지를 철회했다. 또한 헌법상 금지된 소급입법으로 처벌을 받은 친이승만 세력도 장면 정부를 적대시했다. 게다가 군 조직 내 상층부의 정화(淨化)를 요구했던 소장파 장교들도 자신들의 요구가 장면 정부의 우유부단함으로 인해 좌절되자 적대감을 갖게 되었다.

이런 정치적 상황에서 일부 학생과 개혁 세력 사이에 정치 이념적으로 반냉전적인 민족적 자유를 추구하는 경향이 나타나기 시작했는데, 이들은 남북교류론과 중립화통일론을 주장하기에 이른다. 그러나 이러한 일련의 움직임은 이념적으로는 반공산주의적이지만 정치적으로는 급진적 개혁을 바라던 군의 소장파 장교 세력에게는 이제까지 지배해 온 냉전적 정치 이념 체계와 동맹정책을 총체적으로 부정하는 도전으로, 그리고 민주당 정부의 통치 능력 결핍으로 받아들여졌다. 결국 급진적 개혁을 바라던 소장파 장교 세력들이 1961년 5월 16일에 감행한 군사쿠데타로 인해 분열된 민주당과 무능력한 장면 정부는 단명으로 끝을 보게 된다(김성진, 1999: 195-207).[2)]

5 · 16 군사쿠데타로 정권을 잡은 군사정부는 부족한 정통성을 개혁을 통해 보충하기 위해 기존 권력구조의 수정을 시도했지만 부정축재자 처벌의 포기, 농어촌 고리채 정리의 실패, 화폐 개혁의 실패 등이 겹쳐 종국적으로 실패했다. 그 결과 민정 이양과 함께 실시된 1963년 10월 15일 대통령선거에서 박정희 대통령은 간신히 승리했고, 동년 10월 26일 치러진 제6대 국회의원선거에서는 세력 확장을 위

2) 5 · 16 군사쿠데타는 1961년 5월 15일 저녁부터 1961년 5월 18일 정오 무렵까지 서울, 부산, 대전, 광주, 김포, 부평, 수색, 포천 등에서 쿠데타를 목적으로 일어난 유혈 군사반란이다. 주동자는 서울을 관할하는 제6관구의 전 사령관이었던 박정희였다. 그는 미국에 의해 지방으로 좌천되었음에도 불구하고 삼군의 참모총장 몰래 십수 명의 장성 및 수십 명의 핵심 영관급 장교들과의 사전 모의를 통하여 무력으로 정권을 탈취하고자 하였다. 쿠데타에 참여한 군대는 김포 공수단, 해병 제1여단, 제6관구 사령부, 제6군단 포병단 5개 대대, 제5사단(사단장 채명신 준장이 이끌고 서울 진주), 제12사단(사단장 박춘신 준장과 부사단장 및 작전참모가 이끌고 춘천 진주), 제30사단(부사단장, 작전참모, 헌병부장이 사단 이끌고 서울 진주), 제33사단(작전참모, 연대장 등이 이끌고 서울 진주), 그리고 2군이었다. 쿠데타 지도부는 ① 반공체제 강화, ② 국제협약과 유엔헌장 준수, ③ 구악 일소, ④ 자주경제력 함양, ⑤ 국토통일의 힘 함양, ⑥ 혁명 완수 후엔 양심적 정치인에 정권 이양 등의 6개 정책을 내세웠다(위키백과, 2018년 7월 10일; 경향신문, 1961년 5월 16일자).

해 구자유당 세력과 결합할 수밖에 없었다. 결국 박정희 3공 정부는 구조적 개혁 없이 기존 사회경제 질서의 현상 유지 위에서, 평화 공존적인 동맹정책의 추진을 위한 토대를 마련하는 데 치중하게 되었다.[3)]

그러나 이와 같은 정책들로 인해 체제에 비판적인 세력이 확대되기 시작하자, 박정희 3공 정부는 이에 대처하면서 정권 연장과 지속적인 공업화를 추진하기 위한 대응책으로 소위 3선 개헌을 추진하게 되었다. 1971년에 제8대 대통령선거가 예정되자 1969년 8월 7일 공화당에 의해 3선 개헌안이 국회에 제출되고, 이 개헌안은 동년 10월 17일 국민투표에서 통과되었다.[4)] 1971년 제8대 대통령선거에서는 박정희 대통령이 신민당의 김대중 후보에게 매우 근소한 차이로 승리를 거두었다(윤근식 · 김운태, 1999: 412-422; 장달중, 1994: 231-254).

박정희 3공 정부는 1972년 10월 17일에 국회를 해산하고, 정당 및 정치 활동을 정지시키며, 비상국무회의에 국회 권한을 대행시키고, 전국에 비상계엄을 선포하는 등의 방식을 통해 3권을 장악했다. 동년 11월 21일에는 국민투표를 통해 유신헌법을 가결시킴으로써 제4공화국에 해당되는 박정희 유신 정부를 출범시켰고, 동년 12월 23일에는 유신헌법을 통해 대통령으로 선출되었다.

이후 박정희 유신 정부는 여러 차례의 긴급조치 발동으로 훼손된 민주주의를 회복하고 반체제 인사들을 석방하라고 요구하는 학원 · 언론 · 종교 · 정계 등과 빈번히 충돌했다. 급기야 1979년 5월 30일 신민당 전당대회에서 공화당 정부와 중도적 제휴를 하던 이철승 대표의 중도통합론에 반대해 선명 야당의 기치를 내건 김영삼 총재의 부상으로 정국이 급속히 경색되었다. 이어 9월 8일에 신민당 총재단 직무정지 가처분신청이 서울민사지법에서 받아들여지고, 10월 4일에는 김영삼 총재의 제명안이 국회에서 처리되었다. 이렇게 악화일로를 치닫던 정국은 결국 10 · 26 사태로 종말을 고했다(김영명, 1994: 257-279; 김운태 외, 1999: 423-430).

박정희 대통령에 대한 암살 이후 독자적인 지지 기반을 갖고 있지 못했던 최규

---

3) 예컨대, 1965년 한일 관계의 정상화, 뒤이은 베트남 파병, 모방적인 중앙집권적 개발 방식에 따른 근대화 정책의 추진은 미국의 극동전략과 부합하는 조치들이었다.

4) 3선 개헌안의 목적은 대통령을 3선까지 할 수 있게 하고, 국회의원의 겸직 금지 원칙을 완화하여 국무의원 겸직을 가능하게 했다. 이는 행정부와 국회와의 조정 관계를 도모하고, 대통령 탄핵소추에 필요한 국회의 의결 정족수를 높여 대통령의 권위를 보호하려는 데 목적이 있었다.

하 대통령은 근본적으로 1979년 10·26 사태 이후 전개되는 권력 공백의 상황을 통제할 능력이 없었다.[5] 또한 차기 대통령 후보로 하마평에 오르내리던 김종필·김영삼·김대중도 소위 안개정국 상황에서 신속하게 대처하지 못했다. 이런 와중에서 쿠데타를 염려한 군 수뇌부가 정치 권력 지향성이 강한 군 장성들을 제거하려는 움직임이 역공을 당하면서 12·12 군사반란이 발생했다.[6]

1980년 봄이 되자 대학교들이 개학을 했고 이어 대학생들의 가두 진출 시위가 나타나 사회가 급속도로 혼란에 빠져들었다. 그리고 이러한 사회 혼란은 광주민주화운동으로 절정에 달했다.[7] 광주민주화운동을 무력으로 진압한 군부는 1980년 5월 31일 계엄 당국과 행정부의 긴밀한 협조를 위해 초헌법적 기관인 국가보위비상

---

5) 10·26 사태는 1979년 10월 26일에 대한민국의 중앙정보부 부장 김재규가 박선호·박흥주 등과 함께 박정희 대통령과 차지철 경호실장을 총살한 사건이다. 1979년 10월 26일, 대통령 박정희는 KBS 당진 송신소 개소식과 삽교천 방조제 준공식에 참석한 후 궁정동 안가에서 경호실장 차지철, 비서실장 김계원, 중앙정보부장 김재규와 함께 연회를 가졌다. 연회 중에 박정희는 김재규의 총에 가슴과 머리를 맞았고 곧 국군서울지구병원으로 이송되었으나 이송 중 세상을 떠났다. 당시 박정희의 나이는 만 62세였다. 김재규는 민주화에 대한 열망으로 독재자 박정희를 처단하였다고는 하였으나, 권력 암투 과정에서 김재규가 차지철에 밀리는 상황이었고 이에 김재규가 충동적으로 일으킨 범행이라는 견해도 있다. 한편 김재규는 10월 유신 때 부하들도 눈치를 챌 정도로 박정희에게는 적대적인 반면 민주화에는 큰 열망을 가진 의인이었다. 이 살인 사건을 7년 간 준비해왔다는 설이 있고, 유신 정부의 핵개발 추진과 박동선의 코리아 게이트 사건 등으로 한미 관계가 악화되자 미국 정부가 김재규를 통해 박정희의 암살을 은밀히 조장했다는 설도 있다(위키백과, 2018년 7월 10일자).

6) 12·12 군사반란은 1979년 12월 12일, 전두환과 노태우 등을 중심으로 한 하나회 세력이 최규하 대통령의 승인 없이 계엄사령관인 정승화 대한민국 육군 참모총장, 정병주 특수전사령부 사령관, 장태완 수도경비사령부 사령관 등을 체포한 사건이다. 당시 보안사령관이던 전두환 소장은 12·12 군사 반란으로 군부 권력을 장악하고 정치적인 실세로 등장했다(위키백과, 2018년 7월 10일자).

7) 광주민주화운동은 1980년 5월 18일부터 5월 27일까지 광주시민과 전라남도민이 중심이 되어, 조속한 민주 정부 수립, 전두환 보안사령관을 비롯한 신군부 세력의 퇴진 및 계엄령 철폐 등을 요구하며 전개한 대한민국의 민주화 운동이다. 당시 광주 시민은 신군부 세력이 집권 시나리오에 따라 실행한 5·17 비상계엄 전국 확대 조치로 인해 발생한 헌정 파괴·민주화 역행에 항거했으며, 신군부는 사전에 시위 진압 훈련을 받은 공수부대를 투입해 이를 폭력적으로 진압하여 수많은 시민이 희생되었다. 이후 무장한 시민군과 계엄군 사이에 지속적인 교전이 벌어져 다수의 사상자가 발생하였다. 대한민국 내 언론 통제로 독일 제1공영방송 ARD의 위르겐 힌츠페터 기자가 5·18 광주민주화운동과 그 참상을 세계에 처음으로 알렸다. 1995년 '5·18 민주화운동 등에 관한 특별법' 제정으로 희생자에 대한 보상 및 희생자 묘역 성역화가 이뤄졌고, 1997년 '5·18 민주화운동'을 국가기념일로 제정해 1997년부터 대한민국 정부 주관 기념행사가 열렸다(위키백과, 2018년 7월 10일자).

대책위원회를 설치하고 전두환 장군이 상임위원장을 맡았다.[8)]

1980년 8월 16일에 군사정부는 최규하 대통령을 하야시키고, 8월 27일에 통일 주체국민회의에서 전두환 국보위 상임위원장을 제11대 대통령으로 당선시키면서 전두환 정부를 출범시켰다. 그리고 동년 10월 27일에 국민투표를 통과한 새 헌법을 공포했고, 새 헌법은 1981년 2월 25일에 전두환 대통령을 제11대에 이어 제12대 대통령으로 당선시켰다. 이어 실시된 제11대 국회의원선거에서도 정부에 의해 급조된 여당인 민정당이 다수 의석을 확보했다(김영명, 2006: 237-259).

그러나 1985년 2월 12일에 실시된 제12대 국회의원선거에서는 제11대와는 달리 그동안 규제되었던 정치인들이 거의 해금된 상황에서 선거가 치러졌다. 규제 조치는 선거를 불과 며칠 남기지 않은 시기에 풀리게 되었다. 해금된 정치인들 중 일부는 기존의 정당에 입당하기도 했으나 나머지 대부분은 새로이 신한민주당을 창당하는 데 참여했다.

마침내 신한민주당은 1985년 1월 18일 창당되었고 이민우를 총재로 선출했다. 선거 결과 신한민주당은 신당 바람을 일으키면서 67석이나 얻어 제1야당으로 부상하게 되었다. 반면에 기존의 제1야당이었던 민주한국당이 35석을 얻어 제2야당으로 후퇴했다. 그런데 민주한국당의 패배는 선거의 패배로만 끝나지 않고, 선거가 끝나고 2개월도 되기 전에 민주한국당의 대다수 의원이 신한민주당에 입당함으로써 민주한국당은 의석이 3석에 불과한 군소 정당으로 전락하는 상황을 맞게 되었다.

제1야당으로 부상한 신한민주당과 재야 정치 세력들이 이후 집요하게 개헌을

---

8) 국가보위비상대책위원회는 1979년 10월 26일 유신 정부가 붕괴되고, 12월 12일에 신군부가 등장한 후, 1980년 초의 소위 안개정국과 광주민주화운동을 겪은 직후인 1980년 5월 31일에 신군부가 자신들의 통치권을 확립하기 위해 설치한 일종의 최고군사회의(military junta) 기구이다. 대통령이 비상 업무를 지휘·감독하는 것을 보좌하고, 내각과 계엄군 당국 간의 협조 체계를 강화하기 위해 최규하 대통령을 의장으로 주요 행정각료 10명과 군 장성 14명 등 24명으로 구성되었고, 위원회가 위임한 사항을 심의·조정하기 위한 상임위원회를 두었다. 상임위원회는 상임위원장 전두환을 중심으로 13개 분과위원회를 설치하고 국정 전반에 걸쳐 통제 기능을 수행했다. 국가보위비상대책위원회는 안보 태세 강화, 경제 난국 타개, 정치 발전, 사회악 일소를 통한 국가 기강 확립 등을 기본 목표로 하고, 이것을 실현하기 위한 명분으로 유신 체제의 핵심 세력을 포함한 공직자 숙정, 중화학공업 투자 재조정, 졸업정원제와 과외 금지, 출판 및 인쇄물 제한, 삼청교육 실시 등 지배구조의 재편을 위한 제반 조치를 실행했다. 개정 헌법이 1980년 10월 23일 확정되자 국가보위입법회의로 개편되었고, 이후 제반 법률과 제도를 정비하며 신군부의 제5공화국 출범을 위한 기반을 마련한 후, 제11대 국회의 개원과 더불어 해산되었다.

주장하자, 전두환 정부는 본격적인 개헌 작업에 착수하기 시작했다. 그러나 이 과정에서 개헌 노선 및 지도 체제와 관련하여 1987년 4월 8일 김영삼·김대중의 주도 하에 신한민주당 의원 74명이 탈당하여 통일민주당을 창당하자, 이 틈을 노려 전두환 대통령은 4월 13일에 사회 혼란 및 위기 초래 등을 이유로 헌법 개정 논의 중지를 발표했다(김영명, 2006: 263-300).

그러나 1987년 6월 야권·학원·종교·언론 등 국민 각계의 반발이 거세게 일어나자,[9] 여권인 민정당도 6·29 선언을 통해 직선제 개헌을 수용할 수밖에 없었다.[10] 동년 10월 27일에 대통령 국민직선제 헌법이 국민투표로 통과되었는데, 이것이 제6공화국 헌법이다. 이 헌법은 국회의 행정부 통제 강화 등 여러 가지 새로운 내용을 담고 있지만, 가장 핵심적인 내용은 대통령을 국민들의 직접선거로 선출한다는 것과 임기를 5년 단임으로 한다는 점 등이다(김운태 외, 1999: 437).

통일민주당은 대통령 후보를 놓고 김영삼과 김대중이 분열하여 11월 12일 김대중을 중심으로 하는 평화민주당이 별도로 창당되었다. 따라서 야당의 이 같은 분열은 이후 동년 12월 16일에 실시된 제13대 대통령선거에서 과반수에 훨씬 못 미치는 득표율(36.6%)을 얻은 민정당에게 패하는 결과를 가져왔다(안병만, 1999: 152-153).

결국 4·19 혁명 이후 들어선 제2공화국의 장면 정부가 구파와 신파의 분열, 그리고 신파 내 중진과 소장파의 분열로 국민들이 피를 흘려 쟁취한 민주정부를 지켜내지 못했던 뼈아픈 역사적 경험이 있었다. 그럼에도 불구하고 이 시기의 김영

---

9) 6·10 민주항쟁 혹은 6월 항쟁은 1987년 6월 10일부터 6월 29일까지 대한민국에서 전국적으로 벌어진 반독재, 민주화 운동이다. 4·13 호헌 조치와 박종철 고문 치사 사건, 그리고 이한열이 시위 도중 최루탄에 맞아 사망한 사건 등이 도화선이 되어 6월 10일 이후 전국적인 시위가 발생하였고, 대한민국의 민주화에 큰 영향을 주었다(위키백과, 2018년 7월 10일자).

10) 노태우 민정당 대표위원은 1987년 6월 29일 국민 대화합과 위대한 국가로의 전진을 위한 특별선언, 즉 6·29 선언을 밝히고 이를 당총재인 전두환 대통령에게 건의했다. 이 날 노태우 대표위원의 특별선언은 집권 여당인 민정당으로서는 불리하다고 판단되어 온 정치 현안을 야권의 주장대로 받아들였다는 점뿐만 아니라, 개헌과 민주화 문제로 파탄에 직면할 것 같았던 시국에 일대 전기를 마련했다는 점에서 당시로서는 신선한 충격이었다. 주요 내용은 ① 조속한 대통령 직선제로의 개헌, ② 대통령선거법의 공정한 개정, ③ 김대중의 사면·복권 및 시국 관련 사범의 대폭 석방, ④ 새 헌법의 국민기본권 강화, ⑤ 언론의 자율성 보장, ⑥ 지방자치 및 교육자치 실현, ⑦ 정당의 건전한 활동 보장, ⑧ 사회정화 조치 강구 등이다.

삼·김대중 두 후보와 그들을 둘러싼 정치인들은 정권욕과 지역감정에 사로잡혀, 전두환 정부 출범 이후 수많은 학생과 노동자들의 희생과 투쟁, 그리고 끝내는 소위 넥타이 부대라고 불리는 평범한 회사원들까지 거리로 진출하여 어렵게 조성한 군사정부를 종식시킬 수 있는 호기를 살릴 정도의 성숙한 역사의식을 보여주지 못했다.

2. 경제적 환경

한국 정부 산업화기의 경제적 환경이 지니는 특색은 자본주의 발전을 위한 기본 토대가 충분히 마련되어 있지 못한 상황에서, 정부가 주도하는 중앙집권적 관리경제 체제가 정착되었다는 데 있다. 바꾸어 말하면, 1960년대 이후 한국 경제는 해방 이후에 잠재된 제반 문제점을 배경으로 한국 특유의 발전 과정을 보였는데, 특히 1960년대 이후 실시된 경제개발계획은 정부 지도자의 강력한 리더십에 근거하여 정부 주도로 이루어졌다. 즉, 정부가 자본주의 경제 발전에 필요한 자본을 창출·관리·축적해 나가는 과정을 주도하고 이를 토대로 경제 발전을 실현해 나갔다.

후진국에서는 자본의 사적 소유가 보장된다고 해서 자본주의 발전이 자동적으로 실현되는 것이 아니다. 자본이 생산적으로 활용될 수 있도록 정부가 일정한 역할을 수행할 필요가 있다. 이런 측면에서 볼 때 산업화기 한국 정부는 그 어떤 정부보다도 훌륭한 역할을 수행했다고 할 수 있다. 대만이나 인도에서도 개발계획이 있었지만 이런 계획은 지표적(indicative) 계획에 불과했다. 반면에 한국의 경제개발 5개년계획은 정부가 계획상의 목표를 달성하기 위해, 강력한 중앙집권적 통제를 실시한 실행계획이었다는 점에서 차이가 있었다.[11]

---

11) 경제개발 5개년계획은 박정희 정부가 단기에 높은 경제성장률을 달성하는 데 큰 역할을 하였다. 이 제도의 기원은 구 소련이다. 소련은 1917년 볼셰비키 혁명이 일어났을 때만 해도 영국·프랑스·독일보다 뒤진 후진 농업국가였다. 그러나 1940년 초 제2차 세계대전 시기에는 독일과 일본을 제압하면서 세계를 놀라게 할 정도로 공업력을 발전시켰다. 불과 20여 년 만에 선진 공업국의 수준을 따라잡았는데 그 비밀은 바로 경제개발 5개년계획이었다. 1924년 1월 21일 레닌(Vladmir Lenin)이 사망한 후 소련의 권력은 스탈린(Iosif V. Stalin)에 의해 장악되었는데, 이후 스탈린은 경제개발계획을 세워 중공업, 특히 군수공업 위주의 급속한 경제 성장을 꾀했다. 이 제도의 한국으로의 수입과 창조적 적용 과정에서 징검다리 역할을 한 것은 만주국인 것으로 보인다. 당시 남

산업화 시기에 진입하면서 정부의 역할이 이렇게 강력했던 이유는 쿠데타의 정당성 확보를 위해 급속한 경제 성장이 요구되었기 때문이다. 또한 미국의 원조가 급격히 감소 내지 중단되면서 차관이나 외국인 직접 투자 형태로 대체되는 시대가 도래함에 따라, 원조를 대체할 수 있는 재원 조달자로서 정부의 역할이 시급히 요청되었기 때문이다. 마지막으로 국가의 개발 목표가 달라졌기 때문이다. 예컨대, 1950년대 경제정책의 목표가 복구와 재건이었다면 1960년대의 정책 목표는 장기적이며 체계적인 경제 성장에 둘 수밖에 없었는데, 이를 위해 경제개발계획이 수립되었던 것이다.

이 밖에도 시민사회의 저발전과 능동적 헤게모니 세력의 부재, 냉전·분단 체제와 공산주의의 위협, 구 지주 계급의 몰락과 자본가 계급의 허약성, 분단 냉전 의식의 내면화, 중앙집권적 식민 통치의 유산 등도 강력한 정부 역할을 초래하는 데 일조했다(이종원, 2002: 96-99; 하태수, 2017: 103-110).

이와 같이 정부의 역할을 공고히 하기 위해 박정희 정부는 경제개발계획에 소요되는 자금을 통제·동원하기 위해 금융기관을 장악했다. 그 결과 은행의 자금을 정책의 우선순위에 따라 배정하는 정책금융은 1972년까지는 재정 지출상의 개발비보다 적었지만, 1973년 이후부터는 그것을 능가할 정도까지 성장했다.[12] 이처럼

만주철도회사 부설 경제연구소에 근무하고 있던 일본인 마르크시스트(Marxist) 경제학자들과 본국에서 고등고시 합격 직후 일본제국 경영의 현장 경험을 쌓기 위해 만주국으로 파견되었던 일본의 소장파 경제관료들은 소련이 단기에 급속한 경제 성장을 달성하는 것을 보고 그 제도를 일본에 도입하려고 했으나 공산주의 제도의 직수입을 염려한 본국 고참 경제관료들의 반대로 실패한다. 그러나 이들은 이것에 좌절하지 않고 일본의 괴뢰국이었던 만주국에서 새로운 제도를 실험해 보려고 했다. 본국의 경제관료들도 만주국에서의 실험은 묵인했다. 당시 만주국은 일본의 병참기지 역할을 하던 곳이기 때문에 광산 개발, 제철회사 건립, 수송시설 건설, 발전소 건설 등 해야 할 일이 한두 가지가 아니었는데, 이런 일에 투입될 민간자본은 절대 부족한 상태였다. 그래서 무엇인가 특단의 조치가 필요한 상황이었다. 대한민국에서 훗날 5·16 군사쿠데타 이후 제3공화국 지도자들이 되는 박정희·정일권 등 군부 지도자들은 이 시기에 만주에서 만주군관학교를 졸업하고 일본군 소장파 장교로서 근무하고 있었다. 이들이 이런 경제 개발 작업에 직접 참여했는지에 대해서는 정확한 기록이 없지만 정황상으로 미루어볼 때 최소한 그런 사정을 알고는 있었고, 5·16 군사쿠데타 이후 대한민국 경제 개발 과정에서 그 관련 지식을 적용했을 가능성은 매우 높아 보인다. 이들이 5·16 군사쿠데타 감행 이전에 이미 일본의 메이지 유신(明治維新)과 이후 경제 개발 과정에 대해 공부를 끝낸 점, 5·16 군사쿠데타 직후 채 몇 달도 안 되어 전경련을 조직하는 등 매우 신속하게 경제 성장을 위한 체제 정비를 마친 점, 경부고속도로 과정에서 군의 공병대를 투입한 점 등 단순히 우연의 일치로 보기만은 어려운 만주국의 사정들과 유사한 일들이 많이 존재하기 때문이다(하태수, 2017: 120-123).

박정희 정부는 금리 결정, 대출 배분, 예산 및 인사 등 경영의 거의 모든 면에서 은행들을 통제했고, 또한 실물경제 역시 통제 하에 두었다(이종원, 2002: 100-104). 예컨대, 편의식품 가격, 임금, 주식배당률, 중요 산업에 대한 투자와 융자, 외자 도입, 공장 입지 선정 등 거의 모든 영역에서 통제권을 발휘했다.

정부의 강력한 통제력을 바탕으로 박정희 정부는 수출 주도 공업화·불균형 성장·선성장 후분배로 요약되는 경제 발전 전략을 추진해 나갔다(이종원, 2002: 194-202; 이병천, 1990: 29-38). 이 중 수출 주도형 공업화전략은 1960년대 들어 원조의 축소로 국제수지를 개선할 필요가 생겨 채택되었으며, 불균형 성장전략은 가용자원이 부족한 상황에서 전후방 연관 효과를 최대한 살려 최대의 고용 및 성장 효과를 달성하기 위해 채택되었다.

이에 따라 1960년대에는 노동집약적 수출산업을, 1970년대 중반 이후에는 중화학공업을 우선적으로 성장시켰다. 선성장 후분배 전략에 따라 개발정책 초기에는 경제성장률의 극대화에 초점을 맞추고, 나중에 분배 측면에 중점을 두었다. 총세출에 대한 사회개발비 지출 비율을 보면 1960~1970년대에는 대체로 7~8% 수준에 불과하나, 1980년대 후반부터 비중이 높아져 1990년대에는 약 20% 수준으로 상승했다. 박정희 정부가 추구한 통제경제 체제는 비교적 고도 성장을 유지하며 지속되었다. 그러다가 1970년대 후반에 이르면서 국내적으로는 성장의 둔화, 소득 불균형, 높은 물가상승률, 그리고 부동산 투기 등과 같은 사회적 병폐 등과 국외적으로는 유가 파동과 각국의 보호주의 무역의 강화로 인해 정치적 상황과 맞물리면서 경제적 상황도 어려움에 직면하게 된다.

표 4-1 1970년대 Gini 계수

	1970년	1971년	1972년	1973년	1974년
Gini 계수	0.298	0.319	0.281	0.297	0.278
	1975년	**1976년**	**1977년**	**1978년**	**1979년**
Gini 계수	0.312	0.326	0.341	0.325	0.310

출처: 권순원 외(1992); 정원오(1995: 73)에서 재인용.

12) 재정 지출의 개발비는 주로 도로·전력·학교 등 사회간접자본에 투자된 반면에, 정책금융은 제조업·농업 등 산업에 주로 사용되었다.

표 4-2 1970년대 소비자 물가상승률

	1972년	1973년	1974년	1975년	1976년
물가상승률	11.7%	3.2%	24.3%	25.3%	15.3%
	1977년	1978년	1979년	1980년	1981년
물가상승률	10.1%	14.5%	18.3%	28.7%	21.4%

출처: 권순원 외(1992); 정원오(1995: 73)에서 재인용.

그러나 한국 정부를 둘러싼 경제적 어려움은 전두환 정부에 이르면서, 국민들의 안정 추구 심리와 이른바 3저 현상 등에 힘입어 점차 회복 단계에 들게 되었다. 공교롭게도 이 시기 경제 회복에 가장 크게 기여한 부문은 박정희 정부 몰락의 주범이었던 중화학공업 부문으로 판명되었는데, 이는 당초의 투자 효과가 1980년대에 들어서서 서서히 나타났기 때문이다. 전두환 정부의 경제적 상황은 이전 정부의 그것과 큰 차이를 보이지는 않은 채, 단지 수출 주도 산업을 중화학공업에서 기술집약형 산업으로 전환했을 뿐 기본적인 성장전략에는 큰 변화가 없었다. 이 시기 역시 중앙집권적 관리경제 체제가 견지될 수밖에 없었던 속성을 가지고 있었다.

그런데 이 시기에는 특히 이러한 관리 방식이 갖는 한계성으로 인해 경제 성장은 연평균 8.8%라는 높은 성장률을 유지했으나, 부패로 인한 대형 금융사고가 지속적으로 노출되는가 하면 경제적 불균형과 불평등은 증폭되어 갔다. 이에 따라 사회의 빈부 격차가 더욱 심해지고 사회적 불안정이 심화되면서, 결국은 민주화의 열기 속에 전두환 정부는 막을 내렸다.

3. 사회적 환경

산업화기 사회적 환경의 특징 중 가장 두드러진 것은 산업화에 따른 급격한 도시화 현상이다. 산업화기에 급격하게 이루어진 도시화는 긍정적 측면에서 기존의 농경사회적인 문화를 근대적인 시민문화로 전환하게 하는 데 일조했다. 그러나 정부 공공 서비스에 대한 기대가 높아짐에 따라, 과잉 행동과 참여를 유발시키는 계기를 가져오거나 또는 혼잡 비용과 사회적 비용을 부과하는 역기능을 초래했다.[13]

한편 노동운동도 4·19 혁명에서 5·16 군사쿠데타에 이르는 짧은 기간에 과거 이승만 정부와 비교해 매우 큰 변화를 겪었다.[14] 반면 박정희 정부가 집권하는 동안, 친정부적인 대부분의 기업별 노조는 관료적 노동통제 체제를 보완하는 사실상 자본의 노무관리 기구로 작동했다. 그 결과 박정희 정부가 강요한 선성장 후분배 정책에 따라 노동자 계급의 빈곤을 완화시킬 수 있는 사회보험이나 사회보장정책 등이 제대로 실시되지 않아, 성장에도 불구하고 분배의 불평등은 더욱 심화되었다.

노동환경은 전두환 정부에 이르러 더욱 악화되는데, 전두환 정부는 노동운동을 최대한 고립화·불법화시키고 노동조합의 활동을 최대한 억제하는 정책을 추구했다. 전두환 정부는 1980년에 노동법을 개정하여 노동운동을 탄압하는 종래의 규정들을 더욱 강화했다. 즉, 개정을 통해 기업별 노조 체제의 강제, 유니온 숍 제도 폐지, 제3자 개입 금지, 복수노조 금지 등 새로운 독소 조항을 신설했다.

그럼에도 불구하고 전두환 정부의 노동환경은 박정희 정부 때의 그것과는 확연히 구분되는 양상을 보이는데, 노동자 계급의 정치의식화 강화가 대표적인 예이다. 노동 현장에 투신한 학생운동 출신 지식인들과 노동자들이 결합된 소집단운동과 노동야학운동이 광범위하게 전개되었고, 1987년 6월 민주항쟁을 거치면서 노동자 대투쟁으로 확대되었다(김형기, 1990: 167-168).[15] 이 시기의 투쟁으로 인해 노동조합 조직은 크게 확대되었고, 중화학공업 부문뿐만 아니라 사무직·전문직·기술

---

13) 박정희 정부가 추진했던 노동집약적 산업화의 추구로 인해 도시 인구의 비중이 급격히 늘어난 반면, 농촌 인구는 급격히 감소하게 되었다. 그 결과 도시화율(시급 인구/전국 인구)은 1960년 28%에서 1970년 41.2%, 1988년에 83.5%로 증가했다. 이에 따라 시급 도시 인구는 1960년 6,997천 명, 1970년 12,955천 명, 1980년 21,441천 명, 1990년 35,558천 명, 1998년 44,278천 명으로 증가했다. 반면에 농촌 인구는 1960년 17,997천 명, 1970년 18,514천 명, 1980년 16,008천 명, 1995년 6,638천 명으로 감소했다. 그런데 한국의 이 같은 도시화의 특징 중의 하나는 대도시 지역에 인구가 지나치게 편향되어 있다는 것이다. 예컨대, 서울은 1960년에 전국 인구의 9.8%, 1970년에는 17.6%, 1980년에 22.3%, 1988년에 22.8%를 차지하면서, 한국의 정치·경제·사회·문화적 기회를 집적시켜 산업화의 진전과 함께 종주도시의 기반을 구축했다. 특히 서울 도시권 내에 있는 서울 주변 지역의 인구를 합하면 서울시는 우리나라 도시 체계상에서 수위성 내지는 중심성을 점하고 있다(이규환, 2000: 102-108).

14) 대한노총은 해체되지 않고 대신 전국노동조합협의회와 통합되어 한국노동조합총연맹이 결성되었다.

15) 노동조합의 변화 과정을 살펴보면, 노조 수는 3개월 사이에 1,300여 개의 노조가 새로이 결성되었다. 특히 1987년 6월부터 1988년 6월 사이에 단위노조는 2,725개에서 5,062개로 늘어나고, 노조 가입 노동자 수는 1,050,201명에서 1,510,025명으로 늘어나 노동운동의 대중적 기반이 크게 확대되었다(김형기, 1990: 167-168).

직 노동자 등 정신노동자들도 노조를 조직하게 되었다. 또한 대폭적인 임금 인상과 노동 시간 단축 등 노동 조건의 개선이 일어났고, 국가와 자본은 노동운동에 대한 탄압 일변도에서 탄압과 개량 전술을 결합하는 좀 더 유연한 노동통제 전략으로 전환하게 되었다.

한편 사회운동의 경우 박정희 3공 정부 시기인 1960년대 중반의 한일 국교 정상화를 계기로 대중화 · 이념화되기 시작했다. 한일 국교 정상화를 계기로 기존의 사회운동은 대중적 기초를 확대하고, 5 · 16 군사쿠데타 이후의 수세적 위치에서 공세적 위치로 전환되기 시작했다.[16] 이후 1970년대로 들어오면서 박정희 유신 정부 하에서는 1974년 4월에 일어난 민청학련 사건을 계기로, 학원으로부터 추방된 학생들이 여타 사회운동 분야로 진출하여 민주화 투쟁의 기반을 확충하면서 점차 유신 체제에 대항하는 대중적 투쟁으로 발전되는 양상을 보이기 시작했다.[17]

박정희 대통령의 서거 후 등장한 신군부는 독재 체제를 공고히 하기 위해, 민주적인 제반 조직을 해체하고 사회운동 세력에 대해 체포 · 구금 · 활동 제한 등의 조치를 취했다. 그러나 전두환 정부는 정권 초기의 위기를 넘기자 1983년 말부터 유화정책으로 전환하기 시작했다. 그 결과 3년 동안 지하에 잠복했던 사회운동 세력들이 대중적 기반을 확충하고 그에 상응하는 조직적 형태를 갖춰 나가기 시작했다.[18] 이처럼 유화 국면에서 이루어진 각 영역에서의 사회운동의 귀결로 1985년 3

16) 당시의 사회운동은 탄압과 억압에 대해 자기 방어를 최우선으로 했기 때문에, 투쟁 지평(地平)은 군부 통치의 반민주성에 저항하는 것으로 협애화(狹隘化)되어 있었고 반제국주의의 문제나 반자본주의 및 통일 문제 등은 큰 주목을 받지 못했다.

17) 민청학련사건은 1974년 4월 전국민주청년학생총연맹(민청)을 중심으로 약 180여 명의 학생이 구속 기소된 사건이다. 박정희 정부는 1973년에 일어난 김대중 납치사건을 계기로 반유신 체제운동이 전개되자 1974년 4월 3일 긴급조치 제4호를 발동하면서 대학생들의 수업 거부와 집단행동을 일체 금지시켰다. 이어 중앙정보부는 1,024명의 위반자를 조사했고, 비상군법회의 검찰부는 180명을 구속 · 기소했다. 기소장에 적시된 이들의 혐의는 1973년 12월부터 폭력으로 정부를 전복하기 위한 전국적 봉기를 획책했으며, 그 과정에서 인민혁명당계 지하공산 세력, 재일조총련 계열, 불순학생운동으로 처벌받은 용공 세력, 국내의 반정부인사 및 그리스도교인 중 일부 반정부 세력과 결탁, 4월 3일을 기해 정부를 전복하고 4단계 혁명을 통해 노동자와 농민에 의한 공산정권 수립을 기도한 것이었다. 구속된 180명은 비상군법회의에서 인혁당계 23명 중 8명이 사형을, 민청학련 주모자급은 무기징역을, 그리고 나머지 피고인들은 최고 징역 20년에서 집행유예까지를 각각 선고받았다. 그러나 1975년 2월 15일 대통령특별조치에 의해 대부분 형집행정지로 석방되었다.

18) 특히 학생운동 세력은 1984년 후반부터 전국학생총연맹(전학련), 민족통일 · 민주쟁취 · 민중해

월에 민주통일민중운동연합(민통련)이 결성되었다.[19]

그러나 사회운동이 급격히 확산되자 전두환 정부는 1985년 후반기부터 그간의 유화정책에서 벗어나 사회운동에 대한 대대적인 탄압정책을 시행했다. 유화정책을 통해 대중의 정치적 요구들을 체제 내로 수용하려고 했던 애초의 구상을 뛰어넘어, 사회정책이 정권을 위협하는 수준에 이르자 정권을 수호하기 위해 조치를 취한 것이었다. 그러나 1987년 2월에 박종철 군 고문사건이 일어나 지배 권력의 부도덕성과 폭력성이 극명하게 드러나고, 이것이 6월 민주항쟁으로 발전하게 됨으로써 전두환 정부의 사회정책도 종료될 수밖에 없었다(조희연, 1990: 93-111).

4. 국제적 환경

4 · 19 혁명 이후에 들어선 장면 정부는 미국의 변화된 요구를 적극 수용하였다. 장면 정부는 경제개발을 정권의 제1과제로 정하고, 경제개발에 소요될 돈을 얻기 위해 한일 국교 정상화를 추진했다. 그 결과 1960년 9월 5일 한일회담 개최 방침을 확정하고, 10월 25일에 한일회담을 시작하였다. 그렇지만 일본이 북한 카드를 가지고 지연작전을 쓰는 바람에 회담은 지지부진했고, 한국 내에서도 반대 여론이 심해 큰 진전이 없었다. 당시 장면 정부는 청구권 금액으로 12억 달러를 주장했고, 일본은 8억 달러를 제시했다(하태수, 2017: 77).

1961년 1월 20일에 출범한 미국 케네디(John F. Kennedy) 정부는 냉전구도 속에서 가난한 나라들이 공산화되는 것을 막기 위해서 친미국가 개발전략을 가동했고, 그 대상에 한국도 포함되었다. 1961년 6월부터 미국은 경제원조의 초점을 '전후복구'와 '최저 생계유지 지원'에서 '경제개발'로 바꿨다. 더불어 행정개혁, 부패추방, 교육개혁도 필요하다고 결론 내렸다. 동년 11월 3일에는 국제개발처(USAID)

방을 위한 투쟁위원회(삼민투) 같은 투쟁조직을 결성했다. 1984년 11월 민정당사를 점거하여 농성을 벌였고, 1985년 2 · 12 총선에서 광범위한 폭로와 선전, 가두시위를 전개했으며, 1985년 5월 23일에 서울 미문화원을 점거하여 농성을 벌였다. 미문화원 점거사건을 계기로 하여 그동안 잠재되어 왔던 민족 문제, 즉 외세 개입 문제가 전면화 · 공개화되어 사회운동의 투쟁 지평이 민주화로부터 민족자주까지 확대되었다.

19) 이것은 20여 개의 사회운동단체가 가입해 있는 협의체 수준의 연대조직이었으나, 그 이전까지의 연대의 수준을 넘는 전국적 공개 운동조직이 되었다.

를 설치해서 분쟁 국가에 군대 대신 경제전문가들을 보내 친미국가 개발전략을 본격적으로 추진했다. 11월 중순에는 한국의 군사정부가 세운 경제개발 5개년계획의 수정을 요구했다. "종합기계제작소 같은 대규모 산업화 전략을 포기하고, 수출증대 정책으로 전환하라"는 것이 요구의 핵심이었다. 이후 미국은 박정희 정부를 통제하기 위해 당근과 채찍을 같이 사용하였다. 박정희 정부가 미국의 요구 사항을 거부할 때는 원조 중단으로 압박을 가했고, 요구 사항을 따를 때는 인위적 환율 조정 등 유인을 제공했다(하태수, 2017: 102).

한국전쟁으로 부흥의 계기를 맞았던 일본은 1960년대 들어 점점 강해지는 미국의 통상압력을 회피하기 위해 한국과 대만을 통한 우회생산 및 수출 전략을 채택했다. 일본은 미국에 섬유제품을 직접 수출하던 것에서 한국과 대만에 공작기계를 수출하고 대신 한국과 대만이 미국에 최종 섬유 상품을 수출하게 만들려고 하였다. 이 전략은 미국, 일본 우익과 재계, 한국, 대만 등을 모두 만족시킬 수 있는 대안이었다. 이런 상황 전개는 1965년 한국 국교 수립으로 이어졌다. 이후 1966년 5월에 제1차 한일 경제각료 간담회가 서울에서 개최되어 상업차관, 대일청구권자금 사용 문제 등에 대한 협의가 이루어졌고, 1965년부터는 한일무역회담이, 1967년부터는 한일각료회담이 매년 정기적으로 개최되어 양국 간의 중요한 정치 문제를 비롯해 통상・자본 협력・기술 협력 등 제반 경제 문제가 협의되었다(민성구, 1991: 86-98; 하태수, 2017: 102).

한편 박정희 정부는 경제개발에 필요한 재원을 마련하기 위해 1964년 9월 11일부터 1966년 4월까지 네 차례에 걸쳐 베트남 전쟁에 국군을 파병하였다.[20] 그러나 이 조치는 국제적 여파를 초래하였다. 중국의 마오쩌둥(毛澤東)은 베트남 전쟁이 한창이던 1960년대 말 북한의 김일성에게 "남한에서도 베트남식 게릴라전을 수행

20) 1964년에는 의무부대, 1965년부터 지상군을 파견하였다. 총 325,517명이 참전하였고 사망자는 5,099명, 부상자는 11,232명, 실종자는 4명이다. 그리고 159,132명이 고엽제 등으로 인한 후유증을 앓았다. 1973년 3월 23일에 최종 철수하였다. 한국은 베트남전에 국군을 파병하여 경제적 측면에서 상당한 수익을 올렸다. 우선 베트남에 주둔하는 미군의 조달 급증으로 베트남으로의 수출이 급증했다. 또한 1967년에 미국과 체결한 브라운각서를 통해 미국으로부터 한국군 현대화를 위한 미국의 지원, 주베트남 한국군을 위한 물자・용역・장비의 한국에서의 조달, 미국 예산에 의해 조달되는 주베트남 미군 및 베트남군을 위한 군수품의 한국에서의 조달 등에서 큰 진전을 보았다.

하라"고 권고하였다. 이후 북한은 1968년 1월 21일 김신조 일당의 청와대 습격, 1월 23일 미국 정보수집함 푸에블로호(Pueblo號) 납치, 10월 30일 이후 울진·삼척지구 무장공비 침투, 1969년 4월 미 공군 EC121 정찰기 요격, 1970년 6월 5일 서해 해군 방송선 납치, 6월 22일 서울 현충문 폭파 사건 등을 연속적으로 일으켰다. 또한 북한은 당시 "결정적 시기"라는 표현을 써가며 1970년대를 통일 성취기로 규정하고 남한에 대한 무력 침공을 암시하기도 했다(하태수, 2017: 140).[21]

이런 북한의 위협에 당면하여 한국은 미국에 안보적 도움을 요청했으나, 미국의 닉슨(Richard Nixon) 정부는 1969년 7월 25일 괌독트린(Guam Doctrine)을 발표하면서 한반도에서 한발빼기 정책을 추진했다. 1970년 3월 20일에 "주한 미군 2개 사단 중 1개 사단 병력을 감축하는 대신 한국군 현대화를 위해 5년 동안 15억 달러의 특별 군사원조를 제공한다"는 방침을 결정하고 주한미국대사를 통해 한국에 일방적으로 통보하였다.[22] 그리고 1971년 3월 27일에는 제7보병사단을 실제로 철수하였다. 당시 주한 미군 병력의 1/3 정도가 감축되었다. 더 나아가 1971년 7월 15일에는 키신저(Henry A. Kissinger)가 중국을 방문해 교섭을 시작하고, 1972년 2월 21일에 닉슨 대통령이 중국을 방문했다(하태수, 2017: 140).

이처럼 북한의 위협은 최고조에 달했는데 미국은 한국에 대해 한발빼기 입장을 취하자 박정희 정부는 자주국방을 추진할 수밖에 없었고, 자주국방을 위한 중화학공업화와 핵무기 개발을 추진하게 되었다. 이렇게 되자 한국에 대한 미국의 입장이 바뀌기 시작했다. 베트남전 패배로 한국을 다시 중시할 수밖에 없게 되자, 1975년 6월 한국에 전술핵무기를 배치하고 북한이 남침하면 핵무기를 사용하겠다고 발표하였고, 1978년 11월 7일에 한미연합사령부를 창설하여 한·미 간 안보 협력을 강화했다.[23]

---

21) 북한은 한국전쟁 이후 공산국가들의 도움을 받아 3년 만에 전후복구를 마치고, 1956년 말부터는 천리마운동이라는 5개년개발계획을 입안하여 공산권 최고의 경제 성장을 실현하였다. 1960년 현재 북한 경제는 세계 50위였고, 남한은 101위에 불과해 격차가 컸다. 북한의 경제력 우위는 1960년대 말까지도 계속되었다(민족문제연구소, 2012; 하태수, 2017: 78).

22) 심지어 이 군사원조도 미국 의회가 예산을 삭감해 제대로 제공되지 않았다(마상윤, 2003: 180).

23) 베트남 전쟁은 1955년 11월 1일부터 1975년 4월 30일까지 전개된 국제전쟁이다. 미국은 1964년 8월부터 1973년 3월까지 참전하였다. 미국 외에도 한국, 호주, 뉴질랜드, 필리핀, 태국, 대만이 남베트남을 지원했고, 중공, 소련, 북한이 북베트남을 지원했다. 1973년 1월에 파리평화협정이 체

그러나 주요국과의 관계가 좋지만은 않았다. 박동선 사건(1977년 4월)과 카터(James Earl Carter Jr.) 정부의 인권외교정책 때문에 미국과 사이가 나빠졌고,[24] 김대중 납치 사건(1973년 8월 8일)과 육영수 저격 사건(1974년 8월 15일) 때문에 일본과 불편한 관계에 놓이게 되었다.[25] 설상가상으로 북한과는 땅굴사건과 도끼만행사건(1976년 8월) 등으로 인해 긴장이 고조되었다(국회도서관입법조사국, 1984: 460-542).

1970년대 국제적 환경이 어려운 것만은 아니었다. 유신 정부는 1970년대에 들어서 수출시장 다변화를 위한 경제외교가 활발히 전개되었다.[26] 그러던 중 1970년

결되었고, 1973년 3월에 미국과 한국군이 철수하였다. 이후 1975년 4월 30일 남베트남의 사이공이 함락되어 무력으로 통일이 되었다. 미국은 1965년부터 1975년 사이에 111억 달러(2008년 환산가치로 686억 달러)를 사용하여 정부재정이 어려워졌다. 총 300만 명의 미국인이 참전하였고, 150만 명 정도가 직접 전투에 참가하였다. 이 중에서 58,220명이 전사하였고, 15만 명이 부상을 당했고(21,000명이 장애자), 83,000명이 외상후스트레스 장애로 고생을 했다. 미국 내에서는 징집을 피하기 위해 125,000명이 캐나다로 탈주했고, 50,000명이 탈영을 하였다. 종전 후 카터 대통령은 1977년 병역기피자들을 모두 사면하였다.

24) 코리아게이트로도 불린 이 사건은 한국 정부가 미국 의원들을 대상으로 로비를 벌이다 적발된 일이다. 당시 미국 정부가 주한 미군을 철수하면서 대신 제공하기로 한 대한 군사원조가 "미국 의회의 예산 승인이 있어야 가능하다"는 태도를 취하자, 한국 정부가 미국 의회를 직접 설득하기로 방침을 정했고, 그때 로비스트로 선정된 사람이 박동선이다.

25) 김대중 납치 사건: 야당 지도자 김대중은 1972년 10월 11일 일본 정계 순방을 이유로 일본으로 건너간 김대중은 며칠 뒤인 17일 비상계엄령과 동시에 10월 유신이 선포되자 미국으로 망명을 택한다. 이후 그는 일본과 미국을 오가며 외신을 통해 유신 체제를 비판·규탄하였고, 1973년 7월 6일 미국 워싱턴에서 한국민주회복통일촉진국민회의(한민통)라는 단체를 조직하여 초대의장으로 취임해 교포 사회를 중심으로 반정부 투쟁을 벌이기 시작한다. 워싱턴에서 미주 한민통을 조직한 김대중은 일본 지부를 조직하기 위해 일본에 입국, 도쿄의 히비야 공원에서의 반(反)박정희 집회 참가를 앞두고 호텔 그랜드팰리스 2212호에 투숙하고 있었다. 1973년 8월 8일, 같은 호텔에 머물고 있던 양일동 민주통일당 대표의 초청을 받아 회담을 끝내고 나오던 도중 누군가에게 습격을 당했고, 비어 있었던 2210호실에 감금되었다. 김대중은 이 방에서 마취약을 투여 받아 의식이 없는 상태에서 오사카로 옮겨져 납치된 것으로 추정된다. 김대중은 나중에 "배를 탈 때 다리에 무게추를 달았다"라고 증언했다. 바다에 수장될 위험이 있는 상황에 처해 있을 때 동해 일본측 해안에서 해상자위대 함정이 추격해 왔고, 사건이 발각될 것을 우려한 요원들은 계획을 변경하여 김대중을 서울의 자택 앞에서 풀어주었다.

육영수 저격 사건은 1974년 8월 15일 광복절 기념식장에서 재일 한국인 문세광이 당시 영부인 육영수를 저격하여 살해한 사건이다. 이때 문세광이 사용한 권총이 일본의 한 파출소에서 사라진 것이라는 사실, 문세광이 소지했던 위조 여권 발급 및 밀입국에 대한 책임, 문세광의 공범 중에 일본인이 끼어 있다는 사실 등으로 인해 일본 정부는 법률적·도의적 책임을 면할 수 없었다.

26) 1972년에는 동유럽 국가와의 무역을 위한 제반 행정 조치가 마련되었으며, 1973년에는 6·23 선언을 발표하여 이념과 체제를 초월하여 세계 모든 국가와 수교하고 경제 관계의 개선을 추구했

대 후반에 오일 달러에 기반한 중동 붐이 일어나자 건설업체들이 대거 중동에 진출하게 됨으로써 국제수지 악화를 상당 부분 완화시켜 주었다(민성구, 1991: 86-98).[27)]

전두환 정부 시기인 1980년대 들어 동북아에서 소련의 군사력 팽창과 북한의 군사력 증강이 이 지역의 안보에 커다란 위협 요인으로 등장하자 동북아 안보를 위한 한·미·일 간의 3각 협력의 필요성이 제기되었다. 이런 배경에서 1981년 전두환 대통령이 미국을 방문하여 1970년대에 다소 불편했던 한미 관계를 개선하고자 노력하였다.[28)] 미국은 한미 수교 100주년인 1982년 3월 서울에서 열린 제14차 한미연례안보협의회에서 한국의 안전 보장을 위해 핵우산으로 한국의 안보를 계속 보장할 것을 확인했다. 더불어 한국과 일본의 관계도 개선되었는데, 양국 정상 간에 핫라인이 설치되고 40억 달러 규모의 경제 협력도 성사되었다.

경제적 차원에서는 1979년에 일어난 석유 파동과 범세계적 장기 경기 침체로 1980년대 초에 보호무역주의가 전 세계적으로 확산되었다. 특히 실업 문제가 정치·사회 문제로 발전되면서 경쟁력을 상실한 산업도 인위적인 무역장벽으로 보호하려는 경향이 강화되어, 한국을 비롯한 아시아 신흥공업국(NICs)들에 대한 각종 규제가 강화되기 시작했다.[29)] 그러나 국제적 경제 환경이 불리했던 것만은 아니었다.[30)] 1980년대 후반에 3저(저금리·저유가·저달러화) 현상이 나타나 한국은 수출이 증가하고 만성적 적자이던 국제수지도 흑자로 돌아섰다(민성구, 1991: 111-134).

다. 또한 1973년에 제1차 석유파동이 일어나자 1974년부터는 아랍 국가들과 정치·경제적 유대를 강화했다. 예컨대, 중동협력소위원회를 설치하여 아랍 지도자들을 초대하고 정부 고위 경제사절단을 아랍 국가들에 파견하기도 했다.

27) 1976년부터 1978년까지 3년 간 총 140억 달러의 건설을 수주했는데 이것은 유가 인상으로 인한 국제수지 악화를 개선하는 데 큰 도움이 되었다.

28) 이런 움직임에 대해 소련과 북한은 KAL기 격추사건, 미얀마 아웅산 폭발사건 등을 일으켜 긴장을 고조시켰다.

29) 기존의 관세 및 쿼터 규제 외에 반(反)덤핑, 수출자유규제, 행정규제 등이 추가되었고, 규제 대상 분야도 상품에서 서비스와 기술 분야로 확대되었다. 특히 미국은 한국과의 무역에서 적자폭이 커지자 1980년대 후반부터 노골적으로 농산물 및 서비스 시장의 개방 압력을 가했다.

30) 시장 개방에 포함된 것으로는 저작권, 소프트웨어, 물질 특허 등 지적 재산권 보호와 보험시장 개방을 시작으로 담배, 쇠고기, 포도주, 광고, 영화, 유통 등이었다.

제2절 산업화기 한국 정부의 형성 과정

1. 장면 정부의 수립

자유당 정부의 몰락 이후 정치적 혼란을 수습하기 위해 허정을 수반으로 하는 과도정부가 들어섰다. 과도정부의 기본적인 임무는 극도의 혼란을 방지하고 의회민주주의의 정상화와 사회 안정을 회복하는 일이었다. 허정 과도정부는 이를 위해 정상적인 정부 기능의 유지, 통화 안정의 유지, 제2공화국 구성을 위한 총선거 관리 등의 임무를 성공적으로 수행함으로써 과도정부의 사명을 다했다. 그리고 무엇보다 1960년 6월 15일 내각책임제로의 개헌을 단행했다.

4·19 혁명 이후 정치권의 주도 세력은 민주당 구파였다. 자유당은 다수당이기는 하였지만 뒤집힌 세상에서는 정치적 생존을 도모할 수밖에 없는 위치로 전락했고, 민주당 신파는 국회 내 의석수가 적었다. 이런 상황에서 민주당 구파와 자유당은 내각책임제로의 개헌에 합의하고, 그것의 실시에 필요한 최소 폭의 정부조직 개편을 하기로 하였다.

구체적 개편 내용은 첫째, 행정각부 지휘감독 및 행정처분 중지·취소 권한이 대통령에서 국무총리로 넘어갔다. 둘째, 행정기관의 종류 중에서 실(室)이 폐지되고, 처(處)와 위원회(委員會)가 신설되었다. 셋째, 국무회의에 부의될 안건을 총괄조정하는 권한이 외무부 장관에서 국무총리로 변경되었다. 넷째, 국무원 사무를 담당하는 하위 기관들이 '공보실(공보국/선전국/방송관리국), 사무국, 고시위원, 인사위원' 체제에서 '국무원사무처, 공안위원회' 체제로 바뀌고, 국무원사무처 내부에 '총무국·인사국·법제국·공보국·방송관리국'이 설치되었다. 다섯째, 행정각부 차관이 기존 1명에서 2명(정무차관과 사무차관)으로 확대되었다. 여섯째, 내무부 업무에서 치안과 소방이 폐지되고 치안국이 삭제되었다. 대신 국무원 밑에 공안위원회가 신설되었다. 일곱째, 법무부 법제실이 폐지되고, 국무원사무처 법제국이 신설되었다. 여덟째, 감사기구인 대통령 소속 감찰원이 국무총리 소속 감찰위원회로 바뀌었다(하태수, 2017: 81-83).

이후 동년 7월 29일에 국회의원 총선거가 있었고, 민주당이 압도적 승리를 거두었다. 총 233석 중 민주당이 171석을 차지하였다. 이제 민주당이 허정 과도정부 때 국회 내 의석 부족으로 단행하지 못했던 대대적인 정부조직 개편을 할 수 있는 여건이 조성되었다. 그러나 민주당 신파와 구파는 장관직 배분 등을 둘러싸고 해묵은 파벌 싸움을 재개하였고, 이전보다 더 극렬하게 전개하였다. 급기야 사실상 분당 사태까지 이르고야 말았다. 그 결과 이승만 정부기에 누적된 해묵은 사회 문제들을 해결하기 위한 정부조직 개편은 물 건너갔고, 이듬해인 1961년 5월 16일에 일어난 군사쿠데타로 정부도 막을 내리고 말았다(하태수, 2017: 72-76).

2. 박정희 3공 정부의 수립

1961년 5 · 16 군사쿠데타 이후 군사정부인 국가재건최고회의가 들어섰고, 이들은 5 · 16 군사쿠데타 거사의 정당성과 국민들의 지지를 확보하기 위해서 경제개발을 필수적으로 달성해야 하는 상황이었다. 그러나 군 장교들은 경제와 관련해서는 문외한이었다. 그래서 그들은 민간인 경제관료들과 민간 기업가들의 경험과 조언에 의존할 수밖에 없었다. 군사정부는 쿠데타 직후 기존 공무원 총원의 10%에 해당하는 33,000명을 해임하고 그 자리에 군 장교들을 대거 임명하면서도 경제관료들은 그대로 두었다(조석준, 1968b: 223-225). 또한 쿠데타 직후 부정축재자로 몰아 체포했던 기업인들도 은행지분만 몰수하고 '나라 경제 성장에 전념한다'는 각서만 받고 며칠 만에 바로 석방하였다.

그렇다고 이 민간 경제관료들과 민간 기업가들이 경제발전 방법을 확실하게 알고 있던 것도 아니다. 이들 또한 일제 시기에는 중하위 계급 공무원이나 공기업 직원에 불과했고, 기업인들은 일제가 인정해 준 영역, 즉 한반도 전체 경제의 한 구석에서만 활동했다. 그렇다 보니 어렴풋이 불확실한 정도의 지식과 능력을 갖춘 것이 전부였다. 미군정, 제1공화국에서도 사회혼란, 안정 위주의 경제정책 방향 등으로 인해 경제개발에 필요한 충분한 시행착오를 겪지 못했다. 즉, 1961년 이후에도 계속 시행착오를 겪어야 하는 입장이었다. 그러나 그 정도에 불과하더라도 군부보다는 경제지식이 앞서 있었다(하태수, 2017: 90).

이처럼 1961년 쿠데타 직후 시점에서는 어느 누구도 경제 발전에 필요한 정부 체제에 대한 확고한 지식이 없었기 때문에, 1963년 말 제3공화국이 출범할 때까지 2년 반 동안 군사정부는 총 12회나 「정부조직법」을 개정하면서 최적의 정부조직을 발견하고자 노력했다. 당시 전개된 정부조직 개편을 정부 영역별로 살펴보면 다음과 같다.

1) 행정수반 참모 영역

내각사무기구는 제2공화국 말기에 총무국/인사국/법제국 편제였는데 2회의 개정을 거쳐 1963년 12월 14일 총무국/인사국/행정관리국 편제로 바뀌었다. 법제국이 법제처로 분리되어 나가고 행정관리국이 신설되었다. 행정관리국 신설은 미국 유학을 통해 조직관리 기법을 배웠던 군 엘리트들이 그간의 방만한 정부 운영을 바로잡기 위해 취한 조치로 보인다. 법제국이 법제처로 격상된 것은 장관급 부처를 상대해야 하는 업무의 현실을 고려한 조치로 보인다.

또한 각 부·처·청 기구 내부에 기획관리실이 설치되었다. 1961년 8월 25일 개편에서 이전 정무차관이 폐지되는 대신 기획조정관이 도입되었고, 1962년 5월 10일에 기획조정관/기획조정실로 확대되었다가, 1963년 12월 14일에 최종적으로 기획관리실로 개편되었다. 기획관리실은 기존의 기획조정실 업무에 예산 편성 업무를 추가한 부서이다. 각 행정기구를 경제개발계획을 주관하는 경제기획원에 연계시켜 정부 전체적인 응집성을 확보하는 고리로 보인다(하태수, 2017: 113-114).

2) 국내 사회 통제 영역

내무부는 제2공화국 말기에 지방국/통계국/토목국 편제였다가 지방국/토목국 편제로 바뀌었다가 최종적으로는 지방국/치안국 편제로 바뀌었다. 통계국은 신설되는 경제기획원으로 이관되었고, 토목국은 경제기획원 산하 국토건설청으로 옮겨갔고, 내각에 있는 공안위원회가 폐지되어 치안국으로 편입되었다. 일제 강점기 시절의 통제 위주 기능, 제1공화국의 전후 복구 위주 기능에서 벗어나 본격적인 경제개발을 위해 내무행정과 경제행정을 분리한 것으로 보인다. 치안국은 제1공화국 때 내무부 소속이던 것이 제2공화국 때 잠시 내각으로 옮겨갔다가 다시 돌아왔다. 박정희 정부는 시민사회를 통제하기 위해서 지방행정 기능과 경찰 기능을 같은 기구에 통합한 것으로 보인다.

법무부와 검찰 기능은 제2공화국 말기에 법무국/검찰국/형정국 편제였는데 2회 개정을 거쳐 제3공화국 출범 시기에는 법무국/교정국 산하 검찰청 편제로 바뀌었다. 우정 기능을 담당하는 체신부는 제2공화국 말기 우정국/전무국/경리국 편제였는데, 제3공화국 출범 시기에는 우정국/전무국/공무국/경리국, 그리고 산하에 전파관리국 편제로 바뀌었다.

보건사회부는 제2공화국 말기에 의정국/방역국/약정국/원호국/부녀국/노동국 체제였는데 3회의 개정을 거쳐 제3공화국 출범 시기에는 의정국/보건국/약정국/사회국/부녀국 산하 노동청 편제로 바뀌었다. 방역국과 원호국이 각각 보건국과 사회국으로 바뀌고, 노동국이 노동청으로 확대된 것이다. 수출경쟁력을 확보하기 위해서 임금 안정이 필수적이었는데 이를 확보하기 위해서 노동국을 노동청으로 확대한 것으로 보인다. 문교부는 제2공화국 말기에 보통교육국/고등교육국/기술교육국/문화국/편수국 편제였는데 2회 개정으로 장학실/보통교육국/고등교육국/편수국/문화체육국 체제로 바뀌고 산하에 문화재관리국이 추가되었다.

3) 국내 · 외 정치 영역

감사원은 5 · 16 군사쿠데타 직후 국무총리 밑에 감찰위원회로 신설되었다가 2회 개정을 거쳐 회계검사 기능을 맡고 있던 심계원과 통합되어 감사원으로 되었다. 정권 홍보 기능을 담당하는 기구는 제2공화국 말기 국무원 사무처 공보국/방송관리국 편제였는데 1961년 6월 22일에 공보부로 신설되었고, 내부는 공보국/방송관리국/조사국/문화선전국 편제로 되었다.

외무부는 제2공화국 말기 정무국/의전국/방교국/통상국 편제였는데, 2회 개정으로 의전실/아주국/구미국/통상국/방교국/정보문화국으로 개편되었다. 국방부는 제2공화국 말기 총무국/정훈국/병무국/경리국/관리국 편제였는데, 2회 개정을 거쳐

군무국/정훈국/병무국/군수국/시설국/기획국/재정국/연합참모국 편제로 바뀌고 차관보 2인 추가, 총리 밑에 원호처 신설 등으로 바뀌었다. 차관보 추가로 군의 직급을 전반적으로 상승시키고, 원호처 신설로 지지 세력을 확대하고자 한 것으로 보인다.

4) 경제개발 영역

경제기획 및 경제정책 조정 기능은 제2공화국 말기 부흥부 기획국/조정국/부흥위원회와 산하 외자청이 담당하고 있었다.[31] 1961년 6월 16일 개정에서는 부흥부를 건설부로 바꾸고 기획국/조정국을 종합기획국으로 통합하여 종합기획국/물동계

---

31) 경제개발 5개년계획 제도는 5·16 군사쿠데타 직후 민간인들을 포함해 구성된 국가재건기획위원회가 토론을 거친 후 군사정부에 제안을 하면서 채택되었다. 쿠데타 이후 유원식 대령이 발탁했던 인물인 박희범의 증언을 보면 당시 한국이 경제개발 5개년계획 제도를 도입하면서 직접적으로 참고한 사례는 인도였다. 인도는 초대 네루(Jawaharlal Nehru) 수상의 지시로 인도에 이 제도를 도입했고, 1951년부터 2000년대 초반까지 10차에 걸쳐 이 제도를 운용했다. 그런데 이 제도는 인도에서 시작된 것이 아니고, 소련이 먼저 시작하고, 나치스 독일(1933~1940)과 일제의 꼭두각시 정권이었던 만주국이 제2차 세계대전 이전에 도입해 실시한 역사가 있다. 네루 수상도 소련의 급속한 경제 성장을 인상 깊게 보고 이 제도를 인도에 도입한 것이다. 더욱 놀라운 사실은 북한도 1956년부터 이 제도를 운용해 상당한 실적을 올렸다. 레닌(Vlamir Lenine)이 사망(1924년)한 후 정권을 장악한 스탈린은 1928년부터 레닌의 신경제정책을 5개년개발계획으로 대체해 후진 농업 국가였던 소련을 불과 12년 만인 1940년에 제2차 세계대전 승전국이 될 수 있는 공업·군사 강국으로 탈바꿈시켰다. 자본주의 나라들이 대공황으로 어려움을 겪고 있는 사이 소련은 비약적인 경제 성장을 실현했다. 제2차 세계대전 종료 이후에도 1946년 제4차 5개년개발계획부터 시작해 1960년 제6차까지 지속시켰다(조석준, 1968a: 103; 박정희, 1974: 347-348; Sen, 1984: 149-150; 박태균, 2007; 오원철, 2006: 59). 한국이 당시 냉전체제에서 자유진영 소속 나라이면서도 소련에서 만들어졌고, 비동맹 반둥회의(1955년)를 주도한 인도의 네루 정권과 북한이 운영 중이던 제도를 별 거리낌 없이 도입할 수 있었던 이유는 일제강점기라는 세대적 경험이 있었기 때문이다. 이 제도는 일본의 유사 레닌주의자인 다카하시 카메키치(高橋龜吉, 1891~1977)에 의해 만주국에 도입되었고, 남만주철도회사 부설 경제연구소 연구원들과 일본에서 파견된 젊은 경제관료들에 의해 입안·시행되었다. 당시 일제는 패망 전까지 전시 경제 체제에서 전체주의적 경제 운영의 핵심인 「국가총동원법」을 입안한 내각 기획위원회(1943년에 통상산업성과 통합되어 군수성이 됨) 소속 젊은 경제관료들을 만주국에 파견해 5개년개발계획에 대한 현장 실무 경험을 쌓게 한 뒤 본국의 중앙정부로 불러들여 제국 전체를 관리하는 업무를 맡겼다(오낙영, 1973: 158-159; Clifford, 1994: 52-53; Johnson, 1982: 124-132; 하태수, 2002: 63; 하태수, 2010; 하태수, 2017: 121). 해방 이후 1950~1960년대에 한국 경제부처에서 활동하던 고위직 관료들 중 상당수가 일제강점기 때 경제계 경력을 시작했는데, 이들은 당시에 경제개발계획을 직접 입안·시행하지는 못했어도, 경제 발전을 위해 국가가 어떤 역할을 할 수 있는지에 대한 식견을 갖추게 되었다.

획국/국토건설국/지역사회국 편제로 하고, 부흥위원회는 폐지하고, 경제장관회의를 신설하였다. 외자청은 그대로 존치하였다.

1961년 7월 22일에는 건설부를 폐지하고 국무원 산하에 경제기획원을 신설하였다.[32] 외자청은 재무부로 이관시켰다. 경제기획원 내부는 종합기획국/예산국/물동계획국/통계국/총무과 편제로 했다. 재무부에서 예산국을, 내무부에서 통계국을 가져온 것이다. 그리고 폐지된 국토건설국을 대신하여 산하에 국토건설청을 신설했다. 또한 경제장관회의를 대신해 중앙경제위원회를 만들었다. 1961년 10월 2일에는 경제기획원 내부를 기획국/예산국/외자도입국/조정국/통계국 편제로 바꾸었다. 재무부 산하 외자청을 끌어왔고, 물동계획국과 총무과를 조정국으로 통합한 것이다. 또한 산하에 조달청을 신설하였다. 이 세 번째 개편으로 경제기획원은 기획, 예산, 외자관리, 조달 기능 등을 아우르는 명실상부한 나라 경제 통제 기구가 되었다.

한편 중앙경제위원회는 경제기획원 소속에서 내각 소속으로 변경되었다. 1962년 6월 18일에는 부원장보 2인이 신설되었고, 기존의 기획조정관을 기획조정관실로 확대했다. 내부도 종합기획국/1차산업국/2차산업국/3차산업국/조사통계국/예산국/경제협력국/기술협력국 편제로 바꾸었다. 1963년 12월 14일 5차 개편에서는 기획차관보(경제기회국/예산국), 운영차관보(경제협력국/기술관리국), 기획관리실, 조사통계국 체제로 편제되어 제3공화국 기구로 확정되었다. 이후 중앙경제위원회는 폐지하고 경제기획원 장관이 신설되는 부총리를 겸해 경제기획원이 부총리급 기구로 격상되고 경제 관련 각 부처를 총괄 · 조정하는 기능을 담당하게 되었다.

3차 개편으로 여러 기능들이 경제기획원으로 통합되고, 5차 개정으로 경제기획원 장관이 경제정책 조정권을 확보하게 된 것이다. 정부 전체적으로 경제정책의 내적 응집성이 확보할 수 있게 되었고, 나라의 전 재원에 대한 통제권도 한 곳으로 집중되어 자원의 낭비를 막을 수 있는 체제가 된 것이다.

32) 경제기획원이라는 기구가 민간인 관료들의 의견을 토대로 현실화된 것은 쿠데타 이후지만, 제2공화국 때 민주당 정부기구개편위원회도 개발계획의 효과적인 작성과 집행을 위해 단독 장관이 이끄는 경제기획원이 필요하다는 생각을 보고서로 제출한 적이 있다(조석준, 1968a: 100). 한국의 발전국가 체제는 쿠데타 이후 어느 날 갑자기 군부의 설계도에 따라 정비된 것이 아니고, 일제시대 · 미군정 · 제1~2공화국을 거치면서 경험 · 탐색 · 고민되어 온 안들이 쿠데타 이후 강한 집행력을 만나면서 현실화된 것이다.

경제기획원 이외의 기타 경제부처들은 경제기획원 개편과 맞물려 개편되곤 하였다. 건설부는 제2공화국 부흥부 기획국/조정국/부흥위원회 편제가 5회 개편되어 최종적으로는 건설부 계획국/국토보전국/수자원국/특정지역국/관리국 편제로 귀착되었다. 재무부는 제2공화국 말 예산국/이재국/사세국/세관국/관재국 및 산하 전매청 편제에서 3회 개편되어 국고국/이재국/사세국/세관국/외환국으로 귀착되었고, 산하 전매청은 관리국/내자국/외자국으로 귀착되었다. 상공부는 제2공화국 말기 상역국/광무국/공업국/전기국 및 산하 해무청(수산국/해운국/시설국) 편제였는데, 3회 개편을 통해서 상역차관보, 광공차관보(광무국/전기국/공업제1국/공업제2국) 및 산하 외국으로 특허국, 중앙계량국, 표준국 편제로 귀착되었다.

끝으로 농림부는 제2공화국 말기 농정국/양정국/농지관리국/산림국/축정국 편제였는데, 3회 개편을 걸쳐 농정국/농업생산국/양정국/농지국/산림국/축산국/수산국 편제로 귀결되었고 산하에 농촌진흥청이 신설되었다. 교통부는 제2공화국 말기 육운국/시설국/공전국/경리국/자재국 편제였는데, 2회 개편을 걸쳐 육운국/해운국/항공국/관리국 및 산하에 철도청(운수국/시설국/공전국/경리국/자재국) 편제로 귀결되었다.

3. 박정희 유신 정부의 수립

한국이 베트남전에 참전하자 북한은 통일을 운운하며 무장공비들을 남파해 도발 수위를 최고조로 끌어올렸다. 불안감을 느낀 박정희 정부는 미국에게 도움을 요청했으나 미국은 괌독트린(Guam Doctrine)을 발표하여 한국의 요청을 외면했고, 더 나아가 주한미군 감축을 일방적으로 통보하였다. 이런 상황에서 박정희 정부가 택할 수 있는 대안은 자주국방밖에 없었다. 그러나 당시 한국의 경공업 위주 산업구조는 자주국방을 뒷받침할 수 없었다. 자주국방을 위해서는 탱크・포탄・미사일 등이 필요했고, 이것들을 만들기 위해서는 제철・제강・석유화학 산업 등이 필요했는데, 한국에는 그런 산업시설들이 없었다.

1970년 11월 13일에 일어난 전태일 분신 자살 사건이 상징적으로 보여주듯 1970년대 초반은 1960년대에 억눌려왔던 노동자들이 자신들의 권리를 자각하여 노동권 보장을 주장하기 시작하는 시기였다. 이처럼 기존에 있던 경공업을 유지하는 것도 점점 더 어려워지는 상황에서 막대한 자본과 선진기술까지 필요한 중화학공업화를 추진한다는 것은 사실상 불가능에 가까웠다. 무리해서 추진한다면 일반 국민들과 노동자들의 강력한 저항이 명약관화했다. 나라의 자립을 위해서는 꼭 필요한 데 당시 여건으로는 매우 실행하기 어려운 중화학공업화를 추진하기 위해 박정희 정부는 정치적으로 유신 체제 확립이라는 고도의 억압적 중앙집권시스템을 구축하기로 결정하였다. 1972년 10월 개헌으로 유신 체제를 선포하고 1973년 1월에 중화학공업화 추진에 필요한 정부조직 개편을 대대적으로 추진하였다.

1) 한국의 자주국방 및 독자 생존을 위한 영역

과학기술처 산하 원자력청이 1973년 초 개편에서 과기처 원자력국으로 위상이 축소되었다. 주변 정황들을 토대로 해석을 하면, 이런 원자력 관련 정부기구 개편은 박정희 정부가 핵무기 개발을 시작하면서 미국의 감시를 조금이나마 피하기 위해 취한 고육지책으로 보인다. 박정희 대통령은 괌독트린과 주한미군 감축을 계기로 미국을 크게 불신하였다. 그래서 미국의 한반도 핵우산 정책도 믿지 않고 핵무기 자체개발을 결심한 후 1972년 초 김정렴 청와대 비서실장과 오원철 경제2수석에게 개발지시를 내렸다. 그런데 이때 가장 큰 고민은 미국의 감시를 피하는 것이었다. 그래서 국방과학연구소를 비롯해 복수의 연구기관들에게 연구과제를 분산해 맡기고는 하였다(주간조선, 2010년 1월 12일자).

또한 외무부 구미국을 미주국과 구아국으로 분리했다. 미국 관련 외교의 중요성이 더욱 더 중요해지고, 다른 한편으로는 자주국방 및 중화학공업화와 관련해 프랑스 등 유럽 나라들의 접촉 필요성이 늘어나면서 취해진 조치로 보인다.

국방부 내부에는 방위산업국과 방위산업계획담당관이 신설되었다. 유신 정부가 채택한 무기생산 방법은 민간기업에 무기부품 생산을 맡긴 후, 국방과학연구소가 정밀성 검사를 실시하고, 검사를 통과한 부품들을 조립하는 것이었다(오원철, 2006: 116-119, 147; 김정렴, 1997: 289; 이종석, 2000: 20).[33] 그렇기 때문에 중화학산업

33) 민간기업은 민수용 제품을 80%, 군수용 제품을 20% 비중으로 생산하였다(하태수, 2017: 163).

들 속에 녹아들어가 있는 방위산업 요소들을 관리할 기구가 필요했고, 이런 일을 담당하기 위해 국방부에 이런 부서들이 생긴 것이다. 같은 맥락에서 상공부에 방위산업관이 신설되었다. 중화학공업과 방위산업의 연계성을 관리할 필요성이 있었기 때문이다.

2) 중화학공업화 추진을 위한 영역

국무총리 밑에 행정개혁위원회가 신설되었다. 중화학공업화가 추진되면서 공기업들도 제조업 분야에 집중되어 정부의 제조업 개입 비중이 1960년대보다 높아졌는데, 이 과정에서 행정기관들 및 공기업들의 운영을 개선하기 위한 조사·연구의 필요성도 높아졌다. 행정개혁위원회는 바로 이런 업무를 수행하기 위해 신설된 것이다(송재복, 1989: 878-884; 하태수, 2017: 151).

국무총리실 중화학공업추진위원회와 이것의 실무기구인 중화학공업추진기획단이 설치되었다. 경제기획원이 전면적인 중화학공업화를 추진하는 박정희 대통령의 뜻을 제대로 파악하지 못해 점진적인 중화학공업화를 건의하는 등 주도적 역할 수행에서 벗어나는 일이 잦아지자 박정희 대통령은 중화학공업화를 담당할 새로운 조정기구들을 설치하였다. 그래서 '대통령 → 청와대경제2수석 → 중화학공업추진기획단 → 각 부처'로 이어지는 새로운 중화학공업화 정책조정 기제가 생겨났다.

경제기획원에 물가정책국/투자진흥국/외자관리국 등이 신설되었다. 경제기획원은 1970년대 중화학공업화 드라이브에서 주도권을 상공라인에 뺏긴 후 변방적 역할을 수행하기에 이르렀다. 상기 3국은 중화학공업화 추진 성공에 필요한 간접적 기능 혹은 중화학공업화 추진에서 파생되는 문제들을 해결하기 위한 기능들을 수행하기 위한 부서로 보인다.

외무부에 국제경제국이 신설되었다. 이 부서는 중화학공업 제품 수출 확대에 필요한 새로운 시장 개척을 위해 신설된 것으로 보인다. 재무부에 증권보험국이 신설되었다. 이 부서는 중화학공업화에 필요한 자금을 직접금융 방식으로 동원하기 위한 사전 정지작업이었다. 한편 재무부 산하 전매청에 제조국과 인삼국이 신설되어 정부의 전매사업 확장을 뒷받침하였다.

상공부 조직은 대대적으로 개편되었다. 산하 외국이던 중앙계량국과 표준국이 공업진흥청으로 통합되었고, 공업단지관리청도 신설되었다. 상공부 내부는 광공차관보가 경공업차관보・중공업차관보・자원차관보・국제협력차관보로 분리・확대되었고, 유통수입국과 공업기획국이 신설되었다. 기존의 공업제1국과 공업제2국은 중공업국・기계공업국・화학공업국・섬유공업국으로 분리・확대되었다.

문교부 내부에 교육시설국이 신설되어 중화학공업화 추진을 지원하였다. 중화학공업 확대에 필요한 기능인력 및 기술자 양성을 위해 전국 여러 곳에 기계공고와 공과대학이 많이 설립되었는데, 교육시설국은 이런 공고와 공대에 실습용기자재 등을 공급해주는 업무를 담당하였다.

과학기술처 내부에 종합기획국과 기술협력국이 신설되었다. 중화학공업 기업들과 대학교의 연계, 해외 선진 기술 도입 등의 업무를 담당하기 위한 것이었다. 건설부에는 산업입지국이 신설되었는데, 중화학공업을 위한 산업단지도시의 도시계획 업무를 담당하였다. 보건사회부 내부에 위생국이 신설되었는데 중화학공업화 추진에 따르는 각종 산업공해 문제들을 처리하기 위한 것이었다. 또한 보건사회부 산하 노동청에서는 기존의 노동국이 노정국/직업훈련국/노동보험국 등으로 분리되었다. 중화학공업화 추진에 따르는 각종 노동문제에 대처하기 위한 조치였다.

3) 장기집권 강화를 위한 영역

국무총리 밑에 행정조정실이 신설되었다. 이 기구는 각 중앙행정기관 및 서울특별시 행정을 조정 감독하는 권한을 가지고 있었다. 정부 관료제 전체에 대한 장악 및 수도인 서울시에 대한 장악력을 강화하기 위한 조치로 보인다. 내무부 지방국 밑에 지역개발담당관이 폐지되고 새마을지도과・새마을담당관・새마을계획분석관이 신설되었다. 소위 새마을운동을 본격화하기 위한 조치로서의 성격이 강하다. 새마을운동은 정치적 측면에서 보면 박정희 정부가 도시 지역에서 상실한 정치적 지지를 농촌 지역에서 확보하기 위한 조치였다. 농림부 내부에 농업개발국・농특사업국・유통경제국이 신설되었다. 농업개발국이나 농특사업국은 농민들의 소득향상 관련 업무를 담당하는 부서였고, 유통경제국은 도시 지역 저임금노동자들에게 조금이라도 더 저렴한 농산물을 공급하기 위한 조치였다.[34] 문화공보부에 보도국이 신설되었다. 그리고 그 밑에는 보도과·신문과·사진과가 신설되었다. 이 보도국은 중화학공업화 추진과 관련해 언론을 통제하여 박정희 정부에게 유리한 여론을 조성하는 것을 목표로 하였다.

4. 전두환 정부의 수립

10·26 박정희 대통령 시해사건, 12·12 신군부의 군사반란, 5·18 광주민주화운동 같은 정치적 혼란 속에서 등장한 신군부 정부는 정치적 안정을 확보하는 것 이외에도 1970년대에 추진된 중화학공업화의 부작용, 빈부격차, 물가폭등 같은 당면한 문제들을 해결해야만 하는 상황이었다. 전두환을 중심으로 하는 신군부가 정권을 잡은 후 1980년대 초반까지 모두 네 차례의 정부조직 개편이 있었지만 개편 폭은 의외로 크지 않다. 즉, 전두환 정부는 전 정권에서 누적된 사회 문제들을 해결하기 위해 정부조직 개편보다는 새로운 인물 기용과 정책의 변화라는 수단들에 더 많이 의존한 것으로 보인다.

먼저 1980년 12월 31일에 공정거래위원회가 신설되었고, 며칠 후 그 밑에 공정거래실로 신설되었다. 공정거래위원장은 경제기획원 차관이 겸직하도록 했다. 공정거래위원회는 법원 역할을 공정거래실은 검찰 역할을 수행하게 되었다(김홍기, 1999: 296; 하태수, 2017: 181). 1970년대에 추진된 정부 주도의 중화학공업화의 문제점들을 극복하기 위해서는 민간 주도 경제로 갈 필요가 있었고, 그러기 위해서는 경쟁 제한적인 요소들을 제거하고 시장 기능의 이점을 살릴 수 있는 공정거래제도의 도입이 필수적이었다. 더불어 1980년 9월 16일에는 1970년대 중화학공업화의 상징적 기구인 '중화학공업추진위원회'와 '중화학공업추진기획단'이 폐지되

34) 시작된 지 얼마 안 된 한국의 중화학공업은 수출경쟁력 있는 상품을 만들어내기 어려웠다. 당분간 수출을 위해서는 저가라는 가격경쟁력에 의존할 수밖에 없었다. 그래서 노동자들의 임금은 최대한 억제될 수밖에 없었다. 그러나 급격한 도시화로 인한 주거비 상승으로 도시가구의 최소 생활비는 점점 더 증가하고 있었다. 이런 도시가구의 모순적 상황을 해결해주기 위해서는 농산물 가격을 안정시켜 도시민들의 식료품비 부담을 경감시켜 줄 수밖에 없었다. 이를 위한 방법으로 채택된 것이 농산물 유통 개선과 추곡수매제도였다.

었다.

둘째, 1981년 4월 8일 노동청이 노동부로 승격되었다. 내부는 총무과/노정국/직업안정국/해외근로국/직업훈련국/노동보험국 편제에서 기획관리실/총무과/노동국/근로기준국/직업안정국/직업훈련국/노동보험국/공보관/감사관/노사지도관/부녀지도관/비상계획관 편제로 바뀌었다. 정원은 251명에서 343명으로 확대되었다. 해외근로국이 폐지되고 근로기준국, 노사지도관, 부녀지도관이 신설된 것이다. 빈부격차 문제를 해결하고 동시에 물가안정의 일환으로 임금 상승을 억제하기 위한 선제적 대응책으로 보인다.[35] 또한 노동문제가 점점 더 심각해지는데 반해, 기존의 노동청장은 나라의 최고 정책결정 기제인 국무회의에 참석할 수 없는 문제점이 있었는데, 이를 극복하기 위한 조치로도 보인다.

셋째, 1981년 12월 31일 국무총리실 기획조정실과 행정개혁위원회가 폐지되고, 경제기획원 업무 조정으로 경제기획원이 국무총리실로부터 심사분석 업무를 받는 대신 외자관리 업무를 재무부로 넘겼다. 체신부 외국이던 전파관리국은 폐지되고 체신부 내부로 편입되었다. 정부 기획 기능의 통합, 기획과 통제 기능의 연계, 행정 자원 절약, 외자 기능 일원화 등을 위한 개편이었다.

넷째, 1982년 3월 20일 체육부가 신설되었고, 정무장관 숫자가 3인에서 2인으로 축소되었다. 1981년 9월 30일 IOC 총회에서 서울이 올림픽 개최권을 따내자 1986년 아시안 게임과 1988년 서울 올림픽을 잘 치르기 위한 준비를 하기 위해 문교부 체육국을 체육부로 승격시켰다. 우수 선수의 효과적 발굴 및 육성, 체육과학의 체계적 연구, 체육시설 확충, 건전한 국민 레크리에이션 보급 등을 목적으로 하였다(하태수, 2017: 181-185).

5. 정부 주도 산업화의 종착

해방 이후 한국의 근대화는 빈곤 문제의 해결을 근대화의 첩경으로 보고 경제

35) 전두환 정부는 산별노조를 기업별 노조를 바꾸어 노조를 철저하게 탄압하였지만, 노동자 개개인의 후생 향상을 위해 많은 노력을 했다. 노사협의회 제도를 만들어 노동자들의 권익을 향상시키고, 근로기준을 강화해서 시간외 수당 같은 것을 대폭 개선시켰다(하태수, 2017: 184).

개발 혹은 경제 발전에 초점을 두고 추진되었다. 박정희 정부에서 시작된 경제개발계획의 추진은 그간 많은 성과를 거두면서 근대화를 이루었다. 특히 박정희 정부의 후기에 해당하는 유신 시기에는 행정 능력과 민간기업가의 창의성, 그리고 근로자와 농민의 애국심, 나아가 중산 계층의 지원 등이 융화되면서 경제가 급성장하기에 이른다. 해방 이후 이러한 한국의 발전을 일컬어 압축적 발전이라고 표현하기도 하는데, 수직적 근대화를 통한 초고속형 후기 · 후발적 발전은 성격상 대단히 압축적이다.[36)]

그 결과 사회 전체에 대한 불균형과 파행성을 초래한 근대화 전략에 대해 끊임없는 재검토가 요청되고 있다. 한국의 근대화 전략이 초래한 문제들은 전통과 근대의 부조화로 요약된다. 이에 따라 1960년대부터 시작된 경제 성장과 함께 진행된 근대화 과정에서 공동체의 연대 의식과 결속력은 완화되었고, 개인들은 원자화하면서 전통적인 공동체가 기능을 상실했다. 현재 한국 사회가 겪고 있는 가치관과 이상의 혼란은 지난 100여 년 간 받아들여진 근대의 사상과 이상이, 전통적 사상이나 가치 또는 사고방식, 생활양식 등과 충돌을 일으키는 과정에서 파생된 것이다(함재봉, 2000).

다음으로는 정부 주도형 산업정책은 계층 간의 불평등을 유발함으로써 사회 전체에 심각한 갈등을 유발하고 있다는 것을 지적할 수 있다. 따라서 한국 사회가 안고 있는 계층 간의 불평등을 해소하는 과제가 무엇보다 시급하다.

끝으로 한국의 경제 발전 정책은 성장 이데올로기로 작용하면서 정부의 정통성 부족을 보충하는 역할을 담당해 왔으나, 성장정책이 초래한 심각한 부작용들이 오히려 신뢰의 위기를 자초함은 물론 건전한 민주사회의 발전을 저해하는 원인이 되었다. 특히 부(富)의 고른 분배를 통한 사회 정의의 실현, 도덕성의 회복, 환경 보존, 혁신을 통한 국가 경쟁력의 유지 등의 문제는 근대화와 동시에 해결되어야 할

36) 수직적 근대화란 수평적 근대화와 대비되는 개념이다. 수평적 근대화가 민중적인 기반 형성 하에 아래로부터 발전 동력이 마련되는 것인 반면, 수직적 근대화란 발전 동력이 위로부터 주어지는 것으로 엘리트의 동맹에 의해 추진되는 경향이 있다. 따라서 수평적 근대화에서는 정복적 부르주아의 형성에 따라 자유방임적 국가가 나타나고, 시민권의 확대가 대의민주주의라는 형식을 통해 계급 타협적인 자본주의의 발전을 가져온다. 반면에 수직적 근대화의 경우는 개입주의적 국가의 보호막 아래 합작적 부르주아가 기생하면서, 권위주의 체제의 형태로 시민권이 부정되고 계급 배제적인 자본주의의 발전이 이루어진다(임현진 · 정일준, 1999).

문제인 것이다. 따라서 성장 이데올로기가 초래한 부작용을 치유할 수 있는 새로운 이데올로기의 형성이 요구된다.

결국 해방 이후부터 미국의 극동전략과 한국의 근대화는 분리되어 이해될 수 있는 성질의 것이 아니었다. 1960년대 박정희 정부가 들어서면서부터 비롯된 미국의 베트남전 개입, 프랑스의 독자 노선 추구, 중국의 유엔 가입 등으로 미국은 극동에서 일본과 한국이 협조 체제를 구성하고 여러 역할을 분담해주기를 원했다. 그러한 미국의 요구에 대한 한국 정부의 대응은 한일 국교 정상화와 베트남 파병에 대한 결정으로 나타났으며, 미국은 대응의 대가로서 한국군의 현대화와 한국의 경제계획을 지원했던 것이다.

이 같은 대응과 지원의 결과에 따라 출발한 모방적인 불균형적 공업화 정책은 기존의 사회경제 질서를 구조적으로 수정하지는 못한 채 출발했다. 이에 따라 대외 의존적인 공업화 중심의 성장전략은 고도성장이라는 선물을 한국 사회에 가져왔다. 하지만 그 이면에는 구조적 이질성을 심화시켜 농업 부문의 저성장이라든가 3차 산업의 이상 비대화로 특징지어지는 산업 부문 간의 불균형과 그에 따른 구조적 모순들을 심화시켰다. 그리고 민중이라는 체제 비판적인 구조적 권력의 잠재세력을 급속히 확대시키는 결과를 초래했다.

생각할 문제

• 한국 정부의 환경

1. 한국의 경제개발계획이 대만이나 인도의 개발계획과 다른 점과 그것의 영향에 대해 생각해 보시오.
2. 글로벌 경쟁 시대에 수도권으로의 집중이 가지고 있는 긍정적·부정적 효과에 대해 생각해 보시오.
3. 경제 성장 및 발전에 따른 국가와 자본의 노동통제 전략의 변화에 대해 생각해 보시오.
4. 4·19 혁명 시기, 한·일 국교 정상화 시기, 1980년대 학생운동의 차이에 대해 생각해 보시오.
5. 학생운동가 출신의 정치인과 전문가 출신 정치인의 필요성과 조화를 이룰 수 있는 방안에 대해 생각해 보시오.
6. 해방 이후 냉전 시대에 미국과 소련의 한반도 진주가 한국 현대사에 미친 영향에 대해 생각해 보시오.
7. 한국의 베트남 전쟁 참전이 국내의 정치·경제에 미친 영향에 대해 생각해 보시오.
8. 1970년대 중화학공업화가 유신 정부와 정치 전반에 가지는 의미에 대해 생각해 보시오.

9. 수출 주도 산업화가 도시 근로자 및 농어민에게 미친 영향은 어떤 것이 있는지 생각해 보시오.

• 한국 정부의 형성 과정

1. 제2공화국에서 민주당이 총선에서 압승한 후 내부 통합을 달성하지 못한 것이 이후 한국 정치에 미친 영향에 대해 생각해 보시오.
2. 한국 정부의 발전 과정에서 군사쿠데타로 인한 군사정부가 미친 영향을 공과(功過)로 나누어 생각해 보시오.
3. 박정희 정부가 추구한 불균형적 · 대외 의존적 공업화가 한국 사회와 민주주의의 발전에 미친 영향에 대해 생각해 보시오.
4. 한국 정부의 형성과 발전 과정에서 정치 지도자들이 미친 영향에 대해 생각해 보시오.
5. 시민사회가 지역정책 결정에 참여하는 다양한 방법에 대해 생각해 보시오.
6. 현행 헌법의 대통령 5년 단임제의 제정 배경 및 향후 개정 방향에 대해 생각해 보시오.
7. 한국 정부의 형성 과정에서 시민사회가 끼친 공과(功過)에 대해 생각해 보시오.

Chapter

05

한국 정부의 환경과 형성: 민주화기

Chapter 05

한국 정부의 환경과 형성: 민주화기

제1절 민주화기 한국 정부를 둘러싼 환경

1. 정치적 환경

1) 노태우 정부

1987년 6·10 민주항쟁에 이은 6·29 선언을 통해 1988년 2월 25일 출범한 노태우 정부는 제5공화국의 연장선상에서 볼 수도 있지만, 시민들의 직접선거에 의해 이루어진 정부라는 측면에서 강제적 정권 탈취로 형성된 전두환 정부와는 구별된다. 노태우 정부는 지배 권력 블록과 민주화 세력 간에 힘의 교착 상태에서 등장한 까닭에 체제 위기와 불안정성을 근본적으로 지니고 있었지만, 신헌법에 의한 새로운 헌정 질서를 가짐으로써 시민민주주의를 실험할 수 있게 되었다(최장집, 1989: 304-305).

정부 출범 이후 2개월 만에 맞이한 제13대 국회의원 선거는 집권당인 민정당이 전체 의석의 과반수에 미달하는 125석을 확보하는 데 그쳤다. 반면 평민당은 71석, 민주당은 60석, 공화당은 35석을 차지하는 등 세 야당에서 166석을 차지하여 어느 한 당의 협조 없이는 누구도 의회를 이끌어갈 수 없는 다당 체제가 구축되어, 정치사회는 국가로부터 자율성을 회복하고 시민사회에 대해 대표성을 획득하는 듯이 나타났다. 이러한 징후는 16년 만에 부활된 국정감사와 5공 비리·광주문제 청문회를 통해 드러나기 시작했다.[1]

그러나 실제 내용에서는 거의 진척된 것이 없었고, 특히 반민주 악법 개폐 문제나 민중 생존권 문제 등은 한 걸음도 진전을 보지 못하고 있었다. 사실 이러한 문제들에 대한 해결은 노태우 정부의 존립 기반을 위협하는 것이었다. 왜냐하면 5공 비리·광주문제는 노태우 개인뿐만 아니라 지배 권력 블록과 밀접히 관련된 사안이기 때문이었다. 이렇게 정치사회의 역할이 답보되는 상황에서, 1989년 4월 서경원 의원의 북한 방문 사건이 터지자 노태우 정부는 공안정국을 조성하여 정치사회의 역할을 더욱 제한했다.[2]

이렇게 볼 때 노태우 정부 초기의 정치사회는 여소야대의 다당제가 낳은 보수회귀를 특징으로 하고 있음을 알 수 있다. 당시 4당 간에는 정당연합이나 정당통합 등의 정계 개편이 활발히 모색되고 있었다. 이러한 모색이 가능한 것은 정치의 장을 4당에 한정하려는 각자의 이해가 맞아떨어졌기 때문이다. 결국 이것이 현실로 나타나는 데는 오랜 시간이 걸리지 않았고, 1990년 2월 9일 민정당·민주당·공화당 3당이 합당하여 민주자유당(민자당)을 창당했다. 그러나 이렇게 탄생한 거대 여당은 이질적 정치 세력 간의 인위적인 연합으로 차기 당권 및 대권과 관련된

---

1) 김윤환·김원기·최형우 의원 외 186인이 5공정치 권력형 비리조사특위 구성결의안을 발의하여 제142회 임시국회 본회의에서 통과되었다. 이에 따라 민주당 이기택 부총재를 위원장으로 31명의 5공특위가 구성되었다. 이후 염보현 전 서울시장에 대해 재직 중 뇌물 수수 혐의로 징역 5년의 선고가 내려졌고, 11월 3일 국회 5공특위 청문회가 열렸다. 이러한 와중에 11월 23일 전두환 전 대통령은 대국민 사과문을 발표하고 퇴임 후를 대비해 갖고 있던 정치자금 139억 원과 연희동 자택 등을 국가에 헌납한다고 밝히고, 서울을 떠나 강원도 인제의 백담사에서 은둔 생활을 하게 되었다. 그리고 정치적 타협안에 의해 전두환 전 대통령은 단 한차례의 국회 증언을 하게 되었다.

2) 서경원 의원의 북한 방문에 이어 문익환 목사와 임수경 양의 밀입북사건이 발생했다.

내분이 끊이지 않았고 내부 갈등은 지속되었다.

그럼에도 사회 혼란이 지속되던 와중인 1991년 3월 26일에는 30년 만에 지방기초의회선거가, 6월 20일에는 광역시·도의회선거가 치러졌고, 이 선거에서 여당은 올림픽의 성공적 개최와 노태우 정부의 북방정책 성과를 등에 업고 압승하면서 잠시나마 정치적 환경이 개선되는 상황을 맞이했다.

반면 야권에서는 1991년 9월 10일 야권 통합 및 민주당 창당 선언으로 김대중·이기택 공동대표 체제가 출범했다. 3당 통합에 대한 민주당의 공세와 국민들의 경계심 등이 작용해, 1992년 3월 24일에 실시된 제14대 국회의원 총선에서는 집권 민자당이 149석을 획득하는 데 그쳐 원내 과반수에 1석 모자라는 여소야대 현상이 재현되었다. 이 선거에서 민주당이 97석을 얻고, 신생 국민당이 31석으로 원내 교섭단체 구성에 성공함으로써 집권당의 독주에 대한 국민들의 거부감이 여실히 드러났다.

그러나 1992년 12월 18일에 치러진 제14대 대통령선거에서는 여당의 김영삼 후보가 야당의 김대중 후보에 압승을 거두었다(김영식, 1997: 285-313; 김운태 외, 1999: 438-442).

2) 김영삼 정부

노태우 정부에 이어 3당 합당으로 탄생한 김영삼 정부는 1961년 이래 32년 간 지배했던 군정을 종식시키고 민간인에 의한 정부를 수립했다는 점에서, 어느 때보다도 큰 국민적 지지와 기대감 속에서 출발했다. 김영삼 정부는 스스로를 문민정부로 지칭하고 개혁과 변화를 통한 신한국 창조라는 기치를 내걸었다. 이에 걸맞게 각종 개혁 작업을 진행했는데 윗물맑기운동을 시작으로 고위공직자의 재산 공개와 사정(司正)을 통한 부패 척결 작업을 전개했다. 이런 개혁 작업은 군부 내의 사조직 해체와 역사 바로 세우기를 통한 군정 체제의 종식에 초점을 맞추었다.

그러나 1995년 2월 9일 김종필 전 민자당 대표가 탈당을 선언하고 3월 30일 자민련을 창당함으로써 김영삼 대통령의 정치적 영향력이 쇠퇴하는 일이 발생했다. 이에 김영삼 대통령은 영향력 유지를 위해 역사 바로 세우기라는 명분을 앞세워 두 전직 대통령을 구속했다. 전두환 전 대통령은 12·12 군사반란을 주도한 군사반란죄·내란죄·수뢰죄 등의 죄목으로 무기징역과 함께 2,205억 원을 추징하도록 하는 선고를 받았고, 당시 제2의 주동자였던 노태우 전 대통령은 위와 동일한 죄목으로 징역 17년과 2,628억 9천여만 원의 추징금을 부과받았다. 그러나 이들은 김영삼 정부 말기에 김대중 대통령 당선자의 건의에 따라 모두 사면되었다.

이 과정에서 5·18 사태는 군인들의 폭동에 의한 내란으로 규정됨과 동시에 광주민주화운동을 기리는 국가기념일이 제정되었다. 이 같은 김영삼 정부의 중단 없는 사정으로 대부분의 재벌 총수가 뇌물 공여와 관련하여 처벌을 받았고, 심지어는 대통령의 차남인 김현철도 사정의 대상이 되어 처벌당하는 상황에 이르렀다(김성주, 1997: 315-345). 한편 1994년 7월 18일에는 김대중이 정계 복귀를 공식 선언하면서 정치권에 재진입했다. 1992년 12월 제14대 대선에서 패배하여 은퇴한 지 2년 7개월 만에 복귀한 후 곧바로 새정치국민회의를 창당했다. 이로써 정치권은 민자당·새정치국민회의·민주당·자민련의 4당 체제로 전환되고, 소위 3김 시대가 재현되었다.

그러나 집권 중반부터 드러나기 시작한 현직 권력자들에 의한 부정부패와 한보 사태를 계기로 13명의 국회의원이 고소되는 일이 발생하면서, 김영삼 정부의 도덕성은 완전히 무너지기 시작했다. 이러한 부패 과정에는 여·야가 모두 포함되었고 대통령의 차남인 김현철은 이 사건을 계기로 징역 3년, 벌금 14억여 원, 추징금 5억여 원의 판결을 받았다. 김현철 사건은 김영삼 정부가 권위와 집행 능력 모두를 상실하는 결정적 계기가 되었다.

김현철이 구속된 이후 실제로 김영삼 대통령은 국정에 관해 아무것도 결정하지 못하고 결정할 수도 없는 상태에서, 정권 말기를 정치적 식물인간으로 보내는 비극을 맞았다(안병만, 1999). 이에 설상가상으로 경제적 주권을 박탈당하는 국제통화기금의 외환위기 극복 체제에 들어감에 따라, 김영삼 정부는 건국 이래 최악의 상태에서 김대중 대통령 당선자의 간접 통치로 넘어가게 되었다.

한국 경제 전체가 사실상 대외 부도 상황에 몰려 국제통화기금(IMF)에 구제 금융을 요청하였다. 이런 사태는 한보철강 부도와 기아 사태 등으로 상징되는 대기업 부도 도미노와 금융기관의 집단 부실화 과정을 거치면서 조금씩, 그렇지만 분명하게 진행되어 왔다. 그리고 정부의 안일한 대응과 때늦은 처방으로 돌이킬 수 없는 상황을 맞고 만 것이다.

한보철강 부도는 위기의 첫 신호탄이었다. 5조여 원의 금융 부채를 지고 있는 한보가 부도 처리됨으로써 거액의 여신을 물린 제일은행을 비롯한 금융계의 대외 신용도가 급강하했다. 이런 상황에서 이석채 당시 대통령 경제수석비서관이 은행이 파산해도 정부가 도와주지 않을 것이라는 발언을 함으로써 신용도 하락을 더욱 더 부채질했다. 일본, 홍콩 등 해외금융기관이 이들 금융기관에 자금 제공을 기피하는 등 불안이 감지되기 시작했다.

국내 금융시장도 안정을 잃어갔고 그 여파로 삼미가 무너지고 진로 · 대농그룹이 부도 위기에 빠져들었다. 그래서 대기업 부도유예협약이 만들어졌다. 그러나 대기업 연쇄 부도를 막자는 뜻에서 마련된 부도유예협약은 결국 위기를 더욱 심화시키는 구실을 했다. 환율과 금리는 쉬지 않고 오르고, 국내 금융기관의 해외 차입은 갈수록 어려워지기만 했다. 결국 1997년 10월 기아그룹을 법정관리에 넘기기로 함으로써 다툼은 일단락되었다. 그러나 때는 너무 늦었다. 이미 한국의 금융기관은 물론 나라 전체의 대외신용도는 땅에 떨어졌고 기업 경쟁력, 이른바 체질도 약해질 대로 약해졌다. 스스로 해결할 능력이 없음을 자인하고 두 손을 들고 만 것이다. 기아 사태의 조속한 해결이나 금융개혁법안의 과감한 처리 같은 처방 카드가 있었음에도, 번번이 때를 놓쳐 결국은 구조 요청을 하게 되었다. 주요 원인 중 하나는 부실기업 처리 부담을 은행에 고스란히 떠안긴 역대 정권의 관치금융에 있다고 할 수 있다(한겨레, 1997년 11월 22일자).

3) 김대중 정부

헌정 사상 처음으로 여 · 야 간의 정권 교체로 집권한 김대중 정부도 김영삼 정부와 유사하게 국민의 정부라는 이름으로 1998년 2월 25일 출범했다. 그러나 김대중 정부는 정치적 환경이라는 면에서 볼 때, 민주주의의 역사가 일천할 뿐만 아니라 이행에서 이제 막 공고화로 전환되는 단계에 있었다. 정부의 성격 역시, 김종필 총재의 자민련과 공조로 집권한 일종의 연립 정부적 성격을 지니고 있었다(김태룡, 1999).

양당 간의 공조가 집권에는 도움이 되었으나 서로 이질적인 두 정당의 물리적 결합으로 김대중 정부는 많은 난관에 봉착하게 된다. 이후 김대중 대통령과 김종필 총재가 양당 공조의 전제 조건으로 삼았던 내각제의 실현을 김대중 대통령이 위반함에 따라, 김대중 대통령에 대한 급격한 지지도의 하락과 함께 정국 운영에 대한 결정적인 영향력 감소가 초래되었다.

김대중 정부의 출범은 순탄치 않았다. 한국전쟁 이후 최대의 국난으로 불리는 IMF 관리 체제 하에서 소위 북풍(北風) · 세풍(稅風) · 총풍(銃風)으로 이어진 3풍 사건[3]과 김태정 법무부 장관의 옷로비 사건 등으로 김대중 정부의 집권 1년이 지나갔다. 집권 다음해인 1999년에는 새해 초부터 국회 529호 사태[4]로 여 · 야가 격돌하면서 대파란이 일었고, 환란 규명을 위한 청문회는 1월 20일부터 여당 단독으로 진행되는 사태를 맞이했다.

1997년 4월 7일 국회에서 서상목 의원 체포 동의안이 부결되면서 공동 여당은 정국 주도권을 상실하고, 야당인 한나라당이 강경 투쟁의 길로 들어서면서 정국은 다시 혼란에 휩싸이게 되었다. 그러나 동년 7월 김대중 대통령은 김종필 총리로부터 내각제 연내 개헌 유보를 받아냄으로써, 남은 임기 3년의 보장과 함께 민주당 창당을 선언하고 그와 함께 정치 개혁을 시도하였다(서울신문, 1998년 12월 28일자; 한겨레, 1999년 12월 29일자).

집권 3년차를 맞이한 김대중 정부는 2000년 초부터 시민단체의 낙천 · 낙선운동의 광풍 속에서 제16대 국회의원선거인 4 · 13 총선을 맞이했다. 그러나 선거 결과는 한나라당이 133석을 얻으면서 제1당의 확보에 성공하고 민주당은 115석으로

---

3) 북풍사건은 1997년 후반기에 발생한 오익제 월북사건과 남파 부부간첩 체포 사건을 한나라당이 대선에 유리하게 사용하려 하고, 새정치국민회의가 이를 저지하는 과정에서 불거진 정치 소란을 말한다. 세풍이란 한나라당 이회창 대선 후보가 국세청장을 동원하여 재벌들로부터 정치자금을 거둔 사건을 말한다. 대선 후에 문제가 되었다. 총풍사건이란 1997년 대선에서 한나라당이 자기 당에 유리한 분위기를 조성하기 위해 북한 측에 비무장지대에서 약간의 총격을 요청한 사건을 말한다. 세 사건 모두 한나라당은 새정치국민회의의 정치 공세라고 주장하고, 새정치국민회의는 사실이라고 주장했다.

4) 국회 여당 의원 사무실에서 국정원 직원들이 야당 대책을 상의하고 문건을 작성하는 것을 야당인 한나라당 의원들이 발견하여 문제로 삼은 사건이다.

제2당을 차지했으나, 자민련은 17석으로 독자적인 원내교섭단체의 구성에도 실패함으로써 이후 정국 운영에 심각한 문제를 드러내기에 이르렀다.

다음해인 2001년이 되자 출범 초부터 태생적 한계를 지녔던 김대중 정부의 문제가 드러나기 시작했다. 내각제 이행을 둘러싼 김종필 총재와의 갈등으로 연립정부적 성격을 띠었던 양당의 공조 체제가 균열을 보이면서, 통일정책의 핵심 참모인 임동원 통일부 장관 해임건의안이 자민련의 비협조로 국회에서 통과됨으로써 소위 DJP 공조가 무너지고 국정 운영은 극심한 혼란을 겪기도 했다. 자민련과의 공조가 깨진 여권은 국회에서 영향력을 상실했고, 이에 반해 야당인 한나라당은 10월 25일 재보선 승리로 과반 의석에서 1석 모자라는 136석을 지닌 거대 야당으로 국회를 장악하게 되었다.

김대중 대통령의 임기가 만료되는 2002년에 이르러서는 김대중 대통령의 영향력도 김영삼 대통령과 유사한 처지가 되었다. 김대중 대통령의 두 아들이 김영삼 전 대통령의 아들과 마찬가지로 각종 청탁과 관련된 비리에 연루되어 구속되자, 임기 말의 레임덕 현상과 함께 급격히 그 영향력을 상실하게 되었다. 이로서 정권 말에 친인척 비리가 계속 나타난다는 악습이 이어졌다.

한편 행정적 측면에서는 6·13 지방선거가 실시되어 140여 개 지방자치단체장들이 대폭 물갈이되고, 전국공무원노동조합이 출범함으로써 공직사회에 심각한 갈등이 예고되기 시작했다. 또한 7월에는 이한동 총리의 사퇴 이후 장상과 장대환 총리 지명자 인준안이 잇따라 부결되면서 총리 부재 상황이 86일 간 지속되어 국정 혼선과 행정 공백 사태가 벌어졌다.

결국 김대중 정부도 김영삼 정부와 유사하게 급격한 영향력의 쇠퇴 속에서 노무현 후보가 민주당 후보로 선출되어 12월 19일에 실시된 제16대 대통령선거에서 한나라당의 이회창 후보를 57만여 표차로 누르고 당선되었다.

4) 노무현 정부

여소야대라는 정치적 지지 기반의 취약과 함께 공직사회의 부패, 북핵 문제, 이데올로기의 갈등 등과 같이 개혁의 범위를 전(全) 정부적으로 요구하고 있는 상황에서 출범한 노무현 정부의 집권 전반기는 갈등과 균열의 연속이었다(김태룡, 2004).[5] 노무현 정부는 출범 초부터 코드 인사의 논란 속에서 '대통령직을 못해 먹겠다'거나 '재신임을 묻겠다'는 등의 발언으로 사회적 균열을 가속화했다.

이후 대북 송금을 둘러싼 특검으로 김대중 정부에서 문화관광부 장관을 지낸 박지원이 구속되고, 이어진 대선자금 수사로 인해 정치권의 권위는 더욱 추락했다. 또한 9월 29일에는 민주당이 감사원장의 인준 부결에 동의하자 민주당은 더 이상 여당이 아니라는 명분하에 탈당을 감행했다. 그리고 일부 의원이 11월 12일에 열린우리당을 창당함으로써, 그 전까지의 집권당이었던 민주당을 분당시키고 정치적 균열을 더욱 가속화시켰다.

집권 다음해인 2004년 3월 12일에는 정치권과 노무현 정부의 첨예한 대립으로 인해 국회는 헌정 사상 초유의 대통령 탄핵소추안을 통과시키게 된다. 탄핵의 논란과 정국의 혼란은 60일 간 계속되었고, 5월 14일에 헌법재판소가 기각 결정을 내림으로써 마침표를 찍게 되었다. 이런 일련의 과정은 노무현 대통령이 대통령으로서의 권위와 정통성을 상당 부분 상실하는 계기로 작용했다.

그러나 열린우리당은 대통령에 대한 탄핵이 진행되는 동안 실시된 제17대 국회의원선거에서 과반수가 넘는 152석을 차지해 제1정당으로 안정 의석을 확보하게 되고, 정치권은 여대야소 정국으로 전환되었다. 이 같은 전화위복으로 인해 노무현 정부는 집권 첫해보다는 안정적인 개혁을 추진할 수 있는 기반을 구축했다. 그렇지만 노무현 대통령은 2005년 6월 말 한나라당에 대연정을 제의했다가 거절당하는 등 국회에서 확보한 다수를 정권의 통치력으로 연결시키지 못했다.

한편 2004년에는 행정수도를 공주 · 연기로 옮기기 위한 신행정수도건설특별법이 제정되었지만, 10월 21일 동법에 대한 헌법소원에서 위헌 판결이 내려져 이전이 좌절되었다. 그러나 2005년 3월 2일 노무현 정부는 재차 행정중심복합도시건설특별법을 제정하여 대통령과 6부는 서울에 남고, 국무총리와 12부 4처는 공주 · 연

---

5) 노 당선자가 총 유효 투표 수의 48.9%를 획득해 역대 당선자 중 최다 득표율을 기록했다. 하지만 국정 운영의 협조를 얻어야 하는 국회의 분포는 야당인 한나라당이 재적 의원의 55.3%(151석)를 차지하고 있었고, 16개 시 · 도광역자치단체 중 전남 · 북과 광주, 충남, 제주 등 5곳을 제외한 11곳의 단체장을 맡고 있었다.

기로 내려가는 사실상 수도 분할로 결론을 맺었다.

다음해인 2005년 9월 19일에는 베이징(北京)에서 열린 6자 회담에서 합의가 타결되었다. 미국·중국·러시아·일본·한국·북한 6개국이 참여한 회담에서 도달된 합의의 핵심 내용은 북한의 평화적 핵 이용권을 존중하고 적당한 시기에 북한에 경수로를 제공하기로 했다. 또한 미국은 북한을 공격할 의사가 없음을 분명히 했고, 북한은 핵을 포기하면서 빠른 시일 내에 NPT와 IAEA에 복귀하기로 했다.

그러나 합의 이후 후속 조치들은 순조롭지 못했다. 미국은 2002년 여중생 사망사건을 계기로 거세진 한국에서의 반미 감정에 대응하여, 한반도 휴전 협정 체제를 평화 협정 체제로 전환시키고 전시작전권을 한국에 넘기는 등 한국에서 발을 빼려고 했다. 이에 북한은 2006년 10월 9일 핵실험을 하는 등 미국과 북한은 가까워지지 못하고 계속 대결의 평행선을 이어갔다.

2005년 11월 12일부터 19일 사이에는 부산에서 APEC 회의가 개최되었다. 부산발전연구원의 분석에 의하면 이 회의로 인해 4,021억 원의 생산 유발 효과와 6,099명의 취업 유발 효과가 발생했다. 또한 미국·일본·중국·러시아 대표가 모두 참여하여 부산의 국제적 위상도 제고되었고, 북한도 옵서버 자격으로 참여했었다(조선일보, 2005년 11월 19일자).

2005년 12월 9일에는 국회에서 사학법 수정안이 통과되었다. 이 법은 사립학교 이사진 중 개방형 이사를 1/4 이상으로 하고, 개방형 이사 임명 방식은 학교운영위원회나 대학평의원회가 2배수로 추천하며 이 가운데 학교법인이 선임하게 했다. 아울러 사학의 내부 감사 기능을 강화하기 위해 학교법인에 두는 감사 1인을 학교운영위 또는 대학평의원회가 추천한 인사로 임명토록 했다. 더불어 사립학교 교직원의 면직 사유에서 노동운동을 한 경우를 제외하도록 하는 한편, 사립학교 교장 임기제 도입(4년 중임), 대학평의원회 설치 의무화 등의 내용도 담고 있다.

사학법 개정은 한국 사회에 큰 균열을 일으켰다. 기독교사학수호긴급대책위원회 등 기존의 사학재단을 대표하는 시민단체들은 개정 사학법이 종교의 자유와 사학재단의 재산권을 침해하는 악법이라며, 법률을 재개정해야 한다고 주장하면서 한나라당이 앞장을 서야 한다고 압력을 가했다. 반면에 진보적 종교단체들은 재개정을 요구하는 보수적 종교단체들을 비판했다. 천주교정의구현사제단 등 진보단체들은 이윤을 창출하기 위한 기업도 투명하고 민주적인 운영을 위해 사외이사를 두도록 법으로 정해놓고 있는 실정에서, 교육의 공공성을 보장하기 위해 도입한 사립학교의 개방형 이사제는 늦었지만 당연하고 환영할 일이라고 하면서 특정한 소수의 기득권 유지를 위해 국민의 교육권을 침해하지 말라고 주장했다.

2005년 극한 갈등의 해를 보낸 노무현 정부는 이듬해인 2006년 5월 31일에 지방선거를 맞이했다. 여당은 이미 2006년 2월 17일에 전당대회를 열어 잠재적 대선 후보인 정동영 전 통일부 장관과 김근태 전 보건복지부 장관이 경쟁을 한 결과, 정동영 전 장관을 당의장으로 선출하여 선거를 준비해 왔었다. 야당인 한나라당은 이 선거를 계기로 이명박 서울시장, 손학규 경기도지사 등 잠재적 대선 후보들이 한나라당으로 복귀해 서서히 2007년 대선 국면에 접어들게 되었다. 지방선거 결과는 야당인 한나라당의 압승으로 끝났다. 서울시장은 한나라당 오세훈 후보가, 경기도지사는 한나라당 김문수 후보가 당선되었고, 지방의회도 사실상 한나라당이 장악하게 되었다. 이것을 계기로 한나라당은 2007년 대선 전망이 한층 더 밝아졌고, 여당은 국민들의 실망감을 체감하게 되었다.

이러한 가운데 노무현 정부의 갈등은 계속되었다. 즉, 2006년 8월 16일에는 대통령이 전효숙 헌법재판관을 신임 헌법재판소장으로 임명했는데 이것이 또 다른 여・야 갈등을 초래했다. 전효숙 재판관은 2004년 수도이전 헌법소원 때 유일하게 각하 의견을 냈었기 때문에 한나라당에서는 코드 인사라고 비판했다. 약 세 달을 끈 줄다리기 끝에 노무현 대통령은 11월 27일 후보자 지명을 철회하고 말았다. 나라 안이 여・야 정쟁으로 시끄러운 동년 10월 9일 유엔에서 낭보가 날아들었다. 반기문 외무부 장관이 유엔의 신임 사무총장으로 선출되었다는 소식이었다. 인선 초기 단계에서는 다른 후보들과 경합했으나 최종적으로 단독 후보가 되어 무난하게 선출되었다.

2006년 말이 되면서 여당은 2007년 대선을 걱정하기 시작했고, 이것은 개헌 제기로 표출되었다. 11월 7일에는 열린우리당 김한길 대표가 대통령 4년 중임제와 정부통령제를 검토할 수 있다는 개헌론을 제기했고, 2007년 1월 9일에는 노무현 대통령까지 나서 4년 연임제 개헌안을 제안했다. 여당의 입장에서는 어떻게든 개헌을 매개로 정치판을 흔들어 재집권을 하려는 것이었다. 그러나 당 지지도에서 월등히 앞서 있던 한나라당은 개헌 절대 불가 입장을 표명했다. 한나라당은 어떻게든 당시의 분위기를 그대로 유지하여 2007년 말 대선에서 승리하려고 했다.

2007년으로 들어가면서 여·야 할 것 없이 대선에 몰두하기 시작했다. 요동은 범여권에서 먼저 시작되었다. 2006년 중반까지 지지율 1위를 달리던 고건 전 총리가 조직과 자금 문제로 불출마를 선언하여 여권을 큰 충격에 빠뜨렸다. 이것을 계기로 김한길 의원과 강봉균 의원을 중심으로 일단의 열린우리당 의원들이 2월 6일 탈당하여 범여권을 재통합시키려고 했다.

이런 움직임은 3월 19일 한나라당 손학규 전 경기지사가 한나라당을 탈당함으로써 절정을 맞았다. 고건으로 상실한 희망을 손학규로부터 보상받으려는 움직임이 강했다. 그러나 손학규 후보는 범여권 내에 지지 세력을 갖지 못했기 때문에, 결국 10월 15일에 열린 대선 후보 경선에서 조직력으로 승부를 건 정동영 전 통일부 장관에게 패하고 말았다.

한나라당은 8월 20일 경선을 통해 이명박 전 서울시장을 대선 후보로 선출했다. 2006년 5·31 지방선거 이후 치러진 각종 재보궐 선거에서 43 : 0이라는 일방적 승리 기록이 보여주듯이, 정당 지지율에서 한나라당이 여당보다 훨씬 앞서 있었기 때문에 한나라당의 후보가 되기만 하면 대선 승리는 큰 걱정을 하지 않아도 될 상황이었다. 그래서 당내 경선이지만 사실상 본선을 능가하는 치열한 경쟁이 전개되었다. 경선 후 분당(分黨)을 걱정하는 사람들도 많았을 정도였다. 경선 결과 한나라당 대의원들은 박근혜 후보를 더 많이 지지했지만, 국민참여 경선이라 일반 국민의 지지를 많이 받은 이명박 후보가 경선에서 승리했다. 경선 후 박근혜 후보가 경선 결과를 수용하면서 분당의 걱정은 사라지고, 대선 승리의 가능성은 한층 더 높아졌다.

그러나 한나라당 후보로 두 번씩이나 대선에서 패배한 이회창 씨가 11월 19일 이명박 한나라당 후보에 대해 제기되고 있는 위장 전입·위증 교사·범인 은닉 도피·병역 비리·선거법 위반·주가 조작·부동산 명의신탁·횡령 및 조세 포탈 등의 문제로, 이명박 후보가 낙마할 경우 보수 진영을 지키기 위해서라는 명분을 내걸면서 무소속으로 대선에 출마하겠다는 선언을 하여 보수 진영의 표가 분산될 우려가 생겼다.

2007년 12월 19일에 치러진 대선에서는 이명박 한나라당 후보가 11,492,389표(48.7%) 득표로 당선되었다. 2위는 정동영 후보로 6,174,681표(26.1%)를 득표, 3위는 이회창 후보로 3,559, 963표(15.1%)를 득표했다. 각종 의혹에도 불구하고 경제 회복에 대한 기대감, 노무현 대통령과 여당에 대한 실망감 등이 복합적으로 작용하여 한나라당이 530여만 표차로 압승했다.

5) 이명박 정부

이명박 대통령은 대선에서 압도적인 표 차이로 승리했음에도 불구하고,[6] 국민들의 기대치와 차이가 큰 초대 국무위원 임명으로 비난을 받기 시작했다. 인재를 널리 구하지 않고 고려대학교 출신, 소망교회 출신, 영남 출신, 강남 땅부자 등 대통령의 측근 위주로 장관들을 임명하여 고소영 내각, 강부자 내각이라는 비판을 받았다.

그렇지만 2008년 4월 9일에 치러진 제18대 국회 총선에서는 한나라당이 153석을 획득하여 안정적인 정국 운영 기반을 마련했다.[7] 대선 득표율을 감안한다면 조금 더 많은 의석을 확보할 것으로 예상되었지만, 정권인수위원회의 활동, 집권 초기의 정책 추진, 국무위원 인선 등에서 보여준 대통령의 독선으로 인해 유권자들의 지지가 감소한 것으로 해석되었다.

국회 총선 직후인 2008년 4월 19일 이명박 정부는 한미정상회담을 목전에 두고 미국 쇠고기 수입 전면 개방 조치를 발표했는데, 이는 촛불집회라는 국민들의 거대한 반발에 직면했다. 이 조치는 세계 어느 국가도 허용하지 않는 광우병 발생이 잦은 30개월 이상의 쇠고기에 대한 연령 제한 해제와 검역 과정에서, 광우병이 발생되어도 수입을 중단할 수 없다는 내용을 포함하고 있어 국민의 거센 반발을 초래했다.

---

6) 참고로 역대 대선에서 1 · 2위 간 득표 차이를 보면 2002년 16대 대선에서는 57만 표, 1997년 15대 대선에서는 39만 표, 1992년 14대 대선에서는 193만 표였다(중앙선거관리위원회, www.nec.go.kr).

7) 대통합 민주신당은 81석, 자유선진당은 18석, 친박연대는 14석, 민주노동당 5석, 창조한국당이 3석을 차지했고 무소속 당선자는 25명이었다. 무소속 당선자 중에는 친박 성향 당선자들이 많아 친박연대는 사실상 원내 교섭단체를 구성할 수 있을 정도의 세력을 확보했다.

5월 2일에 여고생들이 촛불을 이용한 첫 반대집회를 열었는데, 계속 참가 인원이 늘어나면서 2개월 간 수만 명이 참가하는 시위로 확대되었다. 집회 참가자가 많아지면서 쟁점도 쇠고기 수입 문제에서 급격한 교육정책 변화에 대한 반발, 한반도대운하 반대, 공기업 민영화 반대 등으로 확대되었고, 급기야는 정권 퇴진으로 이어져 청와대로 향하는 시위대와 경찰 사이에서 물리적 충돌이 발생하기도 했다. 이때 경찰은 광화문 사거리에 컨테이너를 쌓아 시위대를 막았는데, 언론은 이것을 명박산성이라 조롱하며 이명박 정부의 소통 부족을 강하게 비판했다.

촛불집회가 정점에 달한 6월 중순 이후 이명박 정부는 노무현 전 대통령 측을 공격하면서 정치적 국면 전환을 시도했다. 노무현 전 대통령이 청와대 기록물이 저장된 하드디스크와 e-지원시스템 서버를 개인 사저로 가져간 것을 정치 쟁점화하기 시작했다. 논란이 한창이던 7월 19일 노무현 전 대통령은 하드디스크를 국가기록원에 반환했다. 하지만 국가기록원은 서버가 제외된 불완전한 반환이라며 사건 종결을 거부했고, 급기야 7월 24일에는 노무현 전 대통령 측 인사 10여 명을 불법 기록 유출 혐의로 검찰에 고발했다. 8월 2일에 검찰이 노 전 대통령이 사용하던 서버 2대를 압수하면서 사실상 매듭이 지어졌다.

그러나 노무현 전 대통령 측에 대한 정치적 공격은 계속 이어졌다. 2008년 11월부터 이명박 정부는 노무현 정권 시절에 있었던 농협의 세종증권 인수 건에 대한 수사를 계기로, 노무현 전 대통령 측근들과 노무현 전 대통령을 강하게 압박하기 시작했다. 소위 박연차 게이트로 알려진 이 비자금 사건은 2009년으로 해를 넘겨 노무현 전 대통령의 아들·딸·사위·권양숙 여사에 대한 조사로 이어졌고, 급기야 4월 30일에는 노무현 전 대통령이 직접 검찰에 출석(피의자 신분)하여 조사를 받았다.

그럼에도 불구하고 상황이 계속 악화되자 노무현 전 대통령은 2009년 5월 23일 이른 아침에 사저가 있는 봉하마을 부엉이 바위에서 뛰어내려 자살을 했고, 이명박 정부는 거센 정치적 역풍을 맞았다. 2009년 8월 18일에는 김대중 전 대통령까지 서거하여 이명박 정부를 정치적으로 더욱더 곤혹스럽게 만들었다. 이명박 정권의 보수주의화에 대한 수차례의 비판, 노무현 전 대통령 장례식에서의 추도사 등으로 이명박 정권을 강하게 질타했던 김대중 전 대통령의 서거는 노무현 전 대통령의 자살로 실의에 빠진 다수 국민에게 큰 정치적 상실감을 주었고, 이것은 고스란히 이명박 정부에 대한 반대 여론으로 이어졌다.

이러한 혼돈의 와중에서 이명박 정부가 2009년 후반기에 정치적 위기를 타개하기 위해 제시한 새로운 노선은 중도실용이었다(이국운, 2010: 145). 그동안 비판을 많이 받았던 보수화에서 스스로 방향을 수정하는 것처럼 보이게 하는 전략이었다. 이러한 정치적 방향 수정의 상징은 2009년 9월 3일 개혁 성향이 강한 정운찬 전 서울대 총장을 국무총리로 지명한 것이다. 정운찬 총리는 지명받은 첫날부터 세종시 계획 철회 방침, 대운하 사업에 대한 반대 의견을 표명하여 그동안 크게 비판받아 오던 이명박 대통령의 독선적인 정국 운영을 일부 수정하고자 했다.

그러나 10개월의 긴 논란 끝에 세종시 계획 철회 움직임은 실패로 결론이 났다. 2010년 6월 2일에 치러진 지방선거는 사실상 이명박 정부에 대한 중간평가라는 정치적 의미가 부여되었고, 이 선거에서 가장 큰 쟁점은 세종시 계획 수정 문제였다. 그런데 선거 결과를 보면 여당은 인천 · 강원 · 충남 · 충북에서 야당에 패했고, 전통적 텃밭이던 경남에서도 무소속 후보에 패해, 전체적으로는 여당의 패배로 결론이 났다. 이처럼 세종시 계획 수정에 대한 국민들의 반대 여론이 분명히 표명되자, 여당은 2010년 6월 29일 국회에서 세종시 수정안을 자진 부결시켜 논란을 매듭지었다.

10개월에 걸친 세종시 수정 논란 정국의 최대 수혜자는 이명박 대통령의 여당 내 정치적 경쟁자인 박근혜 의원이었다. 박근혜 의원은 2008년 국회 총선에서 친박 세력이 한나라당 공천에서 대거 배제되는 등 정치적 견제를 강하게 받아 정치적 위상이 크게 약화되어 있었는데, 세종시 수정안을 계기로 정치력을 다시 회복하게 되었다. 이에 더해 신뢰할 수 있는 정치인이라는 이미지가 더해져 차기 대선주자로서도 확실한 입지를 구축했다. 이명박 정부는 이러한 정치적 위기에서 벗어나고자 공정한 사회라는 화두를 제시하며, 2010년 8월 8일 개각을 단행했고 40대인 김태호 전 경남지사를 새로운 국무총리로 지명했다. 그러나 그는 국회 인사청문회 과정에서 어이없이 낙마해 이명박 정부에 힘을 보태지는 못했다.

한편 2010년 정국에서 간접적으로나마 이명박 정부를 도와준 것은 아이러니하게도 극심한 갈등 관계에 있던 북한 정권이었다. 북한은 2010년 9월 30일 3대 정권 세습을 발표했는데, 새로운 지도자의 정치군사적 리더십을 과시하기 위해 대남 도발을 자행했다. 2010년 3월 26일 밤에는 서해에서 천안함을 폭침했고, 11월 23일에는 연평도에 포격을 가했다. 이명박 정부는 북한의 도발에 신속하고 적절하게 대처하지 못했다는 비판을 받기도 했지만, 북한이라는 확실한 외부 적의 존재로 인해 정권에 대해 고조되는 국민들의 비판을 다소 비켜갈 수 있었다.

2011년에 접어들어서도 이명박 정부를 둘러싼 정치적 환경은 우호적이지 않았다. '나는 꼼수다' 인터넷 방송, 서울시의 무상급식 문제로 시작된 여·야 대치, 안철수 교수의 정치적 부상 및 서울시장 교체, 내곡동 사저 비리 등으로 인해 이명박 정부와 여당은 정치적 수세에 몰렸다. 4월 27일에 시작된 '나는 꼼수다' 방송은 처음부터 이명박 대통령의 BBK 의혹을 정조준했다. 국민들 사이에서 인기가 올라가자 여당 정치인도 참여하는 등 정치적 관심이 고조되었는데 그럴수록 대통령의 권위는 점점 더 손상되었다.

더불어 2010년 지방선거 이후부터 시작된 무상급식 논란이 2011년에도 더욱 격화되면서 주민투표 문제로 확대되었다. 보편적 복지를 둘러싼 여·야 간 시각 차이가 정치적 협상으로 해결되지 않자, 오세훈 서울시장은 연초부터 주민투표를 제안했고 8월 24일에 주민투표가 실시되었다. 오세훈 서울시장은 자신의 시장직까지 걸면서 결연한 의지를 표명했지만, 투표율 미달로 개표도 못한 채 사퇴해야 했다.[8]

그런데 한나라당 소속 서울시장의 사퇴는 그 자체로만 끝난 것이 아니라 이명박 정부에 엄청난 정치적 부담을 추가로 안겨주었다. 안철수 서울대 교수의 정치적 부상과 그의 지지를 업은 박원순 변호사의 서울시장 재보궐선거 승리(10월 26일), 재보궐 선거를 방해하기 위한 한나라당 최구식 의원 보좌관들의 선관위 홈페이지 공격 등은 모두 이명박 정권에 추가적인 정치적 타격을 안겨주었다. 게다가 10월 8일부터 언론에 보도되기 시작한 이명박 대통령의 내곡동 사저 부지 매입 사건은 대통령의 정치적 입지를 더욱 위축시켰다.

설상가상으로 12월 9일에는 이명박 대통령의 친형인 이상득 의원의 보좌관 계좌에서 수십억의 검은 돈이 발각되어 정권에 치명타를 가했다. 그동안 소문으로만

---

8) 개표 기준은 투표율 33.3%인데 실제 투표율은 25.7%였다. 한나라당 지지 기반인 서울 강남 3구의 투표율은 높았지만 서울의 다른 지역에서는 투표율이 낮았다(동아일보, 2011년 8월 25일자).

떠돌던 이상득 의원의 비리가 수면 위로 떠오르기 시작한 것이다. 이 의원은 차기 국회 총선 불출마 선언으로 상황을 타개하려 했으나 이미 국민 여론은 싸늘하게 등을 돌린 상태였다. 12월 27일에 김정일 사망 뉴스가 전해져 국민의 관심이 다소 분산된 것이 그나마 다행이었다.

2012년은 대선이 열리는 해로 정치적 레임덕이 불가피했는데 2011년 말에 터진 내곡동 사저 구입 사건, 이상득 의원의 부정자금 사건은 이런 현상을 더욱더 앞당겼다. 4월 23일 김문수 경기지사를 시작으로 여러 후보가 출마를 선언하자 본격적으로 대선 정국이 시작되었다. 한나라당에서는 박근혜 의원이 83.97%라는 압도적 지지를 받으면서 일찌감치 대통령 후보로 선출되어 선거운동을 시작했다.[9]

이제 이명박 대통령은 여당 내에서도 힘의 구심점에서 멀어졌다. 설상가상으로 친형인 이상득 의원이 7월 10일에 구속되어 정치적 타격은 더욱 컸다. 게다가 야권도 안철수 서울대 교수와 민주당 문재인 후보가 대선후보 단일화를 둘러싸고 정치적 줄다리기를 전개하면서 국민들의 관심을 끌자, 이명박 대통령은 자연스럽게 정치적 관심에서 멀어져 갔고 서서히 퇴임 준비를 해야만 했다.

6) 박근혜 정부

박근혜 대통령은 한나라당[10] 내에서는 압도적인 지지를 받아 대선 후보로 선출되었으나, 2012년 12월 19일에 실시된 대통령선거에서는 51.55%의 득표율로 박빙의 승리를 거두었다.[11]

선거 과정에서 박근혜 후보는 아버지인 박정희 전 대통령 시절의 독재정치 비판, 본인의 소통 부족 논란, 4대강 사업 묵인에 대한 책임 문제 같은 화살을 비켜갈 수 없어 어려움에 직면했었다. 그렇지만 민주당 문재인 후보와 무소속 안철수 후보의 단일화 협상 과정이 지지부진해 젊은 유권자들에게 큰 감동을 주지 못했고, 박근혜 대통령을 지지했던 장년・노년 유권자들이 젊은층을 능가하는 결집력을 발휘해 투표하는 바람에 어렵게나마 승리할 수 있었다.

9) 2등은 김문수 경기지사였는데 득표율이 8.68%에 불과했다(한국일보, 2012년 8월 20일자).
10) 2012년 11월 16일 한나라당과 선진통일당이 합당하여 새누리당으로 재탄생된다.
11) 문재인 후보의 득표율은 48.02%였다(중앙일보, 2012년 12월 21일자).

박근혜 정부는 집권 초기부터 상당한 어려움에 직면했다. 정부 운영의 근간이 되는 국무위원들에 대한 인사청문회에서, 어느 정부보다도 많은 후보가 낙마하거나 사퇴하였다. 대표적으로 김용준 총리 후보자가 자진 사퇴를 하여 인사의 불안정성이 커졌다. 2013년 4월이 되어서야 완료된 인사청문회는 박근혜 정부의 신뢰를 상당 부분 훼손시켜 정권 초반의 동력을 약화시켰다.

이후 대선 전부터 불거지기 시작한 국가정보원의 대선 개입 의혹과 그에 따른 국가정보원의 개혁 문제가 정국을 냉각으로 흐르게 했다. 야당인 민주당은 국회를 포기한 채 장외 투쟁 정치로 나서고, 8월 3일에는 김한길 대표가 영수회담을 제의하면서 국회의 파행이 장기화되었다. 이후 9월 16일 대통령과 여·야 대표 3자회담이 이루어졌으나 정국의 숨통을 여는 데는 역부족이었다. 이에 더해 국가정보원 대선 개입 의혹 사건 수사를 지휘하던 채동욱 검찰총장이 사생활과 관련된 감찰을 받다가 사표를 내고, 천주교정의구현사제단의 일부 신부들이 박근혜 대통령 자진 사퇴운동을 시작하면서 정국은 더욱 혼란 속으로 빠져들었다.

결국 박근혜 정부는 2016년에 엄청난 파국을 맞이하게 되었다. 전국경제인연합회(전경련)가 주도하여 만든 것으로 알려져 있던 재단법인 미르와 재단법인 케이스포츠(다음부터 '미르'와 '케이스포츠'라고 한다)가 설립될 때 청와대가 개입하여 대기업으로부터 500억 원 이상을 모금하였다는 언론 보도가 2016년 7월경에 있었다. 청와대가 재단 설립에 관여한 이유 등이 2016년 9월 국회 국정감사에서 중요한 쟁점이 되었는데, 청와대와 전경련은 이런 의혹을 부인하였다.

이 문제가 정치적 쟁점이 되던 2016년 10월 24일 청와대의 주요 문건이 비선실세인 최순실에게 유출되었고 최순실이 비밀리에 국정 운영에 개입해왔다는 언론 보도가 있었다. 많은 국민들이 이 보도로 큰 충격을 받았고, 이를 허용한 박근혜 대통령에 대한 비난이 고조되었다. 이에 박근혜 대통령은 2016년 10월 25일 "최순실 씨는 어려움을 겪을 때 도와 준 인연으로 일부 연설문이나 홍보물의 표현 등에 대해 의견을 들은 적이 있으나 청와대의 보좌 체계가 완비된 이후에는 중단되었다. 순수한 마음으로 한 일인데 국민 여러분께 심려를 끼친 점에 대해 깊이 사과드린다"는 대국민 담화를 발표하였다.

대국민 담화에도 불구하고 국정 개입과 관련한 보도가 이어졌고 최순실은 2016

년 11월 3일 직권남용·권리행사방해죄 등 혐의로 구속되었다. 이에 박근혜 대통령은 그 다음 날인 4일 "관련 사건으로 큰 실망과 염려를 끼쳐 드린 점 다시 한 번 사과드린다. 국가 경제에 도움이 될 것이라는 바람에서 추진된 일이었는데 특정 개인이 이권을 챙기고 위법행위를 저질렀다고 하니 참담하다. 어느 누구라도 수사를 통해 잘못이 드러나면 책임을 져야 할 것이며 저도 모든 책임을 질 각오가 되어 있다"는 내용의 제2차 대국민 담화를 발표하였다.

그런데 2016년 11월 6일 대통령비서실 정책조정수석비서관이 강요미수, 직권남용, 권리행사방해 등의 혐의로, 그리고 대통령비서실 부속비서관이 공무상비밀누설 혐의로 구속되었다. 국회는 11월 14일경부터 대통령 박근혜에 대한 탄핵소추안 의결 추진 여부를 논의하기 시작하였고, 17일에는 '박근혜 정부의 최순실 등 민간인에 의한 국정농단 의혹 사건 진상규명을 위한 국정조사계획서 승인의 건'과 '박근혜 정부의 최순실 등 민간인에 의한 국정농단 의혹 사건 규명을 위한 특별검사의 임명 등에 관한 법률안'을 통과시켰다.

이에 더불어민주당, 국민의당, 정의당 등은 11월 24일 대통령 탄핵소추안을 공동으로 마련하기로 하였고, 11월 28일 공동 탄핵소추안을 마련하여 12월 2일 탄핵안 표결을 추진하기로 합의하였다. 박근혜 대통령은 2016년 11월 29일 다시 한 번 "국민 여러분께 큰 심려를 끼쳐 드린 점 깊이 사죄드린다. 국가를 위한 공적 사업이라 믿고 추진했던 일들이고 어떤 개인적 이익도 취하지 않았지만, 주변을 제대로 관리하지 못한 것이 큰 잘못이다. 대통령직 임기 단축을 포함한 진퇴 문제를 국회의 결정에 맡기겠다. 여 · 야 정치권이 국정 혼란과 공백을 최소화하고 안정되게 정권을 이양할 수 있는 방안을 만들어 주면 대통령직에서 물러나겠다"는 내용의 제3차 대국민 담화를 발표했다.

박근혜 대통령이 국회의 결정에 따라 대통령직에서 물러나겠다는 담화를 발표하였지만, 국회는 특별위원회를 구성하여 민간인에 의한 국정농단 의혹 사건에 대한 국정조사를 진행하였고 2016년 12월 1일에는 특별검사도 임명하였다. 이어 국회는 2016년 12월 8일 '대통령(박근혜)탄핵소추안'을 본회의에 상정하였다. 2016년 12월 9일 탄핵소추안이 제346회 국회(정기회) 제18차 본회의에서 재적의원 300인 중 234인의 찬성으로 가결되었고, 소추위원은 헌법재판소법 제49조 제2항에 따라

소추의결서 정본을 헌법재판소에 제출하여 탄핵심판을 청구하였다. 이어 헌법재판소는 2017년 3월 10일 재판관 전원일치로 박근혜 대통령을 파면하는 결정을 내렸다.

이렇게 대통령이 탄핵된 것은 국민의 의지가 담긴 촛불집회의 영향이 컸다. 박근혜 대통령의 비선 실세인 최순실이 국정에 개입하였다는 의혹이 전국민적으로 확산되면서 2016년 10월 29일 전국 각지에서 진실 규명과 박근혜 대통령 퇴진을 요구하는 촛불집회가 열렸다. 계속 이어진 집회에서는 시민사회단체들이 연대한 민중총궐기대회가 서울 광화문 일대에서 열려 역대 최대 규모로 진행되었다. 이어서 12월 3일 국회에서 탄핵소추안이 발의되어 12월 9일에 가결되고 대통령 직무가 정지되었다. 박근혜 대통령의 퇴진을 요구하는 촛불집회는 계속 이어져서 3월 9일부터 3일 간 계속 이어졌다. 촛불집회는 다수의 국민들이 폭력 사태 없이 평화적으로 집회를 실시해 부정부패와 권력 남용을 심판했다는 점에서 정치사회적으로 의미가 있다. 광화문 촛불집회는 공동체의 존속과 안정을 바라는 시민의식을 되살리고 통치의 정당성이 국민에게 있다는 국민주권원리를 재확인하는 계기였다.

7) 문재인 정부

박근혜 대통령 탄핵 이후 2017년 5월 9일에 치러진 제19대 대통령선거에서 문재인 후보는 41.08%를 득표해 대통령에 당선되었다. 중앙선거관리위원회가 투표율을 분석한 결과, 대부분 연령층이 70% 이상의 높은 투표율을 보였다. 60대와 70대의 투표율이 각각 84.1%, 81.8%를 보였고, 50대 이하 모든 연령층도 70% 이상의 투표율을 기록했다(중앙선거관리위원회, 2017.9.6).

문재인 대통령은 취임사에서 구시대의 잘못된 관행과 과감히 결별하겠다는 다짐을 보였다. 우선 권위적 대통령 문화 청산, 국민과 수시로 소통하는 대통령, 정치로부터 권력기관의 완전한 독립, 한반도 평화, 강한 국방력, 분열과 갈등의 종식, 야당과 동반자 관계 형성, 고른 인재 등용, 재벌개혁, 비정규직 문제 해결 등을 제시했다(조선닷컴, 2017.5.10).

이어 2018년 6월 13일에 실시된 제7회 지방선거에서도 더불어민주당은 전국 광역자치단체 17곳 중 14곳, 기초단체장 226곳 중 151곳에서 승리하는 압승을 거뒀다. 중앙선거관리위원회가 투표율을 분석한 결과, 전체 투표율은 60.2%였고 70대의 투표율이 74.5%로 가장 높았다. 연령대별로는 30대의 투표율이 지난 제6회 지방선거에 비해 6.8%p 증가하여 가장 큰 폭으로 상승하였다(중앙선거관리위원회, 2018.9.18).

2. 경제적 환경

1) 노태우 정부

한국 정부의 민주화기는 경제적 환경의 측면에서 볼 때, 중앙집권적인 정부 주도형 경제 성장 정책이 그 한계와 모순을 드러내는 시기라고 할 수 있다. 이로 인해 새로운 거버넌스를 구축해야 하는 상황에 처해 있었다. 이런 측면에서 노태우 정부는 정부 통제를 줄이고 민간 부문의 자율성을 증대하려고 했다.

그러나 국제 경제의 상황 악화와 더불어 노사 분규의 확산, 근로 의욕의 감퇴, 생산성 하락, 그리고 사회 일부 계층의 부동산 투기와 사치성 과소비 증대로 인해 사회적 위화감이 고조되어 전반적으로 경기가 침체되는 결과를 낳았다.[12] 그럼에도 집권 전반기에는 경제 성장이 괄목할 만큼 신장되어 국제수지가 4년 간 흑자를 기록하는 호황을 맞았다.

그렇지만 1990년 3당 통합 이후 경제・사회는 심한 혼란기를 맞았고, 부정부패와 비리, 그리고 사회 기강과 윤리의 타락 등이 일반화되고 경제적으로도 총체적 위기로 표현되는 어려운 상황에 빠졌다. 즉, 1991년에는 수출 경쟁력 상실과 수입 급증 등으로 무역수지가 사상 처음으로 1백억 달러 적자선을 넘어섰다. 따라서 경제 부문에서 수출입 구조의 다변화, 경제구조의 안정성과 다양성 증대 등의 비교적 좋은 평가를 받은 부분이 있었음에도 불구하고, 결국 노태우 정부의 경제적 상황은 지도자의 확고한 경제관 및 문제의식의 부재, 그리고 정부 경제정책의 일관

12) 1988년 원화의 대달러 환율이 1달러당 600원대로 떨어짐으로써 본격적인 원고 시대에 접어들어 1989년에는 1960년대 이후 최저의 수출 신장률을 기록했다.

성 결여로 인해 흑자경제에서 적자 경제로 후퇴하는 결과를 낳았다(이종원, 2002: 202-212).

2) 김영삼 정부

경제가 하강 국면에서 출범한 김영삼 정부는 부정부패와 국가 기강의 확립 차원에서, 1982년 이후 두 번씩이나 보류되었던 금융실명제를 1993년 8월 12일 전격적으로 실시했다. 당초의 우려처럼 금융대혼란이 발생하지는 않았지만, 국민의 경제생활 전반에 적잖은 변화를 불러왔다. 더불어 1993년 12월 15일에는 새로운 국제경제 질서를 표방하는 우루과이 라운드(UR)가 타결됨으로써 한국도 쌀시장을 개방할 수밖에 없는 상황에 처하게 되었다. 비록 전면 개방은 10년 간 유예되었지만 1995년부터 쌀을 수입해야 하는 상황을 맞으면서, 김영삼 정부는 농민집단으로부터 강력한 저항에 직면하게 되었다. 나아가 김영삼 정부는 1996년 경제협력개발기구(OECD)에 29번째 회원국으로 가입하였다. 이로 인해 한국 경제가 세계 경제의 흐름에 능동적으로 참여할 수 있는 길이 트인 반면, 금융업 · 서비스업 분야에서는 국내 시장을 대폭 개방해야 하는 의무를 떠안게 되었다.

이처럼 한국 경제가 외형적으로는 역동적 세계화 추세 속에서 장밋빛 미래를 약속하는 것처럼 보였지만, 현실적 측면에서는 한국 경제의 국제경쟁력이 점점 약화되었다. 특히 일본 엔화가 약세로 돌아서면서 한국 상품의 국제경쟁력이 크게 악화되어 주력 상품들의 수출이 격감하였고 경상수지 적자는 2백억 달러를 넘어섰다. 나아가 그 여파로 내수시장도 빠른 속도로 침체의 늪에 빠져들었다. 이 같은 전체적 경기 하강 분위기 속에서 1997년 한보그룹 부도 사태가 가져온 정치경제적 여파는 엄청나게 컸다. 그런데 이에 대한 정부의 대응은 관련자를 처벌하는 수준에 머물렀다. 그 후 재계 순위 6위이던 기아그룹의 부도는 국내 · 외적으로 큰 충격을 주었다. 그런데도 정부는 3개월여를 김선홍 회장의 진퇴 문제를 놓고 그와 줄다리기를 하는 어리석음을 범했다.

그 결과 우리의 대외 신인도는 추락했고 동남아시아의 외환위기가 우리 경제 쪽으로 급속하게 파급되면서 외환위기를 맞고 말았다.[13] 해외 투자가들이 다투어 투자기금을 회수하고 외환 보유고가 바닥이 나는 상황에서, 환율은 급등하고 선진국 대접을 받던 한국은 순식간에 투자 기피국으로 전락했다. 그리고 한국 정부는 1997년 12월 3일 IMF 이행각서에 서명하고 강제성을 띤 IMF의 경제 개혁 요구를 수용함과 동시에 긴급구제금융 지원을 받게 되었다. 이 과정에서 김영삼 정부가 업적으로 내세웠던 금융실명제는 자금 흐름을 왜곡하고 있다는 평가에 따라 사실상 폐지되었다. IMF 한파라고 불리는 외환위기에 대한 대통령의 인식은 이후 크게 문제가 되었다. 특히 1997년 말 외채가 1,208억 달러(IBRD 기준)에 이르렀고 단기 외채를 변제할 능력이 없다는 사실, 즉 우리 경제가 부도 직전에 있다는 사실을 환란 직전까지 대통령은 제대로 인식하지 못했다는 것이 뒤늦게 밝혀졌다(안병만, 1999: 160).

3) 김대중 정부

IMF 관리 체제라는 최악의 경제적 상황에서 취임한 김대중 정부는 이전 정부까지 추구되어 왔던 성장주의 정책 대신 경제 난국을 수습하는 데 치중할 수밖에 없었다. 집권 1년차에는 강력한 구조조정과 시장 개혁을 통해 재벌 구조조정과 금융 개혁, 그리고 금모으기운동 등을 통해 외환위기의 조기 극복을 위한 초석을 마련하여 외환 보유고와 주가 지수, 금리와 환율 등을 안정시켰다.

그러나 이로 인한 대량 실업과 노숙자라는 엄청난 고통을 감내해야 했다.[14] 다소 진정 기미를 찾던 김대중 정부의 경제적 환경은 1999년 대우그룹의 몰락과 함께 벤처기업의 열풍에 휩싸이게 된다. 매달 250개씩 생겨난 벤처기업이 연말에 이르러서는 5,000개로 증가했고, 이들의 생산 총액은 20조 원으로 국내총생산(GDP)의 5%에 달하고 고용 효과도 10만 명에 이르는 등 새로운 경영환경이 조성되었다(세계일보, 1999년 12월 29일자).

---

13) 1997년 외환위기 발생 원인에 대한 좀 더 상세한 논의는 하태수(2017: 242-250)를 참고할 것.

14) 통계청은 1998년 10월 말 현재 실업률은 7.1%, 실업자는 153만 6,000명이라고 발표했지만, 불완전 고용자를 포함하면 200만 명이 넘을 것으로 추산되었다. 이때 유행한 경제 용어들로는 모라토리엄(대외 채무지불 유예), 리스트럭처링(구조조정), 다운사이징(조직 축소), 아웃소싱(외부 수주), 빅딜(대규모 사업 교환) 등이었다.

그렇지만 이런 호황도 2000년에 이르면서 일부 벤처기업인들의 도덕적 해이와 빈약한 수익 모델이라는 약점까지 겹쳐 거품 붕괴의 후유증을 겪게 되었다. 이에 더해 금융 구조조정이 계속 진통을 보였고, 외환위기 이후 경제 회생을 주도했던 수출산업품인 반도체 가격의 급락과 유가의 급등으로 김대중 정부의 경제는 다시 어려운 상황에 직면하게 되었다.

2001년에 이르러서는 김대중 정부 초기에 집중적으로 투자되었던 공적 자금 운영 부실이 현실화되면서, 당사자와 정부에 대한 책임론이 대두되었으며 제2차 구조 조정이 이루어졌다.[15] 결국 김대중 정부의 경제적 상황은 장기적인 불황과 급격한 구조조정에 따라, 2002년에 이르러는 신용불량자의 대량 양산과 가계 부채의 급증이 자살률 증가와 가족 해체 등 심각한 사회문제들을 야기하기에 이른다.[16]

4) 노무현 정부

노무현 정부 집권 전반기의 경제적 상황은 김대중 정부가 처했던 상황보다는 다소 호전되었지만 여전히 어려운 상황이었다. 이는 김대중 정부 때부터 소비를 통한 경기 부양에 주력해 온 결과 성장 동력이 저하된 데서 기인한 것으로, 취임 전부터 저하된 성장률은 집권 1년 동안 전년 동기 대비 1%대의 성장에 머물렀다. 특히 소득 증가가 둔화된 상태에서 국내총생산(GDP)에 대한 조세 부담률은 높아가고 있었다.[17] 국가 재정은 외환위기 직후인 1998년부터 연속적으로 적자를 면치 못해 국가 경쟁력에도 악영향을 미치고 있는 상황이었다.[18]

---

15) 공적 자금은 1998년부터 주로 금융위기에 투입된 자금으로 2001년 6월 현재 137조 5,000억 원이 투입되었다.

16) 2002년 11월 현재 30만 원 이상을 연체한 신용불량자는 257만여 명으로 증가했다.

17) 각국에서 국내총생산(GDP) 가운데 국세 및 지방세 총액이 차지하는 비율인 조세 부담률과 조세 외에 준조세와 사회보장성 기여금을 합한 금액을 GDP로 나눈 비율인 국민 부담률은 다음과 같다. 한국의 경우 준조세 성격을 가진 국외 여행자 납부금 등 102개에 달하는 부담금을 조세의 일종으로 보아, 이를 포함하면 실질적인 조세 부담률과 국민 부담률은 각각 24.0%와 29.2%로 높아진다. 특히 2000년을 기준으로 볼 때 한국이 OECD 평균보다 낮다는 평가는 문제가 있다. 즉, 준조세 외에도 미국과 일본에 비해 3분의 1 수준에 미달하는 건강보험료 등 사회보장비 부담 비율이 최근 증가하고 있고, 2006년까지 77조 원에 달하는 공적자금 채권 상환재원 마련을 감안하기 때문에 한국의 조세 및 국민 부담률은 상당히 높은 수준으로 보아야 한다.

18) 한국 정부는 재정건전성이 마지막 보루였는데 재정의 적자 편성으로 균형재정이 무너졌다. 1997

노무현 정부 시기의 경제적 환경 악화는 양극화라는 현상으로 통칭되는데 이것은 소득불평등 심화, 실업 증가, 비정규직 근로자 증가 등이 종합적으로 영향을 미쳐 나타난 결과였다. 먼저 소득불평등 심화를 보면 1997년 말 외환위기가 발생하고 구조조정이 시작되는 1998년부터 지니(Gini) 계수가 올라가 소득불평등이 심화되었다. 한나라당에서는 노무현 정권의 경제정책 실패 때문에 소득불평등이 심화되었다고 주장했지만, 자료를 보면 외환위기 전후에 차이가 많이 있는 것으로 보아 외환위기를 초래한 한나라당도 근원적인 책임에서 벗어나기 어렵다는 것을 알 수 있다.

실업은 외환위기 이후 전체 실업률이 1~2% 정도 상승했다. 사회 전반적인 구조조정 과정에서 해고자가 발생하고 신규채용이 축소된 결과였다. 특히 외환위기 직후에는 실업률이 더 높았으나 구조조정이 어느 정도 완료된 2001년 이후에도 실업률이 낮아지지 않은 것은 기업들의 전반적인 투자 감소로 인해 신규 일자리가 창출되지 않았기 때문으로 사료된다.

실업과 관련하여 노무현 정부에서 특히 문제가 되었던 것이 청년 실업이었다. 대학을 졸업해도 취업이 안 되어 소위 '이태백'(20대 태반이 백수)이란 단어가 만들어질 정도였다. 또한 취업을 한다 하더라도 비정규직 취업이 크게 증가하는 새로운 문제가 발생했다. 정규직 임금근로자는 평균 60~71개월의 근속 기간을 보이는데 반해, 비정규직 근로자들은 평균 22~26개월만 근속하며, 임금 수준도 정규직의 63~64% 정도밖에 안 되었다(e-나라지표, http://www.index.go.kr).

비정규직이란 개념의 정의 방식에 따라 민주노총과 노동부의 비정규직 근로자 숫자는 큰 차이가 있다. 하지만 양자가 비교적 중립적이라고 인정하는 한국노동사회연구소 김유선 소장에 따르면, 비정규직 조사가 시작된 2001년 8월 이후 2007년까지 비정규직 근로자의 수는 2001년에 736만 명이던 것이 2007년에는 861만 명으로 증가했고, 전체 임금 근로자 중에서 비정규직이 차지하는 비중은 2001년 55.7%에서 2007년 54.2%로 감소했다. 이 비율이 감소한 것은 전체 임금 근로자

년 60조 3천억 원, 1998년 80조 4천억 원, 1999년 98조 6천억 원, 2000년 111조 4천억 원, 2001년 122조 1천억 원, 2002년 133조 6천억 원으로 5년 간 2.2배로 급증했다(재정경제부 내부 자료, 2003).

증가분이 비정규직 증가분보다 더 크게 증가했기 때문인 것으로 판단된다.

한편 비정규직 근로자의 실태를 좀 더 세분화해 살펴보면 비정규직 비율은 성별, 연령별, 학력별로 차이가 심한 것으로 나타났다. 성별로 보면 남성보다 여성에서 높게 나타나 성별 차이가 심하다. 남성의 경우 전체 임금 근로자의 48.4%가 비정규직인 반면, 여성의 경우에는 전체 임금 근로자의 73.3%가 비정규직이었다. 연령별로는 24세 이하 청년층 및 55세 이상 고령층에서 비정규직 비율이 높았다. 학력별로는 학력이 낮을수록 비정규직 비율이 높았다(월간 『비정규노동』, 2001년 8월호).

끝으로 노무현 정부 후반기인 2007년 4월 2일에는 한·미 FTA 협상이 타결되었다. 이것은 2004년 4월 1일부터 발효된 한·칠레 FTA에 이은 두 번째 FTA 협정으로 한국 경제의 국제 경제 편입도를 증가시킬 것으로 예상되었다.

5) 이명박 정부

이명박 대통령은 노무현 정부 말기부터 특히 악화되기 시작한 경제적 환경에서 경제 전문가를 표방하면서 당선되었기 때문에, 임기 초부터 여러 가지 경제 문제와 어려운 씨름을 해야만 했다. 이에 더해 세계 경제는 어려운 우리의 경제 여건에 심각한 충격을 가해 왔다. 첫 번째가 2007년 6월 미국에서 발생한 서브프라임 모기지와 관련한 경제위기의 여파로 세계경제는 2008년에 매우 어려운 상황에 직면했다. 2008년 9월에는 미국의 리먼브라더스가 파산했고, 10월에는 미국 국제금융법안이 발효되면서 세계의 실물경제가 침체의 늪으로 빠져들게 되었다.

이 때문에 수출 탄력성이 매우 높은 한국 경제는 직격탄을 맞았다. 먼저 미국발 유동성 위기 때문에, 2008년 초부터 원/달러 환율이 급등했다. 2006~2007년 동안 900원대이던 환율이 2008년에는 1,100원대로 급격히 상승했다. 그로 인해 원자재 수입가가 크게 올라 기업들에 상당한 부담을 주었다. 이에 더해 주요 수출시장인 선진국의 실물경제가 침체하면서 수출 환경은 악화되었다.

그 결과 경제 전문가가 대통령이 된 정권의 집권 첫해에 130억 달러의 무역수지 적자를 기록하는 비극이 벌어졌다. 그러나 2009년부터는 고환율에 적응하고, 수출시장 다변화를 꾀해 300~400억 달러 이상의 국제수지 흑자를 실현했다. 특히 2010년에는 세계 각국의 경제가 전반적으로 침체된 상황임에도 불구하고 경제성장률이 세계 2위라는 업적을 달성하기도 했다.

그런데 국제수지가 호전된 이면에는 FTA 체결의 효과가 컸다. 예컨대, 김대중 정부가 세계 수출 시장을 개척하기 위해 시작한 FTA 체결 움직임은 노무현 정부와 이명박 정부에서도 계속 이어졌고, 발효가 본격적으로 시작되면서 이는 수출 확대에 크게 기여했다. 특히 이명박 정부에서는 인도, EU, 미국 등 시장이 큰 나라와의 협정이 발효되면서 수출시장의 확대 효과가 컸다.

2012년 말 현재 한국은 8개국과 FTA 협정을 발효시켰다. 주변국인 일본・중국・대만이 각각 13개국・10개국・4개국과 FTA 협정을 조인했음에도 불구하고 2013년 5월 말 현재 발효된 건이 하나도 없음을 고려할 때, 한국은 상당히 앞서가고 있음을 알 수 있다. 이 밖에도 현재 1개국과 협정이 추가로 조인되어 발효를 기다리고 있고, 9개국과 추가로 협상을 벌이고 있는 사정을 고려하면 한국은 자유무역을 통한 세계 수출시장의 확보에서 상당히 앞서가고 있었다(한국무역협회 FTA 무역종합지원센터).

수출과 국제 경제 측면에서는 다소 어려움이 있었음에도 불구하고 이명박 정부가 슬기롭게 극복하면서 좋은 성과를 거두었지만, 국내 경제 측면에서는 노무현 정부가 남긴 어두운 측면들이 계속 유지되거나 일부는 악화되었다. 대표적으로 양극화로 표현되는 빈부 격차의 확대 문제, 실업 문제, 집값 하락 문제 등이 이명박 정부의 발목을 잡았다.

이명박 대통령은 2007년 대선 기간 중에 집중적으로 노무현 정부의 경제 실정을 공격하여 당선되었기 때문에, 국내 경제 문제들이 상당 부분 호전될 것으로 기대되었으나 그런 결과를 낳지 못했다. 지니 계수는 정권 초기 2년 동안 노무현 정부 때보다 오히려 악화되었다가, 3년차부터 비슷한 수준을 유지하기 시작했다. 실업 문제에서도 이명박 정부는 노무현 정부의 실적을 크게 개선시키지 못했다. 전체 실업률은 두 정부가 똑같이 3.2~3.7%를 기록했다. 사회문제로 큰 관심을 받았던 청년 실업에서도 노무현 정부가 7.2~8.3%, 이명박 정부가 7.2~8.1%를 기록하여 개선이 있었다고 보기는 어려웠다.

부동산 가격의 하락, 특히 서울을 중심으로 한 수도권의 집값 하락은 하우스 푸어라는 또 하나의 경제 문제를 낳았다. 과거 부동산 가격에 거품이 있을 때 거액의 대출금을 이용하여 집을 구입한 사람들이 집값이 하락하자 순자산이 0 이하로 떨어지는 상황이 벌어졌다. 주택을 매매한 후 대출금을 상환하면 당장 갈 곳이 없어지는 상황인데, 그렇다고 미래 가치가 거의 없는 주택에 대출금 이자를 계속 납부할 수도 없는 이러지도 저러지도 못하는 상황이 벌어졌다. 이런 문제에 빠진 사람들은 적게는 10만 명에서 많게는 100만 명으로 추산되는데, 정부가 구제 조치를 해야 한다는 의견과 재산을 늘리려던 무모한 욕심에 대해 정부가 책임질 필요가 없다는 의견이 분분해 정부도 확실한 대응을 하지 못했다.

이명박 정부의 경제적 환경은 이처럼 국내와 국외가 확연하게 다르게 전개되었다. 국제적으로는 자유무역의 효과로 국제수지가 개선되어 갔던 반면, 국내적으로는 고도 성장과 IMF 등의 후유증에 따른 고통이 전혀 치유되지 않는 상황이 지속되었다. 이에 더해 국제수지의 개선이 국내의 경제 상황을 개선하는 데 별로 도움이 되지 않으면서, 일부 대기업에게만 수혜가 집중되는 부의 양극화 현상이 가속화되었다.

결국 이명박 정부의 경제적 환경은 고스란히 다음 정부인 박근혜 정부에게로 이전되면서, 이명박 정부의 경제적 여건은 복잡한 양상 속에서 마감되었다.

6) 박근혜 정부

박근혜 정부는 이명박 정부가 남긴 경제 문제들을 고스란히 끌어안고 출범했다. 국제 경제 환경이라는 측면에서 특히 초기에는 일본이 '약한 엔' 환율정책을 채택하고 미국이 양적 완화 정책을 추구하려고 하는 상황에서, 우리나라 기업들의 수출이 줄어드는 문제에 직면했다.

과거 이명박 정부에서는 우리가 고환율을 유지하면서 수출과 국제수지에서 좋은 실적을 거두었는데 반해, 박근혜 정부는 이런 이점도 누릴 수 없는 상황에 놓이게 되었다. 그렇지만 자유무역의 효과 탓에 상반기 경상수지 흑자는 297억 7천만 달러로 사상 최고치를 기록하면서 국제 경제적 측면은 그런대로 유지되었다.

그러나 문제는 국내 경제적 측면이었다. 가계의 실질소득 증가율은 2분기에도 여전히 1.3%대에 머물면서, 동시에 실업자도 증가하는 양상이었다. 이로 인해 가계부채 또한 증가하여 이명박 정부와 유사하게, 국가의 경제 성장의 과실(果實)이 경제 주체, 특히 내수나 서비스업에 종사하는 가계에 골고루 분배되지 않는 악순환이 반복되었다. 또한 복지 분야의 재정지출 수요는 증가하는데 반해, 전반적인 경기 침체와 이명박 정부의 대대적인 조세 감면 조치로 인해 재정 수입은 감소해 박근혜 정부의 재정 환경은 대단히 어려운 상황에 놓였다.

박근혜 정부는 이런 문제들을 인식하고 신용불량자 구제를 통한 국내 경기 활성화, 조세 감면 폐지, 지하경제 양성화 같은 조치를 취하였다. 이에 더해 그간 금기시해왔던 증세 논의를 본격적으로 수면 위로 올려놓기 시작했다. 9월 16일에 있었던 3자회담에서 세출 구조조정과 비과세 축소로 복지재원을 마련하도록 하고, 그래도 부족하면 국민 공감대 속에 세입 확충의 방법과 폭을 도출할 필요가 있음을 밝히면서 증세 논의를 제기했다.

그러나 이 또한 박근혜 대통령이 내세웠던 증세 없는 복지 공약과 배치되면서, 조세 저항을 어떻게 극복할 것인가의 문제가 숙제로 남았다. 이처럼 박근혜 정부는 심각한 분배 문제와 함께 복지 분야에 소요되는 135조 원이라는 재정지출 수요를 마련해야 하는 상황에 직면했다.

7) 문재인 정부

문재인 정부는 출범 이후 '소득 주도 성장과 국민 삶의 질 향상'을 목표로 일자리 창출을 핵심 과제로 설정했다. 일자리 상황판을 설치하고 최저임금 보장과 공공부문 비정규직의 정규직 전환, 노동시장 격차 해소, 양질의 일자리 창출 지원 등을 중요 정책으로 추진하고 있다. 아울러 농식품 부분의 일자리를 늘리고, 농업인 소득 안전망 확충, 직·간접적 재정지원과 제도개선, 청년 창업농 육성, 선박 건조 지원, 항만 재개발 등도 동시에 추진하고 있다. 과학기술 분야에서는 사람 중심의 제4차 산업혁명을 뒷받침하기 위한 인프라 구축, 국가 연구개발 시스템 혁신, 전기·자율 주행차, 사물인터넷, 에너지 신산업 등을 중심으로 경제 활성화에 노력하고 있다(위클리공감, 2018.2.6).

3. 사회적 환경

1) 노태우 정부

한국 정부 민주화기의 사회적 환경에서는 6 · 10 민주항쟁과 6 · 29 선언을 기점으로, 참여의 폭발과 사회운동 조직의 다원화가 가속화되었다. 6 · 10 민주항쟁의 연장선상에서 한국 사회의 총체적 변혁을 주장하며 사회운동과 노동운동이 노태우 정부의 출범과 동시에 폭발적으로 전개되기 시작했다. 예컨대, 1988년의 남북학생 회담 추진, 1989년 봄 전민련 발족, 1989년 여름 평양축전 참가 기도와 일련의 밀입북사건, 그리고 1987년 7월부터 시작된 노동자들의 투쟁 이래 1989년 여름까지 계속된 노사분규 등이 대표적 현상들이었다.

그런데 운동권의 통일 · 변혁 논리가 마르크스-레닌주의와 김일성 주체사상까지 원용하는 등 급진성이 격화되고, 노동운동 또한 더욱 과격해지자 혁신 이념에 대한 불안 심리가 확산되기 시작했다. 사회적 불안 심리에 대한 역작용으로 1989년 봄부터 극우 세력의 저항이 표면화되면서, 이를 계기로 민주-반민주로 틀지어졌던 체제-반체제의 대결 논리가 보수-혁신의 이념 대결로 전환되었다. 뒤이어 밀입북 사건이 발생하자 노태우 정부는 이른바 공안정국을 형성했으며, 그 여파로 운동권과 노동 세력의 활동이 점차 퇴조하기 시작했다.

이러한 분위기의 변화와 민주화의 열풍이 맞물리면서 사회운동단체들의 성격과 활동도 다양해졌다. 같은 분야에서 서로 성격을 달리하는 단체들이 생겨났는데, 한국노총과 별도로 1989년 2월에는 전국노동조합협의회(전노협)가 결성되었고, 1989년에는 대한교육연합회에 대항한 전국교원노동조합(전교조)이 출범했으며, 1990년 4월에는 전국농민연맹(전농)이 결성되었다(경남대 극동문제연구소, 2000).

1988년 9월에 창립된 공해추방연합과 1989년 7월에 경제정의실천시민연합(경실련)은 체제 변혁을 위한 목적보다는 실용적 · 공익적 목적으로 출범했다. 또한 1988년 6월에 '인도주의 실천 의사협의회'가 출범했고, 동년 9월에는 기존의 관변 지향적인 이익집단과는 성격을 달리하는 '민주사회를 위한 변호사모임'이 출범했다.

이 시기에 재야 중심의 반체제 운동 방식을 탈피하고 체제 내에서 사회 변혁을 꾀하려는 새로운 시민운동 방식이 태동했는데, 이러한 방식을 원용해 탄생한 최초의 단체가 경제정의실천시민연합(경실련)이다. 경실련은 이런 측면에서 새로운 시민운동의 효시가 되었으며, 1990년대부터 폭발적으로 증가하기 시작한 시민단체의 원형이 되었다.

한국 사회에서 시민운동의 효시로서 경실련이 담당해 왔던 역할과 의미는 대단히 중요한데, 이를 간략히 기술하면 다음과 같다. 첫째, 한국 사회를 개혁하는 데 개혁의 지지 세력의 구축과 이의 확산에 핵심적인 역할을 담당했다. 보수적 물결을 차단하고, 개혁적 사조와 지지 기반을 확산함으로써 한국 사회를 재편하는 데 결정적인 역할을 했다. 둘째, 사회운동의 새로운 모델로서 시민운동 방식을 제시했다. 1987년 민주화 과정 이후 경실련의 새로운 운동 방식, 즉 평화적이고 합법적인 운동, 시민이 주체가 되는 운동, 합리적인 대안을 모색하는 운동, 사회적 공공선(公共善)을 추구하는 운동, 국민의 생활상의 문제로부터 출발하는 운동, 제도 개혁과 의식 개혁을 동시에 추구하는 운동 양식이 시대적 조류와 부합하게 됨으로써 경실련의 시민운동 방식이 한국 사회운동의 새로운 모델로 교시적 역할을 하게 되었다. 셋째, 한국 사회의 실질적 민주주의를 개선하는 데 40여 개의 지역 경실련의 활성화를 통해 풀뿌리 민주주의의 착근에 기여했다는 측면 외에, 시민운동의 활성화를 통한 지역 주민의 참여를 극대화하는 데 기여했다. 넷째, 연대를 활성화하여 여타 군소 시민단체들의 발전과 정책 능력의 배양에 기여했다.

끝으로, 정부나 기업이 사회를 이끌어나가는데 시민단체와 함께해야 한다는 새로운 거버넌스(governance)를 구축하는 데 선도적 역할을 담당했다. 즉, 경실련은 정부와 기업이 가지고 있던 시민운동에 대한 시각을 변화시켰고, 이들의 정책 능력을 제고시켰다(김태룡 · 신률, 2002).

2) 김영삼 정부

연이은 밀입북사건으로 공안정국을 형성했던 노태우 정부의 사회정책은 운동권과 노동 세력의 활동을 점차 퇴조하게 했으며, 이런 분위기는 김영삼 정부 초기에도 지속되는 양상을 보였다. 김영삼 정부와 사회운동 세력과의 갈등은 5·18 특별법의 제정을 둘러싸고 발생하게 된다. 1995년 7월에 검찰이 5·18 사건에 대해 공소권 없음으로 결정을 내린 후, 대학가와 사회단체를 중심으로 특별법의 제정과 특별검사제 도입 목소리가 제기되기 시작했다.

특히 광주민중항쟁운동연합회장 등 광주항쟁 진상 규명 및 정신 계승을 위한 국민위원회는 헌법소원을 제출하기도 했다. 천주교정의구현사제단 등 종교단체의 입법청원서 제출과 대학생들의 동맹휴업, 교수들의 서명운동 등 5·18 특별법 제정 촉구 움직임이 확산되었다. 이에 따라 동년 11월 김영삼 대통령은 전직 대통령들의 구속과 함께 5·6공 세력의 청산을 통해 정국 주도권을 잡고자 민자당에 특별법 제정을 지시했다.

사회운동이 어느 정도 사회적 지지 기반을 확대하면서 정부와의 갈등 관계를 조정해 간 반면, 학생운동의 경우는 1996년 8월 남측 대학생 2명이 연세대학교에서 열리는 제6차 통일대축전에 북측 대표를 초청하기 위해 범청학련 남측본부 대표 자격으로 방북하는 사건이 발생한다. 이에 대해 정부는 한국대학총학생연합회(한총련) 주최의 통일대축전을 실정법 위반으로 규정하고 공권력 투입에 의한 행사의 원천 봉쇄라는 입장을 취하게 되고, 한총련 소속 대학생들은 통일대축전 개막 전날 판문점 진출을 시도하면서 화염병을 던지는 등 폭력 시위를 시작했다. 그러나 연세대 시위는 운동권 학생들에 대한 검·경의 대대적인 검거 선풍을 초래했고, 일반 국민들의 지지를 얻는 데 실패함으로써 학생운동이 급격히 쇠퇴하는 계기로 작용하기도 했다.[19]

한편 노동운동의 경우는 1996년에 들어 김영삼 대통령이 신노사 관계 구상을 발표하면서 악화되기 시작했다.[20] 노동계와의 협상에서도 복수노조 허용, 공무원

19) 한총련 사태는 200여억 원의 재산 피해와 5,848명의 연행, 그 중 462명의 구속으로 단일 사건으로는 사법 사상 최대의 인원이 사법 처리되는 기록으로 남게 되었다.

20) 김영삼 대통령은 신노사 관계 구상을 통해 공동선, 참여와 협력, 노사 자율과 책임, 교육 중시와 인간 존중, 그리고 제도와 의식의 세계화 등 5개 항의 노사 관계 원칙을 제시하고, 새로운 노동관계법을 만들도록 했다. 이를 위해 현승종 전 총리를 위원장으로 하는 노사관계개혁위원회를 발족했다.

및 교원의 단결권, 정리해고 및 변형근로제 도입 여부, 제3자 개입 문제, 노조 전임자 임금 지급 중지 여부 등 핵심 쟁점 사안에 대해서는 합의 도출에 실패했다. 이에 정부는 총리를 위원장으로 재경원, 노동부, 통상산업부 장관 등 14개 부처 장관들을 위원으로 하는 노사관계개혁추진위를 설치하고 정부안을 국회에 제출했다.[21] 이 법안에 대해 노동계는 정리해고 및 대체근로제 도입 등이 포함된 점을 들어 반발했고, 국민회의 · 자민련 등 야권도 연내 처리 불가 입장을 밝혔다.

그러나 1996년 12월 26일 신한국당은 새벽 6시에 단독으로 국회 본회의를 열어 4개 노동 법안(근로기준법, 노동조합 및 노동관계조정법, 노사협의회법, 노동위원회법 등)과 국가안전기획부법 개정안을 기습 처리했다. 여당의 날치기 처리에 대해 야당과 한국노총 · 민주노총 등 노동계는 일제히 반발했고, 야당에서는 원천 무효를 선언하며 김영삼 대통령과 면담을 요구하기에 이른다.

김영삼 대통령은 이에 대해 면담을 거부했고, 야권과 노동계, 종교계, 학계, 사회단체 연합으로 결성된 '노동법 · 국가안전기획부법 날치기 개악 무효화와 민주수호를 위한 범국민대책위원회'는 각계 원로 1,997명이 서명한 시국선언문을 발표했다. 이후 1997년 1월 15일에는 한국노총과 민주노총이 주최한 집회 및 시위가 1987년 6월 민주항쟁 이후 가장 많은 20여만 명이 참가한 가운데 서울, 부산, 대구 등 전국 15개 지역에서 동시다발적으로 열리는 등 노동계 파업 사태가 나날이 악화되었다.

그러자 마침내 김영삼 대통령은 신한국당 이홍구 대표, 국민회의 김대중 총재, 자민련 김종필 총재와 청와대에서 4자회담을 갖고 노동관계법과 국가안전기획부법 재개정과 파업 지도부에 대한 영장 집행 유예 의사를 밝혔다. 국회는 이에 따라 1997년 3월 10일 오후 환경노동위원회 제안 형식으로 상정해 의결함으로써 노동관계법 파동은 막을 내렸고, 1997년 3월 12일 국회에서 재개정된 노동관계법이 서명 · 공포되었다.[22]

---

21) 정부안의 골자는 1997년부터 상급단체의 복수노조를 허용하고 노조의 정치 활동 및 제3자 개입 금지를 삭제하며, 2002년부터는 단위 사업장에 대한 복수노조를 허용하는 동시에 노조 전임자 임금 지급이 금지되고, 1999년부터 교원의 단결권과 제한적인 교섭권을 인정하는 것 등으로 구성되었다.

22) 재개정된 노동관계법의 내용은 상급단체의 복수노조를 정부 원안대로 즉시 허용하고, 정리해고

3) 김대중 정부

IMF 관리 체제 하에서 정치적으로나 경제적으로 강력한 구조조정이나 개혁을 단행할 수밖에 없었던 김대중 정부의 사회적 환경은 그 어느 정부보다도 다난했다. 국가적 차원의 사회안전망이 전혀 마련되어 있지 않은 상황에서 맞이한 IMF 관리 체제와 그에 따른 경제적인 강력한 구조조정은 사회적 균열을 더욱 심화시켰다. 이에 노동운동의 초점은 과거와는 달리 주로 사회안전망의 확충과 강제 실업의 위협으로부터 노동자를 보호한다는 취지에서 이루어졌다.

집권 초기의 특징적인 노동운동의 변화로는 당시의 환경이 너무 급박한 나머지 종래와 같은 대규모 노동운동이 거의 이루어지지 못했다는 점이다. 다만 2000년이 되어서야 주5일 근무제 추진 등 정부입법에 대해 노사정위원회를 통한 제도권 내의 활동이 진행되었다. 그러나 경제가 계속적으로 어려움에 직면하자, 2001년에는 연초부터 대우자동차 부평공장에서 시작된 주요 사업장의 파업이 연말까지 이어지는 등 노사 분규가 지속되었다.

사회운동의 경우는 김대중 정부에 들어서면서 시민단체의 급격한 증가와 함께 질적 변화를 맞이한다. 종래의 재야 운동권 중심의 사회운동이 김영삼 정부에서 상당 부분 제도권으로 진입하여 그 세력이 쇠퇴하다가, 김대중 정부에서 마지막으로 이들이 제도권에 참여하면서 새로운 사회운동의 기제로 시민단체를 통한 시민운동이 성장했다. 2000년에는 국회의원선거에서 시민단체협의회를 중심으로 한 정보공개운동이나, 총선연대의 낙천운동과 같은 정치적 성격의 시민운동이 있었다. 반면에 평화와 참여로 가는 인천연대가 법원으로부터 판공비 공개 결정 판결을 얻어낸 것이나, 고양시의 주부들을 중심으로 한 시민연대가 러브호텔을 짓도록 한 조례를 폐지시키는 등 새로운 사회운동의 전형도 정착되어 갔다.

문화 · 환경적인 측면에서는 1988년 10월 20일 일본 대중문화의 개방 선언이나, 1999년의 시화지구를 시작으로 30년 가까이 유지되어 왔던 그린벨트가 해제되면

와 관련하여 긴박한 경영상의 이유가 있을 때 노동위원회의 승인 없이 근로자를 해고할 수 있도록 한 법안은 시행을 2년 간 유예하기로 했다. 이와 함께 노조 전임자 임금은 5년 뒤부터 지급을 금지하기로 했으며, 노조 자립을 위한 기금 조성을 위해 조세감면법 등에 상징적 문구를 규정하고 기금 조성의 실효성을 높이기로 하는 등으로 구성되었다(동아일보, 1997년 3월 13일자).

서 환경 파괴와 재산권 보호라는 논란이 가열된 것도 김대중 정부의 사회적 환경에서 중요한 변화라고 할 수 있다. 특히 김대중 정부에서 증폭되었던 반미 감정이나 시위도 중요한 사회적 변화로 볼 수 있다. 2000년 주한미군지위협정(Status of Forces Agreement: SOFA) 개정을 둘러싼 미국의 고자세나, 이후 여중생 사망 추모 촛불시위를 계기로 반미 시위는 전국적으로 확산되었다. 이에 따라 주한미군지위협정(SOFA)을 개정해야 한다는 여론이 높아갔다.

4) 노무현 정부

노무현 정부의 사회적 환경은 정권 차원에서 참여와 민주주의를 강조함으로 인해 사회집단이 급증하고, 사회 각계의 다양한 목소리가 제기되어 매우 혼란스러웠다. 세대, 계층, 지역, 이념 간에 심각한 갈등과 균열이 초래된 상태에서 출범하여 집권 초부터 문제를 안고 있었던 노무현 정부는 진보단체들의 활성화와 그에 대한 보수단체들의 반작용으로 사회의 혼란이 가중되는 경험을 하게 된다.

특히 이 기간에는 참여의 강조로 인한 사회단체의 증가가 두드러졌다. 2003년 1월부터 5월 사이에만 340개의 사단법인이 새로 등록되었고, 기타 단체까지 합치면 약 600여 개 단체가 새로 등록된 것으로 추산되었다. 정부가 2003년 한 해 동안 565개 시민단체에 지원한 예산은 총 411억 원에 달했다. 단체 수의 증가는 다양한 요구의 증가로 이어졌는데, 새만금 방조제 공사에 반대하는 환경보호론자들의 삼보일배(三步一拜) 운동을 시작으로 철도노조의 민영화 저지 투쟁, 화물연대의 불법집단행동, 조흥은행 노조의 불법파업, 농민연대 시위, 전교조 불법 연가 투쟁, 경부고속철도 천성산 터널 공사 반대 투쟁 등 사회 전반에 걸쳐 집단이기주의가 분출하였고 사회 불안은 극에 달했다.

그러나 시민사회의 활성화가 사회 혼란만 가중시킨 것은 아니었다. 자원봉사 활동의 활성화와 정착은 시민사회 활성화 이후 나타난 대표적 장점이다.[23] 서울시의

---

23) 2005년에 이르러서는 활성화된 시민단체들이 정부의 정책결정 과정에 강력한 영향력을 행사하여 '시민단체부'라는 단어가 생성될 정도로 이들의 영향력이 증대되었다. 여당은 정책입안 단계서부터 시민단체와 협의를 하고, 심지어 공동으로 법률안을 만들기도 했다. 대표적인 사례로는 환경정책기본법과 에너지기본법 개정, 식품기탁촉진에 관한 법률 제정, 특수교육예산 확보를 위한 특

경우 1999년 월드컵 지원을 위해 자원봉사센터를 발족시켰는데, 2003년의 경우 모두 150만 명의 자원봉사자가 활동했다. 2005년 1월 초 남아시아 지역에 대지진 발생과 2007년 12월 7일에 발생한 태안 유조선 기름 유출 사건 당시에, 고통을 분담하기 위해 많은 사회단체가 봉사 활동에 참여하는 등 참여의 긍정적 사례들도 많이 등장하였다(조선일보, 2004년 9월 5일자; 2005년 1월 8일자; 중앙일보, 2008년 2월 19일자).

노무현 정부에서 사회단체들의 세력 확장은 정치로 연계되었는데, 참여연대를 중심으로 한 낙천 · 낙선운동이 대표적이다. 시민단체의 활동은 한 · 미 FTA 체결과 다른 정치 문제들에서 첨예하게 대립하여 찬반 투쟁을 벌여 나갔다. 진보 계열 시민단체들은 한 · 미 FTA 저지 범국민운동본부라는 단체를 결성하여 한 · 미 FTA에 대해서도 줄기차게 반대운동을 벌였으며, 보수 계열 시민단체들은 뉴라이트운동을 통해 좌파적 오류와 편향을 바로잡는다는 목적으로 결집했다.

한편 2007년 10월 29일에는 천주교정의구현사제단이 전 삼성그룹 법무팀장이던 김용철 변호사의 양심선언 내용을 발표하기에 이른다. 이 사건은 우리나라 정경유착과 관계(官界)의 부정부패를 여실히 드러낸 사건이라 할 수 있다. 그 여파로 2008년 4월 22일 이건희 회장은 삼성과 관련된 모든 자리에서 사퇴하게 되어 우리나라 최대 기업의 건전성에 치명적 오점을 남겼다.

5) 이명박 정부

실용정부를 표방하면서 등장한 이명박 정부를 둘러싼 사회적 환경도 이전 정부와 유사하게 혼란 그 자체였다. 인구 측면에서는 고령화 문제가 매우 빠른 속도로 전개되었다. 낮은 출산율은 이전 정권기와 비슷한 수준으로 유지되었는데 반해, 총인구에서 65세 이상 인구가 차지하는 비율은 빠른 속도로 높아졌다. 이 비율이 7%이면 고령화 사회, 14%이면 고령사회, 20%이면 초고령 사회라고 구분하는데, 한국의 경우 고령화 사회에서 고령사회에 도달하는 시간은 17년으로 그 속도가 주요 선진국들보다 매우 빠른 편이었다.

별법 제정 등이 있다.

이명박 정권기 동안 사회 분야에서 국민들의 마음을 가장 아프고 불안하게 만들었던 것은 악질적 성폭행 사건들이다. 2007년 12월 25일 안양에서 8세 · 10세 여자 초등생 2명이 납치된 후 성폭행 · 살해당한 후 시신이 유기된 사건이 2008년 초부터 언론의 집중을 받았다. 그 충격이 채 가시기도 전인 동년 12월 11일에 안산에서, 8세 나영이가 성폭행을 당해 평생 장애인으로 살아가야 하는 가슴 아픈 일이 발생했다.

잠시 잠잠하던 2010년 2월 24일 부산에서 예비 여중생이 성폭행 · 살해당하는 일이 또다시 벌어졌다. 2011년에는 장애인 성폭행을 다룬 〈도가니〉라는 영화가 상영되어 사회적 약자들에 대한 성폭행 문제가 본격적으로 사회 쟁점화되었다. 그러나 그것으로 끝나지 않고 2012년 4월 1일 수원에서 조선족 오원춘이 28세 여자 회사원을 성폭행한 후 토막 살인하는 사건이 발생했는데, 단순 성폭행이 아니라 인육을 노린 범죄라는 의혹이 제기되어 한국 사회를 경악하게 만들었다.

국가의 무자비한 공권력 행사도 국민들의 공분을 샀다. 2009년 1월 20일에는 용산4구역 도시정비사업 현장에서 강제철거 작업을 시도하던 경찰과 이를 저지하던 철거민들이 충돌하여 철거민 5명, 경찰 특공대 1명이 사망하는 사고가 발생했다. 또한 2009년 5월 초부터 시작된 쌍용자동차 평택공장 파업에서, 국가가 공권력을 투입하여 강제로 해산을 시도하는 바람에 노조원들이 사제 박격포로 격렬하게 저항하는 일도 있었다.

이명박 정권의 신자유주의 노선, 대기업 위주의 정국 운영 등에 반발하는 움직임도 사회적으로 큰 반향을 일으켰다. 부산에 위치한 한진중공업은 2010년 12월 15일 경영 악화를 이유로 구조조정을 단행했는데, 동월 28일부터 해고된 근로자들이 크레인에 올라가 해고 철회를 요구하며 고공 시위를 시작했다. 회사 측이 묵살하자 2011년 6월 11일부터 일반 시민들이 시위자들을 돕는 '희망버스' 운동이 시작되었다. 이 희망버스는 동년 9월 25일까지 모두 5차에 걸쳐 진행되었는데, 2차부터는 정동영 민주당 최고위원, 손학규 대선 후보 등이 참여하여 정치적 의미까지 부가되었다. 시위는 2011년 11월 10일 노사 합의로 종료되었다.

6) 박근혜 정부

2013년 2월에 출범한 박근혜 정부도 이명박 정권이 고민해야 했던 인구구조 문제 등을 그대로 안고 출발했다. 일 가정 양립에 관한 논의를 확산하고 복지정책이 세분화되는데 기여한 측면이 있지만 청년 실업 심화, 생활 치안 불안 문제 등도 고스란히 떠안았다. 설상가상으로 정권이 출발한 지 얼마 되지 않았는데 사회 기강을 이완시킬 수 있는 성 관련 사건들이 발생했다. 건설업자 윤중천의 원주 별장 성접대 사건은 이명박 정권기에 있었던 일이긴 하지만, 박근혜 초대 내각에서 법무부 차관에 내정되었던 인물이 연루되는 바람에 박근혜 정권에 큰 부담을 주었다. 게다가 박 대통령의 미국 방문을 수행했던 윤창중 청와대 대변인이 미국에서 저지른 어이없는 성범죄는 박근혜 정부에 국내·외적으로 큰 망신을 안겨주었다.

박근혜 정부의 사회복지정책은 노인복지수당을 둘러싼 정책결정 과정에 불만을 가진 진영 복지부 장관이 사퇴를 함으로써 더욱 혼돈된 양상으로 변모하기 시작했다. 그렇지 않아도 재원의 부족으로 복지공약들의 정책 집행이 지지부진하던 차에, 노인복지수당을 둘러싼 박근혜 대통령의 사과와 야당의 공약 이행을 요구하는 공세는 사회 통합을 약화시키는 요인으로 작동하고 있다. 특히 박근혜 정부 시기에 발생한 사회재난은 화재·붕괴·폭발·교통사고·환경오염사고 등으로 규모가 큰 것들이 많았고 특히 세월호 침몰 사고[24]는 많은 국민들에게 정신적으로 큰 상처를 남겼다.

---

24) 2014년 4월 16일 오전 8시 50분경 대한민국 전라남도 진도군 조도면 부근 해상에서 여객선 세월호가 전복되어 침몰한 사고이다. 세월호는 안산시의 단원고등학교 학생이 주요 구성원을 이루는 탑승인원 476명을 수용한 청해진해운 소속의 인천발 제주행 연안 여객선으로 4월 16일 오전 8시 58분에 병풍도 북쪽 20km 인근에서 조난 신호를 보냈다. 2014년 4월 18일 세월호는 완전히 침몰하였으며 이 사고로 시신 미수습자 9명을 포함한 304명이 사망하였다. 침몰 사고 생존자 172명 중 절반 이상은 해양경찰보다 약 40분 늦게 도착한 어선 등 민간 선박에 의해 구조되었다. 3년 동안 인양을 미뤄오다가 2017년 3월 10일 제18대 대통령 박근혜가 파면되고 12일 후인 2017년 3월 22일부터 인양을 시작했다. 이어 동년 3월 28일 국회에서 세월호 선체조사위원선출안이 의결되었다(https://ko.wikipedia.org, 2018년 10월 18일 검색).

7) 문재인 정부

문재인 정부는 사회 분야 국정 과제를 여러 단계로 나누어 제시했다. 먼저 아동수당 도입, 기초연금 단계적 인상, 치매국가 책임제 실시, 기초생활보장 부양의무자 기준 단계적 완화 등 복지 영역을 강화하고 대입전형 간소화 및 공정성 제고 등 교육 혁신에 관해 공론화 위원회를 구성한 후 의견을 청취했다. 미세먼지 종합대책, 석탄발전과 경유차의 비중 축소, 단계적 원전 감축, 에너지 가격체계 개편, 비정규직 문제의 종합적 해소를 추진하고 감정노동자 보호대책을 강화하는 중이다. 또한 실질적 성평등사회 실현, 예술가 권익보장을 위한 법률 제정, 예술인 고용보험제도를 도입해 운영하고 있다. 또한 법정근로시간 정상화, 강력한 재정분권 추진 등을 실시하고 있다(대한민국 정책브리핑, 2017.7.19).

4. 국제적 환경

1) 노태우 정부

1988년 서울 올림픽의 성공적 개최 이후 한국은 국제 사회에 전면 부각되었다. 서울 올림픽 이전의 모스크바 하계 올림픽, 1984년 LA 하계 올림픽은 미·소냉전, 인종차별 등으로 인해 많은 국가가 불참한 반쪽자리 올림픽 경기였는데, 한국은 서방자유 진영의 국가들뿐만 아니라 소련, 중국, 동구 공산국가들, 아시아 공산국가들, 아프리카 나라들의 참가를 이끌어냈고 성공적으로 마쳤다. 이 올림픽을 계기로 한국은 전 세계에 광범위하게 알려지는 홍보효과를 거두었다(하태수, 2017 : 196-198).

경제 측면에서도 한국은 대한민국 건국 이래 최초로 1986~1988년에 걸쳐 무역흑자를 실현하였다. 전두환 정부부터 일관성 있게 경제를 운용했고 국제 금리, 달러 환율, 국제 유가가 모두 낮은 3저 현상에 힘입은 바이다. 비록 1989년부터는 다시 적자로 돌아섰지만, 1960~1970년대처럼 만성적인 무역적자와 외화부족에 시달릴 걱정은 많이 줄어들었다. 그러나 이런 전환이 좋은 것만은 아니었다. 미국을 위시한 선진국들은 이제 한국을 경쟁대상으로 보기 시작하고 국내시장 개방과 공정

경쟁 무역을 압박하기 시작하였다. 기존의 GATT 무역 체제를 극복하기 위한 새로운 협상이 1986년부터 우루과이에서 시작되어 지속되고 있었다.

노태우 정부 동안 발생한 국제환경 상 가장 큰 변화는 공산권 국가들의 붕괴이다. 소련의 고르바초프(Mikhail Gorbachev) 서기장은 일찍이 1985년 3월에 페레스트로이카(개혁)와 글라스노스트(개방)를 선포하여 사실상 공산주의의 패배를 발표하였다. 이후 1989년에 폴란드, 헝가리, 체코슬로바키아, 루마니아, 동독 등 동구권 여러 공산국들이 공산주의에서 벗어났다. 이런 변화에 대응하여 노태우 정부는 북방정책을 꾸준히 추진하였다. 1989년 2월에 헝가리와의 수교한 이후 1992년까지 중국, 폴란드, 유고, 알제리, 체코, 불가리아, 몽골, 루마니아, 구소련 등과 수교했다.

노태우 정부는 남북 관계에서도 전두환 정부와 비교해 대단히 큰 변화를 보였다. 1988년 10월 7일 대북 경제개방 조치를 발표했으며, 1989년 9월 11일에는 한민족 공동체 통일 방안을 발표했다. 이후 1990년 9월 4일 제1차 남북고위급회담을 개최하였고, 동년 9월 17일 제46차 UN 총회 개막식에서 회원국 전원 만장일치로 남한과 북한이 동시에 UN에 가입했다. 이로써 남북한은 국제무대에서 어깨를 나란히 하게 되고, 분단 46년 간 지속해 왔던 경쟁적 낭비 외교를 청산하고 공존의 길로 들어섰다. 이어 1992년에는 남북고위급회담을 개최하여 ① 쌍방 재외공관 간 협의 진행, ② 국제무대에서의 상호 비방·중상 금지, ③ 재외동포의 민족적 권리와 이익 보호, ④ 평화 상태로의 전환을 위한 기본합의서 및 비핵화선언의 이행 등 4개 항을 합의하는 등 화해의 분위기를 조성하였다.

2) 김영삼 정부

김영삼 정부가 맞이한 남북 관계는 안정적이지도 순조롭지도 못했다. 1992년까지 화해분위기 조성에 협조하던 북한이 1993년부터는 국제 핵 사찰을 거부하고 핵위기를 일으키기 시작하였다. 이에 미국의 클린턴(Bill Clinton) 정권은 1994년 북한 핵 시설 폭격과 이어질 전면전으로의 확대에 대비하기 시작했다. 이때 김영삼 대통령은 미국의 클린턴 대통령과 강하게 대립하면서 북한 핵 시설 폭격을 반대했다. 당시 미국의 카터(James Earl Carter Jr.) 전 대통령이 북한에 특사로 방문해 남북정상회담의 계기를 마련해 극한의 대립을 피할 수 있었으나, 회담을 얼마 남기지 않은 1994년 7월 8일 김일성 사망으로 인해 남북정상회담은 무산되었다. 그리고 바로 이어 김일성 조문 파동으로 남북 관계는 다시 냉각되었다. 1994년 7월 11일 개최된 국회 외무통일위원회에서 야당 의원의 질의를 계기로 조문 파동[25]이 빚어졌다. 그리고 거의 동시에 터진 주사파 파문[26] 역시 커다란 파장을 불러일으켰다. 김영삼 정부는 김일성 사망 중앙추도대회 당일인 7월 20일에 한국전쟁 문서 공개를 통해 한국전쟁은 김일성이 스탈린(Iosif V. Stalin), 마오쩌둥(毛澤東)과 사전 협의로 도발했으며, 따라서 김일성은 한국전쟁 전범(戰犯)이라고 발표하여 남북 관계를 다시 냉각시켰다.

국제경제적 측면에서는 기존의 국제무역 체제인 GATT가 1995년부터 WTO 체제로 전환되었다. 1993년 12월 15일에 새로운 국제 경제 질서를 표방하는 우루과이라운드(UR)가 타결됨으로써 한국도 쌀시장을 개방할 수밖에 없는 상황에 처하게 되었다. 비록 전면 개방은 10년 간 유예되었지만 1995년부터 쌀을 수입해야 하는 상황을 맞으면서, 김영삼 정부는 농민집단으로부터 강력한 저항에 직면하게 되었다. 한편 김영삼 정부는 1996년 소위 선진국 클럽이라고 불리던 경제협력개발기구(OECD)에 29번째 회원국으로 가입하였다. 이로 인해 한국 경제가 세계 경제의 흐름에 능동적으로 참여할 수 있는 길이 열렸지만, 다른 한편으로는 금융업과 서비스업 분야에서는 국내 시장을 대폭 개방해야 하는 국제적 의무를 떠안게 되었다.

---

25) 재야단체와 대학가에서는 김일성 조문단 파견을 시도했다. 예컨대, 범민련 남측본부 강희남 의장 등 4명은 판문점을 통한 방북을 시도하다 경찰에 연행되었고, 한총련에서도 조문단 파견을 결정해 한총련 대표로 최정남을 제3국을 통해 북한에 파견했다.

26) 7월 18일 14개 대학총장이 청와대에서 오찬 모임을 가졌는데, 이 석상에서 박홍 서강대 총장이 주사파의 배후에는 김정일이 있다고 발언하고, 북한의 장학금을 받고 있는 교수, 대학가의 운동권 주사파 침투 등의 문제 등을 계속 제기했다. 이에 따라 당국은 수사에 나서 일부 대학에 김일성 빈소가 설치된 것, 김일성 조문 내용의 플래카드와 대자보가 게재된 것, 북한방송 녹취문, 북한과 팩스 교신 사실 등을 적발했다.

3) 김대중 정부

김일성 사후 냉각되었던 남북 관계는 1996년 9월 북한 잠수정의 강릉 침투와 이어진 무장공비들의 육상 침투로 최악 상태에 도달했다. 그러나 1998년 김대중 정부가 집권한 이후 햇볕정책으로 불리는 대북 포용정책을 추진한 결과 화해 분위기가 조성되었다. 이런 분위기는 1998년 6월 16일 정주영 현대그룹 명예회장의 소떼 방문, 동년 11월 18일 시작된 금강산 관광 성사 등으로 가사회되었고, 2000년 6월 김대중 대통령의 평양 방문과 남북정상회담으로 절정에 이르렀다. 그러나 2001년 9·11 테러로 부시(George W. Bush) 정부의 대북정책이 강경책으로 선회하면서 남북 관계는 다시 소원해지고 말았다. 2002년 들어서는 남북 관계가 더욱 악화되었다. 6월 29일 서해교전, 11월 켈리(James Kelly) 미 특사의 방북 시 터진 북한 핵 파문 등으로 햇볕정책 자체가 흔들리는 위협에 직면하게 되었다.

국제경제 측면에서는 1997년 12월 3일 IMF로부터 195억 달러의 구제금융을 받은 후, 1998년 12월에 18억 달러를 상환한 것을 시작으로 서서히 상환해나갔다. 1999년과 2000년 2년 동안 꾸준히 상환한 결과, 2000년 12월 4일 국제통화기금의 모든 차관을 상환하였고 IMF 위기에서 완전히 벗어났다. 공식적으로는 2001년 8월 23일에 대한민국에 대한 IMF 관리 체제가 종료되었다. 이후 외환보유고가 꾸준히 증가되어 2001년 말에는 1,028억 달러에 이르렀다.

한편 2002년에 한일 월드컵이 개최되고 동 대회에서 한국이 4강에 올라 1988년 서울 올림픽 이후 다시 한 번 한국이 세계에 널리 알려지는 쾌거를 이루었다. 축구 실력뿐만 아니라 붉은 악마로 대표되는 한국 거리응원단의 깨끗한 뒷정리가 전 세계로 중계되어 한국인들의 수준 높은 시민의식이 전 세계에 각인되기도 하였다.

4) 노무현 정부

노무현 정부는 북한을 적이 아닌 동반자로 인식하고 평화 체제 구축에 중점을 두었다. 6자 회담을 중심으로 한반도의 평화 수립을 지원한다는 골자를 유지하면서 남북정상회담을 했다.

미국과의 관계는 북한에 대한 시각차, 전시작전권 이양 문제 등으로 마찰이 있었지만, 파국으로 이어지지는 않았다. 2004년 한국은 미국의 요청에 따라 이라크에 국군을 파병했으며, 2007년에는 한·미 FTA도 체결했다.

일본과의 관계는 우호적인 움직임도 있었지만 일본 정치인들의 신사 참배 문제와 역사 교과서 왜곡 등으로 마찰이 생기는 경우가 많았다. 중국과의 관계도 비슷했는데 중국 정부의 동북공정 문제가 언급되면서 외교 쟁점으로 비화되기도 했다.

국제경제 측면에서는 미국뿐만 아니라 칠레, 싱가포르 등과도 FTA를 추진해서 해외시장 확대 정책을 일관되게 추진했다.

5) 이명박 정부

국제 환경에서 우환거리가 많았다. 먼저 2008년 7월 11일 새벽 금강산 관광 지구에서 산책을 하던 박왕자 씨가 북한군에 의해 총격 피살되는 사건이 발생하였다. 이에 대한 대응으로 이명박 정부는 금강산 관광을 즉시 중단시켰는데, 북한은 재발방지 약속과 사과는커녕 2008년 11월 25일에 개성 관광과 남북철도 운영을 일방적으로 중단시켰다. 이어 2010년 4월 8일에는 금강산 지구에 있던 남한 자산을 동결한 후, 2011년 8월 22일에는 처분까지 했다. 한편 2011년 1월에 소말리아 인근 해역에서 일어난 무장 해적들의 한국 선박 삼호드림호 납치 사건도 국민들의 마음을 아프게 했다. 한국은 과거 2006년 동원호 납치 사건 때 인질들의 몸값을 지불하고 선원들을 석방시킨 전례가 있었지만, 이때는 그렇게 하지 않고 특공대를 파견하여 무력으로 구출 작전을 성공시켰다. 이 과정에서 석해균 선장이 치명적인 총상을 입어 생명이 위독했으나, 아주대 병원 중증환자 센터에서 회복하여 국민들을 안도시켰다. 그럼에도 불구하고 동년 4월에 또다시 제미니호 선원 4명이 납치되어 2012년 12월 1일에 석방되는 우여곡절이 있었다.

그러나 우울한 일들만 있었던 것은 아니다. 특히 스포츠 분야에서는 과거와 다른 월등한 성적을 거둬 국민들이 기뻐하는 일들이 많았다. 2008년 베이징(北京)에서 열린 올림픽에서 우리나라는 204개 참가국 가운데 7위를 차지하는 기염을 토했다. 일본이 8위, 북한이 33위를 한 것을 고려하면 매우 고무적인 성과였다. 2010년

밴쿠버 동계올림픽에서는 피겨 요정 김연아 선수가 피겨 스케이팅 여자 싱글 부문에서 금메달을 차지했다. 또한 2011년 7월 6일에는 남아프리카공화국 더반에서 열린 제123차 IOC 총회에서 평창이 10년 만에 동계올림픽 유치권을 확보하기도 하였다. 이어 2012년 개최된 런던 올림픽 게임에서는 204개 참가국 가운데 5위를 차지하여 원정 올림픽사상 최고의 성적을 거두었다. 일본은 11위에 머물러 일본과의 스포츠 국력 차이가 더욱 크게 벌어졌다.

경제 측면에서도 이명박 정부의 성과는 좋은 편이었다. 2008년에 전 세계를 강타한 금융위기에서 한국은 큰 타격을 입지 않았는데, 세계 주요 언론들이 이 점을 매우 긍정적으로 평가했다. 또한 2009년에는 OECD 개발원조위원회(DAC)에 가입하여 세계 최초로 원조를 받던 국가에서 원조를 하는 국가로 위치를 바꾸었다. 무역 규모 역시 2011년에 세계에서 아홉 번째로 무역 1조 달러를 달성해 한국의 대외적 위상이 높아졌다(『이명박 정부 국정백서』 3권, 2013: 46-47).

6) 박근혜 정부

북한과의 관계는 정권 출범 전부터 나빴다. 북한은 대선 1주일 전인 2012년 12월 12일 은하3호라는 장거리 로켓을 성공적으로 발사했고, 2013년 2월 12일에는 제3차 핵실험을 실시하여 막 출범하려고 하는 박근혜 정부를 압박하였다. 북한의 강경 입장은 박근혜 정부 출범 이후에도 계속되어 2013년 4월 4일에는 개성공단 폐쇄 방침을 우리 측에 통보함으로써 남북 간의 긴장 상태를 최고조로 올렸다. 박근혜 정부는 외교적으로 신뢰 프로세스의 구축을 전제로 북한의 주장에 대항하였는데 다행히 극적 타협이 이루어져 9월부터는 개성공단이 다시 문을 열 수 있었다.

그렇지만 북한은 이후에도 꾸준히 국제사회의 우려와 경고를 무시하고 핵 개발에 집착했으며 2016년에 다시 핵실험, 탄도미사일 발사 등으로 국제사회에 도발하였다. 이외에도 2015년 8월 DMZ에 목함지뢰를 매설하여 한국 국군 2명을 다치게 하는 도발도 저질렀다. 이런 일련의 도발에 대해 박근혜 정부는 북한과 함께하는 각종 사업과 연구 활동 중단, 개성공단 폐쇄 등의 강경한 입장을 보였다. 나아가 금융제재 대상 확대, 해운 통제 강화, 대량 살상무기 차단 활동 등을 강화했고,

2016년 북한인권법을 발표하여 강경한 입장을 강화하였다(통일부, 2017: 14-18).

박근혜 대통령은 2013년 5월 취임 후 첫 해외방문으로 미국을 방문하였으나, 미국 측의 국빈영접을 제대로 받지 못했고 윤창중 비서관이 성과 관련된 물의를 일으켜 소기의 성과를 거두지 못했다. 이어 동년 6월 27일에는 미국의 우려에도 불구하고 '균형외교'라는 명분 하에 반기문 유엔 사무총장과 함께 중국에서 열린 제2차 세계대전 승전 70주년 기념식에 국빈으로 참석하여 시진핑(習近平)과 천안문에 올랐다. 이외에도 박근혜 대통령은 G20(주요 20개국) 정상회의, 아시아태평양경제협력체(APEC) 정상회의 참석, 프랑스 · 영국 · 벨기에 · EU 순방 등 해외방문외교를 꾸준히 이어갔다.

그러나 박근혜 대통령의 잦은 해외순방 등을 포함한 일련의 외교적 노력은 정작 우리나라가 위기에 처한 상황에서는 소용이 없었다. 2016년 7월 8일 한 · 미는 북한의 핵 도발에 대응하기 위해 한국에 고고도미사일 방어 체계(THAAD)를 배치하기로 결정하고, 2017년 3월 6일부터 동년 9월 7일까지 성주 기지에 배치를 완료하였다. 이에 대해 중국은 한국에 대해 강력한 경제보복을 가했다. 중국인들의 한국관광을 금지하고, 중국에 진출한 한국 기업들에게 유 · 무형의 피해를 입혔다. 그런데 이런 상황에서 2013년 천안문에서 증명된 박근혜-시진핑 간 밀월관계는 완전히 온데간데 없었다. 정권 초기 미국의 반대를 무릅쓰고 시진핑과의 우호관계를 증진시키기 위해 반기문 유엔 사무총장까지 대동하고 갔던 노력은 완전히 무용지물이었다.

7) 문재인 정부

문재인 정부는 세 차례의 남북정상회담을 갖는 등 북한과 평화, 교류, 협력을 강조하고 있다. 북핵문제 해결, 항구적 평화 정착, 지속 가능한 남북 관계 발전, 한반도 신경제공동체 구현을 주요 과제로 정하고 단계적 · 포괄적 접근, 남북 관계와 북핵 문제 병행 진전, 제도화를 통한 지속 가능성 확보, 호혜적 협력을 통한 평화적 통일기반 조성을 분야별로 추진하고 있다. 특히 정상회담에서 남북 관계의 전면적 · 획기적 개선과 발전, 군사적 긴장완화 및 전쟁위험 해소, 항구적 평화 체제

구축을 합의한 상태이다.

제2절 민주화기 한국 정부의 형성 과정

1. 민주화와 시민사회의 성장

근대화 정치는 권위와 자원의 집중을 바탕으로 효율성을 극대화하려는 특징이 있다. 급속한 근대화를 시도해야 했던 한국과 같은 후발 자본주의 국가의 경우, 경제 개발과 산업화를 주축으로 하는 중앙집권적 정치구조를 정당시해 왔다. 그러나 근대화가 초래한 부작용에 대한 반작용으로 한국 정부의 산업화기에 형성되었던 반체제적인 사회운동은 1987년 6 · 10 민주항쟁을 출발점으로 표면에 부상하기에 이른다.

종래의 반체제적인 사회운동은 노태우 정부 시기부터, 시민사회의 동력을 바탕으로 체제 내의 사회운동으로 전환하기 시작했다. 이것이 바로 한국 사회에 새로운 사회운동의 전형으로 자리 잡은, 시민사회에 바탕을 둔 시민운동의 출발이라고 할 수 있다. 민주화란 권위주의나 파시즘(Fascism)과 같은 비민주적 상태가 또 다른 상태인 민주주의로 이행해 가는 동태적 과정을 지칭한다. 한국의 민주화운동을 이 같은 이행 과정에 초점을 두는 경우 크게 두 단계로 유형화할 수 있다.

한국 정부의 민주화기의 첫 단계는 대체로 노태우 정부에 해당하는 시기인 1987년 6월 민주항쟁에서 1990년대 초반까지로 민주주의가 정착하는 분기점으로 볼 수 있다. 이 시기의 민주화 이행 과정이 지니는 특징은 기존에 추구되던 정치적 민주주의를 회복하려던 자유주의적 운동과는 다소 차별성을 가진다. 이 시기에도 정치적 민주화운동은 계속되지만, 1987년 6월 민주항쟁의 결과로 획득한 합법적 공간에서 그동안 억눌려 왔던 다양한 욕구가 분출되는 양상을 보인다. 즉, 노동자, 농민들로부터 학생과 급진적 지식인에 이르기까지 다양한 세력의 사회경제적 민주화운동이 분출되고, 여기에 생산자 민주화운동과 대외적 민주화운동 등 급진적 민주화운동들도 정점을 이루었다(손호철, 2003).

민주화운동에 기인한 1987년 권위주의 체제의 개방에 따른 직접적인 결과는 국가와 시민사회, 그리고 계급과 계급 사이의 이익과 역학구조의 재편성을 상당 부분 가져왔다고 평가할 수 있다.[27] 이러한 재편성은 한국 정부 산업화기에 단계적 발전에 따라 누적된 시민사회의 잠재적인 역량과 역학 관계가, 강압적인 군부 권위주의 통치가 완화되는 시점에서 급격하게 표출되는 과정이었다(마인섭, 1994).

한국의 중앙집권적 권위주의 체제는 시민사회에 대한 국가의 압도적 우위를 바탕으로, 억압과 강제를 통해 시민사회를 정치 과정에서 배제한 체제로서 그 정통성에 생태적 문제점을 가진 체제였다. 그러나 1980년대 중반 한국이 경험한 정치적 격동, 즉 사회 주도 체제 변동의 흐름 속에서도 체제 붕괴로는 이어지지 않았다. 권위주의 체제에 억압되어 온 중산층과 노동자 등이 민주대연합을 형성하여 6월 민주항쟁을 일으킴으로써 민주화가 촉발되는 계기가 마련되었으나, 반면에 1987년 7~8월의 노동자 대투쟁은 중산층이 이 연합으로부터 탈퇴함으로써 보수화의 사회적 분위기가 형성되었다. 당시 대선과 총선에서 김영삼과 김대중 양 김씨의 분열, 그리고 지역주의 발현으로 군부정권의 연장선에서 노태우가 대통령에 당선됨으로써 사회경제적 개혁이 중단되는 사태에 이르게 된 것이다.

따라서 1987년 이후 등장한 한국의 정치 체제는 민주주의의 형식적이고 절차적인 기본적 요건은 상당 수준 충족했으나, 시민사회에 대한 국가의 상대적 우위와 사회경제적 약자인 하층 노동 계급의 정치경제적인 참여에 주요한 한계가 여전히 존재한 것이 사실이다.

한편 1990년대 초반 이후, 즉 김영삼 정부부터 현재의 박근혜 정부에 이르기까지의 민주화 과정은 정치적 민주화 운동이 다소 약화되고, 대신 사회경제적 민주화나 생산자 민주화운동으로 전환기를 맞은 시기라고 할 수 있다. 바꾸어 말하면, 이 시기는 소련과 동구권의 몰락으로 사회 변혁에 관한 거대 담론들이 무너지고,

---

27) 최장집(1989)은 이를 한국의 민주화의 실패 혹은 좌절로 표현하고 있다. 한편 정치학에서는 한국의 민주화, 특히 6·29 선언을 이끌어 낸 원인을 언급할 때 타협론과 민주대연합론을 근거로 자주 설명된다. 간략히 말해 타협론은 반정부 세력 중 온건파와 집권 세력 중 개혁파의 암묵적 타협의 결과로 6·29 선언을 바라보지만, 민주대연합론은 6월항쟁을 노동자와 중산층의 연합행동이 이러한 결과를 이끌었다고 설명한다.

급속한 사회의 보수화에 기인한 학생운동의 퇴조와 새로운 이슈의 등장으로 요약된다.

과거 민주화 과정에서 주도적 역할을 담당했던 학생운동이 시민운동으로 대체되고, 사회경제적 민주화와 생산자 민주화 등은 노동자와 농민을 중심으로 하는 기층 계급운동으로 성장하게 되었다. 따라서 이 시기의 주된 특징 중의 하나는 사회운동이론을 중심으로 한 저항의 관점이 온건 노선을 추구하는 시민운동의 시각으로 전환하고 있다는 것이다. 사회운동이론은 시민사회의 저항의 한 축을 이루는 것으로 민중적 요소의 강조로 대변된다.

즉, 사회운동론적 저항은 계급적 시각에 입각해 1970년대와 1980년대를 통해 민주화를 이룩하기 위한 모든 형태의 저항으로 비합법성, 폭력성, 체제 부정을 지향한다. 반면 시민운동이론은 1990년대에 들어 나타난 것으로 시민사회의 온건 노선의 분파들이 합법성, 비폭력성, 체제 인정을 기본으로 하는 저항운동을 다룬 이론이다. 따라서 1960년대 초부터 서구에서 나타나기 시작한 사회저항운동의 새로운 흐름인 시민운동은 기존의 사회운동과 많은 차이점이 있다. 특히 시민운동은 자율성과 자발성을 집단 내에 부여함으로써 특수한 목적 추구나 제도의 특권화를 방지하고, 풀뿌리 민주주의를 이루려는 의도를 보이며, 전통적이고 직접적인 정치 행위보다 기존의 가치와 정체성에 도전함으로써 시민사회적 동원을 불러일으킨다는 데 있다. 따라서 시민운동은 모든 시민이 참여하는 초계급적이고, 혁명과 변화보다는 개혁과 개선을 지향하는 운동이라는 점을 강조한다. 이런 관점에서 볼 때 시민운동은 시민의 권리 행사라는 합법적 성격을 가지는 것으로 결국 참여민주주의와 그 맥을 같이한다.

이런 측면에서 이 시기에 시민사회의 성장 징후는 이미 여러 곳에서 확인된다. 방사능폐기물처리장 입지 결정 과정은 과거 정책 수용과 순응의 대상으로만 생각되던 시민사회가 얼마나 큰 성장을 했는지 보여주는 단적인 예이다. 물론 한국 정부의 민주화기에 대한 시각에서 아직도 국가에 대한 시민사회의 절대적 약세를 주장하는 견해가 존재한다. 그러나 분명한 것은 이 당시 이루어지고 있던 정치・행정의 급격한 환경의 변화는 국가와 시민사회, 국가와 지방, 국가와 개인 간의 관계를 재검토하게 하는 강력한 동인으로 작용하였다는 점이다.

2. 시민사회와 지방자치

한국 정부의 형성 과정과 관련해 거버넌스 시각에서 볼 때, 한국 시민사회의 성장 과정은 시련의 연속이었다. 일제 식민지의 역사적 경험, 해방 이후 냉전 체제에의 편입, 한국전쟁, 군부독재로 이어지는 역사적 경험은 거버넌스의 주된 한 축인 시민사회의 성장을 용인하지 않았다. 국가와 시민, 국가와 개인 간의 관계는 철저한 권위주의적 지배에 근거했다. 서구에서 부르주아 계급은 국가 권력에 대한 주요한 견제 세력으로 발전해 왔지만, 한국적 상황에서 부르주아 계급은 이해관계의 부합에 따라 시민사회를 억압하는 도구 역할을 해왔던 것이다(김성국 외, 2005).

그럼에도 시민사회의 역할 증대라는 시대적 흐름은 이미 전 세계적으로 되돌릴 수 없는 흐름이 되었고, 우리의 정치·행정 상황도 예외는 아니다. 언급한 대로 김영삼 정부와 김대중 정부를 거치면서 한국의 시민운동은 정착기에 들어서기 시작했고, 풀뿌리 시민사회의 근간이 되는 지방자치제도 부활했다. 결과적으로 국가적 차원에서 시민사회의 역할이 지방 수준에서도 유효한 것이 되었다.

그렇지만 지역에서의 시민사회의 자리매김은 그리 간단한 문제가 아니다. 그것은 우리 사회가 오랫동안 유지해 왔던 중앙집권적 경향 혹은 권위주의적 경향이 시민 사회의 성장을 저해하고 있기 때문이다. 이와 함께 오랫동안 지역에 뿌리내린 토착 세력에 의한 시민사회의 파행화 현상 때문이기도 하다. 즉, 관변 시민단체는 지역의 유력자에 의해 이끌어지고, 지방정부의 정책 지지와 홍보에 동원됨으로써 지방정부와 관변단체의 연결고리는 더욱 공고화되고 있는 것이 현실이다.

결과적으로 시민조직으로서의 관변단체는 지방정치·행정의 민주화를 지연시키는 주요 원인이 되고 있는 것이다. 아울러 시민사회의 분절화 현상이 지역 시민사회의 성장을 저해하고 있음을 지적할 수 있다. 이는 시민사회가 지역 정체성에 영향을 많이 받게 되면, 지역의 이익과 공익이 상충되는 경우 공공의 이익보다는 지역의 이익을 우선하게 되고 결국 지역 시민사회 간의 갈등을 유발하게 한다(김성국 외, 2005).[28]

---

28) 이런 현상은 자주 지방정부 간의 갈등으로 연결되어 나타난다. 대표적인 예가 위천공단의 건설을 둘러싼 대구와 부산 지역의 갈등을 들 수 있다.

그러나 지역이 안고 있는 시민사회의 문제점에도 불구하고, 한국 정부의 형성 과정에서 볼 때 중앙이든 지역이든 시민사회의 힘과 영향력은 형성기나 산업화기와는 비교할 수 없을 정도로 성장하고 있는 것은 명확한 사실이다.[29] 따라서 한국 시민사회의 성장 원동력이 권위주의 정권의 퇴조와 민주화에 기인한 개인의 권리의식 확산의 결과였다면, 이제는 소득 증가에 따른 다양한 욕구와 가치를 분출하게 하고 이를 구체화할 수 있는 다변화된 사회구조가 구축되어야 할 시점에 이른 것이다.

생각할 문제

• 한국 정부의 환경

1. 1990년 3당 합당이 이후의 한국 정치에 미친 영향에 대해 생각해 보시오.
2. 노태우 정부의 북방정책이 이후의 한국 경제에 미친 영향에 대해 생각해 보시오.
3. 김영삼 정부의 규제완화 정책과 대외개방 정책이 경제에 미친 영향을 생각해 보시오.
4. 김대중 정부의 햇볕정책이 이후의 남북 관계에 미친 영향에 대해 생각해보시오.
5. 노무현 정부의 수도이전 정책이 이후 한국 사회와 행정에 미친 영향에 대해 생각해 보시오.
6. 박근혜 정부가 기울인 외교적 노력의 성과에 대해 생각해 보시오.

• 한국 정부의 형성 과정

1. 시민사회가 지역정책 결정에 참여하는 다양한 방법에 대해 생각해 보시오.
2. 현행 헌법의 대통령 5년 단임제의 제정 배경 및 향후 개정 방향에 대해 생각해 보시오.
3. 한국 정부의 형성 과정에 시민사회가 끼친 공과에 대해 생각해 보시오.

---

29) 방사능폐기물 입지 결정의 사례, 의약분업 정책, 교육정보화 시스템의 실시, 대통령 탄핵에 대한 시민들의 대응, 이라크 추가 파병 문제 등의 사안에서 이러한 사실을 직접 목격할 수 있다.

Chapter

06

중앙정부의 규모, 제도, 상호 관계

Chapter 06

중앙정부의 규모, 제도, 상호 관계

제1절 중앙정부의 규모 및 크기

1970년대 말부터 전 세계를 풍미하기 시작한 신자유주의의 도래와 함께, 작고 효율적인 정부(slim and efficient government)를 위한 인력 감축이 활발하게 진행되어 왔다. 20세기 초 본격적인 산업화에 따라 복잡하고 다양한 사회 문제를 해결하기 위해 국가의 역할 범위가 확대되었다가, 1980년대에 들어서 비대화된 정부의 비효율적 운영에 대한 반성과 함께 정부 규모를 대폭적으로 축소하게 되었다.

작은 정부의 실현은 여러 가지 전략에 따라 이루어질 수 있다. 첫째는 정부기구의 비대화와 인원 증가의 억제에 의해 가시적인 정부의 팽창을 억제하는 방법이다. 둘째는 정부재정의 과도한 팽창을 억제하는 방법이다. 셋째는 민영화를 통해 정부 부문의 업무를 민간으로 이전하는 방법이다. 넷째는 행정규제를 완화 또는 폐지하는 방법이다(하미승, 2002: 95).

그러나 신공공관리로 불리는 각국의 행정개혁은 정부의 역량 강화나 서비스의 충실화보다 규모 축소와 경비 절감에만 치우쳤다는 비난도 있다(정정길 · 김난도, 2000). 한국 정부의 규모에 대한 논란도 활발하다. 현재의 정부 규모가 적정한 것인지, 아니면 과대 성장한 것인지에 따라 조직과 인력정책의 방향이 결정될 것이다.

정부의 규모를 측정하는 방법은 매우 다양하다. 정부 규모의 측정지표로는 법령의 수, 공공부문에 종사하는 인력의 규모, 공공사업의 규모, 행정기구의 수, 재정 규모 등이 있지만, 일반적으로는 재정 규모와 인력 규모가 많이 활용되고 있다. 여기서는 인력 규모, 특히 정규직 공무원에 한정하여 외국 정부 규모와의 비교를 통해 한국 정부 규모의 적정성을 살펴보고자 한다.

그림 6-1 한국 중앙공무원 정원의 연도별 변동 추이

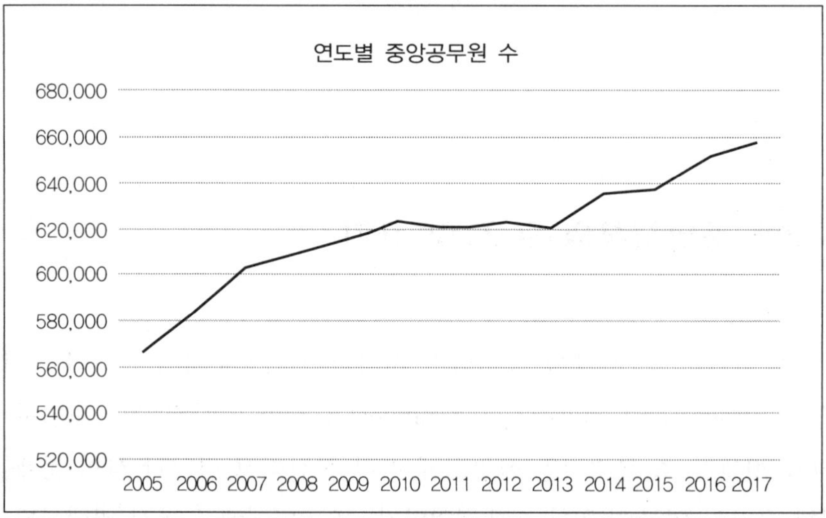

출처: 인사혁신처 국가공무원 인사통계(2018).

한국 중앙공무원의 정원은 [그림 6-1]에서 보듯이 2005년부터 2017년까지 지속적으로 증가하고 있다. 현재 문재인 정부는 대통령 후보시절부터 공무원 인력 증원을 대선공약으로 내세워 왔고 집권 기간 동안 중앙 및 지방공무원을 합쳐 총 17만여 명을 증원할 계획을 가지고 있다. 따라서 중앙공무원의 이러한 증가 추세는 당분간 지속될 것으로 전망된다.

그런데 공무원의 정원만으로 단순히 정부의 규모를 다른 나라와 비교할 수는 없다. 그것은 각 국가의 인구 수가 서로 다르기 때문에, 총인구 또는 경제활동인구 중에서 정부에 종사하는 인력 규모를 비교하는 것이 타당하다. OECD 회원국 간에 경제활동인구 중에서 정부에 종사하는 인력 규모를 비교했을 때 한국의 정부 규모는 OECD 회원국들의 평균에 비해 1/3에 불과하다. 다만 이러한 비교에는 물론 지표상의 문제도 있다. 예컨대, OECD에서는 '일반정부(General Government) 종사자'를 지표로 하기 때문이다. 여기에는 정규직 정부 종사자 이외에 ① 비정규직 정부 종사자, ② 군인, ③ (정규 및 비정규직) 비영리 공공기관의 종사자들도 포함되어 있다(김태일, 2000).

그렇지만 이러한 점을 감안해도 한국의 공공 부문 인력 규모는 그리 크지 않은 것으로 판단된다. 또한 OECD 회원국이 아니지만 한국과 1인당 GDP가 유사한 수준의 국가들과 비교하면 또 다른 결과가 나올 수도 있다. 다만 다른 국가에 비해 공공 부문 인력 규모가 작다는 것이 공무원 증원의 이유가 되지는 않는다. 공무원 규모는 공공 서비스의 수요, 즉 정부의 역할 범위와 공공 부문의 운영의 효율성과도 관련되므로 다른 국가와의 비교만으로 일률적으로 단정지을 수 있는 문제는 아니다.

결론적으로 한국 정부의 규모가 크지는 않지만 소유권 부재, 경쟁 부재, 가격기구 부재 등으로 인한 공공 부문의 비효율성이 항상 존재하기 때문에, 이러한 비효율성을 제거하여 공무원의 증원 수요를 억제하기 위한 노력은 지속적으로 추진되어야 할 것이다.

제2절 중앙정부의 제도

한국 정부의 제도는 중앙정부와 지방정부 제도로 나눠서 살펴볼 필요가 있다. 지방자치가 해를 거듭할수록 지방정부의 자율성에 대한 논란이 없지 않지만, 한국에서 지방정부는 중앙정부로부터 일정 부분 분리되어 지역의 문제를 스스로 해결해 왔다. 또한 한국에서 지방자치는 민주주의의 교육장으로서의 역할과 함께, “도 아니면 모(all or nothing)” 식의 극한 투쟁이 벌어지고 있는 중앙 정치무대에 대한 안전판 역할을 수행하고 있다.[1)]

1. 중앙정부 제도

한국의 중앙정부는 기본적으로 입법부, 행정부, 사법부의 삼권분립을 통해 견제와 균형(checks and balances)을 추구하는 정부기구 형태를 지니고 있다. 이 중 입법부는 국민의 대의기구로서 법률의 제정을 담당하고, 행정부는 법률을 집행하며, 사법부는 행정부의 집행행위가 본래의 법률 취지에 부합하는지를 심사하는 역할을 담당한다. 이같이 삼권분립의 형태를 취한 주된 이유는 권력이 집중되는 것을 방지하여, 독재를 제도적으로 예방하고 민주적인 국정 운영을 보장하기 위함이다.

그러나 역사적으로 보면 행정부의 수반인 대통령이 국가원수로서의 지위를 겸해 왔고, 또한 3부(三府)보다도 우월한 독자적인 존재로 활동했던 경험이 남아 있어 실질적으로는 행정부가 지금도 가장 많은 권력을 행사하고 있다.

건국 이래 현재에 이르기까지 한국 정부의 제도는 많은 변화 과정을 거쳐왔다. 거대한 변화로서는 9차례에 걸쳐 헌법 개정이 이루어졌고, 50여 차례나 걸친 조직 개혁도 단행되었다. 이러한 과정을 거치면서 한국의 정부 제도는 건국 때와는 비교할 수 없을 만큼 변모되었다. 한국 정부의 정부 형태를 포함한 제도적 변화 과정을 간략히 살펴보면 다음과 같다.

이승만 정부 초기의 정부 형태는 내각제를 염두한 유진오 박사의 헌법 초안을 대통령제로 급하게 수정하여서 헌법에 의원내각제 요소가 상당히 남아 있다. 이는 초대 대통령 이승만을 국회에서 국회의원들의 다수결로 선출한 부분만 봐도 알 수 있다(하태수, 2017: 제2장).

1954년 11월 제2차 개헌으로 국민이 직접 대통령을 선출하는 대통령 직선제로

1) 지방자치를 실시함에 따라 중앙 정치무대에서 패배하더라도 지방정치에서 승리함으로써 상실감이 일정 부분 상쇄되고, 이것은 결국 전체적으로 보면 지역적 폭동과 같은 국가적 분열을 막아주어 국체(national identity)의 안정성을 높여주고 있다.

개정되었다. 이에 반해 장면 정부는 영국형 의원내각제를 채택하였고, 국회에 대한 정부(내각)의 연대책임과 내각의 국회해산권은 물론, 행정권의 이원적 구조, 입법권과 행정권의 균형, 국회와 정부의 협조 관계 등을 특징으로 했다.

박정희 정부는 기본적으로 대통령제에 해당한다. 따라서 박정희 3공 정부에서는 정부의 국회해산권과 국회의 정부불신임권이 인정되지 않았을 뿐만 아니라, 국민의 직접선거로 선출되는 대통령이 정부의 수반이었다. 그러나 부분적으로는 의원내각제 요소와 정당국가적 경향이 반영되었기 때문에 고전적 의미의 순수 대통령제라고 볼 수는 없다. 박정희 유신 정부는 제왕적 대통령제를 특징으로 하고 있다고 할 수 있다. 예컨대, 통일주체국민회의에 의한 대통령 선출, 대통령의 국회해산권, 일부 국회의원에 대한 추천권, 절대적 긴급조치권 등은 고전적 의미의 대통령제에서는 찾아볼 수 없는 대통령에게 권력이 지나치게 부여된 제도였다.

전두환 정부는 대통령제를 기본으로 하였으나 박정희 정부와 같이 대통령에게 권력이 집중된 형태였다. 대통령선거인단의 간접선거로 선출된 7년 단임의 대통령은 비상조치권 · 계엄선포권 · 국회해산권 · 국민투표 회부권 · 헌법기관 구성권 등의 권한 행사를 할 수 있는 절대적 권한을 갖고 있었다.

노태우 정부 이후부터는 5년 단임제를 바탕으로 한 대통령제를 채택하고, 평화적 정권 교체의 전통을 확립함으로써 민주적 제도 장치의 기틀을 확고히 마련했다. 또한 대통령의 비상조치권 · 국회해산권을 폐지하여 대통령의 권한을 합리적으로 조정했고, 국정감사권 등을 부활시키는 등 국민의 대표기관인 국회의 권한을 강화했다.

한국 정부의 제도 변화가 이처럼 그 수와 양에서 엄청난 변화를 보여왔기에, 이를 모두 고찰한다는 것은 어려운 일이다. 따라서 여기서는 이 같은 상황을 고려하여 한국 정부의 제도 변천 과정을 살펴보는 대신, 중앙정부 제도를 중심으로 살펴보고자 한다. 중앙정부 제도로서는 행정부와 입법부, 사법부를 먼저 살펴보고, 이어서 3부에 속한다고 보기 어려운 헌법재판소와 선거관리위원회 등 기타 헌법기관을 살펴보고자 한다.

1) 행정부

한국의 중앙정부가 채택하고 있는 3부 가운데 광의의 행정부는 대통령과 협의의 행정부로 세분할 수 있다. 행정부의 조직 구성은 [그림 6-2]와 같다.

그림 6-2 행정부 조직도(2018.6.30 현재)

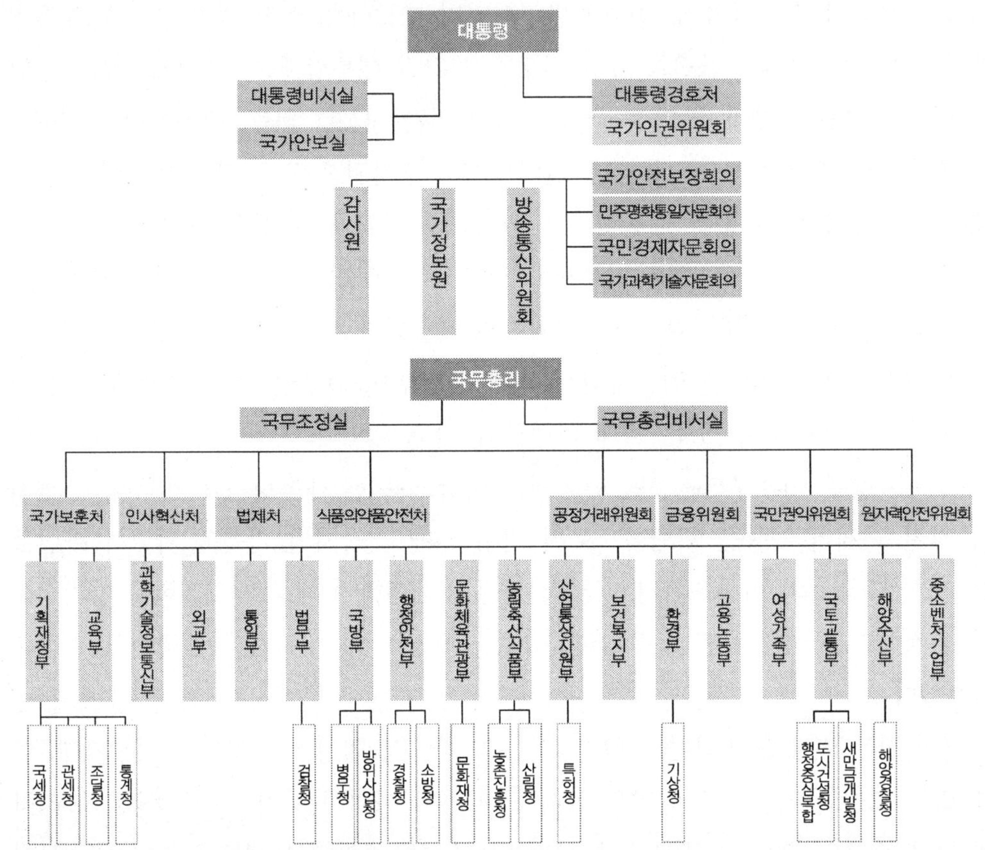

출처: https://www.gov.kr/portal/orgInfo

(1) 대통령

행정부의 수반인 대통령은 국민의 보통·평등·직접·비밀선거에 의해 선출되며, 임기는 5년 단임제이다. 선출된 대통령은 국가의 원수로 외국에 대해 국가를 대표하고, 대통령을 수반으로 하는 정부에 소속해 있다. 대통령은 내란 또는 외환(外患)의 죄를 범한 경우를 제외하고는 재직 중 형사상의 소추를 받지 않는다. 또한 대통령은 필요하다고 인정할 때에 외교·국방·통일, 기타 국가 안위에 관한 중요 정책을 국민투표에 회부할 수 있으며, 조약을 체결·비준하고, 외교사절을 신임·접수 또는 파견하며, 국군을 통수하여 선전 포고와 강화를 할 수 있는 권한이 부여되어 있다.

대통령이 발휘할 수 있는 행정권 중에서 가장 널리 이용되는 것은 명령이라 할 수 있다. 헌법 제75조에서는 대통령이 법률에서 구체적으로 범위를 정해 위임받은 사항과 법률을 집행하는 데 필요한 사항에 관해 대통령령(또는 시행령)을 발할 수 있다고 규정하고 있다. 또한 동법 제76조에서는 대통령은 내우·외환·천재·지변 또는 중대한 재정·경제상의 위기 시에, 국가의 안전보장 또는 공공의 안녕 질서를 유지하기 위해 긴급조치가 필요하고, 국회의 집회를 기다릴 여유가 없을 때에 한해 최소한으로 필요한 재정·경제상의 처분을 하거나 이에 관해 법률의 효력을 가지는 명령을 발할 수 있도록 권한도 인정하고 있다.

한편 대통령은 국가의 안위에 관계되는 중대한 교전 상태에서 국가를 보위하기 위해, 긴급한 조치가 필요하고 국회의 집회가 불가능한 때에 한해 법률의 효력을 가지는 명령을 발할 수 있다. 이 경우에 지체없이 국회에 보고하여 그 승인을 얻어야 한다. 이 밖에도 대통령은 전시·사변 또는 이에 준하는 국가 비상사태 시에 병력으로써 군사상의 필요에 응하거나 공공의 안녕 질서를 유지할 필요가 있을 때에는 법률이 정하는 바에 따라 계엄을 선포할 수 있다. 이때에도 마찬가지로 지체 없이 국회에 통고해야 하며, 만약 국회가 재적 의원 과반수의 찬성으로 계엄의 해제를 요구한 때에는 대통령은 이를 해제해야 한다. 그 밖에도 대통령은 헌법과 법률이 정하는 바에 따라 공무원을 임면하거나, 사면·감형 또는 복권을 명할 수 있다.

대통령에게 국정 권한의 대부분이 맡겨져 있기 때문에, 청와대(대통령비서실) 보좌진이 [그림 6-3]과 같이 존재하여 대통령을 보좌하고 있다. [그림 6-3]에서 보듯이 장관급의 비서실장 외에도, 18개 부처가 담당하는 업무를 기능별로 묶어서 정무수석, 민정수석, 홍보수석, 국정기획수석, 경제수석, 미래전략수석, 교육문화수석, 고용복지수석, 외교안보수석 비서관 등을 두고 있다. 이 밖에도 총무비서관과

그림 6-3 청와대 조직도

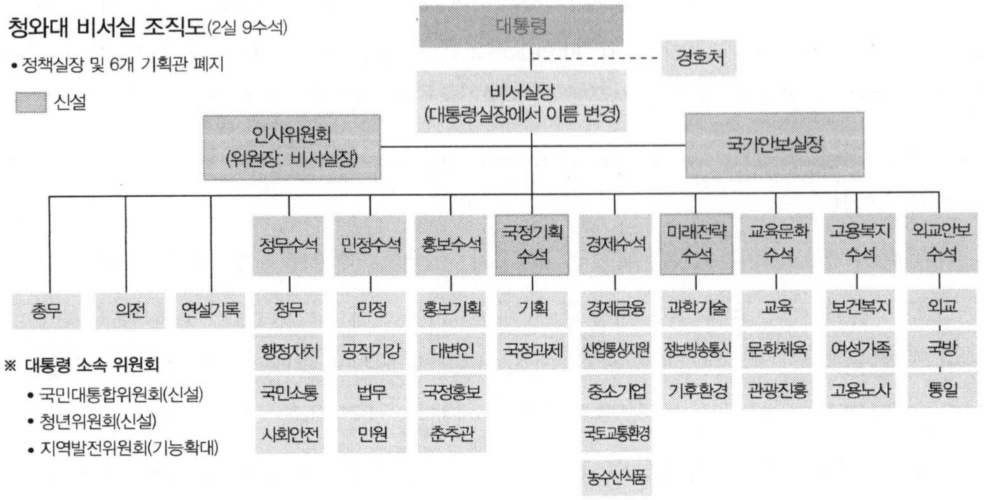

출처: 동아일보, https://news.naver.com/main/read.nhn?oid=020&aid=0002401333

의전비서관, 연설기록비서관 등을 두고 있다.

① 국무회의

국무회의는 대통령·국무총리와 15인 이상 30인 이하의 국무위원으로 구성된다. 국무회의의 의장과 부의장은 각각 대통령과 국무총리가 맡으며, 국무위원은 국무총리의 제청으로 대통령이 임명한다.

국무회의의 심의를 거쳐야 하는 안건으로는 국정의 기본계획과 정부의 일반정책, 선전·강화, 기타 중요한 대외정책, 헌법개정안·국민투표안·조약안·법률안 및 대통령안, 예산안·결산·국유재산처분의 기본계획·국가의 부담이 될 계약, 기타 재정에 관한 중요 사항, 대통령의 긴급명령·긴급재정경제처분 및 명령 또는 계엄과 그 해제, 군사에 관한 중요 사항, 국회의 임시회 집회의 요구, 영전 수여, 사면·감형과 복권, 행정각부 간의 권한의 획정, 정부 안의 권한의 위임 또는 배정에 관한 기본계획, 국정 처리 상황의 평가·분석, 행정각부의 중요한 정책의 수립과 조정, 정당 해산의 제소, 정부에 제출 또는 회부된 정부의 정책에 관계되는 청원의 심사, 검찰총장·합동참모의장·각 군 참모총장·국립대학교 총장·대사, 기타 법률이 정한 공무원과 국영기업체 관리자의 임명, 기타 대통령·국무총리 또는 국무위원이 제출한 사항이다.

② 감사원

감사원은 대통령 소속 하에 있는 기관이나 독립성이 보장된 헌법 기관이다. 원장을 포함한 5인 이상 11인 이하의 감사위원으로 구성된다. 감사원장은 국회의 동의를 얻어 대통령이 임명하고, 그 임기는 4년으로 하며, 1차에 한해 중임할 수 있다. 감사위원은 감사원장의 제청으로 대통령이 임명하고, 그 임기는 4년으로 하며, 1차에 한해 중임할 수 있다. 감사원의 주된 역할은 회계감사와 직무감찰이다. 매년 세입·세출의 결산을 검사하고, 국가 및 법률이 정한 단체의 회계검사와 행정기관 및 공원의 직무에 관한 감찰을 한다. 감사원법에 의해 감사원은 대통령에 소속되어 있으나 직무에 관하여는 독립의 지위를 보장받고 있다.

(2) 행정부

협의의 행정부는 국무총리와 행정각부로 구성된다. 행정각부에는 목적에 따라 외청을 두어 운영하고 있다. 행정각부는 2018년 현재 18개 부로 구성되어 있으며, 행정각부 산하에 모두 17개 청이 설치되어 있다. 국무총리는 국회의 동의를 얻어 대통령이 임명하고, 행정각부의 장은 국무총리의 제청으로 대통령이 임명한다.

한편 우리나라는 국무총리가 특별히 위임하는 사무를 수행하기 위해 부총리제를 운영하고 있는데, 현재 문재인 정부는 2명의 부총리를 두고 있는데, 1명의 부총리는 기획재정부 장관과 겸임하고 있으며 또 1명의 부총리는 교육부 장관과 겸임하고 있다. 부총리 겸 기획재정부 장관은 경제부총리로, 부총리 겸 교육부 장관은 사회부총리로 불리고 있다. 부총리는 국무총리의 명을 받아 관계 중앙행정기관을 총괄·조정한다.

① 국무총리

국무총리는 대통령을 보좌하며, 행정에 관해 대통령의 명을 받아 각 중앙행정기관의 장을 지휘·감독한다. 국무총리의 직속기관으로는 정부조직법상 국무조정실, 국무총리비서실, 국가보훈처, 인사혁신처, 법제처, 식품의약품안전처가 있다.

표 6-1 국무총리 직속기관

기 관	주요 기능
국무조정실	각 중앙행정기관의 행정의 지휘 · 감독, 정책 조정 및 사회 위험 · 갈등의 관리, 정부 업무평가 및 규제개혁
국무총리비서실	국무총리의 원활한 국정 수행을 위한 직무 보좌
국가보훈처	국가유공자 및 그 유족에 대한 보훈, 제대군인의 보상 · 보호 및 보훈 선양에 관한 사무
인사혁신처	공무원 임용, 승진, 퇴직, 연금, 복지 등 공무원 제반 인사에 관한 사무
법제처	국무회의에 상정될 법령안 · 조약안과 총리령안 및 부령안의 심사와 그 밖에 법제에 관한 사무
식품의약품안전처	식품 및 의약품의 안전에 관한 사무
공정거래위원회	경쟁 촉진, 소비자 주권 확립, 중소기업 경쟁 기반 확보, 경제력 집중 억제
금융위원회	금융정책, 외국환업무 취급기관의 건전성 감독, 금융기관에 대한 감독
국민권익위원회	고충민원의 처리와 이에 관련된 불합리한 행정 제도의 개선, 부패 발생의 예방, 부패행위의 효율적 규제
원자력안전위원회	원자력 안전관리, 원자력 안전관리에 따른 연구 · 개발, 그 밖에 관련 법률에서 위원회의 사무로 정한 사항

이와 함께 원활한 국정 수행을 위해 공정거래위원회, 금융위원회, 국민권익위원회, 원자력안전위원회 등을 설치 · 운영하고 있다. 이 기관들의 주요 기능은 〈표 6-1〉과 같다.

② 행정각부

대통령의 통할 하에 18개의 행정각부가 존재하고, 원칙적으로 행정각부에는 장관 1명과 차관 1명이 존재한다. 다만 기획재정부 · 과학기술정보통신부 · 외교부 · 문화체육관광부 · 국토교통부에는 차관이 2명씩 존재한다. 각부의 장관이 맡은 업무는 <표 6-2>와 같다.

표 6-2 행정각부의 업무

행정각부	업 무
기획재정부	중장기 국가발전전략 수립, 경제・재정정책의 수립・총괄・조정, 예산・기금의 편성・집행・성과관리, 화폐・외환・국고・정부회계・내국세제・관세・국제금융, 공공기관 관리, 경제 협력・국유재산・민간투자 및 국가채무
교육부	인적자원개발정책, 학교교육・평생교육, 학술
과학기술정보통신부	과학기술정책의 수립・총괄・조정・평가, 과학기술의 연구개발・협력・진흥, 과학기술 인력 양성, 원자력 연구・개발・생산・이용, 국가정보화 기획・정보보호・정보문화, 방송・통신의 융합・진흥 및 전파관리, 정보통신산업, 우편・우편환 및 우편대체
외교부	외교, 경제외교 및 국제경제협력 외교, 국제 관계 업무에 관한 조정, 조약 기타 국제협정, 재외국민의 보호・지원, 재외동포정책의 수립, 국제 정세의 조사・분석
통일부	통일 및 남북대화・교류・협력에 관한 정책의 수립, 통일교육, 그 밖에 통일에 관한 사무
법무부	검찰・행형・인권 옹호・출입국관리, 그 밖에 법무에 관한 사무
국방부	국방에 관련된 군정 및 군령과 그 밖에 군사에 관한 사무
행정안전부	안전 및 재난에 관한 정책의 수립・총괄・조정, 비상 대비・민방위 제도, 국무회의의 서무, 법령 및 조약의 공포, 정부조직과 정원, 정부혁신, 행정능률, 전자정부, 개인정보보호, 정부청사의 관리, 지방자치제도, 지방자치단체의 사무 지원・재정・세제, 낙후지역 등 지원, 지방자치단체 간 분쟁 조정, 선거, 국민투표
문화체육관광부	문화・예술・영상・광고・출판・간행물・체육・관광, 국정에 대한 홍보 및 정부 발표
농림축산식품부	농산・축산, 식량・농지・수리, 식품산업 진흥, 농촌 개발 및 농산물 유통
산업통상자원부	상업・무역・공업・통상, 통상교섭 및 통상 교섭에 관한 총괄・조정, 외국인 투자, 산업기술 연구개발 정책 및 에너지・지하자원
보건복지부	보건위생・방역・의정(醫政)・약정(藥政)・생활 보호・자활 지원・사회보장・아동(영・유아 보육을 포함한다)・노인 및 장애인
환경부	자연환경, 생활환경의 보전 및 환경오염 방지
고용노동부	고용정책의 총괄, 고용보험, 직업능력 개발 훈련, 근로 조건의 기준, 근로자의 복지후생, 노사 관계의 조정, 산업안전보건, 산업재해보상보험과 그 밖에 고용과 노동에 관한 사무
여성가족부	여성정책의 기획・종합, 여성의 권익 증진 등 지위 향상, 청소년 및 가족(다문화가족과 건강가정사업을 위한 아동 업무를 포함한다)
국토교통부	국토종합계획의 수립・조정, 국토 및 수자원의 보전・이용 및 개발, 도시・도로 및 주택의 건설, 해안・하천 및 간척, 육운・철도 및 항공
해양수산부	해양정책, 수산, 어촌 개발 및 수산물 유통, 해운・항만, 해양환경, 해양조사, 해양자원개발, 해양과학기술 연구・개발 및 해양안전 심판
중소벤처기업부	중소기업 및 벤처 육성, 창업, 중소기업 R&D 조달 및 기술 보호를 위한 사무

2) 입법부

우리나라의 입법권은 헌법 제40조에서 규정하고 있듯이 국회에 속해 있다. 입법부는 [그림 6-4]에 나타나듯이 국회의장을 중심으로 상임위원회와 국회사무처, 그리고 국회도서관, 국회예산정책처, 국회입법조사처로 구성되어 있다.

(1) 국회의 조직 및 구성

국회는 국민의 보통·평등·직접·비밀선거에 의해 선출된 국회의원으로 구성하도록 헌법 제41조에 명시되어 있다. 국회의원의 수는 법률로 정하되, 200인 이상으로 하는 것으로 되어 있다. 그런데 제16대 국회 때는 국회의원의 정수가 273명이었으나, 2004년 3월 여야의 합의 끝에 국회의원의 정수를 26명 늘려 제17대 국회의 국회의원 정수는 299명이 되었고, 세종특별자치시의 등장 등으로 제19대 국회의 국회의원 정수는 1명 더 늘어나 현재 300명(지역구 253명+비례대표 47명)이다. 국회의원의 임기는 4년이고, 법률이 정하는 직을 겸할 수 없다.

(2) 국회의원의 권한과 의무

국회의원은 현행범인 경우를 제외하고는 회기 중 국회의 동의 없이 체포 또는 구금되지 않으며, 국회에서 직무상 행한 발언과 표결에 관해 국회 밖에서는 그 책임을 묻지 않는다. 또한 국회의원은 법률안을 제출할 수 있으며, 대통령 및 행정부가 제출한 법률안을 심의·의결하는 권한을 가지고 있다. 반면에 청렴의 의무를 지니며, 매년 1회 법률이 정하는 바에 따라 정기국회를 열고, 필요 시 임시국회를 개최할 수 있다.

(3) 국회의 기능

국회의원으로 구성된 국회는 국가의 예산안을 심의·확정한다. 그리고 상호 원조 또는 안전 보장에 관한 조약, 중요한 국제조직에 관한 조약, 우호통상항해조약, 주권의 제약에 관한 조약, 강화조약, 국가나 국민에게 중대한 재정적 부담을 지우는 조약 또는 입법 사항에 관한 조약의 체결·비준에 대한 동의권을 가진다. 또한

그림 6-4 **입법부 조직도**

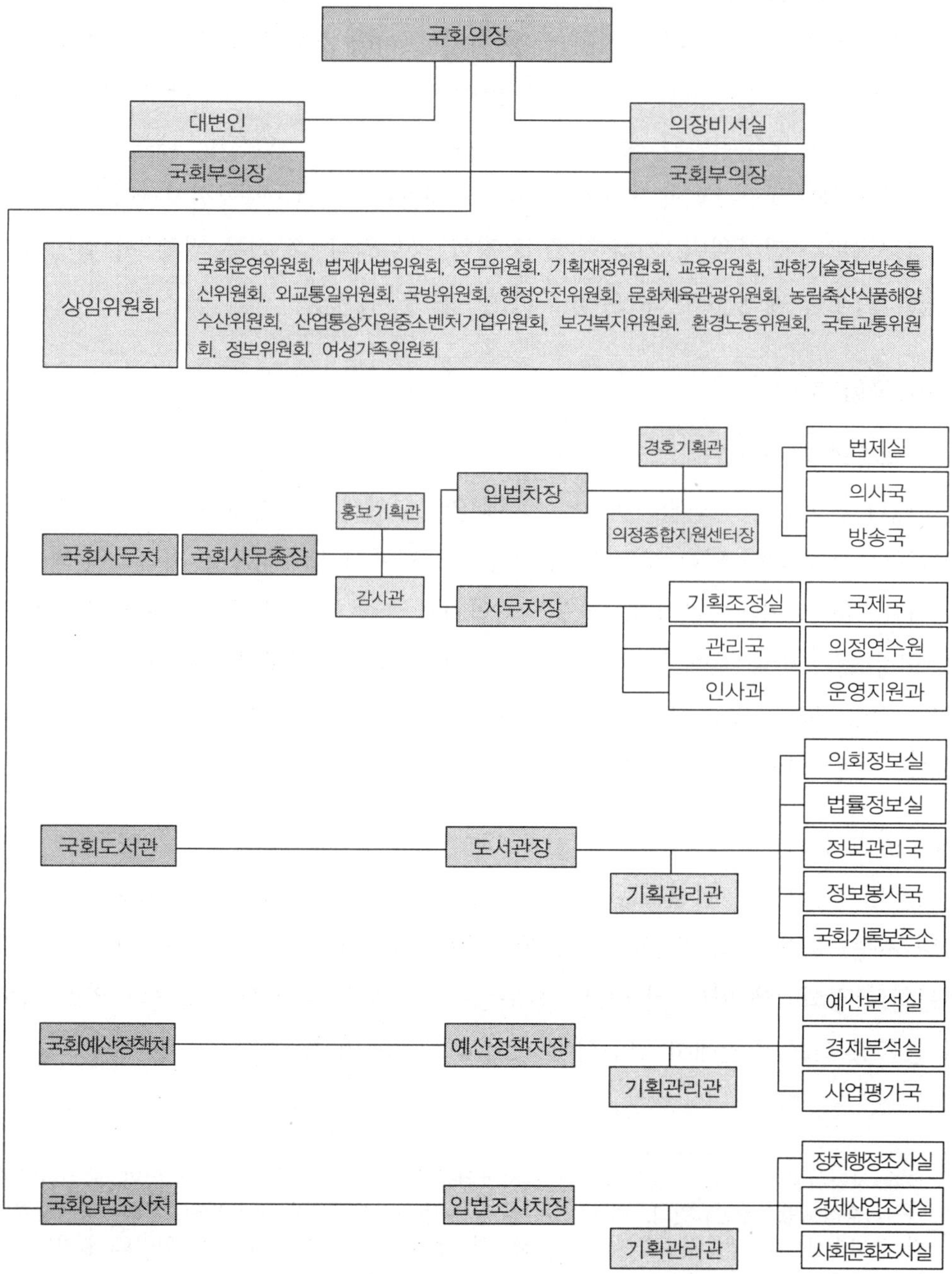

출처: http://www.assembly.go.kr/renew10/asm/ifn/org_01.jsp

선전 포고, 국군의 외국 파견 또는 대한민국 영역 안에서 외국 군대의 주류(駐留)에 대한 동의권을 가진다.

한편 국정을 감사하거나 특정한 국정 사안에 대해 조사할 수 있으며, 이에 필요한 서류의 제출 또는 증인의 출석과 증언이나 의견의 진술을 요구할 수 있다. 또한 국무총리 또는 국무위원의 해임을 대통령에게 건의할 수 있으며, 대통령 · 국무총리 · 국무위원 · 행정각부의 장 · 헌법재판소 재판관 · 법관 · 중앙선거관리위원회 위원 · 감사원장 · 감사위원, 기타 법률이 정한 공무원이 그 직무 집행 시 헌법이나 법률을 위배한 때에는 탄핵소추를 의결할 수 있다.

(4) 국회 조직

① 의장과 부의장

우리나라 국회는 국회법에 따라 국회에 의장 1인과 부의장 2인을 선출하여 의장단을 구성하게 되어 있다. 의장과 부의장은 국회에서 무기명으로 재적의원 과반수로 선출되며, 임기는 2년이다. 의장은 재임기간 소속 정당의 당적을 보유하지 못하고, 의장 임기 만료 후에 당적보유가 가능하다. 의장은 대내적으로 의사 운영에 책임을 지며, 대외적으로 국회를 대표한다. 의장과 부의장은 법률에 정한 경우를 제외하고 의원 외의 직을 겸직할 수 없다.

② 위원회

국회법상 국회 내 위원회는 상임위원회와 특별위원회가 있다. 현재(2018년 6월 31일 기준) 17개 상임위원회[2] 와 7개 특별위원회[3]가 있다. 위원회는 행정이 점점 전문화 복잡화됨에 따라 위원들의 전문성이 요구되는 현실적인 필요와 의안 검토의 능률성 확보 측면에서 정당성이 있다고 할 수 있다.

---

2) 17개 상임위원회는 국회운영위원회, 법제사법위원회, 정무위원회, 기획재정위원회, 교육위원회, 과학기술정보방송통신위원회, 외교통일위원회, 국방위원회, 행정안전위원회, 문화체육관광위원회, 농림축산식품해양수산위원회, 산업통상자원중소벤처기업위원회, 보건복지위원회, 환경노동위원회, 국토교통위원회, 정보위원회, 여성가족위원회 등이다.

3) 7개 특별위원회는 예산결산특별위원회, 윤리특별위원회, 정치개혁특별위원회, 남북경제협력특별위원회, 에너지특별위원회, 사법개혁특별위원회, 4차산업혁명특별위원회 등이다.

③ 교섭단체

교섭단체란 국회 내 20인 이상의 국회의원으로 정치적 이념 및 성향을 공유하는 정파적 단체이며 주로 정당 단위로 구성되고 있다. 하지만 교섭단체와 정당이 항상 일치하는 것은 아니다. 20인 이하 둘 이상의 소수 정당이 연합하여 교섭단체가 형성되기도 한다. 교섭단체는 소속 국회의원의 의사를 종합하여 다른 교섭단체와 의사소통하며 의사일정 및 국회 운영에 있어서 국회의장이나 위원장들과 협의하는 등의 기능을 수행한다.

④ 국회사무처

국회사무처는 국회의 원활한 기능 수행과 국회의원의 업무를 지원하기 위해 설치되었다. 국회사무총장 밑에 입법차장과 사무차장을 각각 1인씩 두어 조직을 운용하고 있다. 국회사무처의 기능 및 주요 업무는 다음과 같다.

㉠ 법률안, 청원 등의 접수·처리
㉡ 국회의 법안심사, 예산결산심사, 국정감사 및 조사, 국가정책평가 등의 지원
㉢ 국회 본회의 및 위원회 회의에 관한 지원
㉣ 국회의원의 의정 활동 지원
㉤ 국회의 의사 중계방송 및 홍보
㉥ 국회의원의 외교 활동 지원
㉦ 국회 소속 공무원에 대한 교육훈련과 의회 제도 및 운영에 관한 연수
㉧ 국회의 청사관리·경비 및 후생
㉨ 국회의 직장민방위대 및 직장예비군의 편성·운영과 비상 대비 업무
㉩ 국가공무원법·국가재정법·국유재산법, 기타 다른 법령의 규정에 의해 사무처 또는 사무총장의 권한에 속하는 사항
㉪ 감사 업무, 기타 의장이 필요하다고 인정해 지정하는 사항

3) 사법부

사법권은 헌법 제101조에 의해 법원에 속하도록 명시하고 있으며, 법원은 최고법원인 대법원과 각급 법원으로 조직된다. 각 법원의 법관은 대법원장의 경우는

그림 6-5 사법부 조직도

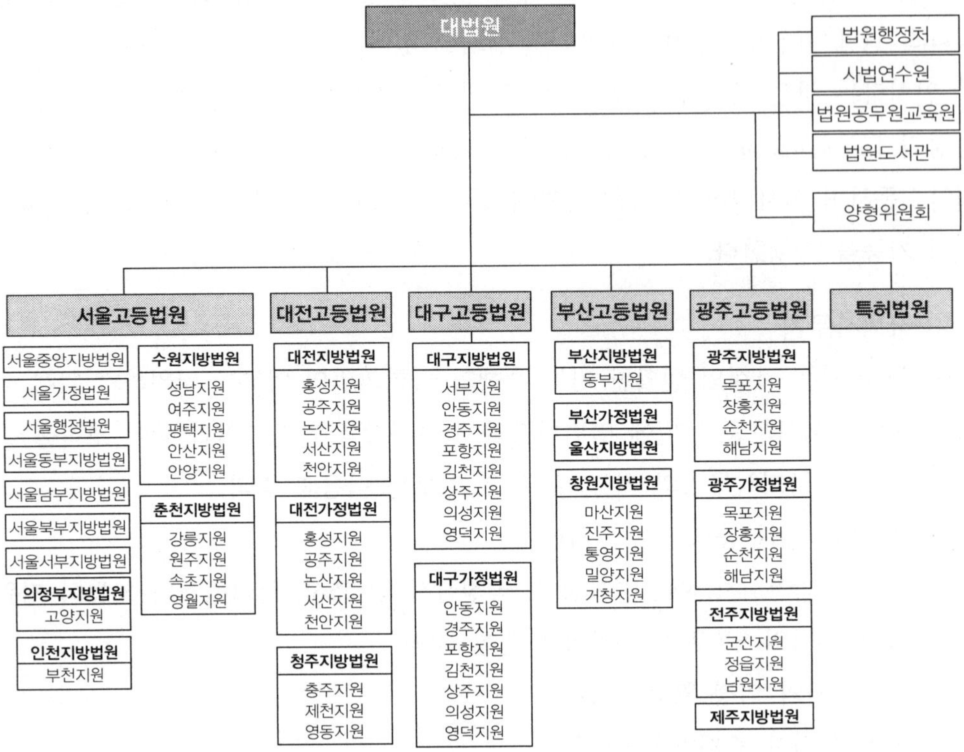

출처: http://www.scourt.go.kr/judiciary/organization/chart/index.html

국회의 동의를 얻어 대통령이 임명하고, 대법관은 대법원장의 제청으로 국회의 동의를 얻어 대통령이 임명하도록 되어 있다. 반면 대법원장과 대법관이 아닌 법관은 대법관회의의 동의를 얻어 대법원장이 임명한다. 사법부의 조직은 [그림 6-5]와 같다.

대법원장은 대법관회의의 의장이 되며 사법행정사무를 총괄하고 사법행정사무에 관하여 관계 공무원을 지휘·감독하는 역할을 한다. 대법원장은 사법행정 사무를 관장하기 위하여 대법원에 법원행정처를 둔다. 법원행정처는 법원의 인사, 예산, 시설, 통계, 송무, 등기, 호적, 공탁, 사법제도연구에 관한 사무를 관장한다.

대법원에서는 고등법원 또는 항소법원 · 특허법원의 판결에 대한 상고사건, 항고

법원 · 고등법원 또는 항소법원 · 특허법원의 결정 · 명령에 대한 재항고사건을 비롯해 다른 법률에 의해 대법원의 권한에 속하는 사건을 담당하고 있다.

고등법원은 고등법원장을 비롯해 각 부로 이루어져 있으며, 서울 · 대전 · 대구 · 부산 · 광주 등 다섯 군데에 고등법원이 설치되어 있다. 특허법원은 1998년 3월 1일에 창설되었으며 고등법원급이다. 특허법원에는 특허법원장을 두고 판사로 보한다. 특허법원에서 다루는 사건으로는 특허법 제186조 제1항, 실용신안법 제55조, 의장법 제75조 및 상표법 제86조 제2항이 정하는 제1심 사건과 다른 법률에 의해 특허법원의 권한에 속하는 사건 등이 있다.

4) 기타 헌법기관

(1) 헌법재판소[4)]

헌법재판소는 9인의 재판관으로 구성되며, 재판관 전원으로 구성된 재판관회의를 통해 헌법에 규정된 사항을 처리한다. 헌법재판관 임명은 재판관 9인 중 3인은 대법원장이 지명하고, 3인은 국회에서 선출하며, 나머지 3인은 대통령이 직접 임명한다. 헌법재판관은 서로 간에 독립되어 있으며, 9인 모두 등등한 권한과 지위를 가진다.

헌법재판소에는 행정사무의 처리를 위해 사무처가 설치되어 있으며, 헌법연구관(특정직 국가공무원)을 두어 헌법재판소장의 명을 받아 사건의 심리 및 심판에 관한 조사 · 연구에 종사하게 하고 있다. 또한 비서실과 비서실장 1인을 두고, 헌법재판소장의 명을 받아 기밀에 관한 사무를 관장하도록 하고 있다. 헌법재판소의 주요 기능은 법원의 제청에 의한 법률의 위헌 여부와 탄핵, 정당의 해산을 심판한다. 그리고 국가기관 상호 간, 국가기관과 지방자치단체 간 및 지방자치단체 상호 간의 권한 쟁의에 관한 사항과 헌법소원에 관해 심판한다.

---

4) 우리나라는 1987년 제9차 개헌을 통해 헌법소원심판제도를 채택하여 헌법재판소를 설립하였다. 그러나 제헌 이후 이승만 정권 하에서 헌법위원회를 정부 내에 설치하고 탄핵재판소를 설립하여 탄핵심판을 담당하게 하였다. 1960년 개헌에서는 헌법재판소를 설치한 바 있고, 유신헌법 하에서는 헌법위원회를 설립한 바 있다.

(2) 선거관리위원회

선거관리위원회는 1960년 3월 15일에 있었던 이승만 정부의 3 · 15 부정선거에 대한 반성으로, 5 · 16 군사쿠데타 정부 시기의 제5차 헌법 개정(1962년 12월 26일)에 따라 1963년 1월 21일자로 독립적인 헌법 기관화되어 오늘에 이르고 있다. 선거관리위원회는 헌법에 의해 설치된 독립합의제형 기관으로서 국회, 대통령, 행정부, 법원, 헌법재판소로부터 독립되어 있다. 직무의 공정성을 위해 각급 선거관리위원회 위원의 임기 및 신분을 헌법과 법률에 엄격히 규정하고, 직무 수행 시에는 어떤 외부의 간섭이나 영향을 받지 않고, 오직 헌법과 법률에 따라서만 그 직무를 수행할 수 있도록 하고 있다.

선거관리위원회는 중앙, 시울특별시 · 광역시 · 도, 구 · 시 · 군, 읍 · 면 · 동 선거관리위원회 4단계로 조직되어 있다. 중앙선거관리위원회는 위원장, 상임위원, 위원으로 구성되어 있으며, 대통령이 임명하는 3인과 국회에서 선출하는 3인, 대법원장이 지명하는 3인 등 총 9인으로 구성되는 합의제 기관으로 위원의 임기는 6년이다. 위원장과 상임위원은 위원 중에서 호선하며 대법관이 위원장으로 선출되는 것이 관례로 되어 있다.

중앙선거관리위원회에서는 국가 및 지방자치단체의 선거와 관련한 사무를 처리하며, 국민투표 및 정당에 관한 사무를 처리한다. 또한 선거관리위원회가 관리하는 공공단체의 선거(위탁선거)에 관한 사무와 기타 법령으로 정하는 사무를 다루고 있다. 선거와 관련한 사무에는 선거, 선거 절차, 선거운동, 선거 비용 제한액, 선거법 위반행위 등이 포함되어 있다.

제3절 정부기구 간 상호 관계

정부기구 간의 상호 관계를 파악하는 입장으로는 고전적 권력분립론과 최근에 대두한 기능적 권력관계론이 있다.

고전적 권력분립론은 몽테스키외(Charles de Montesquieu)에 의해 체계화된 시각이다. 이 입장은 국가 권력을 입법 · 행정 · 사법으로 나누어 각각의 권력을 독립된 기관에 담당시켜, 기관 상호 간에 견제하게 함으로써 권력의 집중과 전횡을 막고 국가 권력의 남용으로부터 국민의 자유와 권리를 보장해야 한다는 입장이다. 따라서 고전적 권력분립론은 적극적으로 국가 활동의 능률을 증가시키기 위한 원리가 아니라, 소극적으로 권력의 남용이나 권력의 자의적인 행사를 방지하기 위한 원리라고 볼 수 있다.

이에 반해 최근에 대두된 기능적 권력관계론은 기관 상호 간에 권력의 억제를 통해 균형을 유지하는 동시에 권력의 엄격한 분할로 인한 기관 상호 간의 단절과 역기능을 방지함으로써 권력 상호 간의 공화(共和)와 협조를 도모하자는 입장이다.[5]

예컨대, 한국 정부에 지방자치제가 도입되기 전까지는 중앙정부와 지방자치단체 간에 일방적이고 하향적인 지시와 통제 관계만이 형성되어 왔다. 그러나 1992년 지방자치제가 부활하고 지방분권이 촉진되면서 중앙정부와 지방정부 간에 적절한 기능 내지 역할의 분담론이 제기되었다. 즉, 중앙정부 내 수평적 · 기능적 권력 분립 관계와 유사하게, 중앙정부와 지방정부 간에도 수직적 · 지리적 권력 분립 관계가 형성되기 시작했다.

그러나 정부기구 간의 수평적이고 협력적인 권력 분립 관계는 아직까지 규범적 · 당위적인 수준에 머물러 있다. 현실적인 운영 실태에서는 행정부 우위, 중앙정부 우위의 권력 관계에서 탈피하지 못하고 있다. 여기서는 한국 정부의 기구 간 상호 관계인 견제와 균형을 제도적 측면과 현실적 측면에서 살펴보고자 한다.

5) 예컨대, 현행 헌법에서는 헌법재판소와 중앙선거관리위원회를 구성할 경우, 그 재판관과 위원들을 대통령이 임명하는 3인, 국회가 선출한 3인, 대법원장이 지명한 3인으로 하게 함으로써 헌법기관 구성 시에 3부의 공화와 협조를 규정하고 있다. 또한 대법관의 경우에는 대법원장의 제청으로 국회의 동의를 얻어 대통령이 임명하게 하고 있는 것도 한 예로 볼 수 있다.

1. 행정부와 입법부의 상호 관계

1) 입법부의 행정부 통제 관계

원칙적으로 한국의 입법부와 행정부 간의 관계는 상호 독립적이라 할 수 있다. 그것은 행정부의 수반인 대통령이 국민에 의해 직접 선출되고, 국회 구성원인 국회의원도 국민에 의해 직접 선출되기 때문이다. 이와 더불어 대통령은 재임 중 국회에 대해 정치적 책임을 지지 않고, 국회도 대통령에 대해 불신임 결의를 할 수 없다.

그러나 입법부와 행정부의 관계는 독립적인 동시에 권력 분립의 원리에 입각하여 상호 견제하는 관계에 있다. 이는 국회가 가진 대통령에 대한 탄핵소추권과 정부에 대한 국정감사·조사와 더불어, 대통령의 국회임시회 소집 요구와 법률안 거부권 등이 인정되고 있기 때문이다.

뢰벤슈타인(Löwenstein, 1958: 196-204)은 행정부에 대한 입법부의 통제 수단으로 행정부 구성원의 임명, 행정부 기능 수행에 대한 정치적 통제, 행정부 소환의 세 가지를 들고 있다. 현행 헌법상 행정부에 대한 입법부의 통제 수단도 입법을 통한 통제, 재정작용에 대한 통제, 행정부 구성과 관련된 입법부의 통제, 기타 국정에 대한 통제로 나누어 볼 수 있다(권영성, 2003: 814-815).

(1) 입법을 통한 통제

입법을 통한 행정부 통제로는 첫째, 국회가 법률 제정을 통해 적극적으로 행정부를 통제하는 방법과, 둘째, 행정부가 제안한 입법을 국회가 거부함으로써 소극적으로 통제하는 방법이 있다.

입법권 중에서도 가장 핵심이 되는 것은 법률의 제정 및 개정에 관한 권한이다. 법률안 제출권은 국회뿐 아니라 행정부도 가지고 있지만, 최종적으로 법률을 심의하고 통과시키는 권한은 입법부의 전속적 권한으로 정책 과정에서 국회가 행정부에 영향을 줄 수 있는 가장 중요한 수단이다. 그러나 과거에는 입법을 통한 행정부 통제력이 미약했으며, 최근에 들어와서 급격하게 강화되고 있다.

국회의 저조한 정책결정 역할은 1990년대 민주화 이후 국회 개혁의 가장 시급한 과제로 부상했다. 이에 따라 제14대 국회에서는 초기에 의원입법 보좌기구인 법제예산실을 신설했다가 이후 법제실로 개편했고, 제15대 국회에서는 법안실명제를 도입했으며, 제16대 국회에서는 국회예산정책처를 신설했다.[6] 그리고 입법 기능을 간접적으로 활성화하는 조치로서 연중 상시 개원 체제의 도입, 상임위원회 활동의 활성화, 상임위원회의 법안 심의 과정 강화, 기록표결제의 도입 등이 이루어졌다.

특히 제17대 국회에서는 입법 및 정책과 관련된 사항을 조사·연구하여 국회의원에게 제공하기 위해 국회입법조사처를 설립하여,[7] 국회사무처·국회도서관·국회예산정책처와 함께 국회의원의 의정 활동을 위한 정책적 지원을 강화했다. 이

그림 6-6 역대 국회의 법률안 제출 비율

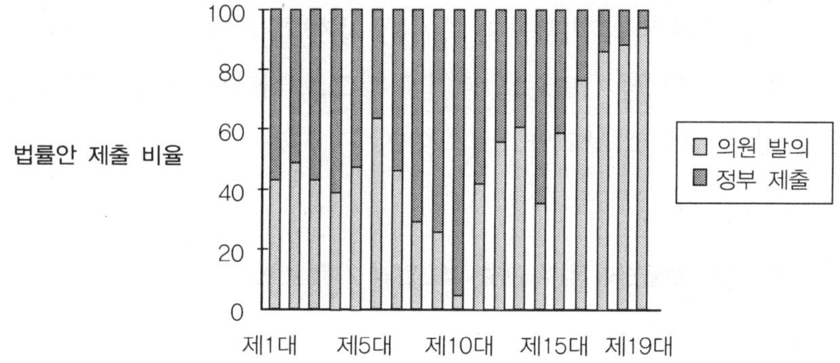

출처: 국회사무처 의안정보시스템(http://likms.assembly.go.kr/bill/)에서 재구성.

6) 국회예산정책처는 2004년 3월 3일 행정부에 대한 견제·감시 기능을 효율적으로 수행하기 위해 재정 분야의 전문인력을 충원·확보하여 신설했다. 예산안·결산·기금 운용 계획안 및 기금 결산에 대한 연구 및 분석, 법률안 등 의안에 대한 소요 비용의 추계, 국가 재정운용 및 거시경제 동향의 분석 및 전망, 국가의 주요 사업에 대한 분석, 평가 및 중·장기 재정소요 분석 등을 주요 임무로 하고 있다.

7) 국회입법조사처는 입법부의 독자적이고 전문적인 지식·정보 체계를 구축하고 의원 입법 활성화에 따른 입법 정보 수요 증가에 대응하기 위해 출범했다. 입법 및 정책에 대한 조사·분석, 국회의원 및 위원회의 조사·분석 요구에 대한 회답, 행정부의 위법 또는 제도 개선 사항 발굴, 국회의원연구단체에 대한 정보 제공, 외국의 입법 동향 분석 및 정보 제공 등의 업무를 수행하고 있다.

밖에도 입법 지원을 위해 각 위원회에 전문위원을 두고 있고, 의원 개인을 직접 보조하는 보좌관 및 비서 제도와 교섭단체 소속 의원의 입법 활동 및 교섭단체 운영을 보좌하기 위한 교섭단체 정책연구위원 제도를 두고 있다.

이러한 일련의 제도적 보완을 통해 국회의 입법 활동이 활성화되면서, 의원 발의 법안 수는 크게 증가했다. 예컨대, 역대 국회별 법률안 제출 비율을 살펴보면 [그림 6-6]에서 보듯이, 1990년대인 제10대 국회까지 국회의 정책결정 역할은 대단히 축소되어 있었다. 그러나 제12대 국회 이후부터는 제14대 국회만 제외하고 의원 발의안이 정부 제출안을 초과했다. 따라서 민주화와 더불어 입법권을 중심으로 한 국회의 기능은 외형상 급속도로 활성화되었다.

다만 민주화 이후 국회의 활발한 활동이 과연 효과적이었는지에 대해서는 또 다른 분석이 필요한데, 국회의 입법 활동에 대한 효과성은 제출 또는 발의된 법률안의 가결 비율을 통해 추정할 수 있다. [그림 6-7]에서 보는 바와 같이, 정부 제출 법률안의 가결 비율이 의원 발의안의 가결 비율보다 훨씬 높다. 다시 말해, 정부 제출 법률안보다 의원 발의 법률안의 숫자는 많지만, 가결 비율이 매우 낮고 폐기 처리나 회기 불계속 및 임기 만료로 폐기된 것으로 나타나 의원의 입법 활동에 따른 효과성은 낮은 것으로 보인다.

그림 6-7 **의원 발의 법률안과 정부 제출 법률안의 가결 비율**

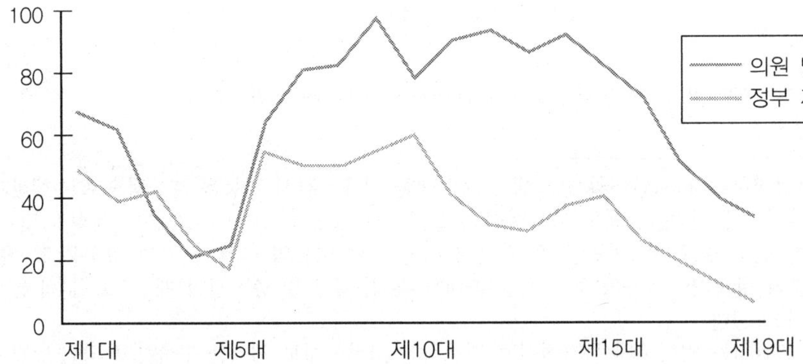

출처: 국회사무처 의안정보시스템(http://likms.assembly.go.kr/bill/)에서 재구성.

따라서 의원 발의 법률안보다 정부 제출 법률안의 가결 비율이 높다는 것은, 국회가 입법권을 통한 집행부 통제보다는 통법부 기능에 더욱 충실했다는 반증이기도 하다.

(2) 재정작용에 대한 통제

행정부의 재정작용에 대한 입법부의 통제권으로는 ① 예산 심의와 결산심사권, ② 긴급재정경제처분·명령에 대한 승인권, ③ 예비비 지출에 대한 승인권, ④ 기채 및 국가에 부담이 될 계약 체결에 대한 동의권, ⑤ 재정적 부담을 지게 하는 조약의 체결·비준에 대한 동의권 등이 있다. 이 중에서 가장 중요한 수단이 예산 심의와 결산심사권이다. 특히 한국의 행정부는 예산의 편성과 집행 및 결산 과정을 전적으로 주도하기 때문에, 예·결산 심의는 행정부의 재정정책을 국회가 통제할 수 있는 핵심적인 수단이다.

정책결정 과정이라는 측면에서 보자면, 예산 심의 과정에서 행정부와 국회의 상호작용은 정책의 우선순위를 결정하기 위한 갈등이며, 최종적으로 확정된 예산은 이러한 갈등을 통한 투쟁의 산물이다. 특히 정책결정 과정에서 갈등의 합리적인 해결 혹은 합의를 정치라고 본다면, 예산 심의는 예산의 결정 과정에 참여하는 관료와 의회 혹은 정당과 정당 사이의 가치 및 이해관계의 상호작용 결과가 반영되는 정치적 과정이다. 이러한 정치적 과정 속에서 예산액의 증감에 대한 결정이 이루어진다. 따라서 예산 심의는 행정부의 권력 행사에 영향을 미치게 되고, 권력 배분 구조가 예산 심의에서 가장 중요한 과정인 예산액 증감 결정의 핵심 요소가 된다(이재원, 2002).

그러나 국회의 예산 심의를 통한 행정부에 대한 견제는 앞에서 살펴본 입법권과 마찬가지로 통제 효과가 제한적일 수밖에 없다(오연천, 1989). 국회는 행정부 관료들이 가진 정교한 지식들과 비교해 볼 때, 현대 예산의 정교함과 복잡성에 대처할 만한 전문성을 가지고 있지 않다. 또한 정부 예산 관련 문건들을 입법부가 검토하는 데 할당된 시간이 매우 제한적이라는 것도 국회의 실질적 통제를 제한하고 있다(Posner & Park, 2007). 그러나 예결산특위 구성이나 국회 내 예산정책처 설립 등을 통해 예산 과정에서 국회의원의 비전문성을 보완하기 위한 제도가 개선되고 있으나 여전히 산적한 문제를 안고 있다.

박석희(2009: 6)는 국회의 예산 심의 과정의 문제점을 다음과 같이 정리하고 있다.

첫째, 당파성을 들 수 있다. 우리나라는 국회의원에 대한 정당의 통제가 심해 예산 심의자의 개인적 성향보다 정치적 성향을 보일 가능성이 높다.

둘째, 정치 체제 변수를 지적할 수 있다. 각종 정치 체제의 특성으로 인해 국회 예산 심의가 영향을 받게 된다.

셋째, 예산의 이용, 전용, 예비비, 이체, 이월 등의 예산 운용의 융통성을 보장하는 제도가 국회 예산 심의의 의미를 제약하는 경우가 많다.

넷째, 심의 기간이 정치적 이해관계를 위한 전략으로 이용되는 경우가 많다.

다섯째, 예산안과 관련된 자료, 국회의원의 능력과 전문성, 예산 심의를 보좌해주는 인력과 기구, 정보 등이 부족하여 형식적인 예산 심의가 이루어질 가능성이 높다.

여섯째, 행정부의 정보 독점과 행정부의 국회 통제 의도, 예산 심의 구조 등이 예산 심의 과정에 영향을 미친다. 행정부는 국회에 대해 정보 우위의 입장에서 국회를 통제하려는 의도가 있기 때문에 국회의 예산 심의가 형식화될 가능성이 높다.

일곱째, 국회의원의 행태 역시 예산 심의를 형식화하는 문제를 야기하고 있다.

그런데 국회의 재정통제권 행사와 관련하여 특히 문제가 되는 것은 결산 심사이다. 결산 심사는 예산 심사와 달리 여야가 정당을 떠나서 행정부 예산 집행의 적법성과 효율성을 심사하고, 이를 통해 행정부에 대한 감독 및 견제 기능을 수행하는 대표적 부문이다. 그렇지만 현실적으로는 결산 심사가 단지 정부의 재정 집행이 적법하게 이루어졌음을 사후 승인해주는 절차 이상의 의미를 갖지 못한다. 이는 예산 심의와 결산 심사가 동일 위원회에서 행해지고, 심의 과정도 중복되기 때문에 결산에 대한 의원들의 관심이 적어지는 데 원인이 있다.

각 상임위가 평균적으로 결산 심사에 투여한 기간을 살펴보면, 한국 정부의 산업화기(1963~1986년)에는 2.85일이 소요되던 것이 한국 정부의 민주화기(1987~1995년)에는 1.63일로 오히려 후퇴하고 있는 것으로 나타났다. 그리고 예결위가 결산 심사에 투여한 기간도, 민주화기 이후의 투여 기간이 민주화기 이전의 2.44일보다는 다소 늘었지만 겨우 3.4일에 불과한 실정이다(박찬표, 1998: 19-20).

결국 국회의 예·결산 심의는 행정부를 상대로 한 재정 감독으로서의 기능을 제대로 수행하지 못하고 있는 실정이다. 예산 심의의 경우 의회 대 행정부가 아니라 여야 대립 양식이 지배적이기 때문에 원내 대립이 격화되며, 이에 따라 예산 심의는 왜곡될 수밖에 없고 결산 심사의 경우는 사실상 무관심의 대상이 되어 왔다.

(3) 행정부 구성과 관련된 입법부의 통제

국회의 행정부 구성과 관련된 통제권으로는 ① 대통령선거에서 최고 득표자가 2인 이상인 경우에 대통령을 선출할 권한, ② 국무총리에 대한 임명동의권, ③ 감사원장에 대한 임명동의권 등을 들 수 있다. 또한 ④ 대통령·국무총리·국무위원 등에 대한 탄핵소추를 의결할 권한, ⑤ 국무총리 또는 국무위원의 해임을 건의할 권한, ⑥ 장관지명자 등 정무직 공무원에 대한 인사청문회 등이 있다.

우선 국무총리 임명동의권과 관련하여 현재까지 국무총리 후보에 대한 국회의 임명동의안이 부결된 것은 모두 8번이며, 임명동의안이 표결되기 전에 스스로 사퇴한 것은 2건이다. 이처럼 국회가 대통령의 공무원 임명행위에 관여하는 것은 대통령의 국정 수행에 중대한 견제 기능을 하는 것이며, 그 과정에서 인사청문회 제도가 핵심적 역할을 수행하고 있다.

인사청문회 제도는 미국연방헌법 제2조 제2항 제2호에 따라 상원의 동의를 필요로 하는 고위직 공무원(primary officer)에 대해, 소관 상임위원회에서 인사청문회를 실시한 것에서 비롯되었다. 한국에서도 김대중 정부 때인 2002년 2월과 6월의 국회법 개정과 인사청문회법의 제정을 통해 국회의 임명 동의가 필요한 대법원장, 헌법재판소장, 국무총리, 감사원장 및 대법관과 국회에서 선출하는 헌법재판소 재판관 및 중앙선거관리위원회 위원에 대한 임명동의안 등을 심사하기 위해 인사청문특별위원회를 두게 되었다. 더 나아가 2003년 1월에는 국회법과 인사청문회법의 개정을 통해 대통령이 국가정보원장, 국세청장, 검찰총장 또는 경찰청장의 후보자에 대한 인사 청문을 요청한 경우에는 그 인사 청문을 실시하기 위해 소관 상임위원회별로 인사청문회를 실시할 수 있도록 했다.

그러나 국회의 임명 동의가 필요한 공무원에 대한 인사 청문과 임명 동의가 필요하지 않은 공무원에 대한 인사 청문은 그 법적 효력이 상이하다. 이 중 국회의 임명 동의가 필요한 공무원에 대한 인사청문회의 결과는 국회의 임명동의안 의결로 연결된다.

하지만 국회의 임명 동의가 필요하지 않은 공무원, 즉 국가정보원장, 국세청장, 검찰총장, 경찰청장 등에 대한 인사청문회는 인사청문특별위원회가 아닌 소관 상임위원회에서 실시하며,[8] 임명동의안에 대한 표결은 하지 않는다. 그 이유는 헌법상 이들에 대한 임명은 대통령의 고유 권한이며 국회가 관여할 수 있는 근거 규정이 없기 때문이다. 이에 따라 국회의 임명동의권이 없는 공무원에 대해, 국회에서 임명이 부적절하다는 의견을 제시한다고 해도 대통령의 임명권을 제약하지는 못한다.

이러한 결과는 인사청문회 제도의 미비로 인한 것이라고 할 수 있다. 미국 상원의 인사청문회는 헌법과 판례를 통해 인정된 인준권을 근거로 실시되지만, 한국의 경우는 이러한 권한 없이 실시되고 있다. 고위공직자에 대한 대통령의 임명권을 국회의 인준권으로 견제한다는 의미에서, 법적 구속력이 없는 인사청문회는 대통령의 행정부 구성에 대한 국회의 견제가 아직 충분하지 못하다는 것을 반영한다. 따라서 행정부와 입법부가 균형을 유지하지 못하는 주요한 요인이 되고 있다.

다음으로 국회는 탄핵소추를 통해 행정부를 통제할 수 있다. 탄핵 제도는 일반적인 사법 절차나 징계 절차에 따라 소추하거나 징계하기가 곤란한 집행부의 고위직 공무원이나 법관 또는 선거관리위원회 위원과 같이 신분이 보장된 공무원이 직무 집행 시에 헌법이나 법률을 위배했을 경우에, 국회가 이를 소추하고 헌법재판소가 심판하는 것이다. 탄핵 제도는 탄핵소추와 탄핵심판으로 구성되며, 탄핵소추는 국회의 권한이고 탄핵심판은 헌법재판소의 권한으로 이원화되어 있다.

행정부에 대한 통제 수단으로서의 탄핵소추권은 일정한 한계가 있지만, 고위공직자의 비위와 부정을 통제하기 위한 탄핵 제도는 효과가 매우 크다. 영국에서는 70여 건의 탄핵소추가 이루어졌으며, 미국에서도 13건의 탄핵소추가 이루어졌다. 그리고 유죄의 결정으로 피소추자들이 공직에서 파면된 경우도 4건에 이른다(권영

8) 인사 청문에 따른 소관 상임위원회로 국정원장은 정보위원회, 검찰총장은 법제사법위원회, 국세청장은 기획재정위원회, 경찰청장은 행정안전위원회에서 실시하고 있다.

성, 2003: 855-856).[9)]

한국의 현행 헌법은 국회의 탄핵소추 대상자로 ① 대통령 · 국무총리 · 국무위원 · 행정각부의 장, ② 헌법재판소 재판관과 사법부의 법관, ③ 중앙선거관리위원회 위원 · 감사원장 · 감사위원, ④ 기타 법률이 정한 공무원을 들고 있다(헌법 제65조 제1항). 기타 법률이 정한 공무원은 검찰총장을 비롯한 검사, 각 처장 · 정부위원 · 각 군 참모총장 · 고위 외교관, 그리고 정무직 또는 별정직 고급공무원이 이에 포함된다.

탄핵 사유는 직무 집행 시에 헌법이나 법률을 위배했을 경우로서, 법률과 같은 효력을 가지는 조약 · 긴급명령 · 긴급재정명령 등을 포함한다. 그러나 직무의 행위와 단순한 정치적 실책(失策), 부당한 행위는 해당하지 않으며 해임 건의의 사유가 될 뿐이다. 탄핵소추는 국회 재적 의원 1/3 이상의 발의가 있어야 하며, 그 의결은 재적 의원 과반수의 찬성이 있어야 한다. 다만 대통령에 대한 탄핵소추는 헌법 제65조 제2항에 의거, 국회 재적 의원 과반수의 발의와 재적 의원 2/3 이상의 찬성이 있어야 한다. 탄핵소추가 의결된 피소추자는 소추의결서가 본인에게 송달된 때로부터 헌법재판소의 탄핵심판이 있을 때까지 권한 행사가 정지된다. 또한 소추의결서가 송달되면 임명권자는 피소추자의 사직원을 접수하거나 해임할 수 없다.

그러나 탄핵 결정 선고 이전에 파면되면 탄핵심판 청구를 기각해야 한다. 탄핵 결정은 헌법재판소 재판관 9인 중 6인 이상의 찬성이 있어야 하며, 탄핵의 효과는 공직에서 파면하는 데 그친다. 그러나 파면이 되었다고 해서 민사 · 형사상의 책임이 면제되는 것은 아니다. 그리고 탄핵 결정으로 파면된 자는 결정 선고일로부터 5년이 경과하지 않으면 공무원이 될 수 없도록 헌법재판소법 제54조 제2항은 규정하고 있다.

우리나라는 제헌 이후, 대통령 탄핵심판과 관련하여 두 번의 경험이 있다. 첫 번째는 2004년 3월 10일에 헌정 사상 처음으로 국회의원 159명에 의해 노무현 대통

9) 1974년 미국 제37대 대통령인 닉슨(Richard M. Nixon)은 하원에서 탄핵소추가 발의되자 사임했으며, 제42대 대통령인 클린턴(Bill Clinton)에 대해서는 1998년에 연방 하원에서 탄핵소추가 의결되었지만 연방 상원에서 부결된 경우가 있다.

령에 대한 탄핵소추가 발의되었다. 그리고 3월 12일에 국회 본회의에서 재적 의원 271명 중 195명이 투표에 참여해 찬성 193표, 반대 2표로 탄핵소추 의결이 이루어졌다. 동시에 대통령 직무 권한이 정지되고, 고건 국무총리가 대통령 직무를 대행했다. 이후 헌법재판소에서 탄핵심판 절차가 진행되었으나 전원재판부에서 탄핵심판 청구를 기각했다. 두 번째는 2016년 12월 9일 제18대 대통령인 박근혜 대통령이 최순실 국정농단 등 헌법위반으로 국회에 탄핵소추가 발의되어 총 299명의 국회의원 중 찬성 234명, 반대 56명, 무효 7명, 기권 2명으로 탄핵안이 통과되었다. 이 탄핵안은 2017년 3월 10일 헌법재판소에서 13개 헌법 및 법률 위반 혐의로 헌법재판소 재판관 8명의 전원일치 결정으로 인용된 바 있다.

(4) 기타 국정에 대한 통제

그 밖의 국정에 대한 통제권으로는 ① 국정감사·조사권, ② 국무총리·국무위원에 대한 국회 출석 요구 및 질문권, ③ 조약의 체결·비준에 대한 동의권, ④ 계엄선포·국군의 해외파견 등에 대한 동의권 등이 있다.

국정감사권은 국정조사권과 더불어 국회가 행정부의 국정 운영에 대한 감시와 비판을 수행할 수 있도록 하는 장치이다. 국정감사 제도는 1948년 제헌헌법에서 처음으로 채택된 후, 1972년 유신헌법에 의해 폐지되었다가 1987년 헌법 개정으로 다시 부활되었다. 특정한 국정 사안에 대해 본회의 의결로 조사할 수 있는 국정조사 제도는 헌법상 명문 규정이 없었다. 그러나 헌법상 국회의 고유한 권한이라는 해석에 따라 1948년 제정된 국회법 제72조 내지 제74조에서 근거 규정을 두었다가, 국정감사가 폐지되었던 시기인 1980년 헌법에 근거 규정을 두게 되었다.

국정감사와 국정조사는 모두 국회의 입법 활동이나 예산 심의에 필요한 정책자료를 획득한다든가, 정부의 잘못을 찾아내어 이를 비판하고 책임을 추궁하며 개선책을 도모하는 등 대정부 통제 수단으로 기능하는 것이기는 하다. 하지만 대상 범위, 실시 시기, 실시 주체, 실시 기간 등 몇 가지 점에서 차이가 있다.

국정감사는 매년 국회가 국정 전반에 관한 조사를 행하는 것으로, 이것은 국회가 입법 기능 외에 정부를 감시 비판하는 기능을 갖기 위해 인정된 것이다. 헌법과 국정감사 및 조사에 관한 법률에서 정하는 국정의 개념은 의회의 입법 작용뿐만 아니라 행정·사법을 포함하는 국가작용 전반을 뜻한다. 다만 개인의 사생활이나 신앙과 같이 순수한 사적 사항은 제외된다.

현재 국정감사는 소관 상임위원회별로 매년 정기국회 다음날부터 20일 동안 시행하는데, 본회의 의결에 의해 그 시기를 연장할 수 있다. 국정감사의 대상 기관은 국가기관, 특별시·광역시·도, 정부투자기관, 한국은행, 농수축협중앙회, 그리고 본회의가 특히 필요하다고 의결한 감사원의 감사 대상 기관이다.

국정감사가 국정의 전반을 대상으로 하는 반면, 국정조사는 국정의 특정 사안을 대상으로 한다. 국정조사는 특별위원회 또는 상임위원회가 주최하며, 재적 의원 1/4 이상이 서명한 국정조사요구서를 제출하여 국회 본회의 의결을 거쳐 국정조사권이 발동된다. 그러면 국회의장은 각 교섭단체 대표들과 협의, 교섭단체 비율에 따라 국정조사위원회를 구성한다. 조사위는 활동 시한과 조사 목적, 조사 대상 및 범위 등이 포함된 국정조사 계획서를 작성한다.

조사위원회가 가동되면 관련 기관에 자료를 요청하거나 관련 기관 보고를 들은 뒤 증인과 참고인 등을 출석시켜 증언을 듣는다. 조사위원회의 활동 결과는 국정조사보고서 형태로 작성되어 본회의에 제출된다. 국정조사는 국정감사와 달리 국정의 특별한 분야에 한해 개별적으로 해당 상임위원회나 특별위원회의 조사만이 가능하고, 국정 전반에 관한 일반 조사는 인정되지 않는다.

국회의 행정부 감독을 위한 또 다른 수단으로 대정부 질문을 들 수 있다. 대정부 질문은 본회의 또는 위원회에서 일정한 기간을 정해 국정 전반 또는 국정의 특정 분야를 대상으로 정부에 대해 질문을 하는 것을 말한다. 대정부 질문은 내각제 국가에서 발전한 제도로 대통령제인 미국에는 질문 제도 대신 청문회 제도가 발달되어 있다. 한국은 대통령제임에도 불구하고 제헌헌법에서 국회의 국무위원 출석 요구권과 국무위원의 출석·답변 의무를 규정했다. 전두환 정부 때인 제11대 국회에서는 구두 질문 외에 서면 질문 제도가 새로이 인정되었으며, 김영삼 정부 때인 제14대 국회에서는 긴급 현안 질문이 새로 도입되어 기존의 대정부 질문을 보완 및 강화했다.

국회의 대정부 질문은 국회의원뿐 아니라 일반 국민들에게도 행정부 견제·감독을 위한 주요한 수단으로 간주되고 있다. 그러나 대정부 질문 제도는 행정부의 사후 시정 조치를 담보할 제도적 장치가 결여되어 있다는 문제가 있다. 즉, 국정감사 및 조사에 관한 법률 제16조에서는 국회가 국정감사나 조사에서 지적된 사항에 대한 필요 조치를 행정부에 촉구하고 행정부에서는 처리 결과를 국회에 보고하도록 규정하고 있지만, 대정부 질문에 대한 결과를 확인하고 점검할 제도적 장치는 마련되어 있지 않다.

2) 행정부의 입법부 통제 관계

일반적으로 정부는 대통령과 (협의의) 행정부로 구성되며, 따라서 대통령의 권한은 국가원수로서의 권한과 행정부 수반으로서의 권한으로 나뉜다. 대통령은 국가원수로서 ① 국가를 대표할 지위에서 국가의 대표 및 외교에 관한 권한과 영전 수여권, ② 국가와 헌법의 수호자의 지위에서 국군통수권, 비상적 권한, 위헌 정당 해산 제소권, 헌법개정안 발의권, ③ 국정의 통합 · 조정자로서의 지위에서 국회 임시회 집회 요구권, 법률안 제출권, 중요 정책에 대한 국민투표 부의권, 사면 · 감형 · 복권에 관한 권한, 국회 출석 · 발언권, ④ 헌법기관 구성자로서 지위와 헌법기관 구성권을 가진다.

또한 행정부 수반으로서는 ① 행정의 최고 지휘권자로서의 법률안 거부권과 행정입법권, ② 행정부 조직권자로서 행정부 구성권과 공무원 임면권, ③ 정부의 권한에 속하는 중요 정책에 대한 심의기관인 국무회의 의장으로서의 지위와 그에 따른 권한을 가진다(권영성, 2003: 912-955; 김철수, 1999: 1037-1045; 홍성방, 2003: 806-840).

특히 국회와 입법에 관한 권한에 한정한다면, ① 국회임시회의 집회 요구권, ② 국회출석 · 발언권, ③ 헌법개정 제안권, ④ 법률안 제출권, ⑤ 법률안 거부권, ⑥ 법률공포권, ⑦ 행정입법권 등이 있다. 그런데 국회와의 관계에서 특히 중요한 것은 법률안 제출권과 법률안 거부권, 그리고 행정입법권이므로 이들을 중심으로 좀 더 구체적인 내용을 살펴보면 다음과 같다.

(1) 법률안 제출권

대통령은 국무회의의 심의를 거쳐 국회에 법률안을 제출할 수 있다. 대통령제 국가에서는 의원만이 법률안을 제출할 수 있으며, 집행부에 대해서는 법률안 제출권을 인정하지 않는 것이 일반적이다. 그러나 현행 헌법은 대통령제를 기본으로 하면서도, 정부의 법률안 제출권을 인정하고 있기 때문에 국회에 대한 행정부의 우월성이 나타난다.

국회의 입법을 통한 행정부 통제에서 이미 살펴본 바와 같이 의원입법보다 정부가 제출한 법안의 수가 많고, 특히 의원입법보다 정부제출법안의 가결 비율이 월등히 높은 상황에서 법률안 제출권을 통한 행정부의 국회 통제력은 매우 강력하다고 할 수 있다. 행정부 우위 현상은 결국 특정 정책 분야에서 국회의 취약한 전문성에 대비되는 행정관료의 높은 전문성에 기인한다. 행정관료의 전문성은 실적제와 직업공무원제의 도입 및 행정의 직업전문화로 증대되었다. 다시 말해, 행정관료가 장기간 정책과 행정을 담당하면서 소관 업무에 대한 정보와 경험을 축적하게 됨으로써, 혹은 전문직 종사자가 행정부에 진출하게 됨으로써 행정관료의 전문성이 증대된 것이다.

그러나 이에 맞서는 국회 행위자의 전문성은 빈약하다. 실적제 임명이 아닌 선거에 의해 선출되는 국회의원의 신분상 전문성을 증대시키는 것은 한계가 있다. 행정관료가 전문성에 기초한 문제 해결을 추구한다면 의원은 대표성에 기초한 이익 대변을 추구하기 때문이다(Aberbach, Putnam, & Rockman, 1981). 또한 입법부의 전문성을 보완해주기 위한 입법 지원 기구도 매우 취약하다. 최근 입법지원 기구가 확대・강화되었지만, 아직도 대통령 및 행정관료에 비해 국회의 정보와 전문성은 절대적인 열세라고 할 수 있다.

(2) 법률안 거부권

법률안 거부권은 국회가 의결하여 정부에 이송한 법률안에 대해 대통령이 이의를 가질 경우에 법률안의 확정을 저지하기 위해 국회에 재의를 요구할 수 있는 권한을 말한다. 일명 법률안 재의 요구권이라고도 하는데, 국회가 가중된 정족수로써 재의결하면 그 법률안은 법률로서 확정되고 재의결되지 않으면 폐기된다.

법률안 거부권은 대통령제 국가인 미연방헌법에서 유래한 제도이다.[10] 대통령제하에서는 원칙적으로 정부에 법률안 제출권이 없으므로 법률의 제정에 정부가 관여하지 못하게 되어 있다. 따라서 의회가 부당한 법률을 제정하거나 정부가 집행할 수 없는 법률을 제정하는 경우에, 의회에 대한 통제 수단으로서 법률안 거부권을 부여한 것이다.

그러나 한국의 경우 행정부의 법률안 제출권을 인정하고 있으므로 대통령의 법률안 거부권은 긍정적으로 기능하기보다는 오히려 부정적으로 기능할 가능성이 매우 높다. 또한 헌법은 대통령의 법률안 거부권에 대해 특별한 요건을 규정하고 있지 않기 때문에 원칙적으로는 대통령의 자의적 재량에 따른다. 그러나 권력 분립의 원칙 등을 고려할 때 거부권 행사에도 정당한 이유와 필요성은 인정되어야 할 것이다. 예를 들면, 법률이 헌법에 위반된다고 판단하는 경우, 국가적 이익에 반하는 경우, 행정부에 대한 부당한 정치적 압력을 내용으로 하는 경우 등이다.

2013년 현재까지 대통령의 법률안 거부권은 총 72회 행사되었는데 근래에 올수록 대통령의 법률안 거부권 행사 건수는 줄어들고 있다.[11] 그러나 법률안 제출권을 가진 행정부가 법률안 거부권까지 보유하여, 국회에 가중된 정족수로 재의결하도록 요구할 수 있게 하는 것은 국회의 입법권에 대한 커다란 제약으로 작용한다.

(3) 행정입법권

입헌민주국가에서 국민의 자유와 권리에 관한 사항은 의회가 법률의 형식으로 규정하는 것이 원칙이다. 그러나 현대의 복잡화・전문화된 사회에서 모든 법규 사

---

10) 미국에서 의회에 대해 아니오(no)라고 말할 수 있는 대통령의 권력인 법률안 거부권(veto)이 행사된 추세를 살펴보면 흥미롭다. 초대 워싱턴(George Washington) 대통령부터 제16대인 링컨(Abraham Lincoln) 대통령까지는 법률안 거부권을 별로 행사하지 않은 반면, 제17대인 존슨(Andrew Johnson) 대통령 때부터 법률안 거부권을 행사하는 경우가 증가하기 시작했다. 이후 제22대 대통령인 클리블랜드(Grover Cleveland)는 414건, 제33대 대통령인 루스벨트(Franklin Roosevelt) 대통령은 635건으로 가장 많은 거부권 행사를 한 것으로 나타났다. 그러나 그 이후 대통령의 거부권 행사가 점차 감소하고 있는 추세이다.

11) 법률안 거부권 행사 건수를 보면 제1대 국회 14건, 제2대 국회 25건, 제3대 국회 3건, 제4대 국회 3건, 제5대 국회 8건, 제6대 국회 1건, 제7대 국회 3건, 제9대 국회 1건, 제13대 국회 7건, 제16대 국회 4건, 제17대 국회 2건, 제19대 국회 1건으로 나타났다.

항을 의회가 법률로써 모든 것을 규정하는 것은 현실적으로 불가능하다. 이에 따라 현행 헌법 제75조에서는 대통령은 법률에서 구체적으로 범위를 정해, 위임받은 사항과 법률을 집행하기 위해 필요한 사항에 관해 대통령령을 발할 수 있다고 규정하고 있다. 그리고 제95조에서는 국무총리 또는 행정각부의 장은 소관 사무에 관해 법률이나 대통령령의 위임 또는 직권으로 총리령 또는 부령을 발할 수 있다고 규정함으로써 일정한 범위 안에서 행정부에 법규명령을 제정할 수 있는 행정입법권을 부여했다.

행정입법은 그 효력에 따라 법규명령과 행정명령(행정규칙)으로 나뉜다. 이 중 법규명령은 행정기관이 헌법에 근거하여 국민의 권리·의무에 관한 사항(법규 사항)을 일반적·추상적으로 규정하는 것으로, 대(對)국민적 구속력을 가지는 명령을 말한다.[12] 행정명령은 행정기관이 헌법상 근거를 필요로 하지 않고 그 고유 권한으로서 일반 국민의 권리·의무와 직접 관계가 없는 비법규 사항을 규정하는 것으로, 행정조직의 내부에서만 효력을 가질 뿐 대외적 구속력을 갖지 않는 규칙을 말한다.[13]

그런데 법규명령인 대통령령, 총리령, 부령 등은 국민의 권리·의무에 직접적 영향을 미치는 규범임에도 불구하고, 국민의 대표인 국회의 직접적 통제를 받지 않는다는 데에 문제가 있다. 물론 행정입법에 의한 기본권 규율은 헌법에 근거 규정이 있거나 법률의 구체적인 위임이 있는 경우에만 인정되는 것이지만, 국회의 직접적인 심의·의결 절차를 거치지 않으므로 사후적 통제를 할 수밖에 없다. 이처럼 행정입법은 사실상 국회의 입법권에 대한 심각한 제약이 되므로, 행정입법의 제정에는 법률이 위임하는 사항과 범위를 구체적으로 한정하여 특정의 행정기관에 입법권을 위임하는 개별적·구체적 위임 형식에 따라야 할 것이다.

---

12) 헌법은 법규명령으로서 대통령령, 총리령과 부령, 대법원규칙, 헌법재판소규칙, 그리고 중앙선거관리위원회규칙을 규정하고 있다.

13) 행정명령은 그 내용에 따라 조직규칙, 근무규칙, 영조물규칙 등이 있다. 그리고 그 형식에 따라 훈령, 예규, 통첩, 지시, 고시, 일일명령 등이 있다.

3) 입법부와 행정부 간 관계에 대한 전망

입법부와 행정부 간의 상호 관계는 실제로 균형적 관계라기보다는 행정부의 입법부에 대한 우월적 관계로 나타나는 경우가 많다. 이런 측면에서 한국의 국회와 행정부와의 관계에서 린츠(Juan J. Linz)와 오도넬(Guillermo O'Donnell)의 주장은 검토할 여지가 있다(박종민, 1998).

린츠(Linz, 1994)는 대통령제의 특징을 두 가지로 요약했다. 하나는 이원적 민주정당성(dual democratic legitimacy)이고, 또 다른 하나는 제도적 경직성(rigidity)이다. 전자는 행정부를 장악한 민선 대통령과 민선 의원들로 구성된 입법부 양자 모두가 민주적 정통성을 가지고 있다는 것이고, 후자는 대통령의 재임 기간은 입법부로부터 독립되어 있으며, 입법부의 존속 또한 대통령으로부터 독립되어 있다는 의미이다.

그런데 이원적 정당성의 통치구조는 대통령을 정점으로 하는 행정부와 입법부 간의 관계를 대립시킬 가능성이 크다. 특히 대통령이 자신의 권위에 도전하는 야당이나 자신의 권력 행사를 제한하는 제도적 장치를 불편하게 생각하면 국회에 의한 행정부의 견제와 감시는 형식화되거나 무력화될 수 있다. 이처럼 대통령제는 권력 분산의 원리에 기초하지만, 권력을 행정부로 집중시키고 대통령의 국회 장악을 초래해 의회정치를 제한할 가능성이 높다.

이와 유사한 관점에서 오도넬(O'Donnell, 1994)도 대통령 자신이 정당보다 우위에 있는 것으로 생각하면서, 행정부를 견제하려는 입법부를 성가신 존재로 간주하는 경향이 있음을 지적했다. 이에 따라 위임민주주의 개념을 통해 입법부와 적대적 관계를 형성할 수 있다는 것을 설파했다. 이와 같은 경향은 우리의 정치문화인 온정주의적 국가관과 결합되어 더욱 강화될 수 있다. 따라서 정치적 민주화가 진전되어도 정부 형태와 정치문화로 인해 국회와 행정부 간의 관계가 가까운 시일 내에 불균형에서 균형으로 전환되기는 어려울 것으로 보인다.

또한 근대적 이념 정당의 부재는 정계 개편을 통한 대통령의 국회 장악을 용이하게 하며, 이를 통해 국회는 계속 행정부에 의해 통제될 가능성이 높다. 이처럼 대통령제 정부 형태, 전근대적 정당 체제 및 온정주의적 정치문화로 인해 제왕적 대통령이 정점에 위치한 행정부로부터 국회가 자율성을 회복하는 것은 용이하지 않을 것이다.

2. 행정부와 사법부의 상호 관계

행정부와 사법부는 원칙적으로 상호 독립의 관계에 있다. 헌법 제66조 제4항에서 행정권은 대통령을 수반으로 하는 정부에 속하는 것으로, 그리고 동법 제101조 제1항에서 사법권은 법관으로 구성된 법원에 속하는 것으로 규정함으로써, 행정권과 사법권을 분리·독립된 별개의 기관에 귀속시키고 있다. 특히 헌법은 이런 점에서 동법 제103조 및 제106조를 통해 정치적 중립기관인 법원과 그 구성원인 법관의 독립성을 강조하고 있다.

그러나 동시에 행정부와 사법부는 상호 견제의 관계에 있다. 행정부는 대통령의 대법원장 및 대법관 임명권, 헌법재판소 재판관 3인의 임명권, 대통령의 사면·감형, 그리고 복권권 등을 통해 사법부를 견제할 수 있다. 이에 반해 사법부는 명령·규칙·처분의 위헌·위법심사를 통해 행정부를 견제할 수 있다.

1) 행정부의 사법부 견제

대통령은 ① 대법원장과 대법관의 임명권을 보유하고, ② 사면·감형·복권을 명할 수 있으며, 정부는 ③ 법원의 조직과 법관의 자격 및 법관이 적용할 법률 등에 관해 법률안을 제출할 수 있고, ④ 법원의 예산을 편성해 국회에 제출할 수 있다.

그런데 이와 같은 대통령의 대법원장과 대법관 임명권에 대해서는 사법부의 독립을 중대하게 침해할 우려가 있다는 주장이 제기되고 있다. 예컨대, 한국의 대법관은 대법원장의 제청으로 국회의 동의를 거쳐 대통령이 임명한다. 입법·사법·행정의 3부가 모두 관여하기 때문에 형식적으로는 미국보다 민주주의 원리에 더 가까워 보인다.

하지만 대법원장이 실질적인 제청권을 행사한 것은 그다지 오래되지 않았으며, 국회 청문회와 인준 절차 역시 2000년에야 비로소 도입되었다. 그나마 문제는 형식적인 제청권마저도 상당한 위협을 받고 있다는 데 있다. 과거 권위주의 정권 시절과 마찬가지로 실질적인 대법관 제청권을 대통령이 직접 행사하려 한다면, 사법부의 독립과 삼권분립은 심각한 위협에 처할 수밖에 없다. 대법원장의 제청권, 국회의 인준권, 대통령의 임명권은 견제와 균형을 통해 실질적인 삼권분립의 원리로 작용해야 할 것이다.

이에 반해 미국의 연방대법관은 행정부 수장인 대통령이 지명하고 의회의 인준을 거쳐 대통령이 임명한다. 형식적으로는 사법부가 지명 과정에서 소외되어 있기 때문에 견제와 균형이라는 삼권분립의 원칙에서 볼 때에 미흡한 것으로 보인다. 그렇지만 미국은 판례와 관습을 중시하는 불문법주의를 택하고 있으며, 연방대법원이 가지고 있는 위헌법률심사권을 활용하여 진정한 삼권분립을 실현하고 있다.

다음으로 이와 함께 고려해 보아야 할 것이 사면에 관한 권한이다. 현행법상 사면이란 형을 선고받은 자에 대해 이의 효과를 전부 또는 일부를 소멸시켜 주거나, 형의 선고를 받지 않은 자에 대해 공소권을 소멸시켜 주는 대통령의 권한을 말한다.[14] 광의의 사면은 협의의 사면은 물론이고 감형과 복권까지를 포괄하는 개념이다. 이런 측면에서 사면권은 헌법상 대통령의 고유 권한으로서 법원에 의해 선고된 형을 정치적으로 면해주는 것이며 사법권을 제약하는 예외적 제도라고 할 수 있다. 대통령의 사면권은 과거 군주제의 은사권(恩赦權, Royal prerogative of mercy)에서 유래하는데 오늘날 많은 법치주의 국가에서 사면권을 인정하고 있다.

특정 범죄를 저지른 모든 사람에게 일괄적으로 행사되는 일반사면은 대통령령으로 하되 국무회의의 심의를 거치고 국회의 동의를 얻어야 하지만, 이미 형의 선고를 받은 특정인에 대해 선별적으로 형의 집행을 면제해주는 특별사면은 법무부장관의 상신에 따라 국무회의의 심의를 거쳐 대통령이 행사한다. 따라서 특별사면은 대통령의 자유재량에 속하는 것으로 보는 것이 다수설이다.

그러나 사면권의 존재 이유는 법원의 판결이 시대 상황의 변화 등으로 인해 정의의 관념에 반하게 되는 경우, 대통령이 국민의 의사를 수렴해서 그 부당함을 시정하고 국민 화합을 도모하기 위한 것이다. 따라서 사면권의 행사는 이러한 목적

---

14) 헌법, 제79조; 사면법, 제5조.

의 범위 내에서 제한적으로 인정되며 일정한 요건과 내재적 한계가 존재한다. 그럼에도 불구하고 과거 많은 정권에서 정략적이고 자의적인 특별사면이 무분별하게 이루어짐으로써 사법부의 권한을 심각하게 제약해 왔다.

이에 따라 2007년 12월에 사면법을 개정하여 대통령이 특별사면(감형, 복권 등 포함)을 실시할 때, 사면심사위원회(위원장 법무부 장관)가 사면 대상자들에 대해 적정 의견을 냈는지를 함께 공개함으로써 대통령의 자의적인 특별사면을 제한하게 되었다. 더 나아가 좀 더 중립적이고 포괄적인 인사로 구성된 사면심사위원회를 신설하여, 대통령의 특별사면권의 남용을 제한해야 한다는 주장이 대두되고 있다.

2) 사법부의 행정부 견제

법원은 명령·규칙·처분의 위헌·위법심사를 통해 정부를 견제할 수 있다. 즉, 법원은 행정작용으로 말미암아 국민의 권익이 침해된 경우에 소송 절차를 통해 그 권익을 구제해줄 수 있다. 그뿐만 아니라, 행정입법이 위헌·위법이라고 판단되면 그 적용을 거부하고, 행정처분이 위헌·위법이라고 판단되면 취소나 무효 확인을 할 수 있다. 또한 정부의 제안으로 국회가 제정한 법률의 위헌 여부를 헌법재판소에 제청할 수 있고,[15] 선거소송심판권을 통해 행정부를 견제할 수 있다.

한편 헌법재판소[16]는 ① 정부가 제안해 국회가 제정한 법률의 위헌 여부를 심사할 수 있는 위헌법률심판권, ② 대통령과 고위공무원에 대한 탄핵심판권, ③ 집권여당의 해산심판권, ④ 정부기관 간의 권한 쟁의에 관한 심판권, ⑤ 위헌적인 검찰권의 행사에 의해 국민의 기본권이 침해된 경우에 헌법소원심판권 등을 통해 정부를 견제할 수 있다.

사법부의 행정부에 대한 견제와 관련하여, 법원은 행정부의 위법한 처분에 대해 취소·무효 등 확인·부작위 위법 확인 등의 행정재판을 통해 직접적인 견제를 가

---

15) 헌법, 제107조 제1항.

16) 헌법재판소를 사법부에 속하는 기관으로 볼 것인가, 아니면 별도의 독립된 헌법기관으로 볼 것인가에 대해서는 많은 논란이 있다. 이에 대한 헌법 학자들의 견해는 대체적으로 성격상 사법기관으로 보는 입장이다. 이런 관점에서 여기서는 두 가지 입장을 모두 취해 기구적 측면에서는 기타 헌법기관으로 보고, 기능적 측면에서는 사법기관으로 보는 입장에서 기술하고자 한다.

할 수 있다. 또한 재판의 대상이 되고 있는 구체적 사건에 적용할 명령・규칙의 효력을 심사해 이를 무효라고 판단할 경우 당해 명령・규칙을 그 사건에 적용하는 것을 거부할 수 있다.

그렇지만 심사의 대상이 되는 명령・규칙은 헌법이나 법률에 위반되는지의 여부가 재판의 전제가 되어야 하며(구체적 규범통제), 구체적 사건과 관계없이 명령・규칙의 효력 그 자체를 심사하는 것은 아니다. 이때 심사의 대상이 되는 명령・규칙은 국민에 대해 일반적 구속력을 가지는 법규명령을 의미하며 기관 내부적 효력만을 가지는 행정규칙은 제외된다. 그리고 명령・규칙이 헌법이나 법률에 위반된다고 인정되는 경우에 법원은 그 명령・규칙을 당해 사건에 적용하는 것을 거부할 수 있을 뿐이며 그 무효를 선언할 수는 없다. 다만 행정소송에 관한 대법원의 판결에서 명령・규칙이 헌법 또는 법률에 위반된다는 것이 확정된 경우에는 그 위헌・위법 판결공고제를 채택하고 있다.

법률의 위헌 여부가 재판의 전제가 되는 경우에 법원은 직권으로 또는 소송 당사자의 제청 신청에 따른 결정으로 헌법재판소에 위헌법률 심판을 제청할 수 있다. 법원이 법률의 위헌심판을 헌법재판소에 제청한 경우에는 당해 소송사건의 재판은 헌법재판소의 위헌 여부의 결정이 있을 때까지 정지되며, 헌법재판소의 심판 결과에 따라 재판해야 한다.

헌법재판소는 이처럼 정부가 제안해 국회가 제정한 법률의 위헌 여부에 대한 최종적인 심판을 통해 그 효력을 결정함으로써 정부를 견제할 수 있다. 법률의 위헌 여부는 재판의 전제가 된 경우에 법원의 제청이 있어야 하지만, 위헌으로 결정된 법률은 일반적으로 효력을 상실하여 그 법률이 폐지된 것과 동일한 효과가 있다.

또한 헌법재판소는 고위공무원에 대한 탄핵심판을 통해 강력한 견제를 가할 수 있다. 헌법재판소는 국회의 탄핵소추 의결서가 제출되면 탄핵심판을 개시한다. 탄핵심판사건은 9인으로 구성된 전원재판부에서 관장하며 탄핵 결정은 재판관 6인 이상의 찬성이 있어야 한다. 탄핵 결정은 당해 공직자를 공직으로부터 파면하지만, 그 파면으로 인해 민사상 또는 형사상 책임이 면제되는 것은 아니다. 그리고 탄핵 결정에 의해 파면된 자는 결정 선고가 있은 날로부터 5년이 경과할 때까지는 공무원이 될 수 없다.

헌법재판소는 권한쟁의 심판을 통해 정부기관 간에 권한의 존부(存否)나 범위를 명백히 함으로써 행정부를 견제할 수 있다. 권한쟁의 심판의 당사자는 국가기관이나 각급 지방자치단체, 그리고 교육위원회이며, 피청구인의 처분 또는 부작위가 헌법이나 법률에 의해 부여받은 청구인의 권한을 침해했거나 침해할 현저한 위험이 있는 경우에 권한쟁의 심판을 청구할 수 있다.

헌법재판소는 피청구기관의 처분이나 부작위가 청구인의 권한을 침해한 때에는 이를 취소하거나 무효를 확인할 수 있으며, 이러한 결정은 모든 국가기관과 지방자치단체를 기속한다. 따라서 헌법재판소의 권한쟁의 심판은 행정기관의 위법한 처분이나 부작위에 대한 강력한 견제 수단이 될 수 있다.

끝으로 행정기관이 공권력의 행사 또는 불행사를 통해 헌법상 보장된 기본권을 침해한 경우에 헌법재판소는 당사자의 헌법소원 청구를 통해 침해당한 기본권을 구제할 수 있다. 그러나 위법한 행정처분 또는 부작위에 대한 권리 구제는 행정소송을 거쳐야 하고 법원의 재판은 헌법소원의 대상이 되지 않기 때문에, 개별적 행정처분에 대한 헌법소원은 현행법상 불가능하다. 따라서 헌법소원의 대상이 되는 공권력의 행사 또는 불행사에 속하는 것은 검사의 불기소처분(공소권 없음, 무혐의, 기소중지 포함)이나 기소유예처분, 헌법재판소가 위헌으로 결정한 법령을 적용함으로써 국민의 기본권을 침해한 재판 등이다.

이와 함께 최근 들어 대통령을 비롯한 행정부의 고위공직자의 비위(非違) 또는 비행(非行)을 수사하여 기소할 수 있는 특별검사제가 도입되어 행정부 견제장치로 상당한 기능을 수행하고 있다. 물론 특별검사는 독립된 수사기구로서 사법부에 전속된다고 볼 수는 없으나, 수행하는 기능이 사법적 성격을 가지므로 사법적 견제라고 할 수 있다(권영성, 2003: 773).[17)]

한국에서도 오랜 논의와 우여곡절을 겪은 끝에 김대중 정부 때인 1999년 9월 30일, 19개 조항과 부칙 3개 조로 구성된 「한국조폐공사노동조합 파업 유도 및 전

17) 특별검사(special prosecutor)제라 함은 대통령을 비롯한 고위공직자의 비위 또는 비행에 관해, 자료를 수집하고 기소하기까지 독자적으로 수사할 수 있는 독립수사기구를 지칭한다. 특별검사제는 미국에서 최초로 채택된 제도로서, 그 직접적인 계기가 된 것은 1973년의 워터게이트(Watergate) 사건이다.

검찰총장 부인에 대한 옷로비 의혹사건 진상 규명을 위한 특별검사의 임명 등에 관한 법률(약칭 1999년 특검법)」이 제정・공포됨으로써 특별검사 제도가 실시되었다.

특별검사는 국회의 요청을 받은 대통령이 대한변호사협회의 추천을 받아 임명한다. 특별검사는 임명된 날로부터 10일 또는 20일 동안 수사에 필요한 준비를 할 수 있고 준비 기간이 만료된 날의 다음 날부터 30일 또는 60일 이내에 각 사건에 대한 수사를 완료하고 공소 제기 여부를 결정해야 한다. 이 기간 내에 수사를 완료하지 못하거나 공소 제기 여부를 결정하기 어려운 경우에는 1회에 한해 대통령의 승인을 얻어 수사 기간을 30일 연장할 수 있다.[18)]

각 특검법 제2조 각호의 사건에 관한 제1심 재판은 서울지방법원 합의부의 전속

18) 2018년 6월 말까지 제정된 특검법은 다음와 같다.

법률명	시행 일자
한국조폐공사노동조합 파업 유도 및 전 검찰총장 부인에 대한 옷로비 의혹사건 진상 규명을 위한 특별검사의 임명 등에 관한 법률	1999.9.30
주식회사 지앤지 대표이사 이용호의 주가 조작・횡령사건 및 이와 관련된 정·관계 로비 의혹사건 등의 진상 규명을 위한 특별검사의 임명 등에 관한 법률	2001.11.26
남북정상회담 관련 대북 비밀송금 의혹사건 등의 진상 규명을 위한 특별검사 임명 등에 관한 법률	2003.3.15
노무현 대통령의 측근 최도술・이광재・양길승 관련 권력형 비리 의혹사건 등의 진상 규명을 위한 특별검사의 임명 등에 관한 법률	2003.12.6
한국철도공사 등의 사할린 유전개발사업 참여 관련 의혹사건 진상 규명을 위한 특별검사의 임명 등에 관한 법률	2005.7.21
삼성 비자금 의혹 관련 특별검사의 임명 등에 관한 법률	2007.12.10
한나라당 대통령 후보 이명박의 주가 조작 등 범죄 혐의의 진상 규명을 위한 특별검사의 임명 등에 관한 법률	2007.12.28
2011.10.26 재보궐선거일 중앙선거관리위원회와 박원순 서울시장 후보 홈페이지에 대한 사이버테러 진상 규명을 위한 특별검사의 임명 등에 관한 법률	2012.2.22
검사 등의 불법자금 및 향응 수수사건 진상 규명을 위한 특별검사의 임명 등에 관한 법률	2010.7.12
이명박 정부의 내곡동 사저 부지 매입 의혹사건 진상 규명을 위한 특별검사의 임명 등에 관한 법률	2012.9.21
박근혜 정부의 최순실 등 민간인에 의한 국정농단 의혹 사건 규명을 위한 특별검사의 임명 등에 관한 법률	2016.11.22
드루킹의 인터넷상 불법 댓글 조작 사건과 관련된 진상규명을 위한 특별검사의 임명 등에 관한 법률	2018.5.29

관할로 이루어진다. 특별검사가 공소를 제기한 사건의 재판은 다른 재판에 우선하여 신속히 이루어져야 하고, 그 판결의 선고는 제1심에서는 공소 제기일로부터 3월 이내에, 제2심 및 제3심에서는 전심의 판결 선고일로부터 각각 2월 이내에 내려져야 한다. 특별검사는 각 의혹사건에 대해 공소를 제기하지 않기로 결정했을 경우와 공소를 제기했을 경우, 그리고 당해 사건의 판결이 확정되었을 경우 10일 이내에 대통령과 국회에 서면으로 보고해야 한다.

3. 입법부와 사법부의 상호 관계

의회와 법원의 관계는 국가 권력구조의 여하에 따라 의회 우위형과 법원 우위형, 균형형으로 대별할 수 있다(권영성, 2003: 817). 의회 우위형에서는 입법에 대한 사법심사가 인정되지 않고 의회 주권이 인정되므로 입법부가 사법부에 우월하다. 법원 우위형(헌법재판소형)에서는 사법부가 헌법의 최종적 해석권을 가지며, 입법부가 제정한 법률의 위헌성을 선포해 위헌 입법을 무효로 선언할 수 있는 체제이다. 균형형은 사법부가 헌법의 최종적 해석권을 가지고 법률의 위헌성을 심사해 적용을 거부할 수 있으나, 위헌 법률을 무효로 선언할 수 없다는 점에서 실질적으로 입법부와 사법부가 균형을 이루는 체제이다.

현행 헌법은 권력 분립의 원리에 입각하여 입법권은 국회에 사법권은 법원에 귀속시켜 상호 의존하는 동시에 견제하는 관계를 설정하고 있다. 그러므로 현행 헌법상 국회와 법원의 관계는 균형형의 범주에 속한다. 국회와 법원은 원칙적으로 상호 독립적인 대등 관계에 있지만, 견제와 균형의 원리에 입각하여 상대방에 대해 일정한 통제권을 행사할 수 있다. 국회는 법관에 대해 탄핵소추 의결을 할 수 있고, 법원행정에 대한 국정감사·조사를 할 수 있다. 반면 법원은 위헌 법률 심판 제청과 국회 규정 등에 대한 위헌·위법심사를 통해 상호 견제하고 있다.

1) 입법부의 사법부 견제

국회는 사법부에 대한 견제 관계에서 ① 사법부의 구성과 관련하여 대법원장·

대법관과 헌법재판소장의 임명에 대한 동의권, 헌법재판소 재판관 3인의 선출권을 가지며, ② 법원과 헌법재판소의 설치·조직에 관한 법률 제정권 등을 통해 사법부를 견제할 수 있고, ③ 법관 또는 헌법재판관이 그 직무 집행 시에 헌법이나 법률에 위배한 때에는 탄핵소추를 의결할 수 있다. 또한 국회는 사법부의 운영과 관련하여 ④ 법원과 헌법재판소의 예산안의 심의·확정권, ⑤ 국정감사·조사권을 통해 법원과 헌법재판소의 예산 운용과 재판의 신속한 처리 여부, 법관의 유효 적절한 배치 등과 같은 사법행정에 관한 사항을 견제할 수 있다.

이에 더해 국회는 입법권을 통해 법원조직법 등 사법부의 조직과 권한, 인사 등에 관한 사항을 규율할 수 있고, 재판의 준거가 되는 실체법 및 절차법의 기준을 제공한다. 그러나 현실적으로 사법부의 독립이라는 명제 아래 사법부는 조직·인사·운영 등에서 어느 정도 상대적 자율성을 확보하고 있다. 그래서 국회가 대(對)사법 관계에서 능동적으로 입법권을 행사하기보다는 사법부로부터 사법과 관련된 입법에 대한 협조 요청을 받는 경우가 더 빈번히 나타나고 있다. 그 결과 국회는 사법과 관련된 법률의 입법 과정에서 오히려 신중하고 소극적인 태도를 보여왔다(홍준형, 1998).

사법부의 예산과 관련해서도 편성권은 정부가, 심의·확정권은 국회가 보유하고 있기 때문에 사법부는 정부와 국회로부터 일정한 견제를 받고 있다. 그러나 국회는 사법부의 예산에 대한 심의·확정권을 남용하지는 않는다. 사법부에 대한 국정감사·조사에서도 마찬가지로 행정부에 대한 국정감사·조사와는 달리 종종 생략되거나 별다른 논란 없이 진행된다. 특히 사법권의 독립으로 인해 진행 중인 사건이나 판결 확정 후 담당 법관을 대상으로 하는 국정감사는 금지되고 있다.[19]

또한 대법원장·대법관 임명 동의도 대부분 대통령의 임명동의안을 토론 절차 없이 표결·통과시켜 왔다. 다만 대법관 임명동의권의 경우 노태우 정부 때인 1988년 국회가 여소야대 정국에서 임명동의안을 부결시킨 사례가 있다.

19) 국정감사 및 조사에 관한 법률, 제8조.

2) 사법부의 입법부 견제

사법부의 입법부에 대한 견제 수단은 위헌법률심사권과 일반적인 재판권이다. 또한 헌법재판소의 헌법소원을 통해서도 입법부를 견제할 수 있다. 구체적인 법적 쟁송 시에 법률이 헌법에 위반되는지의 여부가 재판의 전제가 된 경우 법원은 헌법재판소에 위헌 법률 심판을 제청하여 그 심판에 따라 재판한다. 이때 헌법재판소는 법원이 제청한 법률의 위헌 여부를 최종적으로 심판할 권한을 가지며, 헌법재판소에 의해 위헌으로 결정된 법률은 결정이 있은 날로부터 효력을 상실한다.[20] 따라서 헌법재판소는 법률의 위헌 심판을 통해 국회의 입법권을 견제한다고 할 수 있다.

또한 헌법재판소의 헌법소원을 통해서도 입법권을 견제할 수 있다. 즉, 헌법소원심판의 청구 사유를 규정한 헌법재판소법 제68조 제1항 본문의 공권력에는 입법권도 당연히 포함되므로 법률에 대한 헌법소원도 가능하다. 다만 모든 법률이 헌법소원의 대상이 되는 것이 아니라 별도의 구체적 집행행위를 기다리지 않는 상황으로 헌법상 보장된 기본권을 침해하는 경우에만 한정된다. 이 밖에도 법률의 위헌 여부 심판에 대한 제청 신청이 기각된 때에도 헌법재판소에 헌법소원 심판을 청구할 수 있다.[21]

이와 함께 헌법재판소는 제한된 범위 내에서 입법 부작위에 대한 헌법소원까지 인정함으로써 입법권을 견제한다. 입법의 부작위라 함은 입법자가 헌법에서 구체적으로 위임받은 입법 의무를 이행하기를 거부하거나, 상당한 기간 내에 입법을 하지 않는 경우를 의미한다.[22]

---

20) 헌법재판소법, 제47조 제2항.

21) 헌법재판소법, 제68조 제2항.

22) 헌법재판소는 "입법자에게는 형성의 자유 또는 입법 재량이 인정되므로, 입법의 시기 역시 입법자가 자유로이 결정할 수 있음이 원칙이라 할 것이다. 그러나 입법자는 헌법에서 구체적으로 위임받은 입법을 거부하거나 자의적으로 입법을 지연시킬 수는 없는 것이므로, 가령 입법자가 입법을 하지 않기로 결의하거나 상당한 기간 내에 입법을 하지 않는 경우에는 입법 재량의 한계를 넘는 것이 된다. 따라서 입법 부작위는 이와 같이 입법 재량의 한계를 넘는 경우에 한해 위헌으로 인정되는 것이다"라고 했고(헌재 1994.12.29. [89헌마2]), "입법 부작위에 대한 헌법재판소의 재판 관할권은 극히 한정적으로 인정할 수밖에 없다고 할 것인 바, 헌법에서 기본권 보장을 위해 법령에 명시적인 입법위임을 했음에도 입법자가 이를 이행하지 않을 때, 그리고 헌법 해석상 특정인에게 구체적인 기본권이 생겨 이를 보장하기 위한 국가의 작위 의무 내지 보호 의무가 발생

한국 정부의 민주화 초기라고 볼 수 있는 1988년에 제9차 개헌의 결과물로 신설된 헌법재판소는 국회에 대한 사법적 견제를 활발하게 전개해 왔다. 그 결과 헌법재판소는 1988년 9월 1일 신설된 이후, 2018년 7월까지 총 952건의 위헌 법률 심판을 접수하여 911건을 처리했다. 이 중 276건에 대해서는 위헌 결정을 했고,[23] 339건에 대해서는 합헌 결정을 했다. 그리고 위헌 심사형 헌법소원[24]의 경우 총 33,697건을 접수하여 32,787건을 처리했으며, 313건에 대해서는 위헌 결정을 내렸다.[25]

생각할 문제

• 중앙정부의 규모와 크기

1. 정부의 규모와 크기의 상관성에 대해 논의해 보시오.
2. 한국 정부의 규모를 다른 국가들과 비교해 토론해 보시오.
3. 한국 정부의 규모의 적정성에 대해 조사해 보시오.

• 중앙정부의 제도

1. 3권 분립과 관련하여 한국에서 대통령 권한의 적정성 여부를 토론해 보시오. 이와 함께 이원집정부제에 대해서도 토론해 보시오.
2. 한국의 경우 작은 정부와 관련지어 볼 때, 중앙부처의 수와 조직의 수는 적정한지에 대해 토론해 보시오.
3. 정부조직법의 개편으로 네 개의 부처가 2인의 차관을 두도록 규정하고 있는데, 이 같은 변화가 부처의 미래에 끼칠 영향에 대해 토론해 보시오.
4. 정부조직은 대체로 전체 국민을 대상으로 편성되는 것이 일반적인데, 이런 조직 편성의 예외적인 경우로, 정부부처 가운데 여성가족부를 들 수 있다. 여성가족부가 탄생하게 된 배경을 토론하고, 남성가족부의 신설 필요성에 대해서도 토론해 보시오.
5. 국회 예산정책처의 기능에 대해 토론해 보고, 국회의 전문성을 제고할 수 있는 방안에 대해 토론해 보시오.
6. 한국의 법체계상 성문헌법 하에서 관습헌법의 정통성이 존재할 수 있는지와 그 사례에 대해 토론해 보시오.
7. 한국의 정치적 환경 속에서 "사법부는 권력의 시녀"라는 비판에 대해 그 타당성을 토론해 보시오.

했음이 명백함에도 불구하고 입법자가 전혀 아무런 입법 조치를 취하고 있지 않은 경우가 여기에 해당될 것이며, 이때에는 입법 부작위가 헌법 소원의 대상이 된다고 봄이 상당할 것이다"라고 판시했다(헌재 1989.3.17. [88헌마1]).

23) 위헌 276건, 헌법 불합치 76건, 한정 위헌 18건, 한정 합헌 7건이었다.

24) 헌법, 제68조 제2항.

25) 헌법재판소 홈페이지(http://www.ccourt.go.kr/).

8. 법관에 대한 재임명 제도에 대해 토론해 보시오.

• 정부기구 간 상호 관계

1. 국회의 입법권을 강화할 수 있는 방안에 대해 조사해 보시오.
2. 국회의 임명 동의가 필요하지 않은 공무원의 경우, 국회 인사청문회의 효력이 어느 정도 미치는지와, 이를 강화할 수 있는 방안에 대해 조사해 보시오.
3. 국민의 권리와 의무에 직접적 영향을 미치는 대통령령과 같은 법규명령에 대해 국회가 통제할 수 있는 방법은 무엇인가에 대해 생각해 보시오.
4. 헌법재판소는 사법적 판단을 해야 하는가, 아니면 정치적 판단을 해야 하는가에 대해 생각해 보시오.

Chapter

07

지방정부의 규모, 제도, 상호 관계

Chapter 07 지방정부의 규모, 제도, 상호 관계

제1절 지방정부의 역할 및 규모

1. 지방분권 등장의 배경

지방정부의 등장은 국가의 역사적 맥락과 시대적 환경에 따라 다양한 방식으로 나타나고 있다. 한국과 일본처럼 국가 주도의 발전국가를 경험하고 선진국에 진입했거나 진입하고 있는 국가들은 현재 지방분권을 추진하고 있다. 그렇다면 지방분권을 추진하게 된 배경은 무엇인가? 그 중에서도 구조적 요인, 사회경제적 요인, 정치적 요인, 국제환경적 요인 등의 측면에서 분권개혁의 등장을 살펴보도록 하자.

첫째, 구조적 요인이다. 발전국가에서 형성된 중앙집권적 행정시스템은 더 이상 국내의 행정수요를 해결하는 데 난관에 봉착하고 있다. 정부 주도 방식은 정부재량으로 한정된 자원을 일부 지역에 선별적으로 배분하고 집중시킴으로써 최대한의 효율성을 확보하려는 것이었다. 한국과 일본이 짧은 시간에 서구 선진국을 추격

(catch-up)하는데 이러한 시스템이 매우 효과적이었다는 평가도 부인할 수 없다. 하지만 중앙집권적 행정시스템은 사회, 경제적으로 일정한 수준에 도달한 이른바 성숙국가가 경험하는 복잡한 행정수요를 감당하기에는 한계에 이르고 있다. 잠재된 지방의 능력을 끌어내어 국가와 지방이 상호 역할 부담을 하는 구조개혁을 하지 않으면 안 되는 시점에 와 있다고 평가된다.

둘째, 사회경제적 요인이다. 수도권 집중화 현상이 더욱 심화되고 있다. 인구, 산업, 금융, 정보, 문화 등이 수도권에 집적되면서 지방의 공동화 현상이 촉발되고 있다. 지방에는 젊은 연령층의 인구가 대도시로 유출되면서 경제활동인구가 감소한다. 여기에 저출산 고령화로 지역사회 자체가 위축되고 있다. 이른바 지방소멸의 시대가 도래하고 있다는 것이다. 유례가 없는 새로운 형태의 사회경제적 도전에 대응하기 위해서는 지방 분권이 필수적이다. 다양한 행정 및 재정 권한을 지방에 이전하고 자율성을 높여 지역 스스로가 독자적으로 활력을 찾을 수 있도록 지원해야 한다.

셋째, 정치적 요인이다. 지방자치가 주어진 것이 아니라면 이를 제도화하고 실시해 나가는 추진력이 필요하다. 지방자치의 확립을 지방분권개혁으로 표현하기도 한다. 한국에서는 참여정부 시절 수도이전과 혁신도시의 추진으로 대표되는 지방분권 정책이 국정의제로 추진되었다. 하지만 이 과정에서 헌법재판소가 수도이전을 위헌이라고 판결하여 행정부처 중심의 이전으로 축소되기도 하였고 혁신도시 건설을 둘러싼 정치적 대립이 발생하기도 하였다. 일본 역시 1960년대의 혁신지자체 운동을 거치면서 '지방의 시대'를 창조하려고 하였다. 이 과정에서 자민당과 혁신계열 간의 정치적 충돌이 일어나기도 하였다. 또한 대통령이나 총리 등 정권의 수장들이 지방분권을 추진하려고 하지만 정부부처가 저항하고 소극적이면서 의도한 만큼 성과를 내지 못하기 하였다. 지방분권을 추진한다는 것은 정책당국자들이 정치적 목표를 달성하기 위하여 지속적으로 추진하는 개혁운동이다. 지역 정치인들은 지역의 개성을 존중하기 위해서도 운동을 성공시키는 것이 필요하다.

넷째, 국제환경적 요인이다. 변화하는 국제 사회에 능동적으로 대응하기 위해서이다. 현재의 중앙집권적 시스템으로는 국제화, 지방화 시대의 가변성에 적절한 대응책을 마련하기 어렵다. 중앙정부, 지역, 시민 등 다양한 수준에서 국제교류가 활발히 진행되고 있다. 새로운 차원의 국제 질서가 구축되고 있으며, 능동적으로 나서야 할 때다. 한편 정부 규모에 대한 패러다임이 주기적으로 변화하고 있는데, 1970년대 말부터 신자유주의가 전 세계를 풍미하면서 정부시스템은 작고 효율적인 정부를 지향하는 신자유주의가 확산되었다. 비대화된 정부을 효율화시키면서 정부 규모를 대폭적으로 축소하고 있다. 중앙정부의 축소 경향은 자연스럽게 지방정부와의 협력을 필요로 하게 되었다.

2. 지방정부의 규모

지방정부의 규모를 살펴보는 데에는 다양한 지표가 존재한다. 여기서는 중앙과 지방, 지방들 간의 규모를 비교할 수 있는 대표적인 지표를 활용하여 우리나라 지방정부의 현황을 살펴보고자 한다.

1) 지역 크기 지표

(1) 주민등록인구

인구는 주민등록법을 바탕으로 거주자, 거주불명자, 재외국민(외국인은 제외)이 주민등록표에 기재된 수치를 말한다(『행정안전통계연보』, 2018). 2010년을 기점으로 우리나라의 총인구는 5천만 명을 돌파하였다. 그 이후 2017년 현재 5,177만 8,544명의 인구로 확인된다. 광역정부에서 가장 인구가 많은 곳은 경기도로 1,287만 명이며, 서울(986만 명)이 그 뒤를 따르고 있다.

표 7-1 대한민국 주민등록인구

(단위: 명)

구 분	2015년	2016년	2017년
계	51,529,338	51,696,216	51,778,544
서울	10,022,181	9,930,616	9,857,426
부산	3,513,777	3,498,529	3,470,653
대구	2,487,829	2,484,557	2,475,231

인천	2,925,815	2,943,069	2,948,542
광주	1,472,199	1,469,214	1,463,770
대전	1,518,775	1,514,370	1,502,227
울산	1,173,534	1,172,304	1,165,132
세종	210,884	243,048	280,100
경기	12,522,606	12,716,780	12,873,895
강원	1,549,507	1,550,806	1,550,142
충북	1,583,962	1,591,625	1,594,432
충남	2,077,649	2,096,727	2,116,770
전북	1,889,711	1,864,791	1,854,607
전남	1,908,966	1,903,914	1,896,424
경북	2,702,826	2,700,398	2,691,706
경남	3,364,702	3,373,871	3,380,404
제주	624,395	641,597	657,083

출처: 행정안전부(2018), 『행정안전통계연보』.

(2) 면적

대한민국 영토의 면적은 미수복지역인 강원 양구군과 고성군의 면적인 47.2km^2를 포함하여 100,411.63km^2이다. 가장 넓은 면적의 지역은 경상북도로 19,032.20km^2이다. 강원도가 16,875.04km^2, 전라남도가 12,355.14km^2의 순을 차지하고 있다.

한편 주민 1인당 면적은 강원, 경북, 전남 순이었으며, 각각 10,886.13m^2, 7,070.68m^2, 6,514.97m^2였다. 또한 주민등록상 인구밀집도는 서울, 부산, 광주 순으로 각각 61.40m^2, 221.87m^2, 342.39m^2였다. 서울의 경우 광주보다 약 3.6배 높은 수치로 인구 밀집도가 가장 높은 것을 확인할 수 있다.

표 7-2 대한민국 면적

(단위: 명, km^2, m^2)

구 분	인 구	면적(km^2)	주민 1인당 면적(m^2)
전국	51,529,338	100,411.36	1,939.25
서울	10,022,181	605.23	61.40
부산	3,513,777	770.04	221.87
대구	2,487,829	883.54	356.95

인천	2,925,815	1,063.10	360.55
광주	1,472,199	501.18	342.39
대전	1,518,775	539.46	359.11
울산	1,173,534	1,061.18	910.78
세종	210,884	464.85	1,659.59
경기	12,522,606	10,186.29	791.24
강원	1,549,507	16,875.04	10,886.13
충북	1,583,962	7,407.66	4,645.96
충남	2,077,649	8,227.45	3,886.79
전북	1,889,711	8,069.01	4,350.79
전남	1,908,966	12,355.14	6,514.97
경북	2,702,826	19,032.20	7,070.68
경남	3,364,702	10,539.83	3,117.92
제주	624,395	1,850.16	2,815.72

출처: 행정안전부(2018). 『행정안전통계연보』 재인용.

2) 행정 지표

(1) 공무원의 수

2013년을 기점으로 우리나라의 공무원 수는 100만 명을 돌파였다. 그 이후 2017년 현재 1,048,831명으로 전년도에 비해서도 약 2만 명 증가하였다. 2017년 기준으로 지방공무원의 총수는 316,853명이다. 세부적으로 살펴보면 광역정부는 99,117명, 기초정부는 218,736명이다. 지방교육행정기관에는 67,349명이 소속되어 있다. 분권이 추진되면 현재의 국가공무원인 경찰, 교육공무원 등이 지방으로 소속을 변경될 수 있으며 지방공무원이 대폭 증가할 수 있다.

표 7-3 공무원의 수

(단위: 명)

구 분	2013년	2014년	2015년	2016년	2017년
전체 공무원 정원	998,940	1,010,310	1,021,347	1,029,538	1,048,831
지방정부 공무원 정원	291,080	295,344	302,070	307,313	316,853

출처: 행정안전부(2018). 『행정안전통계연보』.

한편 지방공무원 1인당 주민 수는 광역차원에서는 도가 634명으로 가장 많았고, 기초차원에서는 자치구가 438명으로 가장 많았다. 공무원 수가 상대적으로 적거나 인구밀집도가 높아 공무원 1인당 주민 수가 차이나고 있었다. 지방공무원 수 자체로는 경기도가 51,709명으로 가장 많았고, 서울시가 50,099명으로 두 번째였다.

그림 7-1 **지방공무원 1인당 주민 수**

(단위: 명)

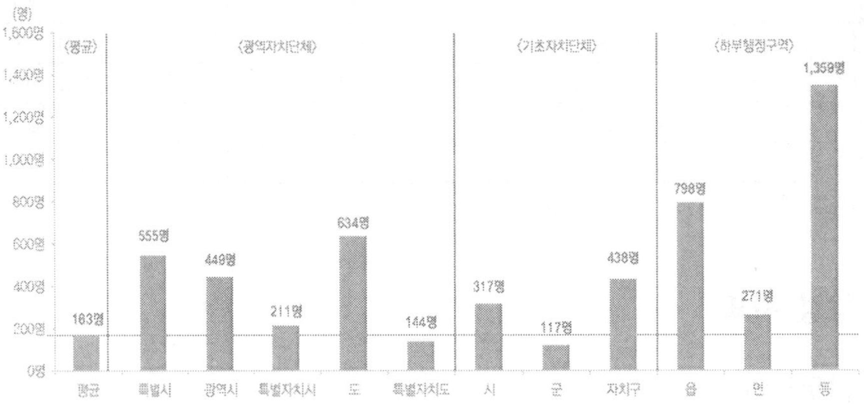

출처: 행정안전부(2018: 10), 『행정안전통계연보』.

(2) 사무배분의 수

우리나라의 총 행정사무 가운데, 2013년 현재 국가사무가 67.7%를 차지하여 정부가 주도적으로 행정권한을 보유하면서 행정업무를 실시하고 있는 것으로 나타나고 있다. 지방정부는 광역이 16.7%, 기초가 15.5%로 비슷하였다.

하지만 2009년에 비해 국가사무는 7% 정도 감소하였고, 지방사무의 비율이 높아지고 있다. 지방분권 개혁으로 사무이양이 지속적으로 실시된 결과이다. 하지만 이양된 권한의 상당수가 단위사무에 그쳐 포괄적 기능별 사무이양에 대한 요구가 높아지고 있다.

표 7-4 중앙-지방 사무조사의 결과

연 도	종 계	국가사무				지방사무				
		계	국가 사무	위임 사무	공동사무 (국가+지방)	계	광역사무	기초사무	공동사무	
									국가+지방	광역+기초
2009	44,640 (100%)	33,864 (75.9%)	30,325 (67.9%)	1,215 (2.7%)	2,324 (5.25)	10,776 (24.1%)	3,854 (8.6%)	3,888 (8.7%)	2,324 (5.2%)	710 (1.6%)
2013	46,005 (100%)	31,161 (67.7%)	30,143 (65.5%)	1,018 (2.2%)	0 (0.0%)	14,844 (32.3%)	7,707 (16.7%)	7,137 (15.5%)	0 (0.0%)	0 (0.0%)

3) 재정지표

(1) 지방재정의 흐름

지방정부의 재정은 몇 가지 채널을 통해 들어오는데 자체수입(지방세+세외수입), 이전수입(지방교부세+보조금), 보전수입 등과 내부거래, 지방채로 구성된다. 지방정부의 예산은 209조 원(2018년 기준)인데, 자체적으로 조달하는 재원은 지방세 77.9조 원과 세외수입 22.7조 원으로 절반을 조금 넘고 있고, 정부를 거쳐 이전되는 수입은 교부세 46조 원과 보조금 48조 원으로 40% 정도를 차지한다. 나머지는 지방이 발행하는 지방채와 기타 보전수입으로 채워진다.

2018년 국세와 지방세는 268조 원 대 77조 원으로 세수 중 지방세가 차지하는 비율은 22.5%를 차지하고 있다. 국세 대 지방세의 연도별 추이는 대체로 8 대 2의 비율이다. 지방정부가 행정서비스를 지출하는 데 가장 많이 활용하는 분야로는 사회복지(27.2%)와 인프라 확충(15.7%)인 것으로 나타났다.

(2) 국가재정과 지방재정의 비교

지방재정은 지방정부의 재정을 의미하는 것으로 지방정부의 수입과 지출을 포함하여 자산 및 부채를 관리 처분하는 모든 활동이다(지방재정법 제2조). 정부의 재정과 함께 공공재정을 구성하는 핵심 요소이다. 2018년 정부예산은 330조 8,414억 원으로 지방정부 예산(216조 6,784억 원)보다 120조 원가량 많았고, 지방교육예산은 66조 2,216억 원이었다. 예산 규모 기준으로 중앙정부, 지방정부, 지방교육은 각각 54.4%, 34.7%, 10.9%를 차지하였다.

그림 7-2 **우리나라 재정구조(2018년 기준)**

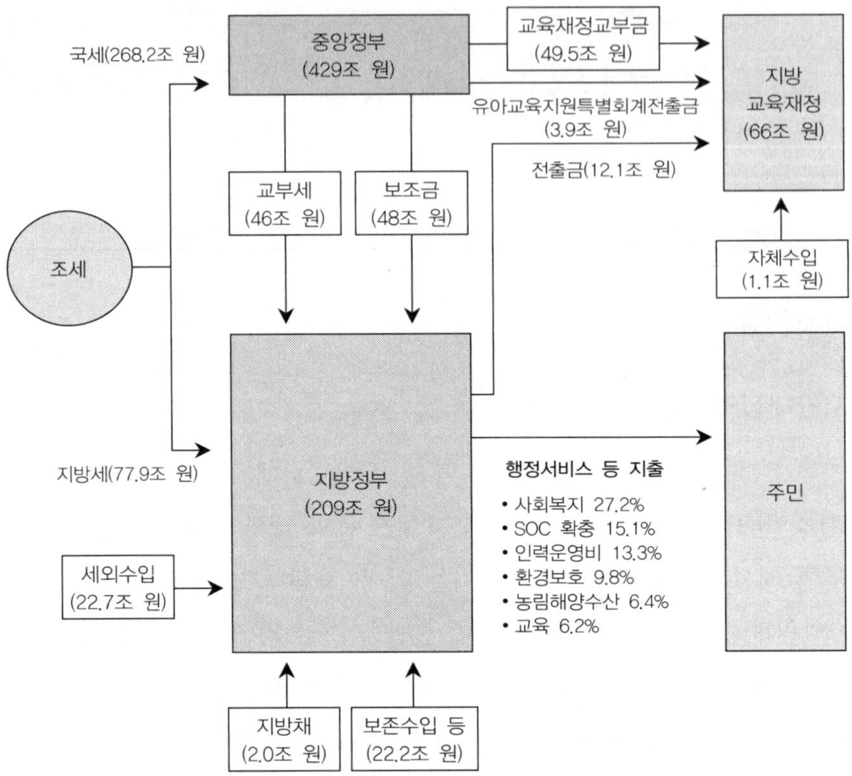

출처: 국회예산정책처(2018), 『대한민국 지방재정 2018』.

표 7-5 **중앙정부재정, 지방재정, 지방교육재정의 예산 규모**

(단위: 억 원, %)

구 분	2013년	2014년	2015년	2016년	2017년	2018년
중앙정부	2,636,038	2,746,673	2,862,938	2,957,207	3,031,432	3,308,414
(비중)	(55.9)	(55.9)	(55.7)	(55.1)	(54.6)	(54.4)
자치단체	1,568,887	1,635,793	1,732,590	1,845,825	1,931,532	2,106,784
(비중)	(33.2)	(33.3)	(33.7)	(34.4)	(34.8)	(34.7)
지방교육	514,496	529,028	543,341	561,349	590,660	662,216
(비중)	(10.9)	(10.8)	(10.6)	(10.5)	(10.6)	(10.9)

출처: 행정안전부(2018: 24), 『지방자치단체 통합재정개요』.

다음으로 재정사용액 기준으로 살펴보자. 2018년 정부의 재정사용액은 181조 2,512억 원으로 지방정부의 208조 476억 원보다 적었다. 지방교육의 경우 69조 3,822억 원이었다. 총 재정사용액 기준으로 중앙정부, 지방정부, 지방교육은 각각 39.5%, 45.4%, 15.1%를 차지하였다.

표 7-6 중앙정부재정, 지방재정, 지방교육재정 사용액

(단위: 억 원, %)

구 분	2013년	2014년	2015년	2016년	2017년	2018년
중앙정부	1,525,707	1,579,905	1,669,023	1,722,733	1,691,075	1,812,512
(비중)	(42.6)	(42.3)	(42.5)	(41.9)	(40.0)	(39.5)
자치단체	1,509,667	1,600,229	1,694,587	1,808,523	1,907,660	2,080,476
(비중)	(42.1)	(42.8)	(43.1)	(43.9)	(45.1)	(45.4)
지방교육	549,625	558,879	563,503	582,628	629,893	693,822
(비중)	(15.3)	(14.9)	(14.4)	(14.2)	(14.9)	(15.1)

출처: 행정안전부(2018: 24), 『지방자치단체 통합재정개요』.

(3) 재정자립도와 재정자주도

지방정부도 매년 행정활동에 필요한 예산을 편성한다. 이때 지방정부가 필요한 자원을 어느 정도 조달할 수 있는가를 나타내는 지표들이 있는데 재정자립도와 재정자주도이다. 재정자립도는 지방정부가 재정활동에 필요한 자금을 어느 정도 자체적으로 조달하는가를 나타내고, 재정자주도는 정부예산으로 교부되지만 특정 목적이 정해지지 않는 재원으로 자유롭게 활용할 수 있는 자주재원(지방교부세+조정교부금)까지도 포함된 지표이다.

2018년 현재, 우리나라의 재정자립도는 평균 53.7%이며, 재정자주도는 75.3%이다. 중앙정부에 대한 재원의존도가 높아 자주재원이 취약한 구조로 평가된다. 지역별로 편차를 보이는 데 광역자치단체 재정자립도의 경우, 서울이 82.5%인 반면, 전남은 20.4%에 머물러 있다.

그림 7-3 지방정부의 재정자립도 격차(2018)

(단위: %)

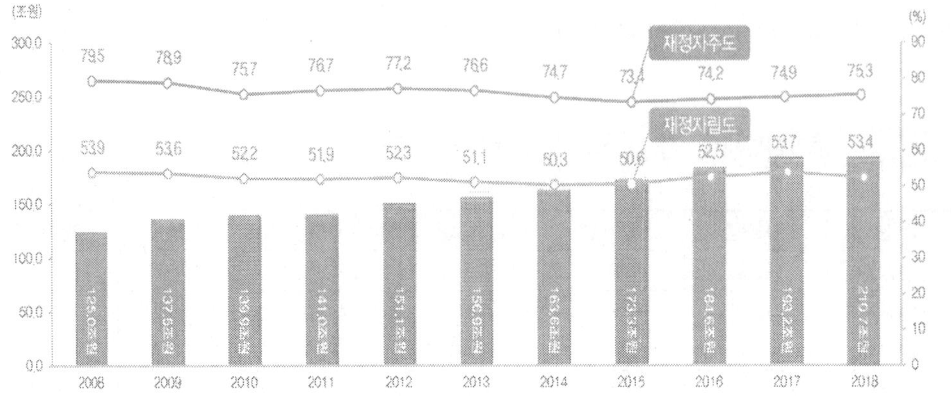

출처: 행정안전부(2018: 13), 『행정안전통계연보』.

그림 7-4 지방정부의 재정자립도 격차(2018)

(단위: %)

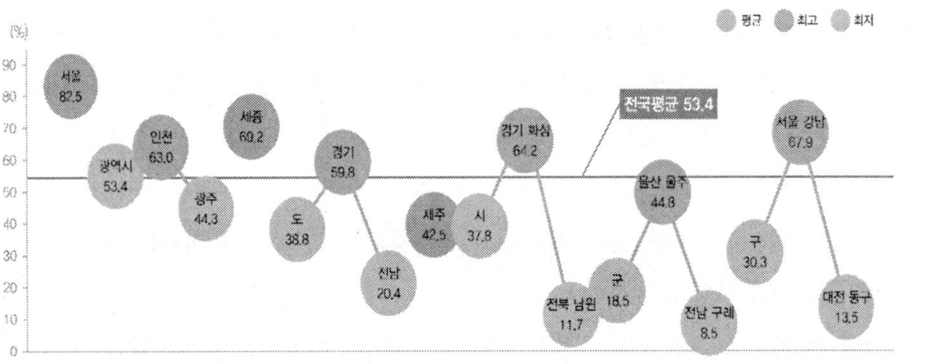

출처: 행정안전부(2018: 13), 『행정안전통계연보』.

(4) 지역내 총생산

지역내 총생산(Gross Regional Domestic Product: GRDP)은 시·도를 단위로 하여 생산, 소비, 물가 등의 기초통계를 토대로 추계한 생산 측면의 부가가치로 종합 경제지표이다(통계청). 광역단위의 경제활동에 따라 부가가치가 얼마나 발생되었는가를 나타낸다.

2016년 시 · 도 전체의 지역내 총생산은 1,636조 원을 보이고 있고 전년도보다 4.5% 증가하였다. 시 · 도별로는 2014년부터 서울을 앞질러 경기도가 372조 원으로 가장 높은 규모를 자랑한다. 최근 인천도 큰 신장세를 보이면서 거의 부산과 비슷한 수준까지 육박하고 있다. 서울, 경기, 인천의 수도권 비중이 전체 지역내 총생산의 49.5%를 차지하고 있다.

표 7-7 시 · 도별 GRDP

(단위: 천 원)

구 분	2014년	2015년	2016년
전국	1,485,505	1,565,248	1,635,555
서울	328,661	344,426	357,081
부산	73,674	78,238	81,198
대구	46,524	48,869	49,673
인천	69,501	75,675	80,862
광주	31,295	32,516	33,670
대전	32,799	34,062	35,922
울산	67,018	69,674	71,236
경기	329,559	352,857	372,344
강원	37,170	39,566	41,709
충북	49,791	52,656	56,122
충남	105,002	111,265	117,128
전북	44,243	45,641	46,881
전남	62,457	65,454	68,209
경북	92,697	94,988	98,815
경남	101,028	103,995	107,795
제주	14,087	15,366	16,911

출처: 통계청. (시 · 도)별 지역소득 지역내총생산.

제2절 지방정부의 통치제도

통치 작용이 이루어지기 위해서는 통치구조의 근간을 이루는 제도적 장치들이 구비되어야 할 필요가 있다. 1995년 지방자치가 완전히 부활하였고 지방분권이 진행되면서 제도적 정비도 지속적으로 진행되고 있다. 여기서는 기본적인 제도들을 살펴보고자 한다.

1. 지방정부의 법적 구조

한국의 지방자치를 규정하는 제도들은 크게 헌법, 지방자치법, 관련 개별법, 조례 등으로 구성되어 있다. 대한민국 헌법은 제8장에서 2개 조항으로 지방자치를 규정하고 있다. 제117조는 자치권과 지방자치단체의 종류, 제118조는 지방자치단체의 조직에 관한 사항을 규정하고 있다. 지방자치법은 지방자치의 전반적 체계를 규정한 기본법이다. 지방자치단체의 종류와 조직 및 운영, 국가와 지방자치단체 간의 기본적인 관계 등 헌법에서 제시하고 위임한 내용들을 구체화하고 있다. 이러한 기본법을 중심으로 지방행정을 실행해 나가는 데 필요한 사항들이 관련 법령들로 제시된다. 지방공무원법, 지방재정법, 지방세법, 지방공기업법, 주민투표법/주민소환법, 지방교육재정교부금법 등이 그 예들이다.

(현) 헌법조항
제8장 지방자치
제117조 ① 지방자치단체는 주민의 복리에 관한 사무를 처리하고 재산을 관리하며, 법령의 범위 안에서 자치에 관한 규정을 제정할 수 있다.
② 지방자치단체의 종류는 법률로 정한다.
제118조 ① 지방자치단체에 의회를 둔다.
② 지방의회의 조직 · 권한 · 의원선거와 지방자치단체의 장의 선임방법 기타 지방자치단체의 조직과 운영에 관한 사항은 법률로 정한다.

헌법과 법률들은 국민들의 대표기관인 국회가 국가 전체에 적용되는 규칙을 정한 사항들이라면, 지역 스스로가 정한 지역법에는 조례가 존재한다. 조례는 주민들의 대표기관인 지방의회가 의결하는 지역을 대상으로 하는 강제성 있는 규범이다.

현행 헌법은 지방자치와 관련된 최소한의 내용만을 규정하고 있다. 보충성의 원칙 같은 지방자치의 기본원리를 제시하지 않았고, 구체적인 내용의 상당 부분을 법률에 위임하고 있다. 제9차 헌법 개정이 이루어진 1987년은 아직 지방자치가 중단되었던 시기로 지방자치 자체의 실시가 정치과제였던 시대적 맥락도 작용하고 있다. 한편 법률과 조례 간의 관계를 어떻게 볼 것인가가 지방분권의 수준에 영향을 미친다. 지금까지는 조례는 법령이 정해 놓은 범위와 수준 내에서만 제정하도록 하였다. 법률과 조례 간의 엄격한 상하관계는 지방정부의 입법적 자율성을 제

표 7-8 헌법개정안의 주요 내용

개헌의제	현 행	개정안
지방분권국가 지향성 명시(제1조)		• "대한민국은 지방분권국가를 지향한다"고 명시
자치조직권 부여	• 지방자치단체 조직과 운영에 관한 사항은 법률로 정함.	• 지방자치단체를 지방정부로 변경 • 지방정부 조직과 운영 관련 기본 사항은 법률로, 구체적 내용은 조례로 정함.
자치행정권 강화	• 주민복리 사무처리 및 재산관리	• 사무배분은 주민에게 가까운 지방정부가 우선한다는 보충성의 원칙 신설
자치입법권 강화	• '법령의 범위 안에서' 자치에 관한 규정 제정	• 법률에 위반되지 않는 범위로 조례 제정 범위 확대 • 주민의 권리제안이나 의무 부과 시 법률 위임 필요
자치재정권 보장		• 자치사무 수행 경비 자기부담 원칙 명시 • 사무 위임 시 위임자 비용부담 원칙 명시 • '법률이 위반되지 않는 범위에서' 지방세조례주의 도입 • 재정조정제도 신설
주민참여 강화		• 지방정부 자치권 유래를 주민으로 명시 • 지방정부의 조직 운영에 대한 주민 참여권 명시 • 주민발안, 주민투표, 주민소환의 헌법적 근거 신설
중앙과 지방의 소통 강화		• 국가자치분권회의 신설 • 지방정부의 국회에 대한 법률안 의견제시권 도입

출처: 연합뉴스, 2018년 3월 21일자.

약하여 왔다. 이러한 관계가 법률이 위반되지 않는 범위로 조정되면, 조례가 제정될 수 있는 영역과 강도가 확대될 수 있다. 환언하면, 법률은 하나의 표준 법규로 작용될 수 있고 법률이 제정되지 않은 부분에서도 조례는 제정될 수 있다는 것이다. 이처럼 지방정부가 스스로 필요에 따라 자유롭게 입법 작용을 할 수 있는 것이 실질적인 조례 제정의 의의라고 할 수 있다.

2000년대 이후 지방분권이 국정과제로 등장하면서 지방자치의 법구조적 체계와 내용을 새롭게 정비하려는 움직임을 보이고 있다. 대표적인 사례가 2018년 3월 문재인 정부의 청와대가 발의한 헌법개정안이다.

문재인 정부가 제시한 헌법개정안 속에 지방자치와 분권에 관한 내용들이 대거 포함되었다. 주요 내용을 살펴보면 먼저 제1조 제3항에서 "대한민국은 지방분권국가를 지향한다"고 규정하였다. 우리나라 국가 운영의 기본방향으로 지방분권이 명시된 것이다. 제9장에는 지방자치를 4개조 12개 조항에 걸쳐 기술하고 있다. 먼저 보충성의 원칙이 명기되었다. "행정사무는 기본적으로 주민에게 가까운 지방정부가 우선 담당한다"는 원칙으로 자치권과 자치행정이 실질적으로 보장되도록 하였다. 자치조직권이 부여되었다. '지방자치단체'를 '지방정부'로 변경하면서 지방정부 스스로 조직을 구성하고 운영의 규정을 정할 수 있도록 하였다.

자치입법권을 강화하여 조례의 입법 자율성을 향상하였다. 현재 '법령의 범위 안'에서 조례를 제정할 수 있는 것을 '법률에 위반되지 않는 범위'로 확대하였다. 자치재정권이 추가되었다. 자치사무 수행에 필요한 경비는 지방정부가, 국가 또는 다른 지방정부가 사무를 위임할 때에는 관련 집행 비용은 위임하는 측이 부담하는 규정을 신설했다. 국세로 조성된 재원을 적정하게 분배하는 '재정조정제도'의 헌법적 근거도 만들었다. 지방이 스스로 세목, 세율, 징수 방법도 정할 수 있는 '지방세조례주의'도 도입하였다. 법률에 규정되었던 주민발안, 주민투표, 주민소환 등의 직접민주적 요소들을 헌법적 권리로 격상시켰다. 중앙과 지방 간의 원활한 소통채널을 구축하고자 하였다. 중앙과 지방의 지도자들이 모여 지방자치 혹은 지방에 영향을 주는 정책들을 논의하는 국가자치분권회의를 설치하고 법률안에 대한 의견제시권을 도입하였다.

정부가 제출한 헌법개정안은 국회의 심의도 받지 못하고 자동 폐기되었지만, 우리나라 지방자치의 쟁점과 법적 대안들이 잘 집약되어 제시되었다는 의미가 있다.

2. 지방정부의 종류

지방정부에는 각종 행정계층이 존재한다. 지방행정계층은 권한과 담당 사무를 통해 구분되는데 자치계층과 행정계층으로 나눌 수 있다. 자치계층은 법인격을 가진 자치단체가 사무를 자율적으로 처리하는 계층적인 단위인 반면, 행정계층은 법인격을 가지지 않는 행정기관들의 사무처리 계층 단위이다.

우리나라의 자치계층은 광역 지방정부와 기초 지방정부로 구분될 수 있다. 광역 지방정부에는 특별시 · 광역시 · 도 · 특별자치도 · 특별자치시가 있고, 기초 지방정부로는 시 · 군 · 구가 있다. 행정계층에는 읍 · 면 · 동과 일반구(50만 명 이상 시)가 있다.

그림 7-5 지방자치 계층구조(244개 지방자치단체)

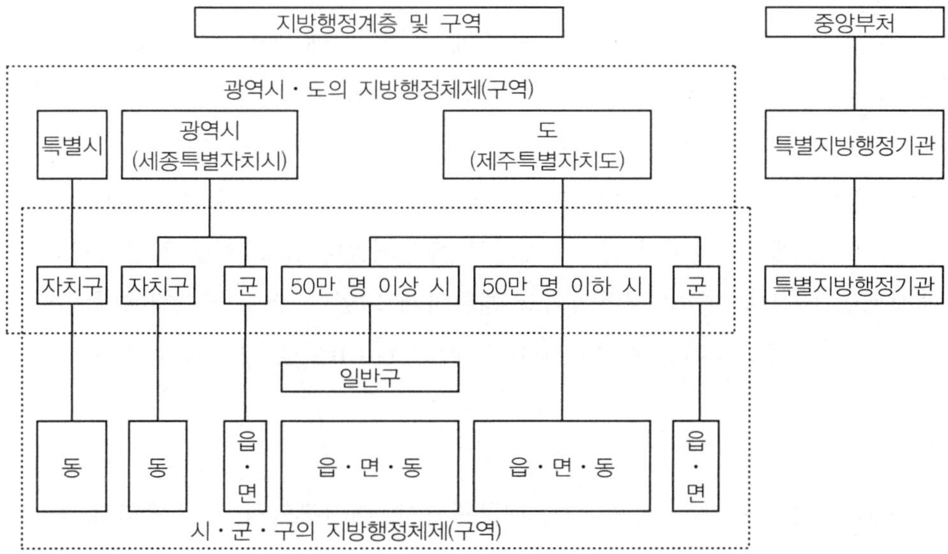

출처: 한국지방행정연구원(2013).

[그림 7-5]는 우리나라 지방행정계층의 체계를 보여주고 있다. 행정계층은 자치계층 내에서 존재하고 있으며, 광역정부가 아닌 인구 50만 명 이상의 도시에는 특례조치로 일반구를 둘 수 있다. 즉, 자치권이 보장된 자치구와는 달리 자치권을 가지지 않는 일반구를 설치할 수 있는 것이다.

1) 광역 지방정부

광역 지방정부에는 2017년 12월 현재 총 17개이다. 1개의 특별시, 6개의 광역시, 1개의 특별자치시, 8개의 도, 1개의 특별자치도로 구성되어 있다.

(1) 특별시

특별시로는 수도인 서울특별시가 존재한다. 서울특별시는 1946년 군정 법령에 따라 경기도에서 분리되어 서울특별자유시가 되었고, 1949년 지방자치법에 따라 서울특별시로 개칭되었다. 1991년「서울특별시 행정특례에 관한 법률」에 의해, 서울특별시는 정부의 직할 하에 두되 이 법이 정하는 범위 안에서 수도로서의 특수한 지위를 가진다고 규정했다. 따라서 광역시와는 달리 국무총리 직속으로 되어 있다. 서울특별시장은 광역정부 단체장 중에 국무회의에 배석할 수 있다(국무회의 규정). 의안제출권과 의결권은 없지만 사전양해를 통해 발언할 수 있다. 서울특별시는 1인의 시장과 3인의 부시장(행정1, 행정2, 정무)을 두고 있다.

서울특별시의회는 1949년 지방자치법 공포에 따라 1956년에 처음 개원되었다. 그러나 1961년 제2대 의회가 군사쿠데타로 해산되었다가, 1990년 지방자치법 제9차 개정으로 1991년 제3대 지방의회가 개원하게 되었다. 2018년 7월에 출범한 제10대 의회는 시의원 110명(지역구 100, 비례대표 10)으로 구성되어 있다.

(2) 광역시

광역시는 부산광역시, 인천광역시, 대구광역시, 대전광역시, 광주광역시, 울산광역시 6개가 있다. 광역시는 도시행정의 특수성에 대처해 나가기 위한 일종의 특별행정구역 제도로 상급지방자치단체라고 할 수 있다. 1995년 부산 · 대구 · 인천 ·

광주·대전 등 5개 직할시를 지방화 시대에 맞춰 광역시로 이름을 개칭했다. 부산·인천·대구는 인접 지역을 흡수하여 확대되었으며, 울산시는 1997년에 울산광역시로 승격했다. 광역시는 1인의 시장과 행정부시장, 정무부시장 등 2명의 부시장을 두고 있다. 행정부시장은 국가공무원법 고위공무원단에 속하는 일반직 공무원이며, 정무부시장은 지방관리관이다(지방자치법 시행령 제73조). 2018년 7월부터 단체장을 감시하는 기관으로 제10대 지방의회가 구성되어 있다.

(3) 특별자치시

현재 특별자치시로 세종시가 있다. 세종시는 수도권 집중해소와 국토균형발전의 관점에서 노무현 정부 때부터 추진되었고, 2012년 7월에 행정중심복합도시로 공식 출범했다. 초기 인구가 10만 명 수준이었으나 공공기관 이전이 늘어나면서 2018년 6월에 30만 명을 돌파하였다. 공공기관은 3단계에 걸쳐 이전되고 있으며, 9부 2처 2청의 중앙기관과 16개의 정부출연 연구기관 등이 이전되었거나 이전될 예정이다. 세종특별자치시는 광역정부이면서도 1읍 9면 9법정동인 단층제이다.

(4) 도

도(道)는 고려 성종 때 처음 시작된 역사적 연원을 지닌 행정구역으로 조선 초기인 1413년에 경기도, 충청도, 전라도, 경상도, 강원도, 황해도, 함경도, 평안도에 8도 명칭이 부여되었다. 도에는 일반적으로 1인의 도지사와 2명의 행정부지사와 정무부지사를 둔다. 행정부지사는 국가직 가급 상당의 국가공무원이며, 정무부지사는 지방관리관이다. 인구 800만 명 이상인 경기도의 경우 행정부지사가 2명으로 총 3명이 있다. 2017년 12월 현재 경기도가 인구가 1,200만 명을 넘어 가장 규모이며, 강원도가 155만 명으로 가장 적은 규모이다.

(5) 특별자치도

현재 특별자치도로 제주도가 있다. 1946년 미군정 통치 하에서 전라남도에서 분리되면서 독자적인 광역정부가 되었고, 특별자치도 출범 이전까지는 북제주군과 남제주군, 제주시와 서귀포시의 2시·2군을 기초정부로 포함한 도로서 존재해 왔다. 2006년 7월 1일 일반 광역정부와 다른 고도의 자치권을 부여한 제주특별자치도로 새롭게 출범하였다. 제주특별자치도는 종전 제주도의 지역적 · 역사적 · 인문적 특성을 살리면서 실질적인 분권을 보장하고 폭넓은 규제완화와 국제 기준을 적용하여 '국제자유도시'를 조성할 것으로 목적으로 설치되었다. 설치근거가 되는 「제주특별자치도 설치 및 국제자유도시 조성을 위한 특별법」은 국제자유도시를 "사람 · 상품 · 자본의 국제적 이동과 기업 활동의 편의가 최대한 보장되도록 규제의 완화 및 국제적 기준이 적용되는 지역적 단위"로 규정하고 있다.

출범하면서 기존의 북제주군이 제주시로 남제주군이 서귀포시로 통합되었고, 제주시와 서귀포시가 제주도지사가 수장을 임명하는 행정시로 변경되어 현재에 이르고 있다.

표 7-9 우리나라의 지방행정계층

구 분	특별시	광역시	특별자치시	도	특별자치도	시	군	구	읍	면	동
남한	1	6	1	8	1	75	82	69	224	1,189	2,087

출처: 『지방자치단체 행정구역 및 인구현황』(자치분권과)/기준시점: 2017.12.31 기준.

2) 기초 지방정부

기초 지방정부는 시(市; 자치시) · 군 · 구(자치구)로 나뉘는데, 2017년 12월 현재 시는 75개, 군은 82개, 구(자치구)는 69개로 총 226개가 존재한다. 인구 50만 명 이상 특례시 내의 행정구, 제주특별자치도 내의 행정시는 자치권이 주어져 있지 않기 때문에 기초 지방정부에 포함되지 않는다.

(1) 시

기초 지방정부로서 시(자치시)는 전국에 75개가 있다. 시는 대부분이 도시 형태를 갖추고 인구가 5만 명 이상 되는 요건(지방자치법 제7조 제1항)을 충족해야 한다. 지방자치법 시행령을 보면 ① 해당 지역의 시가지를 구성하는 지역 안에 거주하는 인구의 비율이 전체 인구의 60퍼센트 이상일 것, ② 해당 지역의 상업 · 공업,

그 밖의 도시적 산업에 종사하는 가구의 비율이 전체 가구의 60퍼센트 이상일 것, ③ 1인당 지방세 납세액, 인구밀도 및 인구증가 경향이 행정안전부령으로 정하는 기준 이상일 것 등의 요건이다. 또한 도농복합 형태를 띨 수도 있다.

한편 인구 50만 명 이상 도시는 그 특성을 고려하여 행정, 재정 운영 및 국가의 지도·감독 관계에 대해 특례를 둘 수 있는데, 그 중 하나가 행정구 설치이다. 수원, 창원, 고양, 용인 등 총 15개 도시가 이에 해당되는데 대부분 경기도에 밀집되어 있다.

(2) 군

기초 지방정부로서의 군(郡)은 현재 82개가 있다. 군 역시 도와 마찬가지로 역사적으로 오랜 기원을 지닌 행정구역명으로 조선, 대한제국, 일제 식민지를 거치면서 현재까지도 행정구역의 단위가 되고 있다. 군은 군수 1인과 부군수 1인이 있으며, 군의회가 구성되어 있다. 군의 규모가 지역에 따라 매우 편차가 크다. 평균 인구는 5만 4천 명 수준인데, 대구 달성군은 인구가 24만 명이 넘는 반면, 울릉군은 1만 명에 그치고 있다. 1990년대 이후 도농통합이 진행되고 시로 승격되기도 하면서 군의 수가 조금씩 줄어들고 있다.

(3) 구

기초정부로서의 구(區)는 특별시와 광역시에 속하는 자치구를 의미한다. 자치구는 서울 25개, 부산 15개 등 총 69개가 있다. 자치구는 다른 기초정부인 시·군과는 달리 대도시적 특성을 지니고 있다. 자치구의 개별 특성보다는 소속 광역정부의 정체성을 지니고 있다. 상호 밀집된 특성으로 행정·재정적 비효율성의 문제도 제기된다. 자치구 역시 주민투표로 선출된 단체장과 지방의회로 구성되어 있다. 구의 인구 규모 역시 지역에 따라 매우 편차가 크다. 평균 인구가 3만 2천 명 수준인데, 서울 송파구는 인구가 66만 4천 명이 넘는 반면, 부산 중구는 4만 4천 명 정도이다. 지역별 인구편차는 앞으로 더욱 심화될 전망이다. 예를 들어, 부산의 경우 중구·동구 등의 4개구 총 인구가 2040년에는 현재의 절반 수준인 21만 명으로 떨어져 통합 필요성이 제기되고 있다.

3. 지방정부의 조직

지방정부에는 지역 통치를 담당하는 조직들이 구축되는데 '기관구성'을 하는 것으로 불린다. 기관구성은 크게 행정 집행을 담당하는 집행기관과 의결권을 지닌 의결기관으로 구성된다. 먼저 집행기관은 지방의회에서 결정된 사항을 실제로 집행하는 기관이다. 광역과 기초의 단체장이 이 역할을 담당한다. 의결기관은 지방정부의 예산을 결정하고 조례를 논의하고 결정한다. 광역과 기초의 지방의회가 이 역할을 수행한다. 두 기관이 어떤 방식으로 결합되는가가 지방정부의 구체적인 조직형태를 결정한다.

1) 의결기관과 집행기관

(1) 단체장의 권한

지방정부의 단체장은 두 가지 성격을 지닌다. 첫째, 집행기관을 관리하는 행정의 최고책임자로서 전체 사무를 통할한다. 다음은 정치인으로 주민과 소통하여 여론을 형성하고 이해관계를 조정하며 지방의회와 경쟁한다. 여기서는 집행기관 자체에서 비롯되는 권리와 지방의회와의 관계에서 발생하는 권한을 나누어서 살펴본다.

첫째, 집행기관의 장으로서의 지위이다. 지방정부의 목적인 주민복리를 향상시키기 위한 관련 정책을 입안하고 추진하는 과정에서 조직 내・외의 다양한 권한을 행사하게 된다. 조직 내적으로 단체장은 고유사무와 위임사무를 수행하면서 직원에 대한 임면권을 행사한다. 소속 직원을 지휘・감독하고 임면・교육훈련・복무・징계 등에 관한 사항을 처리한다. 그 권한에 속하는 사무의 일부를 보조기관, 소속 행정기관 또는 하부행정기관에 위임할 수도 있다. 그러나 사무를 수행하는 과정에서 중앙정부나 상위 지방정부의 감독기관으로부터 통제를 받기도 한다. 감독기관은 단체장의 사무처리를 평가하고 조언・권고・감사한다. 만일 단체장의 위법 또는 부당한 사무 처리가 있다면 시정명령・취소・정지 등의 조치를 받는다.

둘째, 정치적 리더로서의 권한을 가진다. 지역통치를 이끌어 가는 지역 대표자로서 지방의회와의 관계 속에서 유력한 지역정치인의 수완을 발휘한다. 주로 지방의회와의 관계에서 발생한다. 지방의회에 출석하여 행정사무의 처리상황을 보고하고 의견을 진술한다. 조례제정, 예산·결산 등의 의안을 지방의회에 제출하고 의결에 이의를 제기(재의요구)할 수도 있다. 의회 의장에게 임시회 소집을 요구할 수 있으며, 지방의회 의결 사항 중 여러 사정을 감안하여 긴급하다고 인정되면 임의적으로 먼저 판단하는 선결처분권도 행사할 수 있다. 단체장은 주로 정당의 공천을 받아 선거로 선출된다. 후보자 시절의 공약이 정치적 약속이라면 행정사업은 단체장의 행정적 약속이다. 공약과 행정사업간에 성격을 전환시키는 역할도 수행한다.

이러한 단체장의 역할과 권한은 명확히 구분되기보다는 혼재되면서 나타난다. 특정 상황 속에서 정치적 행위와 행정행위가 순차적 혹은 동시 병행적으로 이루어진다. 일반적으로 우리나라는 강시장형으로 지방의회에 비해 단체장이 우월한 권

표 7-10 지방의회와 단체장의 주요 권한

지방의회	단체장
• 의안의 발의권 • 의결 • 조례의 제정/개폐 • 예산의 심의/확정 • 결산의 승인 • 사용료/수수료/분담금 등 부과/징수 • 예산의 의무부담 등 • 행정사무감사와 조사권 • 서류의 제출요구권 • 단체장 또는 관계공무원의 출석/답변요구권 • 임시회의 소집 공고권 • 청원의 심사와 처리권 • 청원서 이송/처리 결과 보고 요구권 • 재의요구된 조례안 재의결/확정권 • 재의요구된 일반의결에 대한 재의결/확정권 • 의회사무직원의 임명 추천권 • 재의요구된 예산관련 의결의 재의결/확정권 • 재의지시된 의회 의결의 재의결/확정권 • 선결처분된 사후 승인권	• 지방자치단체의 통할대표권 • 의안의 제출권 • 사무의 관리 및 집행권 • 조례의 공포권 • 예산안의 편성과 제출권 • 예산불성립 시의 예산집행권 • 서류의 제출권 • 단체장 또는 관계공무원의 출석/답변권 • 임시회의 요구권 • 부의안건의 공고권 • 위원회 개최 요구권 • 의회사무직원의 임명권 • 조례안의 재의요구권 • 일반의결에 대한 재의요구권 • 예산상 집행불가능한 의결의 재의요구권 • 재의요구 지시에 의한 재의요구/제소권 • 선결처분권

출처: 행정안전부(2015: 237-238).

한을 지니고 정치적으로도 영향력이 크다고 평가되고 있다.

(2) 지방의회의 권한

지방의회는 지방정부의 의사를 결정하는 최고의결기관이다. 우리나라의 경우 단체장과는 다른 차원의 주민을 대표하고 집행기관을 견제하고 감시하는 역할을 수행한다. 첫째, 주민의 대표기관이다. 주민의 직접선거로 지방의원들이 선출되고 지방의회가 구성된다. 지방의회는 대의제 민주주의의 차원에서 주민을 대표하면서 지역 여론을 수렴하고 행정수요를 파악하며 각종 청원 등 지역 내 다양한 이해관계를 조정한다.

둘째, 입법 및 의결기관이다. 지방정부의 주요 정책과 지방정부를 운영하는 데 필요한 각종 자치법규인 조례를 제 · 개정한다. 지방의원들이 직접 조례안을 발의하거나 집행기관이 제출한 것을 심의하여 지역규범으로써 의결한다. 또한 지방정부의 예산을 심의하고 확정하며 결산을 승인한다. 법령 이외의 사용료 · 수수료 · 분담금 · 지방세 등 주민의 부담에 관련된 사항을 결정한다.

셋째, 감시와 통제기관이다. 지방의회는 안건 심의와 관련된 서류 제출을 단체장에게 요구할 수 있다. 필요하다면 단체장이나 관계 공무원에게 위원회에 출석하여 답변하도록 요구할 수 있다. 매년 1회 행정사무 감사를 실시하여 1년 간의 행정 운영을 감시한다. 특정 사안에 대해서는 본회의나 위원회에서 조사할 수도 있다.

지방의회는 매년 2회 정례회를 개최하고 임시회는 필요에 따라 소집할 수 있다. 지방의원들은 월정수당과 의정활동비 등 의정비를 받는다. 지방의회는 단체장과 권한과 역할을 분담하면서 서로 대등한 위치에서 지역통치를 담당하고 있다.

2) 지방정부의 유형

(1) 기관통합형

기관통합형은 의결기관과 집행기관이 합쳐진 형태로 내각책임제와 유사하다. 주민들이 선출한 지방의회 의원들이 지역통치를 주도한다고 볼 수 있다. 영국과 미국에서 자주 나타나는 정치시스템이다. 모델 중의 하나가 이사회형(위원회형, commission)이다. 지방의원 전체가 집행기능을 나누어 행사한다.

이사회는 직접선거로 선출되는 3명에서 5명 정도의 이사들로 구성된다. 각 이사들은 개별 행정조직을 분담하는 담당관이며, 이사회는 합의제 방식으로 운영된다. 의회를 축으로 몇 개의 독립된 집행기관이 행정을 담당하는 형태이다. 선출된 소수위원들이 이사회를 구성하여 의결기능과 집행기능을 수행하는 형태를 띠고 있다. 이사는 의회 의원이면서도 특정 공무원 직을 겸무하기도 한다. 2014년 ICAM의 조사에 따르면 미국에서 인구 2,500명 이상 지방정부 가운데 1.9%만이 이 유형을 채택하고 있다.

기관통합형은 의원들이 직접 행정을 담당하므로 주민 의사를 직접적으로 반영할 수 있다. 또한 의결기관과 집행기관이 대립되면서 나타나는 행정낭비를 줄일 수 있다. 반면 견제와 균형의 원리가 작용되기 어려워서 권력이 남용될 수 있고, 지방행정에 과도한 정치개입이 나타날 수 있다(김병준, 2011: 159-160).

그림 7-6 **기관통합형: 이사회형 모델**

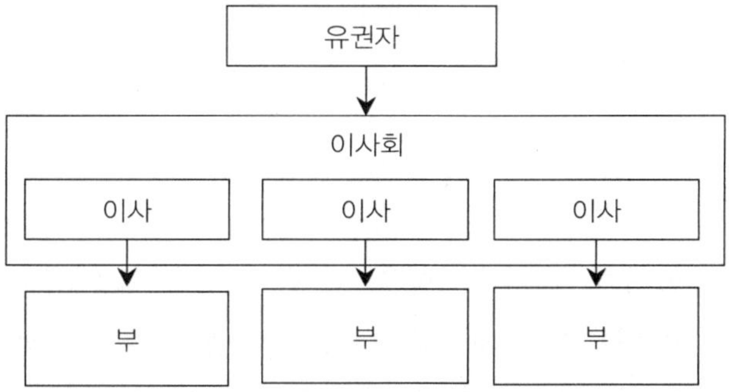

(2) 기관대립형

기관대립형(기관분리)은 의결기관과 집행기관이 분리된 형태로 대통령제처럼 상호 견제와 균형이 이루어진다. 주민들이 개별 기관들을 직접선거로 선출한다. 우리나라와 일본에서 광역과 기초의 기본 통치구조로 활용된다. 미국에서는 인구 2,500명 이상 지방정부 가운데 43.9%가 시장-의회형(mayor-council form)을 채택하고 있다(2014년 ICAM의 조사).

기관대립형은 다시 강시장형(strong-mayor form)과 약시장형(weak-mayor form)으로 나뉜다. 강시장형에서는 단체장이 행정부의 장으로서 주민들의 직접선거로 선출된다. 또한 예산편성권, 공무원 임명권, 의회에 대한 거부권 등을 보유한다. 주로 25만 명 이상의 대도시에서 주로 활용된다. 약시장형에서는 단체장이 직접선거가 아닌 의원들의 호선으로 선출되거나 임명된다. 예산편성권, 공무원 임명권, 의회에 대한 거부권을 가지지 않는다. 비교적 규모가 작은 도시에서 발견된다.

그림 7-7 기관대립형: 시장-의회형 모델

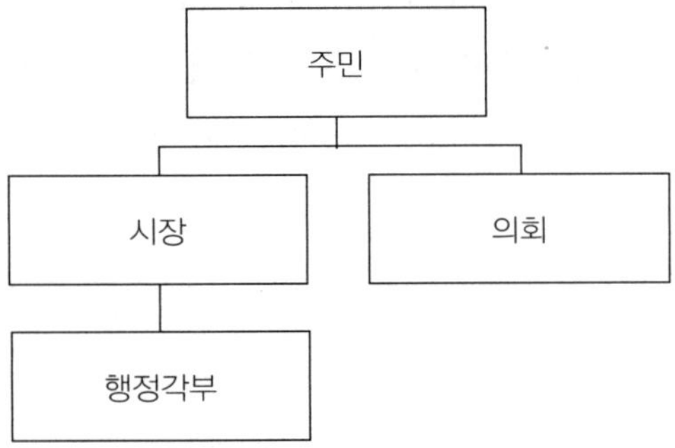

(3) 절충형

절충형은 기관통합형과 기관대립형을 혼합한 것으로 미국의 의회-지배인형(council-manager)이 대표적인 예이다. 단체장을 행정 주체로 하는 기관대립제와는 달리 의회가 지배인을 임명하여 행정을 담당하도록 한다. 단체장은 의원들 중에서 지명되는데 지방정부를 대표한다. 하지만 의례적인 업무에 관여하는 정도로 실질적인 행정권은 지배인이 가지고 있다. 지배인은 계약서를 통해 의무와 책임을 규정하고 임기도 계약기간에 따라 달라진다. 지배인의 주된 역할은 집행조직을 관리하고 담당 공무원들을 감독한다. 예산안을 작성하고 의회가 요청하는 주제를 조사한다. 미국의 인구 2,500명 이상 지방정부 가운데 과반수에 가까운 48.9%가 이 유형을 채택하고 있다(2014년 ICAM의 조사).

그림 7-8 **절충형: 의회-지배인형 모델**

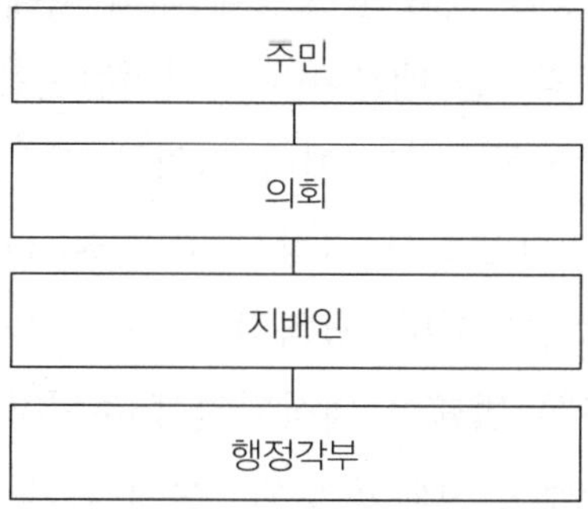

절충형은 지방의회 책임 하에 전문행정인을 행정책임자로 임명하여 관리하는 방식이다. 따라서 의회중심 체제에서 행정의 전문성을 높이고 책임행정을 구현할 수 있다는 장점이 있다. 반면 지나치게 행정이 단기적이고 가시적인 성과에 집착할 수 있고, 지배인이 정치적 기반이 약할 경우, 의도한 기능들이 수행되기 어려울 수 있다(김병준, 2011: 168-169).

4. 지방선거 제도

지역 통치는 주민들이 직접선거에 의해 선출한 주민대표들에 의해 수행된다. 한국에서 단체장과 지방의회는 다음과 같은 방식으로 선출되고 있다.

1) 지방선거 제도

한국의 지방선거는 크게 광역정부와 기초정부로 나눌 수 있고 각각 단체장, 지방의회, 교육감 선거로 분류된다. 첫째, 광역정부 지방선거에서는 단체장, 광역의회 의원, 교육감이 주민들의 직접투표로 각각 선출된다. 시 · 도의 수장을 뽑는 단체장 선거는 광역을 단위로 한 선거구에서 최다득표자가 당선된다. 현재 17개 광역정부에서 선출되고 있다. 시 · 도의회 선거의 경우, 지역구와 비례대표로 나뉜다. 지역구 선거는 국회의원 선거처럼 선거구에서 다수 득표자가 당선되는 소선거구제이며, 비례대표는 의원 정수의 100분의 10으로 하며, 시・도를 단위로 하며 유효 투표 총수의 100분의 5 이상을 득표한 정당에 대해 비례대표 의회 선거에서 얻은 득표비율에 따라 비례대표 의석을 배분한다(국회의원선거와 유사한 정당별 득표비례 구속명부제). 현재 광역의회는 전국에서 지역구 737명, 비례대표 87명이 선출되고 있다. 경기도 의회가 130명으로 가장 크고 서울 110명, 부산 43명의 순이며 세종시가 17명으로 가장 소규모이다. 광역의 교육수장을 선출하는 교육감 선거는 2006년 지방교육자치에 관한 법률이 개정되면서 주민직선으로 되었고, 2010년부터 전국동시지방선거와 함께 실시되고 있다. 현재 17개 광역에서 선출되고 있다.

둘째, 기초정부 지방선거에서는 단체장, 기초의회 의원들이 주민들의 직접투표로 각각 선출되고 있다. 시・군・구의 수장을 뽑는 단체장 선거는 기초 전체를 단위로 선거구에서 최다득표자가 당선된다. 시・군・구의회의원선거 역시 지역구와 비례대표로 나뉜다. 지역구는 시・도 조례로 정하는 선거구 별로 2인 이상 4인 이하를 선출하는 중선거구제를 채택하고 있다. 비례대표는 의원 정수의 100분의 10으로 하며 시・군・구를 단위로 하여 광역의회 비례대표 선거와 동일한 방식으로 치러진다. 현재 전국에서 지역구 2,541명, 비례대표 386명 등 총 2,927명이 선출되고 있다.

지방선거의 선거권은 19세 이상의 국민에게 부여되며, 피선거권은 만 25세 이상부터 주어진다. 외국인도 지방선거에 참여할 수 있다. 영주권을 획득한지 3년 이상 된 만 19세 이상의 외국인에게 투표권이 주어지는 외국인 참정권제도가 2006년 제4회 지방선거부터 도입되었다. 제7회 지방선거에서 외국인 유권자는 약 10만 6,205명으로 지속적으로 증가하고 있다.

선거관리 업무는 중앙선거관리위원회를 비롯하여 지역 선거관리위원회가 관장하고 있다. 선거관리위원회는 국가 및 지방자치단체 선거 사무, 국민투표 관련 사무, 정당 관련 사무, 위탁선거 관련 사무 등을 수행하고 있다. 구체적으로는 서거인명부작성 등 선거사무관리, 공명선거 홍보, 정책선거의 분위기 조성, 선거법 위반 행위 감시와 단속, 위법행위에 대한 중지와 경고 및 시정명령 등을 실시한다. 중앙선거관리위원회는 상기의 사무를 통할・관리하며, 각급 선거관리위원회는 하급선거관리위원회를 지휘 감독한다.

지방선거는 1991년 지방의회 선거만이 부분 시행되었고, 1995년 제1회 전국동시지방선거로 완전히 부활하였다. 제3회 지방선거에서는 광역의원, 제4회 지방선거에서는 기초의원에 정당명부식 비례투표제를 도입하였다. 정당공천제는 초기에 광역/기초 단체장과 광역의원에만 허용되다가 제4회 지방선거에서부터 기초의원에게까지 적용되었다. 제5회 지방선거부터는 교육감과 교육의원선거까지 동시에 실시되어 유권자는 모두 8장의 투표권을 행사하였다. 하지만 제주도를 제외한 지역에서 교육의원선거가 폐지되었고, 2018년 6월에 실시된 제7회 지방선거부터는 7장을 투표하였다. 또한 사전투표제가 도입되고 확대되면서 투표율도 향상하고 있다.

표 7-11 우리나라 지방선거 제도의 변화

선거 연도	주요 내용	
1991년	지방의회 의원 선거	• 기초 및 광역의회 선거 시행
	정당공천제	• 광역의회 의원의 정당공천제 도입
1995년, 1998년	4대 지방선거 실시	• 광역 및 기초단체장 선거 • 광역 및 기초의회 의원 선거
	정당공천제	• 기초자치단체장의 정당공천 허용 • 기초의회 의원의 정당공천 배제
	비례대표제	• 광역의회 선거에 비래대표제 채택: 따라 선거를 하지 않고 지역구 광역의원 득표 결과에 따라 의석 배분
2002년	정당공천제(지역선거구)	• 광역의회 선거 도입
	비례대표제	• 비례대표 광역의원 선거 1인 2표 정당 투표제 도입
2006년	중대선거구제	• 기초지방의회 선거에 중선구제 도입
	정당공천제(지역선거구)	• 기초의회선거에 정당공천 도입
	비례대표제	• 비례대표 기초의원 선거 도입 • 비례대표의 50% 이상 여성 추천 할당제 도입
2010년	중대선거구제	• 정당추천 후보 기호배정에서 정당자율권 부여
	정당공천제(지역선거구)	• 광역 · 기초 선거에 유지
	비례대표제	• 광역 · 기초 선거에 유지
		• 역대 최대 8개 선거실시(교육감, 교육의원선거 실시)
2014년	사전투표제 도입 등 개표방법 다양화	• 사전투표기간 2일 동안 전국 읍 · 면 · 동 사전투표소에서 투표 실시 • 교육의원선거 폐지(제주도만 실시)

출처: 김종업 · 임상규 · 김형빈(2012: 11)을 참고로 추가 보완함.

2) 지방선거의 결과와 특징

1995년 제1회 지방선거가 실시된 이래 전국 동시지방선거는 총 일곱 차례 실시되었다.

지방자치 부활 초기에는 투표율이 60% 이상으로 국민적 관심이 높았지만, 점차 하락하여 50% 수준을 보였다. 이후 사전투표제 등 다양한 투표방식의 도입, 적극적인 홍보, 국민 의식의 향상 등으로 투표율은 다시 상승하고 있다. 제7회 지방선거에서는 20여 년 만에 60%를 넘었다.

지방자치가 부활된 이후 20여 년 간 일곱 차례 실시된 지방선거에서 나타난 주요 특징들은 다음과 같이 정리될 수 있다. 첫째, 중앙정치가 지방선거에 강한 영향을 미쳤다. 지방선거는 지역통치의 논리 속에서 주민들의 대표자를 선출하는 공적

표 7-12 지방선거의 주요 내용

전국동시지방선거	투표율	정 수	주요 결과	비 고
제1회 1995년 6월 27일	68.4%	5,661		지방자치 완전 부활
제2회 1998년 6월 4일	52.7%	4,353	• 여당 민주자유당 패배(단체장) • 여당 대 제1야당 (광역 5>4, 기초 70>84)	
제3회 2002년 6월 13일	48.8%	4,415	• 여당 새천년민주당 패배(단체장) • 여당 대 제1야당 (광역 4>11, 기초 44>140)	
제4회 2006년 5월 31일	51.6%	3,867	• 야당 한나라당 승리(단체장) • 여당 대 제1야당 (광역 1>12, 기초 19>155)	제주특별자치도 출범
제5회 2010년 6월 2일	54.5%	3,894	• 여당 한나라당 패배 • 여당 대 제1야당(단체장) (광역 6>7, 기초 82>92)	통합창원시 출범, 교육감 및 교육위원 직선제
제6회 2014년 6월 4일	56.8%	3,952	• 여당 새누리당 패배 • 여당 대 제1야당(단체장) (광역 8>9, 기초 117>80)	통합청주시 출범 세종특별자치시 추가
제7회 2018년 6월 13일	60.2%	4,016	• 여당 더불어 민주당 압승 • 여당 대 제1야당(단체장) (광역 14>9, 기초 151>53)	

과정이어야 하지만, 실제로는 지역의 쟁점보다는 중앙정치의 요소들이 유권자들의 투표행위에 큰 영향을 미쳤다. 유권자들이 중앙정치의 요소인 대통령의 통치행위나 정책추진 등을 회고하여 지방선거에서 정당들의 정치적 행위에 일정한 평가를 내리는 양상이다. 1991년 광역의원 선거는 3당 합당, 1995년 제1회 지방선거는 김영삼 정부에 대한 중간평가, 2002년 제3회 지방선거는 김대중 정부의 각종 게이트, 2006년 제4회 지방선거는 노무현 정부의 국정 운영 평가와 대선 전초전, 2010년 제5회 지방선거는 이명박 정부에 대한 중간평가, 2018년 제7회 지방선거는 박근혜 대통령의 탄핵 이후 보수정당에 대한 2차 심판이 선거 과정을 지배하였다. 대체로 지방선거에서 여당은 패배하고 야당은 새로운 정치적 동력을 얻는 상황이 반복되었다. 이를 두고 지방선거의 성격을 대통령의 '중간평가론'이나 '정권심판론'으로 인식하기도 한다. 그만큼 우리나라의 지방선거는 지역 독자의 정치이슈보다는 중앙정치와의 밀접한 관련성 속에서 유권자들이 후보자를 선택하여 왔다고 볼 수 있다. 후보자를 배출하는 주요 정당의 수직적 정당구조와 국회의원과 지방정치인 간의 관계 등이 지방정치의 중앙정치 예속에 한 몫을 해 왔다.

둘째, 정당의 영향력이 강화되고 있다(행정자치부, 2015: 493-494). 주요 정당들은 후보자 공천을 통해 선거에 참여하였고, 대부분의 당선자들은 정당에서 배출되었다. 광역단체장은 1~2석을 제외하고는 거의 정당공천자가 당선되었고 1998년, 2002년, 2014년은 정당공천자들이 전원 당선되었다. 기초단체장도 제1회 지방선거

표 7-13 지방선거 정당공천 당선자 수

연 도	광역단체장	기초단체장	광역의원(지역구)
1995	13(86.7%)	177(77.0%)	724(82.7%)
1998	16(100%)	188(81.0%)	577(93.7%)
2002	16(100%)	202(87.1%)	583(95.7%)
2006	15(93.8%)	201(87.4%)	641(97.9%)
2010	14(87.5%)	192(84.2%)	644(94.7%)
2014	17(100%)	197(87.2%)	769(97.5%)
2018	16(94.1%)	209(92.5%)	808(98.1%)

출처: 행정자치부(2015: 493), 『지방자치 20년사』.

를 제외하고는 80% 이상이 정당공천자로 채워졌다. 광역의원 당선자의 경우에는 정당공천자 비율이 더욱더 높았다.

정당공천 당선자들은 주로 민주당과 자유한국당 양당 소속이다. 1990년대에는 자유민주연합의 보수당이, 2000년 들어서는 민주노동당의 진보정당이 제3당으로서 기능을 해 왔고 일정한 성과를 거두어 왔다. 그러나 2014년 이후 양당 경쟁 구조는 심화되고 있는데, 2014년 지방선거에서는 새누리당(현 자유한국당)이 45%, 새정치민주연합(현 민주당)이 35~45%의 당선자를 배출하였다. 2018년 지방선거에서는 제1당 민주당의 압도적 우세 속에 제3당 바른미래당은 광역과 기초에서 단체장을 1석도 배출하지 못했다. 제3당의 쇠퇴는 기초의원 선거에서 무소속이 약진하는 결과를 초래하기도 하였다(행정자치부, 2015: 496-497).

셋째, 특정 정당이 특정 지역을 독식하는 현상이 지속되어 왔다. 자유한국당(구 한나라당, 새누리당 등)은 주로 영남 지역, 더불어 민주당(구 새천년민주당, 새정치민주연합 등)은 호남 지역에서 단체장과 지방의원의 상당수가 당선되었다. 무소속 당선자 역시 과거에는 정당 소속이었다가 공천파동 등으로 탈당한 인사들이 많았다. 다만 충청 역시 과거 자민련과 자유선진당이 우세했지만 현재는 우세정당이 사라졌고, 수도권과 충청에서는 양대 정당 간 경쟁이 두드러지고 있다. 특정 정당이 단체장과 지방의원을 지배하면 지역 통치의 견제와 균형은 어려워진다.

한편 제7회 지방선거에서는 민주당이 전국적으로 압도적인 승리를 거두었다. 과

표 7-14 기초단체장 당선자 정당분포

연 도	영 남	호 남
1995	민자당 34, 민주당 1, 자민련 1, 무소속 32	민자당 0, 민주당 40, 자민련 0, 무소속 3
1998	한나라 49, 민주당 1, 자민련 2, 무소속 20	한나라 0, 민주당 29, 자민련 0, 무소속 12
2002	한나라 61, 민주당 0, 자민련 0, 무소속 11	한나라 0, 민주당 29, 자민련 0, 무소속12
2006	한나라 60, 민주당 0, 열린우리당 0, 무소속 0	한나라 0, 민주당 20, 열린우리당 9, 무소속13
2010	한나라 49, 민주당 1, 선진당 0, 무소속 15	한나라 0, 민주당 32, 선진당 0, 무소속 0
2014	새누리 62, 새정치민주연합 1, 통합진보당 0, 무소속 7	새누리 0, 새정치민주연합 26, 통합진보당 0, 무소속 15
2018	자유한국당 36, 더불어민주당 26, 무소속 8	자유한국당 0, 더불어민주당 29, 민주평화당 5, 무소속 7

거 자유한국당의 우세지역으로 당선자를 거의 내지 못했던 부산/울산/경남에서도 광역단체장(모두 당선)과 기초단체장(부산 81.25%, 울산 100%, 경남 38.9%)의 대다수를 배출하였다. 앞으로 지역 정치에 새로운 변화가 예상된다.

지금까지의 지방선거는 중앙정치의 영향력이 강하여 지방선거가 지닌 본래의 기능을 발휘하지 못하는 결과를 가져왔다. 이러한 결과를 낳게 만든 대표적 원인은 정당공천제이다. 종래의 정당공천제는 단체장과 광역의원에만 허용되어 제한적으로 실시되어 왔지만, 2006년부터 기초정부의 지방의원도 포함되어 전면적인 정당공천제가 시행되고 있다. 하지만 정당공천제는 지역 정치를 왜곡시키고 지방자치의 정착을 저해한다는 목소리가 매우 크다. 이 제도는 지역에서 정당이 유능한 인재를 책임지고 등용하여 경쟁하는 책임정치를 구현하자는 의도에서 시행되었다.

하지만 한국 정당들의 조직 구조는 국회의원이 공천권을 무기로 지방의원 및 단체장 후보자들에게 영향력을 강하게 행사하는 수직적인 관계이다. 국회의원은 지방정치인을 수족처럼 생각하고 지방정치인들은 공천을 위해 충성경쟁을 하는 양태이다. 공천 비리도 다수 발생하고 있다. 이러한 현실 때문에 실제 지방선거에는 지역쟁점이 설정되고 논의되기보다는 정권심판론 등의 중앙 정치가 유권자의 투표행위에 영향을 미친다. 결과적으로 정당공천제는 지방자치를 표류시키는 원인으로 꼽히고 있다. 상당수의 국민, 시민단체, 지역 정치인 등의 다수는 정당공천제를 폐지하자는 입장이며 정당 역시 폐지를 약속하고 있다. 하지만 제도 개선은 아직 실현되지 않고 있다.

제3절 지방정부 내 · 외의 관계와 상호작용

1. 중앙정부와 지방정부의 상호 관계

1) 중앙정부와 지방정부 관계이론

전통적으로 한국 정부는 강한 국가성(stateness)을 바탕으로 중앙집권화되어 왔기 때문에, 중앙과 지방의 관계도 일방적 · 하향적 상하 관계로 형성되어 왔다. 지방자치법도 이러한 인식을 반영하여 제9장의 제목을 '국가의 지도 · 감독'이라고 규정하고 있고, 정부조직법 제31조 제1항도 '감독'이라는 용어를 사용한다.

그러나 최근 지방화, 정보화, 세계화의 추세 속에서 지방자치제가 자리를 잡아가면서, 국가와 지방의 관계를 대등한 병렬적 정부 간 관계(Inter-Governmental Relations: IGR)로 보는 경향이 등장했다. 예컨대, 미국에서는 연방 제도를 배경으로 지방자치단체와 주 및 연방과의 관계를 정부 간 관계(IGR)로 보고 있는데, 이러한 정부 간 관계에서는 중앙과 지방 간의 기조는 감독이나 통제가 아닌 협의와 교섭으로 인식되고 있다(오재일, 1993: 71-73).

최근 한국에서도 국가와 지방자치단체 간의 관계를 중앙정부와 지방정부 간의 관계로 보기 시작했다. 이러한 정부 간 관계는 여러 형태와 계층의 정부 간에 발생하는 행위 또는 상호작용으로 정의된다(Wright, 1988: 14). 정부간관계론은 일반적으로 집권론과 분권론으로 나누어 볼 수 있으나, 집권과 분권의 범위와 강도에 대한 합의를 도출하기가 매우 어렵기 때문에 대체로 유형 분류에 중점을 두고 있다(하혜수, 1997: 4).

현재까지 제시된 정부간관계론은 대개 라이트(Deil S. Wright), 던시어(Andrew Dunsire), 윌다브스키(Aaron Wildavsky), 킹던(John Kingdon), 로즈(R. A. W. Rhodes), 무라마쓰(村松岐夫)의 분류를 인용하고 있는 실정이다. 그런데 이들 모형은 대체로 이론적 모형이라기보다는 실제로 나타난 관계의 특징을 중심으로 분류한 것이어서 분류 기준이 모호하다는 점이 문제로 지적되고 있는데, 이들의 유형 분류를 요약하면 〈표 7-15〉와 같다.

여기서는 유형 분류의 한계를 고려하여 중앙정부와 지방정부 간의 관계를, 국가성(stateness)과 지방성(locality)이라는 변수를 중심으로 이론모형을 구성해 보고자 한다.[1] 이 경우 국가성이란 통치기구들이 여타 조직과는 구별되며 중앙집권화

1) 국가성과 지방성은 상반된 성격으로 볼 수 없다. 즉, 국가성의 반대는 무국가성(無國家性)이며, 지방성의 반대는 무지방성(無地方性)이라고 할 수 있다. 무국가성이란 공공 목적을 위해 근대 정부를 운영하는 법률, 구조, 기능, 인사들의 전부 혹은 거의 대부분의 핵심적 요소들이 존재하지 않는 것을 의미한다(정용덕, 1996: 36).

되어 있고, 자율적이며 상호 간에 공식적으로 조정되는 정도를 의미한다(박명림, 1997: 274). 이에 반해 지방성이란 일정한 지역을 바탕으로 구성원들 간에 형성된 사회적 유사성, 공통된 전통과 습관, 그리고 공속감 등의 정도를 의미한다.

표 7-15 중앙-지방 관계에 관한 이론모형 비교

학 자	유 형	내 용
Wright (1978)	분리형 (separated-authority model)	인사·재정상의 완전한 분리를 기초로 지방정부가 독립적인 자율성을 누리는 관계
	중첩형 (overlapping authority model)	중앙과 지방이 상호의존 관계에 기초하여 정치적 타협과 협상을 벌이는 관계
	포함형 (inclusive authority model)	지방정부가 중앙정부에 완전히 종속되어 있는 관계로서 자율성이 거의 없음.
Dunsire (1981)	하향식 모형 (top-down model)	지방정부는 중앙정부의 하위기관 또는 대리기관에 불과
	지방자치모형 (local authority model)	지방정부는 중앙정부와 상호대등한 관계를 가져 광범위한 자율성을 누림.
	정치 체제 모형 (political system model)	중앙-지방 관계는 선거를 전제로 중앙과 지방정치집단 간의 관계, 즉 정치적 관계로 전환
Wildavsky (1979)	협조-강제모형 (cooperative-coercive model)	지방정부는 중앙정부(부처)의 감독 하에 국가정책을 단순히 집행하는 대리자로서 자율성과 재량이 없거나 극소화
	갈등-합의모형 (conflict-consent model)	양자는 대등한 관계를 유지하고 있으며 지방정부는 정책 입안과 집행 시에 상당한 자율성을 보유
Kingdon (1991)	소작인모형 (stewardship model)	지방정부는 때때로 정책을 채택 또는 수정하도록 중앙정부를 설득할 수 있지만 대부분 복종해야 함. 만약 소작인(지방정부)이 복종하지 않을 경우 교체될 수 있음.
Rhodes (1988)	전략적 협상 관계	전략적 게임을 벌이는 협상 관계를 가지며 서로 이용 가능한 자원을 효과적으로 동원하여 우위를 획득하려고 함.
村松岐夫 (1984)	수직적 행정통제모형	지방정부는 중앙정부의 지시와 명령에 복종하는 수직적인 상하 관계에 있음.
	수평적 정치경쟁모형	중앙과 지방 간의 상호의존성을 중시하며 양자가 정책을 둘러싸고 상호 경쟁을 벌이는 대등한 관계로 인식

출처: 경기개발연구원(2000: 17)을 하동현(2017)을 참고로 수정 보완.

그림 7-9 **국가와 지방 간의 관계 유형**

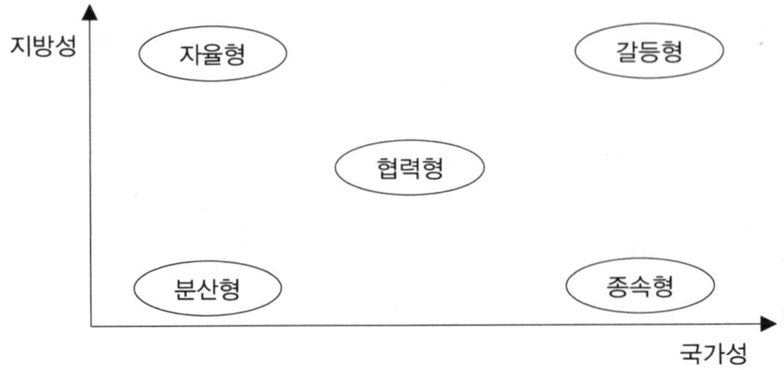

출처: 김종성 외(2004: 31).

이에 따라 중앙과 지방 간의 관계는 [그림 7-9]와 같이, 국가성과 지방성이 높고 낮음에 따라 다섯 개의 유형으로 분류할 수 있다(김종성 외, 2004: 31-32). 다만 이러한 유형들은 현실적으로 나타날 수 있지만, 이론상으로만 가능한 형태일 수도 있다.

분산형은 지방성과 국가성이 모두 낮은 형태이다. 국가로서의 기본적 통치구조인 법률, 조직, 기능, 인사 등이 구비되지 않았으며, 지방 차원에서도 공속감을 지닌 구성원들로 이루어진 자율적인 공동체를 형성하지 못한 상태를 의미한다. 다만 이러한 형태는 개념적으로만 존재할 개연성이 높다.

자율형은 지방성은 높고 국가성은 낮은 형태이다. 이 유형은 지역 단위에서는 전통과 습관을 공유한 공동체가 형성되어 주민들이 공속감을 가지는 반면에, 근대국가로서의 중앙정부 통치기구는 미분화되고 지역적 통제력이 미흡한 상태를 의미한다. 근대국가 형성 이전의 중세봉건사회가 이러한 형태에 해당한다.

종속형은 지방성이 낮고 국가성은 높은 형태이다. 이 형태의 지방정부는 중앙정부의 감독 하에 국가정책을 단순히 집행하는 대리자에 불과하며, 지방정부의 자율성과 재량은 없거나 극소화된 상태이다. 중앙집권화된 근대국가의 성립 초기에 나타나는 형태이다.

갈등형은 지방성과 국가성이 모두 높은 형태이다. 지역공동체(community)가 안정적으로 형성되어 상당한 정도의 자율성을 가지는 동시에, 중앙정부도 강력하고 분화된 통치기구를 구비하고 있다. 중앙과 지방 간에 집권과 분권을 둘러싸고 갈등과 대립 관계가 형성된 상태이며, 중앙집권화된 국가에서 지방분권화된 국가로 나아가는 과도기적 형태라고 할 수 있다.

협력형은 지방성과 국가성이 적절하게 조화된 형태이다. 양자는 대등한 관계를 유지하고 있으며, 지방정부는 정책 입안과 집행에서 상당한 자율성을 가지게 있다. 그 결과 정책을 추진할 때 효율적인 집행과 성과 제고를 위해 상호 협력하는 형태를 띠게 된다.

2) 중앙정부의 지방정부 통제

지방자치의 본질은 현행 헌법에서 규정하고 있는 것과 같이 지방자치단체가 자치권에 의해 그의 관할 구역과 주민을 통치하고 그 사무를 자기의 자율과 책임 하에 처리할 수 있도록 하는 데 있다. 그러나 현행 지방자치법은 지방자치단체에서 제정할 수 있는 조례의 범위를 "……법령의 범위 내에서……"라고 규정하고 있어, 실제로 지방자치단체의 법적인 권리는 상당 부분 제약받고 있는 것이 사실이다. 또한 지방의회와 자치단체장의 관계에서도 주민의 대표기관이라는 지방의회의 역할과 권한이 매우 미흡한 실정이다.

게다가 지방자치법 이외에도 지방세법, 지방교부세법, 지방교육자치에 관한 법률 등 지방과 관련된 법률들에서도 지방자치단체에 대한 국가의 지도 · 감독이 명문화되어 있다.

(1) 지방자치법에 의한 통제

지방자치단체에 대한 중앙정부의 통제에 관한 가장 기본적인 법률은 지방자치법이다. 현행의 지방자치법에 대한 문제 제기는 노태우 정부 때인 1991년에 지방자치가 실시된 직후부터 1998년 지방자치법이 전문 개정된 이후에도 끊임없이 제기되고 있다. 이는 지방자치의 실시 이후 주민과 밀접하게 연관되어 지방자치를 체험한 경험에서 나오는 문제점들로, 현재의 지방자치는 지방자치법의 문제점들로

인해 자치단체를 기능을 수행하는 데 많은 어려움을 겪고 있다.[2)]

① 자치입법권에 대한 통제

현행 헌법 제117조 제1항은 "지방자치단체는 …… 법령의 범위 안에서 자치에 관한 규정을 제정할 수 있다"고 규정함으로써 자치입법의 취지를 담고 있다. 이에 의거해 지방자치단체는 조례와 규칙의 형식으로 입법을 할 수 있다. 또한 현행 지방자치법 제22조는 "지방자치단체는 법령의 범위 안에서 그 사무에 관해 조례를 제정할 수 있다"고 규정하여 지방자치단체에서의 자치입법에 관한 근거를 마련했다.

그러나 조례 제정권의 범위를 '법령의 범위 안에서'라고 한정하는 것은 법률뿐만 아니라 명령에 의해서도 입법권을 제약하며, 법령이 없을 경우 조례 제정도 할 수 없다는 것으로 해석될 수 있다. 이는 자치사무에 대한 조례 제정권까지도 중앙정부의 통제 아래 종속시키고 있다는 것을 의미한다. 게다가 지방자치단체와 지방의회에서 결정해야 할 사안까지도 상위법의 허가에 의해 결정할 수 있도록 함으로써 지방정부의 자치권을 제약하고 있다.

② 자치조직권에 대한 통제

지방자치법 제110조에 따르면 특별시·광역시 및 특별자치시의 부시장, 도와 특별자치도의 부지사는 일반직 국가공무원으로 보하며, 시·도지사의 제청으로 행정안전부 장관을 거쳐 대통령이 임명하도록 되어 있다. 또한 시의 부시장, 군의 부군수, 자치구의 부구청장은 일반직 지방공무원으로 보하되, 그 직급은 대통령령으로 정하며, 시장·군수·구청장이 임명한다. 이처럼 지방자치단체장의 보조기관을 획일적으로 규정하는 것은 개별 지방자치단체의 특수성을 고려하지 않은 자치조직권에 대한 심각한 침해로 볼 수 있다.[3)]

한국의 지방자치에서 주민의 직선에 의해 선출하거나, 지방자치단체에서 자율적

---

2) 지방자치법상 지방정부에 대한 중앙정부의 통제 제도가 지닌 문제점과 개선 방안에 관한 자세한 내용은 김종성 외(2004)를 참조.

3) 과거에는 시의 부시장, 군의 부군수, 자치구의 부구청장도 국가공무원으로 보했다. 그러나 동 조항을 개정하여 지방공무원으로 보하게 된 것은 지방자치권의 제고를 위해 진일보한 것으로 볼 수 있다.

으로 인사를 행할 수 있는 직위의 범위는 매우 좁은 편이다. 즉, 지방의회 의원과 자치단체장을 직선으로 선출하는 것을 제외하면 자치권은 매우 미약하다. 김영삼 정부 때인 1994년에 중앙정부는 대통령령으로 「지방자치단체의 행정기구와 정원 기준 등에 관한 규정」을 마련했는데, 이는 지방자치단체의 자치조직권을 상당 부분 침해하고 있다. 이 규정에 의해 침해받는 자치조직권의 범위에 대해서는 다시 기술하기로 한다.

③ 자치행정권에 대한 통제

서유럽에서는 지방자치단체에 대해 중앙정부가 입법적 · 사법적 통제와 감독을 하고 있는 반면에, 한국 정부는 여전히 행정적 통제와 감독을 견지하고 있다. 즉, 한국의 중앙정부는 지방자치단체를 독립적인 법인격체로서 대등한 관계로 인식하기보다는 상하적이고 주종적인 관계로 인식하고 있다. 이러한 요소들은 지방자치법에서 확연하게 드러나 있는데, 지방자치법 제166조부터 제172조까지 규정된 내용들은 지방자치단체를 통제 · 관리하기 위한 수단으로 볼 수 있다.

예컨대, 지방자치법 제166조는 중앙행정기관의 장 또는 시 · 도지사는 지방자치단체의 사무에 관해 조언 또는 권고하거나 지도할 수 있으며, 이를 위해 필요한 때에는 지방자치단체에 대해 자료의 제출을 요구할 수 있도록 규정하고 있다. 또한 동법 제169조는 지방자치단체의 사무에 관한 장의 명령이나 처분이 법령에 위반되거나 현저히 부당하여 공익을 해(害)한다고 인정될 경우에 시 · 도에 대해서는 주무부 장관이, 시 · 군 및 자치구에 대해서는 시 · 도지사가 기간을 정해 서면으로 시정을 명하고, 그 기간 내에 이행하지 않을 때에는 이를 취소하거나 정지할 수 있다고 규정하고 있다.

특히 이 경우 자치사무에 관한 명령이나 처분은 법령에 위반하는 것으로 한정한다는 단서 조항을 붙여놓음으로써 주무부 장관의 직무이행 명령 제도를 공식화 · 정당화하고, 주무부 장관이 적법하지만 정당하지 아니한 경우에도 직무이행 명령을 발효할 수 있도록 하고 있다. 게다가 주무부 장관은 행정대집행법을 준용하여, 지방자치단체장에게 직무 이행을 명령할 수 있다.[4] 한편 동법 제171조는 "행정안

---

4) 이에 대해 프랑스의 공법학자 드라고(Ronald Drago)는 한국의 지방자치법이 행정쟁송 절차를

전부 장관 또는 시 · 도지사는 지방자치단체의 자치사무에 관해 보고를 받거나 서류 · 장부 또는 회계를 감사할 수 있다"고 하여 자치행정권을 침해하고 있다.

지방자치단체에 대한 중앙정부의 통제는 여기서 그치지 않고 지방의회에 대해서도 권력적 통제를 규정하고 있다. 동법 제172조는 지방의회 의결의 재의와 제소에 관해 언급하고 있다. 즉, 시 · 도 지방의회의 의결이 법령에 위반되거나 공익을 현저히 해한다고 판단될 때에는 행정안전부 장관이 재의를 요구할 수 있도록 하고 있다. 지방의회에서 재의를 하여 재의결된 사항에 대해서도 안전행정부 장관 또는 시 · 도지사가 당해 지방자치단체의 장에게 제소를 지시하거나 직접 제소 및 집행정지 결정을 신청할 수 있도록 하고 있어 지방의회의 의결권도 통제하고 있다.

④ 자치재정권에 대한 통제

한국의 지방자치법 제7장(제122조 내지 제146조)은 지방정부의 재무에 관해 규정하고 있다. 그런데 동법 제134조는 결산에 관해 행정안전부 장관 또는 상급자치단체장에게 보고하도록 하는 사후적 통제를 가함으로써, 지방자치단체의 자치재정권을 침해하고 있다. 그리고 지방자치단체가 결산보고를 할 때, 검사위원의 선임 및 운영을 대통령령으로 규정하여 운용하고 있다. 따라서 이는 지방자치법에서 다루어야 할 조항으로 개정하는 것이 바람직하다.

한편 지방자치법 제135조에는 법정 외 세제 불허 규정이 있는데, 이는 지방자치단체가 법률이 정하는 바에 의해서만 지방세를 부과 · 징수해야 한다는 것을 의미한다. 따라서 이는 법률에 없는 지방자치단체의 자율적 세원 개발은 불가능하다.

⑤ 기능과 권한에 대한 통제: 집권형 기능 배분

한국의 중앙정부와 지방자치단체 간 기능 배분은 예시적 포괄주의를 기본으로 하고, 예외적으로 특례주의를 채택하고 있다. 즉, 지방자치단체가 처리할 수 없는 국가사무를 열거하면서 지방자치단체의 사무를 기능 영역별로 예시하는 방식을 채택하고 있다.[5]

거치지 않고, 주무부 장관에게 일방적인 취소 · 정지권을 부여하는 규정을 둔 것만으로도 한국에는 지방자치가 없다고 논평하기도 했었다.

5) 지방자치법, 제11조.

예컨대, 지방자치법 제9조에서는 지방자치단체의 사무 범위를 법률로써 규정하고 있다. 자치사무의 영역이 축소되는 폐단을 막기 위해 지방자치단체의 자치사무를 지방자치단체의 구역, 조직 및 행정관리 등에 관한 사무, 주민의 복지 증진에 관한 사무, 농림 · 상공업 등 산업 진흥에 관한 사무, 지역 개발 및 주민의 생활환경시설의 설치 · 관리에 관한 사무, 교육 · 체육 · 문화 · 예술의 진흥에 관한 사무, 지역민방위 및 지방소방에 관한 사무 등으로 비교적 구체적으로 예시하고 있다. 이러한 방향은 과거의 지방자치법에 비해 매우 진보한 것이며 바람직한 것이기는 하지만, 그 범위가 너무 모호하고 포괄적이기 때문에 국가와 지방자치단체 간, 그리고 지방자치단체 간 업무 중복과 혼선을 초래하는 문제가 아직 남아 있다.

지방자치법의 규정만을 보면 한국의 지방자치단체는 자치사무의 범위가 매우 넓고, 스스로의 책임 하에 독자적으로 이를 처리할 수 있는 것처럼 보인다. 그러나 실제로 이러한 방식은 중앙과 지방 간, 광역과 기초정부 간의 사무 배분 기준이 모호할 뿐만 아니라, 주민과 거리가 가까운 곳에 사무 배분이 있기보다는 상위 정부에 권한과 사무가 집중되어 있음을 알 수 있다. 따라서 이와 같은 사무의 배분 방식은 주민의 복리 증진을 목적으로 하는 지방자치의 기본 정신에 위배되며, 정책의 집행과 수혜의 괴리를 가져올 수도 있다. 특히 자치사무의 범위가 광범위해졌음에도 불구하고, 상대적으로 자치단체장의 자치행정권 범위가 확대되지 않은 것은 더욱더 심각한 문제이다. 즉, 지방자치법 제9조 제2항의 단서가 “다만, 법률에 이와 다른 규정이 있는 경우에는 그러하지 아니하다”라고 규정하고 있기 때문에, 지방자치단체장의 자치행정이 간섭받고 있는 현실이다.

(2) 「지방자치단체의 행정기구와 정원기준 등에 관한 규정」에 의한 통제

지방자치단체의 자치조직권을 제약하는 대표적인 법규명령으로는 「지방자치단체의 행정기구와 정원기준 등에 관한 규정」이 있다. 이는 대통령령으로 지방자치단체의 행정기구 편성을 획일적으로 규제한다는 것인데, 헌법에서 보장하고 있는 지방자치의 취지를 명령으로 규제한다는 것은 심각한 자치권 침해라고 할 수 있다.

동 규정 제6조를 따르면, 기준이 너무 엄격하여 모든 지방자치단체의 기구와 정원은 해당 지방자치단체가 가지고 있는 지역적 · 업무적 특색을 고려하지 않고 획일적으로 구성될 수밖에 없다.[6] 예컨대, 시 · 도의 실 · 국 · 본부 및 담당관과 과에 이르기까지 획일적 기준이 적용되는 철저한 규제가 가해지고 있다.[7]

(3) 지방재정법에 의한 통제

지방자치단체는 필요한 재원을 조달하기 위해 지방채를 발행하기도 한다. 그러나 지방채는 무분별하게 발행하거나 잘못 관리할 경우 자칫 재정 악화의 직접적인 원인이 될 수 있다. 따라서 지방자치단체의 지방채 발행은 어느 정도 중앙정부에 의해 규제될 필요는 있다. 그러나 지방재정법의 지방채 규제는 지방자치단체가 필요한 재원을 조달하기 위한 지방채 발행 조건과 대상을 지나치게 간섭하고 있다. 현행 법규는 지방자치단체의 세출에 관해 지방자치법에 근거해 지방채로 충당할 수 있도록 지방자치단체의 재량을 인정하고 있지만, 법률이 아닌 명령으로 지방채의 발행과 상환, 이자 등 제반 사항에 관여하고 있으며 보증채무 부담행위도 대통령령으로 규제하고 있다.

이 밖에도 지방재정법은 지방재정과 관련한 거의 대부분의 사항에 대해 행정안전부 장관에게 보고하거나 협의하도록 규정하고 있다. 게다가 법률이 아닌 대통령령에 의한 규제도 가해지고 있다. 나아가 일부 조항의 경우에는 기획재정부 장관과도 협의 또는 보고를 하도록 되어 있다.

---

6) 제6조(기구 설치의 일반 요건)

① 국은 특별한 경우 외에는 소관 업무의 성질이나 양이 4개 과 이상의 하부조직이 필요한 경우에 설치한다.

② 실 · 본부[본부는 특별시 · 광역시 · 도나 특별자치도(이하 "시 · 도"라 한다)에 한한다]는 업무의 성질상 국이나 과로서는 그 목적 달성이 곤란하다고 인정되는 경우에 설치한다.

③ 담당관은 전문적 지식을 활용하여 정책의 기획이나 계획의 입안 · 조사 · 분석 · 평가와 행정개선 등에 관하여 기관장이나 보조기관(국장은 제외한다)을 보좌하기 위하여 필요한 경우에 설치하되, 특별한 경우를 제외하고는 기획 업무를 담당하는 실장 밑에 설치하며, 담당관 밑에는 과를 둘 수 없다.

④ 과는 다음 각 호의 요건을 갖춘 경우로서 특별한 경우 외에는 12명(시 · 도는 5급 4명 이상, 시 · 군 · 자치구는 6급 4명 이상 포함) 이상의 정원이 필요한 업무량이 있는 경우에 한하여 설치한다.

1. 국의 소관 업무(국이 설치되지 아니한 시 · 군 · 구의 경우에는 그 소관 사무를 말한다)를 업무의 양이나 성질에 따라 수 개로 분담하여 수행할 필요가 있을 것
2. 업무의 한계가 분명하고 업무의 독자성과 계속성이 있을 것

7) 지방자치단체의 행정기구와 정원기준 등에 관한 규정, 제9조 제1항 별표 1.

지방정부의 재정이 매우 중요하기 때문에 중앙정부가 일정 부분 관여해야 할 필요는 있지만, 행정부의 명령을 통한 관여는 지방정부의 존립 취지를 왜곡하고 있다.[8] 관계 주무부 장관이 이 같은 조항과 단서들을 들어 지방자치단체에 대해 행정통제를 가하고자 하면 얼마든지 가능한 실정이다. 이러한 행위에 대한 근거로는 행정대집행법의 대집행권, 지방자치법의 직무이행명령권과 취소 및 정지권 등을 들 수 있다. 게다가 더욱 심각한 문제는 이러한 지방자치단체의 자치사무에 관한 결정, 처분, 행위 등의 판단 기준이 법원의 결정에 의한 합법성이 아니라, 행정부의 판단에 따른 합목적성이라는 것이다. 지방자치가 정착된 선진국들과는 달리, 한국에서는 여전히 합법성에 근거한 사후통제 방식보다는 합목적성에 근거한 사전・사후통제의 방식이 채택되고 있는 것이다.

(4) 지방세법에 의한 통제

한국 정부는 조세법률주의를 채택하고 있다. 이에 따라 국회가 제정한 법률에 의해서만 조세의 종목을 정할 수 있다. 지방의회는 그 지역의 특성을 고려하여 조세의 종목과 세율을 결정할 권한이 없다. 지방세의 경우에도 세목과 세율, 과세 표준 등 모든 것을 법률로써 정하고 있다. 현행 지방세법 제2조에 의하면 지방자치단체는 지방세로서 보통세와 목적세를 부과・징수할 수 있다. 물론 지방세의 세목과 과세 객체, 과세 표준, 세율, 기타 부과 및 징수에 관한 사항들은 법률의 범위 안에서 이루어져야 한다.

다만 이에 대해 국가가 정한 지방세의 세율과 과세 표준을 일정한 범위 내에서 자치단체장이 조정할 수 있도록 하여, 지방자치단체의 자율권을 어느 정도 보장하고 있다. 그러나 지방자치단체장이 지방세 세율 및 과세표준 조정권, 그리고 과세 감면권을 가지고 있기는 하지만, 조세의 종목과 세율을 자주적으로 정하는 권한인 과세자주권이 없으므로 자주재정권은 보장되어 있다고 볼 수 없다.

---

8) 예를 들면, 지방자치단체의 부담을 수반하는 국고보조(제27조), 중기지방재정계획의 제출(제33조), 재정 운용에 관한 보고 등(제54조), 지역통합재정통계의 작성(제59조), 복권기금으로부터의 전입금의 배분(제88조) 등과 같은 조항들이다.

(5) 지방자치단체에 대한 감사원의 감사

헌법 제97조에 의하면, 감사원은 대통령 직속기관으로 직무 수행상 독립적인 지위를 가지는 헌법기관으로 지방자치단체의 회계검사와 지방행정기관 및 공무원의 직무를 감찰하는 권한을 갖고 있다. 현행법상 지방자치단체는 자주적인 감사 체계를 갖추지 못하고 있다. 그러므로 현행법에 따라 자치단체장의 재정 활동과 수입·지출에 대한 확인·검증을 제대로 실시하려면 외부감사에 의존할 수밖에 없다.

한국에서 감사원에 의한 감사(회계검사)가 시행되고 있는 이유는 지방자치단체가 자주적 감사 체계를 갖추고 있지 않기 때문이다. 그렇다고 주무부 장관 또는 시·도지사에게 지방자치단체에 대한 감사권을 부여하면, 지방자치단체가 상위기관에 예속되는 것을 막을 수 없기 때문에 그렇게 할 수도 없다.

감사원은 중앙의 행정부로부터 어느 정도 독립성을 가진 회계검사와 직무감찰을 수행하는 기관이므로 감사원에 의한 감사는 지방자치단체가 자체감사 체계를 제대로 갖추고 있지 못한 상황에서 차선의 감사 방식이 되고 있다. 그렇지만 지방자치법을 개정하여 지방자치단체장으로부터 독립적 지위를 가진 감사관을 설치하고 그가 감사를 담당한다면, 지방자치단체에 대한 중앙정부(행정안전부 장관 및 주무부 장관)에 의한 감사, 시·도지사에 의한 감사는 물론 감사원에 의한 감사도 불필요하게 될 것이다. 감사원에 의한 감사는 보충성의 원칙에 따라 지방자치단체의 자주적 감사 체계가 작동하지 않을 때에 한해 시행되는 방향으로 바뀌는 것이 바람직하다.

2. 지방정부와 지방정부의 상호 관계

기본적으로 지방정부는 주어진 사무를 스스로 처리하고 있지만 행정권이 생활권 및 경제권과 불일치하고 혼자만으로 대응하기 어려운 광역행정수요가 늘어나면서 지방정부 간 협력 필요성이 증가하고 있다. 즉, 복잡한 행정환경의 변화와 맞물려 지방정부 간 갈등 및 분쟁도 늘어나고 있는데, 이를 해결하기 위하여 등장한 개념이 지방정부 간 협력 논리이다. 수평적인 협력, 사무의 공동처리, 분쟁조정 등의 방식이 활용되고 있다.

1) 지방정부 간 협력

(1) 지방자치법상의 협력제도

여기서는 지방자치법에서 규정된 지방정부들 간 협력제도를 중심으로 설명한다.

① 협력사업

지방정부는 행정업무가 광역화되면서 단독으로 처리하기 어렵거나 인적·물적 자원이 부족 또는 중복될 것이 예상될 때 다른 지방정부와 협력하여 처리한다. 지방자치법 제147조도 지방자치단체는 다른 지방자치단체로부터 사무의 공동처리에 관한 요청이나 협의·조정·승인·지원의 요청을 받으면 법령의 범위 내에서 협력사업을 추진하도록 규정하고 있다.

1995년부터 2015년까지 지방정부 간 협력사업은 총 458건이었다. 주로 광역정부 간(269건) 혹은 기초정부 간(153건) 등 동일 지위를 가진 지방정부 간 수평적 협력 사업이 대부분이었다. 행정기능(204건), 지역개발(145건)이 가장 많았고, 폐기물처리(41건), 상수도 관리(38건) 등도 주요 사업 내용이었다. 예를 들어, 구리

표 7-16 광역행정의 협력 제도

	운영 목적	관련 규정
협력사업	지방자치단체는 다른 지방자치단체로부터 사무의 공동처리, 사무처리의 협의/조정/승인 또는 지원요청이 있는 경우 법령의 범위 내에서 협력	지방자치법 제147조
사무위탁	지방자치단체 또는 그 장은 소관 사무의 일부를 다른 지방자치단체 또는 그 장에게 위탁, 처리	지방자치법 제151조
행정협의회	지방자치단체는 2개 이상의 지방자치단체와 관련된 사무의 일부를 공동 처리	지방자치법 제152조 또는 제158조
지방자치단체 조합	2개 이상 지방자치단체가 하나 또는 둘 이상의 사무를 공동처리	지방자치법 제159조 또는 제164조
지방자치단체장 등 협의체	지방자치단체장 또는 지방의회 의장은 상호 간 교류와 협력증진, 공동의 문제를 협의하기 위해 전국적 협의체 설립	지방자치법 제165조

출처: 행정자치부(2016: 6).

와 남양주가 폐기물 처리 공동 사업을 추진하여 조성과 운영 비용을 절감하였다. 전북과 강원은 공동으로 농촌체험학습 프로그램을 운영하여 도심의 초등학생들을 농·산촌 체험활동으로 유도하였다.

앞으로도 지방정부들이 권역별로 지역산업 단지 조성, 공동 관심사 구체화, 지역행사 개최 등을 통해 협력 사업을 더욱 증가시킬 것으로 예상된다.

② 사무위탁

지방자치단체는 예산의 중복성을 피하고 업무를 효율적으로 수행하기 위하여 사무 일부를 다른 자치단체에게 위탁하여 처리할 수 있는데, 이를 '사무위탁'이라고 한다. 지방자치법 제151조 제1항도 규정하고 있듯이 위탁사무의 내용과 범위, 경비 부담 방법 등은 지방정부 간 협의를 통해 규약을 제정하는 방식으로 결정한다.

1995년부터 2015년까지 지방정부 간 사무위탁은 총 58건이 실시되었다. 상대적으로 활성화되지 못하고 있는 편으로, 상하수 처리(26건), 쓰레기처리(17건)의 분야에서 광역정부 간(18건)과 기초정부 간(30건)에 실시되었다. 2013년 홍성군과 당진시가 생활폐기물을 아산시에 위탁처리한 사례, 2014년에 무주군과 진안군이 광역처리 폐기물 시설을 공동 부담하여 설치한 사례가 있다.

사무위탁은 새로운 권리 주체를 필요로 하지 않고 법적 규율도 까다롭지 않으며 비용부담도 상대적으로 적은 편이다. 따라서 더욱 활성화될 가능성이 높다.

③ 행정협의회

행정협의회는 2개 이상의 지방자치단체에 관련된 사무의 일부를 공동으로 처리하기 위하여 구성된 것(지방자치법 제152조 제1항)으로 주로 광역계획과 집행, 공공시설의 공동설치, 행정정보의 교환, 행정·재정 업무의 조정을 그 대상으로 한다. 조합에 비하여 상대적으로 느슨한 협력방식으로 협의회 자체는 법인의 성격을 지니지 않는다. 협의회의 결정사항은 참여 단체장 명으로 시행된다.

2015년 12월 현재 총 99개의 행정협의회가 운영되고 있는데 권역별로는 52개(광역 12개, 기초 40개)이며 기능별로는 47개이다. 광역별 행정협의회는 2007년에 결성된 영남권시·도지사협의회(부산, 대구, 울산, 경북, 경남), 2012년에 결성된 충청소방학교운영 행정협의회(대전, 세종, 충북, 충남) 등 12개가 있고, 기초별 행정협의회는 2014년의 상생협력 정책협의회(강진, 장흥, 영암), 2015년의 환황해권 행정협의회(서산, 보령, 당진, 태안, 서천, 홍성) 등 40개가 활동하고 있다. 기능별 행정협의회로는 2013년에 출범한 성북구 등 26개 기초자치단체가 참여하는 전국 사회연대경제지방정부협의회 등을 들 수 있다.

행정협의회는 자체가 문제 해결 기관이라기보다는 지방정부 간 협력을 진행하기 위한 사전 포석을 하는 협의기관이라고 할 수 있다.

④ 조합

조합은 2개 이상의 지방자치단체가 하나 또는 둘 이상의 사무를 공동으로 처리할 필요가 있을 때, 규약을 정하고 각각 지방의회의 의결을 거쳐 설립된다. 이때 시・도는 행정안전부 장관, 시・군 및 자치구는 시・도지사의 승인을 받아 지방자치단체조합을 설립할 수 있다(지방자치법 제159조 제1항). 조합은 행정협의회와는 독립된 법인격과 자치권을 가진 행정 주체로 공법상의 법인인 지방자치단체가 구성원이 된다. 따라서 자신의 의사결정기관과 집행기관을 가지고 있다는 점에서 실질적인 사무처리에 유용하다. 하지만 조례제정권은 인정되지 않는다.

조합의 설립 운영 현황을 보면 2015년 12월 현재 총 6건이 운영되고 있다. 서울시, 인천시, 경기도가 구성한 수도권 교통본부가 2005년 2월부터, 16개 시・도가 참여하는 지역상생발전기금조합이 2010년에 설립되었다. 일부는 조합에서 다른 사업자로 전환되거나 해산되는 경우도 있다. 수도권매립지운영관리조합(1991년 11월)은 수도권 매립지공사(2000년 7월)로, 자치정보화조합(2003년 1월)은 한국지역정보개발원(2008년 2월)으로 전환되었다. 부산김해경량전철조합(2011년 12월)과 황해경제자유구역청(2014년 12월)은 해산되었다.

아직 지방정부 간 조합 활용이 적극적으로 이루어지지 않고 있는 편이다. 일본처럼 일부사무조합을 도입하는 등 다양한 조합의 구성을 모색할 필요가 있다.

⑤ 협의체

협의체는 지방자치단체 장이나 지방의회 의장이 상호 간의 교류와 협력을 증진하고, 공동의 문제를 협의하기 위하여 구성한다(지방자치법 제165조 제1항). 현재 단체장과 지방의회가 각각 계층별로 대한민국시・도지사 협의회, 전국 시・도의회의장 협의회, 전국 시장·군수·구청장 협의회, 전국 시·군·자치구의회의장 협의회 등 4대 협의체를 운영하고 있다. 또한 각 협의체는 필요에 따라 모두가 참여하는 연합체를 만들 수 있다(지방자치법 제165조 제2항).

이전에는 동일한 계층 단체장이나 의회 간 친목도모 수준이었으나, 지방분권이 논의되고 몇 가지 권한이 부여되면서 역할이 점점 강화되고 있다. 대표적인 것으로 협의체는 지방자치에 직접적인 영향을 미치는 법령 등에 관하여 주무장관을 거쳐 의견을 제시하며 정부는 그 결과를 통보를 해야 한다. 또한 국회에도 서면으로 의견을 제출할 수 있다. 이러한 권한의 활용도는 아직 낮은 편이지만, 일본의 사례처럼 지방분권개혁 논의 과정에서 주요한 역할을 수행할 것으로 예상된다.

참여 구성원의 범위를 둘러싸고 논란은 있지만 중앙과 지방의 대표자들이 지방 관련 정책을 논의하는 자리로 설계되는 중앙지방협력회의와 제2국무회의 등도 결국은 협의체를 기본 단위로 설정되고 있다. 지방분권 개혁이 본격화되는 지금부터 지방정부의 구심점으로서 왕성한 활동력이 기대된다.

2) 지방정부 간 분쟁조정

지방정부 간 발생하는 각종 분쟁을 조정하기 위해서 수준별로 분쟁조정위원회가 설치되고 있다. 1994년에는 기초정부와 기초정부 간의 분쟁을 조정하기 위해 '지방분쟁조정위원회'를, 2000년에는 중앙정부와 지방정부 간의 분쟁을 조정하기

표 7-17 분쟁조정제도

	운영 목적	관련 규정
지방자치단체 중앙분쟁조정위원회	시·도 간 또는 시·도를 달리하는 시·군·구 간 분쟁 및 시·도와 지방자치단체조합 간 분쟁, 매립지 등 신규토지의 귀속 지방자치단체 결정 등 심의·의결	지방자치법 제4조, 제148조 또는 제150조
지방자치단체 지방분쟁조정위원회	동일 광역자치단체 내 기초자치단체 간 분쟁 심의, 의결	지방자치법 제148조 또는 제150조
행정협의조정위원회	중앙행정기관의 장과 지방자치단체장이 사무를 처리함에 있어 의견을 달리하는 경우 협의, 조정	지방자치법 제168조

출처: 행정자치부(2016: 6).

위해 '행정협의조정위원회'를, 2000년에는 광역정부와 기초정부 간의 분쟁을 조정하기 위해 '중앙분쟁조정위원회'를 설치하였다.

① 행정협의조정위원회

행정협의조정위원회는 1999년 8월에 개정된 지방자치법에 따라 중앙정부-지방정부 간 이견 조정을 위한 협의조정기구로 설치되었다. 동 위원회는 위원장 1명을 포함하여 위원 13명 이내로 구성되는데, 국무총리가 위촉하는 4명이 포함된다. 구성과 운영에 필요한 사항은 대통령령으로 정한다(지방자치법 제168조).

당사자 양쪽이나 한쪽이 서면으로 위원회에 조정을 신청한다. 실무위원회는 9명의 실무위원으로 구성되는데 사전심의를 거친다. 이 사전심의 결과를 토대로 본위원회에서 협의 · 조정이 이루어진다. 조정이 결정되면 해당기관에 통보한다. 해당기관, 행정협위조정위원회는 조정/결정사항을 이행한다. 2015년 12월까지 행정협의조정위원회가 협의/조정한 사례들은 총 14건이었는데, 조정 7건, 각하 2건, 취하 5건이었다.

행정협의조정위원회가 조정한 사례들을 살펴보자. 첫째, 역명을 둘러싼 논쟁으로 각하된 사례이다. 경부고속철도 4-1공구 역명을 두고 아산시는 건설교통부에 조정을 신청하였다. 건설교통부는 역사 명칭을 충청남도에 의뢰하였는데 충청남도는 장재역이라는 의견을 제시했다. 결국 건설교통부는 천안아산역으로 역사 명칭을 결정하였다. 아산시는 아산지역의 여건을 반영한 역명으로 조정해 줄 것을 요구하는 행정협의조정을 신청하였다. 결국 고속철도사업은 전국 규모의 사업으로 자치사무가 아니므로 2003년 8월에 각하로 결정되었다. 둘째, 재건축협의로 불가처분이 취소된 조정 사례이다. 법무부는 노후화된 안양교도소의 안전문제를 해결하고자 재건축을 추진하였다. 안양시는 재건축 협의권자로 재건축 협의신청서를 제출했지만 협의불가를 통보받았다. 법무부는 노후화된 안양교도소의 재건축을 더 이상 미룰 수 없다면서 안양교도소 재건축협의 불가처분 취소를 주장하는 행정협의조정을 신청하였다(2011년 7월 18일). 법무부는 '안양교도소 재건축협의 불가처분 취소'를 취지로 신청한 행정협의조정신청을 인용하면서 법무부에게 주민편의시설을 적극적으로 제공하라고 권고하였다(2012년 1월 30일).

② 중앙분쟁조정위원회

광역정부 상호 간, 광역정부를 달리하는 기초정부 상호 간, 광역정부와 기초정부 상호 간 등 분쟁이 발생할 경우, 이를 심의 조정하여 주무장관이나 시 · 도지사가 조정하도록 하는 중앙분쟁조정위원회가 1994년에 도입되었다(지방자치법 제148조 제1항). 이전에도 분쟁조정제도(1988년)가 있었으나 그 당시 내무부 장관이 직접 조정하였다. 동 위원회는 사무처리와 관련된 갈등을 조정하거나 매립지 등의 신규토지 관할 지역을 결정한다. 위원회는 중앙행정기관 소속 공무원인 당연직 5명과 지방자치법(제149조 제5항)에 의거 대통령이 임명/위촉하는 위원을 포함하여 총 11명으로 구성된다.

위원회의 분쟁조정은 다음과 같은 절차로 진행된다. 먼저 분쟁조정은 당사자 양쪽이나 한쪽이 서면으로 행정안전부 장관에게 조정신청을 한다. 이후 중앙분쟁조정위원회는 당사자의 주장, 중앙행정기관의 의견 등을 듣고 협의한다. 필요하다면 심의에 앞서 안건을 전문적으로 검토하는 소위원회를 운영한다. 본위원회에서 조정 · 결정된 사항은 당사자들에게 통보된다. 해당 지방정부들은 통보받은 날로부터 30일 이내에 이행계획을 작성하고 보고하는데, 여기에는 필요예산 및 연도별 추진계획 등이 포함된다. 주무장관은 기간을 정하여 직무이행을 명령한다. 이행명령을 불이행할 때는 행정대집행을 준용할 수 있다. 당사자들은 이행명령에 이의가 있는 경우에는 이행명령서를 접수한 날로부터 15일 이내에 대법원에 소를 제기한다. 2015년 12월까지 중앙분쟁조정위원회가 협의/조정한 사례들은 총 15건이었는데 조정 8건, 기각 1건, 각하 2건, 취하 4건이었다. 분쟁 이외에 신규토지의 관할을 결정한 사례는 총 191건이다(2015년 12월 31일 기준).

조정된 분쟁사례들 중 대표적인 것은 지역상생발전기금의 법정출연금 납입을 둘러싼 13개 비수도권 광역정부와 서울시 간의 분쟁이다. 광역정부들은 지역상생발전을 하기 위해 2009년에 서울, 인천, 경기도의 출연금을 재원으로 지역상생발전기금을 설치하기로 합의하고 법령에 명시하였다. 2010년에서 2019년까지 매년 수도권의 지방소비세액 35%을 재원으로 출연하기로 하였다. 서울시가 출연금의 일부를 납부하지 않자 13개 비수도권 광역정부는 서울시가 2012년부터 미출연한 금액을 출연해야 한다면서 2014년 1월에 분쟁조정을 신청하였다. 위원회는 해당

금액에 대하여 추가경정예산에 반영, 납부하여 법령을 준수(지방자치단체 기금관리기본법 제17조 규정)하도록 하여 발전기금의 취지대로 운영되도록 권고하였다(2014년 6월 16일).

③ 지방분쟁조정위원회

기초정부 상호 간에 사무를 처리할 때 분쟁이 발생하는 경우 시·도지사가 조정하도록 하는 지방분쟁조정위원회가 중앙분쟁조정위원회와 함께 1994년에 도입되었다(지방자치법 제148조 제1항).

위원회는 조례가 정하는 지방정부 소속 공무원인 당연직 5명과 지방자치법(제149조 제5항)에 해당되어 시·도지사가 임명/위촉하는 위원을 포함하여 총 11명으로 구성된다. 구성과 운영에 필요한 사항은 광역정부의 조례로 정한다.

위원회의 분쟁조정은 다음과 같은 절차로 진행된다. 먼저 분쟁조정은 당사자 양쪽이나 한쪽이 서면으로 시·도지사에 조정 신청을 한다. 지방분쟁조정위원회에서 심의가 시작되는데 당사자의 주장, 중앙행정기관의 의견 등을 듣고 협의한다. 필요하다면 심의에 앞서 안건을 전문적으로 검토하는 소위원회를 운영한다. 본위원회에서 조정·결정된 사항은 당사자들에게 통보된다. 해당 지방정부들은 통보받은 날로부터 30일 이내에 이행계획을 작성하고 보고하는데, 필요예산 및 연도별 추진계획 등이 포함된다.

시·도지사가 기간을 정하여 직무이행을 명령한다. 이행명령을 불이행할 때는 행정대집행을 준용할 수 있다. 당사자들은 이행명령에 이의가 있는 경우에는 이행명령서를 접수한 날로부터 15일 이내에 대법원에 소를 제기한다. 2015년 12월 31일을 기준으로 지방분쟁조정위원회가 조정한 사례들은 총 9건이었는데 조정 5건, 기각 2건, 각하 1건, 취하 1건이었다. 예를 들면, 용인시와 성남시 간에 용인수지지구 위탁하수비 처리비 산정을 두고 갈등이 발생하였는 데 조정되었다(2008년 6월). 평창군과 강릉시가 평창군 대관령면 명칭을 두고 대립하다가 취하하였다(2007년 12월).

3. 지방정부와 주민의 상호 관계: 주민참여제도

1) 지방정부와 주민참여

우리나라의 지방자치는 기본적으로 대의민주주의제도로 운영된다. 주민들은 주민대표로 단체장과 지방의원을 각각 선출하고 이들 간의 경쟁과 상호 통제로 지역이 통치되는 것이다. 하지만 대의제가 반드시 주민의 의사를 정확하게 반영하는 것은 아니다. 공간적 시간적 제약과 통치의 효율성으로 대의제가 선택되었지만 사안별로 주민의사와 대표집단 간에는 견해의 불일치가 발생할 수 있다. 임기를 정해 정기적으로 선거를 치루는 것도 결국은 양자 간의 차이를 최소화하고 주민의사를 최대한 반영하기 위한 것이다.

대의제의 결점을 보완하고자 다양한 주민참여제도가 발전해 왔다. 주민참여는 주민들이 정책 과정에 대표자를 개입시키기 않고 직접 공동체의 의사 결정에 참여하여 의사를 투영시키는 제도이다. 규모와 공간의 제약이 상대적으론 낮은 지방수준에서는 활성화될 가능성이 높다. 스위스의 란츠게마인데(Landsgemeinde)가 직접민주주의를 실시하는 대표적인 사례이다. 주민참여를 통해 행정의 정책수용성도 높일 수 있다. 또한 소수세력의 목소리를 낼 수 있는 공식적 제도를 통해 주민들이 지방정부에 관심을 기울이고 더욱 적극적인 의견을 개진하는 등 참여가 촉진될 수 있다.

주민참여는 정책단계에 따라 다양한 참여 수준으로 나타날 수 있다. 아이디어를 제시하는 의제설정단계에서부터, 정책을 구체화하여 사업으로 전환시키는 정책형성단계, 사업을 집행하는 정책집행단계, 실시된 사업을 평가하는 정책평가의 단계까지 단계별로 다양한 참여를 이끌어 낼 수 있다. 이때 단계별로 참여는 일정한 정보를 제공하는 차원에서부터 여론을 파악하는 한정적인 협의, 주민견해를 반영하는 적극적인 협의, 행정과 주민이 동반하여 정책행위를 해나가는 것까지 다양한 양상이 나타날 수 있다.

표 7-18 정책단계별 주민참여

정책단계 \ 참여유형	정보제공	협 의	적극적 참여
의제설정	• 인터넷 민원실 • 인터넷 게시판	• 주민참여 예산제고 • 정책설문조사 • 사이버정책토론방 • 여론조사	• 주민감사청구제 • 주민제안제도 • 인터넷 주민참여 • 명예기자제 • 주민아이디어 모집
정책형성	• 주민설명회 • 결재문서 공개방 • 정책토론방 • 사이버 토론광장	• 주민참관확대간부회의 • 정책자문단(위원회) • 온라인 정책토론 • 각종위원회	• 공청회 • 인터넷 공청회 • 심의위원회 • 주민투표제도
정책집행	• 행정정보 공개 • 인터넷 법률상담실 • 시정운영상황공개 • 메일링문자서비스 • 부조리신고제 • 인터넷 의견 수렴 • 신문고제 • 직소민원창구 • 이동민원실	• 모니터제 • 1일명예공무원제 • 정책자문위원회 • 운영위원회	• 민간자원봉사자 (민간환경감시단) • 명예감시원제(명예직) (명예감독관제, 명예단속반)
정책평가	• 평가 결과 공개 • 감사 결과 공개 • 행정서비스 시민만족도조사 • 민원행정개선 설문조사 • 전화친절도평가	• 정책모니터링제도 • 사이버 모니터	• 정책평가단(위원회) • 시민감사관제 • 행정서비스 품질평가제 • 옴브즈맨 • 시민고충처리관제

출처: 강인성(2008: 226).

2) 주민참여의 주요 제도

우리나라도 지방자치 수준에서 주민참여제도를 마련해 왔다. 특히 직접민주주의 원리의 집합으로 평가되는 주민발의, 주민투표, 주민소환이 제도화되었다. 이외에도 주민소송, 주민감사청구, 참여예산제도 등이 도입되었다. 하지만 실효성을 향상시키는 것이 과제이며 활성화를 위해 각종 제도개선이 검토되고 있다. 여기서는 주민투표, 주민소환, 주민발의에 관해 살펴보도록 한다.

표 7-19 주민참여제도

구 분	주민투표	주민소환	주민조례 제정 · 개폐 청구	주민소송	주민감사 청구	참여예산 제도
법적 근거	– 지방자치법 제14조 – 주민투표법	– 지방자치법 제20조 – 주민소환법	– 지방자치법 제15조	– 지방자치법 제17조	– 지방자치법 제16조 – 대통령령	– 지방재정법
도입 연도	2004년	2007년	1999년	2005년	1999년	2010년 행정안전부에서 조례권장 유도
도입 취지	지방행정에 대한 견제 감독 및 의사 결정	선출직 지방공직자들에 대한 주민 통제	주민의사에 조응하는 조례의 개정 · 폐지	주민공동의 이익 보호	공익 침해의 저해 방지로 주민감사청구	주민이 직접 예산편성 과정에 참여

(1) 주민투표제도

단체장은 주민에게 과도한 부담을 주거나 중대한 영향을 미치는 지방자치단체의 주요 결정사항 등에 대하여 주민투표를 실시할 수 있다(지방자치법 제14조). 2004년 7월에 주민투표가 도입되었고, 2013년에 주민투표의 대상 · 발의자 · 발의요건, 투표절차 등을 담은 주민투표법이 정비되었다.

주민투표는 투표청구권자의 20분의 1에서 5분의 1의 범위 안에서 조례로 정하는 주민 수 이상이나 지방의회 재적 의원 과반수의 출석과 출석의원 3분의 2 이상 찬성으로 단체장에게 청구된다. 단체장이 발의할 때는 지방의회 재적 과반수의 출석과 출석 과반수의 동의를 얻어야 한다. 투표를 실시하여 투표권자 총수의 3분의 1 이상의 투표가 있어야 결과를 개봉할 수 있고, 이때 과반의 유효투표수를 획득하면 안건 시행에 필요한 조치가 취해진다.

제도가 도입된 이후 2017년 7월까지 총 8회의 주민투표가 실시되었고 실시되지 못한 투표가 2건이었다. 완주/전주와 청원/청주 등의 지역통합 문제, 방사성폐기물 처분시설 유치 선정, 서울시의 무상급식 지원범위 등이 주요 안건이었다.

표 7-20 주민투표 운영 현황(2017년 7월 31일 기준)

<table>
<tr><th>구 분</th><th>대표자
증명서
교부일</th><th>지 역</th><th>청구권자</th><th>투표일</th><th>주민투표명
(추진사유)</th><th>투표율
(%)</th><th colspan="2">투표 결과(%)
(진행상황)</th></tr>
<tr><td rowspan="12">투표
실시
(8건)</td><td>–</td><td>전북
완주군</td><td>안전
행정부
장관</td><td>'13.6.26</td><td>완주・전주통합</td><td>53.2
※사전
투표
20.11%</td><td colspan="2">통합 반대
(찬성 44.7,
반대 55.3)</td></tr>
<tr><td>–</td><td>경남
남해군</td><td>남해군수</td><td>'12.10.17</td><td>남해 화력발전소
유치동의서 제출</td><td>53.2</td><td colspan="2">유치 반대
(찬성 48.9,
반대 51.1)</td></tr>
<tr><td>–</td><td>(구)충북
청원군</td><td>행정
안전부
장관</td><td>'12.6.27</td><td>청원・청주 통합</td><td>36.8</td><td colspan="2">통합 찬성
(찬성 79.0,
반대 21.0)</td></tr>
<tr><td>'11.9.14</td><td>경북
영주시
평은면
※
실시지역
제한</td><td>영주시민
(1/9, 11%)</td><td>'11.12.7</td><td>영주시 면사무소
이전 관련
(평은면사무소
이전 지역 선정)</td><td>39.2</td><td colspan="2">평은리 일대 선정
(평은리 90.9,
오운리 8.2/유효표)</td></tr>
<tr><td>'11.2.8</td><td>서울시</td><td>서울시민
(1/20, 5%)</td><td>'11.8.24</td><td>서울시 무상급식
지원범위</td><td>25.7</td><td colspan="2">미개표
(투표권자 1/3 미만
투표)</td></tr>
<tr><td rowspan="4">–</td><td>전북
군산시</td><td rowspan="4">산업
자원부
장관</td><td rowspan="4">'05.11.2</td><td rowspan="4">중・저준위
방사성폐기물
처분시설 유치</td><td>70.2</td><td>(찬성 84.4,
반대 15.6)</td><td rowspan="4">경주시
선정</td></tr>
<tr><td>경북
포항시</td><td>47.7</td><td>(찬성 67.5,
반대 32.5)</td></tr>
<tr><td>경북
경주시</td><td>70.8</td><td>(찬성 89.5,
반대 10.5)
경주시
선정</td></tr>
<tr><td>경북
영덕군</td><td>80.2</td><td>(찬성 79.3,
반대 20.7)</td></tr>
<tr><td rowspan="2">–</td><td>(구)충북
청주시</td><td rowspan="2">행정
자치부
장관</td><td rowspan="2">'05.9.29</td><td rowspan="2">청주・청원 통합</td><td>35.5</td><td>(찬성 91.3,
반대 8.7)</td><td rowspan="2">통합
반대</td></tr>
<tr><td>(구)충북
청원군</td><td>42.2</td><td>(찬성 46.5,
반대 53.5)</td></tr>
<tr><td>–</td><td>제주도</td><td>행정
자치부
장관</td><td>'05.7.27</td><td>단일광역자치안</td><td>36.7</td><td colspan="2">단일광역자치안 채택
(찬성 57.0,
반대 43.0)</td></tr>
</table>

미투표 종결 (2건)	'15.10.1	경북 안동시	○○○ 외 69명	–	안동 임란문화공원 조성사업 반대	–	청구서 및 서명부 미제출로 각하('16.1.7)
	'14.12.31	경남	○○○ 외 3명	–	진주의료원 재개원 주민투표	–	청구요건 미달로 각하 ('15.10.16)

지역의 주민투표가 전국적인 조명을 받은 사례를 소개하면 먼저, 중저준위 방사성폐기물 처분시설 유치에 관한 주민투표이다. 정부는 방폐장 설치장소로 거론되던 부안 주민들의 대규모 반대시위에 직면하면서 유치를 희망하는 지역에 건설하는 방안을 제시하였다. 산업자원부 장관은 희망후보지 주민투표를 통해 가장 높게 찬성하는 지역에 건설하기로 하였고 군산, 포항, 경주, 영덕군이 유치를 희망하였다. 2005년 11월 2일 4개 지역에서 주민투표가 실시되었고, 89.5%의 찬성률을 기록한 경주시가 84.4%의 찬성을 보인 군산을 제치고 방사성폐기물 처분시설을 유치하였다. 다음으로, 서울시의 무상급식 지원 범위를 둘러싼 주민투표이다.

오세훈 시장은 소득 구분없이 초등학생과 중학생을 대상으로 무상급식을 전면적으로 실시할 것인가, 아니면 소득하위 50% 학생만을 대상으로 실시할 것인가를 두고 주민투표를 실시하였다. 2000년 중반부터 이어진 선택적 복지 대 포괄적 복지를 둘러싼 정치이념의 대결이 지역의 무상급식 문제로 등장한 것이다. 2011년 8월 24일 주민투표가 실시되었다. 하지만 투표율이 25.7%에 그쳐 결과를 알지 못한 채 논의가 종결되었다. 주민투표법에 투표율이 33.3%를 넘지 못하면 개표할 수 없었기 때문이다. 결국 오세훈 시장은 정치적 책임을 지고 사퇴하였다.

(2) 주민소환제도

주민소환제는 선출직 공무원이 임기 동안에 비리와 파행, 무능을 보이면 임기 종료 때까지 기다리지 않고 투표를 통해 해직시킬 수 있는 제도이다. 지방자치법 제20조는 주민에게 단체장 및 지방의회의원을 소환할 권리를 부여하고 있다. 선출직 등의 책임 및 윤리의식을 높이고 주민통제를 강화할 수 있는 의의가 있다. 2007년 7월부터 주민소환제가 도입되었고, 2012년 7월부터 소환의 투표청구권자 · 청구요건 · 절차 및 효력 등을 담은 주민소환법이 시행되고 있다.

주민소환 절차는 주민소환투표인 명부 작성에서 일정한 범위의 서명을 받아 투표를 청구하면서 시작된다. 시 · 도지사는 100분의 10 이상, 시장 · 군수 · 구청장은 100분의 15 이상, 지방의회 의원은 100분의 20 이상이다. 소환의 사유는 제한되지 않으면 특정 지역 중심으로 남용이 되지 않도록 지역균형요건이 부과된다. 주민소환은 투표권자 총수의 3분의 1 이상의 투표와 유효표 총수의 과반 이상의 찬성으로 확정된다. 해당 선출직 공무원은 결과가 공포되는 시점부터 지위를 상실한다. 투표 효력에 이의가 있을 때는 14일 이내에 관할 선거관리위원회에 소청을 제기할 수 있다.

주민소환제도가 도입된 이래 2017년 7월까지 주민소환투표가 실시된 경우는 총 8회이며, 소환대상자 중 실제 소환된 자는 하남시 화장장 건립 추진과 관련한 시의원 2명이었다(2007년 9월). 그 외 76건은 서명부 미제출, 자진철회, 소환사유해소 등으로 미투표 종결되었다.

표 7-21 주민소환제도 운영 현황(2017년 7월 31일 기준)

<table>
<tr><th>구 분</th><th>대표자
증명서
교부일</th><th>지 역</th><th>소환대상</th><th>투표일</th><th>추진사유</th><th>투표율
(%)</th><th>투표 결과</th></tr>
<tr><td rowspan="8">투표
실시
(8건)</td><td>'11.12.1</td><td>전남 구례</td><td>군수</td><td>'13.12.4</td><td>법정구속으로 인한
군정공백 유발</td><td>8.3</td><td>소환 무산</td></tr>
<tr><td>'12.6.26</td><td>강원 삼척</td><td>시장</td><td>'12.10.31</td><td>원자력발전소 건립 강행 등</td><td>25.9</td><td>소환 무산</td></tr>
<tr><td>'11.7.19</td><td>경기 과천</td><td>시장</td><td>'11.11.16</td><td>보금자리지구 지정 수용 등</td><td>17.8</td><td>소환 무산</td></tr>
<tr><td>'09.5.13</td><td>제주특별
자치도</td><td>도지사</td><td>'09.8.26</td><td>제주해군기지 건설관련
주민의견 수렴 부족 등</td><td>11</td><td>소환 무산</td></tr>
<tr><td rowspan="4">'07.9.21</td><td rowspan="4">경기 하남</td><td>시장</td><td rowspan="4">'07.12.12</td><td rowspan="4">화장장 건립 추진 관련
갈등</td><td>31.1</td><td>소환 무산</td></tr>
<tr><td>시의원</td><td>23.8</td><td>소환 무산</td></tr>
<tr><td>시의원</td><td>37.6</td><td>소환</td></tr>
<tr><td>시의원</td><td>37.6</td><td>소환</td></tr>
</table>

(3) 주민조례청구 제도(주민발의)

19세 이상 일정 주민의 연서(連署)로 해당 지방정부 단체장에게 조례를 제정하거나 개정하거나 폐지할 것을 청구할 수 있다(지방자치법 제15조). 청구절차는 19세 이상 주민 총수 중 시·도 및 50만 명 이상의 대도시는 100분의 1에서 70분의 1 범위, 시·군·자치구는 50분의 1에서 20분의 1 범위 내에서 조례가 정하는 주민 수 이상의 연서로서 단체장에게 조례의 제·개정을 요구하는 것이다. 단체장은 주민이 청구한 조례안을 그대로 지방의회에 부의하는데 의견은 첨부할 수 있다. 이것은 간접적인 방식으로 주민의 발의권을 보장하는 것으로 주민들이 조례의 제·개정에 직접 참여하는 주민발안과는 차이가 있다.

1999년 지방자치법이 개정되면서 도입되었고, 2016년까지 총 223건이 청구되었다. 연평균 13건, 자치단체별로 0.9건에 그쳤다. 2015년 2월 기준으로 109건이 원안의결/수정의결 등 가결되었고, 27건이 부결되었으며, 71건이 각하/철회/폐기되었고, 6건이 진행 중이다. 주요 청구 안건으로 학교급식/보육/학자금 지원(144건)이 가장 많았고, 주거 및 매립장의 생활환경(28건), 도시계획관련(23건) 등이었다.

지금까지는 상당수의 주민서명 확보가 제도 활성화에 난관으로 작용하였다. 따라서 2018년부터는 '스마트 주민조례개폐청구시스템'을 개발하여 온라인으로 쉽게 서명하는 방안을 마련하였다. 향후 주민들이 더욱 적극적으로 조례를 만들고 개정, 폐지하는 흐름이 정착될 수 있을지 귀추가 주목된다.

생각할 문제

· 지방정부의 역할 및 규모

1. 지방분권의 등장 배경을 생각해 보시오.
2. 우리나라 지방정부의 규모를 살펴보고 상호 비교를 통해 어떠한 특징이 있는지를 분석해 보시오.
3. 지방분권을 추진하기 위해서는 지방정부 규모가 어떻게 변경되는 것이 바람직한지를 토론해 보시오.

· 지방정부의 통치제도

1. 지방자치와 관련된 법적 체계는 어떻게 구성되어 있고 특징은 무엇인가?
2. 지방자치의 법적 체계에 대한 개선 논의는 어떻게 상황인지를 조사해 보시오.
3. 지방정부의 조직에는 어떠한 것이 있고, 우리나라의 특징과 문제점은 무엇인가?
4. 지방선거에서 주민대표는 어떻게 선출되고 있으며, 그들의 역할은 무엇인가를 토론해 보시오.
5. 우리나라 지방선거의 특징을 다른 국가와 비교하여 조사해 보시오.
6. 지역에서 단체장의 권한은 무엇이며 어떠한 역할을 수행하고 있는가?

• **지방정부 내 · 외의 관계와 상호작용**

1. 중앙정부와 지방정부 간 관계를 분석하는 관점에는 무엇이 있는지 조사해 보시오.
2. 우리나라 중앙 지방 관계의 특징은 무엇이며, 이를 개선하고자 어떠한 논의가 이루어지고 있는지 살펴보시오.
3. 지방자치단체에 대한 중앙정부 통제의 범위와 한계는 어느 정도가 바람직한지, 해외 비교를 통해 생각해 보시오.
4. 행정수요에 대응하기 위해 지방정부 간 협력은 어떻게 이루어지고 있는지 그 유형을 조사해 보시오.
5. 우리나라의 지방정부 간 협력 제도의 사례를 조사하여 그 의미를 분석해 보시오.
6. 지방정부 간 분쟁이 발생했을 때 해결하는 방안은 무엇이 있는가?
7. 주민참여제도를 도입하는 이유는 무엇이며, 우리나라에서 활성화시킬 수 있는 방안에 대해 생각해 보시오.

Chapter

08

한국 정부와 참여자

Chapter

08 한국 정부와 참여자

제1절 한국 정부와 시민

대의민주제 하에서 정부는 시민의 대표로서 시민의 이익을 위해 성실하게 봉사해야 한다. 그러나 일반적으로 정부는 시민의 이익에 냉담하다. 유권자는 "투표일에만 자유롭다"라는 루소(Jean-Jacque Rousseau)의 경구처럼, 유권자에 의해 선출된 대의제 정부는 일단 구성된 이후에는 시민의 의사와 괴리되어 스스로의 권력 유지 차원에서 운영되는 경향이 있다.

더욱이 사회 문제의 복잡성이 증대하면서 시민의 직접 대표인 입법부가 갖는 정책결정권이 전문가 집단인 집행부에게 이양되는 이른바 대의민주제의 위기 현상이 심화되어 가고 있다. 게다가 집행부를 구성하는 관료들의 지위가 시민의 지지 여부가 아니라 임명권자의 신임 여부에 따라 좌우되기 때문에, 정부가 시민의 이익에 충실하게 대응할 가능성은 더욱 낮아졌다.

그러나 시민의 이익을 위해 시민의 요구나 선호에 충실히 대응하지 않는 정부는 존재의 정당성을 갖지 못한다. 그것은 정부가 시민사회나 시장의 요구에 대한 대응성이 낮을 경우, 정부의 효능성과 정통성에 심각한 문제가 야기되기 때문이다. 바꾸어 말하면, 거버넌스의 구성 요소이자 한국 정부의 핵심적 참여자인 시민의 요구나 역할의 중요성은 민주화가 가속화되면서 과거와는 다른 양상을 보이며 강화되고 있다. 여기서는 거버넌스 시각에서 정부의 주요 참여자인 시민의 역할 영역으로 시민 참여에 대해 살펴보고자 한다.

1. 정부와 시민 참여

1) 참여의 특성

1990년대를 맞이하면서 전 세계는 정부의 실패에 대한 반성과 함께 정부의 독점적 통치에 대한 비판이 고조되기 시작했다. 이에 따라 공공 문제 해결을 위한 정책 결정에서 상향적 또는 수평적 결정 방식으로서의 거버넌스에 대한 논의가 확산되고 있다. 다시 말해, 거버넌스가 확산된다는 의미는 종래 정부 중심으로 이루어지던 정책결정 과정에 시장과 시민사회의 정책 참여가 확대되는 현상을 의미한다.

물론 참여에 따른 부작용이 없는 것은 아니다. 예컨대, 참여에 대한 관료의 저항으로 인한 행정의 효율성 저하, 과도한 시민 참여에 따른 행정의 안정성 침해, 무책임한 시민 참여에 따른 정책 파행의 우려 등이 그것이다. 그러나 전반적으로 볼 때 한국 정부의 경우에는 참여의 과잉에 따른 부작용을 걱정하기에는 오히려 참여가 미흡한 것이 현실이다. 우리의 경우 시민으로부터의 투입이 과소한 상황에서, 정부의 독자적 판단에만 의존하는 정책결정이 시민의 이익에 부합하기는 어렵다.

그러면 어떠한 참여가 강조되어야 하는가? 일반적으로 참여는 일반 시민에 의한 공직자 선출 행위와 정책에 대한 영향력 행사로 이루어진다(Verba, Nie, & Kim, 1972: 2). 이때 전자는 주로 선거 참여를 후자는 선거 이외의 직접 참여와 관련이 있다. 이 두 가지의 참여 양태 중 정부의 변화를 추구한다는 측면과 관련하여 특히 주목할 것은 후자이다. 그것은 이미 언급한 대로 원천적으로 선거 기제만으로 정부의 책임성을 확보하는 데는 한계가 있을 뿐 아니라, 정책 과정에의 참여가 정부의 반응을 좀 더 직접적으로 유도할 수 있기 때문이다.

2) 정책과 시민 참여

시민들이 정책 과정에 참여하는 방법은 다양하다. 이에 따라 학자마다 다양한 기준으로 참여 유형을 제시하고 있다.[1] 시민들의 정책 과정 참여를 통해 정부의 반응성이 얼마나 담보되는가는 기본적으로 정부와 시민 간의 상대적 영향력에 의해 결정되므로 영향력을 기준으로 한 유형화가 더욱 유용할 수 있다.[2] 이런 측면에서 시민 참여 과정에서 정부와 시민 간의 영향력 관계 내지는 결정권의 위치를 기준으로, 시민 참여를 다음과 같이 세 가지로 유형화해 볼 수 있다.

첫째, 반응적(reactive) 참여이다. 이는 정부가 주도권을 갖는 참여 제도이다. 시

---

1) 예컨대, 짐머맨(Zimmerman, 1986: 7)은 시민의 능동성을 기준으로 하여 능동적 참여와 수동적 참여로 분류했으며, 랭턴(Langton, 1978: 21)의 시민 주도형 참여와 정부 주도형 참여의 구분도 이와 유사한 유형화라 할 수 있다. 이런 측면에서 능동적 또는 시민 주도형 참여의 예로는 주민총회(town meeting), 공청회(public hearing), 자문위원회, 협의회, 직접민주제(시민발의, 시민투표, 시민소환), 자원봉사 등이 있으며, 수동적 또는 정부 주도형 참여의 예로는 정보 공개와 서베이가 포함된다. 또한 ACIR(1979: 2)은 참여자의 규모와 정보 흐름의 방향이라는 두 가지 기준을 조합하여 개인적 참여(투표, 고객, 제언, 로비, 청원, 선거운동, 데모 등), 조직적 참여(시민단체, 이익집단, 시민위원회), 개인정보 수집(청문회, 집담회, 정부 기록 열람, 정부문서 수집, 관찰, 서베이), 정보 전파(정보 공개, 회의 공개, 간담회, 출판, 언론, 전시, 우편, 광고, 통신, 구전 등) 등 네 유형으로 분류했다.

한편 런드(Lunde, 1996)는 시민의 참여와 재량권 정도를 기준으로 하여 정보 제공(information), 협의(consultation), 공사 협동(partnership), 위임(delegation), 통제(control) 등 5단계로 나누고 있다. 정보 제공은 정부가 시민에게 서비스에 대한 정보를 제공하여 서비스의 투명성과 비교성을 높이기 위한 것이다. 협의는 시민의 의사를 정부 과정에 투입하도록 보장하지만 결정은 어디까지나 정부가 하는 것이다(예: 공청회, 자문위원회). 공사 협동은 공공정책 결정에 시민이 참여하여 실질적인 영향력을 행사한다는 점에서 형식적·상징적 참여와 다르다(예: 거부권, 집행위원회). 위임은 정부에 의해 주어진 범위 내에서 시민이 서비스에 대한 결정권을 행사하므로 좀 더 실질적인 참여를 보장한다(예: 시민자치위원회). 통제는 시민이 모든 결정권을 행사한다. 이에 반해 샤프(Sharp, 1990: 72)는 특별한 기준 없이 정부 개방(공청회, 회의 공개), 정보 수집(서베이, 고충처리), 지역수권(neighborhood empowerment), 공생산(coproduction) 등으로 나누어 직접 참여를 논의하고 있다. 이와 유사하게 브라운(Brown, 1974)은 전문가위원회(자문위원회 등), 위원회 및 회의 참석 발언, 지역수권 및 이익단체로 유형화하고 있다.

2) 이런 측면에서 본다면 런드(T. K. Lunde)의 유형화가 가장 근접한 것으로 볼 수 있으나, 다만 런드의 유형화는 참여에서 시민이 갖는 영향력에 초점을 맞추는 대신, 정부와의 상호 관계에서 시민의 영향력을 직접적으로 드러내는 데는 일정한 한계가 있다.

민은 참여하지만 제도적 절차에 따라 소극적으로 반응하는 데 그칠 뿐 참여의 결과에 대해 유의미한 영향력을 갖지 못한다. 따라서 참여의 결과는 정부의 반응 내용에 따라 결정된다. 이 유형에 포함될 수 있는 참여 제도로는 민원실, 고충 처리, 정보 공개, 서베이 등이 포함된다.

둘째, 교호적(interactive) 참여이다. 이는 정부와 시민 간의 대등한 상호작용이 이루어지는 참여 제도로서 공청회, 간담회, 자문위원회, 공사협동 등이 포함된다.

셋째, 통제적(controlling) 참여이다. 이는 시민이 상당한 주도권을 소유하는 참여 제도로서, 민주정치의 이상에 가장 가까운 형태라는 데 의미가 있다. 이 유형에는 심의위원회, 지역수권, 직접민주제(주민발의, 주민소환, 주민투표), 숙의민주주의(deliberative democracy) 등이 포함된다.

2. 한국 정부와 시민 참여

1) 한국 시민 참여의 제도화 실태

시민 참여를 위해서는 기본적으로 참여 촉진을 위한 제도화가 진전되어야 한다. 여기서는 주민투표, 주민발의, 주민소환으로 대표되는 직접민주제와 숙의민주주의 및 1970년대 이후 부각되고 있는 지역수권과 정보화 기반의 참여를 중심으로 시민 참여의 제도화 실태를 논의하고자 한다.

(1) 직접민주제: 주민투표, 주민발의, 주민소환

직접민주제 방식의 참여에는 주민투표, 주민발의, 주민소환 등이 대표적 제도로 거론되고 있다. 주민발의는 일정 수 이상의 유권자의 서명에 의거 법령의 제정이나 개폐를 주민이 직접 청구하는 제도이다. 이에는 주민의 발의가 있으면 주민투표에 회부해야 하는 직접적 주민발의(direct initiative)와 발의 사항을 입법기관에 회부하여 의회 스스로 안을 채택하는 경우에는 주민투표를 시행하지 않는 간접적 주민발의(indirect initiative)로 나뉘어진다(손재식, 1996).

이에 대해 주민투표는 국가 또는 지방의 중요한 공공 문제에 대해 주민이 직접

투표로써 최종적인 결정을 내리는 제도이다. 이것은 다시 법률에 규정되어 있는 강제적 · 의무적 주민투표(compulsory or obligatory referendum)와 정부 또는 주민발의에 의한 임의적 투표로 나뉘어진다. 후자에는 의회가 발의하는 임의적 또는 자문적 주민투표(optional or advisory referendum) 및 의회가 가결한 법률 · 조례의 효력을 주민발의에 의해 다루는 항의적 또는 청원적 주민투표(protest or petition referendum)가 있다(Butler & Ranney, 1978: 23). 끝으로 주민소환은 선거에 의해 공직에 취임한 자에 대한 해직을 청구하거나 의회의 해산을 청구하는 제도이다.

이 제도들은 정부의 정책 과정에 대해 주민의 직접 통제를 확대하기 위한 제도로서 지방의 중요한 문제에 대해 직접적으로 주민의 의사를 물을 수 있다는 장점이 있다. 이 밖에도 정부 내부의 갈등 등의 이유로 인해 외부의 판단이 필요할 때 적용이 가능한 제도이다. 이는 민주주의의 이념에도 부합하는 유용한 제도로서 선진 외국의 경우 상당한 수준으로 보급되어 있다.

예컨대 미국의 경우 주민투표는 정부의 약 90%, 주민발의는 약 50%, 주민소환은 약 59%가 채택률을 보이고 있다(ICMA, 1993). 한국은 이들 제도를 오랫동안 도입하지 않았으나 2004년에 주민투표제, 2005년에 조례제정청구제(조례에 대한 주민발의제), 그리고 2007년에 주민소환제를 법제화하여 도입하였다. 이에 더해 2005년에 주민이 공적 문제에 대해 소송 주체가 될 수 있게 하는 주민소송제를 채택하여 직접민주제도를 상당히 보완하였다.

(2) 숙의민주주의

모든 시민이 평등한 자격으로 참여해서 공공 문제를 토론하여 결정했던 고대 아테네의 민주정치는 오늘날까지도 민주정치의 이상적인 형태이다. 그러나 방대한 영토와 인구를 갖는 현대 국가에서는 이러한 정치 체제가 그대로 적용되기는 불가능하며 불가피한 차선의 정치 체제로서 대의민주제가 보편화되어 있다. 문제는 이러한 대의제 하에서의 정책결정이 사실상 공직자에 의해 임의적으로 좌우되며 시민은 공직자를 선출하는 것 외에는 정책 과정에 유의미한 영향을 미치지 못하기 때문에, 시민에 대한 정부의 책임성이 충분히 확보되지 못하는 이른바 대의제의 실패가 발생하게 되는 것이다(임혁백, 2000).

오늘날 직접 참여의 중요성을 강조하는 참여민주주의는 바로 이러한 문제점을 시정하기 위한 논의로서 의의가 있다. 그러나 현대의 참여민주주의 역시 약점이 있다. 참여민주제의 실현을 위해서는 참여의 주체인 시민들의 적극적인 시민 의식이 요구되는데, 과연 그러한 수준에 도달해 있느냐 하는 것이다. 이 같은 딜레마적 상황에서 최근 대의민주제와 직접민주제를 결합하려는 시도로서 제기되고 있는 숙의(또는 심의)민주제(deliberative democracy)에 대해 주목할 필요가 있다. 숙의민주제는 시민이 공공 문제에 대해 피상적인 관심과 지식만을 소유하고 있더라도 이들 간의 참여와 심도 깊은 토의를 통해 개명된 결정에 이를 수 있다고 보는 것이다(Fishkin, 1995).[3]

숙의민주제는 공청회 등 다른 참여 방식에 비해 시민 참여를 좀 더 안정적으로 일상화할 수 있고, 제도의 운영에 소요되는 비용도 절감할 수 있다는 장점이 있다. 이러한 제도 역시 외국의 경우 다양하게 시행되고 있다. 예컨대, 스위스의 캔턴(canton), 미국 북동부 타운의 주민총회(town meeting), 영국 패리시(parish)의 주민회의, 스코틀랜드의 주민위원회(Boaden et al., 1982: 36), 일본의 정내회(町內會) 등을 들 수 있다.

우리나라의 경우 문재인 정부 시절 대통령이 원전 폐기라는 공약 이행을 위하여 건설중인 신고리 5 · 6호기 원자력 발전소 공사 중단 여부 및 향후 정부의 에너지 정책에 대한 국민들의 심도 있는 의견을 수렴하기 위해 '신고리 5 · 6호기 공론화 위원회'를 구성하고 국민들을 대상으로 숙의민주주의 형식의 공론화 과정을 경험한 바 있다. 2017년 10월에 실시된 숙의민주주의 형태의 공론조사는 원전에 대한 전문적인 지식이 없는 일반국민 500명을 무작위로 추출하여 시민참여단을 구성하여 시민참여단을 대상으로 2박 3일 간의 합숙을 통하여 원전에 대한 지식 교육을

3) 이러한 논의는 기본적으로 고대 아테네의 직접민주제를 현대에 접목시키고자 하는 노력의 일환이다. 고대 아테네의 직접민주주의는 참여와 토론을 중요 요소로 포함한다. 그런데 현대의 대의제는 선출된 공직자에 의해 공공 문제에 대한 토론이 이루어진다는 장점에도 불구하고 참여의 제약이라는 측면에서 문제가 있다. 반면 직접민주제는 대중의 참여라는 점에서는 성공적일 수 있으나 공간과 인구 규모의 제약으로 인해 토론이라는 측면에서는 한계가 있다. 이러한 문제에 직면하여 숙의민주제는 소수의 시민들이 함께 참여하여 공공 문제에 대해 토론하고 결정하게 함으로써 고대 아테네의 민주주의 이상을 살리려고 하는 것이다.

받고 토론회 등을 통해 이슈에 대해 충분히 토론하고 숙고하여 자신의 입장을 제시함으로써 공론조사가 이루어졌다.[4)]

2) 한국 시민 참여의 문제

우리나라의 시민 참여가 안고 있는 문제점들 가운데, 특히 참여의 제도화를 위한 정부의 정책적 노력 부족은 시민 참여의 질적 측면을 고양하는 데 상당한 장애가 되고 있다. 이런 측면에서 참여의 유형에서 살펴본 반응적 참여나 교호적 참여의 경우는 정책 초점에 유의하면서 운영적 측면의 문제점들을 개선해 나간다면 참여의 효과성을 높이는 데 큰 문제는 없을 것으로 보인다.

다만 우리의 경우 참여의 유형 가운데 통제적 참여 방식은 민주제의 이상에 가장 근접하면서도 정부의 책임성을 확보하는 데 가장 유용하고, 시민에 대한 교육효과가 탁월한 방식임에도 불구하고 제도화가 가장 부진하다는 데 문제가 있다. 이에 대한 원인으로는 여러 가지가 있을 수 있겠으나 무엇보다도 권력의 이양에 대한 정부의 소극적 태도 때문이다.[5)] 따라서 한국의 시민 참여가 안고 있는 문제점과 특성을 구체적인 실태 측면에서 살펴보면 다음과 같다.

첫째, 공익적 영역에서 시민 참여가 다양하게 이루어지지 못하고 있다. 선거 참여 등과 같은 공적 참여의 영역에 비해, 공익을 위한 영역에 시민들의 참여 수준이 저조하다. 그렇다면 우리에게 참여가 다양하지 못하고 미흡한 이유는 무엇 때문일까? 이러한 원인으로는 참여 의식의 부족과 참여 제도의 다양성 부재가 모두 포함된다. 다만 이를 전제로 하면서도 우리의 관심은 어느 것이 더 중요한 요인인가 하는 데 모아진다. 이에 대해 일반적으로 우리에게는 참여 의식보다는 참여 제도의 다양성 부재가 더 큰 요인으로 지목되고 있다(박동서 · 김광웅, 1987: 107). 다시 말해, 공적 영역의 경우는 정부에 의해 이미 마련된 제도를 통하므로 참여가 용이하지만, 공익적 영역의 경우는 아직 제대로 된 제도조차 마련되지 않았기 때문에

4) 실제로 이 조사에서 시민참여단은 신고리 5 · 6호기 원전 건설이 재개되어야 한다는 의견이 59.5%, 건설이 중단되어야 한다는 의견이 40.5%로 건설 재개 의견이 다수를 차지하였으며, 이에 대한 결과를 정부가 받아들여 신고리 5 · 6호기 건설이 재개되었다.
5) 다른 방식들에 대해서는 이승종(1995)을 참조할 것.

이를 해결하는 것이 시급하다. 장기간에 걸쳐 참여 제도가 확충되어 온 선진국에 비해 참여의 역사가 일천한 우리나라에서는 참여 제도의 도입이 미흡하거나 기존의 제도마저 형식적으로 운영되고 있는 경우가 많다(이승종, 1995).

둘째, 시민 참여를 둘러싼 내용의 건전성 문제이다. 공공 문제에 대한 관심과 참여 의식이 높지 않으며 사적 이기주의가 팽배해 있는 것을 들 수 있는데, 특히 책임 의식과 권리 의식의 불균형은 큰 문제로 부각되고 있다. 참여 의식의 불건전성은 지방자치 실시 이후 더욱 현실적으로 나타나고 있다. 지방분권화에 따라 정치적 효능감이 증대되면서 시민 참여가 신장되기는 했으나 공익보다는 사익을, 전국적 이해보다는 지역적 이익 추구를 위한 참여가 우세하게 나타나고 있다.

이러한 상황은 개선되어야 한다. 그것은 1차적으로 참여 제도의 확충을 통해, 2차적으로는 참여 의식의 제고를 통해 참여가 적정화되도록 정책적 노력을 기울여야 한다. 이 가운데 특히 정부의 책임성 강화를 위한 노력이 대단히 중요하다. 그 이유는 참여의 활성화를 위한 정부의 정책적 노력이 취약한 상황에서는 참여가 실질적으로 신장되기 어렵고, 정부의 책임성이 담보되기 어렵기 때문이다.

물론 시민 참여가 없이도 정부가 높은 책임성에 기초하여, 공평하게 자원을 배분하는 정책을 구사하면 굳이 시민 참여가 필요하지 않을 수도 있다. 그러나 우리의 경험을 보면 외적 압력이 없는 상황에서 정치적 책임성은 어디까지나 수사에 지나지 않았다.

3. 한국 시민 참여의 성공 요건과 한계

1) 한국 시민 참여의 성공 요건

한국 정부의 질적 변화를 위해 시민 참여의 질적 제고가 시급히 이루어져야 한다. 그러나 시민 참여가 실질적으로 정부를 변화시키는 효과를 가져오기 위해서는 시민과 정부의 참여 의지와 역량의 강화, 참여 제도의 다양화와 같은 요건들의 구비가 전제되어야 한다.

(1) 시민의 참여 의지와 역량 강화

참여를 통한 정부의 질적 변화를 강조한다고 해서 참여의 확장만이 바람직한 것은 아니다. 시민 참여가 바람직한 성과를 거두기 위해서는 시민이 참여 의지와 참여 역량을 동시에 소유해야 한다. 다시 말해, 정부 과정에 대해 상당한 이해를 갖고(informed citizen), 적극적으로 참여할 것이 동시에 요구된다(engaged citizen). 이때 전자가 결여되면 무책임한 참여나 선동적 참여에 의해 행정전문성이 지나치게 저해받아 오히려 시민의 이익을 저하시킬 우려가 있다. 반면에 후자가 결여되면 시민 참여의 공백 속에서 행정의 독주가 지속되고 시민의 잠재적 불만이 커져 결국 시민의 이익을 저하시킨다.

이와 같은 의지와 역량 강화 요구에 대한 일차적 책임은 물론 시민 자신에게 있다. 그러나 정부도 이러한 책임에서 예외일 수는 없다. 정부는 시민의 공복(公僕)이기 때문이다. 정부 역시 시정에 대한 정보 제공을 통해 시민의 행정에 대한 이해를 제고해야 하며, 적절한 참여를 제도화해 시민의 참여 성향을 제고해야 한다.[6]

(2) 공직자의 인식과 역량 강화

참여가 소기의 성과를 가져오려면 기본적으로 참여에 대한 공직자의 수용도가 제고되어야 하며, 이를 위해 정부는 다각적인 노력을 기울여야 한다. 이를 위한 방법으로는 공직자에 대한 교육과 같은 전통적인 방법 외에 시민단체와의 교호작용 확대, 공사 협동의 확대 등 전향적인 방식이 도입되어야 한다.

예컨대, 이웃과 어울려 시정에 관한 토론에 참여하면서 공직자는 적극적으로 시민의 이익에 대해 고민하고 공감할 기회를 갖게 될 것이다. 이와 함께 그들의 업무와 관련하여 제기되는 시민의 의사에 대해 좀 더 적극적으로 대응하게 될 것이다. 이를 위해서는 공직자의 이중적 지위 중 어느 일방만을 강조하기보다는 업무와 직접적 관련이 없는 한 시민적 지위로 헌신하는 것을 인정하는 공직 분위기의 조성이 요청된다.

---

6) 후자는 참여에 따른 교육 효과를 전제로 한 것이다. 참여에 따른 참여교육 효과에 대해서는 이승종(1999)을 참조할 것.

인식의 개선과 병행하여 요구되는 것은 공직자의 전문성 강화이다. 객관적으로 인정될 수 있는 전문적 식견에 기초한 행정에 대해서는 외부 통제의 필요성이 그만큼 감소된다(Aitken, 1996). 이에 따라 외부 통제 장치로서 시민 참여의 필요성 역시 감소될 것이다. 물론 시민의 이익 확보가 행정 전문성과 민주적 통제 간의 적절한 조화와 균형을 통해 달성될 수 있다는 관점에서 볼 때 행정 전문성의 고양 여부와 무관하게 일정한 수준의 참여는 불가결하다.

(3) 제도적 다양성의 확보

참여에는 대상이 있는 것이므로 경우에 따라 반응적 또는 교호적 참여 방식이 더 유효하게 정부를 변화시킬 수도 있다. 그러므로 참여 개혁을 위한 다양한 제도를 적용할 때, 소수의 방식만이 아니라 다양한 방식을 적용하는 것이 바람직할 것이다. 아울러 이러한 고려는 제도의 이용자인 시민의 참여가 시민의 사회경제적 배경에 따라 다양하게 이루어질 수 있다는 점에서도 중요하다.

(4) 지역사회에 대한 관심 제고

시민 참여와 관련하여 지역사회의 잠재성에 주목할 필요가 있다. 시민 참여는 중앙 차원보다는 지역사회 차원에서 더 가능하고 효과적이다. 이는 기본적으로 규모가 작고 지역사회에서 시민의 참여가 필요한 자원의 크기가 작고 정부와의 거리가 가깝기 때문에 그러하다. 지역사회에서 참여의 기회가 높다면 참여를 통한 시민교육의 가능성도 높다는 의미가 된다. 특히 지역사회는 이해관계자의 범위가 좁고 균질적이어서 시민과 정부 간 협력이 더욱 용이할 것이기 때문이다.

2) 한국 시민 참여의 한계와 가능성

시민 참여는 정부 스스로의 개혁 노력만으로는 찾을 수 없는 장점을 지닌 바람직한 대안이다(Lunde, 1996: 71). 그러나 실제로 시민의 참여를 통한 정부의 변화가 용이한 것만은 아니다. 그것은 참여의 대상인 정부(또는 공직자)와 참여의 주체인 시민 간에 참여에 대한 인식이 근본적으로 다르기 때문이다.

시민의 관점에서 시민 참여는 시민교육의 효과를 제외할 때, ① 공공 서비스의 소비자로서 권익 보호 수단, ② 협의권(right to consultation) 확보를 통한 의견 반영 수단, ③ 서비스 결정권 보유를 통한 영향력 행사 수단으로서 인식된다. 즉, 방어적 수단, 여론 반영 수단, 결정권 참여 수단으로서 인식되는 것이다.

이와 달리 시민의 참여에 대한 공직자의 관점은 ① 적응적 흡수(cooptation)를 통한 정책의 정당성 확보 수단, ② 시민의 협조 확보를 통한 서비스의 효율성 제고 수단으로서 인식될 뿐, 결정권의 공유 내지는 이양에까지 이르지는 않고 있다(Boaden et al., 1982: 167-171). 다시 말해, 정부는 일반적으로 시민을 주체적인 시민(citizen)으로 보기보다는 기껏해야 고객(client, customer) 정도로 간주하고 있다.

요컨대, 정부와 시민 간에 시민 참여에 대한 인식 차이가 큰 만큼 참여가 실질화되기 어려울 뿐 아니라, 참여 과정에서 참여 주체와 대상 간의 인식 차이로 인해 갈등이 증폭될 개연성마저 우려된다. 더욱이 참여의 제도화 수준에 대한 결정권을 정부가 갖고 있기 때문에, 결정권의 이양 폭이 특히 큰 통제적 참여의 제도화는 쉽게 이루어지지 않는 것이 현실이다. 어렵게 참여의 제도화가 이루어진다고 해도 정부와 참여자 간의 인식에서 근본적 괴리가 있는 한 시민 참여를 통한 정부의 질적 변화를 담보하기는 여전히 어렵다.

이 같은 상황을 개선하기 위해서는 일차적으로 참여에 대한 한국 정부의 인식 개선이 필요하다. 그렇지만 그 가능성에 대해서는 부정적 관점과 긍정적 관점이 혼재한다.

부정적 관점은 조직이 변화에 저항한다는 점을 강조한다. 이 관점에 따르면 공직자의 저항으로 인해 참여 자체가 이루어지기 어려울 뿐만 아니라, 참여가 이루어지더라도 그에 따라 시정이 개혁될 가능성이 높지 않기 때문이다. 이유들을 살펴보면 ① 참여 활동은 기본적으로 제도화된 통로를 통해 이루어지는데, 참여의 제도화를 책임지는 정부가 높은 단계의 참여를 가능하게 하는 참여의 제도화를 시도하지 않을 것이라는 점, ② 시민은 행정에 대한 전문성이 미흡하기 때문에, 참여를 하더라도 결국 형식적 참여가 되거나 적응적 흡수가 될 가능성이 크다는 점, ③ 정부는 근본적인 정책 변화를 초래하는 시민의 요구에 기본적으로 반응하지 않을 것이라는 점 등에 근거한다.

이에 반해 긍정적 관점은 기본적으로 조직은 환경 변화에 적응한다는 것을 강조한다. 이 관점에 따르면 변화에 대한 공직자의 저항이 없지는 않으나, 외부 환경의 변화에 따른 공직자의 긍정적 대응 능력이 무시되어서는 안 된다는 것이다. 따라서 지속적인 참여의 확산 과정에서 참여에 대한 공직자의 인식 역시 긍정적으로 변화될 것으로 예상한다. 이러한 변화는 환경 변화에 대한 정부의 기본적인 저항 성향에도 불구하고 ① 조직은 정태적이지 않고, 환경 변화에 동태적으로 적응하고 학습할 수 있는 능력을 가지며(Rhodes, 1992: 24), ② 정부 역시 외부 환경 변화에 능동적으로 적응하여 변화하는 능력을 가지고 있기 때문에 가능하다(Lunde, 1996).

제2절 한국 정부와 시민조직

시민의 정치 과정 참여는 개인적으로 또는 단체를 통해 이루어지는데, 시민과 정부를 연결해주는 집단을 매개집단이라 한다. 이러한 매개집단에는 이익집단, 정당, 언론매체 등이 있다(Milbrath & Goel, 1977). 여기서는 매개집단으로서 이익집단, 정당, 언론매체에 대해 살펴보고자 한다.

1. 정부와 이익집단

1) 이익집단의 성격

이익집단(interest group)은 논점에 따라 이익집단, 압력집단 또는 정치집단으로 나눌 수 있다. 이익집단은 추구하는 이익에 초점을 둔 개념인 반면, 압력집단 또는 정치집단은 해당 집단의 정치적 영향력 행사나 정치적 역할에 초점을 둔 개념이다. 그렇지만 용어들의 구분은 사실상 큰 실익은 없으며 포괄적인 표현으로 이익집단이라는 용어가 사용된다(김영래, 1990).[7)]

---

7) 박동서(1994: 211)도 이익집단은 특정 문제에 대해 직접적 또는 간접적인 이해 관계 및 관심을

일반적으로 이익집단이란 특정 이익의 옹호를 위해 결속한 개인들의 자발적 결사(김운태, 1978) 또는 공동의 목적 하에 공공정책에 영향력을 행사하기 위한 개인들의 집합체(Janda, Berry, & Goldman, 1986) 등으로 정의된다. 이익집단은 기준에 따라 여러 가지 형태로 구분할 수 있으나, 추구하는 이익의 성질에 따라 구분할 경우 사익집단과 공익집단(또는 시민단체)으로 나뉜다.[8]

사익집단은 구성원의 사적 이익(일반적으로 경제적 이익)의 증진을 위한 결사체인 반면, 공익집단은 구성원의 사적 이익과는 별도로 공적 문제에 관한 구성원의 신념 또는 태도에 따라 구성된 결사체라는 점에서 대비된다. 전자의 예로는 상공회의소나 변호사협회 등을, 후자의 예로는 소비자 보호나 환경운동 관련 집단 등을 들 수 있다.[9] 아울러 사익집단의 기본 목표는 사적 이익의 추구에 있으며, 정치적 영향력 행사는 부차적인 것이라는 점에서 사익집단과 공익집단을 구분하기도 한다. 그러나 기본적으로는 양자 모두 이익 추구를 위해 정치적 영향력 행사를 수반하는 것이 보통이라는 점에서 유사하다.

이익집단들은 정당과 마찬가지로 시민의 요구를 수렴해 정책 과정에 전달하는 매개체로서 기능한다. 정당과 다른 점은 정당의 매개 기능이 이익집단의 그것에 비해 더욱 일반적 또는 포괄적이라는 것이다. 그러나 개별 시민의 의사가 정당의 노선과 모든 정책 분야에서 일치하기란 불가능하다. 따라서 이익집단은 상대적으로 제한된 범위에서 구체적인 정책 문제와 관련해 시민의 의사를 정책 과정에 투입하는 역할을 담당함으로써 정당의 매개 기능을 보완한다.

특히 이익집단은 상대적으로 정당의 기능이 활발하지 않은 비(非)선거 기간 중

공유하는 사람들과 자발적인 집단을 의미하는 것으로 보면서, 정당이 직접적인 권력의 획득·유지·행사를 위한 활동을 통해 정권 창출을 하는 데 비해, 이익집단은 이 과정에 영향력을 행사하는 입장을 취하고 있다.

8) 공익집단은 경제정의실천시민연합(경실련), 참여연대, YMCA, 환경운동연합, 흥사단, 기독교윤리실천운동(기윤실) 등의 다양한 시민단체 또는 NGO를 포함한다. 이때 시민단체 또는 NGO라는 개념은 공익집단과 사익집단을 포괄하는 시민집단과는 구분되는 개념으로 사용한다.

9) 경우에 따라서는 사익집단만을 이익집단(interest group)이라 부르고, 공익집단은 태도집단(attitude group)이라 부르는 한편, 양자를 포괄하여 압력집단으로 부르기도 한다(Mellors & Copperthwaite, 1987). 그러나 이익의 개념이 사적 이익만을 의미하는 것은 아니며, 개인의 공적 문제에 대한 태도 역시 추구하는 이익의 성질이 다를 뿐 결국 이익에 대한 태도라는 점에서는 사익 추구와 다르지 않기에 이와같이 구분하는 것은 타당하지 않다고 본다.

에도 상시적으로 활동함으로써, 시민과 정부와의 매개 기능을 보완하는 기능을 한다. 강조할 것은 추구하는 이익이 사익이건 공익이건 간에 이와 같이 집단을 통한 참여가 개인에 의한 참여에 비해 정책결정자에 대한 영향력이 크다는 점이다.[10)]

이익집단의 정부에 대한 영향력은 집단의 규모나 구성원의 수, 평판, 재정력, 조직 목표의 정당성, 명확한 정책 목표의 추구, 지도자의 지도력 정도에 따라 달라진다(Sharkansky & Van Meter, 1975). 그런데 일반적으로 이익집단의 자원은 상공업 및 전문가 집단 또는 부유층의 이해 증진을 추구하는 집단의 경우가 상대적으로 크다. 그러한 집단의 구성원은 기본적으로 경제적으로 부유하고, 사회적으로 지위가 높으며, 참여에 필요한 지식과 기술을 보유하고 있기 때문이다.

이와는 반대로 빈곤층은 참여에 필요한 시간이나 지식 등의 자원이 부족하기 때문에 중상류층에 비해 불리하다. 즉, 매일매일의 생존 문제를 해결하는 데 급급한 그들에게 단기간 내의 혜택이 보장되지 않는 한 장래의 가능성을 위해 오늘을 희생하기에는 그 기회 비용이 지나치게 큰 것이다. 그리하여 이익집단을 통한 시민의 정치 참여, 즉 이익집단의 정치(interest group politics)에서 빈곤층은 중상류층에 비해 상대적으로 불리한 위치에 처하게 되어 있다.

2) 한국 정부와 이익집단

매개기관을 통해 시민 의사가 정책 과정에 적절히 반영되도록 하기 위해서는 이들이 자신의 입장이 아닌 객관적 입장이나 공익의 차원에서 참여를 중개하는 일이 무엇보다 중요하다. 그러나 현실적으로 어느 국가를 보든지 이익집단의 경우에는 속성상 자기 입장을 지나치게 옹호하는 경향이 있다. 예컨대, 대중매체의 경우에는 상업주의나 불공정한 보도에 따른 폐단이, 정당의 경우에는 시민의 이익에 앞서

10) 이런 측면에서 정정길(1997: 187-191)은 이익집단의 활동이 민주주의에서 필수적인 기능을 담당하고 있다고 주장한다. 즉, 이익집단은 스스로의 이익을 위해서 정부에 요구하는 것이 그 이익집단이 원하는 진정한 요구이고, 개개인들은 집단을 구성해 공동으로 정부에 대해 자신들의 이익을 위한 요구를 하는 것이 효과적이기 때문이라는 것이다. 일반적으로 이익집단은 정책 과정에 대한 영향력을 행정부와 입법부를 통해 주로 행사하고 있으나, 우리의 경우는 행정국가화 경향으로 인해 이익집단들의 활동이 주로 행정부에 집중되어 있었다. 그러나 이러한 활동도 점차 의회 및 정당 등으로 확대되고 있다.

정권 확보 내지는 조직의 존속에 상대적으로 관심이 많은 등 참여의 매개집단으로서의 역할 기대에 미흡하다.

이런 측면에서 한국의 이익집단이 안고 있는 문제는 일반적 논의의 수준보다 심각하다. 그것은 한국의 이익집단이 서구와는 달리 생성 과정에서부터 많은 문제를 지니고 출발했다는 데 있다. 즉, 과거 권위주의 체제 하에서 한국의 이익집단은 처음부터 자생적으로 조직되었다기보다는 정부에 의해 만들어진 경우가 많았기 때문에 정부의 강력한 통제를 받을 수밖에 없었다. 또한 정부는 이익집단에 대한 관리 양식으로 국가 목적 달성에 용이한 이익집단(예: 사용자집단)에게는 융화적 정책을 사용했고, 이에 반대되는 이익집단(예: 노동조합)에게는 배제적 정책을 적용함으로써 이익집단에 대한 이원적 관리 체제를 구축해 왔다.

특히 1970년대 산업화 중기 이후부터 노동자 계급의 정치적 비동원화와 경제적 동원화를 위해 노동조합에 대해 강력한 통제 메커니즘을 활용해 왔다. 한편 규모가 큰 노동조합 등과 같은 이익집단은 정부가 지도자들에게 각종 지원이나 정치권으로의 진입이라는 흡수(cooptation) 전략 등을 통한 이해 조정으로 이익집단에 대한 통제를 강화해 왔다. 이에 따라 한국의 이익집단은 정치조직의 하부조직으로 기능하기도 했고 정부로부터 상당한 지원을 받기도 했다.

그 결과 정부의 정책 과정에 대한 한국 이익집단의 영향력은 다른 나라들에 비해 대단히 미미했을 뿐만 아니라, 오히려 정부나 정책을 지지하기 위해 동원된 경우도 많았다. 결국 권위주의 체제 하에서 한국의 이익집단이 지닌 이러한 특성은 기본적으로 이익집단들의 취약한 재정력, 약한 응집력, 약한 자율성에 기인했다고 볼 수 있다.

그러나 경제 발전이 어느 정도 궤도에 오른 한국 정부 민주화기의 이익집단은 권위주의 체제 때와는 다른 양상을 보이고 있다. 권위주의 체제에서 사용되던 국가에 의한 이익집단 동원이나 협조 같은 방식의 참여가 감소되었으며, 이익집단에 대한 국가의 비공개적이고 통제 중심적인 관리 방식 또한 한계에 봉착하게 되었다. 특히 민주화가 가속적으로 진전되면서 다양한 이익집단이 분출되고 있으며, 활동적인 측면에서도 상당한 자율성을 보여주고 있다.

2. 정부와 시민단체

정책 과정에는 다양한 행위자, 즉 선출직 공무원과 임명직 공무원 등 공식적 정책결정자와 시민, 기업, 이익단체, 정당, 언론 등 비공식적 참여자가 참여한다. 그리고 참여자들은 자원 배분에 대한 공공정책 과정에 일정한 영향력을 행사하게 되며, 자원 배분은 참여자들 간의 상대적 영향력의 크기에 따라 결정된다(Lasswell, 1933).

그러나 참여자 간 상대적 권력의 크기가 같지 않아 자원 배분의 공평성을 확보하기란 쉽지가 않다. 특히 민주사회의 이념에도 불구하고 기본적으로 통치의 객체로서 존재할 뿐인 대다수 시민은 정책 과정에 유효한 영향력을 행사하기 어려운 것이 현실이다. 이에 따라 힘없는 다수 시민의 이익 보호가 매우 어렵다. 그러므로 이러한 우려를 불식하고 정책 과정이 다수 시민의 이익 보호를 위한 장이 되도록 노력해야 한다. 무릇 정책의 목적은 다수 시민의 이익 보호(또는 공익 실현)에 있기 때문이다.[11]

이 같은 관점에서 볼 때, 최근 시민사회의 성장에 따라 그 중요성이 점차 높아지고 있는 시민단체가 정책 과정에서 차지하는 역할에 주목하게 된다. 시민단체는 대표적인 공익단체로서 민주화기 이후, 시민사회의 확장 과정에서 급성장한 집단이다. 이와 같은 시민단체는 공익 실현을 목표로 하는 조직으로서 정책 과정에서 일부 특수집단의 이익을 견제하면서 동시에 시민 다수의 이익을 매개하고 주창함으로써 공익 확보에 기여할 것으로 기대된다.[12]

그런데 시민단체의 매개가 없더라도 시민들은 한편으로는 선거 기제를 통해 다른 한편으로는 공직자에 대한 접촉, 청원, 진정, 항의 등 직접 참여를 통해 정책 과정에서 자신들의 이익 확보를 위해 노력할 수 있다. 예를 들어, 문재인 정부는 청

11) 엄격히 본다면, 다수 시민의 이익이 반드시 공익과 일치하는 것은 아니다. 공익에 대한 실체론적 입장에 따르면 다수 시민의 이익과 공익은 별개의 문제일 수 있다. 그러나 실제로 다수를 충족시키는 이익을 공익으로 의제할 필요가 크다는 점에서 여기서는 양자를 유사한 것으로 간주한다(박동서, 1989: 225).

12) 여기에서 시민단체는 시민집단과 구분되는 개념이다. 시민집단은 공익 활동을 주로 하는 시민단체는 물론 사익 활동을 주로 하는 사익단체까지 포함하는 포괄적 개념이다.

와대 홈페이지에 국민청원 게시판을 설치하여 시민 20만 명이 서명을 한 청원 이슈에 대해 청와대가 공식적으로 답변을 주는 제도를 활용하여 시민들로 하여금 정부 정책에 적극적으로 참여하도록 독려하였다.

어느 나라든 소외층은 매개체가 없으면 자신의 이익을 대변할 능력이 원천적으로 결여되어 있다(Ridley, 1984). 즉, 소외층을 포함한 시민 스스로의 이익 보호를 위한 자발적 노력과 그러한 노력의 효과에는 한계가 있다. 따라서 이를 보완할 매개체로서 시민단체의 역할이 중요하다. 물론 시민단체만이 정책 과정에서 시민 이익을 매개하는 것은 아니다. 이 밖에도 정당, 언론, 이익단체를 포함한 다양한 시민집단도 정책 과정에 시민 이익을 투사하는 기능을 한다.[13]

그러나 다른 매개집단은 고유의 조직 기능을 수행하는 과정에서 부차적으로 시민 이익의 매개 기능을 하는 반면, 시민단체는 공익적 차원에서 시민의 이익을 정책 과정에 매개하는 것을 주요 기능으로 한다는 점에서 구별된다.[14]

1) 시민단체의 성격

현대에 이르러 시민의 위상이 강화되면서 국가 및 시장과 구분된 제3의 영역으로 시민사회가 존재하는 것으로 보는 것이 일반적 경향이다. 국가는 공권력에 기초해 시민사회에 대해 일정한 규율을 가하는 곳이고, 시장은 재화와 용역의 생산 및 교환이 이루어지는 곳이다. 이와는 달리 시민사회는 권력의 논리와 시장의 논리로부터 상대적으로 독립해 공적 의견과 규범이 형성되는 사회정치적 공간이다(정수복, 1994).[15]

---

13) 이러한 매개집단 외에도 정책결정자인 의원이나 관료들도 개인적 차원에서 시민의 이익을 정책 과정에 투입하는 매개 기능을 담당하기도 한다(Ridley, 1984). 단, 매개 기능과 정책결정 기능은 혼재되어 구분하기가 용이하지 않은 난점이 있다.

14) 한편 넓게 볼 때 시민단체는 주민회, 부인회, 노인정, 향우회, 조기축구회, 학부모회 등과 같은 주민조직을 포함한다. 이 주민조직들 역시 시민단체의 특징인 비정부성, 비영리성 등의 측면을 공유하기 때문이다. 다만 이 주민 조직들은 균질화된 지역사회(community, neighborhood)를 기반으로 하는 단체이며, 일반적으로 공익보다는 조직원의 이익(사익)을 추구하며, 조직 및 활동의 안정성, 전문성 측면에서 시민단체에 비해 상대적으로 취약한 경향을 보여 차별된다. 이를 고려하여 여기서는 시민단체를 주민조직과 구별하여 파악한다.

15) 시민단체가 정책 과정에 관여하는 기능을 정책 단계별로 살펴보면 우선 정책의제 설정 단계에서

시민사회의 주체로서 시민은 국가와 시장과는 불가분의 관계를 갖는다. 국가에 대해서는 선거나 납세 의무 등과 같은 권리·의무를 통해 공적 관련을 맺으며, 시장에 대해서는 노동의 제공이나 소비행위를 통해 사적 연관을 맺는다(허석렬, 1998). 그러므로 시민 생활은 국가와 시장이 어떻게 기능하느냐에 따라 중대한 영향을 받는다.

그런데 문제는 국가 영역에서 정부의 실패가 발생하거나 시장 영역에서 시장의 실패가 나타날 때 시민사회가 이로 인한 피해에 직접 노출된다는 것이다. 이러한 피해를 배제하기 위해서는 시민사회의 능동적 대응이 요청된다. 그러나 지적한 대로 조직화되지 않은 시민의 직접적인 대응에는 한계가 있다. 이와 관련하여 민주화의 진전에 따라 확장된 시민사회에서 국가 영역을 대표하는 정부와 시장 영역을 장악하고 있는 기업에 대해 통제와 대안 제시의 기능을 하는 시민운동이 확산되어 왔다(Weiss & Gordenker, 1996).

이와 같은 시민운동은 정부와 자본을 타도 내지 배척의 대상으로 하여 종종 폭력적·비합법적 운동을 추구하는 민중운동과는 달리, 정부와 자본을 견제와 타협의 대상으로 하는 온건·비폭력운동이라는 점에서 구분되기도 한다(정수복, 1994; 김호기, 1997).[16] 그러나 실제로 양자의 차이는 정도의 차이일 뿐, 다 같이 공익

는 수많은 사회 문제를 사회적 이슈나 관심사로 부각시켜 정책결정자로 하여금 진지하게 고려하도록 만드는 역할을 수행한다. 그리고 정책결정 단계에서는 시민단체가 다양한 사회 문제에 관한 정보를 선별하여 구성원이나 시민들에게 제공함으로써 관심이나 지지를 획득하는 역할을 한다. 이때 정보를 제공하는 방식도 언론, 잡지, 소식지 등 매체를 활용하거나 시위, 서명, 공청회 등이나 자체적으로 교육 프로그램을 개발하여 교육시키기도 한다. 정보 제공의 역할과 함께 시민단체는 대안 제시자로서의 역할도 하고 있는데, 특히 가치 갈등이 치열하고 시간적으로 촉박하며 다른 대안이 부재할 때 시민단체의 대안은 채택가능성이 높아지게 된다. 의약분업 과정에서 시민단체의 중재가 대표적인 예이다. 정책집행 단계에서는 정책이 제대로 집행되는지를 감시한다. 많은 정책이 집행 과정에서 수정·변경되는 경우가 많으며, 이것이 정책 목표에 맞게 집행되는지를 감시한다.

16) 정부와 자본을 견제와 타협의 대상으로 하는 온건·비폭력운동이라는 측면에서 출발한 최초의 시민단체는 1989년에 태동한 경제정의실천시민연합(약칭 경실련)이었다. 이런 관점에서 경실련의 출범에 대한 논의를 경실련이 출범 당시 지니고 있었던 현실 인식을 경실련의 발기 취지문을 통해 살펴보면 다음과 같다. "우리가 이 운동의 주체를 시민이라고 표현할 때는 ……오히려 우리의 깊은 관심의 대상은 1987년 6월 민주항쟁 때 길거리에 쏟아져 나왔던 시민들입니다. 이렇듯 우리 사회에 정치적 기적을 가져다 주었던 이 시민들은 1987년 말 대통령 선거 유세 이래로 줄곧 관망만 하고 있습니다. 우리가 소망하는 바는 바로 이, 보통 시민들이 …… 경제 정의를 위한 분배의 기적을 만들어 내는 일입니다." 이처럼 경실련은 지난 1987년 이래로 한국 사회가 불완전

보호를 표방하며 정부와 자본에 대한 견제 기능을 수행한다는 점에서 많은 유사점이 있다.

시민단체는 시민운동 과정에서 발생 · 성장한 시민의 자발적 결사체라 할 수 있으며 복지 · 노동 · 사회 정의 · 환경 · 교육 등 다양한 사회적 문제에 대해 공익적 차원의 대안을 제시함으로써 시민사회의 이익을 보호하는 기능을 하게 된다. 이러한 시민단체는 최근 관심이 증대되고 있는 비정부조직(Non-Governmental Organization: NGO)의 하나로서 ① 정부로부터 직접적인 통제를 받지 않는 비정부조직, ② 영리를 추구하지 않는 비영리조직, ③ 조직구성원의 이익이 아닌 공익을 추구하는 조직이라는 특징을 갖는다.[17] 이 밖에도 산발적 운동이 아니라 조직화되어 있을 것(Green & Mattias, 1997, 25; 손봉호, 1994), 자발적 조직이어야 할 것 등이 추가적으로 제시되고 있다.

하기는 하지만 일단 민주화 과정에 진입했다는 자체적 평가를 내렸음을 알 수 있다. 따라서 권위주의적 사회 체제가 민주화의 진행 과정을 겪게 되면 체제 내 대부분의 시민들은 일정 수준 정치적 억압을 받지 않게 되고, 이에 따라 비합법적인 투쟁이 아닌 체제 내의 개혁을 선호하게 되는 의식의 변화를 맞이하게 되는데 이러한 변화는 또 다른 형태의 사회운동을 요구한다. 그 결과 이제는 합법적인 방식으로 운동하지 않으면 더 이상 국민의 지지나 참여를 확보할 수 없게 된다는 점이다. 이와 함께 민주화 과정에서는 의식개혁운동이 제도 개혁 못지않게 중요하다는 점이다. 과거 권위주의 체제 아래에서 의식개혁운동은 설 자리를 찾을 수 없었다. 독재 타도를 일차적 목표로 하지 않는 어떠한 운동도 문제의 본질을 호도하는 운동으로 매도당할 수밖에 없었기 때문이다. 즉, 우리 사회의 개혁을 가져오기 위해서는 1987년 6월 민주항쟁의 교훈으로 되돌아가 보통 시민들을 역사의 전면에서 끌어내야 할 때가 되었다고 인식한 것이다. 그런데 이러한 과정에서 보통 시민들이 사회운동에 참여하려면 이 운동에 참여했다는 이유로 직장에서 조금의 불이익도 받아서는 아니 되기에 운동은 비폭력 · 평화 · 합법운동이어야 하며 또한 이 운동이 국민적 합의에 기초해서 사회적 공공선을 추구하는 운동이 되어야 했던 것이다. 경실련의 출범은 이러한 인식에 기초했던 것이라고 할 수 있다(김태룡 · 신률, 2002).

17) 비정부조직이 무엇인가에 대해서는 논자에 따라 다양한 이해와 정의가 내려지고 있다. 좁게는 시민단체와 동일시하는 의견으로부터(허석렬, 1998), 넓게는 정부의 지배를 받지 않는 사적 조직 전부를 지칭하는 것으로 보는 의견까지를 망라한다. 가장 혼란이 많은 부분은 공익성(externality) 추구 여부를 비정부조직의 특성으로 인정할 것인가 하는 데 있다. 구체적으로는 기업단체, 노동조합 등 사익단체를 비정부기구에 포함하는 입장(Salamon, 1992; Ridley, 1984)과 포함하지 않는 입장(Weiss & Gordenker, 1996; Green & Mattias, 1997)이 대립되고 있다. 그런데 기본적으로 비정부조직이 정부와 자본으로부터 독립하여 시민사회의 이익을 정책 과정에 투입하는 데 본연의 기능이 있다는 점을 감안하면 공익성은 중요한 기준이 되어야 한다는 것이다. 즉, 비정부조직의 외연을 지나치게 확장하는 것은 바람직하지 않다는 것이다. 이와 같이 공익성을 비정부조직의 특성으로 파악할 때, 비정부조직에는 시민단체를 포함하여 자금조성단체, 종교단체, 서비스 공급단체 등이 포함될 수 있을 것이다(Salamon, 1992).

2) 한국 정부와 시민단체

(1) 한국의 시민사회

한국 시민사회의 발전 과정은 서구 사회와 비교할 때 특징적인 면이 존재한다. 우선 한국의 시민사회는 1960년대 이래 한국 사회를 지배해 온 군부와 관료, 재벌의 비대화에 대한 민주화 세력의 도전으로부터 출발했다. 이후 국가로부터 획득한 자율성을 토대로 민주주의를 토착화하는 단계에서, 서양의 시민사회 모델을 받아들이는 등의 복잡한 양상을 띠고 발전해 왔다(이신행 외, 1999: 105-106).

이에 따라 1990년대부터는 권위주의 정치 · 행정문화의 퇴조와 함께 민주적 요소가 크게 성장했다. 그럼에도 한국의 정치 · 행정문화는 아직도 세대 간의 격차와 계급 간의 격차 같은 특징을 갖고 있어 일정한 틀을 설정하기 어렵다(어수영 · 한배호, 1996: 91-92). 이와 함께 전통적 가치관인 권위주의, 가족주의, 연고주의, 온정주의 등도 한국 시민사회의 가치 체계 형성에 큰 영향을 끼치고 있다(주성수, 2001).

한국 시민사회가 한국의 민주주의와 경제 발전에 공헌한 측면을 고려하면 향후 국가 발전에 영향을 미칠 가능성은 대단히 크다. 예컨대, 한국의 시민사회가 1990년대에 들어와서부터는 각종 연대조직 형태의 시민운동을 주축으로 정치 · 경제 · 사회는 물론 특정 이슈를 중심으로 조직적이고 결사체적 형태로 이루어지고 있다. 특히 민주주의의 정착과 각종 쟁점을 국가정책으로 의제화 하는 데 크게 기여하고 있다(송희준, 1999: 6). 이는 한국의 시민사회가 한국의 민주주의나 경제 발전에 대해 지속적으로 영향력을 행사할 수 있음을 보여주는 긍정적 측면이다.

이와 함께 가족, 학교, 종교조직, 이웃 등을 중심으로 한 공동체적 결사체 기관이 형성되고, 시민운동단체의 수가 급증하는 등의 현상과 각종 사회 활동에 참여하는 사회단체들의 높은 참여율을 볼 때, 한국 사회도 서구와 유사한 높은 사회적 자본의 축적이 가능할 것으로 기대할 수 있다. 즉, 사회를 구성하는 정부-시장-시민사회로 이어지는 각 행위 주체들이 독자성을 가지고 협동하는 새로운 관계가 설정될 가능성이 높다(김태룡, 2003b: 5-26).

(2) 한국의 시민단체

1990년대에 들어서면서부터 시민단체를 통한 한국의 시민운동은 형식적으로나마 이루어진 민주화 과정 속에서 한편으로는 합법적인 운동 노선을 취하면서 또 다른 측면에서는 실질적 민주주의(substantial democracy)를 달성하기 위해 정부의 정책 과정에 개입하는 방식으로 발전되어 왔다. 그러나 1990년대에 형성·발전한 이러한 시민운동도 중앙정부에 편향된 비판형 사회운동의 전통을 벗어난 것은 아니었다.

1989년 경제정의실천시민연합(경실련) 출범 이후 한국 시민운동의 주요 흐름은 대체적으로 중앙을 중심으로 한 전국적 단위의 시민단체들이 권력에 대한 비판과 감시, 대안 제시 등의 기능을 수행해 왔다. 여기에는 그럴 만한 이유가 있었다. 그것은 군부가 퇴진하고 권위주의 체제가 형식적 민주주의 체제로 전환되었지만, 아직도 과거의 권위주의 체제를 지탱해주던 악법과 잘못된 관행들이 그대로 잔존해 있는 상황이 지속되었기 때문이다.

이로 인해 시민단체는 언론에 이어 제5부로 불리면서 입법부와 행정부, 사법부를 향해 입법 과정과 국가 예산집행, 정책결정과 정책집행, 사법 처리 과정의 합리성과 투명성, 책임성과 설명 가능성 등을 높일 것을 요구하며 압박을 가하는 운동 양식을 발전시켜 올 수밖에 없었던 것이다.[18)]

그런데 전국적 단위의 시민단체들이 권력에 대한 비판과 감시, 대안 제시 등의 역할에 치중해 온 결과 역설적으로 한국의 시민단체를 통한 시민운동은 한국 사회가 안고 있는 의식과 가치의 이중성과 같은 가치적 문제를 치유하는 데는 기여한 것이 거의 없다는 비판에 직면해 있기도 하다. 즉, 한국 사회의 곳곳에는 근대의 도구적 합리성과 봉건적 인연의 사슬이 공존하고 있다. 혈연 중시와 가족이기주의, 줄서기와 패거리 문화, 지연·학연의 중시, 상하 서열적 위계의 강조와 같은 우리 모두의 의식 속에 스며들어 있는 전근대적 유습을 해체하고 새로운 문화적 가치와 규범을 창출하는 데, 한국의 시민운동이 기여한 바가 거의 없다는 평가가 지배적이다.

---

18) 전국적 단위의 시민단체들로는 경실련, 환경운동연합, YMCA, 기윤실, 참여연대 등을 들 수 있다.

(3) 한국의 지역 시민단체

중앙정치에 편향된 한국의 비판형 시민운동은 결과적으로 지역에서 전개되는 일상적 삶의 영역 속에서 시민들이 직접 참여하는 운동 양식을 개발하는 데는 소홀할 수밖에 없었다. 그 이유는 언급한 대로 한국의 시민운동은 중앙의 전문가들이 중심이 되어 제도권에 대한 비판이나 대안의 제시에 주력해 왔기 때문이다. 그 결과 지역 시민단체들은 단체마다 다소의 차이는 있지만 많은 부분에서 마치 정당이나 정부조직과 유사하게 중앙에서 결정된 운동 노선과 내용을 지역에서 실행하는 하부 조직처럼 인식되어 왔다.

이에 따라 자생적이고 독자적인 지역 시민단체의 성장이 미약하고, 지역 고유의 문제를 발굴하고 해결해야 하는 지역의 주민자치운동은 깊이 뿌리를 내리지 못했다. 이로 인해 한국의 지역 시민단체는 중앙과 비교가 되지 않을 정도로 인적 구성이나 재정구조, 그리고 회원구조나 사업구조 등 모든 측면에서 척박한 토양 속에 놓여 있다.[19] 따라서 지역 시민단체들은 좀 더 집권화 된 양태로 나열적 · 전시적인 성명이나 발표하는 식의 사업을 진행시킬 수밖에 없는 악순환이 반복되고 있다. 그렇지 않으면 정부의 재정 지원에나 의존해야 하는 심각한 상황에 처해 있다. 소수의 단체를 제외하고는 시민단체의 성격에 관계없이 정부의 재정 지원 사업에 대부분이 참여하고 있는 현실이 이를 반증하고 있다.[20]

---

19) 지역 시민단체에서 사무국의 실무를 총괄하는 기구는 사무처로서 사무처장(또는 사무국장)과 약간 명의 간사를 두고 있다. 예컨대, 지역 경실련의 경우는 2000년 현재 평균 3.3명의 상근 활동가로 구성되어 있다. 그리고 최근에 이루어진 대전지역 19개 시민사회단체 활동가 63명을 대상으로 한 조사에 따르면, 대전의 시민단체 활동가 연봉은 1,000여만 원 수준인 것으로 조사되었다. 활동가들은 49.2%가 8~9시간 등 93.6%가 8~10시간 이상 근무하는 것으로 조사되었으며, 4대 보험 가입률(복수 응답)은 고용보험과 국민보험이 각각 25.6%, 산재보험 25.0%, 건강보험 23.9%에 그쳤다. 이와 함께 지역 시민단체들이 직면하고 있는 참여의 문제에서 가장 큰 문제는 회원의 한계이다. 지역 경실련의 경우 등록 회원은 평균 450명이나 이 중 회비를 내는 회원 수는 170명에 불과하다. 그나마 회원의 경우도 실질적으로 매년 10~20명의 증가에 그치고 있는 실정이다. 이러한 결과는 지역의 시민사회적 저변이 한정되어 있는 상황에서 새로운 회원의 확보는 기존 회원들의 사적 인연에 의존하게 되고 개인적 접촉을 통해 동조자를 확보하는 데에는 한계가 있기 때문이다(김태룡, 2003b: 5-26; 한겨레신문, 2005년 3월 2일자).

20) 재정 지원 사업을 중심으로 이루어지는 정부와 NGO 관계는 협조적 동반자 모형이라기보다는 재량권이나 협상력을 갖지 못한 채 정부의 프로그램을 대행해주는 협조적 대행자 모형으로 잔류할 우려가 높다는 데 문제가 있다(김혜경, 1997: 46-47).

이러한 현상은 중앙의 지부 형식 단체이거나 지역의 자생적인 시민단체들이거나를 막론하고 모두에게 적용될 것으로 생각된다. 결론적으로 지역의 시민단체가 안고 있는 조직 자원의 취약성은 기본적으로 경제사회의 중앙 집중에서 비롯되는 구조적 측면에서 원인을 찾을 수 있다.

그러나 조직 자원이 중앙 차원에 비해 상대적으로 미흡하다고 해서 지방정책 과정에서 지역 시민단체가 수행하는 매개 기능을 소홀히 할 수는 없다. 그 이유는 첫째, 중앙에 비해 상대적으로 취약하기는 하지만 지역 차원에서도 나름대로 다양한 시민단체의 활동이 이루어지고 있으며 그에 따라 지역정책이 영향을 받기 때문이다. 둘째, 같은 활동 수준이라 하더라도 지방정치 자체의 크기가 중앙정치에 비해 작기 때문에, 상당한 영향력을 발휘할 수도 있을 것이기 때문이다. 셋째, 지역에서는 중앙에 비해 정책결정자와 시민사회와의 거리가 상대적으로 가깝기 때문에 적은 자원으로도 정책 과정에 접근할 가능성이 높기 때문이다.

결국 중앙의 권한과 자원이 지역으로 더 많이 이양되고 이에 따라 분권화가 가속화된다면 지역 시민단체는 그 어느 때보다도 지역의 중심에서 나름의 역할을 확고히 수행해 나갈 수 있을 것이다.

(4) 한국의 시민단체 현황[21)]

한국의 시민단체는 비영리민간단체지원법에 근거하여 각 부처와 시 · 도에 등록되어 있다. 등록 현황을 중심으로 한국 시민단체의 수와 분포를 살펴보면 〈표 8-1〉, 〈표 8-2〉와 같다.

20016년 12월 현재 비영리민간단체지원법 제4조에 근거하여 각 부처 및 시와 도에 등록된 현황을 보면, 총 11,865개의 시민단체가 등록했다. 이 중 1,599개가 중앙정부에, 10,266개가 시 · 도에 등록했다. 이는 2009년 11월 기준으로 등록된 8,733개(중앙정부 980개, 시 · 도 7,753개)에 비해, 약 20% 정도가 증가한 수치이다. 한편 2006년 6월 기준으로 등록된 6,365개(중앙정부 706개, 시 · 도 5,659개)에 비해, 약 40%가 증가한 수치이다.

---

21) 한국의 시민단체 현황은 김태룡 외(2013), 『현대사회와 NGO』에서 부분적으로 인용된 것임을 밝혀둔다. 좀 더 구체적인 내용은 이 책을 참조할 것.

표 8-1 비영리 민간단체의 중앙부처별 등록 현황(2016.12.31 현재)

(단위: 개)

계									
	방송통신 위원회	국민 안전처	인사 혁신처	국가 보훈처	식품의약 품안전처	공정거래 위원회	금융 위원회	기획 재정부	미래창조 과학부
	11	53	4	14	2	8	6	7	21
	교육부	외교부	통일부	법무부	국방부	행정 안전부	문화체육 관광부	농림축산 식품부	산업통상 자원부
	49	183	164	10	35	207	169	38	9
1,599	보건 복지부	환경부	고용 노동부	여성 가족부	국토 교통부	해양 수산부	국세청	통계청	경찰청
	189	179	47	104	12	28	1	1	11
	문화재청	농촌 진흥청	산림청	중소 기업청	특허청	국가인권 위원회	법제처		
	7	5	18	3	2	1	1		

출처: 행정안전부(http://www.mopas.go.kr).

이 중 행정안전부(207개), 보건복지부(189개), 외교부(183개), 환경부(179개), 문화체육관광부(169개) 순으로 등록단체가 많다. 그러나 인권이나 권력 감시, 산업과 밀접한 관련이 있는 국가인권위(1개), 법무부(10개), 경찰청(11개) 등에는 등록단체가 미미한 것으로 보아 한국 시민단체의 취약 분야를 추론할 수 있다.

다음으로 2016년 12월 현재 시 · 도 행정기관에 등록한 비영리 민간단체의 지역

표 8-2 비영리 민간단체의 지역별 분포(2016.12.31 현재)

(단위: 개)

연도	계									
2009년	계	서울	부산	대구	인천	광주	대전	울산	경기	
		1,037	488	311	421	335	307	235	1,343	
	7,753	강원	충북	충남	전북	전남	경북	경남	제주	
		239	290	311	728	416	554	484	254	
2016년	계	서울	부산	대구	인천	광주	대전	울산	세종	
		1,986	792	406	659	581	523	344	24	
	11,865	경기	강원	충북	충남	전북	전남	경북	경남	제주
		2,127	317	429	412	908	557	749	708	343

출처: 행정안전부(http://www.mopas.go.kr).

별 분포를 살펴보면 <표 8-2>와 같다. 주로 경기(2,127개)와 서울(1,986개) 등 수도권에 전체의 35% 이상이 등록한 것으로 나타나, 2009년의 편중 정도인 30%보다도 집중도가 높아졌음을 알 수 있다.

제3절 한국 정부와 정당

시민과 정부를 연결해주는 매개집단으로서 정당은 이익집단과 같이 정부에 영향력을 행사하는 조직이라는 점에서 공통점을 지니고 있다. 그러나 정당은 그 지향하는 토대가 이익집단과는 다르다. 이익집단이 정부와 정부의 구성원을 당연하게 받아들이는 상태에서 정부의 정책에 영향력을 행사하는 집단인 반면, 정당은 선거를 통해 공직에 정당원을 보내고 이를 통해 정부에 대한 통제를 가하려 한다는 점에서 차이가 있다.

여기서는 한국 정부의 참여자로서 매개집단 가운데, 이익집단과는 성격이나 특성이 다른 정당에 대해 살펴보고자 한다. 이를 위해 우선 각국의 정부와 정당 간의 관계를 포괄적으로 설명할 수 있는 관계 유형과 이 같은 유형을 결정짓는 정치적 요인들에 대해 살펴보고자 한다. 특히 정책 분야에 따라 정부와 정당 간의 관계 유형이 다르게 나타날 수 있기 때문에, 정책 과정에서 양자 간의 관계 양상이 어떻게 나타나는지에 대해서도 살펴보고자 한다. 이러한 논의들을 토대로 정부와 정당 간의 관계를 살펴봄으로써 한국 정부가 정당과 어떤 관계를 유지해 왔는지, 그리고 참여자로서의 정당이 어떤 역할을 담당해 왔는지에 대한 이해를 높이고자 한다.

1. 정부와 정당

1) 정당의 성격

민주주의와 정당은 상호의존적 관계이다. 민주주의가 발전하지 않고는 경쟁적 정당 체제가 출현할 수 없고, 동시에 경쟁적 정당 체제가 존재하지 않는 상황에서 민주주의 또한 번성하기 어렵다. 민주주의와 정당 간의 이 같은 상호의존성은 역사적으로 깊은 연계성을 지니고 있다. 바꾸어 말하면, 역사에서 보듯이 지배자는 강력한 반대나 저항이 없으면 결코 권력을 포기하지 않으려 했고, 조직화된 정당이 없는 상황에서 평범한 일반 시민들은 투표할 권리조차도 획득할 수 없었던 것이 이를 입증한다.

최근에 이르러 정당의 영향력이 다소 쇠퇴한 감이 없지는 않으나, 시민들에게 중요한 가치인 정치적 평등이나 민주주의, 자유를 유지하고 발전시켜 나가는 데 정당의 역할은 아직도 대단히 중요하다. 그 이유를 살펴보면 다음과 같다.

첫째, 일반적으로 경제적 또는 제도적 자원이 결여된 일반 시민이나 집단에게 선거를 통한 경쟁을 가능하게 해주는 것이 정당이다.

둘째, 정당은 자유의 최종적 보루 역할을 담당해 왔다. 물론 어느 국가나 가지고 있는 헌법에는 언론과 집회 및 표현의 자유를 명시하고 있다. 따라서 자유가 심각하게 위협당하지 않는 한, 헌법이 존재하는 것만으로도 어느 정도 자유를 보호하는 데 추상적인 역할은 한다. 그러나 실제로 권력을 갖고 있는 사람들이 시민의 자유를 위협한다면 자유를 보존하기 위해서 정당에 의존할 수밖에 없다.

셋째, 정당은 투표 참여를 높임으로써 정당 간의 경쟁을 통해 정치나 정책에 대한 관심을 유발하거나 자극한다. 이는 중요한 가치들을 발전시키는 데 주된 역할을 담당해 왔다. 끝으로 정당은 참여를 증진시킴으로써 민주적 정부를 가능하게 해 왔다는 것이다(Ginsberg, Lowi, & Weir, 2003: 354-358).

이런 측면에서 거시적으로 한국 정부를 이해하기 위해서는 매개집단인 정당과 정부 간 상호 관계를 살펴보아야 한다. 민주주의는 정당과 정부 사이의 효율적인 접합을 전제로 하기 때문에 한국뿐만 아니라 모든 민주적 국가의 정부들은 그 구성과 운영 면에서 정당에 의존하고 있다. 정당과 정부는 현대 민주주의를 지탱하는 가장 중요한 정치기구들이며, 두 기구 사이의 관계는 민주주의를 작동시키는 가장 기본적인 메커니즘이라 할 수 있다. 특히 민주주의 국가에서 정책은 두 정치기구의 상호작용 산물일 수밖에 없기 때문에 정책 과정을 이해하기에 앞서 정부와 정당 간의 관계를 먼저 이해하는 것이 필요하다.

2) 정부와 정당

민주주의에 대한 정의는 보는 관점이나 학자에 따라 다양할 수 있지만, 민주주의는 결국 정당의 대표성과 정부의 효율성을 얼마나 잘 조화시킬 수 있는가의 문제로 압축된다. 이런 점에서 정부와 정당 간의 관계가 효과적으로 작동하는지의 여부는 한 나라 민주주의 발전의 척도라 할 수 있다. 물론 정부와 정당 간의 관계 양상과 그것에 영향을 미치는 요인들은 나라마다 다를 수밖에 없다.

정부와 정당 간의 관계가 상호 독립적인지 의존적인지, 어느 쪽에 더 의존적인지는 정치 상황과 정책 분야에 따라 모두 다를 것이기 때문이다. 정부와 정당이 서로 아무런 영향을 주고받지 않고 완전하게 독립되어 있거나, 한쪽이 다른 쪽에 완전하게 의존하는 경우는 현실적으로 존재하지 않는다. 현대 민주주의에서 정당의 역할이 쇠퇴하고 있다고는 하지만, 매개집단으로서 정당의 존재를 전제로 하지 않는 민주주의는 존재하지 않을 뿐만 아니라, 의회와 정부에 대한 정당의 영향력은 정도의 차이만 있을 뿐 여전히 존재한다.

이렇게 보면 정부와 정당 간의 관계는 정당이 정부에 얼마나 영향력을 행사할 수 있는지가 핵심을 이룬다. 일반적으로 정부에 대한 정당의 영향력은 개인적 · 조직적 · 정책적 수준으로 나누어 볼 수 있다. 이때 개인적 수준의 영향력이란 정당 지도자 개인이 정부에 대해 행사할 수 있는 영향력을 의미한다. 그리고 조직적 수준의 영향력은 정당이라는 조직 자체가 갖고 있는 권한에 근거하여 정부에 미칠 수 있는 영향력을 의미한다. 그런데 개인이든 조직이든 정부에 대한 영향력은 구체적인 정책에 대한 영향력으로 나타나기 때문에, 정책의 내용과 과정에 따라 정당의 영향력이 어떻게 나타나는지는 별도로 살펴볼 필요가 있다.

(1) 정부와 정당 간의 관계

정부와 정당 간의 관계는 요직에 대한 임명(appointments), 정책형성 과정에서의 영향력, 상호 간의 후원(patronage) 여부 등 크게 세 가지 수준에서 살펴볼 수 있다(Bondel, 1995: 130-131).

이 중 요직에 대한 임명은 정당 또는 정부가 정부 각료나 정당 지도자의 선출에 어느 정도의 영향력을 행사하는지가 문제이다. 다시 말해, 정부 구성에 정당이 영향력을 행사하거나 정당의 지도부 구성에 정부가 영향력을 행사하는지의 여부는 정부와 정당이 서로 독립적인지 의존적인지, 그리고 의존적이라면 어느 쪽에 더 의존적인지를 구별하는 가장 중요한 기준이 된다.

정부 각료에 대한 임명이 정당과 관계없이 이루어지고 정부도 정당 구성에 간섭하지 않는 경우, 최소한 요직 임명에 영향력을 행사하지 않는다는 측면에서는 정부와 정당이 서로 독립적이라 할 수 있다. 또한 정부가 정부의 각료 임명에는 영향을 미치나 거꾸로 정부의 각료는 정당 지도자의 임명에 영향을 미치지 못하면 정당 우위로, 그리고 그 반대의 경우에는 정부 우위로 간주할 수 있다.

(2) 정부와 정당 간의 영향

정부와 정당 간의 관계에 영향을 미치는 정치적 요인들은 크게 두 가지로 나누어 볼 수 있다. 첫째는 정치 제도, 정당 체계, 정당의 지지 기반, 정당 지도자들의 역할 등 넓은 의미의 정치 체제와 관련되는 요인들이다. 둘째는 외교정책, 경제정책, 사회정책 등 정책 분야에 따라 정부와 정당 간의 영향력 관계가 다르게 나타난다는 의미에서 정책과 관련된 요인들이다.

① 정치적 요인

가. 정치 제도

정부와 정당 간의 형식적 관계는 헌법에 규정된 그 나라의 기본적인 정치 제도에 의해 결정된다(Morlino, 1995: 145-146). 그러나 이보다 더 중요한 요인은 정당이 국민들의 자발성에 기초하여 아래로부터 만들어진 것인지, 아니면 동원을 목적으로 정부에 의해 위로부터 만들어진 것인지의 여부이다. 위와 아래의 중간 형태도 있을 수 있으나, 이 경우 당정은 매우 긴밀한 관계를 유지할 것이다.

그러나 대통령제 국가들에서 보는 바와 같이 헌법에서 행정부와 입법부에 각각 정당성을 부여한다면 정부와 정당은 어느 정도 분리된다. 대통령제 국가들에 비해 행정부의 독자적인 정당성이 인정되지 않는 내각제 국가에서는 정부와 정당 간에 관계가 서로 더 의존적이 될 수밖에 없다(Stepan & Skach, 1993: 3-4).

중앙정부와 지방정부 사이의 수직적인 권력 배분도 당정 관계에 간접적인 영향을 미친다. 예컨대, 미국, 캐나다, 스위스 등과 같이 분권화된 정치 제도 하에서는 분권화된 정당 체계가 나타난다. 그러나 오스트리아, 아르헨티나, 베네수엘라의 예에서 보는 바와 같이 연방제라 해서 반드시 정당 체제가 분권화되는 것은 아니다. 이 경우 헌법이 정부와 정당 간의 관계에 미치는 영향은 제한적이라 할 수 있다.

이와 함께 정부와 정당 간의 관계를 결정하는 세 가지 수준인 정부와 정당의 요직 임명, 정책형성에서의 영향력, 상호 후원 여부 등도 헌법에 의해 영향을 받는다. 정부가 상대적으로 정당으로부터 독립되어 있다고 할 수 있는 대통령제는 내각제에 비해 정책 과정에서 정부가 주도할 가능성이 더 크며, 정부와 정당 구성에서도 서로 간섭하지 않을 가능성이 있다. 반면에 권위주의적 대통령제와 내각제에서는 정책 형성과 요직 임명이 당정 관계의 유형에 의해 영향을 받는다. 대체로 권위주의적 대통령제에서는 정부 우위형이 나타나며, 내각제에서는 정당 체계와 정당의 특성에 따라 다양한 형태가 나타날 수 있다.

나. 정당 체계

정당 체계가 정부와 정당 간의 관계에 미치는 영향은 대단히 크다. 하지만 단일 정당정부냐 연립정부냐 혹은 다수정당이냐 소수정당이냐에 따라 영향력이 각각 다르기 때문에 획일적인 일반화는 곤란하다(Bondel, 1995: 137-138). 단일 정당정부와 지배적 정당 중심의 연립정부에서는 정부의 성격상, 본질적으로 정당이 정부에 대한 영향력을 어느 정도 확보하고 있다. 그래서 시간이 지나면서 이러한 영향력은 더 커지는 경향을 보인다. 정책이라는 측면에서 보면, 이런 정부는 정당 또는 정당연합에서 채택된 정형화된 프로그램을 갖고 출발할 가능성이 크다.

또한 요직 임명에서도 비슷한 상황이 발생한다. 집권 초기에는 각료가 정당의 고위직 중에서 선출되기 때문에, 정당의 영향력이 더 큰 것처럼 보인다. 그러나 정당에서 온 정부의 지도자가 정당의 고위직을 임명하는 데 영향력을 행사하기 때문에 일종의 융합 현상이 나타나는데, 시간이 지날수록 정부의 영향력이 더 커지는 경향을 보인다.

마지막으로 후원이라는 측면에서 보면, 단일 정당정부의 경우 정당의 응집력이 강하고 선거의 전국적 성격 때문에 개인적 연계에 기초한 당정 간의 상호 후원은 상대적으로 낮은 수준을 보일 가능성이 있다. 이 경우 정당 간부들의 불만이 표출될 가능성이 있으며, 이것이 때로는 정부의 붕괴 또는 정당 지도자의 교체로 이어지기도 한다.

한편 소수정당들로 구성된 연립정부의 경우에는 반대 상황이 연출될 가능성이 있다. 즉, 정부는 정당 구성에 발언권이 없는 반면, 정부의 각료들은 정당 지도자들이 선출하여 새 수상에게 통보하는 식으로 이루어진다. 그 결과 정부를 구성하는 권한은 전적으로 정당에 달려 있다. 이는 연립정부가 유지되기 위해서는 지지자들에게 이익이나 편익을 제공해야 할 필요성이 있기 때문에, 정부와 정당 간의 상호 후원이 연립정당 내부의 권력 관계에 따라 광범위하게 이루어지는 경향이 있다. 연립정당은 정부의 정책에도 막강한 영향력을 행사하며, 이런 영향력은 세세한 정책 내용까지 규정한 정부 협약의 형태로 공식화되기도 한다.

다. 정당의 지지 기반

정당의 사회적 지지 기반이 있는지 없는지의 여부도 당정 관계에 영향을 미친다. 광범위한 사회적 지지 기반을 갖고 있는 대표성 있는 정당들(representative parties)이 소수의 정치 지도자들에 의해 만들어진 권위주의적 정당들(authoritarian parties)보다 정부에 더 많은 영향력을 행사하려고 할 것이다. 그러나 미국의 예에서 보듯이 현실적으로 대표성 있는 정당은 그렇지 않은 정당보다 더 분권화되어 있기 때문에 정부에, 영향력을 행사하지 못하는 측면이 있다. 한편 아주 광범위한 사회적 지지 기반을 유지하는 정당은 정부 구성에 대한 영향력보다 정책과 관련된 후원 제공에 더 큰 영향력을 행사하려고 할 것이다.

정당의 지지 기반과 함께 정당이 내부적으로 응집력이 있는지 없는지의 여부, 즉 정당의 내부 구조도 당정 관계에 많은 영향을 미친다.[22] 일반적으로 정당의 내부적 응집력이 낮으면 낮을수록 정당의 영향력도 낮고, 정당에 대한 정부의 영향력도 낮아진다. 극단적인 모래알 정당은 정당의 실체가 없기 때문에, 정당 우위냐 아니면 정부 우위냐를 논의할 수조차 없다. 이런 극단적 경우는 현실적으로 거의

22) 정당의 내부 구조와 관련하여 유형으로는 정당 지도자에게 결정 권한이 집중되어 있는 응집력이 강한 정당, 당명만 유지하고 있는 모래알 같은 정당, 그리고 그 중간쯤에 계파 · 지역 · 언어 · 인종 · 종교 · 계급 등에 따른 당내 계파가 존재하는 정당들을 생각해 볼 수 있다.

존재하지 않는데, 특히 내각제에서는 정당이 없으면 정부가 구성될 수 없으므로 이런 상황은 초래되지 않을 것이다.[23)]

라. 정당 지도자의 역할

정치 지도자들의 역할은 이제까지 논의한 당정 관계에 영향을 미치는 요인들에 의해 확대될 수도 있고 축소될 수도 있다. 그래서 이 문제에 대해서는 많은 논쟁이 있어 왔다. 일반적으로 내각제보다는 대통령제의 내각수반은 정부를 독립적으로 이끌기 때문에 그 역할이 막중하다. 내각제에서도 단일 정당정부 또는 응집력이 강한 집권화된 정당들이 집권하는 경우에는 강한 정치 지도자가 나타날 수 있다. 정치 제도가 자신들에게 부여한 권한 이상을 정치 지도자가 행사한다면 정치 지도력이 당정 관계에 영향을 주는 독립변수로 작용한다.

이런 측면에서 정치 지도자의 유형은 첫째로 정부 내에서만 영향력이 있는 지도자, 둘째는 정당 내에서만 영향력이 있는 지도자, 셋째는 정당과 정부 모두에서 영향력이 있는 지도자로 분류해 볼 수 있다(Bondel, 1995: 140-141).

② 정책적 요인

정당이 정책 과정에서 어떤 형태로든 정부에 영향을 행사한다는 것은 명확한 일이다. 그렇기 때문에 당정 관계는 정부에서 집행된 모든 정책에 대해 정당이 어떻게 관여했는지를 모두 검토한 다음에야 결정될 수 있는 문제이다. 그런데 현실적으로는 이런 방법이 불가능하므로 일부 정책들만을 검토할 수밖에 없다. 따라서 이 방법에 의한 당정 관계에 대한 추론은 대단히 조심스럽게 이루어져야 한다.

이 같은 전제 하에 우선 정책 문제의 인지 단계에서 그 문제가 정당에 의해 먼저 제기되고 제기된 문제가 큰 수정 없이 정책의제로 채택되는 경우, 당연히 정부에 대한 정당의 영향력은 클 수밖에 없다. 또한 문제가 정부에 의해 제기되더라도 정당의 반대에 부딪혀 문제를 근본적으로 다시 정의해야 되는 경우에도 정당의 영향력은 크다. 반대로 정부에 의해 제기된 문제가 정당의 전폭적인 지지를 받지는 못하지만, 문제의 본질이 바뀌지 않은 상태에서 정책 당국으로 넘어가는 경우에는 정부의 영향력이 크다고 할 수 있다. 정당의 개입 없이 순전히 정부 스스로가 문제

23) 이 같은 유사한 경우가 프랑스 제4공화국에서 발생했다.

를 제기하는 경우도 정부의 영향력이 큰 것은 말할 것도 없다.

다음으로 대안의 모색 과정에서 정당이 문제와 관련된 위원회에 참석해 그 위원회의 결정에 구속력이 있을 때 정당의 영향력은 커진다. 구속력 있는 위원회에 참여하고 있지는 않지만 정부가 제기한 정책이 정당의 이해관계와 상충되는 경우에는 정당이 그 정책을 중지시키거나 본질적인 부분에 수정을 가할 수도 있다. 그러나 어떤 정책에 대해 정당 내에 이견이 존재하여 부분적인 수정에 그치거나, 정당이 전혀 개입하지 못한다면 정부의 영향력이 크다고 할 수 있다.

끝으로, 정책 채택의 단계에서 정부가 채택한 안이 정당의 요구를 그대로 받아들였거나 요구를 받아들이지 않았다는 이유로 채택되지 않았을 경우 정당의 영향력이 크다고 할 수 있다. 반대로 채택된 안에 정당의 요구가 전혀 반영되지 않았거나 정당의 개입 없이 정책이 채택되는 경우 정부의 영향력이 크다고 할 수 있다.

또한 정책집행의 내용과 속도가 의회나 정당의 감독 아래 있거나, 직접적 감독은 하지 않지만 정책이 수정될 경우 의회나 정당이 관여할 수 있을 경우에도 정당의 영향력이 크다고 할 수 있다. 그러나 의회나 정당이 정부의 정책집행에 관여할 여지가 거의 없거나 정책 수정이 정부 임의대로 가능한 경우에는 정책집행 과정에 대한 정당의 영향력은 약하다고 할 수 있다(Arnold, 1979: 87-89).

2. 한국 정부와 정당

1) 한국 정당의 특성

우리나라는 광복을 맞이하면서부터 폭발적인 참여 현상에 직면하게 되었다. 이에 더해 정치 활동 및 정당 설립이 자유로워지면서 수많은 정당이 우후죽순처럼 탄생했다. 그러나 건국 초부터 좌우익의 심한 이념적 대립으로 인해, 정당이 주도적인 정치·사회적 세력을 형성하지 못한 상태에서 수많은 군소 정당만이 난립했다. 이 정당들은 제 기능을 수행하지 못하고, 이합집산의 과정을 거쳐 지금에 이르렀다.

특히 급변하는 정치 변동으로 인해 한국의 정당들은 〈표 8-3〉에서 보듯이, 1963년

표 8-3 정부별 등록 정당

정 부	등록 정당
박정희 3공 정부 (1963~1972년)	민주공화당, 민정당, 추풍회, 민주당, 자유민주당, 정민회, 신흥당, 국민의당, 신민회, 자유당, 보수당, 한국독립당, 민중당, 신한당, 신민당, 대중당, 통일사회당, 자민당, 민주당, 국민당
박정희 유신 정부 (1972~1979년)	민주통일당, 통일사회당
전두환 정부 (1980~1988년)	민주정의당, 민주한국당, 민주사회당, 한국국민당, 민권당, 신정당, 원일민립당, 안민당, 사회당, 한국기민당, 통일민족당, 민주농민당, 불민당, 신정사회당, 신한민주당, 사회민주당, 기독성민당, 민중민주당, 제3세대당, 통일민주당, 일체민주당, 한주의통일한국당, 신민주공화당, 평화민주당
노태우 정부 (1988~1993년)	한국민주당, 정의평화당, 민주의당, 한겨레민주당, 민주자유당, 민주당, 공영민주당, 민중당, 통일국민당
김영삼 정부 (1993~1998년)	신정치개혁당, 진리평화당, 친민당, 대한정의당, 새한국당, 대한민주당, 신민당, 정명당, 통일한국당, 자유민주연합, 신민당, 새정치국민회의, 개혁신당, 통합민주당, 무당파국민연합, 21세기한독당, 공화당, 민주국민연합, 국민신당, 바른나라정치연합, 한나라당, 건설국민승리21
김대중 정부 (1998~2003년)	애국번영당, 청년진보당, 민주노동당, 민주당, 개혁국민정당, 국민통합21, 민주국민당, 한국미래연합, 하나로국민연합, 새천년민주당, 녹색평화당, 노년권익보호당, 사회당, 민주공화당, 민주광명당, 나라전진당, 통일한국당, 애국번영당, 국민행동
노무현 정부 (2003~2008년)	열린우리당, 기독민주복지당, 천주평화통일가정당, 한국사회민주당, 선진한국당, 자유평화당, 국제녹색당, 친박연대, 창조한국당, 평화통일당, 화합과도약을위한국민연대, 경제통일당, 자유선진당, 민주당
이명박 정부 (2008~2013년)	통합진보당, 진보신당, 사회당, 문화연합당, 통일당, 정의당, 경제백성당, 가인친환경당, 그린불교연합당, 노동당, 녹생당더하기, 대한민국당, 새마을당, 정의당, 새정치국민의당, 민주당, 새누리당
박근혜 정부 (2013~2017년)	새누리당, 더불어민주당, 국민의당, 정의당, 가자코리아, 강제동원일제 · 일본군위원부인권정당, 개혁국민신당, 고용복지연금선진화연대, 공화당, 국민행복당, 국제녹색당, 그린불교연합당, 기독당, 기독자유당, 노동당, 녹색당, 대한민국당, 민중연합당, 복지국가당, 진리대한당, 한반국민희망연합, 통일한국당, 통합민주당, 한국국민당, 한나라당, 한누리평화통일당, 한반도미래연합, 환수복지당
문재인 정부 (2017.5~)	더불어민주당, 자유한국당, 바른미래당, 민주평화당, 정의당, 민중당, 대한애국당, 가자코리아당, 경제애국당, 공화당, 국민새정당, 국민행복당, 국제녹색당, 그린불교연합당, 기독당, 기독자유당, 노동당, 녹색당, 대한민국당, 민중민주당, 인권정당, 새누리당, 우리미래, 진리대한당, 통일한국당, 통합민주당, 한국국민당, 한나라당, 한누리평화통일당, 한반도미래연합, 홍익당

참고: 등록일을 기준으로 작성했으며, 창당준비위원회는 생략했음. 1963년 이전 자료는 기록이 없음.
출처: 선거관리위원회(www.nec.go.kr, 2005년, 2008년, 2013년, 2016년, 2018년)의 정당 등록 현황에 의거 재작성.

이래 100여 개가 넘는 정당이 난립하는 등 그 부침이 대단히 심하고 단명하는 특징을 보여 왔다.

그 결과 최근의 예외적인 상황을 제외하고 대부분의 군소 정당들은 국회에서 의석을 차지하지 못하고 있는 실정이다. 그에 따라 한국의 정치는 전반적으로 양당제 체제가 지배적으로 유지되고 일부 소수 정당이 존재하는 양상을 보여왔다. 더구나 한국의 경우 권위주의 체제가 오래 지속되었기 때문에 공화국별로 당정 관계의 특징적인 모습을 찾아내기란 쉽지 않다. 다만 특징적인 것이라면 집권당의 경우는 주로 대통령 주도로 창당되었고, 야당은 이에 반대하는 방식으로 조직되었다. 그 결과 정당의 자율성과 다원성을 확보하기 어려웠다. 이로 인해 한국의 정당은 공식적 조직구조보다 비공식적 조직구조 즉 파벌의 비중이 매우 높았다.

특히 소수의 명사를 중심으로 한 정당 운영으로 인해 파벌적 행태가 지배해 왔기 때문에 구조적으로 취약할 수밖에 없었다(호광석, 2005: 306). 이러한 정당 운영의 파벌적 행태는 민주화 이후에도 상당 기간 지속되었다.[24] 이런 점에서 한국의 정당은 시민들의 자발적인 결사체라기보다는 시민들과 유리된 소수 정치인들의 결사체에 불과했다. 한국의 정당은 주요 구성원인 당직자들을 중심으로 운영되고 있고 당원들의 영향력은 극히 미미하다. 특히 소수 지도자 중심의 정치자금 형성으로 평당원과 정당 지도부 간의 괴리는 매우 컸다. 형식적으로 등록한 당원의 수는 많지만 실제 활동하는 진성 당원은 극히 제한되어 있다.

그 결과 한국의 정당은 평당원들이 정당 운영 과정에 거의 영향력을 행사할 수 없는 구조적 결함을 가지고 있다. 다만 최근에 이르러 모든 정당이 정당 운영에 대한 개혁을 시도하고 있다.

2) 한국 정부와 정당

당정 관계의 유형에서 정부와 정당이 독립적이냐 상호의존적이냐 하는 논의는 각 기관이 의사 결정의 주체로서의 자율성을 갖고 있다는 점을 전제로 한다. 정부

24) 예컨대, 민주화가 진행된 이후에도 김영삼, 김대중 두 전직 대통령이 형성한 정당 내 카리스마적 리더십은 다른 지도자에 의해 대체되기 어려웠다. 그러나 노무현 정부 이후부터 이러한 성향은 과거보다는 다소 약화되는 경향을 보이고 있다.

와 정당 간의 관계에서 한국의 경우 정당에 비해 언제나 정부의 역할이 압도적이었다. 그래서 서구적 의미에서 정부 또는 정당이 자율성을 가져본 적이 없다. 엄밀한 의미에서 한국의 정당들은 애초부터 정책 정당과는 거리가 멀었으므로, 특히 정당의 자율성이라는 측면에서 결함을 지니고 있었다.[25]

한편 최근의 예외적인 상황 등을 제외하고, 한국의 정당들은 대체로 양당 체제를 유지해 왔다. 그리고 이런 양당 체제는 정치적 쟁점은 물론이고, 정책적 문제에 대해서도 항상 극한적 대립을 낳아 왔다. 한국의 정당 체계를 결정하는 것은 이념이나 정책의 차이가 아니라, 전적으로 대권주자로 불리는 정당 지도자들의 판단에 의해서였다.

〈표 8-3〉에 나타난 바와 같이 한국 정당의 탄생과 소멸은 대통령 후보를 둘러싸고 야기된 반대당들의 분열과 통합, 그리고 대통령 당선을 위한 지지당들의 연합 등을 단적으로 보여준다. 그리고 후보들은 대통령이 되고난 뒤에도 의원 공천권 및 주요 당직자 임명을 통해 정당을 형식적 기구로 만들었고 예속적 지위에 두어 왔다. 이로 인해 정당의 대통령 및 행정부에 대한 기속성은 대단히 높았고, 정책 과정에서 정당의 영향력은 미미할 수밖에 없었다.

대부분 정치 후진국과 마찬가지로 한국의 정당들은 좀 더 큰 이슈에만 관심을 가져왔다. 구체적 정책과 같은 작은 이슈는 큰 이슈를 다룰 때 협상용으로만 의미가 있을 뿐 정책 내용에 대해서는 별 관심이 없다. 심지어 예산을 다룰 때에도 다른 정치적 이슈를 합의해준 대가로 통과시키는 일도 종종 있었다. 이른바 당정협의회를 운영하고는 있으나 정당의 정부에 대한 영향력 행사는 아주 포괄적인 수준에서 이루어지며 정치적 상징성만을 띠고 있는 경우가 대부분이었다.

정책 과정에서도 정책 문제의 인지 단계는 전적으로 정부에 의해 지배되고 조작된다. 그 문제에 대한 어떤 개인이나 집단 또는 정당의 반응이 고려되는 경우도 있

25) 정부와 정당 간의 관계 유형을 토대로 한국 정부와 정당 간의 관계를 유추하는 데는 상당한 한계가 있을 수밖에 없다. 그것은 당정 관계에 영향을 미치는 각각의 요인에 대한 구체적이고 경험적인 연구가 축적된 이후에나 가능할 것이기 때문이다. 그러나 그동안의 자료 축적과 향후 당정 간의 바람직한 관계 모형을 모색해 본다는 측면에서 여기서는 정부와 정당의 자율성, 정당의 체계와 역할, 정부와 정당의 요직 인선, 후원 제공 등에서 당정 관계가 어떻게 나타나고 있는지를 살펴보고자 한다. 이와 함께 정책 과정에서 나타나는 당정 관계의 양상에 대해서도 언급하고자 한다.

지만, 대부분의 문제는 관료들에 의해 정의되고 관료들에 의해 정책의제화된다. 경우에 따라서는 정책이 아니라 정치적 쟁점의 주도권조차도 이익집단이나 정당에 있는 것이 아니라 정부의 관료가 갖고 있을 수도 있다. 정치적 쟁점을 해결하고 위기에 대처하는 일까지도 이른바 기술 관료라 불리는 소수 공무원집단이 주도한다.

정책채택 단계에서도 의회가 중요한 역할을 하는 것이 아니라, 거의 모든 조치가 정부 내 관련 부서에서 이루어진다. 이 단계에서 사안에 따라 특히 정치 시장에 영향을 주는 문제인 경우 집권당이 나서기도 하는데, 이 경우에도 구체적이기보다는 포괄적인 개입에 그친다. 정책집행 단계에서도 중요한 이권이 걸려 있는 예외적인 경우를 제외하고는 다른 나라에 비해 정부 전체가 고도로 중앙집권화되어 있기 때문에 정당이 개입할 여지가 그만큼 적다. 그러나 이미 언급한 대로 정치적 의미를 지닌 중요한 정책에 대해서는 정당이나 정당 지도자가 영향력을 행사하려고 할 것이다.

제4절 한국 정부와 언론

냉전 이후 전 세계적으로 독재정치 체계가 몰락하고 민주정치의 영역이 급속히 확대되면서, 언론은 민주정치의 효율성을 높이는 데 없어서는 안 될 필수적인 수단이라는 인식이 일반화되고 있다. 언론은 민주정치를 위한 피드백으로서의 중요한 기능을 수행해야 하며, 이를 위해 언론이 아무런 제약이나 간섭 없이 자유롭게 기능할 수 있도록 언론 자유가 완전히 보장되어야 한다는 입장이다.

민주정치는 주권자인 시민이 스스로를 다스리는 시민 자치이며, 시민이 나라의 주인이다. 그래서 평소 중요 쟁점에 관한 정보와 의견, 주장 등의 자료에 충분히 접근해서 이를 토대로 나라의 결정에 참여할 수 있어야 한다는 것이 주된 논리이다. 이것은 헌법이 보장한 최고의 시민적 기본권이기도 하다. 그러나 또 다른 한편에서는 시민을 대표하지 않고, 시민에 대해 책임을 지지 않은 채 사익만을 추구하는 선출되지 않은 언론 권력이 있다. 이에 대해서는 공익적 차원에서 규제할 수 있고, 규제해야만 한다는 반대적 입장도 언론의 자유에 대한 지지만큼 강력하게 존재한다.

참여자로서 언론과 정부와의 관계를 규정짓는다는 것은 쉬운 일이 아니다. 여기에서는 이 같은 시각에서 우선 정부와 언론 간의 관계를 포괄적으로 설명할 수 있는 관계 유형과 민주화 이후 강력해진 언론의 영향, 이에 따른 정부의 규제를 중심으로 양자 간의 관계 변화를 살펴보고자 한다. 또한 한국에서 이러한 정부와 언론 간의 관계를 통해 참여자로서 언론이 한국 정부 속에서 어떤 역할을 담당해 왔는지에 대한 이해를 높이고자 한다.

1. 정부와 언론

1) 언론의 성격

오늘날 미디어 정치 시대에는 언론이 새로운 정치 주체로서 등장하는 동시에, 정당과 같은 전통적인 정치단체의 영향력이 상대적으로 감소함에 따라 이들을 대신해 언론 스스로가 의제 설정, 정책 토론, 검증 및 평가 등의 역할을 수행하게 되었다. 일반적으로 이러한 언론의 자유 범주에는 신문이나 기타 출판물을 발행하며, 언론 미디어를 소유할 수 있는 자유와 보도의 자유, 대중의 언론에 대한 접근권, 시민의 알 권리 등이 포함된다. 이 중 언론의 소유와 보도의 자유, 그리고 시민의 언론 접근권은 표현의 자유에 해당되며, 시민의 알 권리는 민주정치에서 주권자인 시민이 항시적으로 국정 현황을 파악할 수 있는 권리이자 곧 수신자로서 시민의 권리이기도 하다.

그럼에도 언론 본연의 가장 큰 의무는 진실을 밝히고 정의를 실천하는 데 있다.[26] 언론의 공익성은 정보의 홍수 속에서 국민들이 민주시민으로서 알아야 할

26) 한편 언론의 공익적 성격에 대해 비판적인 시각은 언론의 성격을 다음과 같이 규정하고 있다. 즉, 언론이 공익을 표방하고 여론을 반영한다고 주장해도 결코 국민에 의해 선출된 권력은 아니라는 것이다. 그것은 명백히 선출되지 않은 권력이며, 따라서 언론은 시민에 의한 대표성도 없고, 시민에 대해 책임도 지지 않는 임의적인 권력이라는 것이다. 특히 공적 소유의 언론사가 아닌 사기업적 언론사는 대표성과 책임성을 가질 권리와 의무가 없는 단지 사리를 추구하는 기업에 지나지 않을 수도 있다. 따라서 사기업이 비대한 권력을 가지고 자의적인 권력 행사를 추구한다면

정보를 공정하게 잘 선택하여 제때에 정확하게 전달하고 민주적인 여론이 형성될 수 있는 공론의 장을 매개하는 것이다. 그런데 이러한 언론의 공익성을 제약하는 많은 요인 중에서 특히 정치 권력의 통제와 조작, 자본의 개입과 간섭, 언론의 상업화가 가장 큰 요인이라고 할 수 있다(이효성, 1996: 36-37).

이러한 관점에서 볼 때, 언론의 공정성을 제약하는 요인 가운데 정치 권력의 통제와 조작은 정부적 요인이지만, 나머지 두 요인은 언론 자체로부터 파생하는 요인이다. 따라서 언론에 대한 관심은 언론이 본래의 공익적 기능을 제대로 수행하는지에 대한 관심과 더불어 언론에 대한 감시와 비판으로 이어진다. 공익성에 관한 평가 이외에도 언론이 감시와 비판의 대상이 되어야 하는 또 다른 이유는 언론 자체가 거대한 권력 기구화되어 언론에 대한 견제와 균형이 요구되기 때문이다.

2) 정부와 언론 간의 관계

민주적인 정부에서 정부와 언론은 본질적으로 긴장 관계에 있다. 정부의 가장 중요한 기능 중 하나는 효과적인 정책 수행을 위해 계획과 제안에 대해 토론하고 이에 대한 국민의 평가를 얻을 수 있도록 시민들과 공개적으로 의사소통을 하는 데 있다. 반면에 언론의 목적은 정책 수행을 둘러싼 정부의 능력과 정책적 효과성을 평가하고 보도하는 것이다.

언론은 정부의 통치 과정에서 관찰자나 참여자 역할을 모두 수행한다. 관찰자로서 언론은 정부의 정책결정자와 관료로부터 정보를 수집하고 이를 국민에게 전달한다. 참여자로서 언론은 정부의 의제 설정을 돕고 권력 남용을 견제하는 역할을 담당하기도 한다. 대부분의 정부 지도자들은 자유 언론의 중요성을 인식하고 있지만, 때로는 국가 이익과 관련된 정보나 정책이 폭로되는 등 지나친 언론의 관여로 인해 발생하는 어려움에 봉착하기도 한다. 따라서 대부분의 선진국에서는 보도 가능한 공적 정보에 대해서는 세부적인 법률에 의해 이를 규정하고 있다.

그러나 언론과 정부 관료는 항시적으로 보도 뉴스를 둘러싸고 긴장과 갈등 관계에 놓여 있다. 예컨대, 정부 관료는 언론이 정부의 비리에만 초점을 맞추고 있다고

이는 당연히 공적 규제의 대상이 되어야 한다는 입장이다.

지적하며 언론이 객관적인 관점보다는 논쟁거리가 되고 선정적인 항목만 선택한다고 비난한다. 반면에 언론 측은 관료들이 뉴스의 본질을 이해하지 못하고 있다고 비난한다.

(1) 정부와 언론 간의 관계 유형

정부와 언론과의 관계는 매우 다양하다. 정부와 언론 간의 관계에 대한 일반적인 이론적 틀은 대립적 관계모형(adversary relationship model), 협조적 관계 모형(cooperative relationship model), 교환적 관계모형(exchange model) 등으로 나뉜다(이강수, 1991: 176-197). 정부와 언론 간의 이러한 관계 유형은 정부와 언론 간의 관계에서 정부와 언론이 어떤 관계에 놓여 있든, 기본적으로 정부는 다양한 형태의 언론정책을 결정·집행하고, 언론은 정부에 대한 비판과 견제를 수행하는 제4부로 기능한다는 것을 전제로 한 것이다.[27]

그런데 정부와 언론 간의 일반적 관계 유형과는 달리, 시버트(Siebert, 1966: 219-226)는 언론 매체의 기본 목적과 관련하여 현실 정치 과정에서 정부가 언론에 대해 취하는 관계 양식을 네 가지 유형으로 분류하고 있다.[28] 즉, ① 언론에 대한 구속기관(restrictive agency)으로서 정부, ② 언론에 대한 규제기관(regulating agency)으로서 정부, ③ 언론에 대한 촉진기관(facilitating agency)으로서 정부, ④ 언론에 대한 참여기관(participating agency)으로서 정부가 그것이다.

첫째, 구속기관으로서 정부란 정부가 언론의 자유로운 활동에 대해 구속과 억압을 가하는 경우를 의미한다. 권위주의 체제에서 정부는 언론의 자유에 대한 억압자로서 혹은 언론을 통한 국민 의식의 조작자로서 또는 국민에 대한 일방적 커뮤니케이션의 주체로서 기능한다. 또한 권위주의 체제에서 정부는 권력 유지와 존속이라는 정치적 목적을 위해 언론에 대한 다양한 통제와 규제를 시행하고 있다.

---

27) 채피(Chaffee, 1947: 3-4)는 정부와 언론 간의 관계를 세 가지 측면에서 고찰했다. 그것은 첫째, 정부가 신문의 활동을 제약 혹은 억제하기 위해 권력을 행사할 수 있고, 둘째, 정부는 더욱 훌륭하고 광범위한 커뮤니케이션 활동을 조성하기 위해 긍정적으로 행동할 수 있으며, 셋째, 정부는 신문을 매개로 해서 국민들과의 순환적 커뮤니케이션의 상대자로 기능할 수 있다는 것이다.

28) 시버트(Fred S. Siebert)는 언론매체의 목적으로 시민들에게 평화적이고 생산적인 사회를 유지하도록 하고, 동시에 개인적인 만족을 줄 수 있는 내용의 커뮤니케이션을 이용하도록 하는 데 있다고 한다.

그러나 언론에 대한 통제를 권위주의 체제 국가에서만 하고 있는 것은 아니다. 근대 시민민주주의 국가들에서조차 정부는 언론에 대해 무한정 자유를 허용하지는 않는다. 예컨대, 국가의 전복 기도나 내란 선동 혹은 명예 훼손 등은 공익적 관점에서 통제되고 있는 실정이다.

한편 언론은 정부에 대해 파수견이나 제4부로서 정부의 활동을 일상적으로 감시하고 비판함으로써 민주정치의 실현과 유지에 공헌한다. 이 과정에서 언론은 그 비판이나 여론 형성의 대상이 되는 정부와 흔히 갈등이나 대립 관계에 놓이게 되는 경우가 많다. 이처럼 언론에 대한 정부의 통제와 정부로부터 언론의 자유는 양자 간 대립 관계의 기본 축을 이룬다.

둘째, 규제기관으로서 정부란 언론 활동에 대한 정부의 일정한 조정 활동을 의미한다. 규제는 이념적으로는 정부가 언론의 자유를 침해하지 않고, 공적 이익을 위해 언론이 기여할 수 있도록 조건을 갖추어 주는 것이다. 예컨대, 사이비 언론기관에 대한 정비, 언론인의 자격 요건에 대한 정부의 심사, 독점금지법의 제정 등 언론의 공공성 향상을 위한 여러 가지 방안 등을 들 수 있다. 그러나 정부의 규제 기능은 현실적으로 언론을 제약하거나 조작하는 적극적 언론 통제 방안으로 수단화될 수 있다.

셋째, 촉진기관으로서 정부란 언론의 기능 수행을 도울 목적으로 정부가 확보하고 있는 자원들을 동원하여 언론에 대해 원조 등을 제공하는 경우를 의미한다. 원조에는 감세, 면세, 신문용지 공급 시에 편의 제공, 운송시설 이용의 특권, 취재의 편의 제공 등 다양한 방식이 존재한다.[29] 언론에 대한 정부의 원조는 언론이 단순한 영리기업이 아니라 공익에 봉사하는 공익기관이라는 이유로 정당화된다.

반면 정부의 언론에 대한 지원이 악용될 때에는 언론의 독립성을 해칠 우려도 있고, 언론계의 부패와 사적 이윤 추구를 촉진할 수도 있으며, 언론사에 대한 경제적 압력 수단으로 변질될 우려도 있다.[30]

---

29) 스웨덴에서는 1969년에 신문융자기금(Press Loan Fund)이 설치되어 충분한 경쟁 능력을 갖추지 못한 신문들에 특별융자를 실시하고 있다. 융자 대상은 재정적으로 궁핍한 신문과 동일한 발행 지역 내에서 상대적으로 거대 신문사와 경쟁하고 있는 신문사들이다. 스웨덴의 이러한 제도는 경쟁 능력이 떨어지는 약자들을 보호함으로써 언론을 통한 의견의 다양성을 확보하려는 데 기본 목적이 있다(清水英夫, 1991: 172).

넷째, 참여기관으로서의 정부란 정부가 신문이나 방송 등 언론사를 직접 소유함으로써 이를 통해 국민들과 직접 접촉함을 의미한다. 또한 정부가 언론 상황에 적극적으로 개입하여 언론의 공적 성격을 회복시키기 위한 법적 조치를 취하는 것도 참여기관으로서 정부의 기능에 포함된다. 이 같은 정부의 기능은 상업주의적 언론기업들이 반사회적 성격 내지 사회적 역기능을 행하고 있는 것에 대한 대안으로 제시되었다. 즉, 상업주의적 언론은 그 소유자의 사적 이해관계에 따라 운영될 가능성이 있으며, 따라서 다양한 사상과 의식의 공개장(公開狀)으로 기능하기가 어렵다. 이러한 상황에서 공적 의식을 대표하는 정부가 직접 나서서 다양한 사상이나 의식의 공공 영역을 적극적으로 마련해야 한다는 논리가 참여기관으로서 정부를 정당화하는 논리이다.

참여기관으로서의 예시로 현재 우리나라는 2008년 문화체육관광부 산하 책임운영기관으로 한국정책방송원(KTV 국민방송)을 설립하여 국민을 대상으로 정부 정책 성과 및 국정현안을 홍보하고 정부가 추진하는 다양한 정책 현장에서 국민들과 소통을 강화하고 있다.

(2) 정부와 언론 간의 관계에 따른 영향

언론과 정부 간 관계가 바람직한 상호 협조적인 관계 모형이라면, 양자 간 서로 미치는 영향은 말할 것도 없이 긍정적일 것이다. 그러나 현실에서 정부와 언론과의 관계가 이처럼 상호 협조적인 관계를 유지하기란 쉬운 일이 아니다. 언급했듯이 기본적으로 언론은 정부로부터 자유로워야 하지만, 다른 한편으로 언론의 활동에 대한 정부의 통제가 불가피한 측면이 있다. 언론의 자유에 대한 정부의 통제가 불가피한 측면에서 이루어진다면, 그래도 양자 간의 관계가 바람직한 협조적 관계 모형을 유지하는 데 큰 무리는 없을 것이다. 그렇지만 그렇지 않을 경우에는 정부와 언론 간의 관계에 심각한 균열이 초래된다(Sussman, 1989: 188-189).[31]

---

30) 이런 측면에서 언론의 민주화를 위한 정부의 개입은 시버트의 정부 기능 분류에서 주로 규제 및 촉진 기능과 깊이 관련된다. 정부는 입법을 통해 언론이 공적 기능을 충실히 수행할 수 있는 조건을 제공하거나, 그 조건을 용이하게 확보할 수 있도록 도움을 줄 수 있는 조정기관으로 기능할 수 있다.

31) 이 밖에도 맥퀘일(McQuail, 1995: 85)은 일반적으로 언론의 자유를 위협하면서 언론기관에 가하

그런데 언론에 대한 정부의 압력이 심화 누적되면서 여러 부정적 현상이 나타나는데, 그 중의 하나가 언론인과 경영진에 의한 자기 검열(self-censorship) 현상이다. 언론사의 자기 검열이란 기사상으로는 통제의 주체가 분명하게 드러나고 있지 않으나, 언론인 또는 언론사가 보이지 않는 손에 대한 부담이나 영합에 의한 자기 이익을 고려하여 스스로 객관성을 벗어난 보도 사례를 의미한다.

결과적으로 자기 검열은 언론사 사주의 이익을 도모하기 위한 방향으로 진행되면서, 궁극적으로 언론사 사주에 의한 직접 통제나 정치권의 언론사 사주에 대한 간접 통제의 증가로 나타난다. 결국 이로 인해 자본 통제를 강화시키는 현상으로 나타날 수 있다는 것이다. 이 밖에도 비공식적 차원에서 이루어지는 언론 규제 방식을 지적할 수 있다. 비공식적 통제란 법적·제도적 통제와 같은 공식적 통제를 벗어난 형태를 의미한다. 비공식적 통제의 유형에는 보도 내용 및 형태에 대한 영향, 언론사의 인사권에 대한 부당한 개입, 정보 통제로 불리는 취재원에 대한 접근 제한, 언론인에 대한 물질적 향응 등을 들 수 있다.

이때 보도 내용 및 형태에 대한 영향이란 언론의 내외적 압력집단이 신문사나 방송사에 직접 연락을 취해, 관련 홍보성 기사를 확대하거나 부정적 기사를 축소하거나 삭제하도록 요청한 경우를 의미한다. 특히 정보 통제는 취재원이 자신에게 유리한 정보만 제공하며, 그렇지 않은 정보는 철저히 은닉하는 통제 방법이다. 이는 언론사의 소유를 통제하는 발행 통제, 검열이나 법적 제한 등의 보도 통제에 이어 새로운 언론 통제 유형이라 할 수 있다.

는 요구와 강제의 출처(source)를 두 가지로 구별하고 있다. 직접적 출처로는 취재원·소유주·광고주·수용자이고, 간접적 출처로는 압력집단·투자자·정부·사회정치적 제도로 나누고 있다. 그런데 한국적 상황에서는 맥퀘일이 분류한 직접적 출처 중 소유주와 광고주의 영향은 큰 반면, 수용자의 요구·강제는 그 영향력이 취약한 편이다. 간접적인 출처로 분류된 정부는 매우 강력한 영향원이기 때문에 제1의 직접적 출처라고 할 수 있다. 따라서 한국적 상황에서 언론이 느끼는 심리적 자유란 정부, 소유주, 광고주, 수용자, 취재원 등의 압력으로부터의 자유를 의미한다고 할 수 있다(정인숙, 1998: 63).

2. 한국 정부와 언론

1) 한국 언론의 특성

우리나라에서 언론·출판의 자유는 헌법에 명시된 기본권 중에서도 정신적 자유권에 해당하는 권리이다. 현대적 의미에서 언론의 자유는 사상이나 의견을 발표하는 자유 이외에도 알 권리, 접근권, 반론권, 언론기관 설립권을 포함하여 언론기관의 취재 자유와 편집·편성권 및 그 내부적 자유까지를 포괄하는 의미로 규정하고 있다.

특히 언론기관의 자유는 대외적 자유와 내부적 자유로 구분된다. 전자는 보도(방송) 및 논평의 자유, 취재의 자유, 보급의 자유, 출간 시기의 결정·편집 활동 등 보조 활동의 자유, 발행인 또는 언론기업이 국가에 대해 갖는 고전적 방어권을 의미한다. 그리고 내부적 자유는 비록 명문 규정은 없지만 언론기업 내부에서 사용자와 피고용자, 상관과 부하 간에 인정되고 있는 자유의 개념이다(권영성, 1996: 440-451).

1987년 민주화 이후 우리나라 언론의 자유가 신장되고 있다. 한국 언론의 자유를 둘러싼 국가 권력의 지배 현상이 감소되는 것과 관련해 두 가지 시각이 존재한다. 언론에 대한 적극적인 정부 개입 축소의 결과라는 입장과 오히려 간접적인 또 다른 형태의 정부 개입의 결과로 언론 산업의 경쟁 체제를 강화시켰기 때문이라고 보는 것이 그것이다. 후자의 입장에 따르면 신문의 경우 재벌 소유 또는 언론 재벌의 형태로 성장하고, 방송은 상업방송으로 변신함으로써 체제에 대한 비판력이 약화되었다는 것이다. 이런 특성이 1990년대 한국 언론의 기본 성격이며, 동시에 언론에 대한 정부정책의 본질이라고 볼 수 있다(김서중, 1996: 239).

유사한 입장에서 김해식(1994)도 군사정부 동안에 언론에 영향을 미친 변수 중 가장 강력한 것은 국가였으나, 이후에는 언론에 대한 국가의 통제에서 자본의 통제로의 이행 조짐이 나타나고 있다고 지적하고 있다. 또한 이효성(1996: 167-175)도 1987년 6·10 민주항쟁 이후 정치 권력의 약화와 함께 그 공백을 채우면서 지나치게 과도한 힘을 행사하는 부문으로 등장한 것이 재벌과 언론이라고 주장한다.

요컨대, 과거에 정부와 언론은 적대 관계와 일체 관계라는 양극을 잇는 연장선 상을 오가는 진자운동으로 파악되었지만, 민주정부의 경우에는 두 관계가 견제와 비판을 본질로 하되 상호 간 필요성을 인정하는 공생·공존 관계로 전환해야 하는 상황에 놓여 있다고 할 수 있다.

2) 한국 정부와 언론

한국 정부와 언론과의 관계는 참으로 지난했다. 해방 이후 잠시 만개했던 언론의 자유는 이승만 정부의 집권과 함께 회유와 통제에 입각한 반민주주의적인 언론정책으로 피폐해져 갔다. 이후 장면 정부가 등장하면서 양자의 관계가 잠시 회복되는 듯싶더니, 다시 군사정부의 등장으로 한국의 언론은 다시 기나긴 반민주주의적인 언론정책에 의해 정부에 예속되어 갔다. 여기서는 특히 산업화기 이후부터 한국 정부와 언론과의 관계에 초점을 두고 양자의 관계를 구체적으로 살펴보고자 한다.

(1) 전두환 정부

한국 정부의 산업화기에 해당하는 5·16 군사쿠데타 이후부터 전두환 정부에 이르기까지 한국의 권위주의 정권들은 언론에 대해 노골적인 회유와 통제, 즉 당근과 채찍을 활용한 반민주주의적인 언론정책으로 일관했다.[32] 이에 따라 군사정권 하에서 정부에 대한 언론의 감시와 비판이라는 감시견으로서 역할은 거의 찾아볼 수 없었고 양자 간의 관계에서 언론은 정부에 철저하게 예속되는 관계를 갖게 되었다(이효성, 1994: 64; 이효성, 1996: 62).

---

32) 권위주의 정부들은 정권의 정당성 결여를 보완하기 위해 매체를 통한 정당화의 기능을 필요로 했고, 이 기능을 수행할 수 있는 기제가 바로 언론이었던 것이다. 예컨대, 군사정권들은 언론사에 기관원을 상주시켜 언론을 감시하고, 비순응적인 언론인들의 신체에 위해를 가하거나 언론사에 압력을 가해 강제로 해직시키기도 했다. 한편으로는 물리적 폭력과 함께 촌지, 금융 혜택, 독과점 허용 등 각종 경제적 혜택을 베풀었다. 이러한 유인책에 덧붙여 협조적인 언론인들을 관계와 정계의 요직에 발탁하는 방식도 많이 이용되었다. 언론은 이러한 기능을 수임 받는 대가로, 국가의 지원 하에서 거대자본으로 성장할 수 있었다. 이런 측면에서 최장집(1994: 46)은 언론이 기득 세력 중의 하나가 된 이유가 이것에 있다는 것이다. 이러한 언론을 소위 제도언론이라고 표현하기도 한다.

이를 입증하듯 박정희 정부에 이은 전두환 정부가 추구한 언론정책의 성격은 언론구조의 전면 개편을 통해 체제의 정당성을 강화하려는 데 놓여 있었다. 즉, 신문·방송·통신 등 모든 언론사의 통폐합을 통해 언론계의 전면 개편을 기도했다. 이러한 개편은 언론기본법의 입법, 언론인 교육, 언론중재위원회 및 방송위원회의 신설 등으로 구체화되었다.[33]

특히 전두환 정부가 새로이 제정한 언론기본법은 언론 자유를 저해하는 규정이 상당수 포함되어 있다는 데 문제가 있었다. 언론기본법 중 가장 대표적인 독소 조항은 정기간행물의 시설 기준과 그 등록 및 등록 취소와 편집인의 형사 책임 등에 관한 것으로서, 이는 헌법이 보장한 표현의 자유를 심각하게 침해하고 있음은 물론 위헌적 조치로 규정할 수 있다. 따라서 전두환 정부가 추구한 언론과의 관계는 정부가 언론에 대한 구속기관으로서 역할을 담당했으며 이로 인해 언론이 정부에 심각하게 예속된 형태였다.

1987년 6·10 민주항쟁은 양자 간의 관계에 중대한 변화를 초래하는 계기가 되었다. 한국 정부의 민주화기가 시작되는 시점에서 노태우 당시 민정당 대표는 6·29 선언을 통해 언론의 자율성을 최대한 보장할 것이며, 정부는 언론을 장악할 수도 없고 장악하려고 시도해서도 안 된다는 점을 강조하면서 언론 자유의 보장을 약속했다.[34]

이에 따라 1987년 11월에 발효되었던 언론기본법이 국회에서 폐지되고 대체법으로 정기간행물 등록에 관한 법률과 방송법이 제정되었다.[35] 방송법이 새로 제정됨

---

33) 신문, 방송, 통신의 통폐합 과정은 외형적으로는 신문협회와 방송협회의 자율 결의에 의한 것처럼 가장되었으나, 당시 정부의 강제력에 의해 단행되었다는 사실이 이후 국회청문회 등을 통해 확인되었다. 강압적 타율에 의한 언론 통폐합과 함께 전두환 정부는 언론기본법 제정을 통해 신문 발행의 자유를 규제하고, 기존 신문의 발행 취소나 정지도 용이하게 할 수 있도록 규정하는 등 언론에 대한 규제를 강화했다. 당시에 언론 통폐합과 강제 해직으로 언론사를 떠난 언론인들은 2,000명에 달했다.

34) 노태우 정부는 이 선언에서 언론 자유의 창달을 위해 관련 제도와 관행을 획기적으로 개선한다는 전제 아래, 언론기본법의 개정 또는 폐지와 대체입법의 추진, 지방 주재기자의 부활과 프레스카드 제도의 폐지, 그리고 신문 지면의 증면 등을 약속했으며 이 공약들은 대체로 이행되었다.

35) 정기간행물의 등록제는 박정희 정부 때인 1964년 1월에 제정된 「신문·통신 등 등록에 관한 법률」에 바탕을 둔 것으로 등록제의 도입 동기는 4·19 혁명 직후 야기되었던 언론계의 혼란상을 방지하는 것이었다.

으로써 한국방송공사의 독립성을 강화하는 방향에서 한국방송공사법도 개정되었다. 또한 언론사의 노동조합 결성이 보편화되는 등 언론에 관한 제도적 개혁이 있었다.[36]

(2) 노태우 정부

노태우 정부는 1990년 7월 14일 국회에서 새 방송법을 개정하여 방송 구조를 종전의 공영방송 체제에서 공민영방송 체제로 개편함으로써 새로운 민간방송 설립의 길을 열었다. 방송법의 개정 초점은 재벌의 방송 참여를 배제함으로써 방송이라는 막강한 영향력을 가진 전파매체가 거대자본의 수중에 장악되지 않도록 사전 예방 장치를 마련하는 데 두었다.

노태우 정부가 추진한 언론과의 관계는 이전 정부들과 달리 규제 완화와 자율 확대의 방향으로 나아감으로써 민주화와 사상의 자유시장 형성에 기여한 것은 사실이다. 그렇지만 기존 언론기본법 중 독소 조항들이 상당 부분 그대로 유지되었다는 한계를 지니고 있다.[37] 이런 점에서 전두환 정부 시기의 통제 위주의 언론정책을 언론 자유의 신장과 확대 방향으로 전환했다는 점에서 노태우 정부의 과도기적 성격이 두드러진다고 할 수 있다.

그러나 노태우 정부가 형식적으로는 언론의 자율화를 꾀했지만, 실질적인 자율화까지 허용한 것은 아니었다. 그것은 언론이 국가로부터 지속적으로 특혜를 받고 있는 상황에서 국가에 대해 자율성을 유지할 수가 없었기 때문이다. 결국 노태우 정부 하에서도 언론과 정부의 관계에서 한국 언론은 공적 감시견으로서의 역할을 충분히 수행하지 못했다(최장집, 1994: 47; 이효성, 1996: 62-63).

---

36) 정기간행물 등록에 관한 법률은 전두환 정부의 언론기본법 중 인쇄매체에 관한 부분만을 분리 독립시킨 법으로서 그동안 독소 조항으로 논란이 되어 왔던 조항들을 다소 완화했다. 예컨대, 문화공보부 장관의 등록 취소 조항에서 정기간행물의 등록을 취소하고자 할 때 문화공보부 장관은 법원에 등록 취소의 심판을 청구하도록 했으며, 정기간행물을 등록할 때에는 문화공보부 장관이 지체 없이 정기간행물의 등록증을 교부하도록 규정했다.

37) 구체적으로 볼 때, 전근대적인 언론 통제의 수단이었던 발행허가제와 다름없는 등록제를 그대로 존치한 점과 방송위원회의 구성을 언론기본법의 경우와 마찬가지로 입법·사법·행정부의 장이 지명하도록 한 점 등은 과거 언론기본법의 기본 테두리에서 크게 벗어나지 못한 부분이라고 볼 수 있다. 그럼에도 불구하고 정기간행물 등록에 관한 법률의 발효 이후 일간신문을 비롯한 각종 정기간행물의 신규 등록과 발행이 몇 배로 증가하게 되었다.

(3) 김영삼 정부

정부와 언론 간의 과도기적 관계를 마련했던 노태우 정부에 이어 등장한 김영삼 정부의 언론 관계는 과거 정부와는 판이한 양면성을 지니고 출발했다. 다시 말해, 김영삼 정부는 개혁을 위해 언론을 이용해야 할 필요성과 더불어 정부 창출 과정에서 막강한 영향력을 보여주었던 언론을 일정하게 정치와 분리시켜야 하는 필요성을 동시에 가지고 있었다. 예컨대, 김영삼 정부가 요구했던 언론의 재산 공개나 발행 부수 공시제(ABC 제도), 그리고 부분적으로 실천에 옮긴 언론사에 대한 세무조사 등은 언론 자체의 개혁을 목적으로 한 것이었다. 하지만 필요에 따라서는 언론을 통제할 수 있는 방식으로 이용될 가능성을 안고 있었다.[38]

그런데 김영삼 정부의 언론정책은 언론을 권력의 도구로서 이해하는 도구적 언론관에 근거한 측면이 강하다. 특히 이전의 정부에 비해 특별히 새로운 정책적 입장을 내세운 것은 아니지만, 실천 면에서 두 가지의 차이점이 있다(강주만, 1994: 16-19). 하나는 역대 정부가 군사독재를 정당화하기 위한 정권 안보의 차원에서 언론을 권력의 도구로 삼으려 한 데 반해, 김영삼 정부는 언론을 구시대를 청산하는 개혁의 도구로 삼으려 했다는 점이다. 또 다른 하나는 언론에 미치는 영향력을 합법적으로 통제하려는 의도에서 여론 밀착성을 강조했다는 점이다.[39]

김영삼 정부의 언론정책은 이러한 방식으로 언론을 개혁의 도구로 활용하기 위해 공식·비공식적 또는 직접·간접적 통제를 가했다. 그러나 김영삼 정부가 정부와 언론과의 관계를 언급한 대로 추진해 나가는 과정에서 당시 언론은 한편으로 종래와는 전혀 다른 권력의 동반자로서 자신의 기득권을 강화하기 시작했다.[40] 즉,

---

38) 김영삼 정부가 추진했던 언론정책은 1993년 공보처의 주요 업무보고에서 상징적으로 잘 나타나 있다. 그 핵심은 정부 의사 결정 과정의 투명성과 정보의 공개, 언론시장의 건전한 경쟁으로 요약할 수 있다. 그리고 청와대와 공보처는 언론의 활동에 영향을 미칠 주요 지침을 공개 및 비공개회의 등을 통해 발표했다.

39) 예컨대, 언론에 대해 개혁의 동반자나 신한국 창조의 동지 등의 표현을 쓰거나, 개혁과 신한국 창조를 위해서는 언론의 절대적 협조가 중요함을 역설하기도 했다. 그리고 여론 밀착성의 예로는 여론을 탐지하기 위해 PC 통신을 개설했고, 여론 수집을 위해 심지어는 택시기사들의 모임을 민자당사에 마련하는 등의 노력을 기울이기도 한 것 등을 들 수 있다. 특히 언론인들과의 잦은 회동이나 각계 인사들과의 만찬 회동을 언론에 사전 공개하고, 이러한 공개 효과가 여론 형성의 동기 부여가 되는 식의 고도의 언론통제술을 구사했다.

40) 군부정권을 종식한 김영삼 정부는 과거의 방송 체제를 그대로 유지했다. 권력의 방송 통제는 방

언론이 협조적 관계자로서 감시견 역할을 충실히 하기보다 스스로 권력 기구화가 되는 양상을 띠게 되었다(백병규, 1997: 7).

(4) 김대중 정부

한국의 언론이 종래와는 다른 양상으로 권력 기구화하는 경향은 김대중 정부에 이르러서도 유사한 상황이었다. IMF 관리 체제라는 전대미문의 경제적 어려움 속에서 취임한 김대중 정부의 언론과의 관계는 김영삼 정부가 취해 왔던 의도된 언론과의 동반자적 관계와는 다른 입장이었다. 즉, 초기에는 정부가 언론을 통제하지 않겠다는 의지 표명 차원에서 선거공약대로 기존의 공보처를 폐지하는 등 다소 병렬적 관계를 추구했다.

그러나 시간이 지남에 따라 적극적으로 개입하는 방향으로 나아갔다. 이에 대한 대표적인 사례로서 집권 이후 1년도 채 지나지 않아 효율적인 국정홍보 기구의 필요성이 다시 제기됨에 따라 1999년 3월 30일 국정홍보처를 새로 설립한 것을 들 수 있다. 다만 이 과정에서 언론에 대한 통제 의혹을 피하기 위해 설립 초기에는 매체관리 기능이 삭제되었다.[41]

김대중 정부는 언론에 대해 개방과 통제라는 양면 전략을 구사했다. 즉, 개방전략으로는 남북언론 교류사업, 언론시장 개방, 언론사 세무조사 등을 구사했고, 통제전략으로는 사이비 언론 정비, 정부의 대언론 법적 대응 확산, 기밀 보호와 언론 취재 제한, 언론단체의 통폐합과 구조조정 등과 같은 조치를 취했다.[42] 이와 함께

송사업에 대한 허가나 인사권을 통해 여전히 위력을 발휘했다. 공보처와 방송위원회를 통해 광고료, 방송 시간 및 내용에 대한 심의 규제가 여전히 지속되었으며, 또한 뉴미디어 방송사업에 대한 허가를 이용한 방송 통제 방식도 등장했다(한겨레, 1994년 2월 19일자, 1997년 9월 6일자; 조선일보, 1997년 9월 10일자; 윤석년, 1996: 194).

41) 김대중 정부에서 언론을 담당하는 홍보조직은 대통령 비서실의 공보수석과 정책기획수석, 국정홍보처, 문화관광부가 업무를 분장하도록 구성되었다. 공보수석은 국내 언론정책, 언론 보도 협조, 청와대 기자실 관리, 연설문 작성, 여론 수렴을, 정책기획수석은 국정 이념 개발, 여론 수렴, 지지도 분석, 국정철학 홍보, 매체 모니터 업무를 담당했다. 국정홍보처는 매체분석 보고, 국정홍보, 해외 홍보, 공익광고 대행, 언론단체 지원, 총리실 기자실 관리를, 문화관광부는 신문정책 수립 시행, 신문·잡지 등록, 방송·광고 제도 수립, 방송국 허가 추진, 출판정책 수립, 외국 간행물 수입 등록을 담당하도록 했다.

42) 1998년 10월 당시 청와대 박지원 공보수석은 국민회의 지구당 당직자 연수회의 강연에서 언론개혁과 관련해, "재벌과 언론은 반드시 분리할 것이며, 재벌과 언론이 과거처럼 한 지붕 한 가족처

답보 상태를 면치 못하고 있던 통합방송법을 제정하였다.[43] 이에 따라 방송의 경우는 독립적 합의제 행정기구인 방송위원회가 방송사업자에 대한 허가・등록, 시청자 불만 처리, 방송 편성, 운영정책 수립 등의 업무를 맡게 되었다.

그러나 정부가 방송위원회의 조직 구성과 정책 입안에 관여할 수 있는 여지를 남겨 놓음으로써 논란이 일어났다.[44] 한편 김대중 정부는 정부 소유 매체에 대한 정비 차원에서 김대중 정부는 1999년 12월 한국교육방송공사법을 제정하여 독립적인 공사로 전환시켰고 한국교육방송공사(EBS)를 설립하였다.

김대중 정부가 추구한 이 같은 언론과의 관계는 긍정과 부정이라는 양면성을 모두 지닌 것으로 보인다(이광재, 2002: 21-22). 우선 긍정적인 측면으로 언론의 심한 비판에도 불구하고 이전 정부들에 비해 언론의 자유 보장 기능이 높아졌다. 바꾸어 말하면, 정부에 관한 언론의 불만족스러운 보도가 적지 않았음에도 불구하고 별도의 강압적 조치가 거의 가시화되지 않았다. 그러나 과거와 달리 정정 보도 요구 및 법적 대응의 빈도 수가 잦아진 것도 사실이다. 이런 면은 과거 정부에서 찾아보기가 어려운 행위로 정부가 언론의 보도를 일방적으로 강제화하지 않는다는 반증으로 볼 수 있다.

이와 함께 정부의 언론 개입을 최소화시킨다는 차원에서 〈대한매일〉을 민영화하는 등 정부 소유 언론매체의 민영화가 상당 부분 진전된 것이나, 햇볕정책의 일환으로 남북 언론 교류의 지평을 확대해 상호 비방 보도를 축소하고 언론인의 상

럼 거래를 하면 공정거래위원회에 제소해 가차없는 조치를 취해 상응한 결과를 있도록 하겠다"는 방침을 밝혔다. 이후 이러한 정부 방침에 따라 최초로 〈문화일보〉가 1999년 1월 현대그룹으로부터 분리・독립했다. 이어 〈중앙일보〉도 모기업인 삼성그룹으로부터 분리・독립했고, 〈경향신문〉 역시 한화그룹으로부터 보유 주식을 모두 양도받아 우리나라 최초로 사원주주조합이 100%의 지분을 소유하는 신문으로 전환되었다. 지방 일간지로는 〈국제신문〉(롯데그룹), 〈부산매일〉(대우그룹), 〈영남일보〉(갑을그룹) 등이 분리・독립했다.

43) 통합방송법은 기존의 방송법(지상파 방송)과 종합유선방송법(종합유선방송)을 합치고, 다시 이에 위성방송, 중계유선방송, 전광판방송 등의 근거 규정을 담은 법이라고 할 수 있다. 동법은 1999년 12월 국회를 통과하고, 2000년 3월 13일 발효되었다. 동법에 근거해 지상파방송과 종합유선방송, 그리고 위성방송 등을 심의하는 방송위원회가 출범했다. 동법은 방송위원회의 위상을 독립기구로 만드는 근거를 마련했고, 시청자 주권의 강화, 소외계층의 방송접근권 보장 등 진보적 내용을 포함하고 있다.

44) 예를 들어, 방송위원회가 방송영상정책을 결정할 경우 문화관광부와 합의하기로 되어 있고, 또 방송위원회 사무처의 설치 근거가 방송위의 규칙이 아니라 대통령령으로 규정되어 방송위원회의 독립성 훼손을 초래했다.

호 교류 및 상호 방문 취재도 많아진 점 등은 언론과의 호혜성을 높인 경우라고 할 수 있다.

이에 반해 부정적인 측면을 지적하자면, 결과적으로 언론과의 관계에서 언론에 대한 정부의 바람직한 역할이 제대로 실행되었다고 볼 수 없다는 점이다. 김대중 정부는 집권 초기에 자율성을 강조하다가 집권 후기에 들어와 언론 개혁을 단행했는데 이것이 비체계적이고 비일관적이었기 때문에 그 효과를 담보할 수 없었다.[45]

(5) 노무현 정부

노무현 정부에 들어오면서부터 언론을 과거와 같이 정권 유지나 창출을 목적으로 통제할 수 있는 상황이 아닌 단계에 이르렀다. 노무현 정부의 언론정책은 이전 정부들에 비해 특징적인 면은 많지 않았다. 이에 따라 노무현 정부의 언론정책의 성과를 지적하면, 첫째, 권력의 권위 해소와 민주주의 성격의 확산을 통해 언론의 정치적 독립성을 강화했다. 둘째, 뉴미디어 시대를 맞이하여 대두되고 있는 언론매체의 인수 합병이나 교차 소유 흐름에 일정한 거리를 두면서 여론의 다양성 확보를 추구했다. 셋째, 언론의 지원정책, 특히 종이 신문의 보호를 위한 공적 지원 제도를 지속시켜 왔다. 마지막으로, 신문매체의 경우 기존의 전통적인 종이기반 신문 외에 인터넷 기반의 신문인 〈오마이뉴스〉나 〈프레시안〉이 등장하여 시민들의 관점에서 좀 더 다양한 보도가 이루어진 시기라 할 수 있다.

반면에 노무현 정부 언론정책의 문제점을 지적하면 다음과 같다. 첫째, 건전한 긴장 관계를 지향했던 참여정부는 결국 언론과 적대적 갈등 관계를 초래했다. 둘째, 언론과 긴장 관계에 있어야 할 정부가 스스로 언론 자유 개혁을 수행하려 했다는 모순을 초래했다. 셋째, 언론정책 결정 과정의 비합리성, 비효율성, 비전문성 등으로 인해 정부와 언론매체 간의 커뮤니케이션 단절 현상이 초래되었다는 점 등을 지적할 수 있다(최영재, 2008: 8-12).

---

45) 이 밖에도 정부 소유 매체의 사장을 비롯한 임원진・언론단체장 인사에서 투명성을 담보하지 못한 점이 정부 스스로의 문제였으며, 위성방송과 디지털방송 등을 충분히 준비하지 않은 채로 실시하여 혼란을 빚기도 했다. 이런 측면은 노무현 정부에서도 유사하게 발생했는데 정부와 언론과의 관계에서 항상 문제를 빚는 요인이기도 했다.

(6) 이명박 정부

건전한 긴장 관계라는 원칙을 앞세웠던 노무현 정부의 언론정책에 이어 친기업(business friendly)이라는 국정철학을 내걸고 등장한 이명박 정부는 언론정책에서도 친언론(press friendly)이라는 보수적 성격을 강하게 추진하였다. 이명박 정부가 추진한 언론정책의 특징을 정리하면, 첫째, 이전 정권까지 유지되어 온 공익적 방송정책을 시장주의 정책으로 전환시켰다. 시장주의 정책은 신문방송의 겸영, 대기업의 지상파방송의 허용, 공영방송의 민영화를 골자로 하는 일련의 방송 사유화 정책을 통해 적극적으로 추진되었다. 이는 1980년 언론 통폐합 사태 이후 지속되어 온 30년 간의 공영방송 독과점 체제를 근본적으로 변화시켰다고 볼 수 있다(정용준, 2009: 6-7).

이처럼 이명박 정부는 주파수 희소성의 약화와 다채널 방송환경으로의 변화를 반영해, 불필요한 규제를 제거하여 글로벌 미디어 그룹으로의 성장과 일자리 창출을 방송 패러다임의 근본적인 변화를 모색하는 명분으로 내세웠다(방송통신위원회, 2008). 그러나 이윤 창출을 목적으로 하는 시장주의 논리와 공공성을 중시하는 공익적 논리는 대립과 충돌을 가져올 수밖에 없었다. 이는 결과적으로 불공정 편파보도 시비에 따른 언론사 파업과 종편 허가를 둘러싼 미디어 관련법 개정 과정에서 정치권의 갈등으로 나타났다. 이명박 정부 하에서 언론사 사장 낙하산 임명 및 편집권 독립 등 언론의 자유를 위해 해고되거나 징계된 언론인이 무려 450명에 달한다는 사실은 이명박 정부의 언론관을 그대로 보여주었다.

또한 언론에 대한 규제 완화를 중심으로 추진된 시장주의적 언론정책은 제한된 광고시장을 두고, 필연적으로 언론매체 간의 무한 출혈경쟁을 조장하고 언론의 상업주의화를 초래할 수밖에 없었다. 이에 따라 시청률을 의식한 흥미 위주의 정보제공, 선동적 · 선정적 프로그램의 남발, 언론 관련 당사자들의 인권 침해 등의 부작용을 양산할 것이란 우려를 자아냈다(이상기, 2011).

특히 이명박 정부는 미국산 쇠고기 파동과 촛불집회, 4대강 사업 등과 관련하여 정권과 갈등 관계를 빚은 KBS, MBC, YTN 등 공영적 방송사의 노조를 통제하려는 권력적 통제 방식에서 크게 벗어나지 못했다.

(7) 박근혜 정부

박근혜 정부의 경우 정부와 언론 간 관계의 특징적 성격을 한마디로 정의하기 어려울 정도로 박근혜 정부가 추구하고자 하는 언론정책의 특성을 발견하기가 쉽지 않다. 이는 박근혜 대통령이 언론에 그리 많은 관심이 없었음을 반영한다.

박근혜 대통령 집권 4년을 놓고 볼 때 언론을 이용하려는 측면도 있었고, 일부 언론과 긴장 관계에 있었던 적도 있었으며, 박근혜 대통령과 특수 관계가 있는 언론으로부터 집권기간 내내 보호를 받기도 했다.

2014년 4월 16일 세월호 사건이 발생하였을 때 뒤늦은 대응으로 사고가 커지자 당시 청와대 홍보수석이 공영방송 보도국장에게 압력을 넣어 사고 관련 부정적인 보도 자제를 요청한 사건은 보도 통제의 한 단면을 보여주었다. 반면 2016년 7월 청와대 민정수석의 처가 부동산 매입과정 의혹 제기로부터 시작된 조선일보와 청와대의 갈등은 박근혜 정부와 언론과의 긴장 관계를 잘 보여준 사례였다. 그럼에도 불구하고 박근혜 대통령과 특수 관계 재단이 대주주로 있는 MBC는 박근혜 정부 내내 정권의 입맛에 맞는 보도로 일관하였으며, 이 과정에서 MBC는 언론자유를 외치된 언론인과 회사와의 갈등이 일상화되었으며 징계 및 해직언론인을 양산하였다.

노무현 정부 이후 언론매체가 진보-보수로 양분되어 친정부 및 반정부 언론으로 분열되어 언론과 언론의 갈등이 초래되었는데, 이러한 현상이 이명박 정부에 이어 박근혜 정부까지 지속되었다.

(8) 문재인 정부

문재인 정부는 집권을 시작한지 2년밖에 되지 않아서 문재인 정부의 언론정책 및 언론과의 관계를 평가하기는 아직 이르다.

그렇지만 지난 2017년 대선 과정에서 드러났듯이 우리 사회의 주요 화두는 경제민주화 및 사회복지의 확대, 정치개혁이었고, 이들 화두의 공통 지향점은 민주주의의 내포적 공고화와 외연적 확산으로 이해할 수 있다. 이러한 관점에서 복잡다기한 언론현상을 해결하기 위한 새로운 패러다임의 언론정책이 요구되며, 경쟁적인 언론시장에서 언론 자유와 의견의 다양성을 보장하기 위한 성찰적 민주주의가 좀 더 심화되고 발전되어야 한다.

이런 관점에서 문재인 정부가 해결해야 할 새로운 언론정책의 주요 과제는 정파적으로 분열된 신문, 신문 산업의 쇠퇴 문제, 과다하게 성장한 종편시장의 정리, 급증하는 온라인 및 모바일 언론매체 등을 둘러싼 합리적이고 공정한 정책적 해결에 집중되어야 할 것이다.

생각할 문제

• 한국 정부와 시민

1. 한국 정부를 개혁하는 데 시민 참여가 필요한 이유에 대해 생각해 보시오.
2. 한국 정부를 변화시키는 데 시민 참여가 지니는 이점과 부작용에 대해 생각해 보시오.
3. 우리나라에서 이루어지고 있는 시민 참여의 현황을 토대로 개선할 점에 대해 생각해 보시오.
4. 한국 정부를 변화시키는 데 한국 정부와 시민 간의 적절한 참여 수준에 대해 생각해 보시오.
5. 한국 정부 차원에서 시민 참여의 제고를 위해 개선해야 할 사항에 대해 생각해 보시오.
6. 한국 정부를 변화시키는 데 시민 참여가 바람직한 방향으로 가기 위한 시민의 참여 역량을 개선할 수 있는 방안에 대해 생각해 보시오.

• 한국 정부와 시민조직

1. 공익의 성격과 실체에 대해 조사해 보시오.
2. 한국의 정치 과정에서 시민 개인의 참여 방식에는 어떠한 것이 있으며, 그 한계는 무엇인가에 대해 조사해 보시오.
3. 개인적 차원의 참여에 비해 집단을 통한 참여 방식이 더 효과적인 이유가 무엇인지와 사례를 조사해 보시오.
4. 한국에서 지역시민단체가 취약한 이유와 이의 활성화 방안에 대해 조사해 보시오.
5. 정책 과정에서 소외계층에 대한 정책적 배려의 방법에는 어떤 것이 있는지를 조사해 보시오.
6. 한국의 시민단체가 갖고 있는 열악한 자원을 극복할 수 있는 방안에 대해 조사해 보시오.
7. 시민단체의 공익적 역할 강화를 위해 한국 정부가 취할 수 있는 정책적 조치에는 어떤 것이 있는가를 조사해 보시오.
8. 시민단체의 수적 증가와 더불어 야기되고 있는 시민단체의 위기를 극복할 방안에 대해 조사해 보시오.

• 한국 정부와 정당

1. 민주주의에서 정당의 역할과 중요성에 대해 생각해 보시오.
2. 각국의 정당과 정부 간의 관계를 조사해 보고, 한국의 경우와 그 차이가 무엇인지에 대해 생각해 보시오.
3. 정당과 정부 간의 관계에 영향을 미치는 요인들을 조사해 보고, 한국적 현실에 적용해 보시오.
4. 정책 과정에서 정당과 정부의 역할을 조사해 보고, 바람직한 역할에 대해 생각해 보시오.

5. 한국의 정당과 정부 간의 관계가 가지고 있는 특징을 조사해 보고, 바람직한 관계 유형으로는 어떤 것이 있는지를 생각해 보시오.

• 한국 정부와 언론

1. 정치 과정에서 언론이 담당하는 역할에 대해 생각해 보시오.
2. 정부와 언론과의 바람직한 관계에 대해 생각해 보시오.
3. 한국 정부에서 언론이 수행한 순기능과 역기능에 대해 사례를 조사해서 비교해 보시오.
4. 정부와 언론과의 긴장 관계가 민주주의 발전에 도움이 되는지에 대해 생각해 보시오.
5. 한국의 언론의 생성 과정을 조사해서 비교해 보시오.
6. 정부별로 언론정책의 차이점을 조사해서 비교해 보시오.

Chapter

09

한국 정부와 정책: 형성기

Chapter 09

한국 정부와 정책: 형성기

제1절 정책을 보는 시각

이스턴(David Easton)은 체제론적 관점에서 정부의 최종적 산출물을 정책으로 정의했다. 바꾸어 말하면, 정부는 환경과 참여자들로부터 각종 지지와 요구를 받아들여 정부기구 간의 상호작용을 통해 참여자들에게 직·간접적인 영향을 끼치는 정책을 산출해 낸다. 이런 점에서 정부 수립 이후, 한국 정부가 산출해 낸 정책을 살펴보기 위한 시각은 크게 두 측면으로 나누어 볼 수 있다. 첫째는 정책형성 과정이라든지 정책실시 과정과 같은 정책 과정적(policy process) 접근이고, 둘째는 정책 과정의 결과로 얻은 산출물을 토대로 한 정책 내용적(policy content) 접근이 그것이다.

1. 정책 과정적 접근

정책 과정적 접근은 정치학자들이 가장 많은 관심을 보여온 분야이기도 하다. 이 시각은 정책 문제의 등장에서부터 정책 문제의 채택, 대안의 탐색, 정책결정과 집행 및 환류에 이르는 정책 과정을 중심으로 정책이 어떻게 이루어지는가에 초점을 두고 있다. 정책 과정 중에서도 특히 대안의 탐색과 정책결정에 관한 부문이 현재까지 가장 많이 연구되어 왔다(김명수, 1982: 140).

정책 과정적 접근 방법은 두 부류로 나뉘어 발전되어 왔다. 첫째는 개인으로서의 정책결정자가 문제 해결을 위해 현실적으로 어떻게 행동해야 하는가에 주된 초점을 두었던 사이먼(Herbert A. Simon) 학파의 의사결정론과, 앨리슨(Graham T. Allison) 등이 강조했던 조직에서 이루어지는 정책결정론적 연구 경향이 그것이다. 둘째는 정책 과정에서 이익집단, 정당, 행정부, 의회, 사법부, 일반 대중 및 언론기관들이 어떻게 참여하는가에 대한 연구로 이는 전통적으로 정치학자들의 최대 관심사가 되어 왔다.

그러나 트루먼(David B. Truman)류의 정책 과정적 접근 방법이 지니는 문제점은 이 시각이 지나치게 일반론에 치우치고 있어 개개의 정책이 결정되는 구체적인 과정을 충분히 설명하지 못하고 있다는 데 있다. 즉, 이 접근 방법은 정책 문제의 성질에 따라 정책결정 과정에 참여하는 집단들이 달라지고, 또한 이러한 집단 간의 연합과 적대 관계가 상이해질 뿐만 아니라, 정책결정의 실질적 권력 소재가 달라질 수 있다는 사실을 간과하고 있다. 그리하여 로위(Lowi, 1972: 298-301) 등은 정책의 성질이 예컨대 분배적·재분배적 또는 규제적이냐에 따라 정책결정 과정이 달라질 수 있음을 강조했는데, 이에 따라 많은 학자가 정책의 분류에 관심을 기울이고 있다. 프로먼(L. A. Froman, Jr.)도 같은 입장에서 과정 중심적인 연구에서는 정책이 정치·사회·경제적 요인에 의해 종국적으로 영향을 받게 되는 종속변수로 간주될 수밖에 없다고 보고 있다(Froman, 1968: 43; 정정길, 1979: 140-141).

그런데 정책을 바라보는 시각이 과정 중심에 머물렀던 주된 원인은 정책 과정에 대한 몰가치적인 이해와 설명만을 목적으로 했기 때문이다. 정책에 대한 시각이 이처럼 정책 내용에 대한 가치판단적인 평가와 처방을 기피하려 했던 이유는 순수

학문적인 활동만을 중시하려는 상아탑주의(academicism)와 엄격한 경험주의적 연구 방법을 강조하는 행태주의(behaviorism)의 영향 때문이었다(Ranney, 1968: 9-13).

그 중에서도 행태주의의 이론적 기초였던 논리적 실증주의(logical positivism)가 지니고 있는 한계가 가장 큰 요인이었다. 예컨대, 논리적 실증주의에서는 지식이 분석적 명제(analytic proposition)와 종합적 명제의 결합에 의해 성립한다고 보고 있는데 반해, 가치문제는 두 명제를 하나도 갖지 못할 뿐 아니라 본질적으로 감정에 기초를 둔 판단의 형태로 존재하기 때문에 과학적 연구의 대상이 될 수가 없다는 것이다.

더구나 가치관이란 각 개인에게 외재하는 것이기 때문에 객관적으로 파악한다는 것은 불가능하다는 입장이었다. 그러므로 논리적 실증주의에서는 가치를 내포하는 정책 내용이 정책 연구의 대상에서 배제될 수밖에 없었다(허범 외, 1981: 29-30).

2. 정책 내용적 접근

정책을 바라보는 입장으로 1960년대 초까지만 해도 지배적이던 정책 과정적 접근 방법은 이후 과정 중심의 연구에 대한 반성과 함께 정책 내용적 시각으로 변화되기 시작했다. 정책 연구가 내용 중심으로 전환하게 된 가장 큰 원인은 가치 지향적인 반행태주의의 영향에 따른 것이었다.

반행태주의의 영향으로 인해 정책에 대한 시각도 종래와 같이 정책의 투입만을 강조할 것이 아니라, 산출 측면에 대한 내용분석(content analysis)이나 공공정책이 정치 권력 체제에 주는 영향도 대상으로 삼아야 함을 강조하게 되었다. 따라서 정책이 효과를 미치려고 의도했던 일련의 또는 특별한 목적을 내포하는 것으로 정책 내용을 간주할 때, 정책은 과정 중심에서와는 달리 독립변수적인 입장에서 설명될 수 있다.

정책을 바라보는 시각이 과정 중심에서 내용 중심으로 전환하게 된 구체적인 원인이나 배경으로는 과학적인 이유, 전문직업적 이유, 그리고 정치적 이유를 들 수 있다(Ranney, 1968: 13-18).

첫째, 정책환경의 변화에 의해 정책 연구의 대상이 내용 중심으로 전환되었다. 1960년대 말부터 등장하기 시작된 이른바 신행정학(new public administration)파는 행정이 추구해야 할 최종적 가치로 사회적 형평, 적실성 또는 변동 등을 설정함에 따라 정책 체제에 대한 시민 참여의 중요성이 강조되기 시작했다(Schick, 1975: 162-166; Meade, 1971: 177-178; Marini, 1971: 350-351). 따라서 정책 체제에 대한 시민 참여는 종래와 같이 단순히 정책 투입 부문에만 국한된 것이 아닌, 과정 전체는 물론이고 특히 정책의 최종 산출 부문에 많은 관심을 기울이게 되었다.

둘째, 행정이론의 변화 요인을 들 수 있다(허범 외, 1981: 31). 1960년대에 이르러 대두된 발전행정은 발전이라는 가치를 취급함으로 인해 행정 이념으로 효과성을 강조하게 되었고, 효과의 내용이 되는 정책은 자연적으로 독립변수적 위치를 차지하게 되었다.

셋째, 전문적인 자문에 대한 사회적 수요의 증대로 인해 정책 연구의 관심이 내용면에 집중하게 되었다는 것을 들 수 있다. 이것은 정책 자체가 지닌 사회적 관련성이 매우 복잡하고 정책 효과의 측정이 어렵다는 점에서 기인한다. 따라서 정책의 형성 · 집행 · 평가는 정책 내용에 대한 전문적인 가치 판단과 과학적인 연구를 필요로 하게 되었다. 이에 따라 학자와 전문가들에 의한 정책 형성에 대한 자문과 정책 효과의 측면 및 평가에 대한 사회적 요청이 급증하게 되었다(Ranney, 1968: 12). 이 점에 대해 래니(Austin Ranney)는 정치학 분야에서 정책 내용 중심의 연구가 뒤늦게 발전하게 된 요인으로 정책의 유형들에 따른 정책전문가(policy expert)가 부족했기 때문이라고 설명하고 있다.

정부의 최종 산출물인 정책을 바라보는 시각을 이상과 같이 살펴보았는데, 정부 정책에 대한 분석을 할 때 어느 특정한 접근 방법만이 바람직하다고 할 수는 없다(Allison, 1971). 따라서 여기서는 한국 정부의 최종 산출물인 정책에 대한 기술을 과정적 측면과 내용적 측면을 모두 포괄하는 관점에서 살펴보고자 한다.

제2절 군정기 시기

한국 정부가 지니는 정책 과정의 특징을 다음과 같이 일반론적인 관점에서 시기별로 살펴보고자 한다. 정책 과정을 이처럼 시기별로 살펴보는 것은 한국 정부의 전반적인 정책 과정의 변화를 이해하는 데 도움을 줄 수 있기 때문이다. 이와 함께 분야별 정책들을 통해 한국 정부의 정책 과정이 지닌 특성을 간접적으로나마 살펴보고자 한다.

정책 유형별로 정책 과정의 특성을 살펴보는 데 따른 이점은 로위(Theodore J. Lowi)가 지적한 것처럼 정책 유형에 따라 정책 과정이 달라질 수 있음은 물론, 정책 문제나 성격에 따라 정책 과정에 참여하는 집단들이 달라지고 정책결정의 실질적 권력 소재가 달라질 수 있기 때문이다.

1. 정책 과정

정책 과정적 측면에서 볼 때, 군정기는 새로운 미국식 행정을 도입하는 동기가 되었던 반면, 왜곡된 정책 과정을 양산하는 시발점이 되었다. 하지(John R. Hodge) 중장은 1945년 10월 25일 발표된 포고문을 통해 남한에서 유일한 합법정부는 미군정뿐이라고 선언했고, 이어 동년 11월 3일에는 아놀드(Henry H. Arnold) 장군이 모든 정당과 정치조직 및 결사체들은 미군정의 통제를 받아야 한다는 지시를 내렸다.

미군정의 조치들은 민주적인 정책 과정에서 필수적 요소인 다양한 이해 관계자들의 참여를 배제하는 주된 원인이 되었으며, 이로 인해 미군정만이 정책 과정에서 주된 역할을 담당하는 독주 현상이 초래되었다. 민주적인 권력 분립이나 정치과정을 제대로 갖추지 못한 상황에서 미군정은 소수의 한국인만을 정책 과정에 참여시키는 방식으로 정책 과정의 폐쇄성을 강화시켰다. 그 결과 정책에 대한 정당성은 낮을 수밖에 없었고, 이로 인한 저항은 군정 기간 내내 지속되었다.

한편 미군정은 초기에 서구적 시각에서 권력분립론에 기초한 대의제를 도입·

적용하려고 고려하기는 했다. 그러나 대의제가 실질적으로 작동할 수 있게 하는 구조적 조건들이나 이를 위한 구조적 개혁, 그리고 주도할 집단으로서 민주적 세력의 육성에는 거의 관심이 없었다.

외형적으로는 정책 과정에서 투입 기능을 담당하는 정치단체들이 1947년 8월 현재 118개나 되었지만, 정당으로서 본래의 정상적인 투입 기능을 담당할 만한 구조와 기능을 지닌 단체는 거의 없었다(박문옥, 1970: 378). 따라서 군정기 정책 과정은 다양한 참여 장치나 기제가 발달하지 못한 상황에서 정책 참여자들조차 극소수로 한정함으로써 폐쇄적·과두제적인 성격을 띠었다. 또한 정책 과정상 평가 과정은 제도적 미비와 관심의 소홀로 거의 작동하지 않았다.

2. 정책 내용

1945년 10월 25일 발표된 포고문을 통해 남한에서 유일한 합법정부로 등장한 미군정이 1948년 8월 15일 권력을 이양하기까지 추구했던 정책 목표를 구체적으로 추정하기는 어렵다. 다만 정책 목표로는 대체적으로 반공산주의적 입장에서 체제 이양에 목표를 두었던 것으로 볼 수 있다. 미군정이 산출한 정책의 내용도 이 같은 정책 목표의 범주를 크게 벗어나지 않았다.

대표적인 정책 산출로는 정치적 측면에서 1946년 2월 20일에 발표된 군정법령 제55호를 들 수 있다. 이 법령에 따라 남한 내의 모든 정당과 사회단체들이 필수적으로 등록해야 함에 따라 남한에서 공산당이 몰락하는 계기가 되었다. 또한 행정적 측면에서 이루어진 특징적 조직 개편으로는 1946년 3월에 군정청 행정기구를 대폭적으로 확대·강화한 것을 들 수 있다. 비록 초기에는 총독부 체제를 답습한 군정청의 조직이었지만, 이후 13개 부와 민정장관 직속 4개 국, 군정장관 대리의 직접적 지시를 받는 7개의 독립된 처로 구성된 중앙행정조직으로 성장했다.

미군정이 지닌 정치적 속성이나 정책 능력상 체제를 크게 향상시킬 것을 기대할 수 없었기에, 경제사회적 측면에서 특징적인 정책 산출을 찾기는 어렵다. 다만 미군정의 종료 시점인 1948년의 환경을 간략히 살펴보면 문맹률은 41.3%, 1인당 GNP는 80달러, 실업률은 20~30% 정도였다. 해방 시점의 문맹률이 78% 정도였음을 고려한다면(하태수, 2017: 106), 미군정 3년의 통치가 어느 정도 효과가 있었음을 알 수 있다.

제3절 이승만 정부

1. 정책 과정

한국 정부의 수립과 함께 출범한 이승만 정부는 내각책임제적 요소가 다소 가미된 대통령 중심제 정부 형태로 출발했다.[1] 이런 측면에서 특히 이승만 정부는 정책 참여자로서 대통령의 개인화된 통치 형태를 기본적 특징으로 하면서 정책 과정상 엘리트 모형에 가까운 형태를 유지해 왔다. 이승만 정부의 정책 과정을 특징짓는 이 같은 엘리트 모형은 강력한 행정부를 이용해 가능했다.

국가경제 체제를 미국의 대외 원조에 의존하고 있었던 이승만 정부의 관료조직은 원조예산을 통해 급속히 팽창해 갔다.[2] 이렇게 행정부에 집중된 권력 집중으로 인해 다른 참여자들인 입법부와 사법부 등의 견제 기능이 원활하게 작동하지 못함에 따라 정책 과정은 행정부 중심으로 왜곡되었다(안병만, 1999: 141). 따라서 이승만 대통령의 개인적 권력욕과 팽창 일변도를 추구하던 행정부를 입법부가 적절하게 견제하지 못함으로써, 민주적인 정책 과정이 이승만 정부기에 뿌리를 내리지 못했다.

이승만 정부의 행정부는 초기의 국민형성기를 거쳐 전후 경제복구기를 맞이하면서 행정 기능 영역이 급속히 확대되었으나, 정책 과정상 행정의 효율성은 오히려 크게 감소했다. 효율성 감소의 가장 큰 이유 두 가지는 관료제 내부의 부패 만

1) 한민당은 의원내각제를 통해 정부의 실권을 장악하려고 했기 때문에 의원내각제와 양원제를 추진했다. 반면에 이승만은 대통령제와 단원제를 추구했는데 최종 결정은 대통령제와 단원제에 유리하게 이루어졌다. 단, 국무원제, 국무총리제, 정부의 법률제안권, 정부 각료의 국회출석권 등은 한민당이 주장한 의원내각제 성격을 반영하여 채택되었다.

2) 1953년 휴전 이후의 원조액은 GNP의 약 15%를 차지했다(한국은행, 1968).

연과 계획 목표의 달성보다는 오히려 관료적 이익을 비호하는 데 중점을 둔 관료들의 행태였다. 예컨대, 관료들은 종종 대통령의 정치적 도구로서의 역할을 수행했으며, 특히 경찰공무원은 야당에 대한 감시, 기습 연행 및 온갖 위협에 앞장서는 역할마저 담당했다.

그 결과 행정부에 권력이 집중될수록 입법부와 사법부는 자치적인 의사결정 기구로서 위치를 상실하게 되었다. 급기야는 사회적 비판으로부터 관료제를 보호하는 역할마저 담당함으로써 관료제를 더욱 부패시켰을 뿐만 아니라, 종국에 가서는 그들 자신에 대한 국민의 신뢰마저 상실하는 상황에 처하게 되었다.

역대 국회의 법률안 처리 내용에서 알 수 있듯이, 정책 과정에서 입법부의 취약성은 건국 초기부터 비롯되었다. 이승만 정부가 유지되던 제헌국회에서부터 제4대 국회에 이르기까지 의원 제출 법률안이 정부 제출 법률안에 비해 많았던 적은 한 번도 없었으며, 가결률도 항상 정부 제출 법률안이 우세했다. 이와 같이 한국 정부의 출범과 동시에 각종 민주주의 제도의 도입이 이루어지면서, 대의민주주의라는 관점에서 의회가 건국과 동시에 필수적인 정치 제도로 인식되기는 했다. 하지만 의회의 제도적 필요성에 대한 인식이 곧바로 의회의 정책 기능의 강화로 연결되지는 않았다.

특히 이승만 정부 시기 한국의 의회는 정책결정 기능과 국민 대표 기능을 충실히 수행했다기보다 정치 권력을 독점적으로 수행하는 권위주의적 통치권자와 집권당을 위한 정치적 정당성의 창출 수단으로 존재했다(김운태 외, 1999: 681).

이에 더해 이승만 정부를 둘러싼 정책환경은 이 같은 민주적인 정책 과정과 건전한 정치 참여 집단들이 뿌리내리는 데 장애 요인으로 작용했다. 예컨대, 1949년 10월에 제헌국회의 진보적 소장파들이 북한 남로당 프락치로 몰려 제거된 소위 프락치 사건이 발생했는데, 이 사건 이후부터 이승만 대통령이 주도하는 행정부는 한민당이 우세하게 된 국회와 대립하기 시작했고, 한민당은 정부 구성에 불만을 품고 야당이 되었다.

그러나 이렇게 생겨난 대립은 보수 세력 내에서의 갈등으로서 정권 획득을 둘러싼 보수 세력 간의 대립이라는 경로를 한국 정치에 부과하게 되었다. 이때부터 정치적 갈등의 이념적 스펙트럼에서 좌파적 혹은 사회주의적 영역은 사라지고, 오로

지 각 정파의 정권 획득에 유리한 통치구조 선택 문제를 둘러싼 갈등만이 전개되었던 것이다.

이런 측면에서 정책 과정의 중요한 참여자인 한국의 정당은 의회와 마찬가지로 해방과 동시에 구조화되기 시작한 결사체였으나, 처음부터 특정 인물을 중심으로 형성되어 구조적 취약성을 가지고 출발할 수밖에 없었다. 특히 한국 정부 전 기간에 걸쳐 나타나는 유사한 현상이기는 하지만, 집권당이었던 자유당은 대통령 주도로 창당되었고 야당은 이에 반대하는 방식으로 조직화되었다. 그 결과 정당의 자율성과 다원성이 낮음은 물론 급변하는 정치 변동으로 인해 정당들은 이승만 정부 시기에 단명했다. 이로 인해 이 시기의 정당들은 공식적 조직구조보다 비공식적 조직구조, 즉 파벌의 비중이 매우 높았고 소수의 명사를 중심으로 한 파벌적 정당 운영으로 정책 과정에 대한 정당의 영향력은 낮을 수밖에 없었다(호광석, 2005: 306).

결국 이승만 정부 시기 집권당은 이승만 대통령의 정당에 대한 이해 부족으로 형식적 기구화되었고, 대통령은 의원 공천권 및 주요 당직자 임명권 등을 통해 정당을 예속적 지위로 두어왔다. 그 결과 정당의 대통령 및 행정부에 대한 기속성은 매우 컸으며 정책 과정에서 정당의 영향력은 미미했다.

일반적으로 정책 과정에서 정당은 여론의 조직화 및 이익 결집 기능을 하고 있으며, 정권 창출자 및 정권 담당자로서 국정의 총체적 책임을 진다(김운태 외, 1999: 725). 정당은 세 단계를 거치면서 정책 과정에 영향력을 행사한다. 첫째 단계에서 정당은 이익 결집을 통해 구체적인 정책을 밝힌다. 둘째 단계에서 국민은 자신이 지지하는 정책을 공약하는 정당에 투표한다. 셋째 단계에서는 선거에서 승리한 정당은 정책공약을 정부정책으로 전환하여 이를 결정하고 집행한다. 그러나 중요한 것은 정당이 선거 과정에 각종 선출직 공무원을 공천함으로써 정책 과정 전반에 영향력을 행사할 수 있다는 점이다. 대통령 및 지방자치단체장이 대표적인 예이다.

그러나 이들이 당선되고 난 이후에는 정당의 영향력이 상대적으로 축소되고 있다. 정책 과정의 모든 단계에서 정당이 담당하는 기능을 살펴보면 정책의제 설정 단계에서 정당은 주로 이익 결집 기능을 담당하고 있다. 즉, 정당에 의한 이익 결집은 정당이 선거 기간에 제시하는 정책공약 및 정강정책에 반영되고 있다. 정책결정 단계에서의 영향력은 정당 체제의 성격에 따라 영향을 받는다. 정책집행 단계에서의 정당의 영향력은 상대적으로 크지 않다. 이는 정책결정 과정에 비해 집행 과정에 대한 무관심에서 기인하고 있다. 다만 정책집행 과정을 감시하는 역할을 함으로써 영향력을 행사한다.

의회가 정책 과정에서 어느 정도의 정책 기능을 수행하고 있는가에 따라 의회의 유형을 나눌 수 있다(박찬욱, 1991). 첫째 유형은 적극적(active) 의회이다. 이 유형에서는 의회가 정책 기능을 매우 강력하게 수행한다. 행정부가 제출한 기본정책안을 쉽게 수정하거나 거부할 뿐만 아니라, 자신의 대안을 제시할 능력도 가진다. 미국의 연방의회가 대표적인 예이다. 둘째 유형은 반응적(reactive) 의회이다. 이 유형에서는 의회가 비교적 강력한 정책 기능을 행사한다. 의회가 행정부를 상대로 그 자신의 대안을 제시하여 수용하게 만들기는 어렵지만, 행정부 제출안을 상당한 정도로 수정하거나 거부할 수 있다. 영국 · 독일 등 서부 유럽 국가의 의회가 이에 해당한다. 셋째 유형은 극소적(minimal) 의회이다. 이 유형에서는 의회가 행정부안에 대한 자신의 대안 제시 또는 거부는 물론 수정조차 하기가 어렵다. 이 유형의 의회는 정책 기능을 명맥만으로 유지하고 있으며, 행정부 고위층인 집행부의 통치를 정당화하는 데 주로 기여한다. 강력한 권력에 기초한 독재 체제에서 의회가 여기에 해당한다. 마지막 유형은 주변적(marginal) 의회이다. 이 유형에서는 의회의 정책 기능이 비교적 약하지만 때로는 예외적으로 작용하기도 한다. 의회는 행정부가 제시한 대안에 대해 자신의 대안 제시나 의미 있는 거부는 할 수 없지만 아주 예외적으로는 이루어지며, 경우에 따라서 제한적인 수정을 가하기도 한다. 한국의 국회가 이에 속한다.

1953년에 제정된 노동법은 사회적 환경을 조성하기 위한 것이었는데, 실제로는 노동자의 노동3권을 형식적으로 승인하는 방식으로 노동운동을 규제하고자 하는 데 그 목적이 있었다. 이 법은 개량적 성격을 띠어 일정 범위 내에서 노동 조건의 개선과 노동운동의 합법성을 보장하기는 했지만, 친정부적인 대한노총의 배타적 지배로 정책 과정은 심각하게 왜곡될 수밖에 없었다.

그 결과 정책 과정에서 노동자들이 배제되는 비민주적인 정책 과정이 고착되었다. 따라서 이승만 정부 시기에 이익집단으로 그나마 여타 조직들에 비해 잘 조직되고 유력한 압력단체 역할을 담당할 가능성이 높았던 노동조합의 활동이 노동법에 따라 규제됨으로써 정책 과정에 대한 참여의 다원성이 봉쇄되었고, 여타 이익집단들의 정책 과정상 역할은 기대조차 할 수 없었다.

또한 1958년 12월 24일에 개정된 국가보안법은 야당 탄압과 언론 규제라는 목적을 지녔다는 점에서 주된 정책 참여자들의 참여를 제한하는 기능을 담당했다. 또한 지방자치법을 개정해 직선제이던 시·읍·면장을 임명제로 개정하는 등 지방자치를 훼손했다. 이는 중앙정부의 횡포이며, 민주주의의 기초인 주민자치를 기본적으로 봉쇄했다는 점에서 민주적 정치 과정을 후퇴시키는 데 일조했다.

끝으로 이승만 정부의 정책결정 방식이 지닌 특성으로, 이 시기는 국가 형성·정부 형성의 시기로 지칭할 수 있다. 당시의 행정 변동과 사건들은 개혁이라기보다 형성이라는 특징을 지니는 경우가 많았다. 따라서 정부와 행정의 제도 수립과 정책 과정에서 창안과 혁신보다는 역사적 유산과 선례를 답습하는 의사결정 방식이 많았다. 예컨대, 광복 이후 미군정기를 거치는 동안 일제하 총독행정 체제의 기본 골격이 그대로 답습·사용되었으며, 다른 한편으로는 매우 이질적인 미국식 제도의 도입 내지 접목 시도가 있었다.

그러나 이러한 미국식 제도는 대부분 체제가 안정화되기 전에 미군정의 종식과 함께 사라졌는데, 이런 측면에서 이승만 정부에 이월된 행정적 유산은 미국식 제도의 정착이라기보다는 일본식이었다고 평가할 수 있다. 특히 정부조직법 등 행정 체제의 기반을 형성하는 법령의 입안에 참여했던 사람들은 주로 일제하에서 법률 교육을 받았거나 행정 경험을 가진 사람들이었다. 그들은 민주적이고 적극적인 행정의 원리와 방법에 관해서는 많은 지식을 가지고 있지 못했다. 또한 건국 초의 국가 형성과 정부 형성을 둘러싼 긴박한 과제들이 너무 많았기 때문에, 행정 체제의 설계를 위한 충분한 연구와 검토를 할 시간이 없었다.

이와 함께 이승만 정부는 일제의 잔존 세력들을 흡수하여 권력 기반을 구축하려는 전략을 구사했기 때문에, 행정 체제의 설계는 일제의 선례를 답습하는 성향을 보일 수밖에 없었다. 이승만 정부 시기의 행정관리는 이처럼 일제 치하의 방식을 거의 답습하는 양상이었으며, 당시의 경제적·사회적 혼란으로 인해 정책이나 관리 작용에 대한 집중적 투자는 실제로 거의 불가능한 형편이었다. 그러나 제도적 측면에서 인사행정에 실적주의를 채택하는 등 점차적으로 조직 운영 계획과 경제계획 제도 등에도 관심을 기울이게 되었다. 정부의 인적 자원을 관리하는 인사행정 제도가 실적주의 원리를 채택했으나, 인사행정의 기술과 방법은 계급제에 입각했던 일제하의 것들을 답습하는 한계를 벗어나지는 못했다.

끝으로 미비한 수준이지만 행정사무 간소화 등에 대한 정책적 노력의 일환으로, 1949년 10월의 행정사무처리간행령과 1951년 2월의 전시행정사무간소화령에 의해 민원사무의 신속·원활한 처리가 추진되었다. 또한 1951년에는 공청회 제도가 도입되었고, 정부기관의 각종 백서가 간행되는 등 정책 과정의 개방성을 제고하려는 조치들이 취해지기도 했다.

2. 정책 내용

1948년 8월 15일에 출범하여 1960년 4·19 혁명으로 종지부를 찍은 이승만 정부가 추구했던 정책 목표는 크게 세 기간으로 나누어 살펴볼 수 있다(안해균, 1994: 55-56). 건국부터 6·25 전쟁이 끝나는 1953년까지는 제1기로, 이 시기의 정책 목표는 국가 건설 혹은 국민 형성이었다. 다음으로 제2기는 1954년부터 초대 대통령에 대한 중임 제한 철폐 개헌을 단행한 후 이승만 대통령의 세 번째 집권 시기인 1958년까지 볼 수 있다. 이 시기에는 남북 통일과 경제 안정 및 전후 복구 등을 정책 목표로 설정했다. 마지막으로 국가보안법을 통과시킨 1958년부터 1960년 4월까지를 제3기로 볼 수 있다. 이 시기는 장기 집권의 여파 등으로 인해 정책 목표의 설정과 이의 정책화를 위한 노력이 소홀히 되었던 시기이다. 바꾸어 말하면, 정권 유지 자체가 주요한 목표이자 정책이 되었던 시기였다.

이런 측면에서 이승만 정부가 추구한 정책 목표의 변화에 따라 산출한 정책 내용도 시기별로 다소 차이를 보이고 있다. 이승만 정부가 산출해 낸 제1기의 정책들은 대체적으로 국가 형성과 관련된 것으로 정치적 내용이 주를 이루었다. 반면에 제2기의 경우는 전후 복구와 관련된 경제정책들이 많이 양산된 특징을 보여주고 있다.

이승만 정부가 산출한 정책 내용을 분야별로 살펴보면 다음과 같다. 우선 정치적 측면과 관련된 정책 내용으로 특징적인 것은 1948년 12월 12일에 대한민국 정부가 유일한 합법정부임을 인정하는 유엔결의안이 통과된 것과 1949년 7월 4일에 제정된 지방자치법을 들 수 있다. 이 중 유엔결의안이 갖는 의미는 전 세계가 한국 정부의 정통성을 확인시켜 주었다는 데서 그 의미를 찾을 수 있다.

제2기에 해당하는 종전 직후에는 국방과 관련된 정책 내용이 많은 것이 특징이다. 예컨대, 이승만 정부는 종전 무렵인 1954년 11월 18일부터 발효된 한미상호방위조약으로 인해 종전과는 다른 방위 체제를 구축하게 되었다. 또한 동년 11월 17일에는 경제 및 군사 원조에 관한 한미 간 합의의사록에 합의함으로써 미국으로부터 군사 원조를 받는 대신 유엔군 사령부가 대한민국 국군에 대한 작전통제권을 보유하도록 했다(박경서, 1993: 210-216; 심지연, 1995: 296-305). 이로써 군사 주권의 일부가 박탈당하는 대신 한미 간에는 상호방위 체제를 구축함으로써, 북한의 남침에 대한 위협의 일부를 해소할 수 있게 되었다.

집권 후반기인 제3기에 이르러서는 정권 유지를 위한 정책 내용이 두드러지는데, 대표적으로 1958년 12월 24일에 개정된 국가보안법과 지방자치법이 다시 개정된 것을 들 수 있다. 특히 국가보안법의 개정은 야당에 대한 탄압과 언론 규제라는 수단을 강구하는 데 주된 목표가 있었다. 지방자치법의 개정 또한 직선제이던 시・읍・면장을 임명제로 개정함으로써 정권 연장에 목표가 있었다.

정부조직과 관련된 정책 내용으로는 1948년 7월 17일에 공포된 정부조직법이 몇 차례의 개정과 특별법 제정에 따라 행정기구를 확대해 나갔다. 몇 차례의 개정 과정 가운데 정부조직법은 1954년 2월 7일에 단행된 개정에서 전면적으로 수정되었다. 즉, 1954년 제2차 헌법 개정에서는 국무총리제를 폐지하고, 여러 기구를 개편 또는 신설하면서 대통령 중심제에 더욱 충실한 행정 체제를 구축했다. 이 시기의 개편에 따라 중앙행정기구는 12부 3청 2원 2실로 구성되었다.[3)]

행정관리적 측면의 정책 내용으로는 인사행정에서 실적주의를 선언했으며, 점차적으로 조직 운영 계획과 경제계획 제도 등에 관심을 가지게 되었다. 비록 미비한

---

3) 동법에서 규정한 정부기구는 대통령, 부통령, 국무총리, 국무원, 11부 4처 3위원회로 구성되었다.

수준이지만 행정사무 간소화, 국민 편의 증진, 분권화를 위한 정책적 노력도 있었다. 예컨대, 1949년 10월의 행정사무처리간행령과 1951년 2월의 전시행정사무간소화령에 의해 민원사무의 신속 · 원활한 처리를 추진했다. 1951년에는 공청회 제도를 도입하고 정부기관의 각종 백서를 간행함으로써 공개행정을 추구하고자 하는 노력을 보였다. 1957년에는 중앙행정사무 26종을 지방자치단체에 이양했다. 조직은 계속 신설되어 전체 공무원 수는 1960년에 237,476명에 달했다.

이승만 정부가 산출한 정책 내용 가운데 경제정책도 종전과 전후에 약간의 차이를 보이고 있다. 제1기에 해당하는 주요 경제정책 내용으로는 1948년 9월과 1949년 12월에 체결된 한미재정 및 재산에 관한 협정과 한미원조협정을 들 수 있다.

그런데 이 협정들은 유감스럽게도 대한민국의 대미 종속성을 보여주는 전형적인 사례가 되었다. 전자의 협정에 따라 미국은 한국 내의 재산을 필요한 경우 언제든지 자유로이 취득할 수 있게 되었다. 또한 후자의 협정에 따라 경제 운영의 기조로서 대외 개방적인 자유기업주의 원칙을 규정한 것까지는 문제가 없으나, 원조물자의 사용 방식을 포함한 경제정책 전반을 미국과 사전 협의하도록 규정한 것은 심각한 종속성 문제를 야기했다.

이후 경제안정 15원칙이 수립되면서 이의 집행을 위한 한미 합동의 경제안정위원회가 조직되었는데, 이 위원회는 안정화 방침을 제시하면서 특히 귀속재산의 불하를 촉구했다. 이에 따라 이승만 정부는 농지개혁법과 귀속재산처리법을 공포 · 시행하기에 이른다(이병천, 1990: 9-21). 그 결과 한민당이 우세한 국회에서 토지개혁이 지주에게 유리하게 왜곡되는 결과를 가져왔는데, 이런 측면에서 한국의 농지 개혁은 대만이나 일본과 비교해 볼 때 지주의 이익이 너무 많이 고려되었고 준비 과정도 철저하지 못했다고 할 수 있다. 농지 개혁이 공식적으로 완료된 1966년 12월 말 시점에서 볼 때, 1949년 6월 21일에 계획한 대상지의 66.1%만이 개혁되었다.[4)]

그러나 농지 개혁이 철저하게 이루어지지 못했음에도 불구하고 기존의 반봉건제는 급진적으로 해체되었고, 비록 영세한 사적 토지 소유의 형태이기는 하지만

---

4) 대상지의 66.1%는 일반농지 44.6%와 귀속농지 86.8%로 구성되었다.

자작농제로 바뀌게 되었다. 또한 농지 개혁 과정에서 지가 보상이 지주들에게 상대적으로 유리한 것이기는 했지만, 지가증권 방식의 보상은 이후 전개된 전후의 급격한 인플레이션, 보상의 지체, 지가증권 용도의 제한, 지가증권의 투매 등을 통해 지주 계급의 몰락을 낳았다. 지주 계급의 몰락은 이후 자본주의 전개에서도 큰 의미를 갖게 되었다. 자본가 계급은 지주 계급을 통하지 않고도 조세나 가격 또는 금융기구 등을 이용해 직접적으로 농민들을 수탈할 수 있게 되었다(이종원, 2002: 91-92; 이병천, 1990: 25-26).

한편 이승만 정부 경제정책의 또 다른 특징은 원조 물자의 획득에 외교력을 집중한 것이다. 앞에서 언급한 한미경제원조협정을 체결하여 3년 간 1억 2,000만 달러의 원조를 확보했고, 1950년에는 세계보건기구(WHO)와 유엔식량농업기구(FAO)에 가입했으며, 아시아극동경제위원회(ECAFE)의 준회원국이 되었다. 이 같은 노력은 종전 이후에도 계속되어 막대한 군사비와 전후복구비, 재건 등에 소요되는 자금의 조달을 위해 미국과 유엔 회원국으로부터 원조를 획득하는 데 경제외교 정책의 초점이 맞춰졌다.

1953년 12월에는 경제 협정과 재정안정계획에 관한 합동경제위원회 협약이 미국과 체결되었고, 1954년 5월에는 한국경제원조계획에 관한 협정이 한국 정부와 유엔 한국재건국 간에 체결되었다. 또한 경제 부흥 및 자립 경제 기반을 조성하기 위해 국제 경제기구에 대한 가입 노력도 활발히 전개되었다. 그 결과 1953년에는 국제미곡위원회에, 1954년에는 국제목화자문위원회에, 1955년에는 국제통화기금(IMF)과 국제부흥개발은행(IBRD)에 가입했다(민성구, 1991: 15-68).

한편 국내적 경제정책은 새로운 가치 창조보다는 소수 자본가에게로 가치 이전을 통해 사적 대자본을 형성하는 데 집중되었다. 예컨대, 원료 카르텔, 방적・제당・고무업 등에서 제품 독점, 귀속재산의 불하 등은 사적 대자본을 형성하는 주요 매개 기제였다.

귀속재산의 불하는 전쟁 중에 전쟁 재원 마련을 위해 단행되었지만 본격적으로는 전후에 이루어졌다. 1954년에는 52개 주요 기간 기업체의 불하 및 은행 불하가 이루어졌고, 1955년에는 대규모 기업체에 대한 대대적 불하가 단행되었다(이병천, 1990: 23). 그런데 이러한 불하 과정에서 주식 분산이 아니라 정치권력과 결탁한 소수의 연고자를 우선으로 한 수의계약 형태의 매각, 불하가격 및 대금 지불에서의 엄청난 특혜 등을 통해 귀속재산이 거의 무상으로 사적 대자본으로 전환되었다. 또한 원조 물자는 주로 원료였는데 각 업계가 협회를 만들어 독점적으로 불하받아 각 기업의 보유시설 능력에 따라 배정했다. 당시 고평가된 환율 하에서 공정환율과 실제 환율 간의 환차는 막대했는데, 이런 차이는 원조물자를 독점적으로 배정받는 소수의 자본가에게 그대로 구매 이득으로 실현되었다.

화폐의 흐름 측면에서도 판매 대금(대충자금)의 융자가 한국 자체 내에서 조성된 여타 자금의 융자와 함께 사실상 영(0)의 실질 이자율로 가치를 이전하는 것과 다름 없었다. 결국 이승만 정부 시기에 소수의 자본가들은 귀속재산의 불하로부터 시설을, 원조물자로부터 원료를, 대충자금으로부터 기업자금을 지원받아 대자본을 축적할 수 있었다(이종원, 2002: 90).

결국 이승만 정부의 경제정책 내용이 갖는 특성은 미국이나 일본과 일정한 대립관계에 서면서 고환율 정책, 고관세 및 기타 수입규제정책, 통화 증발에 의한 국내금융 지원 등과 같은 방식을 통해 사적 대자본을 육성하는 것이었다. 한편 복구기에는 경제 복구와 부흥을 국가 목표로 설정했기에 많은 경제 관련 산출이 있기도 했다. 예컨대, 각종 재정안정정책이 나왔고, 또한 경제복구정책 및 장기 개발정책의 일환으로 다수의 계획과 정책 프로그램이 수립되었다. 그러나 그 실효성은 낮았다.

이렇게 된 근본적 이유는 이승만 대통령 자신이 연출한 정치 행태였다. 임기 내내 집권 이외의 어떠한 목표나 정책도 이승만 대통령에게는 2차적인 관심사였다. 그 결과 정책과 계획에서 일관성이 부족했다(안해균, 1994: 50-53). 이승만 정부는 산업화기의 박정희 정부와 같이 경제개발계획을 수립하여 국가 주도의 자본 축적에 비견할 수 있는 국가 개입 양식을 창출해 내지 못했다. 아시아의 여타 제국이 일찍이 1940~1950년대에 경제개발계획에 착수했다. 반면에 한국은 이보다 늦은 1960년대부터 경제개발계획에 착수했다는 것은 이승만 정부가 미군정, 단독정부, 한국전쟁을 통해 마련된 자본주의 발전을 위한 역사적 조건들을 제대로 활용하지 못한 부패하고 무능한 정권이었음을 보여준다.

복구기에는 GNP 성장률도 매년 4~7%를 기록했고 실질 경제성장률도 비교적 높았다. 그러나 장기 집권과 부정부패에 따른 폐해와 정책의 비일관성으로 인해 임기가 종료된 1960년에는 1인당 국민소득이 80달러 수준을 넘지 못해 건국 초와 비슷한 수준이었다. 수출은 다소 증가하여 1960년에는 32.8백만 달러에 달했으나, 수입은 343.5백만 달러에 달해 심각한 무역역조 현상이 나타났다. 또한 국방비가 일반회계에서 차지하는 비중이 6.0%에 달해 심각한 재정 악화가 초래되었다. 이밖에 경제성장률은 1.9%, 조세 부담률은 11.8%, 실업률은 23.7%, 환율은 650 : 1이었으며, 세입은 48,456백만 원, 세출은 41,995백만 원에 달했다(최광 외, 1987).

사회적 측면에서 이승만 정부의 정책 내용을 살펴보면, 1953년에 제정된 노동법이 대표적이다. 동법의 목적은 노동자의 노동3권을 형식적으로 승인하는 방식으로 노동운동을 규제하는 것이었다. 개량적 성격을 띠어 일정 범위 내에서 노동 조건의 개선과 노동운동의 합법성을 보장했지만, 어용화된 대한노총의 배타적 지배로 자주적 노동조합의 출현이 억압되어 이 법의 조문들은 사실상 사문화되었다.

다만 1948년 41.3%에서 의무교육의 실시로 문맹률이 급감한 것은 주목할 만하다. 문맹률은 임기 후반인 1959년에 10.3%로 급감했다. 의무교육으로 인해 이후 한국 사회에 양질의 노동력이 공급되었다.

생각할 문제

• 정책을 보는 시각

1. 정책 과정적 시각에서 정책을 보는 경우의 장·단점에 대해 생각해 보시오.
2. 정책 내용적 시각에서 정책을 보는 경우의 장·단점에 대해 생각해 보시오.

• 한국 정부와 정책 과정과 정책 내용

1. 이승만 정부에서 이명박 정부에 이르기까지 정책 과정의 특성을 비교해 보시오.
2. 이승만 정부에서 시도된 정책 내용 가운데 농지 개혁이 당시의 한국 사회에 미친 영향에 대해 생각해 보시오.

Chapter

10

한국 정부와 정책: 산업화기

Chapter 10

한국 정부와 정책: 산업화기

한국 정부 산업화기의 정책 과정은 두 단계로 나뉜다. 하나는 장면 정부를 중심으로 한 의원내각제 정부와, 박정희 정부와 전두환 정부를 중심으로 한 대통령 중심제가 그것이다.

제1절 장면 정부

1. 정책 과정

의원내각제로의 정부 구성으로 장면 정부가 맞이한 제도 구축의 전제 요건은 입법부와 행정부 간의 연계 메커니즘을 정착시키는 데 있었다. 그러나 정책 과정에서 핵심적인 역할을 담당해야 할 민주당은 내부 권력다툼으로 급속히 응집력이 약화되었고, 사회 제반 분야에서 분출되는 다양한 요구 수준을 적절히 수용할 수 있는 정책 능력은 부족했다.

장면 정부는 정치적 민주화를 토대로 출발했지만, 체제 내의 수용 능력 부족과 제도화의 미비는 정권의 수명을 재촉하였다. 의원내각제임에도 불구하고 장면 정부의 5대 국회 또한 의원 제출 법률안은 정부 제출 법률안에 비해 많지 않았고, 가결 건수도 의원 제출 법률안이 정부 제출 법률안에 비해 상당히 적었다. 따라서 장면 정부는 의원내각제의 정부 형태임에도 불구하고, 정책 과정의 주요 참여자들인 의회와 정당의 역할은 취약했고, 정책 능력은 폭발적인 시민 참여를 소화하기에 역부족이었다.

2. 정책 내용

1960년 4·19 혁명에 의해 출범하게 된 장면 정부가 다음해 5·16 군사쿠데타에 의해 좌절되기까지 1년 남짓 정권을 유지하면서 추진한 정책 내용을 살펴보면 다음과 같다. 장면 정부는 정권의 성립 기초가 4·19 혁명과 민주화에 있었기 때문에, 정책 목표는 민주주의와 경제 개발로 요약될 수 있다. 이런 체제 목표 하에 하위 정책 목표로 첫째, 자유민주주의의 구현 둘째, 경제 개발 우선주의 셋째, 반공을 국시로 한 안보정책과 부정부패의 일소를 설정했다.

그러나 장면 정부는 당시의 경제사회적 여건과 정책참모 기구들과 당 정책위원회의 효율적 정책결정 능력의 결여로 정책 산출이 종합적·체계적으로 수립되지 못하고 무질서하게 행정 각부의 의견에 따라 남발되었다. 또한 장면 정부의 단명으로 그나마 결실을 보지 못한 것이 대부분이었다. 그러나 특기할 만한 것은 정권이 단명한 데 비해, 경제개발계획만은 정책의 최우선으로 삼고 착실히 작성했다는 점이다.

장면 정부의 정책 내용이 지니는 특성이 주로 계획에 그친 것이 대부분이기 때문에, 구체적인 정책 산출을 추정하는 데는 문제가 있다. 이 같은 관점에서 우선 정치행정적 측면에서 정책 내용을 살펴보면, 장면 정부는 이승만 정부의 중앙행정기구와 큰 차이는 없지만 전면적인 조직 개편을 단행했다.

7월 1일 단행된 정부조직법의 개정으로 내각책임제 정부의 국무총리제와 국무원제를 신설하고, 중앙행정기구를 1원 12부 1처 3청 3위원회로 규정했다. 이때 감찰원은 감찰위원회로 개편하고 공안위원회의 신설을 규정했다. 국무원 사무국은 국무원 사무처로 확대 개편했으며, 원자력원을 신설하고 행정각부의 사무차관제와 정무차관제를 신설했다(하태수, 2017: 80-85). 그러나 공무원 수는 1961년에 237,500명으로 이전 정부와 거의 변화가 없었다.

11월에는 지방자치법을 개정하여 민주적인 분권 체제를 확립했다. 그러나 당시의 지방재정이 처한 상황은 주로 지방공무원의 봉급과 행정경비 및 의무교육 부문을 충당하고 지역 개발 등은 고려할 수 없을 정도로 열악했다. 지방재정 자립도가 25% 내외에 머물고 있었으므로, 지역 발전보다는 지방행정에 대한 주민 참여와 통제라는 면에서 의의를 찾을 수 있을 뿐 그 실효성에는 문제가 많았다. 이 밖에도 국군장비 현대화 3개년계획이나 유엔 감시 하에 남북한 총선을 검토하는 등 계획 단계에 머무른 것들이 대부분이다(안해균, 1994: 94-107).

경제적인 측면에서도 정책 내용의 대부분은 정책 연구 수준에서 이루어진 것들이었다. 이후 박정희 정부의 경제개발계획의 근간이 된 국토건설사업계획이나 경제개발 5개년계획 등의 초안이 이 시기에 마련되었다는 점에서 의미를 찾을 수 있다. 다만 국토건설사업계획에 따라 광범위한 국토건설사업이 착수되었는데, 이 사업을 주관하도록 하기 위해 국무총리 직속의 국토건설본부가 설치되었다.

장면 정부의 근간을 이루는 경제정책은 합리적인 정책의 수립이나 집행보다는 독재정권 하의 비민주적이고 타율적인 경제 제도를 자율적인 경제 제도로 자율화시키려는 입법 조치가 대종을 이루었다. 예컨대, 부정축재 환수금을 산업자본 형성에 충당하기 위해 특별기금조로 받아들일 것을 묵인하는 입법을 추진한 것도 그 예의 하나로 볼 수 있다. 이 밖에도 조세사범 처리 방안의 설정, 중소기업 육성을 위한 중소기업협동조합법과 중소기업금고법안, 외환관리법 개정, 공무원재산등록법안 등을 들 수 있다.

끝으로 국제 수지면에서는 엄청난 무역적자 현상이 심화되었다. 이에 따라 1960년 10월 25일 한미경제회담에서 종전의 650 : 1의 환율을 1,000 : 1로 인상하라는 미국의 압력에 승복하여, 다음해 1월부터 1,300 : 1의 단일 고정 환율의 적용에 합의했다. 이 같은 장면 정부의 경제정책으로 인해 국민의 조세 부담률은 9.5%대에 이르렀고, 1인당 국민소득은 83달러에 머물렀다. 또한 세입은 61,354백만 원, 세출은 57,153백만 원에 불과했다. 국제수지는 수출이 40.9백만 달러인데 반해, 수입은 316.1백만 달러로 심각한 무역적자 현상에 시달리는 등 이승만 정부와 별반 다른 점이 없었다(국세청, www.customs.go.kr, 2005).

사회적 측면에서도 유사하게 계획 단계에서 끝난 것들이 많은데, 예컨대 브라질 이민계획이나 문화센터 건립계획 등이 있었다. 그러나 이 시기에 장면 정부가 추진한 반공법 개정이나 데모규제법은 당시의 시위문화가 얼마나 무분별한 투입으로 정부에 위해(危害)가 되었는가를 짐작하게 한다.

제2절 박정희 3공 정부

1. 정책 과정

박정희 정부는 전 기간에 걸쳐 수출 주도형의 경제 성장을 내용으로 한 국가 발전을 추구했다. 정부가 주도하는 발전행정이 본격화되면서 그 필요성에 따라 행정 기구와 기능은 개편되고 팽창되어 갔다. 박정희 정부의 권위주의적 정치 체제 하에서, 정책 체제에 대한 관리 운영은 집권적인 방식으로 이루어졌다. 중앙정보부 등을 포함한 정보 통제조직의 확대는 정치·행정뿐만 아니라 국민 생활까지도 감시하는 등 정책 과정에 대한 참여 제한과 통제가 강화되었다. 이에 따라 박정희 정부는 급격한 행정국가화를 맞이하게 되었고, 정책 과정의 주된 참여자인 국회의 기능은 상대적으로 약화될 수밖에 없었다.

박정희 3공 정부의 행정부는 행정국가화가 가속화함에 따라 급격한 변화를 맞이했다. 기구 팽창과 행정 기능의 확대, 발전행정에 임하는 공무원들의 전문화 내지 기술 관료화, 그리고 능률성 제고를 위한 기술적·절차적 관리 개선 등이 활발히 추진되었다. 그러나 행정의 양적 확대에 비해 질적 발전은 부족했다.

국회 기능의 약화는 한국 정부의 형성기에서도 살펴보았듯이, 국회의 법률안 심의가 형식화되고 국회의 실질적 정책결정권이 약화되는 현상으로 나타났다(정정길, 1987: 507). 유신 체제가 등장하기 전까지인 박정희 3공 정부 기간 동안에 대통령의 임기가 계속될수록 정부 제출 법률안의 비율이 증가했을 뿐만 아니라 가결 비율도 상승했다. 반면에 국정감사 및 국정조사 활동은 급격히 저조해졌다(참조 제6대 국회, 제7대 국회).

다만 박정희 3공 정부 시기인 제6대 국회(1963~1967년)는 상임위원회를 중심으로 운영되면서 비교적 자율성이 높았다고 볼 수 있다. 이를 반영하듯 제6대 국회는 이전 국회와는 달리 의원 제출 법률안이 정부 제출 법률안에 비해 많았고, 의원 제출 법률안이 정부 제출 법률안에 비해 적기는 하지만 가결 건수도 많은 편이었다.

그러나 제7대 국회(1967~1971년)에 이르러서는 다시 의원 제출 법률안이 정부 제출 법률안에 비해 적었고, 가결 건수도 크게 미치지 못했다. 특히 제7대 국회에 이르러서는 3선 개헌(1969년) 등으로 인해 국회의 행정부 예속성은 대단히 높아졌다.

정책 과정에서 의회가 지녔던 역할과는 달리 또 다른 참여자인 정당의 경우는 정책 과정에서 이승만 정부와 다른 양상을 나타냈다. 그것은 집권당의 정책결정에 대한 영향력이 당정 협의에 의해 어느 정도 제도화되었기 때문이었다. 그러나 정책결정 과정에서 당정 협의를 통한 영향력도 집권 후반기로 가면서 점차 약화되었고, 이를 반영하듯 집권당의 법률안 제출 비율도 크게 하락했다. 이러한 경향은 특히 1965년에 있었던 박정희 대통령 및 당 지도부에 대한 항명 파동과 1969년에 있었던 3선 개헌을 단행한 이후 더욱 가속화되면서 당 기구마저도 축소되었다.[1)]

이와 같은 일련의 사건을 통해 집권당인 민주공화당은 정책 과정에서 그 영향력이 무력화되면서 자율성을 상실하게 되었고, 1인 지배 체제는 더욱 공고하게 구축되었다. 그 결과 정치 과정에서 정당의 역할은 극도로 약화되는 상황을 맞았다. 그

---

1) 1965년에 집권당인 민주공화당 의원들이 장기영 경제기획원 장관, 내무부 장관, 국방부 장관 등에 대한 해임건의안 상정에 상당수가 동조했다. 이어 1969년에는 야당인 신민당이 제기한 권오병 문교부 장관에 대한 해임건의안을 공화당 의원 일부와 유신정우회 소속 의원들이 동조해 가결시킴으로써 민주공화당에 소위 항명파동을 초래했다. 또한 1971년에는 신민당이 제출한 3건의 국무위원 해임건의안 중 내무부 장관 해임건의안을 가결시켜 이른바 10·2 항명 파동을 일으켰다.

러나 이마저도 후반기로 갈수록 원안 무수정 통과 비율이 높아짐에 따라 대통령의 정책결정 권한은 더욱 강력해졌다.

2. 정책 내용

1) 군사정부

장면 정부는 사회적 기강이 무너진 가운데, 한꺼번에 폭증하는 국민적 요구와 기대에 부응하려는 노력을 기울였다. 그러나 거의 무정부적 상황에서 1961년 5월 16일 무혈 군사쿠데타가 발생하면서 집권 1년이라는 짧은 기간을 마감했다. 이후 박정희 소장을 중심으로 한 2년 7개월 간의 군사정부가 통치를 이어갔다. 혁명공약을 하나의 정책 목표로 설정하면서 추진된 군사정부의 정책 산출은 급진적인 변화를 포함하는 내용을 담고 있었다.

우선 정치적 측면의 주요 정책 내용은 기존의 특별재판소와 특별검찰부를 해체하고, 혁명재판소와 혁명검찰부를 조직하여 장면 정부에서 미결된 재판을 재개한 것이다. 또한 부정축재처리법 개정 법률과 부정축재환수절차법을 공포하고 부정축재처리위원회를 설치하여 10월 26일부터 3개월 간의 시한부 조사를 실시한 것이다.

군사정부의 정책 산출 가운데 가장 특징적인 것은 각종 법령의 제정과 정비이다. 공포된 법령은 법률 867건, 조약 41건, 각령 1,677건, 부령 560건에 이르렀다. 외교 정책은 1961년 6월을 시작으로 이루어진 미국 파견민간사절단을 시발로 정통성 확보를 위한 외교가 주를 이루었다. 이어 AID 가입과 콜롬보계획 가입도 이루어졌다.

한편 행정적 측면에서는 급격하고도 빈번한 조직 개편이 이루어졌다. 건국 이후 장면 정부에 이르기까지, 네 번밖에 개편되지 않은 정부조직법이 이 기간에 무려 12번이나 개정되었다. 이 가운데 민정 이양을 앞둔 1963년 12월 14일에는 건국 이후 네 번째의 전문 개정을 포함한 대폭적 개편이 있었다(하태수, 2017: 111-112).

이 개정으로 인해 대통령 중심제 정부 형태를 취함에 따라 국가재건최고회의 부속기관이 대통령 직속으로 이관되고 부총리제가 신설되었으며, 12부 1처 3청이던 국무원이 군정 말기에는 2원 13부 3처 5청으로 확장되었다. 이와 함께 공무원의 자질과 현대적 행정관리에 관한 지식을 향상시키기 위해 중앙공무원교육원이 설치되어 공무원 훈련의 제도화라는 측면에서 획기적 변화를 가져왔다.

군사정부가 시도한 조직 개편과 행정 기능의 확장에 따라 공무원 수에도 변화가 야기되었다. 1961년 말 현재 1~3급이 5,889명, 4~5급이 113,907명이던 것이 1963년 말에는 1~3급이 6,591명, 4~5급은 119,429명으로 고위직은 11.9%가 증가한 반면 하위직은 4.8% 증가했다. 고위직의 증가가 급격하게 많이 이루어졌다(안해균, 1994: 129-169).

경제적 측면의 정책 내용으로는 1962년부터 시작된 경제개발계획을 들 수 있다. 그러나 1962년에 실시한 통화 개혁과 빈번한 화재로 인한 농업 부문 위축 등의 어려움도 있었다. 이 밖에 군사정부는 재원 조달의 용이성과 재정권을 장악하기 위한 시도로, 1961년 6월에 금융기관에 관한 임시조치법을 제정 · 공포했다. 이에 따라 금융기관 임원의 임명승인권을 은행감독원장에게 부여함으로써 임명승인권을 확보했다.

또한 1962년 5월에는 한국은행법을 개정하여 정부에 대해 독립적이던 중앙은행을 재무부의 하부기관으로 격하시켜 독자적인 결정권을 박탈했으며, 일반 시중은행의 소유권도 장악했다. 이에 따라 상당 정도의 시중은행 지분을 부정재산으로 압수했고, 민간 주주의 의결권을 10% 이하로 제한하는 등 관치금융의 초석을 마련했다.[2)]

이 같은 경제정책으로 인해 1963년에 이르러서는 9.1%의 경제성장률과 1인당 국민소득 100달러를 달성하였다. 조세 부담률은 12.8%로 증가했고 이로 인해 재정자립도도 61.1%로 증가했다. 그러나 같은 기간에 도매물가지수는 20.1%로 급격하게 상승하여 가뜩이나 어려운 경제를 더욱 어렵게 했다. 무역 수지면에서 수출은 1963년에 8천 7백만 달러, 수입은 5억 6천만 달러에 이르는 등 국제 수지 적자는

---

2) 이 밖에도 우대 투자사업에 대한 금융 지원을 강화하기 위해 각각 고유한 금융상의 목적이 부여된 특수은행들을 설립했다. 중소기업은행(1961년), 농협(1961년), 국민은행(1962년), 한국수출입은행(1967년) 등이 그것이다.

더욱 누적되었다.

사회적 측면에서는 국민의 의식 구조를 개혁하여 혁명 이념의 사회화를 달성하려는 데 목표를 둔 재건국민운동에 관한 법률이 1961년 6월 10일 공포되었고, 재건국민운동본부가 12일에 설치되었다. 또한 농어촌고리정리령이 공포되었고, 농업협동조합과 수산업협동조합이 재조직되어 출범했다.

2) 제3공화국

1961년에 5·16 군사쿠데타로 군사정부가 수립된 이후 군정 제3차 연도부터는 민정 이양을 위한 준비 작업이 시작되었다. 민정 이양은 이른바 혁명공약으로 선언한 것이었다. 대통령 중심제의 권력 구조를 규정한 헌법개정안이 1962년 11월 5일에 공고되고, 동년 12월 17일 국민투표에 회부되었다. 국민투표에 의해 확정된 헌법개정은 12월 26일에 공포되었다. 헌법 개정을 마친 군사정부는 곧이어 선거 제도 정비에 착수하여, 정당법과 국회의원선거법 등을 제정하고 쿠데타 이후에 금지했던 정치 활동을 1963년 1월 1일부터 허용했다. 1963년 초 민주공화당이 창당되었고, 1963년 10월 15일 실시된 대통령선거에서 민주공화당의 박정희 후보가 당선되었다.

이로부터 1972년 10월 17일에 이르기까지 제3공화국에 해당하는 박정희 3공 정부는 사회적·경제적 성취와 어려운 정치적 조치의 연속으로 특징지워진다. 박정희 3공 정부가 추구한 정책 목표는 크게 자주국가 건설과 경제 개발로 요약된다. 그 중에서도 제1차적인 목표는 경제 개발이었다.

그렇게 설정한 이유는 장면 정부가 몰락하게 된 가장 큰 이유를 참여의 폭발로 인한 민주성의 극대화에도 불구하고 국민들의 관심이 가장 컸던 경제 개발에 대해 정책적으로 신속히 대응하지 못한 데 있다고 보았기 때문이다. 쿠데타로 집권한 박정희 정부의 정통성을 확고히 해주는 것도 다름 아닌 경제 개발의 지속적인 추진이라고 봄으로써 강력한 행정국가를 지향했다. 이에 따라 국가의 모든 정책은 경제 개발을 최우선시하는 입장에서 수립·집행되었으며, 경제 부문을 제외한 다른 모든 사회 부문은 이를 지원하는 체제로 운영되었다.

박정희 정부가 추진한 정책 내용을 정치·행정적 측면에서 살펴보면, 권위주의와 민주주의 간의 갈등 속에서 수많은 희생자를 내면서 한국의 근대화를 추진해 나갔다는 특징을 가지고 있다. 이런 측면에서 박정희 3공 정부의 후기로 올수록 양자는 더욱 심한 대결 관계가 되었다. 경제 개발을 통한 정치적 정당성 확보를 위해 정작 정치적 민주화를 억압한 것이 정책 내용의 특징적 요소라고 할 수 있다(안해균, 1994: 193-218).

정치적 측면의 주요 정책 내용으로는 1965년의 한일협정 추진과 베트남 파병, 1971년 12월 6일에 선포된 국가비상사태와 동년 12월 27일에 공포된 국가보위법 등을 들 수 있다. 이 중 국가비상사태의 선포나 국가보위법은 안보 우선이라는 명제 하에 언론 탄압을 강화하는 데 이용되었다. 국방정책으로는 국군의 장비 현대화가 추진되었으며 향토예비군이 창설되었다. 그럼에도 불구하고 북한과의 관계에서는 1971년에는 이산가족 찾기 운동을 제안했으며, 1972년 5월에 역사적인 7·4 남북공동성명을 발표하였다.

행정과 관련해서는 특별한 조직 개편이 이루어지지는 않았지만, 행정 수요의 증대로 인해 여러 개의 외청이 증설되거나 신설되었다. 신설·보강된 행정기구 가운데 상당수는 경제 성장을 관리할 필요성의 일환으로 이루어졌다.[3] 이에 따라 중앙행정기구는 1963년 정부 출범 때 2원 13부 3처 6청에서 1972년 2원 13부 4처 12청으로 개편되었고, 공무원 수도 361,262명으로 증가했다.

경제정책의 특징을 살펴보면, 출범 직전에 경제기획원 장관이 부총리를 겸임하는 이른바 한국식 기획기구로 정비하고, 경제 성장의 기본 방향을 기간산업 중심의 수입대체산업 전략으로부터 수출 주도형 공업화 전략으로 전환했다. 이에 따라 1964년 2월에는 1년 3개월 간의 전면적인 보완 작업을 거친 제1차 경제개발 5개년 계획을 확정·발표했다.

한편 급속한 경제 개발에 필요한 재원 조달 문제와 외국 원조 감소로 인한 재정자립 달성이 중요한 경제 현안 과제로 등장했는데, 박정희 정부의 경제정책 목적

3) 증설된 외청으로는 병무청·수산청·산림청을 들 수 있고, 신설된 외청으로는 국세청과 관세청을 들 수 있다. 또한 과학기술처가 신설되고 원자력원이 원자력청으로 개편되었고, 국토통일원이 설치되었다.

은 이 같은 문제들을 해결하는 데 있었다고 할 수 있다.

이에 따른 구체적인 정책 산출로는 1962년부터 시작되어 1966년에 종료된 제1차 경제개발 5개년계획을 통해 보세 가공 경공업을 중심으로 연평균 8.3%의 경제성장률을 달성했다. 1967년에 시작되어 1971년에 종료된 제2차 계획 기간 중에는 수출 주도형 공업화 전략을 추진하여 연평균 11.3%의 경제성장률을 달성했다.

그러나 무한대에 가까웠던 양질의 저임 노동력을 단순히 생산 과정으로 흡수하여 성장을 이룩하고 수출을 촉진할 수 있었던 시기가 1960년대 후반에 사라지면서 1969년에는 85개 차관기업이 은행 관리로 넘어가고, 123개 차관기업이 경영 부실 상태에 빠지는 등 어려움을 겪게 되었다.

한편 이 기간에 재원 조달의 관점에서 외자 도입을 위한 정책들이 구체화되었다. 1966년 국제경제협의체가 결성되면서 외자 도입이 순조롭게 진행되었고, 1965년의 한일 국교 정상화로 대일청구권자금이 도입되기 시작하자 청구권자금특별회계를 설치하고, 10년 간에 걸쳐 연차적으로 5억 달러의 차관을 도입하게 되었다. 이로 인해 해외저축률은 1962년 11.2%에서 1971년에는 15.4%까지 이르렀다.

또한 국내자본의 동원을 위한 경제정책으로는 1966년에 대폭적으로 개정된 조세법을 들 수 있다. 동법의 개정으로 인해 일반재정 부문 세입에서 차지하는 대충자금의 비율이 1963년 34%에서 1971년 2.4%로 낮아짐으로써 재정 자립을 이루게 되었다. 그러나 조세법의 개정으로 인해 조세증가율은 폭발적으로 증가했는데, 1964년 7.1%였던 조세 부담률이 1971년 15%에 이르는 등 두 배가 넘게 증가했다.

이와 같은 박정희 3공 정부의 경제정책으로 인해 1972년 1인당 국민소득은 304달러로 증가했고, 실업률은 4.5%로 급락했다. 국제수지는 수출이 1,624백만 달러, 수입이 2,522백만 달러로 수지 적자가 더욱 큰 폭으로 벌어졌다. 박정희 3공 정부는 총량적으로는 경제의 급속한 성장이 이루어진 반면, 이후의 한국 사회에 소득의 불균등한 배분, 열악한 복지, 심각한 공해, 극심한 주택난 등과 같은 난제들을 낳았다.

사회적 측면의 정책으로는 우선, 1964년 8월 군사정부에서 출범시킨 재건국민운동의 민간 주도화를 위해 국민운동본부를 폐지했다. 언론정책으로는 대통령 비서실이 중심이 되어 언론단체들의 반대에도 불구하고, 언론윤리위원회법을 통과시켜 언론에 대한 통제를 가시화했다. 이 같은 박정희 정부의 언론정책은 이후 1971년에 제정된 국가보위법에 의해 완전히 정부의 통제 하에 놓이게 되었다.

이익집단들의 경우는 양적으로는 증가했으나 질적 측면에서는 거의 자생력이 없었다. 그에 따라 정부의 집행적 기능을 담당하거나 지지 세력으로 남아 있었을 뿐이었다. 노동 측면에서는 기존의 대한노총을 해체하고 어용 성격을 지닌 한국노총을 새로 조직한 다음 1963년에 노동법을 개정하여 노동운동에 대한 억압을 더욱 체계적으로 제도화하였다. 이것은 이후 전개되는 경제 성장을 위한 정지 작업이었다. 이 법은 국가 권력이 조직한 어용 노총 및 산별 노조, 산하 기업별 노조만을 합법적 노동조합으로 인정하면서 타 노동조합의 정치 활동을 불법화했다. 특히 현업 공무원을 제외한 공무원의 노동 3권을 완전 부정했으며, 노동쟁의에 대한 국가 권력의 반노동자적 개입을 제도적으로 강화한 것 등이 주요 내용이었다.

이후에도 외국인 기업체에서 노동운동을 금지한 「외국인 투자기업의 노동조합 및 노동쟁의 조정에 관한 임시특례법」이 1970년에 제정되었다. 1971년에는 노동조합의 단체교섭권과 단체행동권의 행사를 행정관청이 조정하도록 한 「국가보위법」을 제정했다. 이는 사실상 노동 3권을 전면적으로 부정하고 노사 관계에 대한 국가 권력의 개입을 결정적으로 강화함으로써 초보적 '노동조합주의'조차 배제하고 '노사협조주의'를 일방적으로 강요하는 것이었다.

제3절 박정희 유신 정부

1. 정책 과정

정당의 역할 약화는 제8대 국회(1971~1972년)에 들어오면서 소위 유신공화국 출범 등으로 더욱 악화되어 갔다. 정부 제출 법률안에 비해 의원 제출 법률안이 대단히 적었을 뿐만 아니라, 가결 건수도 의원 제출 법률안이 정부 제출 법률안에 비해 대단히 적었다.

박정희 유신 정부에 해당하는 유신 체제 하에서도 경제개발 5개년계획은 지속적으로 추진되어 급속한 경제 성장이 진행되었지만, 급속한 성장은 여러 가지 사회적 부작용을 낳았다. 예컨대, 노동자의 저임금, 국민 간의 소득 격차 심화, 고율의 물가상승, 지역 개발의 불균형, 독과점 기업의 횡포, 공해 문제 등이 발생했다. 유신 체제는 정치적 차원에서 정부로부터의 권위주의적 강압 정책과 반대 세력으로부터의 끊임없는 도전의 연속이었고, 이에 따라 체제 운영의 경직성은 더욱 심화되어 갈 수밖에 없었다. 체제 운영의 경직성으로 인해 정치 체제의 다른 주체인 국회 등의 기능은 더욱 취약해졌다. 이에 비해 대통령 및 주변부의 권한은 오히려 더욱 강해지면서, 정책 과정에서 국회가 갖는 견제 기능은 크게 위축될 수밖에 없었다. 이를 반영하듯 제9대 국회(1973~1979년)는 대통령이 국회의원 1/3을 지명하는 유신정우회(이하 유정회)를 구성함으로써, 국회에 대한 대통령의 영향력을 대폭 강화했을 뿐만 아니라 행정부에 대한 중요 통제 기능인 국정감사 및 국정조사권이 폐지되었다. 따라서 제9대 국회에서는 의원 제출 법률안이 정부 제출 법률안에 크게 못 미쳤을 뿐만 아니라, 가결 건수도 의원 제출 법률안이 정부 제출 법률안에 비교가 되지 않을 정도로 적었다. 그리고 정부 제출 법률안의 가결률은 96%에 이르러 국회는 가히 통법부(統法府)라 불리는 상황을 맞게 되었다.

특히 박정희 유신 정부에서는 중요한 정책의 경우 대통령이 정책을 스스로 결정하고, 이를 집권당과 유정회(따라서 국회)를 통해 합법화시키는 정책결정 방식을 택함으로써 국회의 기능을 무력화시켰다(정정길, 1987: 514). 이러한 상황에서 국무회의도 무력화되어 국무회의의 무수정 통과 비율은 크게 상승했다. 결국 대통령의 청와대 비서실을 통한 국정 장악은 정치 체제의 다른 참여 주체들을 철저하게 소외시키면서, 독재자의 길을 밟아갔고 그에 따라 정책 과정의 민주성은 심각하게 왜곡되었다.

그럼에도 불구하고 박정희 정부 시기의 정책결정 방식은 이전 정부들에 비해 상당한 수준으로 발전했다. 예컨대, 신설된 경제기획원을 중심으로 각종 정부정책에 대한 심사분석 기능이 강화되었는데, 이 같은 심사분석 기능은 이후 경제정책 전반에 걸친 정책분석 능력을 향상시키는 역할을 했다. 특히 박정희 대통령이 지니고 있는 목표 지향적인 행정 가치로 인해 사후 정책평가 기능이 강조되기 시작했다는 점에 주목할 만하다.

2. 정책 내용

10년 정도 지속되었던 박정희 3공 정부는 강화된 통제 수단을 통해 상대적인 정치 안정을 확보하여 급속한 경제 성장을 이룩했다. 이러한 정치적 안정은 1인의 장기집권과 반대 세력에 대한 탄압에 의존한 것이었기 때문에 그 기반은 취약했다. 설상가상으로 북한의 남침 위협은 강화되는 데 반해, 믿었던 미국은 닉슨 독트린(Nixon Doctrine)을 발표하면서 미군 철수를 선언하자 박정희 정부는 소위 '유신헌법'을 통한 장기집권을 계획했다(하태수, 2017: 139-141). 박정희 정부는 비상계엄을 선포한 가운데, 1972년 11월 헌법개정안을 국민투표에 회부해 확정하고, 자주국방과 지속적인 경제 성장을 주된 정책 목표로 설정했다.

이 같은 정책 목표에 따라 정책 내용도 대부분 이러한 목표를 달성하는 것과 관련되어 있다. 우선, 정치적 측면의 산출물들은 대체로 체제 유지를 위한 것들이 주를 이루고 있다. 즉, 1971년 12월에 제정된 「국가보위에 관한 특별조치법」에서 비롯된 긴급조치권이 유신헌법에서 명문화됨에 따라 초법적인 정책 산출물들이 양산되기 시작했다. '유신헌법'에 대한 부정이나 반대 또는 왜곡행위 및 개정 주장을 금지하는 것을 주된 내용으로 하는 '긴급조치 1호'가 1974년 1월 8일 선포되었다. 이후 박정희 유신 정부는 무려 9호에 이르는 긴급조치를 통해 철저한 1인 독재 체제를 구축해 나갔다.

외교와 관련된 정책으로는 1973년 6월 23일에 공표된 평화통일 정책을 들 수 있다. 그동안 '할슈타인(Walter Hallstein) 원칙'에 따라 북한과 외교 관계를 갖고 있는 국가들은 적성국가로 간주하여 수교를 하지 않았으나, 이 선언으로 정치적 이념에 우선하는 경제적 이익 위주의 외교정책을 추진하게 되었다. 이 선언으로 남북한 유엔 동시 가입을 지지하고 이념과 체제가 다른 국가에 대한 문호 개방을 천명했다. 그 결과 박정희 유신 정부 말에 이르러서는 수교국이 93개국으로 증가했다.

박정희 유신 정부가 추구한 자주국방이라는 정책 목표에도 불구하고, 1975년 미국의 베트남전 패전에서 야기된 안보 위기가 국방정책에 심대한 영향을 끼쳤다.

방위세가 신설되고 민방위대와 학도호국단이 창설되었다. 방위세 신설로 국방비가 폭발적으로 증가하여 임기 말인 1978년에는 GNP의 6.6%를 차지하기에 이르렀다.

행정적 측면 정책으로는 권한이 강화된 대통령을 정점으로, 국무총리와 자문기관으로 성격이 바뀐 국무회의가 유신행정 체제의 최고행정관리구조를 형성했다. 그리고 1973년 1월 15일 전문 개정된 정부조직법에 의해 그 아래의 중앙행정기구들의 기본 골격이 규정되었다.[4] 1973년의 정부조직법 개정에서는 중화학공업 추진을 위해 국무총리실 중화학공업추진위원회와 이 위원회의 실무기구인 중화학공업추진기획단이 설치되었다. 또한 상공부에는 공업진흥청과 공업단지관리청이 신설되었다. 중앙행정기관인 위원회, 실·국, 차관보의 설치, 지방행정기관의 설치는 대통령에 위임함으로써 대통령의 권한을 더욱 강화했다(하태수, 2017: 144-163). 유신 체제가 막을 내릴 때까지 행정기구의 부분적 개편이 여섯 차례나 더 있었다. 그 결과 임기 말에는 2원 14부 4처 14청 4외국으로 확대되었고, 공무원 수도 389,446명으로 증가했다.

박정희 유신 정부가 정치적 민주화를 희생하면서 치중했던 경제정책은 3공 정부에서 추진했던 경제개발계획을 더욱더 가속화했다. 이에 따라 1972년 시작되어 1976년에 종료된 제3차 경제개발 5개년계획은 그간 두 차례에 걸쳐 시도되었던 경제개발계획의 문제점을 보완하는 동시에 산업 전환에 초점을 맞추었다.

제3차 경제개발 5개년계획은 유휴노동력의 추가 공급이 아닌 생산성 향상을 통한 내연적 성장, 수출 주도형 공업화 위주의 성장정책으로 인해 격차가 커진 농업과 공업을 균형 있게 발전시킬 필요성을 제기하였다. 이를 위해 새마을운동 등이 시작되었으나, 결국 생산성 향상과 농·공 간 균형 발전 목표가 포기되고 대신 주도 산업을 경공업에서 중화학공업으로 전환하는 데 그쳤다. 빈사 상태에 있던 부실기업을 1972년에 경제의 유신헌법이라고 볼 수 있는 '8·3 조치'를 통해 기사회생시키고, 1973~1974년에 일어난 원유 파동을 중동 건설 붐을 통해 극복했다. 그 결과 이 기간 중에는 연평균 8.0%의 경제성장률을 달성했다.

1977년에 시작되어 1981년 전두환 정부에서 종료된 제4차 경제개발 5개년계획

---

4) 1973년 1월 15일에 전문 개정·공포된 정부조직법은 중앙행정기구를 대통령, 국무총리, 국무회의, 2원 13부 4처 13청 5외국으로 규정했다.

은 중화학공업 건설에 박차를 가했다. 1978년에 총투자의 79%가 중화학 부문에 할애되어 치약이나 소주 같은 생필품이 부족할 정도로 중화학공업에 집중했다. 그러나 투자 회임 기간이 긴 중화학공업의 특성과 스태그플레이션 상태에 있었던 세계 경제 상황 때문에 중화학공업화는 많은 어려움을 겪어야 했다. 설상가상으로 1978년과 1979년에 있었던 제2차 원유 파동은 한국 경제를 더욱 어렵게 만들었다.

이런 난관 속에서 박정희 유신 정부인 제4공화국은 1979년 10월 26일로 종말을 맞았다. 이 기간 중에 연평균 경제성장률은 5.6%로 낮아졌다(이종원, 2002: 194-202; 이병천, 1990: 29-38). 박정희 유신 정부의 경제정책 성과로 인해 1977년에는 수출 100억 달러와 1인당 국민소득이 1,000달러라는 외형적인 성장을 이룩하기도 했다. 박정희 유신 정부가 만료된 1979년에 1인당 국민소득은 1,662달러, 조세 부담률은 17.2%, 국제수지는 수출이 150억 달러, 수입은 203억 달러에 이르게 되었다.

그러나 박정희 유신 정부가 추진한 외형적인 성장전략은 심각한 해외 수지 악화와 소득의 불균형을 초래했고, 정부 주도형 경제개발 정책으로 대기업의 기형적인 확장을 가져와 이후의 한국 경제의 균형적 발전에 심각한 후유증을 초래했다(안해균, 1994: 274-285).

사회적 측면에서 박정희 유신 정부의 정책은 정치적 환경으로 인한 유신 체제에 저항한 대학생, 지식인 집단과 이에 대한 정부의 대응으로 압축된다. 즉, 압축 성장으로 대표되는 정부 주도형의 경제개발정책으로 인해 계층 간, 지역 간의 불균형 문제와 자유주의 체제를 확립하고자 하는 대학생, 지식인 집단과의 끊임없는 갈등이 주를 이루었다.

이에 따라 수차례의 노동법 개정이 있었고, 9차례의 긴급조치가 발동되었다. 1979년 임기 말에 이르러서는 당시 신민당 총재였던 김영삼에 대한 제명 처분을 계기로 촉발된 부산시내 대학생들의 대규모 시위를 막기 위해 10월 18일에는 계엄령이, 10월 20일에는 마산과 창원에도 위수령이 선포되었다. 이처럼 박정희 유신 정부의 사회정책은 체제 위기가 발생하면 그에 따라 초법적인 대응을 하는 것을 그 특징으로 한다.

제4절 전두환 정부

1. 정책 과정

전두환 정부의 정부 형태는 대통령제를 기본으로 하면서도 의원내각제 요소가 가미된 것이었다. 그러나 대통령 선거인단의 간접선거로 선출된 7년 단임의 대통령은 비상조치권·계엄선포권·국회해산권·국민투표회부권·헌법기관구성권 등의 권한을 행사를 할 수 있어, 정부가 국회에 대해 절대적 우위를 가지는 관계에 있었다. 이에 더해 전두환 정부의 무리한 출범은 처음부터 강한 도전과 저항을 동반했으며, 정권 유지는 반대 세력에 대한 강압적 수단에 의존할 수밖에 없었다. 따라서 전두환 정부가 지니고 있는 정권의 속성으로 인해 국회의 형식화는 이전 정부들에 비해 크게 나아진 것은 없었다.

국회의 국정조사권이 부활되었지만 제11대와 제12대 국회에서는 국정조사 활동이 전혀 이루어지지 않았다. 이처럼 전두환 정부 시기 국회의 활동 또한 이전 정부와 마찬가지로 제11대 국회(1981~1985년)에서는 의원 제출 법률안이 정부 제출 법률안에 미치지 못했고, 가결 건수도 의원 제출 법률안은 정부 제출 법률안에 비해 크게 부족했다. 다만 제12대 국회에서는 의원 제출 법률안이 정부 제출 법률안에 비해 많았지만, 가결 건수에서는 정부 제출 법률안에 크게 미치지 못했다.

국회의 형식화와 함께 국무회의 또한 횟수 및 처리한 안건이 과거에 비해 크게 감소되었을 뿐만 아니라, 무수정 통과 비율이 높아 형식화되기는 마찬가지였다. 입법예고제의 도입과 부처 간 정책 협의를 강조함에 따라, 과거에 비해 대통령이나 청와대 비서실에 의한 사전 조정과 협의는 많이 감소되었다. 다만 대통령의 정책결정에 대한 영향력이 크게 감소하지는 않았지만, 청와대 비서실에 의한 영향력은 후반기로 가면서 크게 감소하는 경향을 보였다.

정책 과정에서 행한 정당의 역할을 살펴보면 전두환 정부 초기에는 집권당의 영향력이 상대적으로 컸다고 할 수 있다. 즉, 집권당인 민정당의 간부가 장차관으로 임용됨으로써 정책결정 과정에 강한 영향력을 행사하거나, 행정부의 유능한 국장급 공무원을 정당의 전문위원으로 활용하면서 당정 협의를 제도화하는 등 부분적으로 정당의 활성화를 위한 시도가 있었다(정정길, 1987: 518-519).

2. 정책 내용

1979년 박정희 대통령의 서거 이후 그 당시 국무총리였던 최규하를 수반으로 하는 위기관리적 성격의 정부가 수개월 간 지속되었다. 1980년 8월 16일 최규하 대통령이 사임하자 동년 8월 27일에 통일주체국민회의에서 전두환 국가보위비상대책위원장이 제11대 대통령에 선출되었다. 동년 10월 27일 제5공화국 헌법이 공포되면서 이 헌법 부칙에 따라 통일주체국민회의가 폐지되고, 헌법에 의한 국회가 구성될 때까지 '국가보위입법회의'가 국회의 권한을 대행했다. 다음해인 1981년 2월 11일 대통령선거가 실시되고, 2월 25일 단독 입후보한 전두환 후보가 제12대 대통령에 당선되었다.

일부 신군부 세력이 주도한 쿠데타로 정권을 획득한 전두환 정부는 출범 과정부터 위헌성과 정통성 시비에 시달려야 했고, 이를 극복하기 위해 박정희 정부보다도 강력한 체제 유지 수단을 강구해야만 했다. 따라서 전두환 정부가 추구한 정책 목표는 스스로가 내건 4대 국정지표에도 불구하고 사회 개혁과 경제 안정에 두었다.[5)]

사회 개혁의 경우는 정통성의 취약을 보완하기 위한 대안으로 등장한 정책 목표였지만, 실제의 정책 내용은 정책 목표와 괴리되거나 상치되는 것으로 나타나 형식주의가 만연했다(서순복, 2001: 65-66; 김호진, 2003: 313).

전두환 정부가 추진한 정치적 정책들은 정통성의 위기와 이에 대한 저항을 극복하기 위한 것이었다. 박정희 대통령의 서거 이후 비상계엄령 하에서 비록 최규하 대통령의 자문기관으로 출범했지만, 국가보위비상대책위원회는 개혁이라는 미명하에 전반적인 개혁을 단행했다. 1979년 10월 27일에는 국가보위입법회의가 발족되어 의회의 역할과 함께 220건에 달하는 각종 의안을 처리했다. 특히 이 입법회의

---

5) 전두환 정부의 4대 국정 목표는 민주주의의 토착화, 복지사회의 건설, 정의사회의 구현, 교육혁신 및 문화 창달이었다.

는 동년 11월에 「정치 풍토 쇄신을 위한 특별조치법」을, 12월에는 「언론기본법」을 의결했다.

이와 함께 정치풍토쇄신위원회가 정치 개혁이라는 명분으로, 두 차례에 걸쳐 정치 활동 규제 대상자로 567명을 발표하여 이들의 정치 활동을 금지시켰다.[6] 또한 800여 명의 언론인과 8,000여 명의 공직자를 해직시켰으며, 삼청교육대라는 이름의 사회 정화 조치와 언론사의 통폐합 조치를 단행해 취약한 정권의 기반을 다져 나갔다.

이후 1985년 1월 20일 「정치풍토정화법」에서 해금된 정치인을 주축으로 창당된 신한민주당이 제1야당으로 등장하면서, 전두환 정부는 야당과 재야운동권의 개헌 요구에 맞서 1987년 4·13 성명을 통해 개헌 유보 조치를 단행했다. 그러나 이것이 다시 시민들의 강력한 저항운동으로 확산되자 결국은 6·29 선언을 통해 개헌 유보 조치를 철회했다. 이에 따라 1987년 10월 12일 5년 단임의 대통령 직선제를 골자로 하는 제9차 개헌안이 가결되고 27일에는 국민투표로 확정되었다.

행정적 측면에서는 대통령 중심제의 정부 형태가 유지되면서도 중앙행정기구들은 많은 변화를 겪었다. 사회정화위원회·국정자문회의·평화통일자문회의 등이 신설되고 노동청이 노동부로 개편되었다. 무임소장관은 정무장관으로 개칭되고 그 소속이 대통령에서 국무총리로 변경되었다. 또한 1986년 아시안 게임과 1988년 서울 올림픽 준비를 위해 체육부가 신설되었다.

1981년 10월 15일 단행한 정부조직 및 공무원의 조정 작업인 10·15 행정개혁에서 기구 정비의 대상은 중앙행정기관의 보조기관, 불합리한 소속기관, 특별지방행정기관, 유사·중복 기능, 지방자치단체기구, 일부 두상조직 등 광범위했다.[7] 또한 1981년에 국가공무원법을 비롯한 부수 법령을 전반적으로 개정하여 인사 제도를 개혁했으며,[8] 공직자윤리법을 제정하여 공무원재산등록제를 실시하였다. 전두

6) 1981년 1월 10일 계엄포고 16호로, 대통령선거를 위한 정치 활동과 정당 창당을 위한 옥내외 집회를 부분적으로 허용하기는 했다.

7) 중앙행정기관(2원 15부 4처 14청 1 위원회)의 하부조직은 20차관보, 13실(기획관리실 제외), 201국, 193담당관(2급 및 3급), 1,100과(4급 담당관 포함)이던 것을 12차관보, 10실, 160국, 159담당관, 974과(4급 담당관 포함)로 축소 조정했다. 기구 및 직위 조정의 결과 장관급 2명, 차관급 5명, 차관보 및 1급 37명, 2급 및 3급 164명, 4급 391명, 총 599개의 직위가 감축되었다. 또한 4급 이상 직위의 11.8%가 감축되었으며, 지방자치단체에서도 5급 이상 직위 114개를 감축했다.

환 정부가 종료되는 시점의 중앙행정기구는 2원 16부 4처 13청 3외국, 공무원 수는 505,053명으로 박정희 유신 정부에 비해 대폭 증가했다.

경제적 측면을 살펴보면, 전두환 정부는 박정희 대통령 서거 후 누적된 사회경제적 문제 등의 부담을 안고 출발했다. 전두환 정부는 경제정책의 목표를 안정화와 함께 1970년대의 성장 위주의 정책에서 경제와 사회의 균형 발전으로 설정하였다. 이에 따라 1982년부터 시작된 제5차 계획은 종래와 달리 '경제사회발전 5개년 계획'으로 명명했다. 그러나 구체적인 내용은 수출 주도산업을 중화학공업에서 기술집약형 산업으로 전환하는 것 외에 큰 변화가 없었다.

이 시기에 연평균 성장률은 8.8% 정도로 유지되었으나, 경제사회의 부패와 비리가 증폭되어 성장에 따른 소득 불평등의 심화, 부동산 가격의 폭등으로 인해 전두환 정부의 임기 말에는 심각한 경제적 위기에 처했다. 전두환 정부의 경제정책으로 인해 임기 말에 이르러서는 국제수지가 수출은 47,281백만 달러, 수입은 41,020백만 달러를 이룩했다. 실업률은 3.1%, 1인당 국민소득은 3,321달러, 조세 부담률은 16.1%가 되었다(기획예산처, www.mpb.go.kr, 2005).

사회적 측면을 살펴보면, 전두환 정부는 정권의 정통성 위기를 과감한 개혁정책을 통해 극복하려고 하였으나 정통성 위기로 인해 끊임없는 갈등을 겪었다. 집권 초기 국가보위비상대책위원회와 사회정화위원회를 통한 각종 개혁 조치들과 함께 1980년의 언론 통폐합 조치, 1981년의 언론기본법을 통해 전두환 정부는 기성 정치인과 언론으로부터 가해지는 체제의 도전을 극복해 나갔다. 노동 정책으로는 노동계를 체계적으로 통제하기 위해 1980년 말 5개의 노동관계법 개정 및 노동부 신설을 통해 노사협의제도를 구축했다. 교육정책으로는 1981년부터 초·중·고등학생의 전면적인 과외금지, 대학졸업정원제를 실시했으며, 1984년부터는 소위 '학원자율화' 조치를 시행했다.

---

8) 이 과정에서 공무원의 종류를 좀 더 정확하고 세밀하게 분류했으며, 계급구조와 수평적 분화에 수정을 가했다. 승진과 보직관리 제도가 개선되었으며, 인사담당과 고충처리 제도를 도입했다. 또한 복무규율을 강화했으며, 청렴도라는 특성을 공무원의 근무성적 평정 요소에 포함시켰다.

제5절 산업화기 정책 과정 및 정책 내용의 특징

한국 정부 산업화기 정책 과정의 특징은 1960년대 이후 급속한 경제 성장 과정을 거치면서 권위주의 정치 체제가 구축되어, 비공식적 참여자들의 역할은 약화되고 공식적 참여자의 역할은 강화되는 것이었다. 이에 따라 대통령과 행정부처의 영향력은 강화되었던 반면, 의회나 정당, 그리고 시민(단체), 언론 등의 영향력은 미미했다.

그런데 정책 과정에서 대통령이 지니고 있는 이러한 절대적 영향력은 한국 정부에 여러 파장을 가져왔다. 산업화 시기에 한국의 대통령은 행정부의 수반이자 집권당의 총재를 겸직하고 있으면서, 여당을 통제하고 국회를 장악할 정도로 막강한 영향력을 보유하고 있었다. 그 결과 대통령의 지위와 권한은 '제왕적 대통령'이라고 표현할 정도로 과도하여, 정책 과정에서 대통령이 발휘하는 정치적 역할은 어떤 다른 참여자보다 크고 중요했으며 정책의 모든 과정을 압도했다(백승기, 2001).

대통령의 강력한 영향력이 정책의 모든 과정을 지배함에 따라 정책의 일관성과 혁신적인 결정이 가능했고, 결정된 정책을 강력하게 집행할 수 있는 장점이 있었다. 반면 정책 과정이 비민주적이고 비타협적으로 되면서 정책 내용이 불합리하고 무모해지는 한계가 있었다. 이 와중에 국무회의가 정책 과정상 중요한 역할을 해야 함에도 불구하고, 대통령은 국무회의를 실질적인 정책결정 기구로 활용하지 않고 대신 정부정책을 정당화하거나 정치적 책임을 전가하기 위한 하나의 상징적 기구로만 활용했다(하태권 외, 1998: 104).

산업화 시기에 나타난 정책 과정의 또 다른 특징은 대통령의 강력한 영향력 확대와 함께 관료들의 영향력이 큰 폭으로 증가한 점이다. 이에 따라 급속한 경제 성장을 목표로 했던 산업화 시기에는 어느 때보다도 전문적 능력을 지닌 각료 및 고위 행정관료의 정책적 영향력이 커질 수밖에 없었다. 정부사업의 기술성과 복잡성이 증대됨에 따라 행정기관과 관료들이 의회나 대통령이 결정한 주요 정책을 단순히 충실하게 집행하는 초기 집행기관으로서의 한계를 넘어 정책결정 과정에서부터 커다란 역할을 담당하는 등 독자적인 능력을 형성해 나갔다.

박정희 정부의 출범 이후 경제 성장이라는 명분 아래 강화되기 시작한 행정국가화 현상과 행정에 대한 능률성이 강조되면서 행정부의 권한은 확대되어 갔다. 반면에 의회는 국가 발전과 개발 정책에 직접적 도움이 되지 않는 기구로서, 오히려 능률성을 저해하는 기구로 평가 절하되어 왔다. 바꾸어 말하면, 경제 성장이 지상 과제이면서 국가 발전이 가속화되었던 한국 같은 곳에서는 의회가 다분히 상징화되고 본래의 기능을 수행하지 못하는 상황에 놓이게 되었다(안병만, 1999: 296).

한국 정부 산업화기 정책 과정의 특징 가운데 지적되어야 할 또 다른 특징은 권위주의 체제 하에서 정부의 영향력 하에 있었던 이익집단의 취약성이다. 이익집단이 권위주의 체제 하에서 취약할 수밖에 없었던 것은 정부에 의해 만들어진 경우가 많았기 때문이다. 따라서 정부로부터 상당한 지원을 받아 정치조직의 하부조직으로 기능하기도 했다. 그 결과 이익집단의 정책 과정상 영향력은 미미할 수밖에 없었고, 오히려 정부정책을 지지하기 위해 동원되는 경우가 많았다.

그러나 경제 발전이 어느 정도 진행된 이후부터는 결사적 이익집단이 크게 증가하기 시작했다. 이에 권위주의 정부는 국가 목적 달성에 용이한 이익집단(예: 사용자집단)에는 융화적 정책을, 이에 반대되는 이익집단(예: 노동조합)에는 배제적 정책이라는 이원적 관리 방식을 통해 이익집단을 관리·통제하기 시작했다.

특히 박정희 유신 정부에 해당하는 1970년대에는 노동자 계급의 정치적 비동원화 및 경제적 동원화를 위해 노동조합에 강력한 통제 메커니즘을 활용해 왔다. 예컨대, 규모가 큰 노동조합과 같은 이익집단은 정부가 이익집단의 지도자들에게 각종 지원이나 정치권으로의 진입을 통한 흡수 전략 등을 통해 이해 조정을 함으로써 이익집단의 영향력을 봉쇄하는 전략을 구사했다.

결국 한국 정부 산업화기에 한국의 의회, 정당, 이익집단 등은 기능과 역할의 미발달로 인해 영향력이 약했고, 정책 과정 및 정책 내용에서 대통령과 행정기관이 거의 모든 결정권을 행사하였다.

생각할 문제

• 정책을 보는 시각

1. 정책 과정적 시각에서 정책을 보는 경우의 장 · 단점에 대해 생각해 보시오.
2. 정책 내용적 시각에서 정책을 보는 경우의 장 · 단점에 대해 생각해 보시오.

• 한국 정부와 정책 과정

1. 각 정부별로 정책 과정이 차이를 보이는 이유와 원인에 대해 생각해 보시오.
2. 정부별로 정책 과정의 차이로 인해 정책 내용에 미친 영향과 결과에 대해 생각해 보시오.
3. 외국 정부의 정책 과정의 사례를 조사하여, 한국 정부와 비교해 보시오.
4. 향후 한국 정부의 정책 과정은 어떤 방향으로 전개되어야 할 것인가에 대해 생각해 보시오.

• 한국 정부와 정책 내용

1. 장면 정부가 계획한 경제개발계획의 내용과 박정희 정부가 추진한 경제개발계획의 차이점을 비교해 보시오.
2. 박정희 정부가 산출한 경제 성장이 한국 정부에 미친 영향에 대해 생각해 보시오.
3. 전두환 정부가 신설한 사회정화위원회의 역할과 이의 활동에 대해 조사해 보시오.

Chapter

11

한국 정부와 정책: 민주화기

제1절 노태우/김영삼 정부
제2절 김대중/노무현 정부
제3절 이명박/박근혜 정부
제4절 문재인 정부
제5절 민주화기 정책 과정 및 정책 내용의 특징

Chapter 11

한국 정부와 정책: 민주화기

제1절 노태우/김영삼 정부

1. 노태우 정부

1) 정책 과정

1987년 6·10 민주항쟁의 여진이 채 가시기도 전에 출범한 노태우 정부의 정책 과정은 확고한 목표나 계획에 의해 진행되었다기보다는 민주화라는 큰 시대적 흐름에 따라 이루어졌다. 이 같은 민주화로 인해 정책 과정은 대단히 큰 환경적 변화를 맞이했다. 지방자치를 부활시키는 입법이 제정되었고, 행정관리 개선이라는 측면에서 지방분권화와 국민 편의가 강조되었다.

정책 과정에서 노태우 정부의 가장 큰 특징은 참여자로서 의회의 영향력 변화를 들 수 있다. 즉, 노태우 정부 집권 초기 여소야대의 정국에서는 국회의 행정부에 대한 통제력이 크게 강화되었고, 민주적 국정관리 시스템을 도입하는 등의 시도가 있었다.

그러나 노태우 정부는 민정당, 민주당, 공화당의 3당 합당으로 민주자유당을 창당하고 난 후부터는 다시 권위주의적 정책 체제를 답습해 나가는 양태를 보였다. 이로 인해 정책 과정에서 행정부 독주가 다시 가능해짐으로써 국회의 행정부에 대한 통제력은 약화되었다. 바꾸어 말하면, 노태우 정부 시기인 제13대 국회(1988~1992년)는 우리나라 헌정 사상 최초로 야당의 의석이 여당에 비해 많은 여소야대 국회였다. 그래서 국회는 산업화기 때와는 달리 국정감사권의 부활, 국회의 연간 회기 제한 제도의 폐지, 국회의 국무총리 및 국무위원 해임건의권 등을 통해 막강한 권한을 갖게 되었다.

이러한 상황에서 국회의원들은 의욕적으로 법률안 제출을 시도해 의원 제출 법률안(570건, 60.8%)이 정부 제출 법률안(368건, 39.2%)에 비해 크게 증가하는 현상을 가져왔다. 그렇지만 가결 건수에서는 의원 제출 법률안(165건, 34.0%)이 정부 제출 법률안(321건, 66.0%)에 비해 크게 부족했을 뿐만 아니라, 가결률도 정부 제출 법률안이 87.2%인데 비해 의원 제출 법률안은 30%에 불과해 그 격차를 줄이지는 못했다. 이는 국회에서 여야 합의 없이 상당수의 법률안을 제출한 후 폐기시키는 등 의원들의 졸속적인 행태에서 그 이유를 찾을 수 있다. 노태우 정부는 정책 과정에서 중요한 요소들인 도덕적 신뢰감 부족, 지도자의 결단력 부족, 정책의 일관성 결여, 국민 통합 능력의 결핍 등으로 민주적인 정책 체제를 구축하지 못했다(안병만, 1999: 154).

2) 정책 내용

1988년 2월 25일 출범한 노태우 정부는 '보통사람들의 위대한 시대'라는 제목이 붙은 대통령 취임사에서, 특히 민주주의, 국민 화합, 부(富)의 고른 분배를 역설했다. 이에 따라 노태우 정부는 국정 지표를 민족자존, 민주화합, 균형발전, 통일번영으로 설정했다. 결국 노태우 정부 국정목표의 핵심은 민주화의 추진과 압축 성장에 따른 사회의 불균형을 시정하기 위해 균형발전을 추구하는 데 있었다.

노태우 정부가 설정한 정책 목표에 따라 정치적 측면에서 산출된 정책 내용을 살펴보면, 우선 정권이 출범한 뒤인 1988년 4월 6일에 지방자치법이 개정되었는데, 이는 지방자치단체의 역할과 권리를 상당 부분 향상시키는 내용을 포함했다. 이후 1989년 12월에는 여소야대의 국회에서 지방자치법이 한 차례 더 개정되었다.

한편 1988년 제13대 총선으로 여소야대의 의회구조가 만들어졌고, 이에 따라 그 해 11월에는 5공특위와 광주특위가 시작되었지만, 1990년 1월 22일에는 급작스러운 3당 통합으로 민주자유당이 탄생함으로써 정치적 환경이 일대 전환기를 맞았다. 1991년 3월 26일과 6월 20일에는 기초자치단체 의회선거와 광역자치단체 의회선거가 실시되어 지방자치의 부활을 맞이했다.

외교적 측면의 정책 내용으로, 노태우 정부는 어느 정부보다 국제정치 상황의 변동에 기민하게 대처하였다. 1988년 7월 7일에 노태우 대통령 본격적인 북방정책 추진을 선언했다. 동년 10월 7일에는 부총리가 남북한 간 물자 교역을 국내 거래로 간주해 관세 등을 감면하고, 경제인의 북한 방문을 허용하는 조치를 발표했다.

북방정책의 활성화를 통해 동구권과의 수교로 한국의 외교망은 확대되었고, 1990년 9월 17일에는 남북한 동시 유엔 가입을 성사시킴으로써 분단 45년 간 지속해 왔던 경쟁적인 낭비 외교를 청산하고 공존의 길로 들어서는 계기를 구축했다. 그리고 1992년 2월 19일에는 '남북화해와 불가침 및 교류·협력에 관한 합의서'를 발효시킴으로써 남북 간 공존 영역을 확대시켰다(김운태 외, 1999: 441-442).

행정적 측면의 정책 내용으로는 1988년 5월 13일 민주화합추진위원회와 각계의 건의로 행정개혁위원회가 설치되어 1년 2개월 간 활동한 것을 들 수 있다.[1] 특히 노태우 정부 하에서는 새로운 행정 수요와 민주화에 대한 대응으로 기구 정비 등을 통한 구조조정이 이루어졌다. 대통령 소속기관에 대한 개편으로 국가안전기획부의 기능이 조정되었고, 국가원로자문회의가 폐지되었다. 국무총리 소속기관에 대

---

1) 행정개혁위원회는 4개 분과위원회(총괄, 일반행정, 경제과학, 사회문화)로 구성되었으며, 각 분과별로 2인의 전문위원이 조사연구 업무를 담당하면서 21인의 조사연구관과 27인의 실무 보조요원이 업무를 지원했다. 주요 활동으로는 정부투자기관 등 615개 기관에 대한 의견조사, 7개 시·도별 지역간담회, 9차례의 공청회 및 공개토론회를 거쳤다. 행정개혁 추진 절차는 135회의 전문위원회의를 거쳐 42~60회의 각 분과위원회의를 통해 작성된 개편 시안을 72회의 운영위원회를 통해 전체회의에서 채택했다.

한 개편 내용으로는 총무처에 합의제 기관으로 인사위원회가 설치되었고, 1990년에 국토통일원이 통일원으로 개칭되었다. 그리고 사회정화위원회는 폐지되었으며, 행정조정실 안에 사정 업무를 담당할 제4조정관실이 신설되었다. 특히 1989년에는 환경청이 환경처로 개편되었으며, 문화공보부는 문화부와 공보처로 분리되었다. 또한 21세기위원회를 대통령자문기구로 설치하는 등 정부 부처에 설치된 각종 위원회가 대폭 정비되어 101개가 폐지되고, 17개는 축소 조정되었다. 1991년에는 치안본부가 경찰청으로 개편되고 경찰위원회가 설치되었다(하태수, 2017: 199-214). 이에 따라 중앙행정기구는 2원 16부 6처 12청 3외국이 되었으며, 공무원 수는 553,103명이었다.

노태우 정부가 추진한 경제적 측면의 정책 산출이 지니는 특성은 정부에 의한 경제적 규제를 줄이고 민간 부문의 자율성을 확대하는 것이었다. 그러나 국제경제의 상황 악화, 노사 분규의 확산, 생산성 하락, 일부 계층의 부동산 투기와 사치성 과소비 증대로 인해 사회적 위화감이 고조되어 전반적으로 경기가 침체되는 결과를 낳았다. 예컨대, 1988년에는 원화의 대(對)달러 환율이 1달러당 600원대로 떨어짐으로써 본격적인 원고(高) 시대를 맞이하게 되었고, 다음해인 1989년에는 1960년대 이후 최저의 수출 신장을 기록했다. 또한 1991년에는 수출경쟁력 상실과 수입 급증 등으로 무역수지가 심각한 적자를 기록하게 되었다. 그렇지만 경제 부문에서 수출입 구조의 다변화, 경제구조의 안정성과 다양성 증대 등 비교적 좋은 평가를 받은 부분도 있다.

그럼에도 불구하고, 결국 노태우 정부의 경제정책은 지도자의 확고한 경제관 및 문제의식의 부재, 행정부의 경제정책의 일관성 결여로 인해 흑자경제에서 적자경제로 후퇴하는 결과를 가져왔다. 이에 따라 노태우 정부 임기 말에 이르러 국제수지가 수출은 76,631백만 달러, 수입은 81,775백만 달러를 기록했다. 당시의 실업률은 2.5%, 경제성장률은 5.9%, 조세 부담률은 17.8%, 1인당 국민소득은 7,527달러로 나타났다(산업자원부, www.mocie.go.kr, 2005; 노동연구원, www.kli.re.kr, 2005).

사회적 측면에서 노태우 정부가 산출한 정책 내용은 주로 부의 불균형 문제와 부동산과 관련된 불로소득 대책에 집중되었다. 이에 따라 1989년에는 농지가 아닌 택지 또는 임야 등 토지의 소유와 이용에 관한 문제가 정치 · 경제 · 사회 전반에 걸쳐 커다란 논쟁의 대상이 되었다. 1970년대 말 이후부터 거의 만성화된 부동산 투기가 우리 사회에서 빈부 격차를 심화시켜 온 주범의 하나라는 점, 그리고 투기성 불로소득에 의한 소득양극화현상은 복지사회의 실현을 위해서도 막아야 한다는 측면에서 노태우 정부는 '토지공개념' 확대 도입과 관련된 3개 법안을 제정했다. 1989년 4월 27일에는 서울을 비롯한 수도권 지역의 주택난과 주택가격 안정을 위해 분당과 일산 등에 신도시를 건설하겠다는 계획을 발표했다.[2)]

2. 김영삼 정부

1) 정책 과정

민간인 출신 대통령으로 당선된 김영삼 정부는 정책 과정에서 민주화 및 민간화를 상당히 시도했다. 군부 내 사조직 해체 등을 통해 군정 체제의 종식을 시도했고, 정책 체제를 민주화하기 위해 많은 노력을 기울였다. 이에 따라 김영삼 정부의 시각은 정책 과정에서 권위주의적 요소의 타파와 민주화를 지향하는 데 집중되었다. 그 결과 권위주의적 과거의 청산, 강압 통치의 수단이 되었던 기관들의 축소와 기능 정비, 행정기구의 감축, 규제 완화, 국민 편의 증진을 위한 민원행정 개선 등의 분야에서 상당한 가시적 성과를 거두었다. 반면 대통령 개인의 독주와 참여 배제에 따른 신권위주의의 등장이라는 비판에 직면하기도 했다.

그런데 민주화를 지향하는 데 초점을 맞추었던 김영삼 정부에서도 집권당의 국회 활동은 대통령의 강력한 리더십으로 인해 상당한 제약을 받았다. 단적인 예로 김영삼 정부 시기인 제14대 국회(1992~1996년)에서는 의원 제출 법률안이 정부 제출 법률안에 비해 적었고, 가결 건수도 의원 제출 법률안이 정부 제출 법률안에

2) 건설부가 1989년 업무계획을 공개했을 때만 해도 신도시 개발은 억제하겠다는 방침을 밝혔었기 때문에, 분당 · 일산 신도시건설계획은 주민들의 반발과 함께 발표 초기부터 많은 논란을 불러일으켰다. 정부는 아파트에 대한 투기 열풍을 잠재우고 수도권 지역에서의 주택 문제를 해결하기 위해서 신도시 개발 방식을 취하는 수밖에 없다는 주장과 함께 신도시정책을 강력하게 추진했다. 이에 따라 1989년 12월에 분당시범단지 1차분 아파트 4,036호가 분양되었다.

비해 적었다. 가결률 또한 정부 제출 법률안이 81.7%로 의원 제출 법률안의 40.3%와는 현격하게 차이가 났다.

다만 김대중 정부와 중첩되는 제15대 국회(1996~2000년)에서는 의원 제출 법률안이 정부 제출 법률안에 비해 다소 많았지만, 가결 건수는 의원 제출 법률안이 정부 제출 법률안에 비해 크게 낮았다. 가결률도 정부 제출 법률안이 84.1%인데 반해, 의원 제출 법률안은 35.5%로 현격하게 차이가 났다.

정책관리적 측면에서는 「행정규제 및 민원사무기본법」(1994년)이 제정됨으로써 민원행정이 진일보 개선되었다. 그러나 김영삼 정부기에는 고속성장 과정에서 누적되었던 부실이 극적인 모습으로 나타나는 각종 사회경제적 사고가 많이 발생했다. 또한 대내·외적 경제여건의 악화 속에서 적절한 정책적 개입의 타이밍을 놓치고 의사소통 과정의 왜곡, 관리 능력의 부재 등으로 인해 외환위기를 초래하였다. 이에 따라 많은 국민이 고통을 감내해야 하는 국제통화기금(IMF) 관리 체제하에 놓이게 되었다.

2) 정책 내용

김영삼 대통령은 1990년의 3당 합당으로 여소야대에서 여대야소의 의회구조를 만든 다음 여당인 민주자유당의 대통령후보로 출마하여 대통령에 당선되었지만, 1961년 이래 32년 간 지속되었던 군정을 종식시키고 민간인에 의한 정부를 수립했다는 점에서 그 의의가 크다. 그는 1993년 2월 25일 취임사에서 자신이 이끌 정부를 '문민정부'라 칭했는데, 이처럼 김영삼 정부가 문민정부를 강조한 까닭은 군사독재의 유산을 정리하고 민주화 시대를 본격적으로 열어가겠다는 의지의 발로라고 볼 수 있다.

김영삼 정부는 초기에 과거 청산과 재창조적 개혁을 위한 개혁 프로그램을 성공적으로 추진하는 듯 했으나, 시간이 흐를수록 과거사에 얽매였다. 특히 김영삼 정부는 과거와의 완전한 단절을 이루지 못한 채 대통령의 독단적 정책결정 방법과 주변의 끊임없는 부정부패, 관련된 잡음으로 인한 문제들, 경제정책의 실패 등으로 인해 임기 말에는 외환위기로 인한 IMF 관리 체제에 들어감으로써 엄청난 국가적 위기를 가져오고 말았다.

김영삼 정부가 추진한 정책 목표를 구체적으로 살펴보면, 김 대통령은 20세기 말의 한국 사회가 직면하고 있는 모든 부정적 유산을 '한국병'으로 규정하면서 변화와 개혁을 강조했다(공보처, 1997: 18).[3] 이에 따라 신한국 창조를 위한 3대 실천 과제를 바탕으로 김영삼 정부가 성취하고자 하는 국정 지표로 첫째, 깨끗한 정부, 둘째, 튼튼한 경제, 셋째, 건강한 사회, 넷째, 통일된 조국이 제시되었다. 또한 개혁의 4대 기조와 목표로는 첫째, 부정부패의 척결, 둘째, 부정적 유산의 청산, 셋째, 민주화의 실질적인 정착, 넷째, 21세기 조류에 적응하기 위한 창조적 개혁을 표명했다.

김영삼 정부의 정책 목표에 따라 산출된 정책 내용을 정치적인 측면에서 볼 때, 초기에는 부정부패의 척결과 정치의 민주화에 역점을 두어 상당히 많은 제도를 개정하거나 신설하였다. 1993년에는 「공직자윤리법」, 「공직자재산등록법」, 「국가안전기획부법」의 개정 등을 추진했다. 1994년에는 전국구 의석 배분 방식 개선, 선거공영제, 선거 기간 축소, 선거 비용 제한액 축소 등을 내용으로 하는 「공직선거 및 선거부정방지법」의 제정을 비롯하여 「정치자금에 관한 법률」, 「국회법」, 「정당법」, 「지방자치법」의 개정 등 일련의 정치 개혁 입법을 통해 깨끗한 정치를 위한 새로운 이정표를 세웠고, 「국가안전기획부법」을 개정했다.[4] 그러나 임기 초반에도 많은 논란을 일으켰던 권위주의적인 통치 행태는 임기 중후반에도 이어져 정책 효과는 회의적일 수밖에 없었다.

1995년에는 과거 청산 차원에서 제2의 건국, 역사 바로 세우기,[5] 「5 · 18 특별

---

3) 김영삼 정부의 정책 목표에 대해 정용대(1993: 129)는 신한국의 창조는 건설적이고 진취적인 이미지를 암시하고 있는 반면, 한국병 치유는 창조적이기보다는 수선적이고, 건설적이기보다는 오히려 방어적인 의미를 내포하고 있다고 지적한다. 따라서 구체적인 개혁 이념의 제시가 필요하다고 설명하고 있다. 또한 국가 목표를 설정하는 과정에서 나타나는 기술상의 문제도 김영삼 정부의 목표를 불안정하게 만드는 데 한몫했다. 특히 역대 정부에 비해 문민정부, 신한국 창조, 한국병 척결, 역사 바로 세우기, 국제화, 세계화 등 김영삼 정부는 지나치게 많은 구호를 설정하여 구호 정치의 특성을 강하게 지니고 있다.

4) 1994년 6월에 개정된 「국회법」은 여러 의미를 지니는데, 동법의 개정으로 인해 국회 운영의 연간 기본 일정 수립 제도, 긴급 현안 질문 제도 및 4분 자유 발언 제도, 원 구성의 시기 및 본회의 개의 시간의 법정화, 정보위원회 및 윤리특별위원회 신설, 대체토론 제도, 입법예고 제도 도입 등이 새로 규정되었다.

법」 제정 등을 단행했다.[6] 임기 말인 1996년에는 제15대 총선 결과, 집권당인 민주자유당이 과반수에서 1석이 모자라는 여소야대 국회에서 「노동법」과 「국가안전기획부법」을 단독으로 통과시켰으며, 1997년에는 「국회법」과 정치 개혁 입법을 재개정했다(김태룡, 1998: 515-532).

김영삼 정부의 외교 · 국방적 측면에서 주요 정책 내용은 다음과 같다. 우선, 북한과의 관계는 북한에 의한 핵개발 문제를 둘러싸고 남북한 사이에 긴장이 크게 고조되었다. 집권 초인 1993년에는 남북 고위급 회담이 개최되면서 기본합의서 및 비핵화 선언의 이행 등 4개 항의 합의가 있는 등 화해의 분위기가 조성되기도 했다.[7] 또한 1993년 7월 6일에는 김영삼 대통령이 통일정책과 관련, ① 민주적 절차의 존중, ② 공존공영의 정신, ③ 민족 복리의 정신 등 세 가지 기조를 제시했다.

---

5) 전두환과 노태우 전 대통령에 대한 구속과 과거 비리 청산 등 역사 바로 세우기 작업은 1995년 10월 19일 민주당 박계동 의원이 국회에서 노태우 전 대통령이 퇴임을 전후해 4,000억 원의 비자금을 시중은행에 분산 예치했으며, 그 중 300억 원이 신한은행 서소문지점에 예치되어 있다며 예금잔고증서를 제시하면서 시작되었다. 이에 앞서 대검찰청 중앙수사부는 전직 대통령 중 한 사람의 비자금 4,000억 원이 시중은행에 은닉되어 있다는 서석재 장관의 8월 9일자 발언 내용에 대해 2개월 가까이 수사를 진행하고 있었다. 그런데 박 의원의 폭로 내용은 구체적인 물증과 관련 인물이 제시되었다는 점에서 서 장관의 발언과는 차원이 다른 것이었다. 전두환 전 대통령 비자금사건은 1995년 11월 30일 12 · 12 및 5 · 18 사건 특별수사본부가 발족한 이후 본안 사건과는 별개로 수사가 진행되었는데, 1996년 1월 12일 전씨 등 6명을 기소함으로써 일단락되었다. 12 · 12 및 5 · 18 수사본부가 12 · 12 및 5 · 18 사건과 전씨 비자금사건을 병행한 것은 전씨도 노씨와 마찬가지로 거액의 비자금을 거둔 것이 확인되었고, 또한 대통령의 경우 내란 · 외환의 죄를 제외하고는 재임 중 범한 범죄행위에 대해 공소 시효가 정지되기 때문에, 비자금 사건 관련자들을 별도로 소추하기 위한 것이었다. 전씨는 재임 중 모두 9,500여억 원을 거둬들였고 이 중 기업으로부터 받은 비자금은 7,000억 원대로 드러났다. 검찰은 이 중 전두환이 42개 업체로부터 받은 2,159억 5,000만 원을 뇌물로 인정, 특가법상 뇌물 수수 혐의를 추가해 기소했다. 노태우는 재임 기간 중 4,189억 원의 비자금을 조성한 것으로 밝혀졌다. 선고 결과는 전두환은 군사반란죄 · 내란죄 · 수뢰죄로 무기징역에 처하고, 2,205억 원을 추징하도록 했고, 노태우에게는 동일 죄목으로 징역 17년과 2,628억 원을 추징하도록 부과했다. 그러나 김영삼 정부 말에 김대중 대통령 당선자의 건의에 따라 이들을 모두 사면했다.

6) 「5 · 18 특별법」이 제정된 배경으로는 검찰이 5 · 18 민주항쟁에 대해 1995년 7월 18일 공소권 없음으로 결정을 내린 후 대학가와 사회단체를 중심으로 특별법의 제정과 특별검사제 도입에 대한 건의와 시위가 계속 이어졌다. 특히 광주민중항쟁운동연합회장 등 광주항쟁 진상규명 및 정신계승을 위한 국민위원회는 헌법소원을 제출하기도 했다. 천주교 정의구현사제단 등 종교단체의 입법청원서 제출과 대학생들의 동맹휴업, 교수들의 서명운동 등 「5 · 18 특별법」 제정 촉구 움직임이 확산되었다.

7) 주된 내용은 ① 쌍방 재외공관 간 협의 진행, ② 국제무대에서의 상호 비방 · 중상 금지, ③ 재외동포의 민족적 권리와 이익 보호, ④ 평화 상태로의 전환으로 되어 있다.

그러나 1994년 7월 8일 정부의 김일성 사망을 둘러싼 조문 파동과 거의 동시에 터져 나온 '주사파 파문'으로 북한과의 관계는 다시 냉랭해졌다. 다만 세계식량계획(WFP)이 호소한 인도적인 대북 식량 지원과 국제적십자사를 통한 식량 지원에는 계속 참여했다.

김영삼 정부가 추진한 행정적 측면의 정책 내용으로는 출범 초기 '작은 정부의 구현'을 정책 기조로 채택하고, 일부 행정 부처의 통폐합, 기구 축소, 고위직 감축 등을 추진했다. 김영삼 정부는 네 차례의 개편을 통해 과거와는 약간 다른 축소 지향적 성향의 개편을 단행했다. 제1차 개편은 문화부와 체육부를 통합하여 문화체육부로, 동력자원부와 상공부를 통합하여 상공자원부로 개편했다. 제2차 개편은 부처별 자율 조직 개편으로 이루어졌고, 제3차 개편은 가장 대대적인 개편으로 경제기획원과 재무부를 통합하여 재정경제원을 신설했다. 그리고 상공자원부를 통상자원부로, 체신부를 정보통신부로, 환경처를 환경부로 보건사회부를 보건복지부로, 건설부와 교통부를 건설교통부로 개편했다(하태수, 2017: 226-242). 제4차 개편에서는 해양수산부의 신설과 농림수산부를 농림부로 개편했다.

이 같은 조직 개편으로 인해 중앙행정기구는 2원 16부 6처 15청 2외국에서 2원 14부 5처 14청 1외국 2위원회로 개편되어, 2부 1처 1청이 폐지되면서 축소·개편되었다. 그러나 1995년 이후에 이루어진 정부조직 개편은 다시 정부조직을 확장하는 방향으로 추진되었다. 한편 공무원의 규모도 1995년을 제외하고 계속 증가하는 추세를 보였다. 임기 말에 이르러 전체 공무원은 925,794명에 달했고, 국가공무원은 560,645명에 이르렀다(총무처, 1997: 63).

이 밖에 김영삼 정부는 그동안 채택해 온 도시·농촌 분리식 행정구역 개편의 문제점을 해소하고, 우루과이 라운드(UR) 등 국제 경쟁 시대에 효율적으로 대응하기 위해 1994년 3월 여·야 합의로 「지방자치법」을 개정했다. 또한 가구별 주민의견 조사와 지방의회 의견 수렴을 거쳐 「도·농 복합 형태의 시 설치 등에 관한 법률」을 제정·공포했다.[8] 이에 따라 1991년 광역과 기초 지방의회를 시작으로 다

8) 1995년 1월 1일자로 35개 시와 34개 군을 통합하고, 시·군·구 간 경계가 불합리한 42개 지역의 관할구역을 1994년 12월 26일자로 조정했다. 1995년 1월 1일자로 2개 시(포항, 청주)에 각각 2개 구(일반구)씩 4개 구를 설치하고, 인구가 급증하고 있는 수도권, 신도시 지역 등 12개 시·

시 싹이 튼 지방자치는 1995년 6월 27일에 실시된 제4대 지방선거를 통한 민선자치단체장의 등장으로 본격적인 지방자치 시대를 열게 되었다.

끝으로 김영삼 정부는 이전 정부들과는 달리 행정개혁을 본격적으로 수행하기 위해 민간인 위주의 '행정쇄신위원회'를 구성했다. 또한 옴부즈맨적 성격을 지닌 '국민고충처리위원회'를 신설함으로써 행정 개혁과 서비스의 개선에서 하의상달식 의사소통방식을 도입했다(행정쇄신위원회, 1995).

김영삼 정부가 산출한 경제정책 내용을 살펴보면, 우선 출범 초 기존의 제7차 경제사회개발 5개년계획 대신 신경제 5개년계획을 마련하였다. 신경제 5개년계획은 경제 개혁과 성장 잠재력을 강화하는 경제 시책 중점 과제로 구성되었다. 이어서 '금융실명제'를 실시했는데, 이는 김영삼 정부의 획기적인 개혁정책 중 하나였다. 금융실명제는 1993년 8월 12일 오후 8시에 '긴급재정경제명령 제16호'를 발동함으로써 전격적으로 단행되었다. 금융실명제는 얼굴 없는 검은 돈의 차단으로 정경 유착, 불로소득, 투기 등 우리 사회의 부정과 비리를 척결해 분배 정의를 구현한다는 목적으로 단행되었는데 이는 '금융혁명'으로 비견되기도 했다.[9]

그러나 1993년에는 UR 협상 타결로 인해 새로운 세계 경제 질서가 등장하고, 쌀시장 개방이라는 결과를 안겨줌으로써 농민집단으로부터 거센 저항에 직면하기도 했다. 이후 1994년 세계무역기구(WTO)의 출범, 1996년 OECD 가입 등 경제 세계화에 대비한 제도와 관행의 개혁들이 지속적으로 추진되었다. 경제적 성과도 어느 정도 나타나 1995년에는 국민소득 1만 달러를 달성하는 등 선진 경제권에 접근했다.[10]

도에 1994년 7월 1일자로 29개 행정동과 서울특별시에 1994년 11월 1일자로 5개 행정동을 설치, 주민 편의를 도모했다. 이 밖에 1995년 3월 1일자로 부산, 대구, 인천 등 3개 광역시의 시역을 확장하고, 1995년 1월 1일자로 시·도 간 7개 지역의 불합리한 경계를 조정하고, 서울특별시 광진구 등 9개 자치구를 설치했다. 이 같은 일련의 행정구역 개편으로 1995년 3월 1일자로 자치단체는 1특별시, 5광역시, 9도, 68시, 103군, 65자치구가 되었다.

9) 금융실명제는 전두환 정부 때인 1982년의 장영자 사건을 계기로 입법화가 시도된 적이 있으나, 경제에 미치는 영향이 너무 클 것을 우려한 반대론에 부딪혀 두 차례에 걸친 시도가 무산되었다. 그러나 김영삼 정부의 강력한 개혁 의지를 바탕으로 11년 만에 역사적인 시행에 들어가게 되었다.

10) 김영삼 정부는 신경제 5개년계획에 따른 역점 사업으로 본격적인 OECD 가입을 추진했다. OECD 가입은 세계의 신경제질서 형성에 능동적으로 참여하고, 국민 생활의 질을 한 차원 높이고 선진국 수준의 기업활동 여건을 조성할 수 있다는 기대로 시작되었으나 동시에 반대급부도

이 밖에도 금리자유화 추진계획의 일환으로 여신 금리 자유화가 이루어졌고, 「외자도입법」이 개정되었다. 또한 「농어촌특별세법」의 제정과 함께 「민자유치촉진법」이 제정된 것도 이때의 정책 내용으로 들 수 있다. 그러나 1996년부터 교역조건의 악화와 엔화의 약세 등 대외 여건이 악화되고, 경기 순환적 요인이 겹쳐 경상수지 적자가 크게 확대되었다. 1997년에는 한보와 기아를 시작으로 한 대기업의 부도로 대외 신인도가 추락했고, 결국 1997년 12월 3일에 IMF 관리 체제를 맞게 되었다.

이 같은 경제정책으로 말미암아 김영삼 정부는 임기 말에 외채는 1,208억 달러에 이르렀으며, 단기 외채를 변제할 능력이 없는 상황에 몰리게 되었다. 그러나 IMF 관리 체제의 여파는 차기 정부인 김대중 정부에서 나타나기 시작했기 때문에 1997년 말을 기준으로 한 김영삼 정부의 경제정책 내용은 외관상 그리 나쁘게 나타나지는 않았다. 실업률은 2.6%, 경제성장률은 4.7%, 조세 부담률은 18.5%, 1인당 국민소득은 11,176달러로 나타났다. 국제수지에서 수출은 1,361억 달러, 수입은 1,446억 달러를 달성했다(기획예산처, 1998).

김영삼 정부가 산출한 사회적 측면의 정책 내용을 살펴보면, 출범 초부터 각종 사건과 사고가 빈발했고, 임기 말에는 대기업의 연쇄 부도와 김현철 사건, IMF 사태 등 악화의 길로 접어들었다. 이러한 결과는 민심의 동요뿐 아니라 결국 전체 국민의 생활을 송두리째 무너뜨리는 결과를 가져왔다. 그렇지만 집권 초에는 많은 지지 속에 강력한 개혁정책을 실시하기도 했는데, 사회적 측면에서 산출된 정책들로는 중학교 의무교육 실시, 교육재정 GNP의 5% 확보, 사법 개혁을 위한 6개 법안 공포 등을 들 수 있다. 그러나 1996년에 들어서 김영삼 대통령이 신노사 관계 구상에 따른 새로운 노동관계법의 필요성을 발표하고, 동년 12월 26일 새벽 6시 신한국당 단독으로 국회 본회의를 열어 4개 노동 법안(근로기준법, 노동조합 및 노동관계조정법, 노사협의회법, 노동위원회법 등)과 국가안전기획부법 개정안을 기습 처리함에 따라 갈등이 촉발되었다. 이러한 여당의 날치기 처리에 대해 야당

만만치 않았다. 경기 침체가 가속되면서 금융시장 개방조차 경제에 악영향을 준다는 비난이 나왔으며, 일부는 환경 · 노동 · 무역 분야에서도 국내 제도의 개선에 따른 많은 자본을 지불해야 할 것이라는 우려를 표명했다.

과 노동계는 일제히 반발했고, 야당은 원천 무효를 선언함에 따라 김영삼 정부 임기의 마지막은 혼란의 연속이었다.[11)]

제2절 김대중/노무현 정부

1. 김대중 정부

1) 정책 과정

김대중 정부는 대한민국 헌정사상 최초로 여야 간 정권 교체로 등장한 새정치국민회의와 자유민주연합의 공동정부라는 정치적 특성과 함께, 경제적으로는 IMF 관리 체제의 극복이라는 절체절명의 상황에서 집권한 정부였다.

따라서 성장 이데올로기에 익숙해 있던 기존의 정책환경과 이에 영향을 직접적으로 받을 수밖에 없는 정책 과정도 큰 변화를 맞이하게 되었다. 즉, 수출 지향적 성장정책에 익숙해 있던 정책 패러다임이 IMF 관리 체제의 극복이라는 단일 명제에 귀착함으로써 정책 과정에 새로운 집권화가 초래되었다.

공식적인 정책참여자인 의회와의 관계에서는 DJP 연대를 통해 등장한 연립정부라는 특성을 지니면서 이원적 지배 체제를 통해 국회를 통제하기도 했다. 김대중 정부가 출범한 1998년은 우리나라 최초로 여야 간 정권 교체가 이루어졌지만, 국회는 야당이 다수당을 차지하고 있어 국회 내의 주도권 다툼이 매우 치열했다. 그 결과 과거 정부에 비해 상당히 많은 의원 제출 법률안이 있었고, 실제 가결 건수도 정부 제출 법률안에 비해 그 비율이 높아지는 양상을 보이기도 했다.

---

11) 재개정된 노동관계법의 내용은 상급단체의 복수노조를 정부의 원안대로 즉시 허용하고, 정리해고와 관련하여 긴박한 경영상의 이유가 있을 때 노동위원회의 승인 없이 근로자를 해고할 수 있도록 한 법안은 시행을 2년 간 유예하기로 했다. 이와 함께 노조 전임자 임금은 5년 뒤부터 지급을 금지하기로 했으며, 노조 자립을 위한 기금 조성을 위해 조세감면법 등에 상징적 문구를 규정했다. 국회는 이에 따라 1997년 3월 10일 오후 환경노동위원회 제안 형식으로 상정해 의결함으로써 노동관계법 파동은 막을 내렸다.

예컨대, 김대중 정부 시기인 제16대 국회(2000~2004년)에서 의원 제출 법률안은 정부 제출 법률안에 비해 크게 많아졌고, 가결 건수 또한 의원 제출 법률안이 정부 제출 법률안에 비해 다소 많아졌다. 그러나 가결률은 이전 정부들과 마찬가지로 정부 제출 법률안이 72.4%로 의원 제출 법률안 27.0%보다 현격하게 높았다.

한편 정책관리적 측면에서는 국민의 알 권리 보장과 행정 투명성 제고를 위해 「공공기관의 정보 공개에 관한 법률」과 「행정절차법」이 제정되어 1998년 1월 1일부터 시행되었다. 이 법의 제정으로 인해 정책 과정에 대한 투명성이 일정 부분 확대되는 계기를 맞이했다. 동시에 김대중 정부의 정책관리 양식은 IMF의 권고와 요구에 따라 신공공관리와 정부 재창조와 같은 신자유주의적인 개혁 원리들을 대체로 수용하였다.

이에 따라 김대중 정부는 작은 정부와 민간화, 행정 서비스의 고객 지향성 등을 강조하는 정책 지향성을 추구했다. 또한 「행정규제기본법」이 제정되고 규제개혁위원회가 규제 개혁을 추진하는 데 주도적 역할을 수행했다. 이러한 정책 지향성은 이후 여러 문제에도 불구하고 김대중 정부가 개혁과제를 추진하고, IMF 관리 체제를 극복하는 데 일정 부분 기여했다. 그러나 김대중 정부는 정치적 상황의 적대적인 조건,[12] 몇 가지 정책실패, 4대 부문(금융·기업·노동·공공)에서의 불완전한 개혁 등으로 인해 많은 비판에 직면하기도 했다.

2) 정책 내용

1997년 12월 실시된 제15대 대통령선거에서 호남 지역에 정치 기반을 둔 새정치국민회의와 충청권에 기반을 둔 자유민주연합은 김대중을 단일 후보로 하는 DJP 연합을 통해 승리했다. 비록 야당 간의 연합을 통한 승리였지만, 대한민국 정부 수립 이후 50년 만에 처음으로 여야 간에 평화적 정권 교체를 이룩했다는 의의가 있다. 1998년 2월 25일 김대중 대통령 당선자는 제15대 대통령에 취임하면서 자유민주연합의 김종필 총재를 국무총리로 임명하고 각료 안배를 통해 공동정부를

12) 정권 초기의 여소야대 의회구도와 DJP 공동정부라는 특성, 정권 초기 터진 부패스캔들로 인해 김대중 정부가 개혁과제 추진력은 한계가 있었다.

구성했다.

김대중 정부는 주권이 국민에게 있다는 것을 분명히 하는 의미에서 '국민의 정부'로 칭했다. 이와 함께 김대중 대통령은 취임사에서 총체적 개혁을 다짐한 후, 민주주의와 경제 발전의 병행 실천을 국정 과제로 제시했다. 김대중 정부는 5대 국정지표로 국민적 화합 정치, 민주적 경제 발전, 자율적 시민사회, 포괄적 안보 체계, 창의적 문화국가를 설정했고, 분야별 국정 목표 26개를 제시함으로써 김대중 정부가 지향하고자 하는 국가의 방향을 함축적으로 나타냈다(김태룡, 1999).

김대중 정부가 산출한 정치·행정적 측면의 정책 내용을 살펴보면, 우선 정치적 측면에서 집권 초기에는 특별한 의미를 갖는 정책 내용은 많지 않았다. 그 이유는 여소야대라는 정국의 한계와 함께 임기 초반부터 각종 로비와 게이트 사건에 휘말린 김대중 정부가 내각제에 대한 개헌 유보를 통해 나머지 임기를 보장받아야 하는 등 정치적으로 불안정한 상황을 계속 이어갈 수밖에 없었기 때문이다.

연립정부의 또 다른 축인 김종필 총재로부터 내각제로의 개헌 유보를 확보한 김대중 대통령은 다음해인 1999년에 민주당 창당을 선언하여 정치적 환경을 쇄신하려는 노력을 꾀했다. 그러나 동년 10월 옷로비사건과 파업 유도사건에 대해 특별검사제가 도입됨으로써 별다른 정책 산출을 낼 수 없었다. 이후 임기 중반에 해당하는 2001년에 이르러 개혁 입법들을 산출하게 되는데, 대표적인 것으로는 「부패방지법」, 「국가인권위원회법」, 「자금세탁방지법」 등을 들 수 있다. 부패방지법의 제정으로 부패방지위원회가 설치되었고, 국가인권위원회법에 따라 국가인권위원회가 구성되었다.

김대중 정부가 산출한 정책 내용 가운데 대북정책은 가장 중요한 부분을 차지한다. 임기 첫해인 1998년에는 소위 '햇볕정책'으로 불리는 대북 포용정책으로 금강산 관광이 성사되었으며, 2000년 6월에는 김대중 대통령의 평양 방문이 이루어졌다. 이처럼 김대중 정부의 대북정책은 국내 정치와는 달리 순항했는데, 2002년에는 경의선과 동해선의 연결, 남북 경제 협력의 제도화 등이 이루어졌다. 그러나 임기 말에는 북한 핵개발 파문으로 인해 대북정책이 거의 중지되는 상황에 이르게 되었다.

김대중 정부는 행정적 측면에서 대대적인 정부 개혁을 이루어냈다고 볼 수 있다. 역대 정부에서 이루어진 지엽적인 조직 개편의 수준이 아니라, 신공공관리모형에 기초해 이루어진 김대중 정부의 행정 개혁은 한국 정부에 획기적인 변화를 가져왔다(김태룡, 2003b).[13] 김대중 정부의 조직 개편 작업은 세 차례에 걸쳐 이루어졌다.

1998년 제1차 개편 때에는 행정자치부와 총무처의 통합, 정무 제1장관실과 2장관실의 폐지, 공보처 폐지, 그리고 법제처와 국가보훈처의 차관 부서화 등으로 인해 21명의 국무위원이 18명으로 감소되었다. 다음해에 이루어진 제2차 조직 개편에서는 정부 주도의 민간경영 진단을 통해 중앙인사위원회, 기획예산처, 국정홍보처 등을 신설하고, 4개의 차관보, 11실, 42국(관), 53과(담당관) 등을 폐지했다.[14] 이와 함께 읍·면·동의 기능 전환과 1999년 1월 책임운영기관설치 관련법 제정으로 책임운영기관이 도입되었다(하태수, 2017: 261-277).

김대중 정부에서 단행된 인사 개혁 가운데 특징적인 내용으로는 경쟁력을 강화하기 위한 개방형 인사 제도와 성과 중심의 인사 체제를 구축하기 위한 MBO, TQM, 성과급 제도 등의 채택을 들 수 있다. 재정 개혁 측면에서는 1999년에 「예산회계법」을 개정하여 복식부기를 도입했으며, '행정 서비스 헌장제도'가 도입되었다. 이 밖에도 2002년 전국공무원노동조합의 출범과 안방 민원 시대를 연 대한민국 전자정부(www.egov.go.kr) 출범 등이 행정적 측면의 산출이라 할 수 있다. 김대중

---

13) 신자유주의에 기초한 김대중 정부의 신공공관리적 정부개혁모형은 시행 초기부터 많은 논란과 비판 속에 출발했다(김태룡, 1999: 81-96). 그 이유는 정부 개혁의 준거 모형인 신공공관리모형이 과연 정부의 심각한 재정적자와 행정의 비효율성을 치유할 수 있는 대안으로 유효한지에 대한 논쟁이었다. 신공공관리모형은 경쟁 지향적·성과 지향적·고객 지향적인 시장모형을 근간으로 하는데 긍정적 측면에도 불구하고, 태생적인 한계를 갖고 있었다. 예컨대, 정부개혁의 준거모형이 된 신공공관리모형이 기초하고 있는 정치적 이데올로기로서의 신자유주의에 대한 비판에서부터 정부실패에 대한 진단, 그리고 모형이 추구하는 가치들이 민주적 가치와 양립이 가능한가와 같은 정치철학적 문제와 관련된 것이었다. 또한 이 모형의 이론적 독창성, 모형이 지니는 수단의 적실성, 성과에 대한 논쟁, 개혁의 우선순위 등에 이르기까지 논란의 스펙트럼은 다양했다.

14) 다만 제1차 개편 시 정부조직개정심의위원회에서 마련한 시안이 국회 심의 과정에서 정치권의 타협과 계산(대통령의 권한 강화와 국무총리의 권한 약화에 대한 정치적 고려)에 의해 중앙인사위원회의 신설안이 제2차 개편안으로 연기되고, 기획예산위원회와 예산청이 분리됨으로써 예산과 기획 및 계획 기능이 유기적으로 연계되기 어려운 구조를 만들게 되었다. 제2차 개편에서는 국정홍보처가 부활되고, 제1차 개편에서 제외되었던 부총리제(재정경제부와 통일부)가 제3차 조직 개편에서 부활(재정경제부와 교육부)되는 등 조직 개편의 일관성이 떨어졌다.

정부의 과감한 행정개혁으로 인해 임기 말에는 중앙행정기구는 17부 2처 16청이었고, 국가공무원의 수는 555,501명으로 이전 정부에 비해 다소 감소했다.

IMF 관리 체제 하에서 정권을 인수한 김대중 정부가 가장 심혈을 쏟은 부분이 경제정책이기도 한데 주된 내용을 살펴보면 다음과 같다. 우선 김대중 정부는 IMF 관리 체제 하에서 강력한 구조조정을 실시했다. 두 차례에 걸쳐 이루어진 구조조정 가운데 첫 번째의 구조조정은 1998년 6월 29일에 실시된 금융개혁으로 동화, 경기, 충청, 대동, 동남은행 등 5개의 부실은행을 퇴출시켰다. 그리고 동년 12월 7일에는 정・재계 간담회를 통해 5대 그룹 간의 대기업 빅딜을 통해 재벌 구조조정을 단행했다.

김대중 정부가 추구한 경제정책의 핵심은 강력한 구조조정을 통해 외환 위기의 원인을 해소하는 것이었지만, 급격한 구조조정으로 인해 임기 초의 경제 상황은 더욱 악화되었다. 1998년 12월 실업률은 7.1%, 실업자는 불완전 고용자를 포함해 거의 200만 명에 달하는 등 경제 여건이 대단히 악화되었다(대한매일, 1998년 12월 28일자). 특히 금융 구조조정은 임기 3년차인 2000년에도 강력하게 추진되었는데, 그 결과 금고 등 소형 금융기관 156개 사가 소멸했다. 2001년에도 2단계에 걸친 기업 구조조정이 이루어졌는데, 이 과정에서 52개의 부실기업이 폐쇄되었다. 이와 함께 「특별소비세법」과 「법인세법」의 개정이 있었으며, 과감한 구조조정과 경제개혁으로 인해 임기 말에 와서는 IMF 관리 체제를 벗어날 수 있게 되었다.

이 같은 김대중 정부의 경제정책으로 인해 임기 말에는 실업률이 3.1%, 경제성장률은 7.0%, 조세 부담률은 19.8%, 1인당 국민소득은 11,499달러를 달성했다. 그리고 국제수지도 개선되어 수출이 162,470백만 달러 수입이 152,126백만 달러로 수출이 다소 높아졌다(통계청, www.nso.go.kr, 2005).

사회적 측면의 정책으로는 다양하고 과감한 개방화 정책들을 꼽을 수 있다. 특히 그동안 폐쇄되어 왔던 일본 대중문화를 개방했고, 시화지구를 시작으로 30년 가까이 유지되어 왔던 그린벨트 정책을 해제했다. 이 밖에도 여성과 육아정책의 일환으로 여성부를 창설하고, 모성보호 관련법을 제정한 것도 사회적으로 많은 파급 효과를 낸 정책이라 할 수 있다. 특히 영세 상인들의 권익을 보장해주는 데 기여한 「상가임대차보호법」도 이 시기에 제정하였다.

김대중 정부의 사회정책 가운데 특기할 만한 것으로 대통령 자문기관인 범국민추진위원회를 들 수 있는데, 이를 중심으로 '제2의 건국운동'이라는 일종의 국가개혁운동을 실시했다. 그러나 이러한 정책은 시민단체의 반발로 성과를 내지 못했다.[15] 또한 '노사정위원회'라는 의사결정체를 구성하여 정부, 기업, 노동자들 간의 합의를 도출하고자 하는 새로운 거버넌스를 시도했다는 것도 특기할 만하다.

2. 노무현 정부

1) 정책 과정

노무현 정부의 경우도 김대중 정부와 유사하게 여소야대의 정국으로 출발했다. 정책 과정상 노무현 정부는 과거 김영삼 대통령이나 김대중 대통령 같은 개인적인 카리스마를 바탕으로 한 영향력을 행사할 수 있는 위치를 점하고 있지 않았다. 이로 인해 노무현 정부는 정책 과정에서 이전 정부들에 비해 좀 더 과감한 민주화와 개방을 추구할 수 있었다. 또한 정책 과정에 참여하는 집단들의 자율성과 영향력을 높일 수도 있었다.

노무현 정부가 내세웠던 '참여정부'라는 명칭처럼 정책 과정상의 특징은 이익집단들의 폭발적인 참여와 함께 참여자로서 전문성을 지닌 개인적 참여가 확대된 것을 들 수 있다. 정부의 정책 과정에 전문가집단은 물론이거니와 시민단체 등의 참여를 고무함으로써 정책결정 과정의 민주성을 높이는 데 기여했다.

한편 정책 과정에서 핵심적인 참여자의 하나인 의회의 경우 집권 초에는 여소야대의 정국이었던 관계로 그 영향력은 어느 정부보다도 강력했다. 이 같은 의회의 영향력 강화는 국회에서 대통령에 대한 탄핵안을 가결시키는 것으로 나타나기도 했다. 그러나 헌법재판소에서 대통령에 대한 탄핵안이 기각되고, 이의 여파가 제17대 국회에서 여당인 열린우리당이 다수당이 되는 계기를 만들어 줌으로써 국회는 새로운 환경에 직면하게 되었다.

15) 제2건국운동의 기본 이념은 민주주의와 시장경제의 균형 발전이었으며, 운동의 3대 원리는 자유·정의·효율이었다.

특히 과거 산업화기에 정책 과정에서 독점적 영향력을 행사해 오던 관료집단들은 김영삼 대통령과 김대중 대통령 때부터 정책 과정의 참여 단계에서 상당 부분 소외되는 상황을 맞게 되었다. 두 전직 대통령의 관료제에 대한 부정적 시각과 역대 정권에서 독점적 권한을 행사해왔던 역사적 사실로 인해, 한국 관료들은 그 어느 정권에서도 볼 수 없는 소외감을 경험하게 되었다.

이 같은 상황은 노무현 정부에 오면서 더욱 가속화되는 양상을 보였는데, 이는 정책 결정의 참여자로 시민단체나 전문가의 참여를 더욱 강화해 나가는 데서도 엿볼 수 있다. 정책 과정에 대한 비공식 참여자들의 증가로 인해 관료집단이 갖고 있던 정책결정에 대한 영향력은 상당히 약화되었다.

2) 정책 내용

노무현 정부는 군사독재의 어두운 터널을 벗어났던 김영삼 정부와 김대중 정부에 이어 소위 '3김 시대'를 사실상 마감하고, 선진 한국 건설이라는 과제가 부여된 시기에 탄생했다. 노무현 정부의 개혁 목표에 근간이 되는 최초의 개혁 의제가 형성된 시점은 2002년 12월 30일 대통령직인수위원회가 공식 출범한 후, 2003년 1월 7일 10대 국정 과제를 발표하면서부터였다.[16] 이후 동년 2월 20일 확정된 최종 보고서에는 10대 국정 과제 가운데 정치개혁 실현과제가 제외되고, 대신 개방화 시대의 농어촌 대책과 사회통합적 노사관계 구축이 추가되었다.

노무현 정부의 최종적인 정책 목표는 대통령직인수위원회가 발표된 최종보고서,[17] 2003년 7월 4일 발표된 지방분권 로드맵 발표, 동년 7월 22일 발표된 행정개

---

16) 이 날 발표된 10대 과제에는 ① 한반도 평화 체제 구축, ② 동북아 경제 중심 국가 건설, ③ 자유롭고 공정한 시장질서 확립, ④ 과학기술 중심 사회 구축, ⑤ 참여 복지와 삶의 질 향상, ⑥ 국민 통합과 양성 평등 사회의 구현, ⑦ 교육 개혁과 지식문화 강국 실현, ⑧ 지방분권과 국가균형 발전, ⑨ 부패 없는 사회와 봉사하는 행정, ⑩ 정치 개혁의 실현 등이 포함되었다.

17) 대통령직인수위원회는 구성 후 구체적인 일정으로 2003년 1월 2일까지 파견자 인선을 완료하고, 1월 31일에는 부처별 현안 정리와 대안을 마련하여 국정철학 및 주요 국정과제를 정리하기로 발표했다. 그리고 2월 초에는 구체적인 실천 방안을 마련해 공개 세미나를 통해 검토를 거친 후 2월 중순에 주요 과제를 발표한다는 일정을 마련했다. 대통령직인수위원회는 1월 3일 70명의 실무진을 임명하면서, 인수위원회의 조직을 기획조정분과, 정무분과, 외교통일안보분과, 경제1분과, 경제2분과, 사회문화여성분과, 국민참여센터, 대변인실, 행정실로 구성했다.

혁 로드맵을 통해 구체적으로 설정되었다.[18] 상위 정책 목표를 '국민과 함께 일 잘하는 정부'로 설정하고, 이를 달성하기 위한 하위 목표로 5대 분야 10대 의제(agenda) 30개 세부 과제를 설정했다. 이에 따라 노무현 정부가 추구하고자 하는 최종적인 정책 목표는 개혁과 통합을 바탕으로, 국민과 함께 하는 민주주의를 설정함으로써 개혁과 통합된 민주주의를 추구하는 것에 초점이 맞춰졌다.[19]

노무현 정부가 설정한 정책 목표에 따라 산출된 정치적 정책 내용들을 살펴보면, 우선 집권 초기 여소야대라는 상황과 이후 탄핵 과정을 거치고, 상당 기간 정치적 휴면기가 있었다는 점을 감안하더라도 정치적 정책 산출물은 매우 적은 편이다. 집권 초인 2003년에는 한미 간 외교 관계상 어쩔 수 없이 결정된 3월 21일의 이라크 파병 결정과, 대통령 측근 비리 의혹 특검 법안이 재의 표결로 국회를 통과한 것을 들 수 있을 뿐이다.[20] 그런데 대통령이 재의를 요청한 안을 국회에서 재의 표결로 통과시킨 경우는 1962년 헌법 개정 이래 첫 사례라는 데 그 의미가 있다. 그리고 2004년 2월에는 이라크 추가파병안이 국회를 통과함으로써 세 차례에 걸친 이라크 파병이 이루어지게 되었다.

2004년 3월 12일에는 대통령에 대한 탄핵소추안이 가결되어, 동년 5월 14일 헌법재판소에 의해 기각될 때까지, 고건 국무총리 체제가 63일 동안 유지되는 상황이 연출되기도 했다. 특히 동년 10월 21일에는 노무현 정부가 선거공약으로 내세웠던 신행정 수도 건설과 관련된 특별법이 위헌 판결을 받음으로써 극심한 혼란이 야기되었다. 노무현 정부의 선거공약이기도 했던 분권형 국정 운영이 실험적으로

18) 행정 개혁 로드맵의 발표에 이어, 7월 29일에는 재정 개혁 로드맵이, 8월 14일에는 전자정부 로드맵이 발표되었다.

19) 정부 개혁에 대한 목표의 구체성은 김대중 정부가 구체적으로 작지만 강한 정부를 표방했던 데 반해, 노무현 정부의 경우는 목표의 범위가 광범위하고 구체성의 정도도 상대적으로 낮은 특성을 보인다고 할 수 있다.

20) 역대 정부들이 측근들의 비리 문제가 임기 중반이나 후반에 불거진 데 반해, 노무현 정부는 임기 초반부터 불거져 나오는 특징을 보였다. 최측근인 안희정과 양길승 전 대통령 제1부속실장의 향응 파문과 몰래 카메라사건, 그리고 나라종금사건과 생수회사 장수천사건, 이기명 씨의 용인 소유 토지 등을 둘러싸고 의혹이 증폭됨에 따라, 노무현 정부의 도덕성은 상당한 훼손을 입게 되었다. 직접적 관계라고 볼 수는 없지만 이에 더해 집권당이었던 민주당의 일부 의원들이 감사원장의 인준에 부결표를 행사하고, 노무현 대통령은 9월 30일 민주당을 탈당함으로써 이후 열린우리당에 입당하기 전까지 무당적 대통령으로 국정을 이끌었다.

시도되기 시작한 것이다.

노무현 정부의 대북정책은 김대중 정부 말기에 터진 북한 핵개발 파문과 김대중 정부 시기에 이루어진 대북 송금에 대한 특검 때문에 상당히 어려운 상황에 직면했다. 그럼에도 불구하고 집권 첫해인 2003년 3월 14일에는 「대북송금특별법」이 공포되었다. 이후 2004년 부시(George W. Bush) 대통령이 재선되고 중국의 후진타오(胡錦濤)가 주석으로 출범하자, 남북한을 둘러싼 국제정치가 다소 완화되었다. 이와 함께 2005년에 이르러 북한과 미국 간의 긴장이 다소 완화되면서 북한과의 경제 협력을 포함한 구체적인 대북정책 내용들이 진전되기도 했다.

이후 북핵 문제와 북한의 인권 문제 등으로 인해 6자 회담의 지속적인 개최가 난항을 거치는 등 남북 관계는 크게 개선되지 못했다. 그러나 정치적으로 어려움에 처해 있던 노무현 대통령과 여당인 열린우리당은 제2차 남북정상회담을 성사시켰다. 그러나 2007년 10월 2일 개최된 남북정상회담은 이미 노무현 정권의 레임덕 현상이 나타나고, 차기 대통령선거를 얼마 남기지 않았던 시기에 개최됨으로써 큰 성과를 거두지는 못하였다.

이 밖에 특징적인 외교정책 내용으로는 그동안 숙원이었던 한국・칠레 간 자유무역협정(FTA) 비준동의안의 국회 통과, 한・미 간 자유무역협정의 추진 등을 들 수 있다. 한・미 간 FTA는 제5차에 걸친 협상만을 진행했을 뿐 그 타결은 차기 이명박 정부에게 미루어졌다.

행정적 측면의 정책 내용은 조직 개편에 관한 것으로, 노무현 정부는 역대 정부와는 달리 별다른 조직 개편을 시도하지 않았다. 이는 아마도 김대중 정부에서 대폭적인 조직 개편을 추진하였고, 집권 초기의 의회 구도가 여소야대였던 데에 기인하는 것으로 보인다. 이와 같이 조직 개편의 경우는 소규모로 이루어졌지만, 청와대 비서실에 대한 조직 개편은 2003년 5월에 제1차 개편이 있은 후, 2005년 7월까지 무려 7차례에 이를 정도로 빈번하게 이루어졌다. 이 밖의 조직 개편으로는 소방방재청과 문화재청이 신설되고, 2005년에 여성부가 여성가족부로 개칭되었다(하태수, 2017: 288-296).

이 밖에도 고위공무원단 제도가 도입되고 복수차관 제도도 도입되었다. 그리고 과거와 달리 정부 개혁을 주도할 기획부서라고 할 수 있는 '정부혁신지방분권위원회'가 대통령 직속위원회로 구성되는 등 비교적 공식적인 개혁 추진 체계가 구축되었다.

노무현 정부는 행정 개혁 외에 지방분권에도 상당한 정책적 역량을 투입했다. 즉, 수도권의 과밀 억제와 국토의 균형 발전이라는 정책적 시각에 따라 '신행정도시건설추진위원회'를 구성했다. 그러나 「신행정수도건설특별법」이 헌법재판소로부터 위헌 판정을 받음에 따라, 2005년 3월 2일에 「행정복합도시특별법」을 제정하여 사업을 추진했다. 또한 「지방분권특별법」과 「지방일괄이양법」을 제정했고, 자치단체에 대한 시민사회의 활성화를 위해 주민투표제를 도입했다(정부혁신지방분권위원회, www.innovation.go.kr, 2005).

노무현 정부의 경제정책은 IMF 관리 체제의 여파와 김대중 정부의 강력한 구조조정 후유증으로 집권 초기부터 심각한 사회적 혼란 상태에서 출발했다. 그에 따라 집권 첫 해인 2003년에는 최악의 경기침체와 실업난으로 인해 신용불량자가 360만 명으로 급증했다. 집값 폭등마저 일어나 경제성장률은 2.0%라는 최악의 상황을 맞았다. 다만 수출은 호조를 보여 그나마 경제가 유지될 수 있었다.

부동산 가격의 폭등으로 인해 2004년에는 '10 · 29 대책'으로 불리는 보유세제 개편에 따른 종합부동산세가 신설됨으로써, 부동산 가격이 다소 진정되는 듯하였으나, 다시 폭등이 재연되어 2005년에는 '8 · 31 부동산 대책'이 발표되었다. 이후에도 끊임없이 노무현 정부는 부동산 정책을 발표했지만, 노무현 대통령이 퇴임시 스스로 "부동산 정책 말고는 크게 실패한 것이 없다"고 할 정도로 부동산 정책에 대해서는 정책 투입에 비해 산출을 내지 못했다.

사회적 측면의 정책을 살펴보면, 소위 '참여정부'를 내세워 사회 내의 다양한 이해관계자들이 정책 과정에 참여할 수 있는 통로를 만들고자 노력하였다. 정부가 참여와 민주주의를 강조함에 따라 사회집단의 의견표출은 급증했고, 각계각층의 사회집단이 다양한 목소리를 내기 시작했다.[21] 이념적으로는 진보성향의 시민사회

21) 예컨대, 2003년 3월 28일 새만금 방조제 공사에 반대하는 환경보호론자들의 삼보일배 운동을 비롯하여, 2003년 6월경에는 철도노조의 민영화 저지 투쟁, 화물연대의 집단행동, 조흥은행 노조의 파업, 농민연대 시위, 전교조 연가 투쟁 등 현행법의 테두리 내에서는 불법인 집단행동이 많았다. 2006년 5월 3일 용산 미군기지의 평택 이전에 대해 이를 반대하는 범대책위원회와 민주노총 등의 반대운동이 있었고, 한 · 미 FTA 저지 범국민운동본부를 중심으로 한 · 미 FTA에 대한 반대운

단체가 정책 과정에 참여할 수 있는 기회가 확대되었으나, 그에 대한 보수단체들의 반대도 만만치 않았다.

이와 반대로 시민사회단체들이 정부정책을 유도해 낸 사례도 있는데, 2007년 12월 7일에 발생한 태안 유조선 기름 유출 사건이 대표적이다. 유조선과 해상 크레인의 충돌로 인해 태안 앞바다에 검은 기름이 퍼졌는데, 사고 직후부터 전국 각지의 시민사회단체를 중심으로 한 자원봉사자들이 도착하여 태안 주민들의 고통을 분담해주었다. 이때 참여한 자원봉사자는 두 달여 만인 2008년 2월 19일에 100만 명을 돌파할 정도로 우리 국민의 위기 시 문제 해결 능력을 보여주었다(조선일보, 2004년 9월 5일자; 조선일보, 2005년 1월 8일자; 중앙일보, 2008년 2월 19일자).

제3절 이명박/박근혜 정부

1. 이명박 정부

1) 정책 과정

이명박 정부는 2007년 12월 제17대 대선[22]과 2008년 4월 제18대 총선[23]에서 보수층 여론의 과반수 이상 지지를 얻고 여대야소 정국으로 출발했다. 이명박 정부는 여당인 한나라당이 국회의 과반수를 넘는 다수당이 되어 국회의 입법 권력뿐만 아니라, 보수 성향의 지방의회 권력을 모두 장악한 강력한 추진력을 확보했다. 이에 더해 '경제 살리기' 명분을 통해 강한 국민여론의 지지와 기대 위에 정책을 추

동이 일어나 FTA 협상을 저지하려고 했다.

22) 제17대 대통령선거는 정책선거가 실종한 가운데 유력 후보에 대한 비방공전(이명박 후보의 BBK 의혹 등 후보의 도덕성 문제)이 주류를 이뤄 역대 대통령선거 중 최저 투표율(62.9%)을 기록했지만 역대 최다 득표율 차이(이명박 후보 48.7%, 정동영 후보 26.1%)로 당선되었다.

23) 대통령 취임 40여 일 만에 치러진 제18대 총선에서 한나라당은 153석(51.2%)으로 과반수를 차지했으며, 통합민주당은 81석(27.1%)에 불과했다. 이는 대통령선거 결과와 거의 유사하다는 것을 알 수 있다. 그러나 대선을 전후해 나타난 보수정당들의 의석을 모두 합친다면 보수정당의 의석수는 전체 의석의 2/3를 넘어서고 있었다.

진할 수 있는 입장이었다.

그러나 이명박 정부는 정책 과정에 전문가집단이나 시민단체가 참여하는 것에 대해 부정적 시각을 지니고 있었고, 우리나라 보수정권의 속성상 독점적 권한을 행사할 가능성이 컸다. 이러한 예측은 현실로 나타나 보수 성향의 이념적 기반 위에 기업의 CEO형 실용성이 추가됨으로써 성과(또는 결과) 지상주의가 팽배해지고 절차와 소통이 소홀히 다루어졌다. 이러한 판단의 기저에는 '실용주의'라는 철학이 깔려 있다. 즉, 절차보다는 성과가 중요하며 이는 국민을 위한 것이기 때문에, 복잡한 논쟁은 시간 낭비라고 보았다.

이명박 정부 초기의 주요 정책의제 중 하나인 한・미 FTA 협정을 둘러싸고 이와 연계된 쇠고기 협상 과정에서 이러한 문제들이 그대로 드러났다. 협상에서 가장 문제로 지적된 것은 졸속 협상이라는 것이었다. 여기서 '졸속'이라는 말에는 내용뿐만 아니라 시간 관점이 포함되어 있다. 이명박 정부는 한・미 FTA의 원만한 타결을 위해 방미 기간 중 쇠고기 협상을 타결했지만, 한・미 FTA는 이명박 대통령이 투자자・국가소송제(ISD) 재협상을 약속하면서 어렵게 통과되었으며, 2012년 3월에야 발효되었다.

이명박 정부 초기에 발생한 FTA 쇠고기 협상을 둘러싼 갈등은 민주성보다 실용성을 우선시하면서 민주성을 간과한 대표적인 사례이다. 이명박 대통령 스스로도 이 정책 이슈로 인해 초래된 혼란이 소통 부족 때문이라고 결론지었다.

이명박 정부는 초기의 높은 지지율을 바탕으로 정책을 추진했지만, 국민의 여론수렴을 등한시하여 국정 운영에 대한 평가가 급격히 부정적으로 전환되었다.[24] 민심 이반의 결과는 이명박 정부 출범 100일 만에 치러진 6・4 지방선거 재보선에서 한나라당의 참패로 나타났다. 그러나 2012년 5월 치러진 제19대 총선에서는 새누리당으로 당명을 개명하는 등의 노력과 야당인 민주당의 내홍으로 과반수를 넘긴 152석을 차지했고, 2012년 12월 제18대 대통령선거에서도 박근혜 후보가 당선되어 정치적 난국을 가까스로 모면했다.

---

24) 초기부터 대통령의 독선적 리더십과 국민과의 소통 부족으로 인해, 국민의 신뢰를 상실한 이명박 대통령의 지지도는 취임 100일 만에 20%를 오르내리는 정도로 하락했다. 민주화 이후 역대 대통령이 취임 초 80~90%의 지지율을 기록한 것과 크게 대비된다.

2) 정책 내용

이명박 정부의 국정 운영의 기본 방향을 한마디로 요약하면 '실용성'이다. 이는 이명박 정부 집권 기간 내내 정치, 경제, 사회, 문화 등 모든 분야에 통용되는 개념이었다. 이와 같은 국정 운영의 기본 방향을 중심으로 대통령직인수위원회는 이명박 정부가 추진할 국정과제를 선정하였다.

이명박 정부가 추진한 국가 비전은 '선진 일류국가'로 그 지향점은 '잘사는 국민', '따뜻한 사회', '강한 나라' 세 가지로 표명되었다.[25] 국가 비전을 구체화한 5대 국정 지표는 '섬기는 정부', '활기찬 시장경제', '능동적 복지', '인재대국', '성숙한 세계국가(글로벌 코리아)'로 정해졌다. 대통령직인수위원회는 이러한 국정 지표와 그 실행 방안을 구체화한 21대 국정 전략 목표로, 192개 세부 국정과제는 다시 43개 핵심 과제, 63개 중점과제, 86개 일반 과제로 분류하여, 이명박 정부의 추진정책으로 제시했다.

이명박 정부의 정치적 측면을 이해하기 위해서는 다음 두 가지를 살펴볼 필요가 있다. 첫째, 2008년 4월 9일에 실시된 제18대 총선 이전에 많은 군소 정당들이 출현했으나, 총선 결과 상당수 군소 정당들이 정당 유지 조건을 충족하지 못하여 9개 정당의 등록이 취소되었다. 총선 결과를 보면, 보수정당의 의석수가 진보정당의 의석수보다 2배 이상(202석 대 95석) 많아졌고, 이명박 정부는 강력한 정책추진력을 확보하게 되었다.[26] 이명박 정부 후반기에 치러진 2012년 제19대 총선에서는 새누리당 152명, 민주통합당 127명, 통합진보당 13명, 자유선진당 5명, 무소속 3명으로 진보 진영의 의석 수가 크게 증가했지만 과반수를 넘지는 못했다. 둘째, 이명박 정부는 실용주의 대북관을 가시화하기 위해 서울과 평양에 상주 연락사무소를

---

25) '잘사는 국민'이란 경제 살리기를 통해 10년 내에 '747'(7% 경제 성장, 1인당 국민소득 4만 달러, 세계 7대 강국)로 진입하자는 것이고, '따뜻한 사회'는 복지와 사회안전망 구축을 의미하며, '강한 나라'는 문화적으로 매력 있고 튼튼한 국방과 당당한 외교를 펼치는 국가를 지향하겠다는 내용을 담고 있었다. 그러나 이 중 어떤 것도 제대로 실현이 되지 않았다.

26) 제18대 국회는 보수 진영으로 분류되는 한나라당(153석), 자유선진당(18석), 친박연대(14석), 친한나라당 성향의 무소속 의원(17석) 등 모두 202석이 되었다. 이에 반해 진보 진영은 통합민주당(81석), 민주노동당(5석), 창조한국당(3석), 친민주당 무소속(6석) 등 모두 95석이 되었다. 2008년 12월 현재 한나라당의 의석수는 172석이다. 이는 친박연대의 지역구 의원과 무소속 의원 일부가 한나라당에 입당했기 때문이다.

설치하고, 북핵 문제 해결과 새로운 남북 관계 설정을 위한 구체적인 교섭 채널을 제안했다. 그동안 남북에 의해 합의되었던 '7 · 4 남북공동선언'(1972년), '남북기본합의서'(1991년), '비핵화공동선언'(1992년), '6 · 15 공동선언'(2000년), '10 · 4 선언'(2007년) 등의 이행 문제를 논의하자고 제안한 것이다. 인도적 차원에서 지원되었던 쌀과 비료의 지원은 "수혜국의 요청이 있어야 지원한다"는 1991년 유엔총회 결의안을 따른다는 원칙을 밝혔다.

이명박 정부는 정책 목표를 실현하기 위해 행정적 측면에서 '작은 정부 지향'과 '경쟁력 강화'를 위한 정책을 산출했다. 첫째, 이명박 정부는 경쟁력 제고, 기능의 통합과 융합, 경제 살리기를 내세워 '군살을 빼는' 정부조직 개편을 구상했다. 이에 따라 세입과 세출의 일원화를 통한 경제정책 효율성 제고를 위해 기획예산처와 재정경제부를 통합해 기획재정부를 신설했다. 이명박 정부가 추진한 정부조직 개편 현황을 보면, 중앙행정기관이 56개 기관(2원 18부 4처 18청 4실 10위원회)에서 45개 기관(2원 15부 2처 18청 3실 5위원회)으로 축소되었다. 인력은 총 604,783명(장관급 40명, 차관급 96명, 고위공무원 1,206명, 3급 이하 603,441명)에서 총 601,356명(장관급 30명, 차관급 90명, 고위공무원 1,144명, 3급 이하 600,092명)으로 조정되었다. 그리고 하부조직은 총 2,221개 부서[실 · 국 573개, 과(팀) 1,648개]에서 총 2,055개 부서[실 · 국 511개, 과(팀) 1,544개]로 축소되었다. 둘째, 공공부문의 구조조정을 위해 정부부처뿐만 아니라 공기업의 민영화도 시도되었다. 이를 위해 감사원은 감사연구원이 마련한 평가모델을 기준으로 공기업에 대한 감사를 실시한 결과, 공기업을 통폐합과 민영화 대상으로 분류해 공공기관운영위원회를 거친 다음 공기업 41개를 통폐합시켰고 24개를 민영화했다.[27] 셋째, 지역균형발전정책에서도 상당한 변화가 있었다. 이명박 정부는 이전 정부들과는 달리 수도권의 경쟁력을 강화시켜 국가경쟁력을 확보해야 한다는 입장을 취했다. 이를 위해 대통령자문기구인 국가균형발전위원회를 통해 '광역경제권' 구상 등 지역 현안을 다루었다. 국토해양부는 그간 수도권을 과밀억제권역, 성장관리권역, 자연보전권역으로 나눠 규제하던 3대 권역제[28]를 폐지했다. 그리고 이를 대체하기 위해 중앙정

27) 이것은 당초 공기업 50여 개를 통폐합하고, 50여 개를 민영화하며, 30여 개는 청산하겠다는 계획에서 크게 후퇴한 것이다.

부와 수도권 자치단체장과의 합의에 따라 수도권 성장을 유연하게 관리하는 계획적 관리 체제로 전환했다.[29]

경제적 측면에서는 기업친화정책을 표방했다. 이명박 대통령은 당선된 후 '비즈니스 프렌들리' 정부를 만들겠다는 발언을 했고, 대통령직인수위원회는 기업의 정기세무조사 대폭 감축, 대기업 출자총액제한제도 폐지, 산업은행 민영화, 금산 분리 완화, 중소기업 금융제도 개선 등 친기업 정책을 실시하겠다고 발표했다.

첫째, 기업친화정책을 위해 규제 완화를 단행할 목적으로 인수위원회는 기업 활동과 관련된 핵심 분야인 공장설립, 물류·유통, 산업·무역 등 3대 분야에서 8개 개혁 과제를 선정했다. 이러한 규제완화정책에 이어 식품안전, 보건의료, 교육 등에서도 규제완화정책을 추진했다.[30] 또한 경제계에서 요구해 온 규제 완화와 관련하여 정부는 수도권 규제는 합리적으로 풀면서 동시에 정부지원은 지방에 집중한다는 원칙을 설정했다. 이를 위해 전국을 5개 광역경제권과 2개의 특별광역경제권으로 나누어 개발하는 '5+2 광역경제권' 계획을 추진했다. 한편 기획재정부는 규제완화를 통해 투자 활성화 및 일자리 창출을 함으로써 서비스의 질을 높인다는 명분 하에 '서비스산업 선진화 방안'을 마련했다. 서비스산업 선진화 방안은 의료, 관광, 지식기반 산업, 유학 분야에서 해외로 가는 수요를 국내로 되돌리기 위한 것이었다.

둘째, 이명박 정부의 기업친화적 정책은 규제 완화에 머무는 것이 아니라 적극적으로 기업을 지원하는 정책으로 전환되었다. 경제 발전 전략으로 수도권에서는

---

28) 이는 인구와 산업을 적정하게 배치한다는 정책 목표를 위해 1994년 「수도권정비계획법」을 개정해 도입된 제도로, 그동안 광범위한 지역을 획일적으로 규제한다는 지적을 받아왔다.

29) 3대 권역제가 폐지되어도 「수도권정비계획법」의 다른 항목인 공장총량제(서울 60만 8,000m^2, 인천 89만 8,000m^2, 경기 1,073만 9,000m^2 등)는 유지되었기 때문에, 수도권에 할당된 공장의 총규모는 늘어나지 않았다.

30) 그러나 이명박 정부에서 표방한 규제 완화의 실태는 오히려 등록 규제 건수가 2008년 5,186건에서 2012년에는 1만 3,914건으로 2.7배 증가한 것으로 나타났다. 이와 같은 이명박 정부의 3대 분야에 걸친 8대 규제 개혁 과제를 살펴보면 다음과 같다. 첫째, 공장 설립 분야에서 수질오염 총량 규제 완화, 도시 근린생활 시설용지에 대한 공장 설립 확대, 산업단지 개발계획 승인 절차 간소화, 둘째, 물류·유통 분야에서 수도권 그린벨트 내 창고 건립 규제 완화, 유통단지 내 용지 제한 규제 완화, 셋째, 산업·무역 분야에서 중소기업에 매기는 '사업소세' 40% 경감, 연구 중심 벤처기업의 전기요금 경감, 자유무역지역 입주 업종 제한 완화 등으로 나타났다.

규제를 풀어 투자 의욕을 북돋우고, 정부 지원은 지방에 집중하는 '투 트랙(two track)' 방식으로 진행되었다. 기업의 애로 사항이나 문제가 되는 규제를 발굴해 해결해주는 산관(產官) 합동체인 '기업애로 전담 현장방문단'이 신설되었고, 지식경제부 안에 민원을 신청에서 접수, 회신에 이르기까지 원 스톱으로 처리해주는 '기업도우미센터'가 신설되었다. 지식경제부는 새로운 성장동력사업을 발굴할 '신성장동력기획단'을 발족시켰다. 기획단은 '주력산업의 고부가가치화', '신산업의 주력산업화', '서비스산업의 성장동력화'를 중점과제로 추진하고, 이를 위해 기획단 산하에 지식서비스산업분과, 주력기간산업분과, 신산업분과, 에너지 · 환경산업분과 등 4개 분과 위원회를 두었다.[31)]

사회적 측면에서는 첫째, 노조운동의 패러다임을 바꾸기 위한 정책을 추진해 나갔다. 그러나 이러한 정책은 공공 부문의 구조조정, 비정규직 및 복수노조 허용, 노조 전임자 임금 지급 문제를 둘러싸고 노동 현장에서 첨예한 갈등을 야기했다. 둘째, 이명박 정부는 2010년 6월 국회에 세종시를 '행정중심복합도시'에서 '교육과학중심 경제도시'로 변경하는 수정안을 제출했으나 부결당했다. 그 결과 이 문제와 더불어 4대강 사업을 둘러싼 논란으로 임기 내내 야당과 시민단체 등으로부터 공격을 받았고 정치적 입지도 약화되었다. 셋째, 복지와 관련하여 이전 정부의 복지정책 기조를 유지했고 그 결과 복지 관련 정부 지출은 크게 증가했다. 2011년 복지 예산은 86조 4,000억 원으로 전년 대비 6.3%가 증가하였고, 이 액수는 역대 최고 수준에 해당한다. 아울러 보육, 아동안전, 교육 · 문화, 주거 · 의료, 장애인, 노인, 저소득층, 다문화가족 분야의 '서민희망 8대 과제'에 32조 2,000억 원을 편성했다(김용하, 2012).[32)]

이명박 정부의 주요 정책 중 반드시 짚고 넘어가야 할 것은 '4대강 살리기 사업'

---

31) 이 밖에도 '국가경쟁력강화위원회'는 기업의 경쟁력 확보와 기업하기 좋은 나라를 위해 법인 설립 절차 간소화, 공장 설립 절차 간소화, 글로벌 고급인력 유치 방안 등을 논의했다. 경쟁력강화위의 업무 영역은 국가경쟁력 강화를 위한 국가 주요 정책에 관한 의견 수렴 및 반영, 국가경쟁력 제고를 위한 국가적 사업과 국가 기반 시설 확충, 전략적 투자 유치, 성장 동력 발굴 및 지속가능한 발전, 규제 개혁 및 공공 부문 경영혁신, 지역경제 활성화 등 국정 전반을 포괄하고 있다.

32) 지난 10년 간 복지예산증가율(15.7%)은 일반예산증가율(8.8%)의 1.78배를 유지했다. 이는 국민연금 급여지출이 본격화하고 건강보험 급여 지원이 증가하였으며, 실업급여를 포함한 고용보험과 산재보험이 확대되었기 때문이다.

이다. 이명박 정부는 2007년 12월 19일 제17대 대통령선거와 2008년 4월 9일 제18대 국회의원선거에서 '한반도 대운하'를 추진하겠다고 발표했다. 그러나 한반도 대운하를 둘러싼 타당성 논쟁이 정치적 이해관계에 따른 논란으로까지 확대되자 '4대강 살리기 사업'으로 방향을 전환했다. 이 사업은 22조여 원의 예산이 투입된 대형 토목건설사업으로 정치적으로 많은 논란을 불러일으켰다.

이후 환경 파괴 및 부실공사 논란 등으로 감사원 감사가 진행되었고, 2011년 1월 감사원은 예비타당성조사와 환경영향평가, 문화재 조사 등에서 별다른 문제가 없다고 발표했다. 그러나 2013년 1월에는 4대강 사업을 사실상 '총체적 부실'이라고 평가하는 이중적 입장을 취했다. 이러한 논란을 해결하기 위해 박근혜 정부는 2013년 6월에 중립적인 입장에서 '4대강 조사 · 평가위원회'를 구성하여 입찰담합이 있었다는 것까지 밝혀내었으나, 위원회 위원 중 4대강 사업을 추진했던 인물이 포함됨으로써 책임을 묻는 과정은 흐지부지되고 말았다. 이 사업은 부실한 환경영향평가를 거쳐 단기간에 걸쳐 추진되었고, 4대강의 생태를 위협하는 결과를 초래함으로써 두고두고 논란의 대상이 되었다.

어찌되었든 이명박 정부 5년 동안 전 세계적인 경제위기 속에서도 무역수지는 1조 달러를 넘김으로써 이탈리아를 앞서 8위라는 성과를 이룩했다. 이에 따라 경제성장률은 2.9%, 1인당 국민소득은 22,489달러를 달성했다. 그러나 외형적 성과에도 불구하고 내적으로는 심각한 문제를 안고 있었다. 물가상승률이 3.6%에 달했고, 가계부채는 272조 1,000억 원에 육박했다. 이에 더해 정부 부문의 부채 증가액은 다소 감소했으나, 공기업의 부채액은 258조 원에 달했다. 그 결과 김대중 정부 이래로 지니계수의 개선은 이루어지지 않았고, 부의 양극화로 인한 사회적 균열은 다음 정부의 부담으로 넘어가게 되었다.

2. 박근혜 정부

1) 정책 과정

박근혜 정부는 제12대 총선 결과에 따라 형성된 여대야소의 의회구조와 제18대

대선에서 51.6% 득표율로 국민 과반수의 지지를 얻어 대통령으로 당선됨으로써 유리한 정치지형에서 무난히 출발할 수 있었다. 그러나 출범 초에 언명한 의회정치를 중시하겠다는 입장과 달리 일방적이고 소통이 거의 없는 정부 주도의 정책 운영을 수행함으로써 불통의 이미지를 만들었고 비극적 결말을 예고했다.

박근혜 정부는 집권 초기 인사 문제를 둘러싸고 국회와 심각한 갈등을 야기했는데, 이는 박근혜 정부의 국정 운영이 공개적이지 못하고 시민사회 및 의회와도 협조적인 관계를 유지하지 못한 데 기인한다. 집권 2년차에 발생한 '세월호 침몰사고'의 구조 과정 및 메르스 사태와 같은 재난상황에서 보여준 무능, 부적절한 후속 대응, 책임회피는 두고두고 정권의 발목을 잡게 된다. 통합진보당 해산, 국정 역사 교과서 추진, 일본군위안부 보상 문제에 대한 일본정부와의 졸속 협상, 박정희 대통령 추모사업 등에서 보여준 소통부재와 비밀주의는 많은 사람들의 불만과 비판을 초래했다.

이러한 과정이 지속되던 2016년 10월 대통령의 공식적 정책라인이 아닌 민간인이 국정 및 정책 과정에 개입했다는 결정적인 증거가 jtbc의 태블릿 PC 보도를 통해 공개되었다. 이를 계기로 최순실을 비롯한 몇몇 인사가 국정 과정에 깊이 개입되었다는 여러 증거가 언론을 통해 지속적으로 보도되었다. 이에 분노한 시민들은 석달 이상 촛불을 들고 시위에 참여해 박근혜 정부의 무능과 부패에 대해 저항하였다. 소위 '박근혜 · 최순실 게이트'로 인해 2016년 12월 9일 여당인 새누리당의 일부와 야당이 국회에서 박근혜 대통령의 탄핵소추안을 가결하였고, 2017년 3월 15일 헌법재판소 재판관의 만장일치로 탄핵소추안이 인정되어 대통령직에서 파면되었다.

박근혜 정부는 임기 초에 부처 간 칸막이 제거를 통한 협업과 정책 과정의 투명성을 제고하기 위한 '3.0 정부'를 주창하면서 정부와 시민 간 정보 공개와 공유를 강화하겠다고 선언했다. 박근혜 정부는 대선 전 온건 · 중도적 입장에 서 있는 듯 보였지만, 집권 이후 불통을 이미지를 보이며 정치지도자라기보다는 통치자로서의 모습만 보여주었다. 그에 따라 집권당은 소외되었고 청와대와 내각은 자율성을 갖지 못한 채 대통령의 지시를 수행하는 도구적 역할을 수행한 제왕적 대통령제의 특성이 고스란히 드러났다. 경제민주화 등 대통령 공약을 수행할 수 있는 개혁 성향의 인사들은 집권 초반에 배제되었고, 관료와 검찰, 군 출신을 중용함으로써 정치적 책임성도 약화되었다. 박근혜 대통령은 2014년의 세월호사건과 2015년의 메르스 사태에서 보여준 정부의 무능에 더하여 '박근혜 · 최순실 게이트'라 불리는 부패로 인해 헌정사상 최초로 탄핵으로 쫓겨난 대통령이 되었다.

2) 정책 내용

박근혜 당선인이 2013년 2월 25일에 제18대 대통령으로 취임함으로써, 이명박 정부에 이어 같은 정당 출신의 보수정부가 출범했다. 정부의 출범에 앞서 박근혜 당선인은 새 정부의 향후 국정 방향을 구축하기 위해 대통령직인수위원회를 2013년 1월 6일에 구성했다.

대통령직인수위원회는 새 정부가 추구해야 할 국정 방향을 논의한 끝에, 동년 2월 22일에 국정 비전을 '국민행복, 희망의 새 시대'로 정하고 5대 국정 목표로 '일자리 중심의 창조경제', '맞춤형 고용 복지', '창의교육과 문화가 있는 삶', '안전과 통합의 사회', '행복한 통일시대의 기반구축'을 선정했다.[33] 박근혜 정부는 이 같은 국정과제를 실천하는 데 필요한 재원을 확보하기 위해 증세 대신 낭비성 예산을 줄이고 비효율적인 세출의 구조조정을 통해 확보하겠다고 밝혔다. 그러나 '증세 없는 복지' 약속을 지키는 데 필요한 세입의 부족문제를 해결하고자 담뱃세 인상, 자동차세 인상 등 간접세를 올리면서 역진적 조세정책을 추진하였다.

박근혜 정부의 집권 초기 정치적 환경을 살펴보면 이명박 정부 후반기에 치러진 제19대 총선(2012년)에서 새누리당 152명, 민주통합당 127명, 통합진보당 13명, 자유선진당 5명, 무소속 3명 당선으로 제18대에 비해 진보 진영의 의석수가 크게 증가하였다. 동시에 국회선진화법[34]으로 인해 여대야소의 의회구도임에도 불구하

33) 이를 실현하기 위해 20대 국정전략과 140개의 국정과제, 210개의 공약 세부 이행계획을 발표했다. 아울러 인수위는 이러한 국정비전과 5대 국정목표를 달성하기 위한 핵심으로 신뢰를 꼽았고, 박근혜 정부는 개방과 공유, 협력을 통해 국민과 소통하면서 청렴하고 깨끗한 정부를 만들어 국민적 신뢰를 얻어야 한다고 당부했다.

34) 소위 '국회선진화법'은 2012년에 개정된 국회법을 가리키는 것으로 2012년 5월 25일 공포되어 30일부터 시행된 법을 말한다. 직권상정 요건 제한, 국회폭력 금지, 날치기 금지, 국회의원의 겸직 금지, 여야 간 대립이 첨예한 법률 통과 시 정족수의 60% 이상 동의 필요(패스트 트랙) 등을 포

고, 정책추진을 위한 법률의 제・개정에는 한계가 많았다. 또한 초기에 내각을 구성하는 과정에서 국무총리 후보자와 몇몇 장관 후보자들의 도덕성 논란 속에 자진사퇴가 이어지며 상당 기간이 소요되면서 국회파행이 거듭되었다.[35)]

정치행정적 측면에서 박근혜 정부는 과학기술과 정보통신기술을 활용하여 창조경제를 뒷받침하고 국민의 안전을 최우선으로 하는 정부를 구현하는 한편, 행정환경의 변화에 능동적으로 대처하는 창조적이고 유능한 정부를 구현할 수 있도록 정부조직을 재설계한다고 천명하였다. 이에 따라 중앙행정기관은 15부 2처 17청에서 17부 3처 16청 체제로 개편하였다. 국토해양부를 국토교통부와 해양수산부로 복원시키고 미래창조과학부를 신설하였다. 이 중에서 미래창조과학부로 방송 관련 기능을 통합하는 것에 대하여 야당이 강력하게 이의를 제기하였고, 이에 대해 여야 협상을 하였으나 합의에 도달하지 못하였다. 정부 출범일인 2월 25일까지 정부조직법 개정에 합의하지 못하여 정부 출범 이전에 정부조직법이 국회를 통과하지 못하는 전례 없는 사태가 발생하였다. 2018년 3월 23일 정부조직법 개정안이 여야 합의로 국회를 통과하였고, 동년 4월 18일 정부출범 52일만에 조각이 완성되었다.

2014년 세월호 사고가 발생한 이후 후속대책으로 국가안전처(장관급)와 인사혁신처(차관급)를 신설하고, 해양경찰청과 소방방재청을 폐지하는 대신 국민안전처 내에 중앙소방본부(차관급)와 해양경비안전본부(차관급)를 신설하고, 안전행정부를 행정자치부로 바꾸는 내용의 정부조직법 개정을 단행하였다. 이에 따라 중앙행정기관은 17부 5처 15청으로 조정되었다.

통일정책으로는 '통일대박론'[36)]을 정책기조로 삼고 한반도의 평화만들기, 대북

함하고 있다. 패스트 트랙 조항은 180명 이상의 국회의원들의 찬성을 얻으면 신속처리안건으로 지정된 법안을 최장 330일에 걸쳐 심사하고, 심사 기간이 끝나면 본회의에 자동 상정된다는 조항이다.

35) 박근혜 정부에서 지명된 정무직 공무원 중 9명이 인사청문회 요청 전후에 자진사퇴하거나 임명 후 사퇴하였다. 임명된 정무직 공무원 중에도 14명이 병역문제, 부동산 투기 의혹, 세금 탈루 의혹 등으로 인사청문보고서 채택이 무산되거나 미흡과 부적격으로 기재되었다. 김명수 교육부장관후보자는 인사청문보고서 채택이 무산된 후 지명 철회되었다. 여론의 비판 및 야당의 반발에도 불구하고 임명을 강행한 윤창중 청와대 대변인이 대통령 미국 순방 중 일으킨 성추행 스캔들은 "인사 참사"의 정점을 찍었다고 해도 과언이 아니다.

36) 박근혜 대통령의 '통일대박론'은 2014년 연두 기자회견에서 북한의 인구, 자원을 흡수하여 발생하는 1조 달러에서 5조 달러까지의 경제효과로 인해 침체된 한국 경제가 재도약할 수 있는 계기

인도적 지원의 강화 및 남북 주민 간 동질성 회복 노력, 통일 공감대 확산을 위한 국제협력 강화를 주장했다. 임기 초에는 북한의 비핵화와 연계없이 대북지원을 우선적으로 추진하였으나, 2016년 북한이 광명성호를 발사하자 2월 10일 오후 5시쯤 개성공단 가동을 전면 중단함으로써 북한과의 마지막 연결통로를 막아버렸고, 이에 따라 남북 간 군사적 긴장은 더욱 높아졌다.

공무원 인력은 2012년 12월 말 622,424명에서 2016년 12월 말 기준으로 총 650,149명(이 가운데 정무직 117명, 고위공무원 1,051명)으로 매년 조금씩 늘어났으며, 2016년 여성공무원의 비율은 49.8%로 거의 절반에 도달하였다.[37)]

경제적 측면에서는 2012년 대선에서 공약한 '경제민주화'를 실현하기 위해 '하도급법', '정년 60세 연장법', '불공정거래금지법'(일명, 일감몰아주기금지법), '프랜차이즈가맹사업법' 등이 2013년 7월 국회에서 통과되었다. 그러나 이후 경제민주화를 위한 추가적인 노력이 이루어지지 않아 집권 초반기부터 경제민주화는 유명무실한 의제가 되어버렸다. 대신 구체적인 내용이 무엇인지 알 수 없는 '창조 경제'라는 모호한 어젠다를 내세워 경제활성화를 강력하게 추진하고자 하였다. 이를 위해 2014년 2월 25일 '경제혁신 3개년 계획'을 대국민담화형식으로 발표하였다. 그 핵심전략으로는 '기초가 튼튼한 경제', '역동적인 혁신 경제', '내수 · 수출 균형 경제'를 내세웠다. '기초가 튼튼한 경제' 전략을 뒷받침하기 위한 추진 과제로 공공부문 개혁, 원칙이 바로 선 시장경제, 사회안전망 확충을 주장하였다. '역동적인 혁신 경제' 전략을 위해서 창조경제, 미래대비 투자, 해외시장 개척 등의 과제가 제시되었다. 특히 창조경제를 위해서 온라인 창조경제타운과 창조경제혁신센터를 설립하여 역량을 집결시키고자 하였다. '내수 · 수출 균형경제' 전략과 관련해서는 내수기반 확대, 투자여건 확충, 청년 · 여성 고용률 제고 등이 과제로 제시되었다.[38)]

가 될 수 있다고 주장하며 막대한 통일 비용부담을 상쇄할 수 있다고 밝힌 것을 말한다. 그러나 '한반도 신뢰프로세스'를 주장하면서도 구체적 방법론과 대안을 제시하지 않아 실질적으로 대북강경정책에 가까웠다고 볼 수 있다.

37) 그러나 고위공무원 1,051명 중 여성공무원은 52명으로 4.9%에 불과하였다. 3급 이상으로 볼 경우에도 1,844명 중 104명으로 5.6% 정도에 머물렀다(인사혁신처, 2016).

38) 그 당시 〈월스트리트저널(*WSJ*)〉은 경제혁신 3개년 계획에 대하여 일본의 아베노믹스와 비교하면서 장기적인 안목에서 한국경제의 구조개혁을 지향하고 있어 그 내용은 바람직하다고 평가하였다. 그러나 단임의 대통령제 하에서 임기 내에 정책을 추진할 수 있을지는 불확실하다고 지적하

그러나 2014년 8월 1일 발표된 초이노믹스로 대변되는 최경환 경제부총리의 경기부양 방안은 DTI, LTV 등의 부동산 규제를 완화하고 대출 총량을 확대하는 정책을 추진했다. 또한 기업 투자 촉진을 위해 사내유보금에 대한 기업소득환류세제를 도입하고 금리를 인하하는 금융완화적 경기부양방안을 추진하였다. 그러나 그 효과가 지속되지 않았으며 한국의 고질적 문제인 재벌문제를 해결하는데도 전혀 도움이 되지 못했다(*WSJ*, 2014.11.4).

사회적 측면에서는 한국사 교과서 국정화 추진, 노인의 생활 안정을 위한 기초연금제도와 무상 교육·보육정책을 들 수 있다. 2015년 10월 15일 발표된 한국사 교과서 국정화 방안은 한국사 교과의 검정체제를 국정체제로 환원하려는 것이었다. 이에 대해 학계를 비롯한 각계 각층의 반발이 거세었고, 경희대, 고려대, 연세대 사학과 교수들은 국정교과서 집필진이 되지 않겠다는 선언을 할 정도였다.[39]

기초연금제도는 65세 이상의 노인 중 소득과 재산이 적은 70%의 노인에게 매달 일정액(20만 원)의 연금을 지급하는 제도로 박근혜 대통령이 후보 시절 공약한 주요 사항이었다. 후보 시절에는 모든 노인에게 월 20만 원을 지급하겠다고 약속했으나, 국가의 재정상황, 국민연금과의 연계성 등을 감안하여 소득 하위 70% 노인에게 지급하되 지급액도 국민연금과 연계하는 방식으로 2014년 7월 28일 첫 기초연금이 지급되었다. 3~5세의 영·유아에게 공통으로 제공하는 누리과정으로 불리는 무상 교육·보육정책은 3~5세 영·유아를 둔 가정에 대해 소득수준에 관계없이 보육료 또는 양육수당을 지급하는 것을 말한다.[40]

박근혜 정부는 문화융성을 국정목표로 설정하고 문화·체육 분야 정책도 적극적으로 추진하였다. 2013년 대통령 직속으로 '문화융성위원회'를 신설하였고, 2015년에는 이 분야 예산이 전년 대비 10.4% 증액되어, 12대 주요 분야 중 가장 높은 증액율을 기록할 정도였다. 문화 활동 참여 활성화 프로그램과 관련 인프라에 대

였다.

39) 2016년부터 시작된 박근혜 대통령 탄핵의결 및 심판 과정을 거치면서 결국 한국사 국정교과서는 어느 고등학교에서도 채택되지 않아 사회구성원 간에 쓸데없는 갈등을 노정시키고 예산만 낭비한 대표적인 정책실패사례가 되고 말았다.

40) 공립유치원은 1인당 월 11만 원, 사립유치원과 어린이집은 운영지원비 22만 원과 방과후 활동비 7만 원을 합한 1인당 29만 원을 지원한다. 그러나 2014년 10월 지방자치단체와 교육청은 예산부족을 이유로 누리과정 예산을 편성하지 않아 중앙정부와 마찰을 빚어 무상보육 논란이 벌어졌다.

한 투자를 확대하고 생활문화센터 설치를 추진하였다. 그러나 몇몇 전문가로부터 "문화정책 속도의 측면에서는 만족스러우나 방향적인 측면에서는 의문을 가지고 있다"(서울연구원 라도삼 미래사회연구실장), "1970년대의 민족문화진흥정책을 21세기에 추진하고 있다"(성균관대 천정환 교수)는 등의 비판을 받기도 했다. 이 분야는 박근혜 대통령의 측근 실세였던 최순실이 깊숙이 개입하여 정권의 몰락을 초래하는 데 결정적인 역할을 한 것으로 밝혀졌다.

제4절 문재인 정부

1. 정책 과정

문재인 정부는 2017년 5월 9일 탄핵된 대통령에 대한 보궐선거의 형식으로 치러진 조기 대선을 통해 41.1%의 득표율로 당선되면서 그 다음날 바로 제19대 대통령으로 취임하였다. 대통령이 파면되어 치러진 궐위선거이기 때문에 대통령직 인수위원회를 구성하지도 못하였다.

문재인 정부가 출범한 지 1년여의 시간 밖에 흐르지 않은 시점에서 이 정부의 정책 과정 전반의 특성을 기술할 수는 없다. 다만 1년이 지난 시점에서 여소야대의 의회 구조에서 정책추진의 어려움을 겪는 와중에도 대통령의 여론지지율은 높은 수준을 유지하고 있다. 여기서는 이러한 대통령의 높은 지지율과 야당의 지리멸렬에 힘입어, 2018년 6·13 지방선거에서 민주당이 압승[41)]함으로써 국정 운영의 동력을 얻게 된 시기까지를 다루고자 한다.

2016년 10월부터 시작된 시민들의 촛불시위에 힘입어 정권을 획득한 정부답게

41) 17개 광역자치단체장 중 더불어민주당이 14석, 자유한국당 2석, 무소속 1석으로 대구·경북 및 제주도를 제외한 14곳에서 승리하였으며, 226개 기초자치단체장의 경우에도 더불어민주당 151석, 자유한국당 53석, 민주평화당 5석으로 여당의 압도적인 승리였다. 지방의회의 경우에도 광역의원 79.1%(824석 중 652석), 광역의원 비례대표 정당별 득표 51.4%, 기초의원 56.0%(2,926석 중 1,638석)를 차지하였다.

'국민주권의 촛불민주주의 달성'을 내세우고 국민들이 정부의 정책결정 과정에 참여할 수 있는 제도적 틀을 만들었다. 대표적인 것이 숙의민주주의를 가능하게 하는 시민참여형 공론화위원회를 들 수 있다. 신고리 5·6호기 건설 중단 및 재개를 둘러싼 찬반 양론이 첨예하게 대립하는 신규 원자력발전소 건설을 둘러싼 갈등을 해소하고 정부의 정책방향을 결정한 사례이다. 공론화위원회는 시민들의 자발적 참여를 유도하고 참여한 시민들에게 찬반입장의 전문가와 이해관계자의 의견을 듣고 정책학습과 토론을 통해 정책사안에 대해 숙고를 거친 의사 결정을 할 수 있도록 유도하는 방식이다. 또한 청와대 홈페이지에 국민청원 청와대 게시판을 개설하여 시민의 국정참여 통로를 확대하고 20만 명 이상이 청원하는 경우에 청와대나 관련 부처에서 직접 응답함으로써 쌍방향 의사소통을 가능하게 하고 있다. 가끔 논란이 되는 의제나 부적절한 의제가 게시되기도 하여 일정한 한계가 있지만, 국민들의 참여 욕구를 충족시키는 데는 도움이 되는 것으로 보인다.

2. 정책 내용

문재인 정부는 출범 이후 2017년 7월 19일 국정기획자문위원회를 구성하여 국정 운영 5개년 계획을 발표했다. 국가비전으로는 '국민의 나라, 정의로운 대한민국'을 내세우고 이러한 비전을 달성하기 위한 실천전략으로 5대 국정목표('국민이 주인인 정부', '더불어 잘사는 경제', '내 삶을 책임지는 정부', '고르게 발전하는 지역', '평화와 번영의 한반도'), 20대 국정전략, 100대 국정과제를 설정하였다.

박근혜 정부 말기인 2016년 4월 13일 제20대 총선에서 더불어민주당 123석, 새누리당 122석, 국민의당 38석, 정의당 6석, 무소속 11석으로 여소야대 정국이 만들어졌는데, 문재인 정부로 바뀌었어도 범여권이라 할 수 있는 더불어민주당과 정의당의 의석수를 합해도 129석으로 여당이 다수당이기는 하나 소위 '국회선진화법' 하에서 정책실현을 위한 법률 제·개정에 필요한 180석에는 크게 부족해 한계가 많았다.[42]

---

42) 새누리당은 2016년 박근혜 대통령에 대한 국회의 탄핵의결 후 바른정당과 자유한국당으로 쪼개졌고, 2018년 지방선거를 앞두고 국민의 당은 바른정당과 통합하여 바른미래당으로 당명을 바꾸

정치행정적 측면에서는 2017년 7월 20일 여야합의로 정부조직법이 개정되었고, 이에 따라 중소기업청은 중소벤처기업부로, 미래창조과학부는 과학기술정보통신부로, 행정자치부는 행정안전부로 변경되었다. 국가보훈처장은 장관급으로 격상되었고, 대통령경호실은 차관급인 대통령경호처로 개편됐다. 국민안전처는 폐지와 동시에 주요 기능이 행정안전부에 흡수되었고, 해양경찰청과 소방청은 각각 해양수산부와 행정안전부의 외청으로 독립하였다. 또한 과학기술정보통신부에 차관급 과학혁신본부, 산업통상자원부에 차관급 통상교섭본부, 행정안전부에 차관급 재난안전관리본부가 설치되었다. 중앙행정기관은 18부 4처 17청으로 조정되었다. 외교정책으로는 미국・중국・일본・러시아・독일 등과 정상회담, 다자 간 정상회담이 이루어졌고, 해외순방을 통해 지구상 마지막 냉전 국가가 지닌 군사적 긴장을 해소하고 평화체제를 구축하기 위해 노력하고 있다.

그 중 북한의 계속되는 미사일 발사와 핵실험에도 불구하고 북한이 평창 동계올림픽에 참가하도록 유도하고 단일팀을 구성하기도 하였다. 이러한 노력의 정점이 2018년 4월 27일에 있었던 북한 김정은 위원장과의 판문점 회담과 같은 해 6월 12일 싱가포르에서 개최된 김정은 위원장과 도널드 트럼프 대통령 간 북・미 정상회담이다. 북・미 정상회담의 성사를 위해 문재인 정부는 중재자 역할을 수행하였다. 또한 신남방정책이라는 이름 하에 동아시아와 남아시아 지역 국가들과의 교류를 강화하여 외교정책의 외연을 확장하고 있다.

경제적 측면에서는 소득 주도 성장이라는 기치를 내걸고 소득 증대를 통한 소비 증대로, 기업의 투자를 유도하는 방식의 소위 '분수효과'를 통한 성장을 유도하고자 하였다. 이에 따라 2018년 최저임금을 전년 대비 16.4%를 인상하였지만 부작용도 만만치 않게 나타나고 있는 실정이다.

었다. 나머지 14명은 민주평화당이라는 신생 정당을 만들어 함께하고 있다. 2018년 6월 13일 지방선거와 동시에 치러진 재보궐선거에서 더불어민주당은 11곳에서 승리해 국회 의석수가 130석으로 늘어났다. 이에 따라 민주평화당 14석, 정의당 6석을 더하면 범여권 의석수는 150석이 되었고, 자유한국당은 113석으로 줄어들었다.

제5절 민주화기 정책 과정 및 정책 내용의 특징

한국 정부 민주화기 정책 과정의 특징으로 들 수 있는 것은 정책 과정에서 참여자의 범위가 확대되고, 그들의 역할이 커지면서 이들 정책참여자 간의 관계가 상당히 크게 변화하고 있다는 점이다. 1987년 6·10 민주항쟁 이후 민주화가 진행됨에 따라 언론, 시민(단체) 등 비공식적 참여자의 영향력은 커지고 있으나, 상대적으로 의회나 정당의 영향력은 그리 크게 증가하지 않았다. 그 이유는 대통령이 공천권을 비롯한 많은 권한을 쥐고 의회 및 정당에 대한 지배력을 여전히 행사하고 있기 때문이다.

그러나 대통령의 지배력에도 불구하고 의회구도가 여소야대 상황인 경우에는 의회의 영향력이 상대적으로 클 수밖에 없다. 특히 노무현 정부에 들어와서는 대통령이 당정 분리 원칙을 선언함에 따라 대통령의 국회에 대한 영향력이 상대적으로 낮아지고, 국회의 대정부 영향력은 더욱 강화되었다. 의회의 변화와 함께 정책 과정에서 주요 참여자의 하나인 정당의 변화도 이 시기의 한 특징으로 지적될 수 있다.

과거 한국의 정당은 특정인의 지배력 때문에 그 영향력을 행사하기가 어려웠다. 노무현 정부 이전까지만 해도 김영삼 대통령과 김대중 대통령이 형성한 정당 내의 카리스마적 리더십은 다른 지도자에 의해 대체되기 어려웠다. 그러나 노무현 정부 이후 이러한 성향은 상당히 약화되어 왔으며, 정의당과 같은 소수 진보성향의 정당들을 중심으로 선거제도 개선 및 정당 운영에 대한 개혁이 지속적으로 요구되고 있다. 이런 시도들이 향후 한국 정치 내에 수용되어 제도화된다면 정당의 정책 과정에 대한 영향력은 상당히 증대될 것으로 보인다.

한국 정부 민주화기의 정책 과정에서 나타난 또 다른 특징으로는 정책 과정 전반에 걸쳐 이익집단의 영향력이 커지고 있다는 점이다. 민주화 이후 다양한 이익집단의 요구가 분출되고 있으며, 그 활동에 있어서도 상당한 자율성이 나타나고 있다. 이익집단의 참여는 과거와 같이 국가에 의한 일방적인 동원이나 협조 방식에서 벗어나고 있다. 이에 따라 이익집단에 대한 정부의 접근법에서도 종래와 같은 비공개적이고 통제 중심적인 방식은 한계를 드러내고 있다. 이익집단 내부에서부터 민주적 운영을 요구하는 목소리가 커졌으며, 독자적인 이익 투입 활동을 전개해 나가고 있는 상황이라고 할 수 있다. 그 결과 이익집단과 행정기관 간 관계가 과거 수직적 관계에서 수평적 관계로 변화해왔을 뿐만 아니라 관료집단이 특수 이익집단의 이해관계에 포획되는 경우도 나타나고 있다. 이에 따라 이익집단이 정책과정에 미치는 영향력도 점차 증대하고 있다(박천오, 1999).

한국 정부 민주화기의 가장 특징은 정책 과정에서 이익집단의 영향력이 증대된 것과 새로운 참여자로 등장한 시민단체의 영향력이 강화되고 있는 것이다. 한국 민주화 운동의 주요 성과 중의 하나를 권위주의적 통치 하에서 나타났던 국가와 시민사회 간 힘의 불균형에서 어느 정도 벗어났다는 것으로 볼 때, 시민사회를 대표하는 참여자가 바로 시민단체인 것이다. 주로 한국 정부 산업화기에 권위주의적인 정치 체제에 대한 반정부·반체제적 저항에서 비롯된 한국의 시민단체는 그 당시 정책 과정에 미치는 영향력이 낮을 수밖에 없었다. 그러나 민주화의 진전으로 인해 이들의 정책 과정에 대한 영향력은 증가일로에 있으며, 민주화 1기와 2기를 통해 제도권 영역에 급속하게 흡수되어 상당한 영향력을 행사하고 있다.

끝으로 권위주의 체제에서는 정책 과정 전반의 의사 결정 과정이 비공개적으로 이루어졌지만, 민주화기에 이르러서는 행정정보공개법과 행정절차법 등과 같은법적·제도적 장치뿐만 아니라, ICT 기술의 발달로 인해 쌍방향의 사회관계망서비스(SNS)의 활용이 용이해지면서 정책 과정에 대한 이해관계자 및 시민의 참여가 좀 더 확대되었다. 이러한 법적·제도적·기술적 여건이 조성되면서 정책 내용에 대한 공개성과 접근성이 높아지게 되었고, 이에 따라 정책 과정의 민주성은 더욱더 강화되고 있다.

생각할 문제

• 정책을 보는 시각

1. 정책 과정적 시각에서 정책을 보는 경우의 장·단점에 대해 생각해 보시오.
2. 정책 내용적 시각에서 정책을 보는 경우의 장·단점에 대해 생각해 보시오.

• 한국 정부와 정책 과정

1. 노태우 정부에서 문재인 정부에 이르기까지 정책 과정의 특성을 비교해 보시오.
2. 각 정부별로 정책 과정이 차이를 보이는 이유와 원인에 대해 생각해 보시오.
3. 정부별로 정책 과정의 차이로 인해 정책 내용에 미친 영향과 결과에 대해 생각해 보시오.
4. 외국 정부의 정책 과정의 사례를 조사하여, 한국 정부와 비교해 보시오.
5. 향후 한국 정부의 정책 과정은 어떤 방향으로 전개되어야 할 것인가에 대해 생각해 보시오.

• 한국 정부와 정책 내용

1. 노태우 정부의 외교정책이 한국 정부에 미친 영향에 대해 생각해 보시오.
2. 김영삼 정부가 추진한 역사 바로 세우기와 노무현 정부가 추진하고 있는 과거사 정리 간의 유사점과 차이점에 대해 생각해 보시오.
3. 김대중 정부가 추진했던 경제정책의 공과를 생각해 보시오.
4. 노무현 정부가 추진했던 지역균형성장정책이 지니는 장점과 한계에 대해 생각해 보시오.
5. 이명박 정부가 정권 초기에 저항에 직면한 이유에 대해 생각해 보고, 향후 대책에 대해 논하시오.
6. 박근혜 대통령이 헌법재판소의 재판관의 만장일치로 탄핵된 이유는 박근혜 정부가 지닌 정책 과정의 어떤 측면 때문인지, 그로 인해 정책 내용은 어떤 한계를 지니게 되었는지 토론해 보시오.
7. 문재인 정부가 소득 주도 성장을 위해 주요 정책으로 추진한 최저임금 인상이 단기적으로 의도한 정책목표를 달성하지 못한 이유와 그 극복방안은 무엇인지 생각해 보시오.

Chapter

12

한국 정부와 미래

Chapter 12 한국 정부와 미래

제1절 미래 예측의 난제

1. 미래 예측의 효용

"내일의 신문을 오늘 볼 수 있다면……"

이런 일을 할 수 있는 주식 투자자, 도박사(gambler), 정치인과 행정가들은 남달리 큰 성공을 거둘 수 있다. 그러나 미래를 정확하게 내다볼 수 있는 사람은 아무도 없다는 점이 인생을 사는 묘미이기도 하다. 미래의 정부가 어떻게 될 것인가?

미래의 상태에 대해서는 모른다고 하는 것이 정답일 것이다. 그렇다면 우리는 미래란 알 수가 없는 것이므로 생각할 필요가 없다는 태도를 취하는 것이 바람직한가? 그렇지 않을 것이다. 사람들은 미래를 모르기는 하지만, 나름대로 예측하고 예상하는 시나리오(scenario)를 모두들 가지고 있다.

예컨대, 내일(내달, 내년)은 오늘과 비슷할 것이라든지, 내일(내달, 내년)은 좀 더 달라질 것이라든지 하는 단순한 시나리오에서부터, 2030년에는 한국의 1인당 국민소득이 4만 달러가 될 것이라든지, 노령화 · 소자화(小子化: 자녀를 적게 낳는 현상) 현상이 심화될 것이라든지 하는 전문적인 시나리오까지 가능하다. 또 한편에서는 미래학이라고 하는 것이 있어서 상당히 과학적인 방법으로 미래를 예측하기도 한다.

한국의 경우, 1974년에 한국미래학회에서 『미래를 묻는다』는 보고서를 발간한 적이 있다. 당시 1인당 국민소득이 약 500달러 정도밖에 안 되었을 때인데, 이 보고서는 앞으로 30년 후에 마이카 시대가 도래하고, 가정에서 김칫독이 없어지고, 한국-유럽 간 대륙횡단철도가 건설되는 등의 예측을 했다. 발표 당시에는 신뢰성이 상당히 없어 보여, 보고서는 예측 결과를 공식적으로 인용하지 말라고 경고까지 했었다. 그런데 현재 시점에서 돌이켜보면, 상당히 많은 예측이 실현되었음을 확인할 수 있다. 연구에 참여했던 학자들의 과학적 예측 방법에 놀랄 뿐이다.

2. 미래 예측의 전제

그렇다면 앞으로의 30년 간을 상당한 정도의 신뢰성을 가지고 예측할 수 있는가? 이것은 과거에 실시되었던 예측보다 훨씬 더 어렵다. 전반적인 변화의 속도가 몇 곱절 빨라졌고, 한국을 둘러싼 정치경제적 환경은 예전과 완전히 다른 양상으로 변해 가고 있기 때문이다. 현재 시점에서 1974년의 『미래를 묻는다』와 같이 한국의 미래를 예측하는 신뢰성 있는 연구나 발표를 찾기는 어렵다. 따라서 여기서 제시하는 한국 정부의 미래 상황 역시 신뢰성은 보장할 수 없는 시나리오이다.

신뢰성(reliability)이란 한 번 발생한 일이 다음 번에도 그대로 발생하는 것으로 정의되며, 미래 예측에서는 예측한 대로 미래가 도래하는 것을 말한다. 그러나 미래 예측에는 두 가지 오류를 피할 수 없다. 즉, 미래에 발생하지도 않을 일을 발생할 것으로 예측하는 오류(type II error)와, 미래에 발생할 것인데도 그것을 현재에 예측하지 못하는 오류(type I error)가 그것이다.

통계학에서는 미래에 발생할 것으로 예측하는 오류(type II error)를 최소화하는 데 역점을 두면 되지만, 미래 예측에서는 현재에 예측 못하는 오류(type I error)까지도 최소화해야 하는데, 기본적으로 이 두 종류의 오류가 워낙 커서 최소화라는 것 자체의 의미가 없기도 하다.

여기서는 이러한 전제 하에 미래에는 한국 정부의 환경이 이러저러하게 바뀔 것이기 때문에, 이에 대응하기 위해서는 정부가 이러저러하게 바뀌어야 한다는 몇 가지 시나리오를 제시하고자 한다. 하지만 이 같은 시나리오들은 두 종류의 오류가 상당한 정도로 내포되어 있음을 미리 전제하고자 한다.

제2절 한국 정부의 미래와 대응

1. 한국 정부의 미래

1) 정치 환경의 변화

1960년 4·19 혁명 당시에 영국의 한 언론인이 "한국에서 민주주의가 가능하다면, 그것은 쓰레기통에서 장미꽃이 피는 것과 마찬가지"라고 평했다고 한다. 그 후 60여 년이 지난 지금, 한국에는 장미꽃이 활짝 피어 있다. 지금은 한국 정치에서 민주주의의 전성 시대라 해도 과언이 아니다.

지금이 민주주의 전성 시대라고 하면 찬성하지 않을 사람들이 많을 수도 있다. 정치권은 '차(車)떼기'로 요약되듯 부패로 얼룩져 있고, 민생은 뒷전이고 정쟁만 일삼고 있으니 말이다. 그래서 국민들의 정치에 대한 불신이 해소되고 있지 않다. 그러나 불신이 있다고 해서 민주주의가 아닌 것은 아니다. 한국 역사상 지금처럼 표현의 자유, 참여의 자유가 보장되었던 적이 있었는가? 지금처럼 대통령을 비롯한 권력자들이 국민의 의중을 중요시한 적이 있었던가?

지금은 한국 민주주의의 전성 시대이다. 민주주의는 말 그 자체가 워낙 좋은 의미를 가지고 있기 때문에, 민주주의를 취하면 국가를 위해 좋은 결과가 저절로 이루어질 것 같은 뉘앙스를 준다. 그러나 민주주의는 원래 좋은 결과와는 상관이 없다. 민주주의 발상지인 아테네에 살았던 플라톤(Platon)은 그의 명저 『국가론』에서, 민주주의란 국가를 망치는 방법이므로 능력이 출중한 자가 나라를 다스려야 한다고 말하고 있다. 즉, 현재와 같이 한국 정치가 혼탁한 것은 민주주의가 도입되지 않아서 그런 것이 아니고, 민주주의를 채택하고 있기 때문에 오히려 정치가 혼탁한 측면도 없지 않다.[1)]

민주주의는 그 자체로서 국가에 좋은 결과를 가져다 주는 것은 아니다. 민주주의가 국가에 유익하도록 작동할 때에만 비로소 국익에 도움이 된다. 현재 한국에는 민주주의만 만발해 있고, 이것들이 국가의 이익에 조화롭게 기여할 수 있도록 디자인되어 있지는 않은 상태라고 할 수 있다.

그렇다면 어떻게 하면 민주주의가 국익에 기여하도록 작동하게 만들 수 있을까? 우선 가장 먼저 떠오르는 해답은 선(善)한 독재자(charisma)의 출현이다. 플라톤(Platon), 베버(Max Weber) 등과 같은 유명 학자들이 선한 독재자를 문제 해결책으로 내세웠다는 것을 떠나서, 한국 사람들이 가장 좋아하는 대통령으로 박정희를 꼽고 있다는 것을 보면, 선한 독재자가 정치 체계를 국익에 기여하도록 만들 수 있기는 한 것 같다.

그러나 지난 60여 년 간의 한국 정치를 보면, 반독재의 흐름이 계속 유지되어 왔으며, 현재에는 국민이 대통령임을 표방하는 경우도 많다. 즉, 국민의 다수는 선한 독재자와 성향이 다른 지도자를 이미 선택하고 있다. 선한 독재자에 대해서는 어렴풋한 향수를 느낄 뿐이다.

선한 독재자가 없는 상황에서는, 어떻게 하면 민주주의 제도가 국익에 기여하도록 만들 수 있는가? 이 점이 앞으로 한국 정부가 풀어가야 할 중요한 과제 중 하나

---

1) 경제 분야에서 경쟁(competition)은 좋은 것이고, 규제는 나쁜 것으로 생각되기 쉽다. 그러나 경쟁은 세 가지 결과를 가져온다. 첫째는 흑자(positive sum) 결과이고, 둘째는 제로섬(zero-sum) 결과이며, 셋째는 적자(negative sum) 결과를 초래한다. 노벨 경제학상을 수상한 내시(John Nash)의 견해에 따른다면 현실 세계에서 경쟁은 제로섬 상황을 가장 많이 야기하며, 때로는 너도 나도 피해를 보는 적자 결과를 초래하는 경우도 많다. 경쟁이 너와 나에게 모두 이익을 가져오는 흑자 결과가 되기 위해서는 전체의 이익이 극대화되도록 특별한 노력이 있어야 한다. 경제 분야에서의 경쟁과 마찬가지로 정치 분야에서의 민주주의도 흑자, 제로섬, 적자 결과를 모두 야기할 수 있는 제도이다. 따라서 민주주의가 흑자 결과를 가져오기 위해서는 제도 운영의 묘가 잘 발휘되어야 한다.

라고 할 수 있다. 이명박 정부가 출범할 당시에는 대화와 타협을 그 원리로 제시했지만, 실제로는 불통 정부로 마감했다. 박근혜 정부에서도 소통의 중요성을 강조하였지만, 실제로는 국민과의 소통은 부족하였다. 어떻든 앞으로의 정부에서는 대화와 타협, 그리고 소통과 설득에 의한 통치가 필요한 때이다.

설득에 의한 문제 해결은 통제와 지시에 의한 문제 해결과는 판이하다. 통제와 지시가 발생한 문제에 대한 단기적이고도 즉각적인 해결을 지향한다면, 설득은 시간이 걸리더라도 일단 작동하면 문제를 근원적으로 해결하게 해준다. 통제와 지시가 정부 관리들에게 면종복배(面從腹背)를 불러일으킨다면, 설득은 관리들로 하여금 떳떳하고 적극적인 행정을 할 수 있도록 만들어 준다. 통제와 지시는 아무도 책임지지 않으려고 하는 행정문화를 만들어 내지만, 설득은 책임감을 불러일으킨다.

그런데 한국 정부는 지금까지 통제와 지시에 의해 일해 왔기 때문에, 설득으로 문제를 해결해 본 경험이 일천하다. 향후 정부들은 소통과 설득에 의한 문제 해결 방식을 관리들에게 확산시키기 위해 지속적으로 노력해야 한다.

2) 경제 환경의 변화

근대 사회에서 행정 체계는 5성(省) 조직을 위주로 한 간단한 조직으로 이루어져 있었다. 즉, 국방성, 재무성, 외무성, 내무성, 교육성이 그것이다. 그러나 사회가 발전함에 따라 정부조직은 세분화되어 가고, 또 너무 세분화된 경우에는 그것에 대한 반작용으로 통합이 일어나는 과정을 겪어오고 있다. 2018년 현재 한국의 중앙행정기관은 18부 5처 17청으로 확대되었다.

이처럼 중앙행정기관의 숫자가 많아졌을 뿐 아니라, 이들이 수행하는 정부 기능도 지속적으로 늘어나고 있다. 이러한 많은 수의 정부 기능 중 상당수는 관할기관이 독자적으로 수행해야 하는 것도 있겠지만, 사회가 발전함에 따라 여러 부·처·청이 협력을 해서 수행해야 하는 업무가 점점 더 늘어나고 있다.

예를 들어, IT 산업의 경우, 과학기술정보통신부, 산업통상자원부 외에도 여러 부처가 협력해야만 추진 성과가 나타난다. 복지의 기능도 보건복지부뿐 아니라 농림축산식품부, 과학기술정보통신부, 문화체육관광부, 여성가족부, 지방자치단체 등에 그 기능이 산재되어 있다. 이런 경우 역시 관련 부처 간의 이해 관계가 대화와 타협을 통해 정리되어야만 국가의 이익을 극대화할 수 있다. 실제로 정부는 '관계부처 합동 태스크포스(TF)', '관계부처 합동 보고', '관계부처 합동 훈련' 등의 형태를 구성하여 각종 현안에 대응하고 있다.

일본의 경우 종할(縱割)이라는 것이 있다. 이것은 행정관서가 자기 관할의 문제에 대해서는 책임지고 신속하게 대처해 가지만, 자기 관할이 아닌 경우 정책결정 및 집행에 시간이 많이 걸리고 책임 소재도 불분명하다. 일본 행정의 영향을 받은 한국 행정부에도 종할과 유사한 특성이 존재한다. 우리 식으로 표현하자면, 부처이기주의 또는 할거주의인 셈이다. 현대 사회의 문제들은 대부분 어느 한 부처가 나서서 풀 수 있을 만큼 단순하지가 않다.

관련 부처가 중지(衆智)를 합해도 대응이 가능할까 말까 하는 문제들이 너무나 많이 생겨나고 있다. 이런 상황에서 부처이기주의가 득세를 해서는 국정의 효율화를 이룰 수 없다. 앞으로 한국 정부의 성공 여부를 가늠할 중요한 요소 중 하나가 바로 대화와 타협을 통한 부처 간 협조라고 할 수 있다. 2004년에 시작된 국장급 공무원의 부처 간 인사 교류는 그러한 노력의 일환이라 할 수 있는데, 부처 간 인사교류를 확대해 상호 업무 이해를 높이고 부처 이기주의를 방지한다는 제도의 취지를 가지고 있다. 부처 간 중복된 중복된 업무를 해소하고 부처 간 협업을 이루는 데 적지 않은 성과를 내고 있다는 평가를 받고 있다. 미래 정부에서는 이러한 부처 간 인사 교류와 같이 부처 간 협조 제도가 더욱더 개발되리라고 여겨진다.

정약용(丁若鏞)이 쓴 『목민심서(牧民心書)』에는 관료가 지녀야 할 덕목을 72가지 수록하고 있다. 그런데 이 72가지 덕목의 내용은 대부분 청렴할 것과 근면할 것, 그리고 공평할 것을 강조하고 있다. 이런 덕목이 현대 사회에서도 여전히 중요하지만, 현대에는 여기에다가 얼마만큼 유연할 것인가(flexibility)를 추가해야 한다. 즉, 외부 환경의 변화가 워낙 급격하기 때문에, 이러한 변화에 얼마나 유연하게 적응해 나갈 수 있느냐 하는 점과 또 국가의 변화를 얼마나 주도해 갈 수 있느냐 하는 문제가 더욱 중요해진다.

3) 사회 환경의 변화

미래의 정부와 관련하여 주목해야 하는 또 다른 요소는 제4차 산업혁명으로 대표되는 기술의 혁신이다. 2016년 다보스에서 열린 세계경제포럼에서는 제4차 산업혁명을 "인간의 삶, 업무 방식, 인간과 인간, 인간과 기계의 상호작용 방식의 급격한 변화를 가져오는 기술적 진보의 새로운 물결"로 정의한 바 있다. 즉, 제4차 산업혁명은 인공지능, 빅데이터, 사물인터넷(IoT), 로보틱스 등 새로운 기술과 산업의 등장에 따라 그동안 인류가 경험하지 못하였던 급격한 변화를 체감하게 되고 물리적 공간, 디지털 공간, 생물학적 공간의 경계가 희석되는 기술융합의 시대라고 할 수 있다. 이러한 제4차 산업혁명이라는 기술의 혁신으로 인해서 전통적인 산업의 영역은 새로운 생산 및 관리체계로 재편될 가능성이 높으며, 아울러 공공조직에 대해서도 전반에 걸쳐 중대한 영향을 미칠 것이다. 그렇다면 다가오는 미래에 제4차 산업혁명은 얼마나 어떻게 진행될 것이며, 이것이 정부의 운영에는 어떻게 영향을 미칠 것인가? 기술적 혁명은 관료제, 즉 관료에 의한 지배를 근본적으로 변화시킬 수 있는가? 관료제를 정부관료제로 한정시켜 볼 때, 제4차 산업혁명은 과연 전통적인 관료제를 얼마나 변화시킬 수 있는가? 제4차 산업혁명이 진행되는 정도에 따라 정부의 미래를 예상해야 하는 시점이 달라진다. 하지만 여기서는 먼 훗날의 장기적인 변화 상태보다는 중단기적 변화 상태를 염두에 두면서, 범위를 좁혀 기술 발전이 정부관료제에 미칠 영향만을 살펴보고자 한다.

(1) 조직구조상의 변화

제4차 산업혁명이 초래하는 환경적 변화로 인해 조직과 조직 간의 상호의존성이 확대되고 조직 간 다양한 역할을 수행하면서 조직 간 경계의 모호성이 확대될 것으로 예상된다. 또한 지속 가능한 혁신을 위해서는 과거 계층제 중심의 전통적 관리 플랫폼에서 혁신 지향적인 수평적 플랫폼으로의 전환이 요구될 것이다. 즉, 전통적 관료제는 진화되어 가면서 새로운 기술적 진보를 활용하여 전통적 관료제의 한계를 극복하려는 양상이 전개될 것이다.

예를 들어, 관료제의 반대 개념으로 융통성이 있고, 적응도가 높으면서 혁신적인 성격을 가진 애드호크러시(adhocracy) 모형이 확산될 것이다. 이는 제4차 산업혁명 시대에는 낮은 수준의 복잡성·집권화·공식화를 요구하기 때문이다. 과거 전통적 관료제의 장점은 업무를 표준화하고 일하는 방식을 미리 규정하며, 이를 통제하는 것이었다면, 제4차 산업혁명 시대에는 미래에 대한 예측이 불가능해지면서 업무 표준화로서는 업무의 효율성과 조직의 효과성이 높이는 데에 한계에 부딪치고, 또한 책임과 권한의 배분 자체가 모호해 질 것으로 예상된다. 유기적인 구조에 있어서 과거의 장점이었던 업무 표준화라는 것을 집착하게 된다면 비효율성과 구성원들이 스트레스를 초래할 수밖에 없을 것이다. 결국 제4차 산업혁명의 환경적 변화는 전통적 관료제의 수직적 계서제적 형태의 조직구조는 한계에 도달하게 되고 이를 극복하기 위하여 수평적이고 평면화된 조직구조로 변화될 것이다.

(2) 조직관리 과정상의 변화

관리 과정 차원에서 가장 많은 변화가 필요한 분야 중 첫 번째는 리더십이다. 환경이 급변하고 다원화됨에 따라서 전통적인 관료조직에서의 장점인 공식화된 규범과 규칙만으로 해결할 수 없는 신속하고 유연한 대응이 필요한 문제가 더욱 빈번하게 출현할 것으로 예상된다. 또한 방대한 양의 정보로 인하여 리더 혼자 정보를 처리하기에는 감당하기 어려운 너무나 많은 정보과부하의 문제에 직면하게 될 것이다. 앞으로는 정보통신기술의 발달에 부응하여 조직 내 디지털 혁신과 변화를 책임지고, 다양한 디지털 경험과 전문성을 보유한 디지털 리더십으로 변화할 것이다. 또한 과거 통제 중심의 집권화된 관리차원에서 벗어나 리더는 적극적으로 자신의 권한을 구성원에게 위임하고 책임성을 부여하여 구성원 스스로 능동적으로 적극적인 참여를 유발할 수 있도록 분권화하는 동기부여가 진행될 것이다. 명령과 통제 중심 체제에서 리더와 부하 간 상호 연계성이 강화되고 확대되는 임파워먼트 중심의 리더십으로의 전환이 가시화되고, 상명하복 체계로부터 부하들 스스로 의사결정을 내리고 역할을 수행할 수 있도록 지원하는 리더십으로 변화될 것이다.

두 번째는 인공지능이 초래할 의사결정 방식의 변화이다. 기술적 진보로 인하여 인공지능과 빅데이터는 문제에 대한 탐색 과정과 핵심적인 문제를 과거보다 훨씬 신속하게 도출할 뿐만 아니라, 과거에는 인지하지 못했던 새로운 위험 요인들을 비롯한 다양한 문제들을 인식할 수 있도록 지원해 줄 것이다. 또한 문제를 해결하기 위해서 여러 가지 다양한 대안들을 비교하고 검토하는 과정에서 가장 효과적일 것으로 예상되는 대안을 도출할 수 있을 것이다. 더불어 각각의 대안들이 초래할 결과를 예상하고, 비교하여 다양한 상황적 요인들을 상정해서 빠른 속도로 대안별 결과를 시뮬레이션하여 상황별 최적의 대안을 도출해 줄 것이다. 결국 정책결정에 필요한 최적의 정보가 제공되고 정책결정자에 의해 효과적인 정책이 결정될 수 있을 것이다. 이러한 정책결정 방식에 대하여 전반적인 과정에 대한 평가나 모니터링을 통해서 정책결정 체계 전반에 대한 품질 제고가 가능한 정책결정 방식의 변혁이 예상된다.

세 번째는 정보혁신으로 인한 집분권화의 가속화이다. 정책결정 자체는 기본적으로 구성원들 개개인에게 위임이 되고 분권화되지만, 반면 정보기술을 이용해서 통합된 정보체계를 기반으로 중요한 정책결정을 위한 정보의 처리 역량이나 권한은 조직의 상층부에 집중되는 집분권화(centrally decentralized) 현상이 나타날 것이다.

네 번째는 의사전달 유형이 수직적이고 구조적인 의사전달 체계에서 다차원적인 전달체계로 전환될 것이다. 수직적인 계층구조에 기반을 둔 아주 협소한 의사소통체계를 정보통신기술을 기반으로 한 혁신을 통해서 수평적 구조에 기반을 둔 다차원적이고 원만한 의사소통으로 전환하고, 결국 정보의 공유가 구성원간 협업으로 촉진되어 조직의 효과성을 제고할 수 있을 것이다. 기업에서 SNS를 이용한 협업체계를 구축하거나 인공지능에 기반을 둔 메신저 활용이 대표적인 예라고 할 수 있다.

다섯 번째는 강력한 조직문화로부터 유연하고 자율성을 강조하는 새로운 조직문화로 의 변화가 요구된다. 제4차 산업혁명이 초래할 또 한 가지 조직문화 차원에서의 변화는 특정 문화만이 강하게 나타나기보다는 상황과 환경적 특성에 따라 여러 다양한 문화가 다양한 방식으로 상호작용할 수 있다는 점이다. 이 때문에 최소한 조직이 환경 변화에 적응하는 시기까지 상호 모순되는 가치와 문화가 공존하고 때로는 갈등을 유발할 수 있다. 조직문화를 변화시키는 데는 구조를 바꾸는 것보다 오랜 시간이 소요되며, 구성원들의 신념을 변화시켜야 하므로 저항에 직면할 수도 있다. 그러므로 성공적으로 새로운 조직문화를 정착시키기 위해 적절한 상징 관리도 필요하다.

(3) 조직구성원 행태상의 변화

산업화 시대에 있어 조직구성원의 행태의 변화와 동기부여 수단이었던 타율적이고 일시적인 외재적 보상은 제4차 산업혁명 시대에서는 무용지물이 될 가능성이 높다. 구성원들에게 자율적으로 부서를 운영할 수 있도록 관리자로서의 역할을 부여하면서, 조직에 대한 몰입과 개인의 발전을 동시에 추구할 수 있도록 환경이 변화하고 있기 때문이다. 제4차 산업혁명 시대에 있어 조직구성원의 행태를 변화시키기 위해서는 개인의 자율성 향상에 따라 창의성을 촉진한다는 차원에서 자발적이고 지속성이 강한 내재적 보상체계를 강화하는 것이 필요할 것이다.

4) 국제 환경의 변화

한국은 현재 세계사적 변환기에 처해 있다. 바로 냉전(cold war) 시대의 종말과 새로운 세계화(globalization)의 시작이 그것이다. 냉전의 종식이란 구소련의 몰락으로 확인된 것이고, 세계화란 이미 당연한 것으로 받아들이는 것이 일반적인 분위기이다. 그러나 이런 일반적인 상황도 한국 사회와 정부에 특별한 영향을 미치므로 간과할 수 없다. 어쩌면 이런 변화의 영향력은 특별한 정도를 넘어서서, 한국에 대해 핵 위험보다 더 큰 위험의 가능성을 내포하고 있다.

한국은 냉전 시대의 최대 피해자이자, 동시에 상당한 수혜자이기도 하다. 한국은 미국으로 대표되는 서방 진영과 소련으로 대표되는 공산 진영이 충돌한 결과, 한국전쟁이라는 참혹한 전쟁을 겪어야 했다. 그리고 남북 분단 및 대치 상황을 50년 넘게 짊어지고 있다.

그러나 그 과정에서 한국은 미국의 우산 아래 확실하게 속해 있었고, 미국의 우산 아래 있는 국가들 중에는 노동력이 가장 저렴했다는 이유로 놀랄 만한 경제 성장을 이루었다. 당시 한국보다 노동임금이 더 저렴한 공산 진영 국가 및 제3세계 국가도 있었지만, 이들은 서방 진영에 속해 있지 않았기 때문에, 세계 최대 규모인 미국 시장에 접근하는 데에는 어려움이 있었다. 따라서 미국의 우산 아래 있던 한국 등 아시아의 네 마리 용(홍콩, 대만, 한국, 태국)은 냉전 체제 하에서 고속으로 경제 성장을 이룩할 수 있었다.

그 결과 한국의 GDP 순위는 지속적으로 상승하여 1990년대 이후에는 세계 10위에서 15위 사이에 도달하였다. 여기에는 여러 요소가 작용했겠지만, 가장 결정적인 요인은 냉전 체제라는 세계사적 흐름의 한 축에 한국이 편승했다는 점이다.

그런데 이제는 냉전 시대가 끝나고 세계화 시대가 되었다. 세계화 시대란 이제는 동서 진영 없이 하나의 세계가 되어, 이 속에서 무한 경쟁을 펼치는 시대가 되었다는 것을 의미한다. 세계화 시대가 되자 미국이나 서방 선진국의 입장에서 볼 때, 한국은 더 이상 노동임금이 저렴한 국가도 아니고 그렇다고 고비용을 지불하면서까지 지켜주어야 할 국가가 아니게 되었다. 냉전 진영이라는 장벽이 없어지자, 선진국들은 한국보다 더 임금이 싸고 시장이 넓은 나라들(중국, 인도, 러시아, 브라질 등 BRICs)을 대안으로 갖게 되었고, 이제 세계 경제는 과거와 다른 조류를 형성하게 되었다.

1989년에 동서 베를린을 갈라놓았던 장벽이 무너질 때, 한국에서는 한국을 보호하던 눈에 안 보이는 냉전 보호 장벽이 함께 무너졌던 것이다. 남북분단이라는 어려움을 가져다 주긴 했지만, 냉전 체계는 한국 특히 한국 경제에는 순풍이었다. 그러나 세계화라는 새로운 체제는 한국에 역풍으로 작용하며, 이 역풍은 경제 부문에서부터 시작하여 한국의 정치와 사회환경에 엄청나게 큰 어려움을 가져올 것으로 예상된다.

세계사적인 순풍과 역풍의 사례를 싱가포르와 몽골의 경우에 빗대어 살펴보자. 몽골은 1990년대 초에 1인당 국민소득이 약 1,000달러 정도였다. 그러나 소련연방이 붕괴되고, 1인당 국민소득이 200달러 선으로 추락했다가 2003년까지 회복했다는 수준이 고작 1인당 약 450달러이다. 단, 최근에 광물가격 상승 등으로 몽골의 1인당 국민소득은 2010년에 약 2,000달러로 상향되었다. 이 나라의 경우 현재 경제적으로 어렵다는 점 말고도, 무슨 수를 써도 국가 발전을 이룩하기 어려울 것 같은 미래에 대한 암담한 상황이 더 어려운 점이다.

과거에 세계 최초로 세계 제국(world empire)을 건설했던 몽골이 오늘날과 같이 된 것은 세계사의 선택이라고 보인다. 즉, 동양(중국)과 서양(로마)이 육로로 연결될 때는 몽골의 역할이 중요했었다. 그러나 서양의 해양 항해 기술의 발전으로 육로 수송의 중요성이 약화되자 몽골은 세계사에서 소외되었다. 즉, 세계사의 역풍을 맞으면 엄청난 노력을 기울인다 해도 국가가 발전하기는 어려울 것이다.

몽골이 현대사에서 역풍을 맞았다면, 싱가포르는 정반대이다. 현재 싱가포르는 독특한 발전을 이룩한 국가로 많이 인용된다. 이 도시국가가 발전하게 된 첫째 요인으로 리콴유(李光耀)라는 특별한 지도자가 지목되고 있다. 그러나 싱가포르의 발전에서 훨씬 더 중요한 요인은 세계 역사가 싱가포르를 선택했다는 점이다. 20세기 들어와서 항공 기술과 선박 기술이 발전함에 따라 세계 일주를 하기 위해서는 항공기와 선박이 일정 거리마다 급유 등을 위해 항구와 공항에 정박해야 한다.

싱가포르는 지정학상 항공기와 선박들의 중간 정박지가 될 만한 적합한 거리에 위치해 있다. 따라서 세계 교역량이 많아질수록 싱가포르는 발전할 수밖에 없게 되어 있다. 즉, 싱가포르는 역사의 순풍을 맞이한 것이다. 이러한 순풍 속에서 리콴유의 개혁이 성공할 수 있었다.

세계화는 냉전의 혜택을 보았던 한국에는 일단 역풍으로 보인다. 그러나 세계화가 앞으로도 계속 역풍으로 작용할지 아니면 이것이 순풍으로 바뀔지 아직은 불분명하다. 한국 사회가 그 스스로를 개혁하여 세계화에 동참하면 그것은 순풍이 될 것이고, 그렇지 못하면 역풍이 될 것이기 때문이다. 따라서 당분간을 포함하여 미래의 한국 정부가 해야 할 최대의 역할은 세계화의 흐름에 편승하는 것이다. 여기에 거스르면 밝은 미래를 기대하기 어렵다. 현재 한국 경제와 한국 사회의 앞날에 대해 그것이 스웨덴이나 일본과 같은 낙관론으로 갈 것이냐, 아니면 필리핀이나 아르헨티나와 같이 비관론으로 갈 것이냐 하는 예측이 서로 충돌하고 있다.

미래는 예정된 것이 아니기 때문에 현재 상태에서 어느 것이 맞는다고 단정적으로 평할 수 없다. 아직은 정부의 정책 기조를 세계화로 재편성할 약간의 시간이 남아 있기 때문이다. 정부도 이미 1990년대부터 세계화 흐름의 중요성을 파악하고, 이에 대응하려고 노력하고 있다.

그러나 김영삼 정부 때 세계화를 영문으로 표기하면서 Segyewha로 결정했는데, 이런 방식의 세계화는 절대로 성공할 수가 없다. Segyewha는 외국인에게 발음하라면 '씨자이와'라고 하는 사람도 있다. 단순히 형식적으로 세계화를 추진해서는 안 되고, 국가의 명운을 걸고 세계화를 추진해야 한다.

이를 위해 정부는 교육도 세계화해야 하고, 경제도 세계화해야 하며, 국방과 외교도 세계화해야 한다. 그리고 무엇보다도 사람이 세계화되어야 한다. 냉전 시대에 아시아를 흘렀던 조류를 워싱턴 → 도쿄 → 서울로 표현한다면, 세계화 시대에 아시아를 흘러가는 조류는 베이징 → 도쿄 → 워싱턴(뉴욕)으로 표현된다. 한국의 미래는 새로운 조류에 순순히 동참할 수 있느냐, 아니면 그 조류를 거스르느냐 하는 것에 따라 크게 달라질 것이다. 미래의 한국 정부는 한국이 세계사의 흐름에서 소외되지 않도록 세계화 전략을 추진해야 한다.

2. 한국 정부의 대응

미래에 한국을 둘러싼 환경의 변화를 크게 네 가지로 살펴보면서, 이에 따른 한국정부의 변화 가능성을 살펴보았다. 즉, 변화의 요체와 가능성으로, 첫째는 정치 환경의 변화로서, 앞으로는 통제와 지시로부터 소통과 설득의 통치로 방향을 전환해야 할 것으로 보았다. 둘째는 경제 환경의 변화로서, 지속적 혁신을 하지 않으면 안 된다는 사실을 환기시켰다. 셋째는 제4차 산업혁명이 진전되면서 정부관료제의 조직구조 · 조직관리 · 조직구성원 행태상 상당한 변화가 예상된다고 보았다. 마지막으로 세계사적 흐름의 변화로서, 한국 정부는 자력으로 세계화를 꾀해야 할 것으로 전망했다.

이처럼 미래에 대한 예측을 몇 가지의 시나리오를 가지고 보았지만, 미래란 불확실하고 때로는 두려운 것일지도 모른다. 세계사의 흐름이 순풍이 될지 역풍이 될지, 제4차 산업혁명이 도대체 어떻게 전개될 것이며 인간 세상을 어떻게 바꾸어 놓을지 참으로 예측하기란 용이한 일이 아니다. 그저 세계사의 흐름이 순풍이었으면, 제4차 산업혁명이 인간에게 부작용은 없이 단지 편리함만을 가져다 줄 수 있다면 하는 희망을 가질 수밖에 없는지는 모른다.

그렇지만 이렇게 앉아서 희망만을 가질 수는 없는 것이 역사이기도 하고, 토인비(Arnold J. Toynbee)의 말처럼 역사는 도전과 응전의 결정체인 것이다. 도도한 역사의 도전을 이겨내는 민족과 국가는 웅비할 것이고, 도전에 굴복하는 민족과 국가는 역사의 언저리로 사라지는 것이 세계사의 냉엄한 법칙이었다.

미래는 불확실하고 그에 따른 대응을 어렵게 한다는 점에서 불안하기도 하지만, 불확실하기 때문에 가야 할 가치가 있는지도 모른다. 또한 미래는 의사에 상관없이 가야만 하는 길이기도 하다. 그래서 미래는 과거와 현재의 반영이자, 또 다른 세계이기도 한 것이다.

이런 점에서 보자면 한국 정부의 미래란 대단히 불확실하고 그에 따른 응전을 어렵게 한다. 또한 어떤 응전의 방향을 제안했다고 해서, 그것이 신뢰할 만한 것이라고 단정할 수도 없다는 데 어려움이 가중된다. 그렇지만 전제한 몇 개의 시나리오를 바탕으로, 미래의 환경에 대응해야 할 한국 정부의 응전 내지는 방향으로 다음을 제안하고자 한다.

1) 정치적 차원에서의 정부의 대응

미래의 환경에 대응해야 하는 한국 정부의 응전 내지 방향의 출발점은 무엇보다도 역사의 반추로부터 출발할 필요가 있다. 즉, 한국 정부의 거버넌스(governance) 변화 과정을 살펴보는 것이, 도전에 대한 응전으로서 대안의 마련에 도움이 될 수 있다.

한국 정부의 역사를 돌이켜볼 때, 거버넌스의 한 축인 국가의 역할이 여타 구성요소인 시민사회나 시장에 비해 지나치게 비대했음은 물론, 시장이나 시민사회를 거의 국가의 예속 하에 두어 왔다. 이에 반해 시민사회는 강력한 국가의 역할과 통제력에 의해 왜소해질대로 작아지다가, 1987년 6 · 10 민주항쟁을 기점으로 그 영역을 넓혀오기 시작했다.

그런데 미래를 대비하는 데 가장 바람직한 국가의 발전 모형이 건전한 거버넌스를 구축하는 데 있다면, 거버넌스를 구성하는 요소들 간의 적절한 균형과 견제는 한국 정부가 미래에 생존하는 데 무엇보다도 중요하다. 따라서 향후 한국 정부가 이 같은 환경의 변화에 적절하게 대응하면서, 세계사에서 생존하기 위해서는 균형과 견제가 이루어지는 거버넌스를 구축해야 한다.

이에 따라 바람직한 거버넌스를 구축하기 위해서는 앞으로도 계속 국가의 영역이 축소되는 방향으로 나아가야 한다. 그것은 앞으로의 미래가 지나온 과거와는 달리 단순하지도 감내할 만한 상황도 아니라는 것이다. 다시 말해, 다가올 미래가 대단히 불투명하여 국가 혼자서 관리하거나 대응할 수 있는 상황이 아닐 뿐더러, 국가가 감당할 능력의 범위를 벗어나 있기 때문이다.

그런데 이때 국가의 영역이 축소된다는 것이 일부에서 회자되고 있는 작은 정부를 반드시 의미하지는 않는다. 왜냐하면 작은 정부를 지칭하는 경우 조직이나 인력과 같은 물리적 측면을 축소시키는 것으로 사용되는 경우가 많기 때문이다. 그래서 국가의 영역이 작아져야 한다는 것은 과거와 같이 국가가 시민사회나 시장 등의 모든 영역을 국가의 통제 하에 두고, 이들을 국가의 관련 기관이나 하부 조직화하는 경향을 지양해야 한다는 것을 의미한다.

또한 국가의 영역이 축소되어야 한다는 것은 시민사회와 시장의 영역이 확대되면서, 동반자적인 관계를 유지할 수 있도록 해야 한다는 것이기도 하다. 그래서 국가가 과거의 패러다임처럼 무엇이든 다할 수 있다는 사고를 버리고, 시민사회와 시장과의 대등한 관계 속에서 견제와 균형이 이루어지는 관계를 창출해 내야 한다는 것이다. 따라서 산업국가 시기에 지녔던 낡은 패러다임을 버리고, 미래에 적합한 패러다임의 전환을 가져와야 한다. 정부나 국가가 모든 것을 다 할 수 있다는 사고, 모든 영역을 아직도 정부나 국가가 재편하고 통제하고 기획해야 한다는 근대적 사고는 버려야 한다.

다음으로 생각해 볼 수 있는 것은 예측 불가능한 미래 환경의 변화에 적응할 수 있도록 정부나 국가는 유연성과 함께 탄력성을 지녀야 한다는 것이다. 이런 관점에서 국가가 유의해야 할 것이 바로 시민사회나 시장과의 유대를 극대화해야 한다는 점이다. 과거에는 국가가 모든 영역을 통제하고 유도하는 입장이었지만, 미래에는 시민 사회와 시장의 역량에 국가가 독립적 의존 관계를 형성해야 한다. 그렇지 않고는 불확실성 하의 미래에 대응할 수가 없다는 것이다.

한편 거버넌스의 균형을 구축하기 위해, 국가의 영역이 축소되는 것과 함께 시민 사회의 영역이 증가해야 할 것이다. 6·10 민주항쟁 이래 시민사회의 영역이 폭발적으로 증가해 온 것은 사실이지만, 이는 외형적 성장일 뿐이다. 바꾸어 말하면, 과거에 비해 시민사회의 영역이 확대되어 온 것은 양적 측면에서 그렇다는 것이지, 질적인 측면에서의 성장이 그렇다는 것은 아니다. 시민사회가 국가와 시장과 수평적인 균형을 이루고 있느냐의 문제와 함께, 시민사회가 이 영역들에 적절한 견제 역할을 담당하고 있느냐의 문제는 시민사회가 해결해야 할 과제라 할 수 있다.

이에 따라 시민사회가 그 질적 향상을 꾀하기 위해서는 끊임없는 시민정신의 배양과 함께 스스로 시민사회의 사회적 자본(social capital)을 축적하는 노력을 게을리해서는 안 된다. 시민사회라고 해서 그저 역량이 증대되고 영향력이 강화되는 것은 아니기 때문이다.

이제는 시민사회가 과거와 같이 국가나 시장에 예속되어 그 역할을 담당하지 못해도 안 되지만, 많은 영역에서 무임승차(free rider)에 따른 혜택을 누려서도 안 된다. 미래가 불확실하다는 것은 그만큼 시민사회가 깨어 있어야 함을 요구하며, 다시는 시민사회가 위축되지 않도록 국가나 시장을 견제해야 할 의무를 안고 있다. 이런 측면에서 시민사회의 역량을 증대시키고 영향력을 강화시키는 매개 역할을 담당하고 있는 시민단체의 증가는 바람직한 현상이다. 이런 점에서 시민단체의 수적 증가는 계속적으로 이루어질 것으로 보인다. 그러나 시민사회의 역량 확대와 영향력의 강화라는 측면에서 한국의 시민단체는 개선되어야 한다.

민주화기를 거치면서 한국의 시민단체는 양적 · 질적 확장을 거듭했고, 국가와 시장에 대해 시민사회의 대리인으로서 견제와 함께 균형점을 찾는 데 많은 기여를 했다. 그러나 이제 시민단체는 이 같은 견제와 균형을 찾는 역할 이외에, 시민사회의 사회적 자본을 증대시켜야 할 또 다른 역할이 있다. 이와 함께 시민사회를 부흥시켜야 할 새로운 역할을 수행해야 할 상황에 와 있다.

끝으로 이미 언급했듯이 한국의 GDP가 190여 개 국가 가운데 10위권에 이르도록 우리의 시장과 기업은 거버넌스라는 측면에서 놀라운 기여를 담당해 왔다. 그런데 문제는 한국의 시장이나 기업이 지닌 이러한 외형적 기여에도 불구하고, 한국의 시장이나 기업은 내부적인 측면에서 상당히 많은 문제를 안고 있다. 그것은 한국의 시장이나 기업의 외형적 성장이 지나치게 정부 영역에 의존한 데 따른 결과였으며, 시민사회가 희생한 담보 위에서 거듭해 온 성장이라는 데 문제가 있다.

한국의 시장과 기업이 거버넌스적 측면에서 해야 할 최우선의 과제는 정부의 영역으로부터 독립성을 유지하는 일이라고 할 수 있다. 그러기 위해서는 시장 자체의 자생력과 투명성을 높이는 노력이 있어야 하고, 이와 함께 시민사회의 희생에 대한 환원적 노력이 있어야 한다. 그래야만 시장이 거버넌스의 한 축으로서 건전한 기능과 역할을 담당할 것이기 때문이다.

결론적으로 정부와 시민사회와 시장이 독립적인 역할을 해나가면서 상호 견제와 균형을 이루는 바람직한 거버넌스를 구축하는 것만이, 불확실한 미래에 대한 한국 정부의 새로운 응전이라 할 수 있다.

2) 경제적 차원에서의 정부의 대응

과거 제1차(증기기관), 제2차(전기), 제3차(정보통신) 산업혁명은 결국 경제와 산업 전반의 생산성 혁명으로 귀결되었으며, 상대적으로 장기간에 걸쳐 완만한 속도로 변화가 진행되었기 때문에, 민간이 주도하고 공공분야에서 차후 지원하는 형식도 큰 문제가 없었다. 이에 비해 제4차 산업혁명은 단순한 생산성 혁명 정도의 수준이 아니라 산업 생태계의 근본적 체질 내지 경제 패러다임 자체를 변화시킬 수 있는 가능성이 있기 때문에, 공공분야에서의 신속한 대응과 선제적 지원이 더욱 절실하다고 할 것이다. 특히 제4차 산업혁명을 주도하는 기술에 있어서 선도국 대비 격차를 빠른 시일 내에 줄이고, 관련 산업을 육성하기 위해서는 정부 차원의 구체적이고 체계적인 정책적 지원이 이루어져야 한다. 아울러 인프라 구축, 전문인력 양성, 국제협력 지원 등 다양한 분야에서의 대응전략 마련도 함께 요구되고 있는 상황이다. 공공분야는 무인화 및 인공지능 보편화에 따른 인프라 고도화, 가상현실 기술활용 증가에 따른 연구개발 지원, 도시문제 해결형 공공서비스 창출, 그리고 초연결사회의 유기적 연계를 위한 정책적 지원 등을 주도적으로 이끌어 나가야 할 것이다.

이미 독일, 일본 등 해외 주요국은 제4차 산업혁명에 직접적으로 대응하기 위해 다양한 정책과 전략을 수립하여 추진하고 있는 중에 있다. 우리나라도 제4차 산업혁명에 대한 종합적인 국가전략을 수립하고 제4차 산업혁명 관련 각 부처별 실행계획과 주요 정책 등을 심의·조정하는 '제4차 산업혁명위원회'를 대통령 직속으로 설치하여 운영하고 있다. 제4차 산업혁명위원회와 같은 정부위원회는 행정영역에 민간 참여를 확대하여 투명성을 담보하고 전문성을 강화하는 장점이 있다. 특히 촛불혁명의 원동력으로 탄생한 문재인 정부는 그간 대의제의 피해와 한계를 체감한 국민들의 목소리를 수용하고자 정부위원회제도를 적극 활용할 것으로 보이며, 이는 제4차 산업혁명위원회의 경우에도 마찬가지이다. 하지만 정부위원회의 경우 행정조직법정주의 위배, 전문성 부족, 독립성 저하 등의 문제점을 내포하고 있기 때문에 이에 대한 개선이 필요하다. 그동안 수시로 폐지되고 신설된 역대정부의 과학기술위원회와는 달리 제4차 산업혁명위원회는 제4차 산업혁명의 비전을 제시하고 항구적으로 정책을 추진할 필요가 있다.

이와 함께 제4차 산업혁명에 따라 부각되고 있는 사회 · 경제적 문제들은 여러 부처에 걸쳐 있다는 점에서 문제 해결을 위해 자칫 부처 간 산발적 · 경쟁적 사업 추진으로 인해 비효율이 나타날 수 있다는 점에서 부처 간 협업을 통한 접근의 필요성이 매우 크다고 할 수 있다. 사실 우리 정부도 사회 문제 해결을 위해 다부처 공동기획사업 등이 추진되고는 있으나, 부처 간 협력 및 성과 시너지 창출이 어려운 구조라는 비판이 제기되고 있다(한국과학기술기획평가원, 2016). 다부처사업 공동 기획 이후부터는 개별부처로 나누어서 각각 집행 · 운영되고 있어 체계적 추진이 어렵고, 예산요구 시 부처 간 협력 · 조정 과정이 매우 부족하며, 다부처사업 추진이 확정되어도 예산확보는 개별부처의 몫으로 남아 전략적 예산확보가 불가능하다는 것이다. 아울러 다부처사업의 특성을 반영한 사업평가체계가 마련되지 않아 평가 결과의 예산배분 및 환류가 어렵다는 것이다. 다부처사업이 원래 의도했던 정책적 목표를 달성하기 위해서는 사업의 기획, 예산배분 · 조정, 집행, 평가에 해당하는 전 단계에 걸쳐 부족한 사항을 보완하고 개선이 가능한 환류시스템으로의 전환이 요구된다.

3) 사회적 차원에서의 정부의 대응

제4차 산업혁명 시대에서의 기술적 진보는 공공조직의 혁신을 요구하고 있으며, 공공조직은 이러한 혁신을 주도해 나아갈 수 있게 인재가 확보되어야 한다(이창원, 2017). 결국 제4차 산업혁명 시대에서는 인적 자원의 확보에 있어서 과거로부터 가장 기본적인 사항이었던 근면·성실함과 더불어 데이터 해석능력, 컴퓨팅적 사고능력, 학습능력과 정보분석 및 활용능력 등을 지닌 인재상을 요구하고 있다(DBR, 2017).

새로운 인재상에게는 첫 번째로 데이터 해석능력(data literacy)이 요구되며, 이는 가장 중요한 업무 역량 중 하나라고 할 수 있다. 새로운 시대에서는 이전 시대에는 존재하지 않았거나 크게 중요하지 않았던 새로운 유형의 문제들이 발생한다. 과거의 경험은 새로운 문제를 해결하는 데 도움이 되지 못하며, 아울러 과거의 플랫폼을 토대로 해서 문제를 해결하기 어렵게 된다. 새로운 문제와 불확실한 상황하에서는 새로운 문제에 대한 데이터를 해석함으로써 문제 해결에 도움을 줄 수 있다. 결국 데이터 해석능력을 갖춘 인재는 미래 불확실한 문제에 대해서 스스로 문제를 해결해 나아갈 수 있는 역량을 가지고 있다고 할 수 있다.

두 번째로 새로운 인재상에게 요구되는 능력은 컴퓨팅적 사고능력이다. 이는 알고리즘을 바탕으로 컴퓨터 언어로 변환하고 실행하는 능력을 말하며, 제4차 산업혁명 시대에서는 본원적이고 근본적인 사고 및 문제 해결 능력이라 할 것이다. 해결해야 할 문제를 잘게 분류하고 그러한 문제 속의 반복된 패턴을 파악해내면 적합한 알고리즘을 설계할 수 있는데, 이러한 알고리즘을 바탕으로 컴퓨팅적 사고능력은 발휘될 수 있다.

세 번째로 새로운 인재상에게 요구되는 능력은 학습능력이다. 우리가 살고 있는 이 시대는 정보와 지식의 양이 개인이 감당할 수 없을 만큼 대규모이며, 또한 광범위하므로 지식의 양 그 자체보다는 새로운 것을 학습할 수 있는 능력이 더 중요하다고 볼 수 있다. 이때 학습역량은 학습의 민첩성과 성찰에 의해서 영향을 받을 수 있는데, 이때 학습의 민첩성(learning agility)이라는 것은 우리가 새로운 상황에서 경험하고 배운 것을 조직이 원하는 성과 창출에 적용하는 본인의 의지와 능력이라고 할 수 있다. 아울러 성찰(reflection)이라는 것은 우리가 배우고 실행한 것을 재차 복기하는 과정을 통해서 우리가 경험으로 얻은 다양한 자극과 정보를 정리하고 각인하는 것이다.

마지막으로 새로운 인재상은 정보의 분석 및 활용 능력을 갖추어야 한다. 디지털 시대에 가장 중요한 역량 중 하나로써 방대한 양의 정보 속에서 자신과 조직이 필요한 정보를 찾아내고 이러한 정보를 수집하고 분석해서 활용할 수 있어야 한다. 향후 다양한 직종에서 정책결정에 필요한 데이터 활용능력이 가장 중요한 핵심 역량이 될 것으로 예상된다.

요컨대, 제4차 산업혁명 시대에 있어 공공조직의 바람직한 인재상에게는 단순히 정보와 지식의 확보가 아닌 빅데이터 정보를 활용한 예측과 해석능력이 중요한 역량이라 할 것이다. 특히 현대 조직이 필요로 하는 역량을 갖춘 인재는 컴퓨팅적인 사고능력을 바탕으로 본원적인, 근본적인 사고력과 문제 해결 능력을 배양할 필요성이 점점 더 커지고 있다고 할 것이다.

4) 국제적 차원에서의 정부의 대응

앞으로 세계화의 조류는 더욱 거세질 것이다. 그런데 고무적인 것은 최근 한국 젊은이들의 세계화 정도가 매우 빠른 속도로 진행되고 있다는 점이다. 영어, 중국어 등 외국어 구사력이 전 세대에 비해 크게 향상되고 있고, 생활이 서구화됨에 따라 국제적인 감각을 자연스럽게 체화하고 있으며, 심지어 일부 분야(한류 연예, 스포츠, 과학기술)에서는 국제적 위상이 높아지고 있다. 세계화에 성공할 가능성이 커지고 있다.

그러나 국제화가 마냥 순조롭지는 않을 것이다. 예를 들어, 세계 경제가 동조화됨에 따라, 한국 국민이 그리스의 재정 문제 때문에 고통을 겪어야 한다. 한국의 보통 사람들이 리비아에서 생긴 소요 사태 때문에 석유 가격의 폭등 및 이로 인한 물가상승에 고민해야 한다.

또한 정부는 국제협약 때문에 핵폐기물 재처리 시설을 만들지 못해, 향후 전력 수급에 차질을 가져올지도 모를 문제에 직면해 있다. 지금은 증가하는 외국인 이민자들이 인구 감소의 충격을 일부 흡수해 줄지 모른다. 그러나 프랑스 파리에서 이민 2세대들이 일으킨 폭동을 돌이켜볼 때, 향후 한국에서도 이런 일이 일어나지 말란 법이 없다.

미래의 정부는 세계화를 적극 추진하면서도, 세계화가 가져올 영향력에 대해 사전적 그리고 사후적으로 대응할 수 있는 민감도를 높여야 한다. 한반도와 4강을 둘러싼 안보, 외교 상황은 향후 30년 기간 동안 더욱 치열하게 전개될 것이다. 중국의 힘이 강해지되 미국과 일본의 입지도 전혀 흩으러지지 않을 것이기에, 강대국 간의 기(氣) 싸움이 심해질 것이다. 이에 한국 정부는 정교한 외교 안보 조직을 구축하여야 한다.

특히 북한의 동향은 예측하기 어려운 상황이다. 세계적인 투자자 로저스(Jim Rogers) 같은 이는 머지않은 장래에 북한이 붕괴될 것으로 예상하고, 현재 북한이 발행하는 금화를 대량으로 구매하고 있다. 즉, 북한 정권이 소멸하면, 북한 정권이 발행한 금화는 그 희귀성 때문에 가치가 급상승할 것으로 보고 선취매를 하고 있는 것이다. 실제 북한이 언제 어떻게 붕괴될지는 아무도 모른다. 또한 남북화해와 협력의 시대가 도래할 수도 있다. 따라서 통일의 시대를 대비한 정부조직을 설계하는 것이 필요하다.

생각할 문제

• 미래 예측의 난제

1. 미래를 예측한 자료나 문헌들을 조사해 보시오.
2. 조사된 미래 예측 자료들의 공통적인 특성과 차이점에 대해 조사해 보시오.
3. 과거에 발표된 미래 예측 자료들을 조사해, 예측이 얼마나 정확했는지를 비교 조사해 보시오.

• 한국 정부의 미래와 대응

1. 한국 정부의 미래 모습으로 30년, 60년, 90년 후를 연상해 보시오.
2. 한국 정부가 미래의 변화에 적응하기 위해, 현재 취해야 할 대응 방안들에 대해 생각해 보시오.
3. 한국 정부의 미래에 적응하기 위해 국가, 시민 사회, 시장이 해야 할 역할과 관계에 대해 토론해 보시오.

참고문헌

[국내 문헌]

강신택(1995). 『사회과학연구의 논리: 정치학 · 행정학을 중심으로』. 서울: 박영사.

강신택 외(1981). 『정책학원론』. 서울: 법문사.

강인재 · 이달곤 외(1998). 『한국행정론』. 서울: 대영문화사.

강형기(2003). 지방분권의 의의와 과제. 『지방행정연구』, 53.

경기개발연구원(2000). 『지방정부의 자치권 확대 방안 연구』. 수원: 경기개발연구원.

경남대 극동문제연구소 편(2000). 『한국 정치사회의 새 흐름』. 서울: 나남출판.

경향신문사(1987). 『실록 제5공화국: 교육, 문화, 사회, 체육편』.

고휘주(1995). 제1공화국의 대외정책. 한국정치외교사학회(엮음). 『한국외교사 II』. 서울: 집문당.

공보처(1992). 『제6공화국 실록: 사회, 문화, 체육, 청소년, 여성편』.

______(1997a). 『문민정부 5년 개혁백서』.

______(1997b). 『변화와 개혁: 김영삼 정부 국정 5년 자료집』.

국민호(2001). 동아시아 발전과 한국의 근대화와 아시아적 가치. 『한국정치외교사학회 학술대회』.

국회도서관입법조사국(1984). 『한국정치연표(1945-1984)』.

권영성(1996). 『헌법학개론』. 서울: 법문사.

______(2000, 2003). 『헌법학원론』. 서울: 법문사.

기획예산위원회(1998). 『국민과 함께 하는 국가경영혁신』. 대통령 업무보고.

김동희(1980). 한국경제의 근대화 과정에 있어서 농업의 역할과 과제. 『농업경제연구』, 21.

김명수(1982). 정책분석의 틀: 하나의 통합모형. 『한국정치학회보』, 16.

김번웅 · 오영석(1997). 『환경행정론』. 서울: 대영문화사.

김병국(1989). 『지방자치시대의 주민참여 확충 방안 연구』. 한국지방행정연구원.

김서중(1996). 1990년대 언론정책의 변화와 언론구조의 변동. 학술단체협의회(엮음). 『재벌과 언론』. 서울: 당대.

김석준(1991). 국가론 연구의 경향 변천과 국가 능력 개념의 전개. 강민 · 김석준 외. 『국가

와 공공정책: 한국 국가이론의 재조명』. 서울: 법문사.
김석준 외(2000). 『거버넌스와 사이버 거버넌스』. 서울: 대영문화사.
______(2001). 『뉴 거버넌스와 사이버 거버넌스 연구』. 서울: 대영문화사.
김성국 외(2005). 『21세기 한국 사회의 구조적 변동』. 서울: 민음사.
김성수(1989). 정책결정 참가자들의 상호작용과 관료에 관한 연구. 서울대학교 행정대학원 석사학위 논문.
김성주(1995). 제6공화국의 대외정책. 한국정치외교사학회(엮음). 『한국외교사Ⅱ』. 서울: 집문당.
______(1997). 김영삼 정권의 성격과 개혁정치. 『한국현대정치사』(한국정치외교사학회 엮음). 서울: 집문당.
김성진(1999). 『한국정치100년을 말한다』. 서울: 두산동아.
김수자(1996). 미군정기 통치기구와 관료임용정책: 중앙행정기구 개편과 행정관료의 사회적 배경을 중심으로. 『한국근현대사연구』, 5.
김승규 옮김(1979). 『정치제도와 헌법』. 서울: 삼영사.
김시덕(2017). 『동아시아, 해양과 대륙이 맞서다』. 서울: 메디치.
김신복(2000). 『발전기획론』. 서울: 박영사.
김신일・조영달・고순철・이미나・이승종(1994). 『지역공동체 형성운동을 통한 국민의식 대전환 방안에 관한 연구』. 서울대학교 교육연구소 평생교육센터.
김영국 외(1997). 『정치학개론』. 서울: 박영사.
김영래(1990). 『한국 이익집단과 민주정치 발전』. 서울: 대왕사.
______(1999). 한국의 비정부조직(NGO) 활동. 『내나라』, 8(1).
김영명(1994). 군부-권위주의 체제의 심화와 붕괴. 안청시 외. 『현대한국정치론』. 서울: 법문사.
김영선(1995). 김영삼 정부의 초기 개혁정치와 언론정책. 『우석대학교논문집』, 17.
김영식(1995). 제5공화국의 대외정책. 한국정치외교사학회(엮음). 『한국외교사Ⅱ』. 서울: 집문당.
______(1997). 제6공화국에서의 민주화. 『한국현대정치사』 한국정치외교사학회(엮음). 서울: 집문당.
김영평・신선우(1991). 한국 관료제의 기관갈등과 정책조정. 『한국행정학보』, 25(1).
김용호(1995). 제3・4공화국의 대외정책. 한국정치외교사학회(엮음). 『한국외교사Ⅱ』. 서울: 집문당.
김운태(1978). 『정치학원론』. 서울: 박영사.
김운태 외(1999). 『한국정치론』. 서울: 박영사.
김유선(2007). 『비정규직 규모와 실태』. 서울: 한국노동사회연구소.
김정운(2014). 『에디톨로지: 창조는 편집이다』. 파주: 21세기북스.

김종성(2000). 미군정 행정조직의 경로의존성. 『한국사회와 행정연구』, 11(1).
______(2004). NGO와 정부간 관계에 대한 신제도주의적 접근. 『한국사회와 행정연구』, 14(1).
김종성 외(2004). 지방자치법상 지방자치단체에 대한 국가감독제도의 개선 방안. 『행정논총』, 42(3).
김진균 외(1990). 『한국사회론』. 서울: 한울.
김철수(1999). 『헌법학개론』. 서울: 박영사.
김태룡(1987). 공공선택모형과 Hobbes의 정부관의 유관성. 『한국행정학보』, 21(2).
______(1998). 김영삼 정부 시기의 정당개혁에 대한 평가. 『한국행정논집』, 10(2).
______(1999). 한국과 미국의 행정개혁에 대한 비교: 체제론적 관점에서 기획예산위원회와 NPR의 개혁활동을 중심으로. 『한국행정학보』, 33(1).
______(2000). 행정학의 신패러다임으로서 신공공관리모형의 적실성에 관한 연구. 『한국행정학보』, 34(1).
______(2002). NGO들 간의 영향력 차이와 그에 따른 효과성에 관한 연구. 『한국행정학보』, 36(2).
______(2003a). 한국의 시민사회와 지역 NGO. 『한국정책과학학회보』, 7(3).
______(2003b). 『한국의 정부개혁: 이론과 실제』. 서울: 집문당.
______(2004). 노무현 정부의 정부개혁에 대한 평가와 방향. 『2004년도 한국행정학회 추계학술대회 발표논문집』.
______(2010). 『행정이론』. 서울: 대영문화사.
______(2013a). 박근혜 정부의 국정철학: 적실성과 방향. 『2013년도 한국행정학회 기획세미나』.
______(2013b). 박근혜 정부의 국정철학과 지방자치. 『자치의정』, 5-6월호. 지방의회발전연구원.
김태룡 · 신률(2002). 『경험을 통해 본 한국 NGO활동의 과제와 개선 방안』. 한국행정연구원.
김태룡 · 윤영진(2002). 『새행정이론』. 서울: 대영문화사.
김판석(2000). 김대중 정부의 정부개혁 과정 연구. 『행정논총』, 38(2).
김해식(1994). 『한국언론의 사회학』. 서울: 나남출판.
김형기(1990). 한국 노동문제의 역사적 전개. 『한국사회론』. 서울: 한울.
김혜경(1997). OECD 회원국 개발 NGO의 활동 유형과 과제. 『동서연구』, 9(2).
김호기(1997). 한국의 시민사회와 참여민주주의의 과제. 『참여민주주의와 한국사회』. 서울: 창작과비평사.

김호진(2003). 『한국정치체제론』. 서울: 박영사.
김환동(1984). 한국의 공업화와 사회변동. 『현대사회』, 14. 현대사회연구소.
김희곤(2005). 『대한민국임시정부 연구』, 서울: 지식산업사
남궁근(2002). 역사적 제도주의. 김태룡 · 윤영진. 『새행정이론』. 서울: 대영문화사.
도진순(1997). 『한국민족주의와 남북관계: 이승만, 김구 시대의 정치사』. 서울: 서울대학교 출판부.
류한호(1998). 언론개혁에 대한 정부개입의 정당성과 그 한계에 관한 연구. 『사회과학연구』, 8. 광주대 사회과학연구소.
마인섭(2003). 경제적 불평등과 정치적 불안정의 관계에 대한 계량분석. 『사회과학』, 1(1).
문창주(1965). 『한국정치론』. 서울: 일조각.
문태훈(1992). 한국 환경보전정책: 정부: 기업 관계를 중심으로. 『한국정책학회보』, 창간호.
______(1999). 『환경정책론』. 서울: 형설출판사.
민성구(1991). 『한국경제의 발자취』. 서울: 대동.
박경서(1993). 『한 · 미 관계, 한국외교 반세기의 재조명』. 정일영(엮음). 서울: 나남출판.
박동서(1989). 『한국행정론』. 서울: 법문사.
______(1994). 『한국 행정의 연구』. 서울: 법문사.
박동서 · 김광웅(1987). 『한국인의 민주정치 의식: 대중과 엘리트』. 서울: 서울대학교출판부.
박문옥(1970). 『한국정부론』. 서울: 박영사.
박배근(2003). 대한민국임시정부의 국제법적 지위와 대한민국의 국가적 동일성(상). 『법학연구』. 연세대학교 법학연구소
박성복 · 이종열(1993). 『정책학원론』. 서울: 대영문화사.
박영미 외(1998). 『지역개발과 환경보전』. 서울: 박영사.
박영신(2000). 잊혀진 이야기: 시민사회와 시민종교. 『현상과 인식』, 80.
박종민(1998). 행정부의 입법부 지배: 변화와 지속. 『의정연구』, 4(2). 한국의회발전연구회.
박종철(1998). 한국의 산업화정책과 국가의 역할: 1948-1972. 고려대학교 박사학위 논문.
박지향(2000). 『제국주의: 신화와 현실』. 서울: 서울대학교출판부.
박찬욱(1991). 『한국의 의회정치』. 서울: 박영사.
박찬욱 외(2002). 『정치학의 이해』. 서울: 박영사.
박찬표(1995). 한국의 국가 형성: 반공체제 수립과 자유민주주의의 제도화, 1945-48. 고려대학교 박사학위 논문.
박천오(1999). 한국 이익집단의 정책 과정상의 영향력과 활동 패턴. 『한국행정학보』, 33(1).
방송통신위원회(2008). 대통령업무보고. 9월 4일/9월 18일.

배득종(2000). 사이버 뷰로크라시. 김석준 외. 『거버넌스와 사이버 거버넌스』. 서울: 대영문화사.
배득종 외(2000). 『정보화 시대의 민주주의』. 서울: 나노미디어.
백병규(1997). 권력과 언론유착: 김영삼 정권과 언론. 『저널리즘비평』, 5.
백승기(2001), 『정책학원론』. 서울: 대영문화사.
서순복(2001). 『한국정부론』. 서울: 학림사.
서정우(1999). 국가, 정부 그리고 언론. 『저널리즘 비평』, 28(1).
손봉호(1994). 교회와 시민운동. 『현대사회와 기독교』. 서울: 생명의말씀사.
손호철(1994). 전략-관계적 국가론의 비판적 고찰: 밥 제솝을 중심으로. 『현대국가론의 성과와 과제』. 한국정치학회 월례발표회 논문집.
______(2003). 민주화운동, 민주화, 민주주의: 개념과 한국적 특성을 중심으로. 『한국과 국제정치』, 19(4).
송병권(1997). 미군정기 세제 개편과 대중과세. 『한국사학보』, 2.
송희준(1999). 국가와 시민사회의 관계. 『한국행정연구』, 8(1).
심지연(1995). 미군정기의 외교. 한국정치외교사학회(엮음). 『한국외교사Ⅱ』. 서울: 집문당.
안병만(1999). 『한국정부론』. 서울: 다산출판사.
안병준(1994). 정치변동과 제도화. 안청시 외. 『현대한국정치론』. 서울: 법문사.
안해균(1984). 『정책학원론』. 서울: 다산출판사.
______(1989). 정책규제정책과 기업경영 행태. 『행정논집』, 27(1).
______(1994). 『한국행정체제론』. 서울: 서울대학교출판부.
어수영 · 한배호(1996). 한국 정치문화의 변화와 지속성에 관한 연구. 『한국정치학회보』, 30(3).
여영무(1992). 정부의 언론정책과 언론윤리. 『최고정책관리논집』, 2. 원광대.
염재호(2000). 제도 형성의 동인과 변화: 한국 근대화와 관료제의 제도론적 분석. 『한국정치학회 한국정치사 기획학술회의 논문집』.
오낙영(1973). 국방사업, 산업 동원 및 군산복합. 『국방연구』, 16(1): 145-168.
오명호(1995). 『현대정치학방법론: 이론과 주요 접근을 중심으로』. 서울: 박영사.
오연천(1989). 예산 심의를 통한 행정부 통제. 박동서 · 김광웅 편. 『의회와 행정부』. 서울: 법문사.
오재일(1993). 중앙-지방 관계의 모델에 관한 연구. 『한국행정학회 하계학술발표회 논문집』.
원구환(1992). 미군정기 한국관료제의 소극적 대표성. 『행정논총』, 41(4).
월간 『비정규노동』, 2001년 8월호.
유광수 · 배득종 외(2000). 『정보화시대의 민주주의』. 서울: 나노미디어.

유재천 · 이민웅 편(1994). 『정부와 언론』. 서울: 나남출판.
윤근식 · 김운태(1999). 한국 현대정치의 전개 과정. 『한국정치론』. 서울: 박영사.
윤대원(2006), 『상해 시기 대한민국임시정부 연구』. 서울: 서울대학교출판부.
윤명선(1993). 정부형태론. 『경희법학』, 28(1).
윤석년(1996). 한국방송 발달사. 방정배 편. 『현대 매스미디어 원론』. 서울: 나남출판.
윤호섭(1986). 경제성장에 대한 농업 부문의 기여도분석. 『농촌경제』, 9(3).
이강수(1991). 『현대 매스커뮤니케이션의 제문제』. 서울: 범우사.
이광재(2002). 국민의 정부와 언론. 『서강커뮤니케이션즈』, 3. 서강대 언론대학원.
이규환(1996). 우리나라 도시개발의 과제와 방향. 『중앙대학교 행정대학원 고위정책과정 특강 논문』.
______(2000). 『한국도시행정론』. 서울: 법문사.
이기식(1997). 환경윤리와 그 정책적 함의. 『환경정책』, 봄호.
이기우(1996). 『지방자치이론』. 서울: 학현사.
이병천(1990). 전후 한국자본주의 발달사. 『한국사회론』. 서울: 한울.
이병천 외(2004). 『개발독재와 박정희시대』. 서울: 창작과비평사.
이상기(2011). 언론의 상업주의화에 대한 비판적 고찰. 『한국언론정보학보』, 56(3).
이석환 · 주효진(2003). 지방분권적 시각에서의 지방중소기업청 조직 통폐합 논의에 대한 평가. 『한국사회와 행정연구』, 14(3).
이선룡(1993). 우리나라 환경정책의 기본 방향. 『한국정책학회보』, 2.
이승래(1981). 농업생산의 특화와 비교우위이론. 『농업정책연구』, 8(1).
이승종(1990). 정책 유형의 도시공공 서비스 배분에 대한 효과: 통합이론모형의 제시. 『한국행정학보』, 24(2).
______(1995). 『민주정치와 시민참여』. 서울: 삼영.
______(1998). 미국 정부 정책 과정에서의 주민참여 기제: 뉴욕 시의 지역위원회를 중심으로. 『한국정치학회보』, 31(4).
______(1999). 지방정치 참여와 시민교육. 『행정논총』, 37(2).
이신행 외(1999). 『시민사회운동: 이론적 배경과 국제적 사례』. 서울: 법문사.
이양구 · 이선용 옮김(1985). 『자본주의와 국가』. 서울: 돌베개.
이연복(1999). 『대한민국 임시정부30년사』, 국학자료원.
이재경(1997). 한국언론의 개혁과제. 『사회과학연구논총』, 1. 이화여대 사회과학연구소.
이재원(2002). 제16대 국회의 예산·결산심의에 대한 중간평가. 『의정연구』, 8(1). 한국의회발전연구회.

이재은(2004). 지방분권특별법 제정 이후 재정분권의 실천 과제와 지방의 책임. 『충북개발연구원 세미나 자료집』.
이종수 · 윤영진(2002). 『새행정학』. 서울: 대영문화사.
이종수 외(2012). 『새행정학』(제6판). 서울: 대영출판사.
이종열 · 박성복(2004). 『정책학강의』. 서울: 대영문화사.
이종원(2002). 『한국경제론: 한국적 자본주의 발전의 명암과 미래 전망』. 서울: 율곡출판사.
이창원(2017). 4차 산업혁명과 공공조직의 변화, 미래의 인재상. 『한국행정포럼』, 9-16.
이춘근(1993). 군사안보와 자주국방외교. 정일영(엮음). 『한국외교 반세기의 재조명』. 서울: 나남출판.
이택휘(1995). 제2공화국의 대외정책. 한국정치외교사학회(엮음). 『한국외교사Ⅱ』. 서울: 집문당.
이한빈(1968). 『사회변동과 행정』. 서울: 박영사.
이홍종(1999). 김영삼 정부 시기의 정치와 언론: 언론과 민주주의와의 관계에 대한 평가적 분석. 『21세기 정치학회보』, 9(1).
이환경(1999). 정부 형태에 관한 연구. 『경희행정논총』, 12(1).
이효성(1994). 언론 개혁을 위한 제도적 과제. 『21세기 나라의 길』, 1.
______(1995). 민주정부와 언론정책. 『저널리즘 비평』, 15.
______(1996). 『한국 언론의 좌표』. 서울: 커뮤니케이션북스.
임혁백(2000). 『세계화시대의 민주주의』. 서울: 나남출판.
임현진 · 정일준(1999). 한국의 발전 경험과 성찰적 근대화: 근대화의 방식과 근대성의 성격. 『경제와 사회』, 41. 봄호.
장달중(1994). 제3공화국과 권위주의적 근대화. 안청시 외. 『현대한국정치론』. 서울: 법문사.
장병규(2018). 사람중심의 대한민국 4차 산업혁명 추진방안. 『KRnet Conference 2018 발표자료』.
장원준(2000). 『통치자가 없는 지배인가, 새로운 지배 형태의 출현인가?』. mimeo.
장하원(2003). 혁신과 개방의 산업선진화. 『성장과 혁신, 그리고 통합으로 여는 국민소득 2만 달러 시대』. 정책기획위원회 심포지엄.
전태진(1998). T. Skocpol의 국가 중심적 국가론에 관한 연구. 서울대학교 석사학위 논문.
정경환(2001). 『한국현대정치사연구』. 부산: 신지서원.
정만희(1995). 『현대 헌법과 의회주의』. 서울: 법문사.
정선양(1999). 『환경정책론』. 서울: 박영사.
정수복(1994). 한국 시민운동의 역할과 과제. 공동체 이념의 실천을 위한 시민단체의 역할.

『연세대학교 사회발전연구소 학술세미나 발표논문집』.
______(1996). 한국인의 모임과 미시적 동원 맥락. 일상문화연구회(엮음). 『한국인의 일상문화』. 서울: 한울.
정용대(1993). 김영삼 대통령의 개혁 이념과 한국민주주의. 『한국정치학회보』, 27(2).
정용덕 편(1999). 『신제도주의 연구』. 서울: 대영문화사.
정용준(2009). 미디어 공공성과 다양성의 주요 쟁점: 신방 겸영과 공영방송 민영화를 중심으로. 『한국방송학회 학술대회 논문집』.
정윤재(1994). 제3, 4공화국의 성격과 리더십: 박정희 대통령의 근대화 리더십에 관한 연구. 『동북아연구』, 4(2).
정인숙(1998). 김영삼 정부에서의 언론의 지유도와 비공식적 통제. 『한국언론학보』, 42(4).
정일준(2000). 미국의 대한정책 변화와 한국 발전국가의 형성, 1953-1968. 서울대학교 박사학위 논문.
정정길(1979). 한국에서의 정책연구: 제약과 방향. 『한국정치학회보』, 13.
______(1987). 정책과정. 조석준 외 공편. 『한국행정의 역사적 분석 1968-1984』. 서울: 서울대학교출판부.
______(1988). 『정책결정론』. 서울: 대명출판사.
______(1997). 『정책학원론』(개정판). 서울: 대명출판사.
______(2003). 대통령의 권력. 『21C 거버넌스 시대의 한국행정학과 정책학』. 한국행정학회 하계학술대회 발표 논문.
정정길 · 최종원 · 이시원 · 정준금(2005). 『정책학원론』. 서울: 대명출판사.
정준금 외(1999). 『환경과 사회』. 서울: 대영문화사.
정회성 · 강철구(1998). 『종합적 환경관리 체계의 개선 방안 연구: 자율환경관리의 활성화 방안』. 서울: 한국환경정책 · 평가연구원.
정회성 외(1998). 『환경행정론』. 서울: 향문사.
조희연(1990). 현대 한국사회운동사. 김진균 외. 『한국사회론』. 서울: 한울.
주성수(2001). 『시민사회와 NGO 논쟁: 주요 개념, 모델 및 이론』. 서울: 한양대학교출판부.
진덕규(2000). 『한국 현대정치사 서설』. 서울: 지식산업사.
차만재(2008). 거버넌스 옳게 이해하자. 『행정포커스』, 2008년 9월/10월호.
채원호(2000). 군정기 한국의 관료제 형성에 관한 연구: 전후 점령기 일본과의 비교를 중심으로. 『한국행정논집』, 12(3).
채원호 · 주동범(2003). 일본의 문화거버넌스 연구. 『한국정책과학학회보』, 7(1).
채원호 · 허만용(2004). 지방정부의 문화정책과 문화행정조직의 역사적 변천. 『한국사회와 행정연구』, 15(1).
총무처(1997). 『신정부혁신론』. 서울 : 동명사.
최경진(2003). 한국의 정부와 언론의 갈등적 관계에 관한 일고찰: 참여정부의 언론정책적 행위를 중심으로. 『언론과학연구』, 3(3).
최광 외(1987). 『한국 경제의 이해』. 서울: 비봉출판사.
최영재(2008). 새 정부, 신문/언론정책의 방향. 『한국언론학회 세미나 발표논문집』.
______(2012). 『한국행정포럼』, Winter.
최 명(1985). 『비교정치학서설』. 서울: 법문사.
최병선(1992). 『정부규제론』. 서울: 법문사.
최양부(1985). 산업 발전과 농업의 딜레마. 『현대사회』, 5(1).
최장집(1989). 민주화 정치연합의 형성과 분해 과정. 『한국 현대정치의 구조와 변화』. 서울: 까치.
______(1994). 민주개혁과 언론. 『21세기 나라의 길』, 1.
팀 마샬 지음, 김미선 옮김(2016). 『지리의 힘』. 서울: 사이.
하태수(2002). 제도의 이전, 토착화, 그리고 신제도주의. 『행정논총』, 40(4): 45-69.
______(2010). 박정희 정권 출범 시기의 정부조직법 개정 분석: 발전국가 형성의 역사적 정치경제 배경을 중심으로. 『한국사회와 행정연구』, 21(1): 229-273.
______(2017). 『정권교체기의 정부조직개편』. 서울: 대영문화사.
하태권 외(1998). 『현대한국정부론』. 서울: 법문사.
하혜수(1997). 국가경쟁력과 중앙-지방 관계: 중앙통제 방식의 전환. 『경기연구』, 2. 경기개발연구원.
한국과학기술기획평가원(2016). 부처간 협업조정 기능 강화 및 전략적 예산배분을 위한 다부처 사업 운영체계 설계. 『KISTEP 연구보고서』, 2016-044.
한국정치외교사학회(1997). 『한국현대정치사』. 서울: 집문당.
한승주(1994). 제2공화국. 안청시 외. 『현대한국정치론』. 서울: 법문사.
함성득(1997). 예산심의 과정에서 국회의 전문성 확보를 위한 조직 구성에 대한 연구: 미국 의회예산처와 한국 국회 법제예산실 비교. 『행정과 정책』, 2.
______(2002). 새 대통령의 새로운 역할: 명령자에서 조정자로. 『행정개혁과 공공 영역의 변화』. 2002년 한국행정학회 하계학술대회.
함재봉(2000). 한국과 일본: 근대 유교국가의 두 유형. 『신아세아』, 7(4).
행정쇄신위원회(1995). 『행정쇄신백서』, 2.
허범 외(1981). 『정책학원론』. 서울: 법문사.

허석렬(1998). 비정부기구. 한국민주시민교육학회 편. 『민주시민생활용어사전』. 서울: 유풍.
허신행 · 김창길(1989). 산업연관표를 이용한 농림수산업 가격 변동의 물가파급 영향분석. 『농촌경제』, 12(2).
허 영(1996). 『한국헌법론』. 서울: 박영사.
현대경제연구원(2016). 2016년 다보스포럼의 주요내용과 시사점-4차 산업혁명, 글로벌성장원동력으로. 『현안과 과제』, 16(2).
호광석(2005). 『한국의 정당정치』. 서울: 들녘.
홍두승(1987). 『사회조사분석』. 서울: 다산출판사.
홍성방(2003). 『헌법학』. 서울: 현암사.
홍성웅(1985). 한국 지역구조의 현상과 과제: 2000년대 한국 지방경제사회의 비전. 『사상과 정책』, 3(1).
홍순호(1997). 제1공화국의 명암. 『한국현대정치사』, 한국정치외교사학회(엮음). 서울: 집문당.
홍준형(1998). 국회와 사법부의 관계. 『의정연구』, 4(2). 한국의회발전연구회.
電通總硏(1999). Non-Profit Organization. 제진수 옮김. 서울: 삼인.
清水英夫(1991). 국가와 미디어정책. 『언론민주화의 논리』. 김동민 편역. 서울: 한울.
DBR(2017). 지식의 시대 가고 '데이터학습'의 시대. 인재교육, '데이터 리터러시'에 초점을. 『동아비즈니스리뷰』, 제228호, Issue1.

[국외 문헌]

Aberbach, Joel D., Robert D. Putnam, & Bert A. Rockman(1981). *Bureaucrats and Politicians in Western Democracies*. Cambridge: Harvard University Press.
Abney, Glenn & P. L. Thomas(1985). Interest Group Influence in City Policy Making: The Views of Administration. *Western Political Quarterly*, 38.
ACIR(1979). *Citizen participation in the American Federal System*. Washington, D.C.
______(1993). *Local Government Autonomy: Needs for State Constititutional Statutory and Judicial Clarification*. Washington, D.C.
Adelman, Irma(1984). Beyond Export-Led Growth. *World Development*, 12(9).
Aitken, Judith(1996). Achieving Accountability for Service Quality: Mechanisms for External Review and Quality Assurance. In OECD, *Responsive Government: Service Quality Initiatives*. Paris: OECD.
Alinsky, Saul(1969). *Reveille for Radicals*. New York: Vintage Books.
______(1971). *Rules for Radicals*. New York: Random House.

Allison, Graham T.(1971). *Essence of Decision*. Boston: Little, Brown Co.

Almond, Gabriel A. & G. B. Powell, Jr.(1978). *Comparative Politics: System, Process, and Policy*. Boston, Mass: Little, Brown and Company.

Anderson, James(1979). *Public Policy Making*. New York: Reinhart and Winston.

Arnold, R. D.(1979). *Congress and the Bureaucracy: A Theory of Influence*. New Heaven: Yale University Press.

Arterton, F. Christopher(1987). *Teledemocracy: Can Technology Protect Democracy*. New York: Sage.

Bachrach, Peter & Morton S. Baratz(1962). Two Faces of Power. *American Political Science Review*, 56.

______(1970). *Power and Poverty: Theory of Practice*. New York: Oxford University Press.

Bardes, Barbara A., Mack C. Shelley, & Steffan W. Schmidt(2004). *American Government and Politics*. Belmont, CA: Thomson/Wadsworth.

Benjamin, Roger & Raymond D. Duvall(1985). The Capitalist State in Context. In Roger Benjamin & Stephen L. Elkin(ed.). *The Democratic State*. Kansas: University Press of Kansas.

Bentley, Arthur F.(1967). *The Process of Government*. Cambridge, Mass.: Harvard University Press.

Betalanffy, Ludwig von(1968). *General Systems Theory: Foundations, Development, Applications*. New York: George Braziller.

Boaden, Noel, Michael Goldsmith, William Hampton, & Peter Stringer(1982). *Public Participation in Local Services*. London: Longman.

Bogart, L.(1995). *Commercial Culture: The Media System and the Public Interest*. New York: Oxford University Press.

Bondel, J.(1995). Toward a Systemic Analysis of Government: Party Relationships. *International Political Science Review*, 16(2).

Bowles, Samuel & Herbert Gintis(1986). *Democracy and Capitalism*. New York: Basic Books.

Braybrook, David & Charles E. Lindblom(1970). *A Strategy of Decision*. New York: The Free Press.

Brown, F. Gerald(1974). The Municipal Organization as a System. In Stanley P. Powers,

F. Gerald Brown, & David S. Arnold(1974). *Developing the Municpal Organization*. ICMA.

Buchanan, James M.(1984). Constitutional Restriction on the Power of Government. In James M. Buchanan & Robert D. Tollison. *The Theory of Public Choice-Ⅱ*. Ann Arbor: The University of Michigan Press.

Buchanan, J. M., & Tullock, G.(1962). *The Calculus of Consent*, Vol. 3. Ann Arbor: University of Michigan Press.

Burns, Danny, Robin Hambleton, & Paul Hoggett(1994). *The Politics of Decentralisation: Revitalizing Local Democracy*. London: Macmillan.

Butler, David & Austin Ranney(1978). *Referendums: A Comparative Study of Practice and Theory*. Washington D.C.: American Enterprise Institute for Public Policy Research.

Butler, E.(2012). Public Choice-A Primer. Institute of Economic Affairs Occasional Paper 147.

Caporaso, James A. et al.(1978). International Organization. the Special Issue on *Dependence and Dependency*, 32(1).

Casar, M. A.(1995). Party-Government Relations: The Case of Mexico. *International Political Science Review*, 16(2).

Casino, C.(1995a). Party Government: The Search for a Theory Introduction. *International Political Science Review*, 16(2).

______(1995b). Party Government in Latin America: Theoretical Guidelines for an Empirical Analysis. *International Political Science Review*, 16(2).

Castles, F. G. & R. Wildenman(eds.)(1986). *The Future of Party Government*. Berlin: De Gruyter.

Cawson, Alan(1986). *Corporatism and Political Theory*. New York: Basil Blackwell.

Chaffee, Zechariah Jr.(1947). *Government and Mass Communication*. Vol. 1. Chicago: University of Chicago Press.

Chilcote, Ronald H.(1981). *Theories of Comparative Politics*, 21(2). Boulder, Colorado: Westview Press.

Clifford, M. L.(1994). *Troubled Tiger: Businessman, Bureaucrats, and Generals in South Korea*. N.Y.: M. E. Sharpe.

Cobb, Roger, Jennie K. Ross, & Marc H. Ross(1976). Agenda Building as a Comparative

Political Process. *American Political Science Review*, 70(1).

Cook, M. E. & R. H. Davidson(1985). Deferral Politics: Congressional Decision-making on Environmental Issues in the 1980s. In Helen M. Ingram & R. Kenneth Goldwin(eds.). *Public Policy and the National Environment*. Greenwich, CT: JAI Press.

Crepso, J. A.(1995). The Liberal Democratic Party in Japan: Conservative Domination. *International Political Science Review*, 16(2).

De Sario & Stuart Langton(1987). *Citizen Participation in Public Decision-Making*. New York: Greenwood Press.

Deutsch, Karl W.(1975). *Politics and Government: How People Decide Their Fate*. Boston: Houghton Mifflin Co.

DiMaggio, Paul & Michael Useem(1978). Cultural Property & Public Policy: Emerging Tensions in Government Support for the Arts. *Social Research*, 45(2).

Downs, A.(1957). *An Economic Theory of Democracy*. N.Y.: Harper.

Dryzek, J., & Dunleavy, P.(2009). *Theories of the democratic state*. Macmillan International Higher Education.

Dunn, William N.(1981). *Public Policy Analysis: Introduction*. Upper Saddle River, New Jersey: Prentice-Hall.

Dye, Thomas R.(1998). *Understanding Public Policy*. Englewood Cliffs, N.J.: Prentice-Hall.

Easton, David(1953). *The Political System*. New York: Alfred A. Knopf.

______(1965). *A Framework for Political Analysis*. Chicago: University of Chicago Press.

______(1993). *An Approach to the Analysis of Political System*. New York: Irvington Publishers.

Ehrmann, Hanry W.(1968). Interest Group. in *International Encyclopedia of the Social Science*, Vol. 7. New York: The Free Press.

Ethington, Philip J. & Eileen L. McDonagh(1995). The Common Space of Social Science Inquiry. *Polity*, 28(1).

Etzioni, Amitai(1991). *A Responsive Society: Collected Essays on Guiding Deliberate Social Change*. San Francisco: Jossey-Bass.

Fiorina, Morris(1995). Rational Choice and the New Institutionalism. *Polity*, 28(1).

Fishkin, James S.(1995). *The Voice of the People: Public Opinion and Democracy*. New Haven: Yale University Press.

Friedman, M.(1962). *Capitalism and Freedom*. University of Chicago press.

Friedrich, Carl J.(1966). *Constitutional Government and Democracy*. New York.: Blaisdell Pub. Co.

Froman, Lewis A. (1981). The Categorization of Policy Content. In Austin Ranney(ed.). *Political Science and Public Policy*. Chicago: Markham Pub. Co.

Garvey, G.(1993). *Facing the Bureaucracy: Living and Dying in a Public Agency*. San Francisco: Jossey-Bass.

Gates, Christopher(1996). Introduction. *National Civic Review*, 85(3).

Ginsberg, Benjamin, Theodore J. Lowi, & Margaret Weir(2003). *We The People*. New York: W. W. Norton & Company.

Green, Andrew & Ann Mattias(1997). *Non-governmental Organizations and Health in Developing Countries*. New York: St. Martin's Press, Inc.

Gaudin, Jean Pierre(2002). *Pourquoi La Gouvernance?*. Paris: Presses de Sciences Po.

Haeberle, Steven H.(1989). *Planting the Grassroots: Structuring Citizen Participation*. New York: Praeger.

Hajnal, Zoltan L. & T. N. Clark(1998). The Local Interest-Group System: Who Governs and Why?. *Social Science Quarterly*, 79(1).

Hall, A. A. & R. E. Fagen(1968). Definition of Systems. In Walter Buckley(ed.). *Modern Systems Research for the Behavioral Scientist: A Sourcebook*. Chicago: Aldine Publishing Co.

Hall, Peter A.(1986). *Governing the Economy: The Politics of State Intervention in Britain and France*. New York: Oxford University Press.

Hall, Peter A., C. Rosemary, & R. Taylor(1996). Political Science and the Three New Institutionalism. *Political Studies*, 44(5).

Ham, Christopher & Michael Hill(1984). *The Policy Process in the Modern Capitalist State*. London: Harvester Press.

Hayek, F. A.(1944). The Road to Serfdom.

Held, David(1987). *Models of Democracy*. Stanford: Stanford University, 이정식 옮김 (1989). 『민주주의의 모델』. 서울: 인간사랑.

Herson, Lawrence Jr. & John M. Bolland(1990). *The Urban Web: Politics, Policy, and*

Theory. Chicago: Nelson-Hall Publishers.

Higgins, Benjamin(1980). The Disenthronment of Basic Needs? Twenty Questions. *Regional Development Dialogue*, 1(1).

Higgot, Richard A.(1980). From Modernization Theory to Public Policy. *Comparative International Development*, 15(4).

Hill, Dilys M.(1974). *Democratic Theory and Local Government*. London: George Allen & Unwin.

Hirshman, A. O.(1968). *The Strategy of Economic Development*. New Heaven: Yale University Press.

Hirst, Paul(1994). *Associative Democracy: New Forms of Economic and Social Governance*. Cambridge: Polity Press.

Hobbes, Thomas(1950). *Leviathan*. Indianapolis: The Bobbs-Merrill Company, Inc.

Hofferbert, Richard I.(1974). *The Study of Public Policy*. Indianapolis: The Bobbs Merril Co.

Holloway, J.(1991). Capital is Class Struggle. In W. Bonefeld & J. Holloway(eds.). *Post-Fordism and Social Form*. London: Macmillan.

ICMA(1993). *The Municipal Yearbook*. Washington D.C.: International City/County Management Association.

Ilchman, Warren F. & Norman Thomas Uphoff(1979). *The Political Economy of Change*. Berkeley: University of California Press.

Immergut, Ellen M.(1998). Theoretical Core of the New Institutionalism. *Politics and Society*, 26(1).

Issak, Alan C.(1981). *Scope and Methods of Political Sciences*. Homewood, IL: The Dorsey Press.

Janda, Kenneth, Jeffrey M. Berry, & Jerry Goldman(1986). *The Challenge of Democracy: Government in America*. Boston: Houghton Mifflin Co.

Jessop, Bob(1982). *The Capitalist State*. New York: New York University Press.

______(1990). *State Theory: Putting the Capitalist State in Its Place*. Cambridge, MA: Polity Press.

Johnson, C.(1982). *MITI and the Japanese Miracle*. California: Stanford University Press.

Johnston, Bruce F. & John W. Mellor(1961). The Role of Agriculture in Economic Development. *American Economic Review*, 51.

Jones, C. O.(1977). *An Introduction to the Study of Public Administration*. Belmont: Wadsworth Publishing Inc.

Joy, B.(2000). *Why Future Doesn't Need You*. mimeo.

Kamieniechi, Sheldon et al.(eds.)(1986). *Controversies in Environmental Policy*. Albany: SUNY Press.

Karlen, Harvey M.(1968). *The Pattern of American Government*. New York: The Glencoe Press.

Katz, R. S.(1986). Party Government: A Rationalistic Conception. In F. G. Castles & R. Wildenman(eds.). *The Future of Party Government*. Berlin: De Gruyter.

Kettl, Donald F.(1993). Sharing Power: *Public Governance and Private Markets*. Washington D.C.: Brookings Institution.

______(1994). Deregulating at the Boundaries of Government: Would It help?. in John J. DiIulio, Jr.(ed.). *Deregulating the Public Service*. Washington, D.C.: The Brook-ing Institution.

Knight, Richard V. & Gary Gappert(eds.)(1989). *Cities in a Global Society*. Newbury Park, CA: Sage Publications.

Koelble, Thomas A.(1995). Review Article: The New Institutionalsim in Political Science and Sociology. *Comparative Politics*. Spring.

Kovel, Joel(1994). Remembering Ralph Miliband-Socialist Intellectual. *Monthly Review*, Sept.

Krasner, Stephen D.(1978). *Defending the National Interest: Raw Materials Investments and U. S. Foreign Policy*. Princeton: Princeton University Press.

______(1984). Approaches to the State: Alternative Conceptions and Historical Dynamics. *Comparative Politics*, 16(2).

Kurzweil, R.(1999). *The Age of Spiritual Machines: When Computers Exceed Human Intelligence*. New York: Penguin Books.

Kuznets, Simon(1964). Economic Growth and Contribution of Agriculture: Notes on Measurement. In Carl Eicher & Lawrence Witt(ed.). *Agriculture in Economic Development*. New York: McGraw-Hill Co.

Kweit, Mary G. & Robert W. Kweit(1984). The Politics of Policy Analysis: The Role of Citizen Participation in Analytic Decisionmaking. *Policy Studies Review*, 3(2).

Kweit, Robert W. & Mary G. Kweit(1990). *People and Politics in Urban America*.

Pacific Grove, CA: Brooks/Cole Publishing Co.

Landry, R.(1993). Administrative Reform and Political Control in Canada. *International Political Science Review*, 14(4).

Langton, Stuart(1978). *Citizen Participation in America*. Lexington, MA: Heath.

Lasswell, Harold D.(1933). *Politics: Who Gets What, When and How*. New York: McGraw-Hill.

______(1971). *A Preview of Policy Sciences*. New York: Elsevier.

Lindbom, Charles E.(1968). *The Policy-Making Process*. Englewood Cliffs, N.J.: Prentice-Hall, Inc.

Lineberry, Robert L.(1977). *Equality and Urban Policy: The Distribution of Municipal Public Services*. Beverly Hills: Sage.

Linz, Juan J.(1994). Presidential or Parliamentary Democracy: Does It Make a Difference? In Juan J. Linz & Arturo Valenzuela(eds.). *The Failure of Presidential Democracy*. Baltimore: Johns Hopkins University Press.

Linz, Juan J. & A. Valenzuela(eds.)(1994). *The Failure of Presidential Democracy*. Baltimore, Maryland: The Johns Hopkins University Press.

Lipton, M.(1976). *Why Poor People Stay Poor: Urban Basic in World Development*. London: Temple Smith.

Löwenstein, Karl(1958). *Verfassungslehre*. Tübingen.

Logan, J. & H. Molotch(1987). *Urban Fortunes: The Political Economy of Place*. Berkeley: University of California Press.

Lowi, Theodore J.(1972). Four Systems of Policy. *Public Administration Review*, 32(4).

Lukes, Steven(1974). *Power: A Radical View*. London: Macmillan.

Lunde, Tormod K.(1996). Client Consultation and Participation: Consumers and Public Services. In OECD. *Responsive Government: Service Quality Initiatives*. Paris: OECD.

Marini, Frank(1971). The Minnowbrook Perspective and the Future of Public Administrative Education. In F. Marini(ed.). *Towards New Public Administration: The Minnowbrook Perspective*. New York: Chandler Pub. Co.

Marx, Karl(1978). Manifesto of the Communist Party. In Robert Tucker(ed.). *Marx-Engels Reader*. New York: W. W. Norton & Company.

Mathews, David(1999). *Politics for People*. Urbana: University of Illinois Press.

Mazmanian, Daniel A. & Paul A. Sabatier(1981). *Effective Policy Implementation*. Lexington, Mass.: Lexington Books.

Maclver, Robert M.(1965). *The Web of Government*. New York: A Free Press. MacMillan Co.

McQuail, Denis(1995). *Media Performance*. London: Sage Publication.

Meade, E. Grannt(1952). *American Military Government in Korea*. New York: King's Group Press.

Meade, Marvin(1971). Participative Administration. In D. Waldo(ed.). *Public Administration in a Time of Turbulence*. New York: Chandler Pub. Co.

Mellors, Colin & Nigel Copperthwaite(1987). *Local Government in the Community*. London: ICSA Publishing.

Milbrath, Lester W. & M. L. Goel(1977). *Political Participation: How and Why do People Get Involved in Politics?*. Chicago: Rand McNally College Pub. Co.

Miliband, Ralph(1969). *The State in Capitalist Society*. London: Weidenfeld & Nicolson.

Mills, C. Wright(1959). *The Power Elite*. New York: Oxford University Press.

Mladenka, Kenneth R.(1980). The Urban Bureaucracy and the Chicago Political Machine: Who Gets What and the Limits to Political Control. *American Political Science Review*, 74.

Morlino, L.(1995). Consolidation and Party Government in Southern Europe. *International Political Science Review*, 16(2).

Mosca, Gaetano(1939). *The Ruling Class*. New York: McGraw-Hill.

Mosher, Frederick C.(ed.). *American Public Adminstration: Past, Present, Future*. Alabama: University of Alabama Press.

Newman, Michael(2002). *Ralph Miliband and the Politics of the New Left*. London: Merlin Press.

Niskanen, W. A.(1971). Bureaucracy and Representative Government.

Niskanen, W. A., & Houghton, D.(1973). Bureaucracy: servant or master?: lessons from America. London: Institute of Economic Affairs.

O'Donnell, Guillermo(1978). Reflections on the Patterns of Change in the Bureaucratic Authoritarian State. *Latin American Research Review*, 13.

______(1994). Delegative Democracy. *Journal of Democracy*, 15.

OECD(1996). *Responsive Government: Service Quality Initiatives*. Paris: OECD.

Olson, Mancur(1971). *The Logic of Collective Action: Public Goods and the Theory of Groups*. Cambridge, MA: Harvard University Press.

Orren, Gary(1997). Fall from Grace: The Public's Loss of Trust in Government. In Joseph Nye, Jr., Philip D. Zelikow, & David C. King(ed.). *Why People Don't Trust Government*. Cambridge, MA: Harvard University Press.

Osborne, David & Ted Gaebler(1992). *Reinventing Government: How the Entrepreneurial Spirit is Transforming the Public Sector*. Reading, MA: Addison-Wesley.

Ostrom, Elinor(1996). *Institutional Rational Choice: An Assessment of the IAD Framework*. A Paper Presented at the 1996 Annual Meetings of the American Political Science Association.

Owen, W. F.(1966). The Double Development Squeeze on Agriculture. *American Economic Review*, March.

Pareto, Vilfredo(1935). *The Mind and Society*. New York: Harcourt Brace.

Parsons, Talcott(1951). *The Social System*. New York: Free Press.

Peters, B. G. & D. J. Savoie(1995). Reinventing Osborne and Gaebler: Lessons from the Gore Commission. *Canadian Public Administration*, 37.

Peterson, P.(1981). *City Limits*. Chicago: University of Chicago Press.

Picard, Robert G.(1992). 『미디어경제학』. 김지운 옮김. 서울: 나남출판.

Polanyi, Karl(1989). *The Great Transformation: The Political and Economic Origins of Our Time*. Boston, MA: Beacon Press.

Posner, Paul & Chung-Keun Park(2007). Role of Legislature in the Budget Process: Recent Trends and Innovations. *OECD Journal on Budgeting*, 3.

Poulantzas, Nicos(1975). *Political Power and Social Classes*. London: Verso.

______(2001). *State, Power, Socialism*. London: Verso.

Powell, Walter W. & Paul J. DiMaggio(eds.)(1991). *The New Institutionalsim in Organizational Analysis*. Chicago: University of Chicago Press.

Ranney, Austin (1968). The Study of Policy Content: A Framework for Choice. In Austin Ranney (ed.). *Political Science and Public Policy*. Chicago: Markham Pub. Co.

Rapoport, Anatol(1974). *Conflict in Man-made Environment*. Harmondsworth, Middlesex, England: Penguine Books.

Rhodes, R. W. A.(1992). Management in Local Government: Twenty Tears On. In Steve

Leach(ed.). *Strengthening Local Government in the 1990s*. Harlow, Essex: Longman.

______(1996). The New Governance: Governing wihtout Government. *Political Studies*, XLIV.

______(1997). *Understanding Governance: Policy Networks, Governance, Reflexivity and Accountability*: Open University Press.

Ridley, Frederick F.(1984). Intermediaries Between Citizen and Administration: Some British Perspective. *International Review of Administrative Sciences*, 50(4).

Rimmerman, Craig A.(1997). *The New Citizenship: Unconventional Politics, Activism, and Service*. Boulder, Colorado: Westview Press.

Ripley, R. B. & G. A. Franklin(1980). *Congress, the Bureaucracy, and Public Policy*. Homewood, Illinois: The Dorsey Press.

Ronfelt, D.(1993). *Cyberocracy, Cyberspace, and Cyberology: Political Effects of the Information Revolution*. RAND paper. (No. P-7745).

Rosenau, J. N.(1992). Governance, Order and Change in World Politics. In J. N. Rosenau & E. O. Czempied(ed.). *Governance without Government: Order and Change in World Politics*. Cambridge: Cambridge University Press.

Rueschemeyer, Dietrich & Peter B. Evans(1985). The State and Economic Transformation. In Peter B. Evans, Dietrich Rueschemeyer, & T. Skocpol(eds.). *Bringing the State Back In*. Cambridge: Cambridge University Press.

Sabatier, Paul A.(1986). Top-Down and Bottom-Up Approaches to Implementation Research: A Critical Analysis and Suggested Synthesis. *Journal of Public Policy*, 6(1).

______(1988). An Advocacy Coalition Framework of Policy Change and the Role of Policy-Oriented Learning Therein. *Policy Sciences*, 21(2-3): 129-168.

Salamon, L. M.(1989). The Time Dimension of Policy Evaluation: The Case of the New Deal Land Relief Programs. *Public Policy*, 27.

______(1992). *American Nonprofit Sector*. New York: The Foundation Center.

Salisbury, Robert A.(1975). Interest Groups. In *Handbook of Political Science*, 4. Boston, MA: Addison-Wesley.

Schattschneider, E. E.(1960). *The Semi-Sovereign People*. New York: Holt, Rinehart and Winston.

Scholzman, Kay Lehman(1994). Voluntary Organizations in Politics: Who Gets Involved? In William Crotty, Mildered A. Schwartz, & John C. Green Lanham(ed.). *Representing Interests and Interest Group Representation*. Lanham, MD: University Press of America.

Scholzman, Kay Lehman & John T. Tierney(1986). *Organized Interests and American Democracy*. New York: Harper & Row, Publishers.

Schmitter, Philippe C.(1974). Still the Century of Corporatism? *Review of Politics*, 36.

______(1981). Interest Intermediation and Regime Governability. In Suzanne Berger (ed.). *Organizing Interests in Western Europe*. New York: Cambridge University Press.

Schumaker, Paul(1993). Estimating the First and Some of the Third Faces of Community Power. *Urban Affairs Quarterly*, 28(3).

Sharkansky, Ira & Donald Van Meter(1975). *Policy and Politics in American Government*. New York: McGraw-Hill Book Co.

Sharp, Elaine B.(1990). *Urban Politics and Administration: From Service Delivery to Economic Development*. New York & London: Longman.

Skocpol, Theda(1979). *States and Social Revolutions*. Cambridge: Cambridge University Press.

______(1980). Political Response to Capitalist Crisis: Neo-Marxist Theories of the State and the Case of the New Deal. *Politics and Society*, 10(2).

______(1995). Why I Am an Historical Institutionalist. *Polity*, 28(1).

Siebert, Fred S.(1966). Communication and Government. In W. Schramm(ed.). *Mass Communication*. Urbana: University of Illinois Press.

Smith, B. C.(1985). *Decentralization: The Territorial Dimension of the State*. London: George & Unwin.

Spitzer, R. J.(1987). Promoting Policy Theory: Revising the Arenas of Power. *Policy Studies Journal*, 15(4): 675-689.

Steinmo, Thelen & Frank Longstreth(eds.)(1992). *Structuring Politics*. Cambridge: Cambridge University Press.

Stepan, A. & C. Skach(1993). Constitutional Frameworks and Democratic Consolidation: Parliamentarism versus Presidentialism. *World Politics*, 46(1).

Stepan, Alfred(1978). *The State and Society: Peru in Comparative Perspective*. Princeton, New Jersey: Princeton University Press.

Stone, Clarence N.(1980). Systemic Power in Community Decision-Making: A Restatement of Stratification Theory. *American Political Science Review*, 74.

Strange, John H.(1972). The Impact of Citizen Participation on Public Administration. *Public Administration Review*, 32.

Straub, Daniel H.(1974). Institutionalizing Citizen Participation. In Stanley P. Powers, F. Gerald Brown, & David S. Arnold(eds.). *Developing the Municipal Organization.* Washington, D.C.: ICMA.

Sussman, Leonard R.(1989). *Power, the Press, and the Technology of Freedom.* New York: Freedom House.

Thelen, Kathleen & Sven Steinmo(1992). Historical Institutionalism in Comparative Politics. In Sven Steinmo, Kathleen Thelen & Frank Longstreth(eds.). *Structuring Politics: Historical Institutionalism in Comparative* Analysis. Cambridge: University of Cambridge Press.

Thomas, John Clayton(1997). Neighborhoods. In Ronald K. Vogel. *Handbook of Research on Urban Politics and Policy in the United States.* Westport, CT: Greenwood Press.

Tocqueville, Alexis de(1966). *Democracy in America.* New York: Harper & Row.

Toynbee, Arnold Joseph(1986). *An Historian's Conscience: The Correspondence of Arnold J. Toynbee and Columba Cary-Elwes.* Boston, MA: Beacon Press.

Truman, David B.(1951). *The Governmental Process.* New York: Alfred A. Knopf.

Tullock, G.(2013). The economics of special privilege and rent seeking (Vol. 5). Springer Science & Business Media.

Verba, Sidney, Norman H. Nie, & Jae-an Kim(1972). *The Model of Democratic Participation: A Cross-National Comparison.* Beverly Hills: Sage Comparative Politics Series.

Weaver, R. Kent & Bert A. Rockman(1993). Assessing the Effects of Institutions. In R. K. Weaver & B. A. Rockman(eds.). *Do Institutions Matter?: Government Capabilities in the United States and Abroad.* Washington: Washington, D.C.: The Brookings Institution.

Weber, Max, G. Roth, & C. Wittich(eds.)(1968). *Economy and Society.* New York: Bedminster.

Weiss, Thomas & Leon Gordenker(1996). *NGOs, the UN and Global Governance.* Boulder, Colo: Lynne Rienner.

Wildavsky, Aaron B.(1975). *Budgeting: A Comparative Theory Budgetary Process.* Boston: Little & Brown Co.

World Economic Forum.(2016). World Economic Forum Annual Meeting 2016: Mastering the Fourth Industrial Revolution.

Wright, Dale S.(1988). *Understanding Intergovernmental Relations.* New York: Brooks/Cole Publishing Company.

Zimmerman, Joseph F.(1986) *Pariticipatory Democracy: Populism Revisited.* New York: Prager.

대한민국 정책브리핑(2017.7.19). 문재인 정부 국정운영 5개년 계획 발표.

대한민국 일자리상황판. https://dashboard.jobs.go.kr/main(검색일: 2018.10.14)

동아일보. http://www.donga.com

서울신문(2017.6.9). 촛불집회와 한국적 민주공화정

위클리공감(2018.2.6). 2018 정부 새해 업무보고 포인트 5가지 총정리.

조선닷컴(2017.5.10). 문재인 대통령 취임사 전문.

조선일보. http://www.chosun.com

중앙선거관리위원회(2017.9.6). 제19대 대통령선거 투표율 분석 결과 공개(보도자료).

중앙선거관리위원회(2018.9.18). 제7회 지방선거 투표율 분석 결과 공개(보도자료).

중앙선거관리위원회. www.nec.go.kr/sinfo/index.html

중앙일보. http://www.joins.com

통계청 국가통계포털. www.kosis.kr

헌법재판정보. http://search.ccourt.go.kr/ths/pr/ths_pr0101_P1.do(검색일: 2018.10.14)

헤럴드경제(2017.2.25). "이제는 끝내자…" 광화문광장 17차 촛불집회.

2018 남북정상회담 평양. www.koreasummit.kr(검색일: 2018.10.14)

e-나라지표. http://www.index.go.kr

찾아보기

ㄴ

ㅁ

ㅂ

ㅅ

ㅇ

ㅈ

저자 소개

강은숙(姜恩淑)
서울대학교 행정학 박사
한국해양대학교 해양행정학과 교수

김영민(金榮敏)
서울대학교 행정학 박사
인하대학교 행정학과 교수

김영재(金英材)
단국대학교 행정학 박사
단국대학교 행정학과 초빙교수

김종성(金鍾晟)
서울대학교 행정학 박사
충남대학교 행정학부 교수

김태룡(金泰龍)
서울대학교 행정학 박사
상지대학교 행정학과 교수

문광민(文光珉)
서울대학교 행정학 박사
충남대학교 행정학부 교수

박재욱(朴在郁)
연세대학교 정치학 박사
신라대학교 공공인재학부 교수

배득종(裵得鍾)
State University of New York at Albany 행정학 박사
연세대학교 글로벌행정학과 교수

신희권(申熙權)
서울대학교 행정학 박사
충남대학교 행정학부 교수

안희정(安希貞)
강원대학교 행정학 박사
강원여성가족연구원 연구부장

이건(李鍵)
University of Illinois at Chicago 행정학 박사
경기대학교 행정학과 교수

이승종(李勝鍾)
Northwestern University 정치학 박사
서울대학교 행정대학원 교수

이종열(李鍾烈)
The City University of New York 정치학 박사
인천대학교 행정학과 교수

임동완(林東浣)
서울대학교 행정학 박사
단국대학교 공공관리학과 교수

조태준(趙兌濬)
State University of New York at Albany 행정학 박사
상명대학교 공공인재학부 교수

채원호(蔡源互)
서울대학교 행정학 박사
가톨릭대학 행정학과 교수

하동현(河東賢)
게이오대학(慶應義塾大学) 정책학 박사
안양대학교 행정학과 교수

하태수(河泰洙)
University of Exeter 행정학 박사
경기대학교 행정학과 교수

전정 4판

새 한국정부론

펴낸날 제1판 제1쇄 2006년 1월 10일
제2판 제1쇄 2009년 2월 28일
개정 3판 제1쇄 2014년 1월 10일
전정 4판 제1쇄 2019년 2월 25일
전정 4판 제2쇄 2022년 8월 31일
지은이 김태룡 · 하태수 외
펴낸이 임춘환
펴낸곳 도서출판 대영문화사
주소 (본사) 사무실: 경기도 고양시 일산서구 주화로 70
우신프라자 307호 (㉾ 10387)
(본사) 물류센터: 경기도 고양시 일산서구 덕산로
107번길 68-50 (㉾ 10205)
등록 1975년 12월 26일 제3-16호
전화 (031) 913-3062, (031) 914-3884~5
팩스 (031) 913-3839
홈페이지 http://www.dymbook.co.kr

ISBN 978-89-7644-729-6
값 34,000원